근대세계체제 II

중상주의와 유럽 세계경제의 공고화 1600-1750년

이매뉴얼 월러스틴

유재건, 서영건, 현재열 옮김

까치

THE MODERN WORLD-SYSTEM II :
Mercantilism and the Consolidation of the European World-Economy, 1600-1750

by Immanuel Wallerstein

Copyright © 1980, 2011 by Immanuel Wallerstein
Korean translation copyright © 1999, 2013 by Kachi Publishing Co., Ltd.
All rights reserved.

이 책의 한국어 판권은 이매뉴얼 월러스틴과의 독점 계약에 의해서 (주)까치글방에 있습니다. 저작권법에 의하여 한국 내에서 보호를 받는 저작물이므로 무단전재 및 무단복제를 금합니다.

근대세계체제 II : 중상주의와 유럽 세계경제의 공고화 1600-1750년

저자/ 이매뉴얼 월러스틴
역자/ 유재건 외
발행처/ 까치글방
발행인/ 박후영
주소/ 서울시 용산구 서빙고로 67, 파크타워 103동 1003호
전화/ 02 · 735 · 8998, 736 · 7768
팩시밀리/ 02 · 723 · 4591
홈페이지/ www.kachibooks.co.kr
전자우편/ kachibooks@gmail.com
등록번호/ 1-528
등록일/ 1977. 8. 5
초판 1쇄 발행일/ 1999. 10. 5
제2판 1쇄 발행일/ 2013. 5. 30
　　　2쇄 발행일/ 2020. 9. 25

값/ 뒤표지에 쓰여 있음

ISBN 978-89-7291-545-4 94900
　　　978-89-7291-543-0 94900 (세트)

이 도서의 국립중앙도서관 출판시도서목록(CIP)은 서지정보유통지원시스템 홈페이지(http://seoji.nl.go.kr)와 국가자료공동목록시스템(http://www.nl.go.kr/kolisnet)에서 이용하실 수 있습니다. (CIP 제어번호: CIP2013006666)

근대세계체제 II

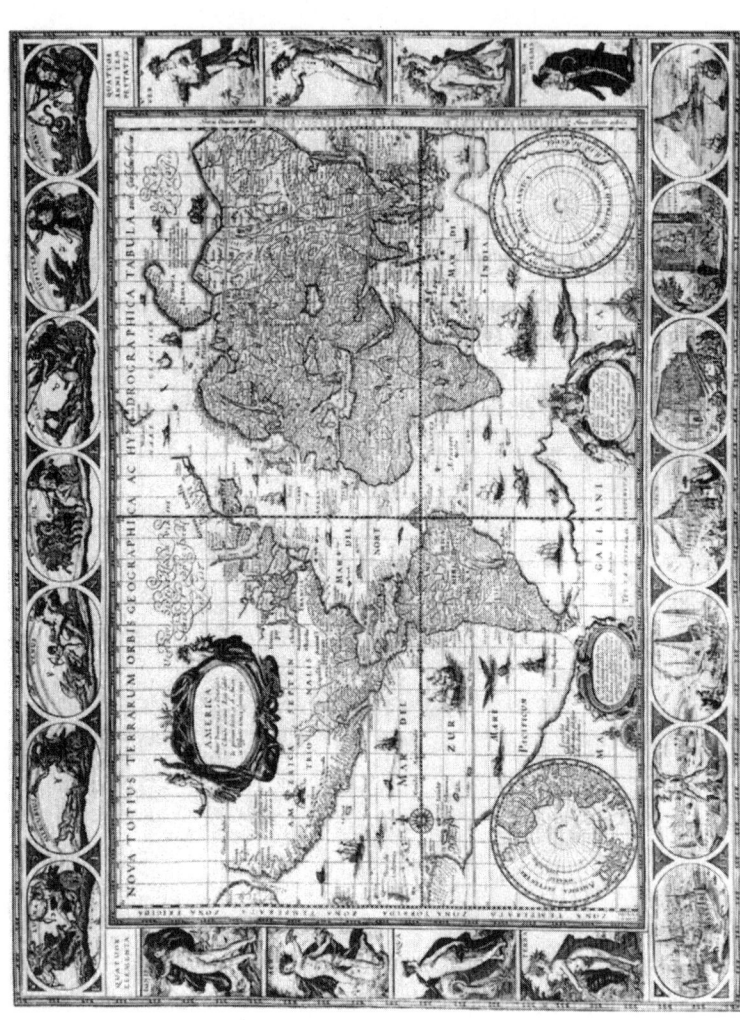

"세계지도,"(1638) 요안 블라우 작. 「대지도」에서. 요안 블라우와 그의 아버지 빌렘 블라우는 당시 가장 이름 난 지도 제작자들이었다. 그들의 지도는 동-서 인도 무역에 나선 모든 네덜란드 선박에서 사용되었다. 17세기부터는 낡장 지도를 대신해 지도책이 주로 쓰였다. 요안 블라우는 1670년 네덜란드 동인도회사의 지도 제작관에 임명되었다. 시카고: 에드워드 E. 에어 컬렉션, 뉴베리 도서관.

페르낭 브로델에게

차례

감사의 말
제2판 서문 i

    서론 : 17세기의 위기는 과연 있었는가? 11
1. 수축(B) 국면 25
2. 세계경제에서의 네덜란드의 헤게모니 59
3. 핵심부에서의 투쟁 — 국면 I : 1651-1689년 113
4. 저성장기의 주변부들 193
5. 기로에 선 반주변부들 265
6. 핵심부에서의 투쟁 — 국면 II : 1689-1763년 367

참고 문헌 441
인명 색인 503

감사의 말

　다음의 이들은 이 책 초고의 한 장 또는 여러 장들을 읽고 내게 자세한 논평과/또는 비판을 해주었다 : 페리 앤더슨, 스벤-에릭 오스트룀, 니콜 부케, 스튜어트 브러시, 알도 델 마달레나, 에밀리아노 페르난데스 데 피네도, 안드레 군더 프랑크, 월터 골드프랑크, 테런스 K. 홉킨스, 헤르만 켈렌벤츠, E. H. 코스만, 비톨드 쿨라(와 동료들), 한스 메딕, 비르기타 오덴, C. H. 윌슨. 이들 모두에게 감사한다.

　서론과 제1장은 프랑스어로 *Annales E.S.C.*(1979)에, 제2장은 Maurice Aymard, ed., *Capitalisme hollandais et capitalisme mondiale*(1980)에, 제4장의 일부는 *Caribbean Yearbook of International Relations*(1978)에 발표한 적이 있다.

제2판 서문

이 책은 17세기 유럽에서 일어난 일을 어떻게 서술할지 묻는 질문으로 시작한다. 1950년대와 1960년대에 있었던 17세기의 "위기"에 대한 대논쟁은 그 과정의 "봉건적" 성격을 크게 강조했다. 대부분의 저자들은 이것을 유럽의 "재봉건화"가 있었다는 뜻으로 해석했다. 제II권은 이런 성격부여를 반박하고 장기의 16세기(대략 1450-1650년의 200년간/옮긴이) 동안 유럽 세계경제(world-economy)가 명확하게 자본주의적이었음을 다시 한번 강조하려는 시도이다. 제II권은 자본주의를 하나의 역사적 체제(a historical system)로 보는 확고한 시각과 정의를 제시한다는 점에서 전체 저작 가운데 여러모로 중요하다.

많은 독자들이 받아들이기 가장 힘들어한 부분이 저작의 이런 측면이었다. 따라서 이 논지를 한층 이론적으로 재조명하면서 중세 말 유럽의 봉건제라고 불리는 것이 근대 초의 이른바 제2차 봉건제와 근본적으로 다르다고 내가 믿는 이유를 명시하는 것이 유용할 것 같다.

이 책에서 개진한 두 번째 새롭고 중요한 주제는 헤게모니(hegemony)라는 것이다. 여기서도 많은 사람들이, 심지어 세계체제 분석(world-system analysis)이 수행한 노력 전반에 대해서 공감하는 사람들조차 헤게모니 개념을 둘러싼 논지를 잘못 이해했다. 그래서 내가 의도한 헤게모니 개념이 무엇이며, 왜 내가 헤게모니 개념이 근대세계체제가 작동하는 방식을 이해하는 데에 결정적으로 중요한 개념이라고 생각하는지를 정확히 다시 밝히는 것 역시 유용할 것이다.

1450-1750년 시기에 유럽은 세계경제였는가?

1450-1750년의 시기에 유럽 세계경제가 자본주의 세계경제로 존재했다고 주장할 수 있는가 하는 것은 지적인 질문이다. 사실 이것은 하나가 아니라 두 개의 질문이다. 말하자면, 이 시기에 유럽(또는 그 일부)이 단일한 기축적 노동분업을 갖춘 단일한 경제적 실체인가, 그리고 이 실체를 자본주의적이라고 서술할 수 있는가 하는 것이다.

논지는 개념적이면서도 경험적인 하나의 전제에서 출발한다. 그 전제는 "장기적 흐름들(logistics)"(론도 캐머런의 표현)로 알려진 현상들이 존재한다는 것인데, 프랑스어 문헌에서는 그것을 "장기 추세들(trends séculaires)"이라고 부르는 경우가 더 잦다. 이러한 것들은 아마도 팽창하는 A국면과 수축하는 B국면으로 이루어진 아주 장기적인 주기들일 것이다. 그런 장기적 흐름들이 존재한다는 것은 중세 말과 근대 초 유럽에 관해서 연구하는 유럽 경제사가들의 문헌에서 보편적인 것까지는 아니지만 널리 당연시되었던 것 같다. 경험적으로, 그 문헌에서 가장 빈번하게 볼 수 있는 연대설정은 아래와 같다.

	중세 말	근대 초
A국면	1000(1100)-1250년	1450-1600(1650)년
B국면	1250(1300)-1450년	1600(1650)-1700(1750)년

나는 이런 장기적 흐름들의 존재와 그 연대 설정을 있는 그대로 받아들일 것이다.

내 논지의 논리는 본질적으로 다음과 같다. 중세의 장기적 흐름과 근대 초의 장기적 흐름 사이에 모종의 기본적인 유사성이 있고, 그래서 우리는 그 둘 모두를 A국면과 B국면을 가진 장기적 흐름이라고 부를 수 있다. 그렇지만 둘을 주의 깊게 비교하면, 둘 사이에 어떤 중요한 질적 차이가 있음을 볼 수 있을 것이다. 바로 이런 차이로부터 뒤의 시대에는 유럽에 기축적 노동분업이 존재했지만 앞의 시대에는 그렇지 않았다는 추론을 끌어낼 수 있는 것이다.

장기적 흐름의 기본적 유형은 적어도 인구와 경제활동 그리고 물가의 세 가지 중첩되는 팽창과 수축을 포함한다. 이 세 가지는 장기적인 꾸준한 상승과 하강을 보이면서 일치하여 움직이는 것으로 여겨진다. 여기서 단기적 파동들(fluctuations)은 무시된다. 이 세 가지 현상 중 어느 것이 팽창과 수축의 주된 결정요인인지를 둘러싸고 상당한 논쟁이 있었다. 나는 이 논쟁이 아주 무익한 것이라고 생각한다.

물론 이런 현상들에는 여러 변수들이 복잡하게 얽혀 있다. 물가란 단 한 가지 가격 연쇄로 구성되는 것이 아니다. 여전히 농업이 지배했던 유럽에서 주도적인 가격 연쇄는 밀 가격인 것으로 여겨져왔지만, 그렇다고 그것이 밀 가격이 단순히 절대적인 의미에서 오르고 내렸다는 뜻은 아니다. 밀 가격은 다른 곡물 가격과 비교해서도 오르고 내렸다. 그리고 하나로 묶어서 본 곡물 가격도 축산물 가격 및 공산물 가격과 비교해서 오르고 내렸다. 또한 지대와 임금이라고 부르는 가격도 있었다. 임금의 가격―즉 실질 임금―은 다른 가격 연쇄들과 반비례관계에 있었다.

경제활동 개념 역시 상업 거래의 양, 총생산량, 가용 토지, 산출비율, 화폐비축량 같은 많은 변수들로 구성된다. 이러한 것들은 농학(農學), 토지임대차의 유형, 도시화의 정도, 길드의 힘 같은 사회 구조의 변수들과 밀접하게 관련을 맺고 있었다.

그런 장기적 흐름들과 관련하여 본질적인 점은 이런 변수들의 주기적 움직임에 꽤 체계적인 상호관계가 있었다고 여겨지는 것인데, 그 변수들 대부분은 서로 직접적인 상호관계를 가졌지만 일부는 다른 대다수와 반비례관계에 있었다.

일반적으로 말해서, 경제사가들이 행한 대부분의 분석들에는 이 도식에 "정치적" 변수와 "문화적" 변수들이 어떻게 연관을 맺는지, 말하자면 얼마간 그 이상의 체계적인 상호관계가 있었는지 없었는지에 관한 전반적인 고려가 전혀 없다. 나는 이런 누락이 오류라고 믿는다. 왜냐하면 나는 사회적 행위의 모든 장(場, arena)들 간의 긴밀한 상호관계를 보지 않고서는 전반적인 체제가 어떻게 기능했는지 이해할 수 없다고 보기 때문이다.

중세 말 유럽, 1000/1100–1450년

우리는 이 시대를 "봉건체제(feudal system)"라고 기술한다. 봉건 유럽은 세계경제도 세계제국(world-empire)도 아니었기 때문에, 나는 체제(system)라는 단어에 의구심이 든다. "체제"라고 해야 기껏 단명한 카롤링거 세계제국이 해체되고 남긴 유산이라고 말할 수 있을 뿐이다. 어쩌면 그것은 "문명"이라고 부르는 것이 더 나을지 모르는데, 이렇게 하면 그것은 서로 연결된 일련의 소규모 체제들(또는 노동분업들)을 의미하게 될 터이다. 그것들은 공통의 종교적 구조와 제한적이기는 해도 라틴어 공용권에 의해서 서로 연결되었다.

봉건 유럽의 지리는 다층적인 장원 구조들로 이루어졌는데, 각각은 주변 지대를 갖춘 소규모 노동분업의 중심지였고 느슨하고 더 넓은 다층적인 정치 구조들 속에 다양하게 자리잡고 있었다. 이런 국지적 지대들(local zones) 중 다수는 또한 원거리 교역 네트워크에도 연결되었다. 그러나 이런 국지적 지대들이 얼마간 더 큰 경제적 실체, 즉 얼마간 단일한 노동분업의 일부였다고 말할 수 있을까? 실제 그랬다고 주장할 사람은 거의 없을 것이다.

그렇지만 이렇듯 분리된 지대들도 우리가 장기적 흐름이라고 일컫는 그런 동일한 파동에 공명했던 것으로 보인다. 11세기와 12세기에는 다소간 차이는 있어도 어디에서나 인구가 팽창하기 시작했다. 농업 생산에 종사하는 사람이 더 많아졌고 동시에 생산물에 대한 수요도 더 늘었기 때문에 유럽의 농업 생산이 팽창했다. 각각의 국지적 지대/촌락은 가장자리에 있던 황무지(숲, 늪, 초지, 소택지, 습지)를 개간했고, 당연히 이것은 그들이 이전에 경작해왔던 땅보다 전반적으로 비옥하지 않은 땅일 수밖에 없었다. 이런 팽창은 각각의 국지적 지대의 가장자리에서만이 아니라 "기독교 유럽" 전체의 경계 지역에서도 발생했다. 십자군과 이베리아 반도의 '재정복(Reconquista)'의 시작, 이슬람 통치자들로부터 서지중해 여러 섬들의 탈환, "게르만인"의 "동방" 식민화, 스칸디나비아인의 북진, 잉글랜드인의 서쪽과 북쪽 켈트 영토로의 진출이 그런 예들이다.

곡물에 대한 수요가 높았고 따라서 수지가 맞았기 때문에, "황무지"만 개간된 것이 아니었다. 목초지를 경지로 전환하고, 수확량이 적은 곡물을 수확량이 더 많은 곡물(가장 많은 것이 밀이었고, 다음이 호밀이었다)로 교체하기도 했다. 토지의 영양분과 기술 개량에 투자하는 것이 가치 있는 일이 되었고, (경작지의 평균적인 질이 하락하고 있었음에도) 수확량은 증가했다.

전반적인 팽창과 인플레이션의 조건에서, 지주들은 화폐지대를 받는 그런 토지보유 제도를 달가워하지 않았다. 정액지대는 인플레이션에 뒤처졌다. 그러므로 지주들은 토지보유 기간을 줄이거나, 화폐지대를 노동지대로 바꾸어(농노제) 팽창하는 시장에 맞게 노동공급을 확보하고자 했는데, 후자가 더 유리했다. 노동을 이용하는 것은 언제나 이익을 남기게 마련이었다. 다른 한편, 아주 작은 생산 단위들 역시 좋은 수익을 보여준 것 같고, 점점 더 많은 사람들이 곡물 생산자로서 시장에 "진입하면서" 경제적 주체의 수를 늘리고 생산을 "탈집중화시켰다." 실제로 농노제를 도입하는 동기 중 하나는 바로 이런 탈집중화를 억누르는 것이었다.

전반적인 경제의 팽창은 또한 공업부문(주로 섬유업과 금속업)의 팽창을, 그리고 이와 연동된 도시권역으로의 공업의 집중(거래비용이 줄어드는)을 수반했다. 도시의 입지(urban location) 덕분에 상당히 강력한 길드 조직이 등장할 수 있었다. 전반적으로 경제활동의 전문화가 증가했고 국지적 노동분업이 확대되었다.

비록 국지적 노동분업이 일부 원거리 "사치품" 무역을 위한 여지는 마련할 수 있었지만, 중거리 노동분업이 많지는 않았던 것 같다. 높은 운송비용이 그것을 방해했을 것이다. 어쨌든 국지적 지대들은 전체적으로 그런 "지역적(regional)"(즉 중거리) 공급원에 전체적으로 좌우되거나 의존하지는 않았다.

봉건 문명의 정치는 본질적으로 국지적 정치(local politics)였다. 그 안에서 지주/영주는 정치적 지배로 자기 영지에 대한 경제적 지배를 배가하고자 했다. 지주가 교회 인사인 경우에도 마찬가지였는데, 이런 경우는 많았다. 왕들과 공작들 그리고 백작들이 자기 수입을 끌어내는 직접적인 소유지를 가진 유력한 지주/영주 중 첫째가는 이들이었다. 그리고 두 번째로 그들의 가신 귀족/여타 지주들로 구성된 군 장군들(war chieftains)이 있었다. 경제의 팽창기에는 모든 지주들이 무엇보다 농노제를 도입하고 확장할 뿐만 아니라 자기 종복의 수도 늘림으로써 농촌 주민에 대한 정치적 지배력을 강화했다. 자기 영지에서 직접 생산자에 대한 지주의 권력이 커짐과 동시에, 고위급 "통치자들"(왕들, 공작들, 백작들)의 힘도 지방 귀족들에 비해서 커졌다. 통치자들의 "가구(household)" 규모가 커졌고, 소규모 관료제가 나타났다. 유럽의 "외부로의" 팽창이 이런 통치자들이 할 일이었고, 그 팽창으로 인해서 그들은 훨씬 더 강력해질 수 있었다. 그렇다고 하더라도 이를 과대평가해서는 안 된다. 실제로 강력했던 국가들은 없었고, 귀족이 반격을 가했다(즉, 1215년 잉글랜드의 마그나카르타[Magna Carta]). 그러나 어쨌든 "국가들(states)"이 존재했다는 것은 이 시기가 성취한 일이었다.

문화적으로 보면, 이 시기는 개화의 시기였다. 물질적 토대가 마련되었고, 문화적 확신도 자리잡았다. 유럽의 "외부로의" 팽창은 새로운 문화적 흐름을 인정하는 방향으로 나아갔지만, 이 점에서 그 흐름은 기존의 세계관에 충분히 동화된 것이었다. 아퀴나스의 「신학대전(Summa Theologica)」은 바로 그것을 총체적으로 보여주는 것이었다.

전반적인 인구 성장과 공업의 도시화, 그리고 정치적이고 문화적인 장들의 팽창은 수적인 면에서 그리고 규모적인 면에서 도시의 성장을 뜻했다. 이로 인해서 소규모 지식인 계층이 등장할 수 있었고, 최초의 대학교들이 설립되었다.

1250-1300년경 팽창은 끝났고, 장기적인 퇴행이 시작되었다. 요컨대 상승하던 모든 것들이 하강했다. "외부의" 경계들이 움츠러들었다. 십자군이 축출당했고, 비잔티움 제국은 콘스탄티노플을 탈환했으며, 무어인들은 (적어도 한동안은) 그라나다에 재결집했고, 몽고인은 아시아의 스텝 지대로부터 침략해왔다.

무엇보다 흑사병으로 인해서 인구가 줄어들었다. 새로운 토지를 경작지로 만드는 대신에, 기존 경작지도 포기했다(Wüstungen : 경작지의 황폐화). 이 토지들은 일정 부분 2세기 전에 이용하게 된 바로 그 토지들이었다. 경작면적의 이런 축소는 얼마간은 인구 감소(전염병과 기근 그리고 국지적 전쟁)로 인해서 발생했고, 얼마간은 안전을 이유로 발생했으며, 또 얼마간은 지주들이 수행한 인클로저(enclosure)와 토지매점(engrossing)으로 인해서 발생했다.

물가의 인플레이션은 역전되었다. 지대가 하락했다. 밀 가격도 떨어졌다. 곡물 생산에서 (지역의 기후적 조건에 따라서) 목초지나 포도밭으로 토지 이용의 변화가 일어났다. 이는 곡물의 수요가 점점 더 줄고 있기 때문이었고, 아울러 곡물 생산은 노동력이 더 많이 필요하기 때문이기도 했다. "귀한(noble)"

곡물들이 비천한 곡물들에 자리를 내주었다. 기술 개량과 토지 영양분에 대한 투자가 줄어들었고, 그리하여 수확량이 더 하락했다.

인구가 감소하면서 영주의 지대 수취는 한층 복잡해졌는데, 인구 감소로 직접 생산자의 협상력이 커졌기 때문이었다. 그 결과 농노제가 쇠퇴했고 결국은 대부분 사라졌다. 다른 한편 지주들은 토지를 매점하고 울타리를 쳐서 수입 감소를 벌충하고자 했다. 이로 인해서 재집중화가 얼마간 발생했다. 이런 것들이 결합하여, 노동력을 지나치게 적게 확보한 지주는 경제적으로 약화되었고, 형제가 많고 여러 세대가 함께 보유지를 가진 "부자(kulak)" 농장주 층은 강화되었다. 토지에 투자되던 자본은 다른 곳으로 이동했다.

물론 공산품 시장도 축소되었다. 실질임금이 상승했다. 생산비용을 줄이기 위해서 여러 공업들이 무엇보다 노동비용을 줄이려고 농촌지대로 옮기는 경향이 있었다(특히 거래건수가 줄어들고 있었기 때문에 당장의 거래비용을 낮게 유지하는 것을 우선 고려해서 나온 조치였다).

정치적인 면에서 그 결과는 영지의 직접 생산자에 대한 지주/영주의 지방 권위가 하락한 것이었다. 통치자들도 마찬가지로 힘을 잃었다. "국가들"이 흩어지기 시작하면서, 통치자들은 지주/귀족에 대한 지배력을 상실했다. "영주 수입의 위기"의 결과로 외곽 가장자리에서의 폭력이 아니라 유럽 **내부의**(internal) 폭력이 크게 증가했다. 정치적 권위의 하락을 틈타서 농민층의 반란이 여러 차례 있었다. 통치자와 귀족들은 수입을 늘리기 위해서 더욱 광범위하고 격렬하게 서로 싸웠다. 상호간 벌어진 이런 유혈사태로 상층계급은 직접 생산자에 비해서 한층 더 약화되었다.

문화적으로, 이 시대는 권위에 의문을 제기하는 시대였고, 인습타파의 시대, 혼란의 시대였다. 교황의 중앙 권위가 약화되었다. 평등에 강조를 두고 이단에 가까운 여러 새로운 기독교 운동들이 확산되었다. 문화적 "중심"이 유지되지 않고 있었다. 지식인들은 더욱 독립적이 되어갔다.

이런 전반적인 장기적 흐름을 요약하면서 지적해야 할 것은 그 흐름이 가진 대칭성이다. 경제적 변수들은 상승하고 다음에는 하강했다. 사회 구조는 처음에는 한 방향으로 변화했다가 다음에는 반대 방향으로 변화했다. (직접 생산자 위에 지주가 있고, 귀족 위에 통치자가 있는) 정치적 위계들은 처음에는 더 강해졌지만, 다음에는 더 약해졌다. 중심적인 문화는 처음에는 확고했다가 다음에는 널리 의문시되었다. 게다가 이런 대칭적인 모습은 유럽 봉건 문명 전반만이 아니라 여러 영지들에서도 나타났다. 전반적으로 "유럽"의 여러 지역들에서 이런 문제와 관련하여 크게 다른 모습은 보이지 않았다. 그것은 마치 국지적 지대들 각각이 일반적인 유형을 재생산하는 것 같았다. 봉건 유럽은 뒤르켐이 기계적 연대(mechanical solidarity)라고 한 것에 본보기를 제시하는 것 같았다.

근대 초 유럽, 1450-1750년

근대 초 유럽의 장기적 흐름에서 본질적으로 바뀐 것은 그 유형에서 대칭성이 많이 사라진 것이다. A국면과 B국면 간의 대칭성과 지리적 대칭성이 모두 사라졌다. 다시 팽창이 있고 그 뒤에 수축이 이어졌다. 그러나 각 국면의 유형은 이전보다 더 복잡해졌다. 다시 또 정치적 발전과 문화적 발전은 서로 연관되었지만, 여기에서도 그 유형은 이전보다 더 복잡해졌다. 유형이 더 복잡해졌다고 해서 파악할 수 없다는 말은 아니다. 그러나 그것을 제대로 이해하기 위해서, 우리는 공간적 유형화(spatial patterning), 즉 핵심부와 주변부 간의 모순에 끼어들어야 한다.

게다가 B국면의 성격에 차이가 있었다. 중세의 장기적 흐름에서 B국면은 인구와 경제활동 그리고 물가상의 퇴행을 특징으로 삼았던 반면, 근대 초의 B국면은 유럽 전역을 대상으로 평가했을 때, 퇴행이 아니라 팽창률의 정체 내지 둔화였다. 이것은 인구 수치에서 매우 명확하게 볼 수 있다. 1450-1600

년에 크게 위로 치솟던 그래프가 1600-1750년에는 평탄한 곡선을 그리고 있다. 그 원인으로는 단연 흑사병만 한 것이 없었다. 게다가 지리적 편차도 있었다. 북서 유럽에서는 인구 성장에 눈에 띄는 둔화의 모습이 전혀 보이지 않았지만, 중앙 유럽에서는 (주로 30년전쟁의 결과로) 하강했고, 동부와 남부 유럽에서는 평탄한 곡선을 그렸다.

토지 이용면에서는 다시 팽창이 발생했는데, 이는 유럽 내부만이 아니라 외부의 경계지역에서도 보였다. A시기는 대탐험의 시기였고 아메리카 대륙 일부가 유럽의 생산 지형(production map)으로 편입된 시기이기도 했다. 반대로 B시기에는 그 이상의 편입이 특징적으로 둔화되었지만, 퇴행한 것은 아니었다.

토지 이용의 유형을 보면, A국면에서 다시 한번 곡물 생산으로의 변화가 있었고, B국면에서는 곡물 생산에서 멀어지는 변화가 있었다. 그러나 자세히 보면 근대 초에 일어났던 것은 중세 말에 일어났던 것과 전혀 달라 보였다. 토지 이용의 변동면에서 북서 유럽은 곡물 생산과 목축 생산이 서로 보완하는 유형으로 변했다(A국면에서의 순전한 농업경영 및 윤작[Koppelwirtschaft]과 B국면에서의 훨씬 더 변경이 쉬운 농업경영). 유럽 전체를 놓고 보면, 이를 벌충하기 위해서 주변부 지대에서는 곡물 생산이나 목축업으로의 분화를 유지했는데, 이런 분화는 북서 유럽 도시 중심지의 소비를 위한 대규모 수출과 결합되었다. 그러므로 이것은 어디에서나 더 큰 생산 단위의 창출―북서 유럽에서 한층 대규모의 인클로저/또는 "봉건적" 권리의 재창출을 통한 대농장들(great estates)의 재구성과 주변부 지대에서 대농장경영(Gutswirtschaften)과 플랜테이션의 구성―을 내포했다.

한편, 유럽의 상품 가격 격차는 상당히 줄어들었다. 중세 말에는 뚜렷이 다른 적어도 세 개의 가격 지대들(price zones)이 있었던 반면에, 1500년과 1800년 사이에는 그 가격 지대들 간의 격차가 6 대 1에서 2 대 1로 줄어들었다. 그러나 다른 한편으로 유럽의 여러 지역들 사이에 보다 많은 상업활동이 전개되었고, 이런 지역들은 노동 가격의 상당한 격차에 의존했다. 따라서 가격 격차가 줄어들면서, 복지의 격차들(welfare gaps)은 늘어나기 시작했다. 중세처럼, A시기는 분화가 증가하는 시대였고, B시기는 분화가 줄어드는 시대였지만, 이를 재어볼 수 있는 단위는 바뀌었다. 중세 말에는 지리적으로 비교적 소규모 지대 내에서 분화를 말할 수 있었다. 근대 초 유럽에서 우리는 지리적으로 매우 넓은 권역 내에서 분화를 거론하고 있다.

유사한 상황이 산업에서도 일어나고 있었다. A시기는 산업이 도시화하는 시대였고, B시기는 산업이 농촌에 더 입지하는 시대(즉 "원산업화[proto-industrialization]"라고 했던 것)였다. 중세 말에도 확실히 위치상으로 오래된 등뼈 지역(dorsal spine)에 산업이 어느 정도 집중되는 모습이 있었지만, 이것은 근대 초 유럽에서 북서 유럽에 산업의 집중화가 나타난 정도에 비하면 소규모였다. 게다가 근대 초의 B시기에 주변부 지대에서 산업의 농촌 입지가 재등장하면서 일정한 분화가 일어났을 때, 이것은 주로 섬유업 중에서 가치가 가장 낮은 부문에서 나타났다. 이윤이 더 많이 남고 가치가 높은 섬유업 부문은 여전히 주로 핵심부 지대에 있었다.

노동 통제 방식에서도 지리적으로 불균등한 유형을 볼 수 있었다. 중세 말의 장기적 흐름에서는 대체로 어디에서든 A시기는 본질적으로 농노제의 도입을 뜻했고 B시기는 농노제의 해체를 뜻했던 반면, 근대 초의 장기적 흐름에서는 매우 명확한 지리적 편차를 보게 된다. 농업이 보다 분화된 핵심부 지대에서는 농노제로 후퇴하기보다는 오히려 지주, 농장주(fermier), 차지인(借地人) 직접 생산자라는 세 계층의 모델로 이동했다. B시기에는 소규모 자작농(yeoman farmer)이 "사라지면서" 이것이 훨씬 더 두드러졌다. 매매를 위해서 농업 생산물 대부분을 시장에 내놓았던 것이다.

주변부에서는 환금작물을 생산하기 위해서 강제노동(coerced cash-crop

labor)을 수반한 대규모 단위들—동유럽의 대농장경영의 농노, 확장된 카리브 해의 플랜테이션 노예와 잠시 동안 보였던 연한계약 노동자들(indentured laborers), 아메리카 대륙의 광산에서 토착민의 노동에 대한 연속적인 강제노동 모델—이 등장했다. 이런 곳에서 이루어진 생산의 상당 부분은 시장을 위한 것이었다—A시기에는 핵심부 지대에 팔았고, 핵심부 지대의 시장이 "문을 닫은" B시기에는 "지역" 시장에 팔았다. 이런 지역들은 또한 자체 필수품도 생산했다.

주변부 지대의 대농장들의 이윤율이 B시기에 하락하자, 소유주들은 노동력에 대한 착취를 강화하여 이를 벌충했다. 자본주의 세계경제의 확립과 함께 새벽에서 정오까지 일하는 중세적 노동 규범에서 근대 초의 하루 종일 일하는 유형으로 변화하면서, 필시 노동력에 대한 압력이 서서히 증가했음을 지적해야 할 것이다. 이는 사실상 B시기에 주변부 지대에서 한층 더 확대되었다.

게다가 분화가 지역 내 지대들 수준에서 유럽 내 지대들 수준으로 옮겨가면서 둘 이상의 지대들이 생기는 것도 가능해졌다. 실제로 자기 나름의 독특한 유형—널리 퍼져 있는 소작경작, 세계경제의 교역 유형에서 중개지로서의 역할, 핵심부 경제활동과 주변부 경제활동의 결합, (장기적으로 보면) 핵심부 지역과 주변부 지역이 가진 유형들에 중간적인 국가 구조와 임금 수준—을 가진 제3의 지대가 등장했는데, 그것이 반주변부 지대였다.

근대 초의 장기적 흐름과 중세의 장기적 흐름이 보이는 경제적 풍경에는 마지막으로 한 가지 중요한 차이가 있었다. 브로델이 말한 정치적 경계를 가로지르는 상층부 다부문 독점 기업들(monopolizing multisector enterprises)이 근대 초 동안 핵심적인 경제 주체로서 등장하여 자본 축적의 중심지가 되었다.

자본주의 세계경제의 정치는 봉건 문명의 정치와 전혀 달랐다. 장원을 중심으로 삼은 국지적 단위가 아니라 국가가 정치 조직의 핵심 단위가 되었다. 국가는 근대적 형태를 띠기 시작했다. 첫 번째 당면한 문제는 중요한 민간 관료제와 군사 관료제를 모두 창설하는 것이었다. 그것은 통치자가 더 이상 자신의 수입을 일차적으로 사적 토지소유에 의존하지 않고, 대신에 조세기반(taxation base)을 갖추는 것을 뜻했다. 통치자 가문의 봉건적 체제로부터 베버가 설명한 것과 같은 완전히 발전된 관료제 체제로의 이행의 일환으로, 근대 초 유럽의 국가는 중간적 체제(intermediate system)를 고안했다. 그 중간적 체제에서는 관료들이 국가를 "차지경영(sharecropping)"하는 데에 종사하는 얼마간은 독자적인 기업가였다. 이런 체제는 관직 매매와 징세청부의 체제였다. 이행의 기제로서 그것들은 놀랄 정도로 탄력 있고 성공적임을 입증했다.

국가들은 새로운 제도인 국가간체제(interstate system) 내에 위치했고, 그 체제가 국가를 구속했다. 국가간체제는 16세기 동안 슬그머니 서서히 나타났고, 1648년에야 베스트팔렌 조약으로 축성되었다. 이론상 그 체계 내의 모든 국가는 주권을 가지며 독립적이고 동등했다. 실제로는 국가의 힘 사이에 위계가 있었고, 이 위계는 세계경제 내에서 그 국가의 지위와 연동되는 경향이 있었다. 국가의 중요성이 더 커진 것과 국가간체제의 창설이 서로 이렇게 결합하여, 장기적 흐름의 각 국면이 힘의 분배에 미치는 충격을 크게 완화했다.

중세의 장기적 흐름에서 A시기에는 직접 생산자에 대한 영주들의 권력과 귀족에 대한 통치자의 권력이 증대했다. 그리고 B시기에는 그에 상응하여 권력이 축소되었다. 근대 초의 장기적 흐름에서는 핵심부 지대에서 귀족에 대한 통치자의 권력이 증대하고 있었지만(절대주의), 주변부에서는 그런 권력이 꾸준히 감소하고 있었고(예를 들면 폴란드 의회[Diet]의 힘이 엄청나게 증대했다), 더불어 반주변부 국가들 내에서는 이도저도 아닌 중간적인 상황이 연출되었다. 영주 대 종속민의 관계와 관련해서는 이야기가 다소 다르다. 주변부에서는 특히 B시기 동안 영주의 권력이 명백히 증가했던 반면, 통치자가 자기 신민들에 대한 직접적인 정치적 통제력을 획득하고 화폐 납입액에서 이전보다 더 많은 부분을 얻고자 했던 중심부 지대에서는 상황이 그보다 더 균형잡혀 있었다. 이를 이루기 위해서 통치자들은 직접 생산자에 대한 영주의 정치적 권력을 약화시키려고 애써야 했다. A시기에는 이런 과정이 꾸준히 진행되었지만, B시기에는 둔화되었다. 그럼에도 일반적으로 보면, 영주 대 종속민의 관계가 영주권을 축소하는 방향으로 전개되었다고 주장할 수 있을 것이다―이는 19세기에야 결실을 보게 되는 과정으로 이때에 비로소 국가가 어떤 중요한 국지적인 매개물 없이 시민을 완전히 직접 통제하게 되었다. 그렇다고 해도 이것은 주변부 지대에는 해당되지 않았고 심지어 오늘날에도 그렇다.

정치적인 면에서 한 가지 다른 차이점이 지적되어야 한다. 자본주의 체제의 발전과 더불어 부르주아지 부문이 눈에 띄게 성장했다. 이것도 역시 유럽 세계경제 전체에 고르게 확산된 것이 전혀 아니었다. 부르주아지는 핵심부 지대에 불균형적으로 자리했고, 주변부 지대에서는 (적어도 지방 출신의 부르주아들은) 사실상 제거되었다. 게다가 그 결과로 각 지대의 전국적 정치가 그에 상응하여 바뀌었다.

마지막으로 문화 영역에서도 요컨대 똑같은 공간적 분화가 지적될 수 있을 것이다. 봉건 유럽이 (적어도 교회라는 지배적인 문화적 실체와 관련하여) 어느 정도 문화적으로 동질적이었던 반면, 근대 초 유럽에서는 중대한 종교적 분열이 전개되었다. 그리고 이 분열은 시간이 지나면서 근본적인 경제적 분열과 불완전하지만 깊은 상호 연관을 맺게 되었다. 그런 상호 연관이 우연이라고 보기는 어렵다.

근대 초의 장기적 흐름은 되풀이된다. 물론 체제의 일정한 발전과정―공간적 확장과 새로운 지대들의 세계경제로의 편입, 반복되는 탈독점화와 새로운 독점의 발판이 될 새로운 기술의 추구, 도시화와 프롤레타리아화 그리고 정치적 흡수의 꾸준한 과정―이 존재한다. 그 과정은 모양을 바꾼 것 같지만, 세계체제의 공간적으로 비대칭적이고 불평등한 기본 구조는 사실상 바뀌지 않는다.

그러면 이것은 두 개의 장기적 흐름 사이에 근본적인 차이이다. 대칭 대 비대칭, 다수의 지역적 분업 대 단일한 세계경제 범위의 분업, 상승하고 하강하는 A국면과 B국면의 교체 대 계단 같은(step-like) 형태(또는 단속적 효과)를 띠는 A국면과 B국면이 그런 차이를 드러낸다. 이것이 뒤르켐이 기계적 연대와 유기적 연대 간의 차이라고 불렀던 것이다. 확실히 결정적으로 중요한 논쟁은 장기의 16세기 초에 유럽 내에서(그리고 그 후에 지리적으로 확장하는 자본주의 세계경제 내에서) 비교적 작았던 차이들이 20세기 무렵에는 어느 정도로 그 간격이 훨씬 더 벌어졌는지에 대한 것이다. 혹자는 양적 차이가 그다지 크지 않기 때문에 이것은 부분적으로만 옳다고 주장한다. 이런 입장은 계속 주장하기가 어려울 듯하다. 그렇지만 다른 이들은 그것이 19세기에야 또는 심지어 20세기에 들어서서야 사실이라고 주장한다. 물론 양극화가 꾸준히 진행되었고 비율도 늘어나고 있었기 때문에 그런 주장도 가능하다. 그러나 한 유기체의 생애를 그것이 이제 곧 사멸할 시점인 가장 완전히 숙성된 단계에서 겨우 시작되었다고 하는 것은 타당성이 떨어지는 것 같다. 청년기에도 실재했다고 주장할 수 있다.

세계경제 내의 헤게모니 개념

세계체제 분석에서 핵심적인 개념 중 하나는 지금까지 두 가지 종류의 세계체제가 세상에 알려져 있다는 것이다. 그것은 세계경제와 세계제국이다.

세계제국은 단일한 총체적 정치 구조와 단일한 총체적 분업을 가진 체계로 정의된다. 한(漢)대의 중국과 로마 제국이 세계제국의 두 가지 좋은 예이다. 헤게모니 개념은 세계경제의 국가간체제 내에서 한 국가가 가질 수 있는 속성을 가리킨다.

헤게모니 세력은 세계제국과 전혀 다르다. 세계경제의 정치적 상부 구조는 관료제에 입각한 하나의 제국이 아니라, 주권을 가진 것으로 간주되는 국가들로 구성된 국가간체제이다. 그리고 헤게모니 국가는 단지 강한 국가인 것만은 아니며, 심지어 단지 국가간체제 내에서 가장 강한 단일국가인 것만도 아니다. 그것은 다른 강한(약한 것이 아니라 강한) 국가들보다 상당히 더 강한 국가이다. 이것은 반복해서 일어났던 상황을 말하고 있지만, 그렇다고 줄곧 그랬다는 것은 전혀 아니다. 즉, 세계경제의 국가간체제 내에 헤게모니 세력이 존재했던 시대들이 있고, 헤게모니 세력이 전혀 없이 오히려 다수의 강한 국가들 사이에 "권력 균형"이 있었던 다른 시대들도 있다.

헤게모니 세력이 존재한다는 것은 무슨 뜻일까? 그것은 한 국가가 국가간체제에 일련의 규칙을 부과할 수 있고, 그럼으로써 자신이 옳다고 생각하는 바대로 세계의 정치 질서를 창출할 수 있다는 뜻이다. 이런 상황에서는 헤게모니 국가가 자기 내에 위치하거나 자기가 보호하는 기업들에게 유리한 일정한 부가적 이점을 가지며, 이런 이점은 "시장"이 부여하는 것이 아니라 정치적 압력을 통해서 얻는 것이다.

나는 헤게모니를 구조가 아니라 시간에 따라서 일어나는 과정으로 생각하는 것이 유익하다고 본다. 게다가 헤게모니는 시간에 따라서 단지 두 시기(상승과 하락)만 가지는 것이 아니라, 슘페터가 콘드라티예프 주기를 이해했던 방식과 유사하게 시간에 따라서 네 시기들을 가지는 과정인 것 같다. 경쟁 상대가 없을 만큼 강한 단 하나의 헤게모니 세력이 있는 경우로 이야기를 하자면, 첫 번째 시기는 그 직후 시대에 일어난다. 그것은 헤게모니 세력이 완만하게 하락하는 시기로, 그 시기 동안 헤게모니를 계승하려고 다투는 경쟁자로 두 세력이 등장한다. 그 이후 시기는 하락이 명확해지는 때이다. 이 두 번째 시기가 세계체제 내에 "세력 균형"이 존재하는 시기라고 생각할 수 있다. 이 시기 동안 헤게모니를 계승하려는 두 경쟁세력이 지정학적이고 세계경제적인 이점을 확보하기 위해서 투쟁을 벌인다. 세 번째 시기는 투쟁이 너무나 첨예해져서 질서가 무너지고 헤게모니 경쟁세력들 사이에 일종의 "30년전쟁"이 벌어지는 때이다. 그리고 네 번째 시기는 경쟁세력 중 한쪽이 최종적으로 승리하고 그래서 진정한 헤게모니를 확립할 수 있는 때이다— 물론 완만한 하락이 시작될 때까지이다.

지금까지 근대세계체제의 역사에는 세 개의 헤게모니 세력이 있었다. 연합주(the United Provinces)가 17세기 중반에 1648년부터 1660년대까지 잠시 헤게모니 세력이었다. 영국(United Kingdom)은 19세기에 1815년부터 1848년까지 조금 더 긴 시간 동안 헤게모니 세력이었는데, 그 시기는 약간 더 길 수도 있다. 미국은 20세기 중반에 1945년부터 1967/1973년까지 헤게모니 세력이었다.

네덜란드의 헤게모니 이후, 헤게모니 계승을 둘러싸고 경쟁한 두 세력은 잉글랜드와 프랑스였다. 영국의 헤게모니 이후, 경쟁한 두 세력은 미국과 독일이었다. 미국의 헤게모니 이후, 경쟁한 두 세력은 동북 아시아의 신흥 조직체(일본-한국-중국)와 여전히 부분적으로만 안정을 이룬 유럽 연합(European Union)이었다.

헤게모니 세력의 완만하지만 필연적인 쇠퇴

헤게모니 세력은 세계의 지정학적 힘의 준(準)독점 상태(quasi monopoly)를 영원히 유지할 수 없기 때문에 쇠퇴한다. 헤게모니 세력이 자신의 경제적 이해관계를 추구하다 보면 결국 자신의 경제적 이익을 침해하기 때문에 그렇다. 그리고 헤게모니 세력이 자신의 정치군사적 힘의 유지를 추구하다 보면 결국 자신의 정치군사적 힘을 서서히 해치게 된다.

헤게모니 세력과 그 동맹세력 사이의 애매한 관계는 경제 영역에서 가장 명백하다. 한편으로 헤게모니 세력은 자신의 "추가적" 이익을 유지하기 위해서 자기 동맹세력의 경제력이 커지는 것을 억제하고자 한다. 다른 한편, 헤게모니 세력은 시장이 필요하며, 또한 "적대세력"을 억제하는 데에 도움이 될 만한 강력한 동맹세력도 필요하다. 이런 두 요구사항 때문에 동맹세력은 아무래도 경제적으로 강해질 수밖에 없다. 헤게모니 세력이 다른 강력한 세력들에 비해서 가졌던 생산력상의 우위가 사라지거나 적어도 상당히 줄어든다.

그래서 필연적으로 헤게모니는 무엇보다도 경제적으로 스스로 침식된다. 즉 동맹세력들의 경제력 강화가 바로 쇠퇴를 야기하는 것이다. 이 시대에는 쇠퇴하는 헤게모니 세력이 정치적, 이데올로기적 획책을 이용하여 경제적 추가 이익을 유지하고자 하는데, 이는 처음에는 가능하지만 특히 "적대세력"의 위험이 줄어드는 것처럼 보이는 만큼 시간이 가면서 점점 더 어려워진다. 추가적 이익의 정당성이 의문시되기 시작한다. 헤게모니 세력은 자기 이데올로기의 타당성을 내세우는 데에 기댈 수밖에 없다. 그리고 이데올로기의 타당성을 내세우는 행위 바로 그 자체가 쇠퇴의 증거로 기능할 뿐만 아니라 그 호소력에 한층 더 부정적인 영향을 미친다.

게다가 헤게모니 세력은 자신이 확립한 세계 질서를 유지하려는 노력의 일환으로, 군사 조직에 상당한 투자를 하기 시작한다. 헤게모니 세력은 가끔씩 실제로 군사력을 쓸 필요가 있음을 알게 된다. 군사력을 사용하는 것은 비용이 많이 드는 일이며 자금 흐름을 경제적 투자에서 다른 곳으로 돌린다.

이 시대에 헤게모니 세력이 여전히 막대한 군사력을 가지고 있음은 확실하다. 그러나 진짜 헤게모니의 시대에는 헤게모니 세력이 군사력을 사용할 필요가 거의 없었다. 왜냐하면 모든 이들이 그것이 존재하며 압도적이라고 가정하고 있었기 때문이다. 쇠퇴의 시대에는 헤게모니 세력이 군사력을 사용할 필요가 대두하며, 설령 헤게모니 세력이 군사적 투쟁에서 이기더라도 군사력의 사용 그 자체가 헤게모니 세력의 장기적 유효성을 침해한다. 그것은 다른 세력이 헤게모니 세력에 대담하게 군사적으로 도전하고 있음을 뜻한다. 그리고 하나가 도전하면 다른 세력도 대담하게 도전하게 된다.

세력 균형

헤게모니의 계승을 다투는 두 경쟁세력이 더욱 강력해지고 보다 과감해지면서 발생하는 일에는 몇 가지 유형이 있는 것 같다. 지금까지 매번, 한 경쟁세력은 주로 육지에 기초했고 다른 경쟁세력은 주로 바다(혹은 오늘날에는 바다와 하늘)에 기초했다. 그리고 두 번의 첫 번째 헤게모니 주기 동안에는 육지에 기초한 세력이 세계경제를 세계제국으로 변모시킴으로써 지배권을 획득하고자 했다. 나폴레옹이 유럽 전체를 정복하고자 했고, 히틀러가 세계를 정복하려고 했다. 그에 대응하여 바다에 기초를 둔 세력은 제국이 아니라 헤게모니 세력이 되고자 했다.

이를 위해서 바다에 기초한 세력들은 거대한 동맹들을 구축했고, 무엇보다 이전 헤게모니 세력과―잉글랜드는 연합주와, 미국은 영국과―동맹을 구축했다. 이를 통해서 유추해보면, 동북 아시아 조직으로 추정되는 세력이 미국과의 동맹을 추구할 것이라고 예상할 수도 있을 것이다. 과거의 두 사례에서, 이전 헤게모니 세력은 신흥 해양(혹은 해양과 공중) 세력의 하위 파트너가 되었다.

처음에는 바다에 기초한 신흥세력이 상당 규모의 육군을 보유하지 않는 경향이 있었고, 이것은 후대 단계에서야 구축될 터였다. 이 초기 단계에서는 육군이 없는 것에 한 가지 명백한 이점이 있었다. 그것은 막대한 자금을 덜어주었고, 이 자금은 대신에 그 나라의 경제적 기반시설에 투자되었다. 이렇게 하여 헤게모니 세력이 결정적인 투쟁에서 승리하여 세계시장의 생산 영역에서 가장 경쟁력 있는 세력이 될 수 있었다.

이전의 두 실례에서, 생산의 이점은 상업적 이점으로 이어졌고, 상업적 이점은 다시 금융의 이점으로 이어졌다. 신흥세력이 세 가지 이점을 모두 가지는 바로 이 지점이 진정한 헤게모니의 시기에 해당했다. 네덜란드의 사례에서 볼 수 있는 이런 연쇄 과정을 이 책이 논하고 있다. 네덜란드의 사례에서 설명되고 또 영국의 경우에도 마찬가지로 나타나듯이, 쇠퇴도 똑같은 순서를 반복했다―쇠퇴하는 헤게모니 세력은 먼저 생산의 이점을 상실하고 다음에 상업적 이익을 상실하며 금융의 이점을 가장 길게 유지했다―는 것 역시 사실이다.

이전의 헤게모니 세력에게 쇠퇴의 과정은 파국적이지 않다. 그 세력은 헤게모니 세력일 때 축적한 위신을 모두 가진 채 오랫동안 가장 강력한 나라로 남는다. 그것은 설령 이전에 비해서 부유하지 않게 되더라도, 대개는 여전히 매우 부유한 나라이다. 그 나라의 부에는 여전히 기름기가 많아서, 그에 힘입어 그 주민들은 매우 안락한 생활을 할 수 있다. 쇠퇴는 처음에는 완만한 과정이며, 당연히 다른 이들에게 그리고 심지어 자기 자신에게도 쇠퇴하고 있다는 사실을 부정하려는 시도들이 존재한다. 그러나 결국 쇠퇴가 타격을 준다.

이 쇠퇴의 시대는 이전의 헤게모니 세력이 약해진 시대가 아니다. 정반대이다. 이전의 헤게모니 세력은 오랫동안 여전히 정치적으로 그리고 군사적으로 세계에서 가장 강력한 나라이다(그러나 경제적으로는 더 이상 그렇지 않다). 그러나 그것은 이제 헤게모니 세력이 아니다. 즉, 헤게모니의 "추가적" 이점에서 이익을 얻는 것이 점점 더 줄어들기 시작한다. 이런 완만하지만 꾸준한 쇠퇴의 시대는 세계 질서, 즉 이전의 질서가 완만하지만 꾸준히 해체되고 있는 시대로 간주할 수 있다.

쇠퇴하는 헤게모니 세력이 하위 파트너로 동맹국이 되어서 신흥세력의 경제활동에 상당한 투자를 하기 시작하는 것은 바로 "세력 균형"의 시대 동안이었다. 그렇게 함으로써 쇠퇴하는 헤게모니 세력은 잠시 동안 금융 영역에서 힘을 유지했고 자신의 잉여자본을 생산적으로 배출할 출구를 찾았다.

세계체제 내에 무질서가 커지는 경향이 있었다. 이전 헤게모니 세력은 질서를 보장할 능력이 없음을 스스로 보여주었다. 헤게모니 역할을 다투는 두 경쟁세력들은 적절한 지정학적 동맹을 획득하고 자신이 강력한 독점적 생산부문을 창출할 수 있는 기초 위에 새로운 주도적 상품기지들을 만들려고 노력하면서, 패권을 확고히 하고자 하는 시도들을 점점 더 격렬하게 벌여나갔다. "세력 균형"은 두 경쟁세력 모두에게 용납할 수 없는 것으로 보이기 시작했다. 그때 질서는 최종적으로 무너졌다.

소위 "30년전쟁"

결국 우리는 총체적 혼돈의 시기, 즉 "세계전쟁" 또는 내가 제안하고 싶은 표현으로는 "30년전쟁"의 시기에 이르렀다. 원래의 30년전쟁(Thirty Years' War)은 1618년에서 1648년까지 벌어졌다. 이 전쟁에서 연합주가 헤게모니 세력으로 등장했다. 두 번째 전쟁은 1792년부터 1815년까지의 혁명 전쟁과 나폴레옹 전쟁이었다. 이 전쟁에서 영국이 헤게모니 세력으로 등장했다. 그리고 세 번째 전쟁은 1914년부터 1945년의 시기로, 이 전쟁에서 미국이 헤게모니 세력으로 등장했다.

세 번의 "30년전쟁들"에는 비교적 공통적인 유형이 있었다. 그 전쟁들 각각은 당시 세계경제의 비교적 잘 발전된 거의 전역에서 전투가 벌어지는 현상을 수반했다. 그리고 그 전쟁마다 그 지역의 물리적 기반시설을 엄청나게 파괴하고 주민들에게 막대한 피해를 입혔다. 그렇지만 이런 "세계전쟁들"은 연속적이지는 않았다. 말하자면, 그것들은 발작적으로 벌어졌다.

"30년전쟁들" 각각은 이데올로기적으로 색깔이 뚜렷하지 않았다. 네덜란드는 가톨릭 세력과 연합했다. 영국은 유럽에서 가장 전제적인 세력들과 연합했다. 미국은 소련과 연합했다. "30년전쟁" 동안마다, 강조점은 이데올로기적 순수성이 아니라 다른 경쟁세력을 패배시키는 데에 있었다. 매번 최종적인 헤게모니 세력은 세계전쟁을 수행하는 과정에 강력한 육군을 발전시켰고, 결국 승리한 경쟁세력의 이 육군은 자신의 군사적 승리에 중요한 한 요소가 되었다. 그리고 매번 이전 경쟁세력은 최종적으로 패배했고, 군사적인 측면과 경제적인 측면 모두에서 (적어도 잠시 동안은) 활력을 상실했으며 아울러 당연히 정치적으로도 활력을 상실했다.

마지막으로 매번, 승리한 헤게모니 세력은 전쟁 동안 대체로 물리적 파괴를 피했다. 전시에 파괴를 피했다는 사실과 경제적 기반시설을 발전시켰다는 사실은 서로 결합하여, 전쟁이 끝났을 때 헤게모니 세력이 다른 주요 세력들 전체에 비해서 엄청난 경제적 이점을 가졌다는 것을 뜻했다. 헤게모니 세력은 어떤 다른 이들—주변부 지대의 생산자들만이 아니라 이전의 혹은 미래의 여타 핵심부 지대의 생산자들— 보다 효율적으로 그 시대에 가장 이윤이 남는 생산물을 생산할 수 있었다.

진정한 헤게모니

세계전쟁의 종식은 주기상의 마지막 단계이거나 첫 번째 단계인 진정한 헤게모니의 시작을 알렸다. 전쟁에 지치고 질서의 붕괴에 지치고 정치적 불확실성에 지친 세계는 새로운 헤게모니 세력의 "지도력"을 환영했거나, 아니면 환영하는 듯했다. 헤게모니 세력은 세계에 대한 시각을 제공했다. 네덜란드는 종교적 관용(cuius regio, eius religio)과 국민주권에 대한 존중(베스트팔렌), 자유로운 바다(mare liberum)를 제공했다. 영국은 유럽에서 입헌적 의회질서에 기초한 자유주의 국가관과 "위험한 계급들(dangerous classes)"의 정치적 체제내화, 금본위제, 노예제의 종식을 제공했다. 미국은 다당제 선거와 인권, (온건한) 탈식민화, 자유로운 자본 이동을 제공했다.

 이런 시각들은 이데올로기였지, 꼭 실제일 필요는 없었다. 1663년에 조지 다우닝 경이 네덜란드의 시각과 관련하여 말했듯이, "그것은 영국의 바다에서는 자유로운 바다(mare liberum)이지만, 아프리카와 동인도제도 연안에서는 닫힌 바다(mare clausum)이다"[1](그곳은 네덜란드가 이점을 가졌던 곳이다). 헤게모니 세력들은 이데올로기가 자신의 이해관계 추구에 지장을 주는 것을 결코 용납하지 않았다. 그럼에도 이런 시각들은 헤게모니 세력이 자신의 헤게모니 지위에 대한 정당성을 주장하는 근거가 되었다. 그리고 이런 시각은 의심할 바 없이 헤게모니 세력이 세계 질서를 유지하게 하는 데에 주된 역할을 했다.

 진정한 헤게모니 시대에는, 자신의 세계관에 대한 "적대세력"과 동맹 네트워크 둘 다를 구성하는 것이 헤게모니 세력에게 필수적이었다. 적대세력과 싸우기 위해서 동맹을 구성하는 것보다 동맹세력을 통제하기 위해서 적대세력을 구성하는 면이 더 컸다. 헤게모니 세력은 동맹세력들이 자신의 직접적인 경제적 이해관계보다 헤게모니 세력의 이해관계를 앞세우는 것을 확고히 하고, 그럼으로써 헤게모니의 목적이자 부수입인 그러한 "추가적" 이익을 창출하고자 했다.

 네덜란드는 프랑스에 맞서서 영국과 함께 프로테스탄트 동맹을 구축했다. 1815년 이후 시대에 영국은 러시아와 오스트리아 그리고 프로이센이라는 권위주의적 세 강대국에 맞서서 프랑스와 평화협정(Entente Cordiale)을 이루었다. 그리고 미국은 소련과 공산주의 블록에 맞서서 나토(NATO)(그리고 미일 안보조약)를 창출했다. 모든 경우에, 동맹세력들은 적어도 헤게모니 세력이

---

1) Pieter Geyl, *The Netherlands in the Seventeenth Century*, vol. 2, 1648-1715 (London: Ernest Benn, 1964), 85에서 재인용.

쇠퇴하는 시대까지 (그리고 어느 정도는 그 시대에도) 동맹으로 인해서 경제적으로 방해를 받았다.

헤게모니 세력이 제공한 지도력은 정치적, 경제적일뿐만 아니라 문화적이기도 했고, 예술 분야에서만이 아니라 지식의 구조 측면에서도 그랬다는 것이 보다 중요하다. 이것은 지식인들이 그들의 나라에서 추방당했을 때 모여들 수 있는 장소를 오랫동안 제공한 네덜란드의 경우에 그러했다. 영국과 미국이 지식의 구조에 대한 일정한 시각을 어떻게 구축했는지는 제IV권에서 상당한 지면을 할애해서 다룰 것이다. 문화 영역에 대한 이러한 통제는, 금융 영역에 대한 통제와 함께 헤게모니적 이점의 마지막 보루이다. 그러나 시간이 지나면 그것 역시 지나간다.

헤게모니는 근대세계체제가 작동하는 데에 결정적으로 중요한 기제 중 하나이다. 헤게모니의 주기들은 자본주의 세계경제의 주기적 순환에서 결정적인 표지들이다. 어떤 점에서는, 세계경제가 세계제국으로 변하는 것 — 근대세계체제의 창출 이전에는 정기적으로 일어났던 일 — 을 막았던 것은 헤게모니 세력들의 흥망성쇠이다. 헤게모니라는 기제 덕분에 근대세계체제가 인류의 역사에서 살아남아서 번성하고 전 지구를 포괄할 정도로 확장한 최초의 세계경제가 될 수 있었다. 그것이 없었다면, 역사적 체제로서 자본주의는 살아남을 수 없었을 것이고, 그리하여 세계를 변화시킬 수도 없었을 것이다.

서론 : 17세기의 위기는 과연 있었는가?

그림 1 : "암스테르담의 구(舊)거래소." 하를렘 출신의 화가 아드리아네스 요브 베르크헤이데 작(17세기 말). 프랑크푸르트 : 슈타델 미술원. 1747년 샤를 루이 폴니츠는 이 장면과 관련하여 다음과 같이 기술했다 :

나는 상인들이 흥정을 하러 정오에서 1시 반 사이에 모여든다는 광장엘 가보았다. 길쭉한 이 광장은 석조 기둥으로 떠받친 큰 발코니랄까 복도 같은 것으로 둘러싸여 있었는데, 우천시 그곳은 비를 피할 장소로 이용되었다. 거래소라고 불리는 이곳에서는 온갖 나라의 상인들을 볼 수 있다. 그들의 옷차림과 말이 무척이나 다채로워서 그것을 구경하는 일도 이 장소의 아름다움 못지 않게 즐거움을 준다. 특히 재미있는 것은 중개인이라는 사람들이 바삐 움직이는 모습이다. 그들은 환어음이나 그밖의 거래를 위해서 대상인에게 고용된 사람들로서, 이들이 이 광장의 한 곳에서 다른 곳으로 분주히 돌아다니는 모습을 보면 누구라도 그들이 제 정신이 아니라고 생각할 것이다.

두 차례 세계대전의 사이 시기에 유럽의 물가 추세에 관한 역사가들의 연구성과가 이루어지고[1] 이와 함께 프랑수아 시미앙이 A국면과 B국면이라는 두 국면으로 이루어지는 장기의 경제순환 이론(250년쯤을 주기로 상승과 하강의 추세를 한바퀴 도는)을 만들어낸 결과[2] 근대 초기 유럽사에 대한 하나의 일반화가 이루어졌다. 그 골자는 지금도 대체로 통용된다고 할 수 있으니, 16세기에는 팽창이 있었으며(A국면), 17세기에는 수축, 불황, 또는 "위기"가 있었다(B국면)는 것이다. 두 국면의 경계시기, 일어났던 변화의 성격(논의를 경제문제에 국한시키더라도), 지역적 편차, 그리고 무엇보다도 그 흐름의 원인과 결과 등은 숱한 논쟁의 대상이지만 어쨌든 앞서 말한 일반화만은 그대로 남아 있다.

1953년, 롤랑 무니에는 이 두 세기에 관한 두툼한 책 한 권을 내놓았는데 (이 책은 지금까지 네번째 개정판이 나왔다) 1598년에서 1715년까지로 규정한 이 책의 17세기 부분에 대해서 그는 다음과 같이 극적인 감동적 어조로 서두를 뗐다 :

> 17세기는 인간 존재의 전반에 걸쳐 영향을 끼친 하나의 위기가 닥쳐온 시대였다. 이것은 인간의 모든 활동, 즉 경제, 사회, 정치, 종교, 과학, 예술 등 모든 면에서 그리고 인간의 모든 본질, 즉 생명력, 감정, 의지의 가장 깊은 수준에서 일어났다. 이 위기는 줄곧 지속적이었다고 할 수 있겠지만 동시에 심한 상하의 출렁임도 있었다.[3]

이러한 저작이 나온 지 1년 뒤에 E. J. 홉스봄이 「과거와 현재(Past and Present)」지에 한 편의 논문을 실으면서 하나의 중요한 학문적 논쟁이 시작되었다. 그의 논지는 "유럽 경제가 17세기에 '전반적 위기'를 겪었으며 그것은 봉건 경제로부터 자본주의 경제로 넘어가는 전반적 이행의 마지막 국면이었다"[4]는 것이다.

---

1) Braudel & Spooner(1967, 605-615)에 있는 참고문헌 참조.
2) Simiand(1932b) 참조.
3) Mousnier(1967, 161).
4) Hobsbawm(1965, 5).

비슷한 주장은 유럽 농업에 관한 빌헬름 아벨과 슬리허 반 바트의 주요 연구에서도 찾아볼 수 있다. 아벨에 따르면 "17세기 후반과 18세기 초반 유럽 물가의 지배적 경향은 내림세였다."[5] 물론 슬리허 반 바트는 위기라는 말을 쓰는 데에는 주저하면서 1650년에서 1750년까지의 시기는 "이례적인 장기 불황이라고 보는 것이 한층 옳다"[6]고 주장한다. 하지만 이것이 그렇게까지 큰 차이가 있는 것일까? 어쨌거나 그는 이 시기가 "장기 추세가 역전된"[7] 시대라는 아벨의 주장에 반대하지 않는 것이다. 따라서 우리가 한층 신중한 용어 선택만 하면 학문적 합의가 한결 폭넓게 이루어질 수도 있다. 피에르 빌라르는 "17세기의 상대적 후퇴(recul)"를 이야기하며,[8] 피에르 쇼뉘는 A국면과 B국면의 차이를 "성장〔대〕쇠퇴(décroissance)"가 아니라 "성장〔대〕저성장(less growth)"으로 규정한다.[9] 한편 어떤 뜻에서든 위기라는 말을 가장 꺼리는 것이 르네 베렐이지만 이 베렐조차도 1690년에서 1730년까지라는 아주 한정된 기간에 한해서는 이 개념이 쓸모가 있다고 인정한다.[10] 이렇게 개념이

---

5) Abel(1973, 221). 아벨의 책의 독일어 초판은 1935년에 출간되었고, 증보개정판인 제2판은 1966년에 나왔다. 아벨 스스로는 "전체적 틀은 바꾸지 않았지만" "14-15세기와 16-17세기의 불황기는 완만한 하강기로 해석될 수 있으며 될 수 있는 대로 시기를 세분했다"(1973, 6)고 말한다. 이로 미루어서 그는 이 두 불황기 사이에 상승이 있었다고 믿는 것 같다.
6) Slicher van Bath(1963a, 206). 좀더 뒤에 이루어진 두 연구(Cipolla, 1974, 12 ; Davis, 1973b, 108) 역시 위기라는 단어를 쓰기를 꺼린다. 다만 치폴라는 이렇게도 덧붙인다 : "그 어떤 단순화도 그 밑바닥에는 얼마간의 진실이 있는 법이다."
7) 이 표현은 제2부 제5장(Abel, 1973, 206)의 제목에 나온다. Pierre Chaunu(1962b)도 17세기에 관한 논문 제목에서 "가격과 활동의 주요 경향의 역전"이라는 비슷한 표현을 쓰고 있다.
8) Vilar(1974, 46)는 이 시기가 1598년에서 1630년 사이에 시작되어 1680년에서 1725년 사이에 끝났다고 본다.
9) Chaunu(1962b, 224). 이렇게 되면 B국면에 대한 Simiand(1932b, 649)의 원래 서술에 가까워진다 : "A국면에서 일어난 것과 정반대가 아니라……성장의 감속 또는 안정화이며 이제 더 이상 성장이 지속되지 않는다는 것이다."
10) Baehrel(1961, 29)도 쇼뉘와 마찬가지로 "B국면은 반드시 쇠퇴를 뜻하지는 않으며 단지 성장률 저하일 수도 있다"(1961, 51)고 본다. 다른 사람들도 이 시기가 특히 힘든 시대였다는 데에는 동의한다. Le Roy Ladurie(1973, 431)는 "〔17〕세기의 마지막 20년 혹은 30년이 그러한 시기"라고 명확히 한다. Jacquart(1978a, 385)는 그 기간을 1680년에서

물러지고 기간이 좁혀지면 그 개념에 과연 뭐가 남나 하는 의문이 들 수도 있다. 이보 쇠퍼는 이 시기를 다룬 자신의 논문을 다음과 같이 회의적인 어투로 시작하고 있다 :

> 때로 17세기는 16세기와 18세기의 가운데에 끼어서 자체의 고유한 모습을 가지고 있지 못한 것처럼 보이기도 한다. 한편에서는 르네상스와 종교개혁, 다른 한편에서는 계몽사상과 혁명 사이에 놓인 이 세기에는 "이행"이라든가 "전환" 같은 애매한 용어만이 우리에게 남아 있는 것이다.[11]

이것은 어쩌면, 장 뫼브레가 1944년에 주장했듯이, 뚜렷한 물가 상승이 있었던 두 시기 가운데에 낀 이 시기에 대해서 "정보가 크게 모자란다"는 단순한 사실에서 비롯되었는지도 모른다.[12] 그렇다고 이 시기를 특징짓기를 거부하고 애매하고 혼란을 부르기 십상인 데이터를 복잡한 그대로 늘어놓고 말 것인가? 아니면 쇠퍼와 함께 다음과 같이 말해야 할 것인가? "이것은 그야말로 우리의 건전한 판단에 반하는 인습적인 방식이라고 할 수 있겠지만 우리로서는 오히려 17세기에 그에 걸맞는 독자적 위치를 부여해야 한다. 우리의 상상력은 그것을 요구하고 있는 것이다."[13]

용어 사용을 둘러싼 이러한 혼란 이면에 중요한 이론상의 쟁점이 숨어 있지 않다면야 우리는 그런 결정을 단지 문장표현 양식의 변덕으로 내버려둘

1710년까지로 잡는다. 그러나 Morineau(1978f, 523)는 1660년에서 1700년까지는 "상승하는 조짐도 많이 있다"고 본다.
11) Schöffer(1966, 82). 애매한 용어는 역사가의 극적인 과장으로 거부할 수 있을 것이다. "역사가가 얼마나 변화를 좋아하는지는 역사상 거의 모든 시대가 한번쯤은 '이행기'로 분류된 적이 있다는 사실에서 잘 드러난다." Supple(1959, 135).
12) Meuvret(1944, 110). 에스파냐령 중앙 아메리카에 대한 Murdo MacLeod(1973, xi)의 책 머리에 있는 비슷한 불만을 참조 : "얼마 전까지만 해도 17세기는 '라틴 아메리카의 잊혀진 세기'로 규정되었다." 그가 염두에 둔 논문은 Leslie Boyd Simpson, "Mexico's Forgotten Century"(1953)이다. J. V. Polišenský(1971, 2)도 비슷한 투로 "사회경제사가와 마르크스주의 사가는 대체로 '보다 혁명적인' 16세기와 18세기에 관심을 두지 17세기에는 큰 관심을 보이지 않는다"고 말한다. William Bouwsma(1970, 1)는 17세기를 "사학사적 의미에서……과잉개발된 두 지역 사이에 낀 저개발 지역"이라고 부른다.
13) Schöffer(1966, 83).

수도 있다. 그러나 먼저 경제의 "장기 추세"라는 것이 도대체 있느냐 하는 문제가 있다.[14] 만일 그런 것이 있다면 그것은 정치 및 문화와 어떤 관계에 있을까? 장기 추세라는 것이 있다면 가스통 앵베르가 주장하듯이 (중세에서 현재까지) 차례로 일어난 상승과 하강의 매 국면은 각기 다른 종류의 경제를 나타내는 것일까?[15] 아니면 슬리허 반 바트의 주장대로 그 국면들은 모두 1150년경에서 1850년경까지 이어지는 "간접적 농업 소비"의 시기라는 기나긴 한 시대의 일부일까?[16] 그것도 아니면 그 가운데 어디쯤 결정적인 단절이 있는 것인가? 그런 단절이 있다면 그것은 또 언제인가 하는 새로운 문제에 부딪히게 된다.

이 마지막 물음에 대해서는 잘 알려진 몇 가지 입장들이 있다. 그 한 가지는 근본적인 전환, 중요한 단절이 18세기 말 산업혁명과 더불어 일어났다는 입장이다. 카를로 치폴라에게 이 "사건"과 기원전 8000년기의 농업혁명은 "역사과정의 연속에서 깊은 단절점"을 나타내는 것이다.[17] D. C. 콜먼도 다른 방식이기는 하지만 같은 논지를 이야기하는데, 즉 1500년에서 1750년까지의 유럽 경제발전에는 변화보다 한층 더 큰 연속성이 있다는 것이다 : "전체적으로 비추어볼 때 1500-1750년의 기술은 전반적으로 변화라기보다는 정체적인 모습으로 드러난다."[18] 이와 비슷하게 마르크스주의적 사고도 전체적인

---

14) François Crouzet(1971, 147)는 1971년에 "시미앙의 A국면과 B국면 같은 낡은 개념"이라고 표현한 바 있다. 이와 비슷한 비판은 좌파로부터도 있었는데 가령 Gilles Postel-Vinay(1974, 78)는 "A국면과 B국면 같은 개념들은 지대(地貸) 분석에서 나오는 진짜 문제를 틀림없이 잊어버리게 하는 것"이라고 비판한다.
15) G. Imbert(1959)는 장기 파동에 관한 자신의 저서에서 특정 경제형태에 상응하는 네 기간의 장기 추세를 나누어 본다 :
  1250년 ── 중세 경제
  1507/10년 ── 중상주의 경제
  1733/43년 ── 자본주의 경제
  1896년 ── 계획 경제
16) Slicher van Bath(1963a, Pt. III).
17) Cipolla(1964, 31).
18) Coleman(1959, 506). 이것은 *History of Technology*, vol. III에 대한 서평 논문인데 그는 그 책을 자기 주장의 증거로 제시한다. 또 1300-20년에서 1720-30년 사이의 "움직임 없

흐름은 단절점에 대해서 동일한 결론에 도달한다. 발리바르가 주장하듯이 1500년에서 1750년까지의 시기는 "자본주의로의 이행"기이며 1750년 이후가 본래의 자본주의 시대라는 것이다.[19] G. N. 클라크가 중세 후기의 "초기 자

는 역사"에 대해서 논한 Le Roy Ladurie(1977) 참조.
19) 많은 마르크스주의자들이 이런 시기 구분을 가정한다. 그러나 Etienne Balibar(1968, 217-226)는 의식적으로 "이행기"와 하나의 생산양식이 우세하거나 "지배적인" 시대를 이론상 구분한다.
  이 시기 구분 문제에 관해서 마르크스주의 내부의 논쟁이 명확히 전개된 것은 1940-41년의 「월간노동(*Labour Monthly*)」지(誌) 상에서였다. 논쟁은 영국 혁명에 관한 크리스토퍼 힐의 초기 저술 하나를 둘러싸고 이루어졌다. Peter Field(1940a, 558)는 1640년 이전의 영국을 "아직 본질적으로 봉건적"이라고 판단한 힐을 비판했다. 그가 보기에 마르크스는 16세기 영국이 "결정적으로 부르주아적, 즉 자본주의적"이었다고 너무나도 명백하게 말했는데 이러한 "마르크스의 주장은 옳으며 16세기 사회는 부르주아 사회였다"는 것이다. 실제로 엘리자베스 여왕은 "이 자본주의적 부르주아 사회에서 벨기에의 레오폴 국왕에 견줄 만한 최대의 자본가였다." 이에 대해서 Douglas Garman(1940, 652)이 반론을 폈는데 그는 필드가 "달걀을 닭으로 착각했다"고 하면서 1640년 이전에 부르주아 혁명이 이미 일어났다면 "그것은 대체 언제인가"라고 캐물었다. 이에 맞서서 Field (1940b, 654-655)도 가먼 씨가 "수태와 탄생은 같은 것이 아님을 망각하고 있다"고 반박하면서 이렇게 설명했다: "장미전쟁이란 이른바 봉건세력의 집단 자살과 같은 것으로, 부르주아는 이를 이용해서 확고하게 자신의 뿌리를 내렸다. 부르주아 사회는 이 전쟁으로부터 시작해서 몇 차례의 농민반란, 교회령 몰수, '은총의 순례' 및 북부 제후의 반란을 거치면서 비로소 탄생한 것이다."
  이에 대해서 Dona Torr(1941, 90)는 아주 명확한 단계론을 확고히 옹호했다. 그녀가 보기에 필드의 잘못은 봉건사회가 곧바로 자본주의 사회로 바뀐다고 가정하고 "자본주의 발전에 불가결한 소상품 생산이라는 중간단계를 무시한 데에 있다." 그녀는 "최종적인 자본주의 사회형태"는 14세기에 영국 장원경제가 "붕괴한" 뒤 실로 400년이 흐른 산업혁명기에 비로소 완성된 것이라고 말한다.
  Maurice Dobb(1941, 92)는 도나 토르와 같은 문제를 논하면서 중간적 입장을 취한다. 한편으로 그는 자본주의를 산업혁명기로 보는 토르의 설에는 찬성하지 않는다. 만약 그렇게 보게 되면 "자본주의 생산의 대두보다 한 세기 반 이상 이른 17세기의 투쟁을 어떻게 부르주아 민주주의 혁명이라고 규정할 수 있겠는가?" 그렇다고 해서 "튜더 및 스튜어트 시대의 영국을 훗날의 '산업 자본주의'에 대비시켜 '상인 자본주의'로 규정하는 것은 문제를 회피하는 것"이라고 그는 말한다. 결국 도브가 마련한 해결책은 이 시기에 "생산력은 중세나 다름없는 형태였더라도 생산관계는 [이미 변화하고 있던 게 아닐까]" 하는 것이었다. 이렇게 되면 16세기 영국의 "생산양식은 자본주의로 이미 이행하는 과정에 있는 것"으로 규정할 수 있게 된다는 것이다. 하지만 도브의 정식이 토르의 정식이 자칫 빠질 수 있

본주의"와 19세기의 "완전히 발전한 자본주의"를 구별하는 것도 이 비슷한 생각이다. 그에 의하면 첫번째 단계는 "마키아벨리에서 버크에, 콜럼버스에서 워런 헤이스팅스에, 푸거가(家)에서 암스테르담의 쇠퇴에, 조토에서 티에폴로에" 이르는 기간으로 뚜렷하게 규정할 수 있다. 다시 말해서 "이 단계는 애덤 스미스, 제임스 와트, 로스차일드가(家), 나폴레옹, 로버트 오언까지에는 이르지 않는 것이다."[20]

한편 단절점을 산업혁명이 아니라 대체로 장기 16세기에 일어난 유럽의 팽창, 세계시장의 창출, 자본주의의 출현에서 찾는 또다른 학파도 있다. 가령 시미앙은 16세기를 장기 파동기의 시작으로 보고 있다.[21] 폴 스위지는 발리바르가 대표하는 마르크스주의 전통을 공격하면서 마르크스에게 "본래의 매뉴팩처 시대"(1500년 무렵부터 1750년에 이르는)와 "근대공업 시대"란 "서로 다른 두 사회체제가 아니라 자본주의의 두 국면일 따름"[22]이라고 주장한다. 단절은 16세기에 있었다는 것이다. 페르낭 브로델도 기간을 좀더 늘려잡고 있기는 하지만 기본적으로 같은 생각이다 :

사실, 경제적 관점에서 13세기에서 17세기까지 걸친 수세기가 대체로 유럽사에서나

는 위험한 덫은 피했을지 몰라도 결국 그녀의 발상과 궁극적으로는 다를 바가 없다는 것은 훗날 그 자신의 저술이 보여준다.
　Hill(1948, 135)이 마르크스와 엥겔스의 영국 혁명관에 대한 논문을 내놓은 것은 그로부터 몇년 뒤였다. 그는 거기서 이렇게 말했다 : "부르주아 혁명에 관한 마르크스주의의 개념"은 "봉건국가 내부에서 성장한 중간계급이 그 국가를 무너뜨리고 부르주아지의 지배 도구로서 새로운 국가를 세우려는 혁명을 말한다." 힐은 그러한 혁명의 예 ── 성공한 것도 있고 그렇지 못한 것도 있는데 ── 로 독일의 종교개혁("부르주아 정신에 입각한, 구질서에 대한 최초의 맹공"), 네덜란드 반란("국민적 규모에서 성공한 최초의 부르주아 혁명"), 1640년 영국 혁명, 1789년 프랑스 혁명, 유산된 1848년의 독일 혁명, 1905년과 1917년 2월의 러시아 혁명을 들었다. 이 논문에서 그는 정치강령과 권력에 역점을 두고 경제의 직접적인 서술은 회피하고 있다. 따라서 이 논문은 필드가 제시한 입장과 정면으로 맞붙지는 못하고 있다.
20) G. N. Clark(1960, 10-11).
21) Simiand(1932a, 3).
22) Sweezy(1972a, 129).

세계사에서나 일종의 경제적 앙시앵 레짐에 대하여 효과적으로 도전한 하나의 시대라는 것은 명백하다.[23]

제3의 그룹은 단절점을 산업혁명 및 프랑스 혁명의 시대와 장기 16세기 사이 어딘가에서 구하고자 한다. 그들은 17세기 중엽을 근대로의 전환점으로 제시한다. 홉스봄이 이 진영에 속하는 것으로 보이며 피에르 쇼뉘도 이런 입장을 실질적으로 자신의 책에서 "고전적인 유럽"을 총괄하는 주제로까지 삼는다. 책 서론에서 그는 "프랑스 혁명의 지적 기원"을 스피노자에서 찾을 수 있다는 사실을 깨닫지 못하거나, 16세기의 "양적-공간적 팽창"이 정말로 뜻 깊은 변화가 아니라 "12세기에 시작된 혁명의 최종적 결과"였을 뿐이라는 사실을 잊고 있는 학자들의 관점을 특히 거부하고 있다. 쇼뉘에게 "가장 중요한 질적 변화는 17세기에 일어났으며" 그 가운데서도 첫손에 꼽을 것은 "세계의 수량화"이다.[24] 마르크스주의자들이 어느 문제에서나 온갖 편에 다 있다는 것을 보여주는 본보기라고 할까, 이 세번째 입장의 지지자로는 소련 과학 아카데미 회원인 E. M. 주코프도 있다. 1960년 스톡홀름에서 세계 각지의 역사학자들 앞에서 그는 다음과 같이 주장했다:

> 소련 역사학계에서는 으레 중세가 끝나는 경계를 17세기 중엽으로 잡고 있다. 이는 봉건제가 이때까지 경제적으로 살아남아서 생산력 발전에 장애가 되어 있었기 때문이다.[25]

따라서 단절점에 관해서는 세 가지의 시기 설정, 즉 1500년경, 1650년경, 1800년경이 있고 여기에는 세 가지(혹은 그 이상)의 역사이론이 있다. 1800년은 결정적인 전환점으로 산업화를 강조하는 입장이고, 1650년은 최초의 "자본주의 국가들"(영국과 네덜란드)이 출현한 시점을 강조하거나 데카르트,

---

23) Braudel(1974, 6).
24) Chaunu(1966a, 20-21).
25) Zhukov(1960, 85). 그는 어떤 마르크스주의자들은 프랑스 혁명을 전환점으로 보기도 한다는 점을 지적하고 러시아인들은 여기에 동의하지 않는다고 덧붙인다.

라이프니츠, 스피노자, 뉴턴, 로크 등의 주요 "근대적" 사상의 출현을 강조하는 입장이다. 1500년은 다른 경제형태들과 구분되는 자본주의 세계체제의 창출을 강조하는 입장이다. 따라서 "17세기의 위기는 있었는가"라는 물음의 답은 근대세계에 대해서 어떤 전제를 가지고 있는가와 함수관계에 있다. 위기라는 말은 **주기적 경기변동**과 같은 것과 단순한 동의어로 보아서는 안 된다. 그것은 콩종크튀르 이상의, **장기 지속 구조들**의 전환점을 가리키는 극적인 긴장의 시대를 지칭하기 위해서 아껴두어야 한다.

그렇다면 위기란, 하나의 사회체제 내부에서 일상적인 보상 메커니즘이 여러 중요한 사회적 행위자들의 관점에서 볼 때 제대로 움직이지 않게 되어 그 경제의 중요한 재편(단순히 체제 내에서의 이권의 재분배가 아니라)이 일어나는 흔치 않은 역사적 시기를 가리킨다. 이렇게 해서 일어나는 재편은 후대에는 마치 필연적이었던 것처럼 보이기도 한다. 물론 어떤 위기가 정말로 불가피했던 것은 아니다. 그러나 재편 대신에 다른 대안이 있었다면 그것은 낡은 체제의 붕괴일 수밖에 없어서 만일 그렇게 될 경우 많은('대부분의'라고 해야 할까?) 사회적 행위자들이 실제로 일어난 구조적 혁명 이상으로 더 끔찍하게 생각하여 곤란해할 그런 것이었다. 만약 이것이 우리가 위기라는 말로써 뜻하는 바라면 비로소 "17세기의 위기는 있었는가"라는 물음은 뜻깊은 지적 물음이 된다. 이런 전망에서 그것은 정녕 다음과 같은 물음, 즉 "봉건제에서 자본주의로의 이행"이라는 세계사적 과정이 언제 어떻게 일어났는가라는 물음을 뜻하게 된다. 그 답변을 위해서는 자본주의를 하나의 사회체제로, 하나의 생산양식으로 정의할 뿐 아니라 하나의 문명으로 정의하는 것이 필요하다. 시기를 택하면서 우리는 유사성과 차이의 정도도 택하게 되는 것이다.

이 책의 주장은 다음과 같다. 근대 세계체제는 자본주의 세계경제라는 형태를 띠며 이 세계경제는 장기 16세기 유럽에 그 기원을 둔 것으로 여기에는 봉건 유럽의 특정한 재분배적 혹은 공납적 생산양식(브로델이 말하는 "경제적 앙시앵 레짐")으로부터 질적으로 다른 사회체제로의 **전환**이 있었다는 것이다. 이때부터 자본주의 세계경제는 (1) 지리적으로 지구 전체를 뒤덮게 팽창하며 (2) 팽창과 수축의 주기적 유형(시미앙이 말하는 A국면과 B국면)을 나타내고, 경제적 역할을 맡는 지역이 지리적으로 이동한다는 것(헤게모니의 확립과 붕괴, 핵심부/주변부/반주변부 지역들의 부침운동) 그리고 (3)기술의 진보, 공업화, 프롤레타리아트화, 체제에 대한 정치적 저항의 구조화 등 지금도 진행 중인 장기적인 이행과정을 겪게 된다는 것이다.

이런 관점에서 보면 17세기, 대략 1600년에서 1750년까지 이어지는 17세기는 무엇보다 팽창과 수축의 주기적 유형의 예가 된다. 세계체제의 전체적 지리를 보면 1500년 무렵 성립된 경계는 1750년 이후까지도 크게 바뀌지 않았다. 실제로 일어난 장기 변동의 과정에서 보아도 1600년에서 1750년까지의 기간에 두드러진 질적인 도약을 볼 수는 없다. 따라서 우리는 장기 16세기와 17세기 사이에 팽창(A국면)과 수축(B국면), 성장과 저성장이라는 한 가지 큰 차이는 있었지만 본질적인 연속성을 주장하는 것이다. 현실을 이렇게 요약하려면 어떻게 증거를 제시해야 할까? 어떤 점에서 이 답은 지극히 간단하다. 먼저 팽창국면과 수축국면의 경험적 차이를 밝히고 이어서 이 순환유형이 일어나는 이유를 제시한 다음, 이러한 경제적 전환의 결과 계급 형성, 정치적 투쟁, 문화적 의식이 어떻게 변했는지를 개괄해보고자 한다. 이러한 경험적인 서술로부터 한층 더 큰 사회사적 변화이론의 일부로서 자본주의 발전의 이론을 더욱 명확히 해보고자 할 것이다.

나의 주장은 세계경제의 경계가 1500년에서 1750년까지의 기간에 그다지 변하지는 않았지만 1450년(또는 1500년)에서 1650년에 이르는 기간과 1600년에서 1750년까지의 기간(연대는 의도적으로 중복시켰다) 사이에는 자원, 경제적 역할, 부와 빈곤의 지리적 분포 그리고 임금고용 및 공업기업의 분포에도 차이가 있었다는 것이다. 이 주장을 입증하기는 쉽지 않고 확실하게 설득력 있는 증명을 하려면 전적으로 새로운 일련의 경제지표를 짜집기해야 할 텐데 그런 일은 본질적으로 어렵고 현실적으로도 아마 불가능할 것이다. 우리는 가령 사치품과 필수품 각각에 관해서 무역의 양, 가치, 방향을 나타내는 25년 단위의 일련의 지도와 1500-1650년 그리고 1600-1750년의 각 수치의 "누적액"을 나타내는 지도가 필요하다. 아마도 우리의 추측이 맞다면 그런 지도들은 대체로 사치품보다 필수품 관련 유럽의 무역이 한편으로 동유럽과 다른 한편으로 러시아, 투르크령 발칸 사이의 경계선 안쪽에서만 그리고 그리스도교의 지중해와 이슬람교 지중해 사이의 경계선 안에서만 전개되었음을 보여줄 것이다. 이러한 경계선 안에 남북 아메리카는 들어가겠지만 아프리카와 아시아는 안 들어갈 것이다.

무엇보다도 이 지도들은 1500-1650년의 기간과 1600-1750년의 기간 사이에 카리브 해안이 새로 들어오는 것말고는 외부의 경계선에 큰 변화가 없었음을 보여줄 것이다. 이 점은 뒤에 가서 살펴볼 것이다. 다른 한편 이 두 기간 사이에 유럽 세계경제의 틀 내부에서는 경제, 정치, 문화의 유형이 심대하게 변화했음을 볼 수 있을 것이다. 공업의 입지와 집중도가 달라졌을 것이며 (적어도 변화과정에 들어갔을 것이다) 공업과 농업 간의 교역조건, 각 지역의 임금고용 비율, 임금취득자의 실질임금도 달라졌을 것이다. 국가기구들 가운데는 강해진 것도 있고 약해진 것도 생겼으며 농업생산과 공업생산, 인구생산 면의 증대비율에도 변화가 있었다. 핵심부였던 지역, 또 반주변부와 주변부였던 지역에도 약간 변화가 있었다. 하지만 무엇보다 중요한 것은 각 지역에 흘러든 세계적 잉여의 상대적 정도에도 변화가 있었다는 점일 것이다.

자본주의 발전에 관한 우리의 이론을 근거로 예상되는 변화의 방향을 명확히 하기 전에 독자들에게 한마디 해둘 말이 있다. 여기서 구하려는 종류의 통계자료는 사실 거의 없다는 것이며 기껏해야 부분적이고 산발적이라는 것이다. 특히 모자라는 것은 **관계**에 관한 진술들을 입증해줄 세계경제 **전반**의 자료이다. 사회구조의 여러 변수들에 대해서 확실한 진술을 해보려는 꿈이라도 꾼다면 상황은 더욱 심각하다. 그러기 위해서는 1500년에서 1650년까지의 기간과 1600년에서 1750년까지의 기간 사이에 계급구성 유형이 어떻게 달라졌는지 그리고 민족-국민의 경계 규정이 어떻게 바뀌었는지도 알아내야 한다. 특히 특정 국가 내부보다 전체로서의 세계경제 내에서 그 변화를 알아야 하는데 여기서 우리의 자료는 더욱 얻기 어렵다. 이 시점에서 우리가 할 수 있는 일이라면 기껏 다음과 같은 식일 것이다. 즉 단편적인 자료를 분석하고, 약간이라도 확실하다고 여겨지는 것을 서술하고, 그런 자료 전체를 아우르는 설명 모델을 검증하고 이론적인 견해를 제시해보고, 경험적인 자료공백과 이론상의 난문제에 대해서 뭔가 개념적으로 가늠해보는 정도 말이다. 지금까지 역사 저작이 17세기의 "위기"라든지 "상대적 후퇴" 또는 "저성장"으로 뜻한 바를 바로 이런 관점에서 살펴보고자 한다.

1
수축(B) 국면

그림 2: "시골 사람." 파리의 이름 높은 판화작가 니콜라 게라르(1648-1719) 작. 그가 보기에 시골 사람은 "고생하러 태어난 존재"였다. 파리: 국립도서관.

슬리허 반 바트에 따르면, 카롤링 왕조 시대 이후 **농업적** 팽창기와 수축기를 가르는 근본적인 특징은 다른 상품과 임금에 대한 곡물 가격의 상승 및 하락이다. 그것은 곡물의 교역조건이 유리하냐 불리하냐의 문제였는데 1600년(또는 1650년)에서 1750년까지의 기간을 그는 곡물의 수축기, 다시 말해서 **교역조건이 불리한** 시대로 본다.[1] 여기서 수축을 이렇게 정의하는 것을 새삼 강조해둘 필요가 있는 것은 슬리허 반 바트의 생각으로는 밀 가격의 상대적 하락이 그 절대적 하락보다 훨씬 더 중요하기 때문이다.[2] K. 글라만이 1650년 무렵 "동서 유럽간의 대규모 곡물 교역"의 전환점이라고 일컬은 것도 교역조건의 변화와 더불어(여기서는 일단 인과관계의 문제는 제쳐두고) 생겼으니 이 전환은 분명히 "남유럽과 서유럽의 곡물 자급률이 [아마도] 높아진"[3] 때문에 일어난 것이었다. 이러한 자급률 상승은 "17세기 후반 서유럽에서 식량 생산이 늘어난 것이 인구의 전반적 정체와 동시에 일어남으로써"[4] 아마도 공급 과잉을 야기한 데서 비롯된 것이다. 하지만 글라만은 이 시대 "유럽에

---

1) Slicher van Bath(1965a, 38). 그는 훗날의 저술에서는 이렇게 덧붙였다 : "그렇다고 해서 이것이 그 기간 동안 양조업과 증류주 제조업, 직물공업, 담배 제조업같이 번영하는 다른 경제생활 부문이 있었다는 사실을 배제하는 것은 아니다."(1977, 53)
2) "가장 중요한 것은 곡물과 버터, 치즈, 양모와 같은 축산물 가격 비율의 장기간에 걸친 변화이다. 또한 밀 가격과 아마, 유채, 담배 등과 같은 공업용 작물 간의 관계, 나아가 밀과 포도주의 관계, 밀과 직물이나 벽돌 등 공업제품 간의 관계, 마지막으로 밀 가격과 지대의 관계도 대단히 중요하다." Slicher van Bath(1965b, 144). 이와 관련해서 중세 말 유럽 경제가 위기였다고 보기를 꺼리는 뒤비에 대한 Perry Anderson(1974b, 197)의 비판을 참조. 지역에 따라서 경제적 진보의 조짐이 계속된다고 보는 뒤비에 대해서 앤더슨은 "위기 개념을 퇴보 개념과 혼동한 것"이라고 비판한다.
3) Glamann(1974, 464).
4) Glamann(1974, 465). 또한 Slicher van Bath(1963a, 208)도 참조. 뒤이은 곡물 생산의 전반적 감소에 대해서는 Jacquart(1978a, 352, 360) 참조. 자카르는 곡물 생산이 전반적으로 줄어든 이유로는 세 가지밖에 있을 수 없다고 지적하는데(p. 378), 생산비용의 변화, 수확량의 변화, 생산물의 시장가치의 변화가 그것이다. 그는 첫번째 것을 이 시기에 있을 수 없는 것으로 배제함으로써 다른 두 가지 설명이 남게 된다. 결국 그는 수확량 감소를 주된 원인으로 설명한다. 한편 수확량 감소를 기후변동으로 설명하는 데에 반대하는 Slicher van Bath(1977, 63)의 주장을 참조. "다른 모든 조건이 같다면 이 시기 곡물 가격은 오름세를 나타냈어야 한다. 하지만 실제로 대부분의 나라에서 그것은 내림세를 보였다. 이는 분명히 수요에 영향을 주는 모종의 변화가 일어났으리라는 것을 뜻한다."

서는 후추도 공급 과잉이었다"[5]고 본다.

그러나 너무 적은 식량이 문제였을 이 시대에 어떻게 공급 과잉을 이야기 할 수 있을까? 쇠퍼는 "14세기의 재앙으로부터 멀리 18세기에 이르기까지" 유럽에서 "줄곧 존재하면서도 종종 표면에 드러나지는 않았던 구조적 현상"에 대하여 이야기하면서 특히 "식량의 생산 및 분배와 식량을 필요로 하는 인구 사이에 끊임없이 긴장이 있었다"고 말한다. 그 결과 "영양부족이 만성적이었고 기아도 종종 전염병처럼 번지는 상황"[6]이 벌어졌다. 도메니코 셀라는 근대 초기에 사람들의 복지는 "식량 공급이 인구와 보조를 맞추느냐 아니냐"[7]에 달려 있었다고 본다. 하지만 식량 생산이 인구보다 빠른 속도로 늘어났다고 보는 사람들도 있다. 우리로서는 일련의 사건들에 대해서 좀더 명확한 개념을 가지지 않으면 풀 길이 없는 난점이 여기 있다. 우선 그밖의 어떤 다른 사건들이 일어났는지를 살펴보기로 하자.

17세기에는 모종의 농법의 변화가 있었던 한편 토지개간의 진행은 적어도 속도가 느려졌거나 정지상태, 아니 어쩌면 역전했는지도 모른다. (쇼뉘의 그야말로 적절한 표현을 빌리면) "토지를 발명했던" 16세기나 18세기와 달리 17세기, 특히 1650년 이후는 "공고화"의 시대, 더욱이 "다른 보상도 없는" 공고화의 시대였다.[8] 1600년에서 1699년 사이 유럽 전역에서는 경지 팽창이 중단된 데다가 평균 곡물생산성도 떨어졌으니 그 생산성 저하는 밀과 호밀에 비해서 보리와 귀리가 더 심했고, 서유럽에서보다 중유럽, 북유럽, 동유럽에서 한결 심각했다.[9] 데 마달레나는 이 생산성 저하를 "두드러진 현상"으로 보고 있다.[10] 또 한 가지 중요한 농법상의 변화는 재배작물의 선택에 있었다.

---

5) Glamann(1974, 485).
6) Schöffer(1966, 90).
7) Sella(1974, 366).
8) Chaunu(1966a, 272). 또한 Slicher van Bath(1963b, 18)도 참조. 폐촌 현상은 17세기 내내 보헤미아, 독일지역, 폴란드, 부르고뉴 등 전쟁 피해가 극심했던 지역뿐 아니라 이탈리아의 캄파니아와 토스카나, 에스파냐의 살라만카처럼 주요 전장이 아닌 지역에서도 찾아볼 수 있다. Slicher van Bath(1977, 68) 참조.
9) Slicher van Bath(1963b, 17) 참조. 또한 Jacquart(1978a, 363-368)도 참조.
10) De Maddalena(1974a, 343). Slicher van Bath(1965a, 32)는 수확률과 곡물 가격 사이에

먼저 곡물용 경지가 기온이 비교적 서늘한 지역에서는 목초지로, 비교적 따뜻한 지역에서는 포도주 생산을 위한 재배지로 변했다.[11] 둘째로 곡물 재배로부터 사료작물, 집약적 노동이 필요한 야채, 상품작물(아마, 대마, 홉, 유채, 꼭두서니, 대청)의 생산을 늘리는 방식으로 바뀌었다.[12] 셋째 (호밀과 밀 같은) 값비싼 곡물이 (보리, 귀리, 메밀 같은) 싼 곡물로 바뀌었으며[13] (부식토와 이회토 등) 곡물 생산을 위한 비료 구입액도 줄어들었다.[14]

이렇듯 순수한 농법상의 변화와 더불어 농업생산의 사회조직에도 많은 변화가 일어났다. 데 마달레나는 17세기의 전체적인 "농민계급의 강등"[15]을 논하면서 그 기간에 "지주들이 '결핍과 예기치 못한 긴급사태'라는 핑계를 대며 그때까지 농민이 소유하던 농장을 몰수했다"[16]고 본다. 그는 또한 "공동체 재산의 3분의 1(여기서 'triage'라는 말이 생겼다)이 접수 ―― 강탈이라고 해야 옳겠지만 ―― 되었으며" 그로 인해서 그때까지 방목과 땔감 채취의 권리가 보장되던 토지가 줄어듦으로써 농민들이 타격을 입었다고 한다.[17] 슬리허 반 바트는 대개

필연적인 관계가 있다고 주장한다. "지력을 키우는 데는 비료의 구입이 꼭 필요하며 이로써 높은 수확량을 얻을 수 있다. 그러나 이것은 곡물 생산으로 수지가 맞을 때만 이루어졌다." 하지만 그가 곡물 생산이 수지가 맞았다고 믿지 않는 것은 다음과 같은 주장을 볼 때 명백하다 : "1600년에서 1750년 사이에 유럽 대부분의 나라에서 곡물 수확률이 약간 떨어졌음을 보이는 증거가 있는데 이것은 아마도 비료의 양이나 질이 떨어진 때문으로 보인다."(1977, 95)

11) Romano(1962, 512-513). 또한 Slicher van Bath(1965a, 33-34)도 참조. 그는 1650년에서 1750년 사이에 경지가 목장으로 바뀐 지역들의 목록을 다음과 같이 든다. 즉 카스티야, 슈베린, 포어아를베르크, 알고이, 브레겐처발트, 페이 다노, 에멘탈, 사부아, 쥐라, 그뤼에르, 페이 데르베, 부르고뉴, 티에라르슈, 페이 도주, 베생, 코탕탱, 미들랜즈, 아일랜드 등이다. 1630년에서 1771년까지 새로 포도밭이 된 지역으로는 레 랑드, 페리고르, 세트, 몽펠리에, 알자스, 카탈루냐, 보, 할빌, 취리히 칸톤이었다.
12) Slicher van Bath(1965a, 33, 39)는 모젤, 하르츠, 에어푸르트 및 저지방 국가들에서 이러한 변화의 예를 든다.
13) Slicher van Bath(1965a, 39).
14) Slicher van Bath(1965a, 15, 39).
15) De Maddalena(1974a, 288). 또한 Jacquart(1978a, 346 ; 1978b, 427-428 ; 1978c, 462)도 참조.
16) De Maddalena(1974a, 292). 또한 Jacquart(1978b, 391-392)도 참조.
17) De Maddalena(1974a, 294).

의 경우 도시보다 농촌 주민이 고통을 더 받았다는 데에 동의하면서도 소농장주 또는 오막살이 농민과 날품팔이 노동자 또는 가내하인을 구별한다. 임금을 받는 뒤의 두 부류에 비해서 앞의 두 부류가 "한결 더 처지가 나빴다"는 것이다.[18] 뫼브레는 이 점에 대해서 명쾌하기 그지없는 설명을 찾아내고 있다:

> 토지소유농이든 차지농이든 라부뢰르(laboureur) 층이 밀 가격 때문에 이윤이 작아진 것에 대해서 불평했던 데 반해서 과연 얼마나 많은 노동자나 수공업 장인들이 어쩌다가 그것을 사야 되는 몇 안 되는 경우에 자기가 지불해야 할 그 낮은 가격에 기뻐했을까.[19]

일반적으로 슬리허 반 바트는 소유농이든 차지농이든 농민들(fermiers-propriétaires)의 재정 형편이 어려워짐에 따라서 차지(fermages) 건수가, 특히 소차지농(petits fermier)의 수가 줄어들었다고 주장한다.[20] 이 두 가지가 줄어들면서 전반적으로 농업단위의 크기가 더 커졌다.[21] 하지만 단위가 커지고 노동비용이 올랐음에도 불구하고 17세기에는 16세기만큼 농업장비가 개량되지는 않았다. 다만 교유기 개량과 같이 낙농에 쓰는 도구류에 혁신이 있었던 정도였다.[22]

농업보다 약간 뒤이긴 하지만 공업도 마찬가지로 17세기에 그 "가속력"을 잃었다고 이야기된다.[23] 다만 이것이 유럽의 전체 생산과 관련되어 어떤 의미

---

18) Slicher van Bath(1965b, 147). 독일어로는 앞의 부류가 Kleinbauern, Kätner, Häusler, 뒤의 부류가 Knecht, Magde이다. Jacquart(1978c, 466)도 마찬가지로 "중간 농민층"의 상대적 몰락을 강조하는데 그가 이 범주에 넣는 것은 "소규모 가족보유지를 소유하는가 이를 경작하다가" 이 위기의 기간에 "프롤레타리아화"되었다고 보는 사람들이다.
19) Meuvret(1944, 116).
20) Slicher van Bath(1965a, 38).
21) Slicher van Bath(1965a, 37-38).
22) Slicher van Bath(1965a, 15, 34, 39).
23) Romano(1962, 520). 훗날 로마노는 이 논문의 골자를 다시 요약해서 다음과 같이 말했다: "농업에서 최초의 중대하고 결정적인 붕괴는 16세기 끝무렵에 왔다. 상업과 공업의 붕괴는 조금 뒤인 1619-22년 사이에 시작되었다. 말하자면 이 연간의 짧은 위기 뒤에 상업과 '공업' 활동이 한층 긴 위기로 들어선 것이다."(1974, 196)

를 지녔는지는 분명치 않다. 셀라의 주장에 의하면 16세기에는 인구가 팽창할 때 실질임금이 떨어졌기 때문에 변동이 비교적 작았고 그 결과 전반적 상황은 "기본적으로 변하지 않았다." 그러나 일인당 소득이 상승했던 1650년 이후에는 개인적 수요가 증대해도 그 증대는 "부분적으로는 인구가 줄어듦으로써 [전 지구적으로] 상쇄되었을 수도 있다."[24] 그러한 분석의 불확실성에 대해서 홉스봄은 "생산에 어떤 일이 일어났는가? 우리는 그저 모를 뿐이다"[25]라고 잘라 말한다.

우리가 안다고 할 수 있는 것은 공업의 **분포**에 변화가 있었다는 것이다. 슬리허 반 바트에 의하면 "중세 말이나 17세기 말과 같은 농업 수축기에 으레 농촌공업, 특히 직물공업이 나타난다는 것은 잘 알려진 사실이다."[26] 이것은 비고용 농촌 노동력의 가격이 떨어져서 공업측에서 매력을 느끼게 되기 때문이라는 것이다. 적어도 18세기 중엽까지 그런 공업에서는 고정자본의 비율이 낮았기 때문에 로마노는 "그 결과 기존 사업을 걷어치우고 그 자본을 빼내는 것이 극히 쉬웠다"[27]고 주장한다. 그런데 직물공업만 보면 이 이야기가 맞을지도 모르지만 (로마노 자신이 꼽는) 당시 3대 공업 가운데 나머지 둘, 즉 광업과 조선업에 대해서는 이 주장이 적용되기 어렵다.[28] 직물생산이 농촌지역으로 옮아간 것은 중요한 신규 공업이었던 양조업, 증류주 제조업, 풀 제조업, 다시 말해서 하나같이 곡물 가공과 관련된 공업의 정착과 함께 일어난 것이다.[29]

곡물 가격의 하락은 뒤집어보면 실질임금의 상승이었다. "17세기 후반에는 ……식량 가격은 떨어졌지만 임금은 현상유지를 하거나 적어도 식량만큼 큰 폭으로 떨어지지는 않았다."[30] 이것은 물론 장기 16세기에 일어났던 일과 정

---

24) Sella(1974, 366-367).
25) Hobsbawm(1965, 9).
26) Slicher van Bath(1965a, 37)는 그런 지역으로 아일랜드, 스코틀랜드, 멘(프랑스의), 플랑드르, 트벤테, 베스트팔렌, 뮌스터 주변과 작센, 슐레지엔을 든다.
27) Romano(1962, 520).
28) Romano(1962, 500).
29) Slicher van Bath(1965a, 39).
30) Sella(1974, 366). 또한 Vigo(1974, 390)도 참조.

반대인 것이다.[31] 아마도 여기에는 임금이 상대적으로 "탄력성이 부족한" 탓도 부분적으로는 작용했겠지만 더욱 중요한 원인으로는 "유럽 전역에 걸쳐 1625-1750년부터 노동력이 두드러지게 부족했다"[32]는 것을 들 수 있다. 그렇다면 어떻게 우리는 이 점을 17세기가 실업률이 비교적 높았던 시대라는 사실과 합치시킬 수 있는가? 글라만은 다음과 같이 주장한다 :

> 임금노동자가 어느 정도 실질임금의 증대를 누렸다고 할 수 있다. 하지만 그것은 그가 고용되어 있다고 전제했을 때의 이야기이고 경제적 조건이 극도로 혼란했던 이 시대에 이것은 결코 당연한 전제가 아니었다. 아무튼 17세기의 많은 경제 저술가들은 자기들 공동체에서 대규모 잠재 실업을 전제하면서 논의를 폈던 것이다.[33]

물가에 관한 논의는 그것이 곡물이든 임금이든 간에 이 시기에는 명목가격과 금은 환산가격의 관계 때문에 어려운 문제가 따른다.[34] 이 점에서는 무니에의 주장대로 "명목화폐로 표시된 명목가격만을 보지 않고 그 가격을 그에 해당하는 귀금속 무게로 환산해보면 많은 나라에서 물가 하락이 겉보기보다 심했다"[35]는 것이 일반적으로 받아들여진다. 그래서 빌라르의 말대로 귀금속 환산가격으로 보면 "한 가지 확실한 사실은 국제적으로 은 환산가격은 1660

---

31) Wallerstein(1974, 77-84)에서의 저자의 논의 참조.
32) Abel(1973, 225).
33) Glamann(1974, 431). Léon(1970e, 674)의 비슷한 관찰도 참조하라 : "17세기에 실질임금의 상승은 농업위기로 인해서 좌절되었다. 농업위기로 곡물 가격이 치솟았는데 이것은 생계비용을 턱없이 끌어올리고 장기간의 심각한 실업을 수반한 심한 공업불황을 가져왔다. 그리하여 농업위기는 대다수 노동계급들에게 그야말로 파국을 뜻했다."
34) Wallerstein(1974, 271)에서의 저자의 간략한 논의 참조.
35) Mousnier(1967, 167). 금은을 기준으로 할 것에 대해서는 Le Roy Ladurie(1964, 83)의 이야기가 설득력 있다. 그는 René Baehrel(1961)의 날카로운 문제 제기를 인용하면서 반박한다. 베렐의 말은 "화폐가치의 단 하나의 올바른 척도 따위는 있을 수 없다. 그런데도 왜 은 함유량이 그 척도가 되리라고 생각하는가?" 하는 것이다. 이에 대해서 라뒤리는 이렇게 반박한다 : "그건 맞다. 하지만 왜 리브르 투르누아(livre tournois)가 척도가 되리라고 생각하는가? 그렇게 되면 귀금속의 상대성에 명목화폐의 불안정성까지 더해지는 셈이기 때문이다.……우주가 어느 정도 상대적이므로 이리듐을 기준으로 하는 것은 옳지 않겠지만 그렇다고 그것을 고무자로 바꾸면 상대적일 뿐만 아니라 탄력적이기까지 하게 된다."

년 무렵 무너지기 시작해서 첫번째 바닥가가 1680년에, 두번째 바닥가가 1720-21년 무렵에 나타났다는 것이다."[36] 귀금속 환산가격의 하락과 더불어 금은의 유통량도 줄어들었다.

제프리 파커는 전체 상황을 다음과 같이 요약한다 :

> 결국 다음과 같이 가정해도 무방할 것이다. 유럽의 실질적인 귀금속 보유량은 1500년에서 1580년 사이에도 조금씩 늘어났으며 특히 1580년에서 1620년에 걸쳐 급속히 늘어났다. 그러나 1620년대 이후에는 아마도 줄어든 것 같은데 유럽 은광이 붕괴했고 아메리카산 은의 수입량도 1700년 이후 브라질산 금이 들어올 때까지는 급격히 떨어졌기 때문이다.
>
> 유럽에서 입수 가능한 통화량이 늘어난 것이 극히 중요했다는 데에는 의심의 여지가 없다. 1700년의 유럽 교역은 1500년 무렵의 보잘것없는 통화량으로는 도저히 감당할 수 없었을 것이다. 하지만 결정적으로 중요한 문제가 하나 남아 있다. 그것이 충분했는가 하는 문제이다. 유럽의 실질적인 통화 보유량의 증대가 상당했다고 해도 지불 수단의 수요 자체가 그 급증한 것에 상응했던가 하는 문제이다. 그렇지 못했다고 보이는 증거가 특히 1600년 이후에는 몇 가지 있다.[37]

부족한 것은 통화 보유량만이 아니라 그에 상응해서 신용도 부족했으니 적어도 1630년에서 1680년에 이르는 반세기 동안은 스푸너가 말하듯이 입수 가능한 "은, 동, 금, 신용은 [전체를 다 합해도] 그리 충분치 않았으므로 통화 사정은 항상 불안정했고 좋지 않았다. 이러한 통화 사정은 물질적 생활수준의 세계적인 완만한 내림세의 반영이자 그 결과이기도 했다."[38] 이는 곧 통화 위조라는 "18세기의 끈덕진 전염병"의 물결을 설명해준다.[39] 이러한 물가 변동은 세계 전체의 교역량에 대해서 어떤 의미를 가졌던 것인가? 유럽 공업 생산의 경우에서처럼 이 문제에 관해서도 전 지구적 차원의 자료 같은 것은 실제로 얻을 수 없다.

---

36) Vilar(1974, 246). 그러나 그는 다음과 같은 말도 덧붙인다 : "프랑스 이외 지역에서 1683-89년과 1701-10년 사이의 상승 곡선을 무시하기는 어렵다."
37) Parker(1974a, 529-530). 고딕체는 월러스틴의 강조.
38) Spooner(1956, 8).
39) Spooner(1956, 35-36).

표 1. 이전 세기와 대비된 5대 지역 및 전 세계의 대륙간 교역량 비교[a]

지역	세기		
	16	17	18
유럽	상승	불변	상승
아프리카	불변	상승	상승
온대 아메리카	거의 없음	상승	상승
열대 아메리카	상승	불변	불변
아시아	상승	하강	하강
세계 전체	상승	불변	상승

a) Mauro(1961a)에서 변형.

프레데릭 모로가 이른바 대륙간 교역관계라고 일컫는 것을 구성한 것을 보면 세계는 다섯 대륙, 즉 유럽, 아프리카, 온대 아메리카, 열대 아메리카, 아시아로 나뉜다. 우리 입장에서 이것이 전혀 적절치 못한 지리적 범주인 이유는 아프리카와 아시아는 세계경제의 외부에 있었으며 남북 아메리카는 그 주변부에 있었는데 모로는 유럽의 핵심부와 주변부를 하나의 범주 속에 뭉뚱그렸고 그 결과 결정적으로 중요한 자료를 놓치고 있기 때문이다.[40] 그럼에도 불구하고 표 1에서 그가 산정한 수치를 훑어보는 것도 쓸모없지는 않다. 표의 형식은 내용을 명확하게 하기 위해서 바꾸었다. 이 표의 비교가 맞는다면 유럽의 수출입과 전 세계 교역량은 나란히 평행을 이루었으며 앞뒤 팽창기에 낀 17세기에는 둘 다 제자리걸음을 보여주고 있다.

또 하나 남은 중요한 변수인 인구로 눈을 돌리면 우리는 인구학자들의 추산이 크게 다르지 않다는 것을 보게 된다. 레나르와 아르망고는 17세기 인구를 "근소한 감소 아니면……정체"로, 그러나 "14세기에 일어났던 것과 같은 류의 파국적인 [위기] 사태"는 아니었다고 특징지었다.[41] 또한 로저 몰스 신부에 따르면 "17세기에는 끔찍한 위기도 있었지만 약간의 인구 증가도 있었다."[42]

---

40) Mauro(1961a, 특히 16-17). 그가 유럽을 단일한 범주로 다루는 데에 대한 비판은 Mata & Valério(1978, 특히 118-120)에서 찾아볼 수 있다.
41) Reinhard & Armengaud(1961, 114).
42) Mols(1974, 39). J. de Vries(1976, 5, 표 I)의 계산에 의하면 1600년을 100으로 보았을

"약간의 감소"라고 하든 "약간의 증가"라고 하든 간에 요컨대 정체상태였던 것이다.

1600년에서 1750년까지 유럽 경제의 전반적 유형(B국면)을 1450년 또는 1500년에서 1650년까지의 기간(A국면) 및 1750년 이후 기간의 유형과 이렇게 비교해서 개관해보면 전자는 경제적 고원(高原)의 상을 보여준다. 한풀 꺾인 시대랄까 걱정의 시대, 재조정의 시대였다. 그러나 이것이 1300-1450년에 "봉건제의 위기"가 있었다는 그런 의미에서 "위기"였던가?[43] 그렇지는 않다. "중요한 징후들이 같았음에도 불구하고" 1650-1750년의 "불황은 중세 말의 심각한 경제적 쇠퇴보다는 훨씬 온건했기 때문이다."[44] 만일 이것이 맞는다면 정말 설명해야 할 것은 바로 이 사실 자체이고 이 경우 1600년에서 1750년 사이의 수축은 1300년에서 1450년에 이르는 기간과는 달리 일단 고비는 넘겼고 각도도 누그러져 있었던 만큼, 다시 말해서 봉건제의 위기는 이미 본질적으로 넘겼으므로 "위기"가 아니었다는 것이 올바른 설명이 될 것이다. 17세기의 수축은 이미 작동하고 진행 중인 하나의 자본주의 세계경제 내부에서 일어났던 것이었다. 그것은 이 체제가 장차 겪게 될 여러 번의 세계적 수축 또는 불황의 첫번째 예였다. 그런데 이 체제는 이미 세계경제 내 정치적 지배층의 이해와 단단히 얽혀 있었다. 이 정치적 지배층의 에너지는 크게 보아서 또한 집단적으로 볼 때, 이 체제를 해체시키기는커녕 경제 수축기에도, 아니 오히려 그러한 때일수록 이 체제를 자신들에게 유리한 방식으로 움직여줄 수단을 찾는 쪽으로 쏠렸던 것이다.

17세기에 자본가층이란 이것저것 뒤섞인 푸대 같은 것이었지 아직 확고한 계급구성은 아니었고, 자신을 전적으로 의식하면서 이익을 추구하고 지배, 군림할 권리를 확고하게 인식할 정도의 계급은 아직 못 되었다. 그렇기는 해도 그들은 큰 모험에서 이익을 챙길 능력은 꽤 갖추었다. 자뱅에 따르면 단치히

때 1700년의 지수는 106이다(1750년은 123이다). 그렇지만 그의 계산에는 동유럽이 빠져 있으며 이것을 집어넣으면 지수가 한층 내려갈 것이다.
43) Wallerstein(1974, 제1장)에서의 저자의 논의 참조.
44) Slicher van Bath(1963a, 206).

상인들은 이미 1600년 무렵에는 꽤 복잡한 계산을 해야 했는데 "그 계산방식을 보면 그들은 이윤 메커니즘을 이해했던 것으로 보인다. 그들의 교역방식을 보면 그들은 가장 구체적인 의미의 '교역조건'이라는 개념을 터득했다고 할 수 있다."[45] 사람들이 교역조건의 변동에 따라서 생기는 이윤을 중시했다는 점이 이 시대 경제활동을 설명하는 데에 핵심적인 것이다. 빌라르가 지적하듯이 눈여겨볼 것은 단지 물가가 오르내린 것이라기보다 오히려 물가 전반의 "움직임의 격차"이다.[46]

이 격차에는 시계열적인 것과 지리적 배치에 따른 것이 있으며 그것은 이윤을 낳았기 때문만이 아니라 이 체제 전반에 미친 효과 면에서도 중요했다. 토폴스키에 따르면 이 수축은 사실 "경제활동의 약화에서 오는 정체, 침체, 혹은 후퇴를 뜻하는 전반적인 경제적 위기"는 아니었고 이 시대의 특징은 오히려 체제 전반에서 "불균형의 증대"[47]에 있었다. 불균형의 증대란 수축에 대립된 어떤 것이 아니다. 수축의 시대에 불균형은 사실상 자본주의의 주요 메커니즘의 하나이자 자본의 집중과 축적의 증대를 가져오는 한 요인이었던 것이다. 빌라르의 다음 설명은 정곡을 찌른 것이다 : "전반적 상황이 어떻게 되든 각기 다른 나라들은 각기 다르게 대응하게 되며 거기서 불균등 발전이 생기고 결국 그것이 역사를 만들어간다."[48]

---

45) Jeannin(1974, 495).
46) Vilar(1961, 114).
47) Topolski(1974a, 140). Ralph Davis(1973b, 108)도 실질적으로 같은 것을 이야기한다. "전반적인 경제적 쇠퇴보다 훨씬 더 두드러진 것은 발전 경로들이 다양해진 것이다." "정체"라는 용어를 거부하는 토폴스키를 다음과 같은 생각으로 이 단어를 거부하는 Ruggiero Romano(1962, 481-482)와 비교해보라 : "17세기는 무엇인가?……여러 가지로 정의할 수 있겠지만 하나로 쉽사리 환원된다. 즉 '경제적 정체'의 세기라는 것이다. 하지만 이것은 단지 하나의 인상에 불과하며 이 안이한 논증을 뒷받침해주는 것은 단 한 가지 자료, 즉 물가사라는 확신이 든다.……하지만 그것이 적절한 기준일까? 나는 그렇게 믿지 않는다."
48) Vilar(1974, 52). 17세기에 대하여 B국면이라는 일률적인 개념을 쓰기를 거부하는 Morineau(1978g, 575)의 견해에 찬성할 수 없는 이유가 여기 있다. 그는 다음과 같이 말한다 : "성장은 둔화했는가? 이것이 이 논문집의 제목이다. 여기에는 숱한 가정들과 많은 애매한 개념들이 가득하다. 그것은 로스토식(式)의 성장 개념과 낙관적인 16세기 상 그리

이제 셀라가 "경제활동의 지리적 배분의 극적인 변동"[49]이라고 일컫는 것으로 눈을 돌려보자. 단 여기서 "일반화를 피하는"식으로 쉽게 단념하는 진부한 학문적인 방식은 그만두고[50] 오히려 페르낭 브로델의 다음과 같은 말을 정확히 마음에 새겨두자 : "콩종크튀르는 하나가 아니기 때문에 일련의 서로 겹치는 역사들이 동시에 발전해가는 모습을 그려야 한다."[51] 세세한 점에서는 학문적으로 따져보아야 할 것이 많겠지만 지리적 구분을 대충 어떻게 할지에 대해서는 전반적인 의견의 일치를 보았다. "전반적 위기"에 관한 홉스봄의 논의에서 "'부르주아 혁명'을 겪었던 국가들은 상대적으로 위기에서 벗어난 편이었다"[52]고 하는데 여기서 그가 염두에 둔 국가는 네덜란드 연합주와 잉글랜드이다. 그러나 그는 또다른 논의에서는 "유럽 경제"를 네 지역으로 구분하면서 그중 세 지역이 어떤 의미에서는 경제적으로 쇠퇴해갔다고 한다. 네 지역이란 "중세에 '개발된' 경제였던 구지역인 지중해 해역과 남서부 독일", "해외 식민지", "발트 해 배후지", "새로 '개발된' 지역"을 말한다. 이 네번째 지역은 "한층 복잡한" 경제적 상황에 있었는데 거기에는 홀란트와 잉글랜드뿐 아니라 프랑스도 포함된다.[53]

로마노의 지리적 구분은 좀더 복잡하다 :

고 일률적으로 비관적인 17세기 상에 대한 집착을 근거로 하고 있다.……에스파냐와 포르투갈이 아니라 네덜란드와 영국을 보면 1598년 이후 유럽의 지리적 팽창은 너무나 뚜렷해 보인다. 그것은 말하자면 카드를 재분배하는 문제였다." 하지만 일률적으로 비관적인 상만을 가지는 것이 아니라면, 또 B국면에는 바로 카드 재분배 과정이 들어 있는 법이라고 가정한다면, 나아가 로스토식 성장 이론과 반대되는 이론을 주장하는 것이라면, 견해차는 보기보다 작지 않을까?

49) Sella(1974, 390).
50) De Maddalena(1974a, 274).
51) Braudel(1973, II, 892). 여러 과정들이 이렇게 겹쳐 있다는 사실은 Pierre Chaunu (1962b, 231)의 논의가 맞다는 이야기로 여겨진다 : "하강은 대개 하나의 움직임으로 나타나지는 않는다. 각각 순환적인 위기에 해당되는 두 번, 세 번 또는 네 번의 계기에 나뉘어 일어나는 것이다.……이러한 위기가 일어난 시점은 2, 3년 정도 차이는 있지만 유럽 어디서나 대체로 비슷했다. 그러나 이들 위기의 상대적 중요성과 의미는 지역마다 다르다."
52) Hobsbawm(1965, 13).
53) Hobsbawm(1958, 63).

잉글랜드와 저지방 국가들에서 위기는 본질적으로 해방을 가져오는 효과가 있었다. 프랑스에서 이 위기는 곧바로 에너지를 해방시키는 않았지만 분명히 훗날 언젠가는 열매를 맺을 씨앗을 뿌렸다. 하지만 유럽의 나머지 지역에서 위기는 그야말로 위축일 뿐이었다. 이 마지막 유럽 지역에 포함된 이탈리아는 의심할 바 없이 위축되었다.[54]

치폴라는 로마노의 지리적 구분을 약간 고친다 : "17세기는 에스파냐, 이탈리아, 독일에서 암흑의 세기였으며 프랑스에서도 최소한 회색이었다. 그러나 홀란트에게 그것은 그야말로 황금시대 자체였으며 잉글랜드는 최소한 은의 시대는 되었다."[55] 토폴스키도 구분의 지도를 약간 다른 방식으로 그려내는데 즉 아주 역동적인 지역(잉글랜드와 연합주), 그 정도 속도는 아니지만 발전한 지역(프랑스, 스칸디나비아, 독일, 보헤미아, 또한 폴란드를 제외한 동유럽과 중유럽의 다른 나라들), 정체 또는 후퇴한 지역(에스파냐, 포르투갈, 이탈리아, 폴란드)으로 구분하는 것이다.[56] 이렇듯 세세한 데서 차이는 있지만 전체적으로 볼 때 지리적 구분에는 합의가 있는 것처럼 보인다.

이제 시기적 구분의 문제를 보겠는데 여기서는 혼란이 더 심하다. 왜냐하면 수축의 시점이 나라마다 다르고 명목가격으로인지 은 환산가격으로인지에 따라서도 차이가 나며 심지어 특정 국가와 특정 가격기준에 대해서도 연구자들의 의견이 일치하는 것 같지는 않다. 물가자료를 다룬 브로델과 스푸너의 논문에서 그들의 주제는 단순하다 : "16세기의 끝이 언제인지는 그 시작이 언제인지와 마찬가지로 단정키 어렵다."[57] 그들은 금은 환산가격으로 따져서 장기적인 오름세가 꺾이는 것을 "남부에서는 1590년에서 1600년 사이, 북부에서는 1620년에서 1630년 또는 1650년 사이였을 것"으로 본다. 그러나 명목가격으로 보면 여기엔 전혀 다른 세 연속적 운동의 유형이 존재한다. 즉 독일

---

54) Romano(1974, 194).
55) Cipolla(1974, 12). Schöffer(1966, 86)는 네덜란드인 역사가들이 유럽의 전반적 위기 개념에 관한 논의에 개입하기 싫어한다는 점을 지적하면서 "어떻게 이 전반적 위기를 '네덜란드의 황금시대'와 조화시킬 수 있을까?" 하고 묻는다.
56) 이것은 Geremek(1963)에 있는 대로이다.
57) Braudel & Spooner(1967, 404).

에서는 1620년대에, 시에나, 엑서터, 라구사, 나폴리, 암스테르담, 단치히, 파리, 같은 여러 다른 도시들에서는 17세기 중엽에 그리고 "아주 특이한 예"인 카스티야에서는 1678년에 각각 상승세가 꺾인다는 것이다. "명목가격이 은 환산가격과 정확히 일치하는 것은 잉글랜드뿐이며 아주 가깝게 일치하는 것도 홀란트 정도이다." 여기서도 역시 잉글랜드와 홀란트 두 나라가 나오는 것을 눈여겨볼 필요가 있다. 다른 모든 나라들에서는 두 가지 물가의 장기 추세의 변화에 10년부터 카스티야처럼 4분의 3세기에 이르기까지 상당한 시차가 있었다. "연이어 일어난 인플레이션이……이들 여러 나라에서 명목가격을 끌어올렸다."58)

여기서 우리는 연구의 귀중한 실마리를 얻게 된다. 세계경제의 수축기에 인플레이션은 상대적 쇠퇴의 한 양상이 될 수 있을까? 명목가격상의 인플레이션의 정도는 상대적 쇠퇴의 지표일까? 특히 금은 환산가격의 추세에 대비되었을 때의 그것은 상대적 쇠퇴의 지표일까? 이 질문은 우리가 전환의 시점에 대해서 다양한 여러 견해들(그에 대한 설정기준이 확실치 않은 것도 종종 있는데)을 검토할 때 염두에 두어야만 한다. 슬리허 반 바트에 의하면 불황은 에스파냐에서는 1600년 무렵 시작되었고 이탈리아와 일부 중유럽 지역은 1619년, 프랑스와 독일 일부는 1630년, 영국과 연합주는 1650년에 시작되었다. 그 불황은 중유럽에서는 1640년에서 1680년 사이, 연합주에서는 1720년에서 1740년 사이가 최악이었다. 이 불황은 영국과 프랑스에서는 1730년, 독일에서는 1750년, 연합주에서는 1755년에 끝났다. "잉글랜드와 홀란트처럼 경제적으로 한층 발전한 지역은 더 오래도록 버틸 수 있었다. 이에 반해서 제1차 생산물의 산지 ── 17세기에는 발트 해역의 곡물 생산 지역이 그러한데 ── 는 거의 저항력이 없었다."59)

은 환산가격을 활용한 빌라르는 주된 유형을 두 가지로 본다. 첫번째 유형은 물가 하락이 더 일찍이(1600년에서 1610년 사이) 시작되어 더 일찍(1680

---

58) Braudel & Spooner(1967, 405).
59) Slicher van Bath(1965b, 136). Mączak & Samsonowicz(1965, 82)는 발트 해 지역의 불황도 비슷한 시기로 보는데 그 시기를 1620년대에서 1760년대까지로 잡는다.

년에서 1690년 사이) 끝난 에스파냐와 포르투갈에서 볼 수 있는 데에 비해서 두번째 유형은 물가 하락이 1650년에서 1660년 사이에 시작되어 1730년이나 1735년까지 계속된 북유럽의 유형이다. 프랑스는 이 분류에서 분열된 국가로 나타나는데 남부 프랑스는 "마르세유 및 지중해의 상황과 연결되어 북부의 보베지보다는 에스파냐에 가까웠다."[60] 쇼뉘 역시 비슷한 두 가지 유형을 짚어낸다. "지중해와 에스파냐령 아메리카에서 나타난 때이른 추세와 북해와 발트 해에서 이보다 한발 뒤늦게 나타난 추세가 있고 이 가운데 브라질과 인도양의 변동은 역설적이게도 후자에 연결된다."[61]

그러나 아벨은 순은 환산가격 기준으로 곡물 가격의 25년간 평균치를 근거로 해서 약간 다른 분류를 내놓는다. 그는 이 평균치가 "17세기 후반과 18세기 초반에" 전반적으로 내림세였던 것으로 요약한다.[62] 그런데 그에 의하면 이것은 잉글랜드, 에스파냐령 네덜란드, 프랑스, 북부 이탈리아, 연합주, 덴마크, 폴란드에는 들어맞지만 독일과 오스트리아에는 안 맞는다고 한다. 이 두 지역의 "곡물 가격의 곡선은 17세기의 4/4분기 이후 오름세였다"[63]는 것이다. 사실 아벨의 그래프를 자세히 보면 두 가지 사실이 돋보이는 훨씬 더 복잡한 상을 볼 수 있다. 하나는 가격차가 가장 크게 벌어진 것은 1650년인데 이 해 폴란드에서는 곡물 가격이 유난히 높고 독일에서는 유난히 낮았다는 것이다. 둘째는 폴란드가 이 시기를 전후해서 가장 큰 폭의 가격변동을 보여주고 있으니, 1650년에 어느 지역보다 곡물 가격이 높았던 폴란드가 1725년에는 그 어느 곳보다도 낮았다는 것이다(독일은 표준에서 벗어난 정도가 이보다 훨씬 작았다). 일반적인 설명 틀을 세울 때 폴란드의 이와 같이 격심한 변동을 간과해서는 안 된다. 그러나 여기서는 일단 독일부터 보기로 하겠는데 그것은 독일의 "쇠퇴"에 30년전쟁이 가지는 역할의 문제에 대해서 많은 연구가 나와 있기 때문이다.

---

60) Vilar(1973, 303). 그리하여 빌라르는 그렇지 않았으면 다르게 들릴 Baehrel(1961)의 주장을 프랑스인에 관한, 프랑스인의 일반적인 명제들과 합치시키려고 한다.
61) Chaunu(1962b, 251-252).
62) Abel(1973, 221).
63) Abel(1973, 222, 223, 도표 37).

수축(B) 국면 41

　1962년에 관련 자료를 검토한 시어도어 래브에 따르면 이 문제에 대해서는 두 흐름의 학설이 있으니 '전쟁피해 막대설'파와 '조기 쇠퇴설'파(30년전쟁은 단지 이미 기운 경제에 대한 마지막 일격에 지나지 않았다는)가 그것이다.[64] 프리드리히 뤼트게는 전자의 좋은 예이다. 그가 보기에 독일 경제는 1560년에서 1620년까지 번영했다. 독일은 해외무역이 활발했고 제조업도 광범하고 제법 이익을 올리고 있었다. 하지만 1620년 이후로는 더 이상 그렇지 못했는데 그의 결론은 바로 30년전쟁이 주된 변수였다는 것이다.[65] 이에 대해서는 슬리허 반 바트의 반응이 전형적이다 : "30년전쟁의 책임이랄 수 없는 것이, 독일의 쇠퇴는 이미 16세기 후반에 시작되었기 때문이다."[66] 이 논쟁을 해결하려는 시도도 더러 있었다. 예컨대 카스턴은 30년전쟁 이전 쇠퇴설에 회의적인 시각을 보인다 :

　　설혹 독일의 대다수 도시가 1618년 이전에 이미 쇠퇴했다는 것을 증명한다고 해도 그것만으로는 전반적인 쇠퇴라고 볼 수 없다. 경제활동이 도시에서 농촌지역으로 옮아갔을 수도 있기 때문이다. 실제로 북동부 독일의 경우가 바로 그랬는데 그곳에서는 16세기가 곡물 수출이 늘고 곡물 가격도 치솟았던 평화와 번영의 시대였다.[67]

　따라서 도시의 쇠퇴가 반드시 부정적인 경제적 징후라고 단정할 수는 없다. 물론 그렇다! 그것은 주변화의 징후인 것이다.[68] 더 나아가 카스턴은 고지(高地) 바이에른을 검토해서 1608년 이전 시기를 "완만하나마 성장하는 번영의 시대"였다고 본다. 따라서 "한층 자세한 연구와 조사"가 있기까지는 신중한 자세가 필요하다고 그는 충고했다.[69] 카스턴이 우리의 집단적인 무지에 주의를 환기시키면서 논쟁을 중재하고 있다면 래브는 우리의 집단적 지식이

---

64) Rabb(1962b, 40).
65) Lütge(1958, 26-28) 참조.
66) Slicher van Bath(1963b, 18). Abel(1967, 261)의 같은 주장 참조.
67) Carsten(1956, 241).
68) Carsten(1956, 241) 그 자신이 이 말을 쓰지는 않았지만 잘 알고는 있었다. "지주귀족이 성장해서 그들이 외국 상인들과 직접 거래하게 되자 많은 중소 도시들이 파멸했다."
69) Carsten(1956, 241).

"유럽의 절대적 번영과 독일의 (30년전쟁 이전의) 쇠퇴를 나란히 보여준다"고 주장함으로써 논쟁을 중재한다. 그 역시 조심스러운 태도로 다음과 같이 결론짓는다.

> 경제가 쇠퇴한 지역이 아주 소수였다는 사실을 보면……1618년 이전의 투쟁은 더 나빴다기보다는 다양했다고 결론짓지 않을 수 없다.……30년전쟁은 좋게 말해서 그때까지 없었던 전반적인 쇠퇴를 불러오기 시작했다고 할 수 있으며 나쁘게 말하면 번영을 재앙으로 바꿨다.[70]

세번째 부류의 중재자로는 케이먼이 있다. 그는 일단 "이 전쟁이 독일어 사용권의 대다수 지역에 재앙이었다는 점에는 전혀 의심의 여지가 없다"고 인정한다. 하지만 그는 "이 논쟁이 어떤 면에서는 잘못되었다"고 주장하는데 왜냐하면 "독일이라고 부르는 단일한 경제적 혹은 정치적 단위 같은 것은 없었으며 전쟁 전과 전쟁 중의 쇠퇴를 구별하는 것도 종종 비현실적"[71]이기 때문이다.

이렇게 국민"경제"에 근거한 주장들은 모두 어느 정도까지 30년전쟁이 유럽의 전반적 경제수축의 정치적 결과이자 징후였던가 하는 점을 제대로 고려하는 데에는 실패하고 있다. 이 전쟁을 전 유럽적 맥락에서 보려고 한 주된 시도는 J. V. 폴리셴스키에 의해서 이루어졌는데 그에 따르면 30년전쟁은,

> 이데올로기적인 투쟁에 들어간 두 문명의 충돌의 예로 보아야 한다. 한편에는 휴머니즘의 유산에서 싹터나와 개신교의 색채를 띤 사고방식이 있었는데 네덜란드 연합주가 그 모델이었고, 다른 편에는 에스파냐를 모델로 한 가톨릭 휴머니즘이 있었다. 이 둘 간의 충돌이 정치적 전선의 전개와 권력제휴의 출발점인 것이다.[72]

---

70) Rabb(1962b, 51).
71) Kamen(1968, 44, 45, 48).
72) Polišensky(1971, 9). Parker(1976a, 72)도 이와 비슷하게 제1차 세계대전과 닮은 점을 지적한다. 단 폴리셴스키가 곧바로 다음 문장에서 오해를 경계한 점에 주의할 것 : "이 전쟁을 자본주의의 투사인 부르주아지와 '구체제'의 대변자 봉건귀족 간의 충돌이었다고 주장하는 것은 거칠고 지나친 단순화이다."

그렇다면 유럽 전역에 걸친 이 전쟁은 자본주의 세계경제 최초의 세계전쟁이었다고 할 수 있다. 다소 조심스럽기는 하지만 폴리셴스키도 다음과 같이 말한다.

> 이 갈등을 일반화하기 위해서 먼저 필요한 조건은 17세기 초 유럽이 아직 하나의 경제적 통일체는 아니더라도 적어도 하나의 교환 틀로 나타났다는 것이며 이것은 발트해와 대서양, 지중해로 둘러싸인 지역 전체에 중심을 둔 하나의 세계시장의 최초의 징후였다.[73]

그의 중심적 주장은 "30년전쟁이 네덜란드 혁명 및 에스파냐로부터의 해방운동과 밀접히 관련되었다"는 바인슈테인의 명제가 "논쟁의 여지 없이 맞다"는 것이지만 그러면서도 그는 이렇게 덧붙인다. "우리는 부르주아지가 주도한 국내혁명이 어떻게 유럽 전역에 걸쳐 그 적들에게 유령이 될 수 있었는지 정확히 알 필요가 있다."[74] 그가 보기에 "네덜란드라는 요소"는 이 갈등의 일반화에서만 주된 몫을 하는 것이 아니다. 그 갈등의 가장 중요한 결과는 사실상 네덜란드인들의 전 유럽적인 승리라는 점이었다. 그는 네덜란드인들이 앞장서자 전쟁이 판가름났다고 말한다:

> 네덜란드 함대는 1645년 처음으로 외레순 해협의 제해권과 발트 해 무역 루트를 확보했다. 홀란트 주와 암스테르담 시의 상인 귀족들에게는 프랑스에 승리를 안겨줄 뿐인 에스파냐와의 전쟁을 더 지속할 이유가 없어졌다.……
> [1648년 1월에 체결된 연합주와 에스파냐의 개별 강화는] 에스파냐에 대한 공화국의 승리이자 오란예 공과 네덜란드 나머지 주들에 대한 홀란트 주의 승리이기도 했

---

73) Polišenský(1971, 258). 따라서 "전쟁은 개전 이전에 이미 진행되었던 모종의 사회경제적 변화를 가속화시키는 촉매 역할을 했다."(p. 259) 그것은 전환점은 아니었다. "30년전쟁은 **진작부터 존재했던** 경제발전의 불평등을 더욱 심화시켰을 뿐이다. 그것이 무역 루트의 기본적인 방향이나 상업적 거래의 양을 바꾸지는 않았다."(p. 260, 고딕체는 월러스틴의 강조) Hroch(1963, 542) 역시 30년전쟁을 "발전하는 생산력과 정체한 생산관계" 간의 모순의 산물로 분석하는데 이로써 전쟁은 "전 유럽적 시장"을 겨냥한 상품생산 발전의 결과물이 된다. 하지만 그는 갈등을 "봉건계급 내부"(p. 541)의 것이라고 본다.
74) Polišenský(1971, 264).

다. 그것은 또한 네덜란드의 다른 모든 이익에 대한 암스테르담의 완전한 승리로도 볼 수 있다. 전쟁 종결은 30년 전쯤 오란예가(家)의 마우리츠가 약화시켰던 그 동일한 도시 과두지배층의 특권을 확인하는 것이었다.[75]

여기에서 결정적인 문제는 이미 1566년에 시작된 네덜란드 독립전쟁, 즉 네덜란드 혁명이 폴리솅스키가 말하는 "30년전쟁의 네덜란드 시대"(1621-25)[76]가 시작되는 1621년까지 전 유럽에 번지지 않은 이유를 어떻게 설명할 수 있겠느냐 하는 것이다. 그것은 로마노가 말하는 1619-22년의 위기와 뭔가 관련이 있지 않을까?[77] 그렇다는 것은 분명하다. 이 연간의 심각한 위기로 상징되는 전 유럽적 경제수축으로 인해서[78] 정치적 지배권에 거는 도박금이 커진 것이다. 수축의 시기에 군사적 파괴에서 올 손해는 상업상의 열세로 인해서 입을 잠재적 손해보다 당사자들에게 작아 보였다. 이런 의미에서 연합주는 도박을 했고 이겼던 것이다. 특히 전쟁의 많은 피해, 파괴라는 의미의 피해는 사실상 독일과 보헤미아(이 후자를 잊지 말자)가 입었다는 것을 생각하면[79] 독일에 국한된 논쟁이 "잘못된 것"이라는 케이먼의 주장은 올바르다. 문제는 30년전쟁이 끼어들지 않았더라도 독일이 쇠퇴했을까 그렇지 않았을까 하는 것이 아니다. 그것은 매우 의미 없는 가설적 논의에 불과하다. 전쟁이 끼어든 것 자체가 세계경제의 추세가 바뀐 데에 대한 하나의 대응이었으며 이로써 전쟁은 경제적 역할을 재배치하고 경제적 불평등을 강화하는 한 양식이 되었던 것이다.

다양한 연구와 종합을 개괄해본 결과 우리는 다음과 같은 상을 가지게 된다. (1300년에서 1350년까지와 마찬가지로) 1600년에서 1650년까지의 기간은 경제적 팽창이 끝나가는 시기였다. 여기서 이 팽창을 무엇보다 물가를 근거로

---

75) Polišenský(1971, 236-237).
76) 이것은 Polišenský(1971)의 제5장 제목이다.
77) Romano(1962) 참조.
78) Wallerstein(1974, 269-273)에서의 저자의 논의 참조.
79) "[보헤미아에서 경제적] 비극의 정도가 심각했던 것은 확실하다." Polišenský(1971, 294). 스위스의 경우도 마찬가지인데 이에 관해서는 Kamen(1968, 60) 참조.

서술하는 것은 두 차례 세계대전의 사이 시기 물가사가들의 방법인데 이 방법 자체는 잘못이 없지만 물가라는 것이 그 정의상 상대적인 것인 만큼 오해를 불러일으킬 우려가 있다. 하나의 물가는 특정 시장에 나오는 전체적인 공시적 물가동향의 맥락 안에서만 의미를 가진다. 모든 물가가 일제히 오르거나 내리지는 않는다. 어떤 물가가 오른다는 것은 곧 다른 물가가 내린다는 것이다. 종언(終焉)을 고하게 된 팽창이란 명목가격에 따른 허울만의 팽창이 아니라 실물생산에서도 나타났던 것을 말한다. 그 첫번째, 아마도 가장 중요한 것은 1에이커당 곡물 수확량의 팽창과 그 곡물 경작 총면적의 팽창이었다. 이 후자의 팽창은 토지개간과 더불어 목초지 및 포도원이 곡물 생산을 위한 경지로 바뀐 덕분에 이루어졌다. 물론 이 다양한 팽창은 곡물의 교역조건이 다른 생산물에 비해서 유리해짐으로써 일어났다.

    이와 함께 경제적 팽창은 적어도 네 가지 다른 실물적인 영역에서 있었다 : (a) 인구 —— 당시의 인구증감은 장기적으로 식량 공급과 따로 놀 수 없었다 ; (b) 도시 "공업" —— 전방 및 후방 연결 고리에서 비교적 현금화되었다. 임금고용 비율이 높았으므로 당시 비교적 낮거나 적어도 내림세였던 실질임금의 변동과 아주 크게 다르지 않았다 ; (c) 금은, 지폐, 신용 등 다양한 형태의 화폐 재고 ; (d) 도시와 농촌의 **주변적인** 기업가들의 수. 이들 모두가 경제 전반의 지표를 놓고 보면 상승세였지만 많은 경제부문에 걸쳐 똑같은 것은 아니었다. 따라서 전 지구적 경제시장들의 테두리가 아니라 정치적 단위를 테두리로 하는 한 이러한 지표에서 부분적인 상밖에 얻지 못하며 그 경제적 의미는 이해 불가능하게 된다. 그래서 한층 더 큰 전체를 고려에 넣지 않고는 그 정치적 결과들도 설명할 수 없는 것이다.

    대략 1300/50년의 기간과 1600/50년의 기간에 거의 비슷한 이유로 이러한 팽창은 끝이 났다. 그러나 양자간에 크게 달랐던 점은 팽창이 끝난 데에 대한 체제의 대응이었다. 양적인 차원에서 우리는 차이를 아주 쉽게 볼 수 있다. 1300년에서 1450년까지의 시기는 다양한 지표들이 앞 시기의 상승폭과 거의 비슷하게 하락하는 데에 비해서 1600년에서 1750년까지의 시기는 그 지표들의 **정체**를 보여주었다. 1450년에서 1750년까지의 곡선은 계단 모양으로서 1150년에서 1450년까지의 산(山) 모양과 다르다. 그러나 이것은 구조적인 차이가 바깥으로 드러난 것일 뿐이다. 1300년에서 1450년까지의 경기후퇴는 유럽의 봉건제라는 당시 사회구조의 위기에 이르렀던 데에 비해서 1600년에서 1750년까지의 경기후퇴는 쇠퍼가 말하는 "공고화와 조직화의 시대"에 이르게 되었다.[80] 이것은 쇠뉘가 "손쉬운 성장의 시대는 끝나고 힘들지만 비옥한 시대가 시작되었다"고 일컬은 것을 말한다. 무엇이 공고화되어서 힘들지만 비옥한 시대라는 것인가?[81] 결국 하나의 체제로서의 자본주의 세계경제가 그것에 대한 유일한 그럴싸한 답변이다.

1600년에서 1750년까지의 수축에는 체제측에서 보면 건설적인 면모도 있었는데 이제부터 이 면모를 몇 가지 살펴보기로 하자. 우선적인, 또한 아무리 강조해도 지나치지 않은 사실은 이 시기에 적어도 핵심부 국가들과 새로 흥기한 반주변부 국가들에서 수축에 대응하는 한 방식으로 국가구조들이 강화된 것이다. 이와 대조적으로 1300년에서 1450년 사이에 일어났던 수축은 토지귀족들간에 서로 죽이는 격렬한 전쟁에, 그야말로 봉건 유럽의 '신들의 황혼(Götterdammerung)'에 이르게 되었다. 17세기에도 전쟁과 파괴가 없었던 것은 아니며 오히려 정반대였지만 그것들은 지배층 내부의 대량 유혈사태와 같은 성격을 띠지는 않았다. 전쟁의 양상이 변했으니 용병의 활용이 널리 이루어진데다가 무엇보다 특히 17세기의 투쟁은 귀족 상호간의 싸움이라기보다는 국가간의 전투가 되었기 때문에 이를 통해서 경제적 힘을 키우는 사람들이 나타날 수 있었다. 이른바 위기에 관한 자신의 논의에서 엘리엇이 말한 대로 "16-17세기 유럽인들의 생활구조에는 의미 있는 변화가 정말로 있었는데 그러한 변화는 귀족적인 왕국이라는 탄력적인 틀 안에서 일어났다."[82] 여기서 탄력이란 바로 수축이 위기가 되는 것을 막아주는 것이다.

둘째로, 언제나 어느 지역에선가는 번영의 조짐이라고도 볼 수 있는 경제활동이 있었다. 가장 뚜렷한 예로 황금시대를 맞이한 흘란트, 17세기 말부터

---

80) Schöffer(1966, 106).
81) Chaunu(1967, 263).
82) Elliott(1969, 55).

의 독일의 상승, 영국 농업경제의 착실한 진보 등이 있었다. 한마디로 "이 우울하고 어려운 17세기에도 자잘한 진보는 끊임없이 일어나서 축적되었다."[83] 종종 간과되는 현상으로는 로마노가 우리에게 상기시켜주듯이 토지개간이 결코 멈추지 않았다는 점도 들 수 있다 :

> 개간(bonifiche)은 어떠했는가? 그것은 17세기에도 여전히 계속되었다. 달라진 것이라고는 현금으로 임금을 치르는 대신 부역이나 가혹한 공납(soprusi) 등을 통해서 노동력을 동원하게 되었다는 것뿐이다. "다른 것과 달리 농업생산만은 17세기에도 거의 줄어들지 않았다"는 것은 바로 이런 뜻에서이다.[84]

17세기의 많은 기업가들에게 "안전하고 생산적인 투자대상이 없다"[85]고 생각된 것이 그다지 놀라운 일은 아니다. 결국 이것이 수축이 뜻하는 바 가운데 하나이기 때문이다. 따라서 쇼뉘가 17세기를 "이윤이 후퇴하고……지대가 승리한"[86] 한 세기라고 서술할 때 그는 우리를 오도하고 있다. 그는 사실상 자본주의 세계경제의 **핵심부** 국가들에서 농업 투자로의 이행을 서술하고 있는 것이다.

홉스봄은 자본주의의 역사에서 하나의 역설을 본다 :

> 따라서 우리는 자본주의라는 것이 이미 실질적으로 자본주의적인 경제에서만 발전할 수 있다는 역설에 봉착하게 된다. 왜냐하면 자본주의적이지 않은 경제에서 자본주의적인 힘들은 기존의 우세한 경제와 사회에 적응하려는 경향이 있어서 충분히 혁명적이지 못하기 때문이다.[87]

그렇지만 압도적으로 **공업적인** 자본주의 세계경제가 기존의 자본주의 세계

---

83) Chaunu(1967, 265).
84) Romano(1962, 512). 문단 안에 들어 있는 인용문은 Bulferetti(1953, 44, 주 77)의 것이다.
85) Minchinton(1974, 160).
86) Chaunu(1967, 264). Spooner(1970, 100-103)는 이 당시는 토지가 상업적 재산의 여러 배출구 가운데 하나였을 뿐이라고 지적한다. 그는 이와 함께 30년전쟁, 여러 국가들, 대(大)회사들, 새로운 기술을 또다른 배출구로 들고 있다.
87) Hobsbawm(1960, 104).

경제에서만 나타날 수 있다는 것이 정말 역설일까? 일어났던 일이 정확히 그랬는데 말이다. 자본주의 세계경제는 1600년에서 1750년 사이의 기간에 살아남아 안정되었으나 1300년에서 1450년 사이에는 그렇게 할 수가 없었다(다름 아니라 1150년에서 1300년까지의 팽창이 유럽의 봉건적 구조를 무너뜨리지 못했기 때문이다). 나아가 이 때문에 17세기는 이른바 산업혁명이라는 이름의 도약에 이르는 길을 경제적, 정치적, 지적, 사회적으로 준비할 수 있었다.[88]

예를 들면 우리는 관습(mores)의 혁명도 소홀히 보아서는 안 되는데 중세 말에는 이런 것이 없었던 것이다. 16세기에서 18세기까지에 있었던 금욕적인 성도덕의 꾸준한 고양과 더불어 자본주의 세계에 적응하기 위한 가족구조상의 여러 변화도 있었다. 쇼뉘의 주장을 보면 그가 으례 그렇듯이 약간 관념론적인 상상으로 흘렀다고 할 수도 있지만 사실 그다지 핵심을 벗어난 이야기는 아니다:

> 17세기는 관습으로 말하자면 전통적 문명의 크나큰, 어쩌면 유일한 혁명적 세기, 그야말로 우상 파괴의 세기였다. 역설적으로 들리겠지만 그럼으로써 그것은 맬서스 혁명의 한 전제조건을 이루어낸 것이다.[89]

그렇다면 과연 어디에 역설이 있는지 우리는 다시 묻게 된다. 정말이지 우리는 17세기에 이미 산업혁명이 진행 중이었던 것은 아닐까 하는 물음을 제기할 수 있다. 찰스 윌슨은 대담하게도 이러한 생각을 내비친다:

> 17세기 홀란트의 경제발전과 뒤에 일어난 이른바 산업혁명의 경제발전 사이에는 무

---

88) Chaunu(1966a, 277-278)는 앞의 시기와 대립시켜서 이 시기의 성과를 이렇게 설명한다: "이 시대에 쓰인 도구들은 가장 완벽한 것도 13세기부터 있었던 것이었다. 16세기 유럽인은 그 도구들로 처음으로 전 지구적인 경제 조직망을 펼쳤다. 그렇다고 역설이 여기에 있는 것은 아니다. 오히려 역설은 1550년에서 1750년까지 고전적인 유럽이 이 기적을 유지해냈다는 것이 아닐까? 18세기 중엽의 운송혁명이 일어나기 전이니 말이다."
89) Chaunu(1966a, 209).

엇인가 절대적인 차이가 있었을까? 대부분의 역사가들은 물론 그렇다고 할 것이다. 하지만 우리가 정말로 그렇게 확신할 수 있을까?……네덜란드 조선업은 19세기의 교통기관 건설과 마찬가지로, 당시로서는 그 자체가 기간산업이었다.[90]

1600년에서 1750년 사이의 기간이 이 세계경제의 한 가지 결정적인 과정을 지속시키고 심화시켰다는 사실을 잊어서는 안 된다. 브로델과 스푸너의 조사가 보여주듯이 유럽의 기본적인 3대 물가권역 사이에 물가의 격차는 차츰 사라져갔다.

> 18세기 초부터 [최고가와 최저가의] 격차가 의심할 바 없이 줄어든 것은 유럽 전역에서 물가가 상당한 정도로 수렴하기 시작했음을 보여준다.……물가의 지역격차를 철저히 이용해서……상인 자본주의는 물가 평준화의 진전과 교류 채널의 창출에 기여했으며 나아가 이를 통해서 조건이 더 나은 곳을 찾아다니도록 관심을 돌리는 데에도 기여했다.[91]

바로 이 점이 핵심이다. 16세기에서 18세기까지 진행된 하나의 자본주의적 과정이 공업의 도약을 가능하게 했으며 물가의 평준화는 이 과정의 본질적인 일부였던 것이다.

1450년에서 1750년까지의 기간과 1150년에서 1450년까지의 기간 사이에는 한 가지 결정적 차이가 있었다고 보인다. 전자는 자본주의 세계경제가 창출되면서 그밖의 다른 역사적 가능성들이 차츰 배제되어간 기간인 데에 비해서 후자는 비슷한 시도는 있었지만 봉건경제의 정치적 응집력이 그 내적 모순을 통해서도 아직 완전히 무너지지는 않았기 때문에 그러한 시도가 실패했던 시대로 볼 수 있으리라는 것이다. 이 결정적인 차이는 전체 경제에서 소득분배 유형의 차이로 알 수 있다.

빌헬름 아벨이 공업화 이전 독일의 대중 빈곤에 대해서 쓴 책에서 주로 말

---

90) Wilson(1973, 331).
91) Braudel & Spooner(1967, 395). Achilles(1959, 52)에 따르면 암스테르담의 밀 가격이 "전 유럽의 기준"이 되었다.

하고자 한 것은 프리드리히 엥겔스가 「1844년의 영국 노동계급의 상태 (*Conditions of the Working Class in England in 1844*)」에서 주장한 내용으로, 노동자들의 상태가 공업화와 더불어 나빠졌다는 주장은 전적으로 틀렸다는 것이었다. 아벨은 브루노 힐데브란트의 저작을 인용하면서 이렇게 말한다. "[독일에서] 빈곤은 공업이 없는 지역에서 가장 심각했다."[92] 아벨의 이야기로는 대중의 빈곤은 사실상 공업화 이전에 시작되었으며 16세기까지 거슬러 올라간다는 것이다 :

> [실질임금의] 가장 심각한 하락은 16세기에 일어났다. 그후 독일에서는 30년전쟁 직후부터, 다른 곳에서는 18세기 초에 실질임금이 오르기 시작했다. 그럼에도 불구하고 실질임금은……16세기 후반기보다 그다지 높지 않았다(15세기의 임금보다는 훨씬 더 낮았다). (1791년부터 1850년까지의) 이른바 '빈곤의 시대'는 새로운 임금 하락으로 이 추세의 순환을 완결시키지만 공업화 초기의 영국에서는 그렇지 않았다.[93]

아벨의 책의 논지는 산업혁명이 노동계급들의 생활수준의 상승을 가져왔다는 점을 주장하고자 하는 것이다. 이 문제 자체는 지금 우리 논의의 맥락에서는 벗어나 있다. 물론 그가 1791년에서 1850년까지의 시기에 대해서 언급한 것도 세계경제 전체를 놓고 보면 우리 논의의 맥락과 관련이 될 수는 있다. 하지만 우리의 지금 논의에서 문제가 되는 것은 1450년에서 1800년 사이에 하층민들의 소득이 전체적으로 떨어졌다는 그의 주장이다. 이 주장을 뒷받침하는 다른 연구도 더러 찾아볼 수 있다. 예컨대 민친턴은 1500년에서 1750년 사이의 기간을 잡아 유럽의 "수요구조"에 대해서 몇 가지 일반화를 과감히 제시했다. 그에 의하면 "1500년에 부자였던 것보다 1750년에 부자인 편이 더 좋았으니" 이 사이에 "빈부의 격차가 더 커졌기 때문이다."[94] 물가자료를 검

---

92) Abel(1972, 7).
93) Abel(1972, 63)은 이런 현상을 보여주기 위해서 잉글랜드, 스트라스부르, 빈, 라이프치히에서 석공의 실질임금이 밀(빵 제조에 쓰이는) 몇 킬로그램 분이었는지를 그래프로 나타내고 있다.
94) Minchinton(1974, 168).

또한 브로델과 스푸너도 같은 결론에 도달했다 :

> 15세기 말에서 18세기 초까지 유럽의 생활수준은 차츰 떨어졌다. 그 이전인 14-15세기의 조건을 가능한 지역에서라도 면밀히 분석해보면 재미있을 것이다. 크게 보아서, 이전 시기의 생활형편이 더 나았다. 앞서 이야기한 거듭된 폭력적 혼란이 있기 전의 이 시대야말로 많은 뛰어난 역사가들이 주장했듯이 노동의 황금시대였던 것일까?[95]

저자가 슬리허 반 바트의 자료로부터 구성했던 표를 보면 1251년에서 1850년 사이 잉글랜드 목공의 실질임금[96]은 1251년에서 1450년까지 꾸준히 올라 그 사이에 두 배가 되는데 그후에는 다소 꾸준히 떨어지다가 결국 원점에 돌아온다(단 1601년에서 1650년 사이는 예외적으로 낮은 기간이다). 이것을 제대로 해석하기 위해서는 이른바 봉건제의 위기를 다시 생각해보아야 한다. "봉건적 생산양식의 역동성을 제대로 이해하게 된 것이야말로 지난 몇십 년간 중세사 연구의 가장 중요한 성과의 하나였다"는 페리 앤더슨의 말은 정곡을 찌른 것이다. 그렇다면 이 위기는 실패가 아니라 성공의 결과였으니 그것은 "[봉건제가] 보여준 전반적인 눈부신 경제적, 사회적 진보의 결과였다."[97] 3-4세기 동안 꾸준한 팽창이 계속된 후 13세기 들어서 이 체제는 위기에 들어간 것이다.

저자는 이 위기가 순환적인 경기후퇴와 기후변화 그리고 봉건적 구조의 기본 모순의 장기적 격화가 얽힌 상황에서 비롯되었다는 점과 그렇게 볼 수 있는 이유를 이미 설명한 바 있다.[98] 이러한 역사적 상황을 어느 정도 상세히 분석한 앤더슨은 이어서 "3세기 동안 봉건적 경제 전체를 끌고 나간 원동력인 농

---

95) Braudel & Spooner(1967, 429). 중세 말과 1800년 사이 기간에 있었던 유럽의 "비(非)육식화" 현상에 대해서는 Teuteberg(1975, 64-65) 참조.
96) Wallerstein(1974, 80, 표 I) 참조. Le Roy Ladurie(1973, 434)에 따르면 M. Baulart의 연구에서 15세기에서 18세기까지 파리 노동자의 봉급이 가장 높았던 것은 1440년에서 1498년까지였다. Fanfani(1959, 345)에 의하면 16세기 이탈리아의 실질임금은 50퍼센트 떨어졌다.
97) P. Anderson(1974b, 182).
98) Wallerstein(1974, 21-37) 참조.

촌 개간이 결국 지리적으로나 사회구조적으로 객관적 한계에 도달했다"[99]는 점을 주로 강조한다. 그는 체제의 사회경제적 연소라고 일컬을 만한 것을 강조하면서 위기가 "귀족의 착취가 단선적으로 강화된" 결과 찾아왔다는 도브와 코스민스키의 설명을 "경험적으로 미심쩍고 이론적으로 환원주의적"이라고 비판한다. 그런 설명은 "이 시기 지대를 둘러싼 관계들의 전반적 추세와 부합되지 않기"[100] 때문이라는 것이다.

여기서의 혼란을 해결하기 위하여 다소 시간을 할애하는 것은 의미 있는 일이다. 사실상 앤더슨 자신의 책에도 착취의 직선적인 강화의 가설을 뒷받침하는 증거가 더러 나온다. 예컨대 그 자신 중세 유럽 농민보유지의 평균규모가 "9세기에 대략 100에이커 정도였던 것이 13세기에는 20-30에이커로"[101] 떨어졌다고 언급한다. 그는 또 대귀족과 농민을 매개하는 소귀족과 성직자 계층이 "중세 전반에 걸쳐 (그 사회적, 경제적 중요성에서) 차츰 성장해갔다"[102]고도 말한다. 이는 모름지기 경제적 잉여 가운데 더 커진 몫이 비생산적 노동자들에게 갔다는 뜻이고 따라서 결국 귀족의 착취가 직선적으로 강화되었다는 뜻일 터이다. 이 경우 "도시 가격과 농업 가격 간의 가격차 확대"에서 비롯된, 잘 알려진 영주 수입의 위기는 꾸준한 사회경제적 "연소"와 착

---

99) P. Anderson(1974b, 197). 그에게 위기는 전적으로 농업적인 것은 아니었다 : "동시에 도시경제도 이제 그 발전에 결정적인 모종의 장애에 부딪혔다.······화폐 부족이 확산되어서 그에 따라 필연적으로 은행업과 상업도 영향을 받았다." 앤더슨은 이 화폐 부족을 광업의 "기술적 장벽"을 통해서 설명한다(1974b, 199).
100) P. Anderson(1974b, 198). 저자 자신도 힐턴식의 이 가설에 의지했던 한에서는 이 진영에 가담하는 셈이다. Wallerstein(1974, 23-24) 참조.
101) P. Anderson(1974b, 186). 그는 저자와의 개인적 편지에서는 이것이 착취 강화보다는 분할상속 때문일지 모른다고 시사했다.
102) P. Anderson(1974b, 185). 그는 다시 이것이 착취 강화보다 세계적인 생산 증대의 결과일 것이라고 시사한다. 하지만 13세기 피스토이아 농촌에 관한 Herlihy(1965, 238, 240, 242)의 세심한 경험적 연구를 보라. 14세기의 인구 감소에 대한 맬서스주의적 설명에 대한 반론으로 그는 13세기에 농민들이 "엄청난 수준의 지대를 냈다"는 점을 지적한다. 그들은 예전에는 자본 증대를 위해서 자기 땅의 영구지대를 투자가에게 팔았는데 1250년 이후에는 "화폐의 질이 떨어지고 밀 가격이 급등하는 바람에 영구지대의 가치도 가파르게 올라서 1280년대에 정점에 달했다." 게다가 "피스토이아 농촌지역은 도시구역의 여섯 배나 되는 조세를 냈다."

취의 강화(어쩌면 상층계급 사람들 각각이 소득을 안정시키려고 한 방식이라는 의미에서 전자가 원인이 되어 후자에 이르렀다고 볼 수도 있다)가 겹쳐서 일어난 것이 될 것이다. 앞서 지적한 다른 요인들도 겹쳐서 그 경향이 한층 강해졌지만 말이다.[103]

이 "협상 가격차"에서 생긴 또 하나의 결과는 지대관계에서의 전반적인 변화로서 이것은 경제적 하강기에 으레 일어나는 바로 그 변화이다. 앤더슨은 다음과 같이 말한다 :

> 봉건적 생산양식의 일반적 위기는 농촌의 직접생산자의 상황을 악화시키기는커녕 오히려 개선시키고 그들을 해방시킴으로써 끝났다. 실제로 그것은 서유럽에서 농노제 해체의 전환점으로 판명되었다.[104]

여기서 받는 인상은 경제적 "협상 가격차"에 이어서 영주 반동이 뒤따르고 이것이 비교적 성공적인 농민의 저항을 불렀기 때문에 농노제가 무너졌다는 것이다. "1450년까지 예속노동으로 영주 직영지를 경영하는 것은 프랑스, 잉글랜드, 서부 독일, 북부 이탈리아, 에스파냐의 대부분 지역에서 시대에 뒤진 것이 되었다"[105]는 것이다. 그러나 저자는 사태의 흐름을 이와는 조금 다르게 본다. 사회경제적 위기가 귀족계급을 크게 약화시켰으므로 1250년에서 1450년 또는 1500년까지 농민들은 꾸준히 자기들의 경제 잉여의 몫을 늘려가고 있었다. 이것은 동서를 막론하고 유럽 전역에 걸쳐 공통된 현상이었다.[106] 상층계급에게 진짜 위기이자 직면할 수밖에 없는 딜레마는 "연소"의 선행조건 따

---

103) P. Anderson(1974b, 200-209). 그 결과에 대한 그의 경험적인 서술은 힘있고 참으로 명쾌하다.
104) P. Anderson(1974b, 204).
105) P. Anderson(1974b, 209).
106) P. Anderson의 두 권으로 된 저서의 한 주제가 서유럽 경로와 동유럽 경로의 갈라짐에 있기는 하지만 그런 그조차도 "[봉건제 위기의] 상대적 충격은" 서유럽보다 동유럽 쪽이 "더 컸으리라는 점"을 인정한다. 물론 그는 이어서 두 지역에서 위기의 원인이 달랐다고 주장한다(1974b, 246-248). 하지만 그 실태는 같았으며 농민층에게 유리한 결과가 된 점도 마찬가지였다.

위가 아니라 하층민들의 생활수준의 향상으로 인한 소득의 상대적 평등화 추세였다.

이제 격렬한 사회적 변화말고는 그 위기에서 벗어날 수 있는 길이 없었다. 앞서 말했듯이 그 길이란 바로 잉여 수탈의 새로운 형태인 자본주의 세계체제를 창조하는 것이었다.[107] 봉건적 양식을 자본주의적 양식으로 바꾸는 것이 영주 반동의 실체였던 것이다. 그것은 경제의 근본적인 재편을 받아들여야 할지라도, 또 그 결과 낯익은 계층화 양식에 가해질 수 있는 모든 위협을 받아들여야 할지라도 어쨌든 지배층이 그들의 집단적 특권을 계속 유지하기 위한 엄청난 사회정치적 노력이었다. 그런 변화를 통해서 망하는 집안들도 더러 있었지만 많은 집안들은 그렇지 않았다.[108] 나아가 더욱 중요한 것은 사회의 계층화의 원칙이 그저 살아남는 데에 그치지 않고 더욱 강해졌다는 사실이다.

1500년에서 최소한 1800년까지라면 팽창(A국면)과 수축(B국면) 양자를 다 포괄함에도 불구하고 유럽 하층민의 생활수준이 내려갔다면 이는 그러한 경제 변혁의 전략(이렇게 부를 수 있다면)이 얼마나 성공적이었는지를 보여주는 것이 아닐까? 실제로 소득의 저하에 대한 경험적 주장을 한 것이 자본주의의 비판자가 아니라 엥겔스의 잘못을 바로잡으려고 한 아벨이었다는 점에 주목해야 할 것이다(아벨이 이러한 소득저하가 1800년 이후에는 멈추었다고 잘못 생각한 것은 이유야 어쨌든 그가 1800년 이후의 계산을 올바른 분석단위 안에서 하지 못했기 때문이다. 다시 말해서 자본주의 세계경제, 그 외부 경계가 바로 이때 확대된 자본주의 세계경제 전체를 분석단위로 잡지 못했기 때문이다).

이제 1600년부터 1750년까지의 수축을 어떻게 해석할까 하는 문제로 돌아가자. 1450년에서 1750년까지의 기간을 봉건제에서 자본주의에 이르는 하나

---

107) Wallerstein(1974, 37-38) 참조.
108) P. Anderson(1974a, 56) 자신이 위험부담을 덜기 위한 한 가지 방식을 들고 있는데 그것은 엘리트층의 순환속도를 떨어뜨리는 것이다. 그가 빈콜리스모(vincolismo)라고 부르는 것이 이것인데 그는 17세기 말에서 18세기에 걸쳐 "자본주의 시장의 해체 압력과 변덕에 맞서서" 대토지재산을 소수의 가계 내에 머물게 하려고 여러 법적 조처가 이루어진 점을 거론한다.

의 긴 "이행기"로 분석하는 것은 이행 개념을 실체화할 위험이 있다. 이렇게 되면 "순수한" 봉건제도 "순수한" 자본주의도 그 기간이 차츰 깎여나가서 조만간 제로가 되고 급기야는 이행기만 남을 수도 있다. 모든 시대가 이행기라는 것도 충분히 그럴싸한 이야기겠지만 이처럼 부분적인 것을 전체적인 속성으로 확대시키면 우리는 그저 문제를 말장난으로 회피하는 것이 되고 말 것이다. 정말로 알고 싶은 것은 사회구조상의 주요 변화가 언제 어떻게 왜 일어났는가 하는 것이다. 체제 자체가 스스로에 대해서 말하는 이데올로기적 서술은 진실이 아니다. 자본주의 세계 안에서 "비자본주의적" 행동이랄 수 있는 예를 보는 것은 언제나 쉬운 일이며 이는 1650년과 1750년뿐 아니라 1850년과 1950년의 유럽 전역에서도 마찬가지이다. 하나의 자본주의 세계경제 속에서 그러한 "비자본주의적" 행동, 기업, 국가들이 "자본주의적" 행동, "자본주의적" 기업, (부적절하기 짝이 없는 말이지만) "자본주의적" 국가들과 뒤섞여 존재한다는 것은 비정상도 아니고 이행기이기 때문도 아니다. 이러한 뒤섞임이야말로 하나의 생산양식으로서의 자본주의 체제의 본질이며 그것 자체가 자본주의 세계경제가 같은 사회적 공간에서 공존해온 다른 문명들에 대해서 역사적으로 어떠한 영향을 끼쳤는지를 보여준다.

    이제까지 자본주의가 봉건제의 위기에 대한 하나의 해결책이었다고 말해왔다. 그러나 그것은 그 해결책으로 인해서 손해를 보는 개인과 집단의 저항을 물리치고 다수의 사람들을 결집시킨 여러 선택들의 결과이기도 했다. 손해를 보는 사람들이 많고 다양했으므로 참으로 기묘한 동맹관계가 이루어지고 그 과정은 길고 불분명하다. 다른 "해결책들"도 시도될 수는 있었다. 예컨대 카를 5세는 제국을 재건하려고 했지만 성공하지 못했다.[109] 하층민들은 1600년에서 1750년까지의 순환의 하강국면을 활용하여 이 체제에 혼란을 일으키고 이를 통해서 이제는 덩어리가 더 커진 절대적 잉여의 분배를 대폭 바꾸어놓으려고 했다. 하지만 이제 자본주의 세계경제의 핵심부 국가가 된 나라들에서 국가기구가 너무 강해졌기 때문에 이런 일은 일어나지 않았다. 서로 적대하는 세력들을 화해시키는 복잡한 방법들을 추구하면서도 그 나라들은 결국 장기

---

109) Wallerstein(1974, 165-181) 참조. 또한 Yates(1975)도 참조.

적으로 전체 세계경제 내의 경제적 지배층의 이익을 촉진시키는 정도로만 살아남고 번영할 수 있었다. 앤더슨에 의하면, "절대주의란 본질적으로……재정비되고 재충전된 봉건적 지배기구였다. 그것은 널리 퍼진 지대금납화로 농민 대중이 획득한 이익들을 무효화시키려고 농민 대중을 그들의 전통적인 사회적 지위에 되돌려 묶어두려는 것이었다."[110]

저자로서는 여기서 **봉건적**이라는 형용사만 뗀다면 앤더슨의 전체 주장을 받아들일 수 있다. 여기서 말하는 재정비란, 공적 용어라는 껍데기가 무엇이든, 정확히 봉건적 지배가 자본주의적 지배로 바뀐 것이라고 여겨지기 때문이다. 앤더슨 스스로도 "절대주의에는 명백한 역설"이 있다고 인정한다. 절대주의는 한편에서는 "귀족의 재산과 특권"을 보호하면서 다른 한편에서는 "아직 유치한 상공업 계급들의 기본적인 이해도 **동시**에 보장할 수 있었다"는 것이다. 이 역설을 설명하기 위해서 앤더슨은 "기계제 공업이 시작되기까지는"(즉 1800년 이전에는) "상업 및 기계의 자본"은 "대중" 시장을 필요로 하지 않았고 그래서 "봉건적 농업질서와의 근본적인 단절"을 피할 수 있었다는 사실을 든다.[111] 이 자체는 사실이다. 그렇지만 자본주의 세계경제 전체에서 보면 그것은 20세기에도 사실로 남아 있다. 말하자면 대중시장의 "필요성"은 지금도 세계인구 전체를 포괄하고 있지는 못한 것이다.

이렇게 보면 왜 모든 절대왕정이 다 강한 국가는 아니며 모든 강한 국가가 다 절대왕정은 아니었는지 이해할 수 있을 것이다. 핵심적 요소는 국가가 얼마나 강했느냐이지 정부형태가 얼마나 절대적이었느냐가 아니다. 물론 형태에 대해서 설명을 해야 하는데 그리고 나면 다음과 같이 볼 수 있다. 17세기에 **가장** 강한 국가들은 **경제적으로** 지배한 국가들이었다. 이 점에서 연합주가 첫째였고, 영국이 그 다음이었고, 프랑스는 고작 세번째였다. 영국 혁명은 영국의 국가를 강화시켰다. 이에 반해서 "짐이 곧 국가이다"라는 루이 14세의 주장은 국가의 상대적 약체성의 표지였다.

---

110) P. Anderson(1974a, 18). 그는 같은 이야기를 다른 식으로도 한다 : "절대주의 국가의 지배는 자본주의로의 이행기에 나타난 봉건귀족의 지배였다."(1974a, 42)

111) P. Anderson(1974a, 40).

17세기의 수축은 체제의 위기가 아니었다. 정반대로 그것은 체제의 공고화 기간이었다. 쇠퍼가 16세기 말 에스파냐령 아메리카에서 은 유입량이 줄어든 사실에도 긍정적 측면이 있었다고 말할 때 그는 바로 이러한 사정을 알아차린 것이다. 그에 의하면 그 결과는 17세기에 "전반적으로 물가의 **평균치**가 제자리걸음이었다"는 것이며 이것은 "그때까지 너무 지나친 인플레이션에 시달려온 경제에는 안정화의 요소였다."[112]

장기 16세기는 인플레이션의 시기만은 아니었다. 그것은 구조상의 혁명적인 시대였으니 새로운 급진적 사상을 받아들이려는 사람들의 집단이 대거 나타난 것도 그 중요한 한 측면이었다. 휴머니즘과 종교개혁 사상은 그들을 흥분시켜 걷잡을 수 없는 데까지 몰고 갈 위험이 있었다. 이에 비해서 17세기는 진정시키고 머리를 식히는 시기였다. 고전주의는 절대주의와 마찬가지로 현실의 서술이 아니라 프로그램, 다시 말해서 자본주의 세계경제의 탄생으로 상징되는 근본적인 사회변화에 대응하기 위하여 정치적, 문화적 주도권을 부유한 상층계급에 되돌려놓으려는 프로그램이었던 것이다. 윌리엄 부스마는 17세기의 본질적인 지적 추진력을 다음과 같이 특징짓는다 :

> 어디에서나 체계적으로 사물을 대하려는 사고경향이 되살아났다. 그 바탕에는 인간의 지성을 긍정적으로 평가하는 태도가 있었다. 그런데 그것은 세속화 움직임의 바탕에 있던 생각과는 전혀 다른 것으로서, 인간 경험의 온갖 측면을 보편적이고 그래서 추상적인 진리의 핵심에 결부시킬 것을 주장하는 것이었다.[113]

정치적으로든 문화적으로든 17세기는 세계경제의 성장률 저하에 발맞추어 형태와 구조의 안정화를 꾀한 시대였다. 이러한 시기를 거치지 않고서는 이후의 질적 도약이 가능하지 않았을 것이다. 이렇게 보면 17세기는 "위기"가 아니라 없어서는 안 될 속도 조정의 시대였던 셈이며 재앙의 시대가 아니라 자

---

112) Schöffer(1966, 97).
113) Bouwsma(1970, 10). 고딕체는 월러스틴의 강조. 그는 이 "우주의 체계적 합리성"에 대한 관심을 다시 "시대의 물질적 조건, 즉 이 세기의 오랜 불황과 사회혼란, 전쟁과 혁명"(p. 14)에 관련지어서 설명한다.

본주의 체제에서 가장 큰 혜택을 본 사람들의 이익을 증대시키는 데에 본질적인 계기였음을 알 수 있다.[114] 1600년에서 1750년에 이르는 시기가 유럽 세계경제의 공고화에 이토록 중요했기 때문에 왜 그러한 일이 일어났는지를 면밀히 분석해볼 필요가 있다. 그럼으로써 우리는 자본가 계층이 거듭 다가오는 세계경제의 수축국면에 대처하기 위해서 어떤 기제를 활용하는지 이해할 수 있다.

---

114) Rabb(1975, 58-59)은 1610년에서 1660년 사이에 (베이컨, 데카르트, 스피노자, 홉스 등에 의해서) 구성된 지적 체계가 "얼마나 범위와 시야가 크고 넓었는지" 이야기하면서 그것을 다름 아닌 위기에 대한 대응으로 본다. "1660년대 이후에 그런 류의 열망이 유럽 문화의 중심을 차지하는 일이 없어졌을 때에도 불확실성이, 그리하여 '위기'가 남았다는 것은 다시 한번 말할 수 있다."

2

세계경제에서의 네덜란드의 헤게모니

그림 3 : "징세총감 얀 오이텐보하르트." 렘브란트 반 레인 작. 1639년작의 이 에칭화는 흔히 "금 무게를 다는 사람"으로 더 잘 알려져 있다. 이 화풍에는 장엄함이 가득하며 신성함마저 느껴진다. 이것을 16세기 화가들이 판에 박은 듯이 그린, 코안경과 음울한 얼굴을 한 환전상의 초상화와 비교해보라. 암스테르담 : 레이크스뮈세움(국립박물관).

"북부에서는 루벤스와 같은 현상은……꿈도 못 꾸었다."
—— 피테르 헤일[1]

유럽 세계경제의 핵심부는 1600년까지 북서부 유럽, 즉 홀란트와 젤란트, 런던 및 그 주변 주들과 이스트 앵글리아(East Anglia : 노퍽 주와 서퍽 주를 포함한 영국 동부지방 /옮긴이), 북부 및 서부 프랑스에 확고하게 자리를 잡았다.[2] 이러한 핵심부 지역들의 정치적 단위는 그 규모와 형태 그리고 정치 면에서 전혀 달랐고 또 그뒤 한 세기 반 동안 중요한 변화를 겪었다. 그러나 이들 지역의 경제는 서로 다른 점보다 비슷한 점이 두드러졌다. 앞 장에서 보았듯이 1600년에서 1750년까지는 세계경제의 공고화의 시대로서 그 성장률이 떨어졌던 기간이었다. 물론 전체적으로 그렇기는 했으나, 각 부문의 놀랄 만큼 서로 다른 추세들이 어우러져 전체적인 중심의 경향을 만들어가는 것이 자본주의 경제체제의 두드러진 특징이다. 성장률 저하와 공고화에 따라서 어려운 경제적 결정들이 부득이 강제되었으며 이로 인하여 정치(및 문화) 면에서도 갖가지 뒤얽힌 현상들이 일어났다. 이것은 다른 어느 곳보다 17세기 핵심부 국가들에서 그랬다. 이들 나라의 기업가 계층은 누군가에게 이윤이 충분히 돌아가게끔 다른 누군가는 배제되어야만 하는 상황에서 치열한 생존경쟁을 벌인 것이다.

역사책에서 1600년에서 1750년까지의 기간은 **중상주의** 시대로 불린다. 이 용어에 담긴 수많은 뜻과 그 "본질"을 구성하는 정의를 놓고 왈가왈부할 생각은 없다.[3] 중상주의에 관한 논쟁은 대체로 17세기 이론가들이 제시한 주장들이 어느 정도 진실인가 하는 점을 둘러싸고 이루어진다. 분명히 그들의 명

---

1) Geyl(1961, 37-38).
2) J. R. Jones(1966, 40 참조)는 영국과 네덜란드 연합주 간의 비교를 위해서 이 특정 지역들을 골랐다.
3) 이 논쟁의 훌륭한 개관은 Coleman(1969)에서 볼 수 있다. 하지만 중상주의라는 말이 정책에 대한 지칭으로서는 "역사학을 현혹시키는 것"이지만 경제이론의 서술로는 쓸모가 있다는 그의 견해에는 동의할 수 없다(1957, 24). 진실은 차라리 그 반대라고 하겠는데, 이론으로서 그것은 모순투성이의 변명에 지나지 않지만 특정한 입장에 있는 나라가 중상주의적이라고 일컬어지는 정책을 택하는 경향이 있기 때문이다.

제는 어느 면에서는 현실을 반영하면서도 어느 면에서는 현실에 대한 행동을 위해서 고안된 것이기도 했다. 이는 모든 이론에 통용되는 것이다. 그러나 지금의 문맥에서 우리는 이데올로기적 정당화가 어떤 것이든 당시 국가들이 행한 현실적 실천에 관심을 두고 있다. 이러한 실천은 그 시대에만 독특한 것이 아니라 자본주의 세계경제의 역사 내내 몇몇 나라들이 통상 활용해온 것이다. 그때그때 이데올로기적 정당화는 달랐지만 말이다. 17세기 중상주의에 대한 혼란스레 많은 설명들에서도 이 개념의 두 측면에 대해서는 거의 누구나 의견이 일치한다. 즉 중상주의란 경제적 민족주의의 국가정책을 포함하며 그 핵심은 금은의 움직임에서 보든 (두 나라간 또는 다국간의) 무역차액의 창출에서 보든 상품유통에 대한 관심이었다는 것이다. "이윤과 권력"의 진정한 관계에서 무엇이 사실이냐 하는 것은 당대인이든 오늘날의 연구자이든 간에 논쟁의 쟁점이 무엇이냐에 따라서 달라진다.

경제적 민족주의가 하나의 국가정책으로서 약자가 강자에 맞서기 위하여 또는 경쟁자들이 서로에 맞서기 위하여 쓰는 것이라고 주장한다면 이것은 통설을 받아들이는 것일 뿐이다. 이 책에서 조금 달리 주장하고 싶은 것은 중상주의 경쟁에서 성공은 무엇보다도 생산적 효율에 달렸다는 것 그리고 모든 중상주의 국가정책의 **중기적** 목적은 생산부문에서 전반적인 효율을 높이는 데에 있었다는 것이다. 이제 이야기는 연합주에서 시작할 수밖에 없는데 왜냐하면 나약하고 언뜻 보기에 비효율적인 국가기구를 가진 이 "빙하시대가 남긴 모래와 진흙 산의 나라"[4]가 적어도 17세기의 한동안에 자본주의 세계경제의 헤게모니 국가였기 때문이다. 연합주(아니면 홀란트라고 해야 할까?)는 세계경제를 세계제국으로 바꾸어놓으려고 했던 카를 5세 쪽의 시도가 실패한 후 나타난 최초의 그런 헤게모니 국가였다. 헤게모니란 드문 상황으로서, 자본주의 세계경제의 역사를 통틀어서 헤게모니 국가는 홀란트, 영국, 미국뿐이며 더욱이 이들 나라가 그 위치를 유지했던 기간도 비교적 짧았다. 특히 홀란트는 그 시대의 군사적 거인이 아니었던 만큼 헤게모니 국가라는 것이 그럴싸

---

4) Van Veen(1950, 11). 사람의 손길이 미치기 전 네덜란드의 지질학적 조건에 대한 훌륭하고 간결한 서술은 Schöffer(1973, 9-13)에서 찾아볼 수 있다.

해 보이지 않는다.

 헤게모니는 핵심부 지위 이상의 것이다. 그것은 특정한 핵심부 국가의 생산효율이 아주 높아져서 그 나라의 생산물이 대체로 다른 핵심부 국가들에서까지 경쟁력이 있는 상황, 그래서 그 핵심부 국가가 최대한 자유로운 세계시장에서 가장 큰 이익을 누릴 상황이라고 정의될 수 있다. 분명히 이 생산성의 우위를 최대한 활용하기 위하여 그런 국가는 안팎으로 생산 요소의 자유로운 흐름에 걸림돌이 되는 정치적 장벽을 없애거나 최소화할 수 있을 만큼 강력해야 한다. 그리고 일단 자리잡은 지배적인 경제적 세력은 그들의 이익을 보존하기 위해서 모종의 지적, 문화적 추진력들, 운동들, 이데올로기들을 장려하는 것이 도움이 된다고 여기게 된다. 헤게모니에서 문제는 앞으로 보게 되듯이 그것이 지나간다는 점이다. 한 국가가 진정으로 헤게모니를 확립하자마자 그 헤게모니는 약화되기 시작한다. 한 국가가 헤게모니를 잃는 것은 그 국가가 약해져서가 아니라(적어도 어지간히 시간이 흐르기까지는 그렇게 되지 않는다) 다른 국가들이 강해지기 때문이다. 정상에 선다는 것은 물론 지금이 아무리 좋더라도 미래는 당신의 것이 아니라는 뜻인데 그럼에도 불구하고 역시 달콤한 것이다. 헤게모니의 유형은 놀랄 만큼 단순해 보인다. 농-공업의 생산효율에서 압도적 우위에 섬으로써 세계무역의 상업적 분배영역에서 우위를 차지하게 된다. 이렇게 되면 세계교역 대부분의 중심으로서의 이익과 "보이지 않는 상품"인 운송, 통신, 보험의 장악에서 오는 이익이라는 서로 관련된 두 가지 이익이 따라온다. 이러한 상업상의 우위는 다시 (외환, 예금, 신용의) 은행업무와 (직간접의) 투자를 포괄하는 금융부문의 지배권에 이르게 된다.

 이러한 우위는 차례로 이루어지지만 서로 겹치기도 한다. 마찬가지로 우위를 잃을 때도 같은 순서대로(먼저 생산, 이어서 상업, 마지막으로 금융) 거의 차례로 잃게 된다. 따라서 특정한 핵심부 국가가 생산, 상업, 금융 모두에서 **동시에 다른 모든 핵심부 국가들에 대하여 우위에 있는 상태는 극히 짧을 수밖에 없다.** 이 일시적인 최정상의 상태가 바로 우리가 헤게모니라고 일컫는 것이다. 홀란트, 즉 연합주의 경우 이 순간은 1625년에서 1675년 사이였다고 여겨진다. 네덜란드의 높은 생산효율은 먼저 역사상 가장 오래된 형태의 식량 생산 형태인 채집경제에서 이루어졌으니 즉 물고기의 채집, 특히 "네덜란드의 금광"[5]이라고도 불렸던 절임용 청어잡이 어업(그것만은 아니지만)으로 이룩되었다. 이 높은 효율은 1400년 무렵 하링보이스(haringbuis), 즉 뷔스(buss)라는 청어잡이 배[6]가 발명된 덕이었다. 배 폭에 비해서 길이가 긴 이 어선은 "조종이 더 쉽고 항해에 더 잘 견디며 짐 싣는 공간을 그다지 희생하지 않고도 속도를 낼"[7] 수 있었다. 뷔스가 지닌 두 가지 큰 이점은 먼저 1516년에 서(西)프리슬란트의 호른에서 첫선을 보인 청어용 큰 그물을 쓸 수 있는 형태였다는 것,[8] 그리고 갑판이 넓어서 배 위에서 바로 청어를 손질할 수 있었다는 것이었다. 새로운 가공기술, 즉 잡아올린 물고기의 창자를 그 자리에서 도려내고 소금에 절여 보존을 확실히 하는 기술은 13세기에 개발된 것이었다.[9] 이러한 "공장 배"[10]는 네덜란드 앞바다를 떠나 멀리 떨어진 어장에서 6주나 8주씩 머물 수 있었다. 뷔스는 그 짐을 벤트야헤르(ventjager)라는 매입상의 고속선에 팔았고 그들은 이 생산물을 싣고 뭍으로 돌아왔다.[11]

---

5) Wilson(1941, 3) 참조. Andrews(1915, 541)는 이 표현을 1624년 7월 19일 연방의회 포고문에까지 거슬러올라가 찾아낸다. Meynert Semeyns는 1639년에 다음과 같이 썼다 : "네덜란드는 지금까지의 다른 어느 나라보다 청어를 더 많이 잡고 가공도 더 잘한다. 신은 청어라는 도구를 통해서 홀란트를 유럽 전체의 거래소이자 '기본 산물' 시장으로 만드셨다. 청어는 네덜란드 무역을 지속시키며 네덜란드 무역은 세계를 일으킨다." *Corte Beschryvinge over de Haring vischerye in Hollandt* (Beaujon, 1884, 60-61에 재인용). 또한 프랑스 학자 Luzac(I, 19)는 1778년에 어업은 "[네덜란드] 상업의 요람"이라고 썼다.
6) H. P. H. Jansen(1978, 13) 참조. R. W. Unger(1978, 30)는 이 배가 호른에서 첫선을 보인 때를 더 정확하게 1415년이라고 말한다.
7) R. W. Unger(1978, 30). 처음에는 배 길이 대 배 폭의 비율이 2.5 : 1이던 것이 1570년이 되면 4.5 : 1이 되었다. 이것은 "최신 범선의 경우보다도 현저하게 큰 비율이었다." 하지만 그 비율에는 기술적인 한계가 있었는데 "그물의 폭이 지나치게 커서는 안 되었기 때문이다."
8) R. W. Unger(1978, 29-30) 참조.
9) Schöffer(1973, 72-73) 참조. 청어는 24시간에서 48시간이면 상하기 시작했다. 이 점에 관해서는 Michell(1977, 142) 참조.
10) Michell(1977, 148)은 이런 배가 "최근에 다시 나타났다"고 지적한다. 이 배에는 세 부류의 노동자들, 즉 창자를 손질하는 인부, 소금에 절이는 인부, 고기 잡는 어부가 탔다.
11) Parry(1967, 172) 참조.

네덜란드인들은 이른바 대(大)어업으로 일컬어진 북해의 청어잡이[12]를 주름잡는 데 그치지 않고 아이슬란드의 명태잡이와 스피츠베르겐의 고래잡이[13]도 지배했다. 고래는 사실상 식량으로서보다 공업적 산물로 수요가 있었다. 고래에서 얻을 수 있는 "고래 기름"은 비누와 램프 연료로, 뼈는 의복의 장식에 쓰였다.[14] 어업에는 이런 식의 전방의 연쇄효과뿐 아니라 어망 제조 같은 후방의 연쇄효과도 있어서 중요했고 "적어도 임시로 어업에 종사하는" 인구비율이 높아지는 "유럽에서 독특한" 상황을 만들었다.[15] 17세기 네덜란드인들이 영국 앞바다에서 고기를 잡아 영국 항구에 싣고 가서 경쟁력 있게 판매할 수 있었고 이 이익으로 발트 해에서 "모(母)무역"을 할 수 있었다는 것은 영국인들에게는 "짜증나는" 일이었다.[16] 당시 영국인은 이 점을 아주 잘 알고 있었다. 조지 다우닝 경(당시 영국의 주[駐]네덜란드 대사/옮긴이)은 1661년 7월 8일에 클래런든에게 보낸 편지에서 이렇게 썼다 : "[네덜란드의] 청어 무역은 소금 무역의 원천이며 청어와 소금, 이 두 무역은 이 나라가 발트 해 무역을 전적으로 독점하는 이유입니다. 왜냐하면 그들은 그쪽으로 가는 배에 이 부피 큰 상품을 실을 수 있기 때문입니다."[17] 그런데 발트 해 무역을 주름잡은 것이 바로 네덜란드 조선업의 효율성의 한 원인이었으므로 네덜란

---

12) 그들은 세 철에 걸쳐 청어잡이를 했다. 즉 6-7월에는 오크니 제도, 셰틀랜드 제도, 스코틀랜드 북부 등지에서, 8월에는 스코틀랜드의 던바에서 요크셔까지, 9월에서 11월까지는 야머스 앞바다에서. Michell(1977, 139) 참조. 청어는 "가난한 사람의 스테이크"로 알려져 있었다. 홀란트와 서부 프리슬란트에서 "각 철의 햇청어는 짐수레에 실려 앞다투어 시장으로 팔려나갔다."(1977, 180)
13) Parry(1967, 167-173) 참조.
14) Michell(1977, 171)은 이 점을 지적하며 이렇게 말한다 : "따라서 고래잡이의 추이는 유럽의 인구사보다는 공업사를 반영한다. 네덜란드가 전반적인 경제의 쇠퇴에도 불구하고 자기 위치를 지킨 반면 영국이 상업적 패권의 절정에 있을 때조차 고래 제품을 (잉여는 고사하고) 자급하지 못했다는 것은 흥미롭다."
15) Michell(1977, 180).
16) Wilson(1968, 64). 이에 대한 대응으로 1887년 Cunningham이 지적한 것은 "의식적인 네덜란드인 모방"이었다. 이 표현은 그의 The Growth of English Industry and Commerce 초판의 제5권 제2장 제목이다(Clark, 1960, 15에 재인용).
17) Wilson(1957a, 3)에 재인용.

드인들은 한동안 나선의 연쇄효과, 이점이 이점을 순환적으로 강화시키는 효과를 누리는 복된 상황에 놓이게 되었다.

그러나 조지 다우닝 경에게는 미안하지만 청어가 모든 것을 설명해줄 수는 없다. 네덜란드인들은 당시 가장 기초적인 생산기업이었던 농업에서도 비슷한 우위를 보여주었다. 더욱이 이것은 그 대단한 노력으로 보나 훌륭한 결과로 보나[18] 참으로 놀라운 것이었으니, 네덜란드는 곡물 재배든[19] 다른 형태의 농업이든 지질학적으로 좋은 조건이 아니었기 때문이다. 그러나 이 약점은 두 가지 방식에 의해서 강점으로 바뀌었다. 먼저 토지를 만들기(간척하기) 위해서 물을 퍼올려야 했는데 이 바람에 풍차가 발명되고 공학이 발전했으며 그래서 홀란트는 여러모로 "목제기계 시대의 중심"[20]이 되었다. 간척은 멀리 1250년까지 거슬러올라가지만 그 전성기는 급격한 양적 도약이 있었던 1600년에서 1625년까지였고 이 높은 수준은 1625년에서 1675년까지도 거의 그대로 유지되었다.[21] 그래서 앤드루 마벨이「홀란트의 특성(Character of Holland)」에서 약간 빗나간 냉소를 하는 것이다. "물에 빠진 자들 사이에서는 물을 퍼내는 자가 지배하는 것이다." 척박한 자연조건이 낳은 두번째 결과는 한층 더 중요했다. 즉 어쩔 수 없이 네덜란드인들은 집약적 농업으로 나아갈 수밖에 없었는데 이것은 최초로는 그 이전의 불황과 곡물 가격 저하가 새로운 집약적 농업의 창안에 이르게 된 1300년 무렵에, 그뒤에는 집약적 농업이 더 크게 팽창한 1620년에서 1750년 사이에 일어났다.[22]

---

18) "네덜란드 농업의 눈부신 발전과 17세기 경제에서 저지방 국가들의 우세 사이의 관련을 어떻게 무시할 수 있겠는가?" De Maddalena(1974a, 313). 정말로 어떻게 무시할 수 있을까?
19) E. L. Jones(1967, 47) 참조.
20) Van Veen(1950, 145).
21) Van Veen(1950, 65)의 도표 참조. Slicher van Bath(1977, 69 ; 또 70, 표 4)는 농산물 가격과 해안매립지 조성 사이에서 비례관계를 추적해낸다. "1664년 이후 해안매립지 조성이 활발한 시대가 끝나는데 이 시기는 바로 곡물 가격이 떨어지기 시작하고 전반적인 경제상황이 나빠지기 시작한 시기였다."
22) Davis(1973b, 112-115), Slicher van Bath(1960, 153), Wilson(1977a, 23-24) 참조. 슬리허 반 바트에 따르면 집약화는 "곡물 가격이 상대적으로 낮았던 시기에 인구가 늘고 밀

토질이 특히 경작 농업에는 맞지 않았기 때문에[23] 생산의 증대는 재배작물을 공업용 작물로 바꿈으로써 가장 쉽게 달성될 수 있었다. 그런 작물로는 아마, 대마, 홉, 원예작물, 과일 그리고 아주 중요한 생산물로 염료가 있었다. 16-17세기 염료 생산에서 네덜란드인들은 "거의 경쟁상대가 없는 세계 최고였다."[24] 원예작물 및 경작작물과 함께 축산도 상당히 늘어났다.[25] 공업용 작물에 이렇게 집중할 수 있었던 것은 곡물을 대규모로 수입한 덕인데 이 역시 주변적인 문제는 아니었다. 데 브리스의 추산으로는 17세기 중엽 홀란트, 위트레흐트, 프리슬란트, 그로닝겐 주의 인구 절반 가량이 수입곡물로 살았다고 한다.[26] 공업용 작물에 집중할 수 있었던 또다른 요인은 농업기술의 개량이었다. 가령 휴경지를 없애는 것,[27] 그래서 사료작물을 재배하는 것, 묘판을 만들거나 줄맞춰심기를

도도 높아질 때 살아남기 위한 불가피한 것이었다." 그럼 다른 나라들은 왜 이렇게 못했을까? 데이비스는 영국과 프랑스가 네덜란드만큼 나아가지 못한 이유를 다음과 같이 설명한다. 즉 네덜란드가 13-14세기에 이룩한 진보가 15-16세기에 영국과 프랑스에 전해졌을 때 마침 유럽은 팽창국면을 맞고 있어서 집약화 기술을 그다지 반기지 않았다. 특히 1450년에서 1650년까지의 기간은 농민들이 경지와 좋은 목초지에 대해서 막강한 권리를 행사하던 때여서 기술혁신에 관심이 없었다. 그의 주장은 한마디로 17세기에 영국과 프랑스는 네덜란드와 출발점 자체가 달랐다는 것이다.

23) "홀란트의 모래언덕 해안과 마스 강 남쪽 몇몇 섬들, 프리슬란트의 점토질 해안처럼 비교적 토질이 좋은 몇곳"을 빼놓고는 경지로 부적합했다. J. de Vries(1974, 71).
24) Gibbs(1957, 693).
25) J. de Vries(1974, 136-144).
26) J. de Vries(1974, 172). 이것은 무엇보다 이윤을 극대화하는 문제였다 : "북부 네덜란드에서 곡물 생산을 하면 비용이 많이 들게 되어 높아질 곡물 가격이 무역의 성장으로 인해서 떨어졌다고 잠정적으로 결론지을 수 있다. 그렇다면 이 지역 경제는 곡물 가격의 상대적 저하를 통해서 저축을 상당 부분 늘릴 수 있었던 것이다. 또한 당시 어느 경제에서나 곡물이 차지하는 중요성은 당연한 것이기에 그것은 다른 목적으로 쓰일 재원을 해방시킨 셈이다."(p. 182) 또한 Van der Wee(1978, 15)에 따르면 1500년에서 1670년 사이 북부 네덜란드에서 생산성 상승 추세가 나타난 것은 "주로 두드러진 특화의 결과였다. 발트 해로부터 곡물을 대량 수입함으로써 해안지역은 도시의 성장에 따라 급속히 늘어나는 풍부한 인구를 위해서 낙농제품, 원예작물, 공업용 작물에 집중할 수 있었다."
　　Glamann(1977, 231-232)은 발트 해 곡물 무역의 중요성에 약간 회의적인 반응을 나타낸다. 다만 그의 반대 이유는 배후지 무역이 중요하다는 점인데 그가 말하는 배후지에는 라인 강 유역, 플랑드르, 북부 프랑스, 잉글랜드(원문 그대로!)가 포함된다.
27) Slicher van Bath(1955, 181).

하는 것, 값싸고 간단한 도구를 이용하는 것, 비료를 넉넉히 주고 작은 토지면적에 많은 노동력의 공을 들임으로써 생산성을 높이는 것 등이다.[28] 목초지 씨뿌리기와 체계적인 시비(施肥)로 가축 수와 우유 생산량도 늘어났다.[29] 이렇듯 집약화된 농업으로 도시화와 공업화가 이루어질 수 있었지만 거꾸로 도시화와 공업화가 그와 같은 농업을 촉진하기도 했다. "17세기 중엽까지 대부분의 도시들은 일부 사람들에게 [공업] 폐기물[재와 같은]을 거두어 농민들에게 되파는 특허권을 부여했다."[30] 유럽 농업의 세기였던 16세기와 대조해서 1590년에서 1670년에 이르는 시기를 로마노가 "네덜란드 농업의 세기"라고 부른 것도 이상할 것이 없다.[31] 네덜란드 농업생산이 더욱더 효율적이 되어간 데 비해서 유럽의 대부분 다른 지역에서는 농업기술이 비교적 제자리걸음이었으므로 격차는 한층 커져갔다.

연합주는 이 시기에 단지 농업생산에서만 주도적이었던 것이 아니라 공업산물의 생산에서도 앞서 있었다. 그간 홀란트가 왜 공업화되지 못했던가를 설명하는 데에 너무 많은 잉크가 소비되다보니 실제로 그것이 진정 공업화되었다는 사실은 잊혀지기 일쑤이다. 하지만 찰스 윌슨은 훌륭하게도 네덜란드에 관한 자신의 방대한 저작들에서 줄곧 이 점을 주장해왔다.[32] 공업의 발전은 전통적인

---

28) Slicher van Bath(1960, 132, 147-148 ; 1955, 176-178).
29) J. de Vries(1974, 142-144).
30) J. de Vries(1974, 150).
31) Romano(1962, 519).
32) 예컨대 Wilson(1968, 30)의 다음 요약을 참조 : "때때로 [네덜란드 공화국은] 순수한 상업적 경제였고 공업화 국면으로 기어를 바꾸는 데에는 실패했다고 이야기된다.……17세기 상황에 관한 한 이것은 지나친 말이다.……기술은 대부분……어업이나 원료 또는 반제품의 가공 등 경제적으로 이윤이 높은 과정에 당연히 집중되었다. 이는 또한 창고와 시장을 통한 상품의 원활한 흐름을 자극했다."
당대인들은 이 점을 명확히 알고 있었다. 빈에 있던 황제 레오폴트 1세의 경제 고문 J. J. Becher는 1673년에 제조업의 장려를 권고하면서 이렇게 말했다 : "네덜란드인들은 견직물을 생산하지만 생사가 그 나라에서 조달되지는 않는다. 그들은 아마와 대마를 외국에서 들여와 레이스와 아름다운 리넨으로 만들어 수출한다. 외국 양모로 모직물을 짜서 수출도 하고 외국산 원료로 가죽도 만들어 수출한다." *Politischer Discours*, 2nd ed., Frankfurt, 1673, p. 173 (Klima, 1965, 97에 재인용).

선도적 부문인 직물공업에서 맨 처음 볼 수 있다. 북부 네덜란드는 네덜란드 혁명 바람에 북쪽으로 피신해온 사람들로 인해서 1560년대부터 이익을 보기 시작했다. 직물 생산은 레이덴에 집중되었으며[33] 여기서 "새로운 직물"(베이, 세이, 카멜롯, 퍼스티언 등), 영국산이 유명하게 될 바로 그 직물의 생산이 시작되었다. 100년 이상 공업생산이 줄곧 늘어나던 것이 1660년대에는 정점에 달했다(1584년을 100으로 했을 때 1664년에 545, 1795년에 108).[34] 생산은 양적으로만 팽창한 것이 아니었다. 1660년대까지 직물공업에서 레이덴의 주된 라이벌이었던 이스트 앵글리아의 "새로운 직물"은 "고전을 면치 못했다."[35] 17세기 발트 해 무역에서 네덜란드가 지닌 힘의 원천을 연구한 오스트룀은 직물 생산의 높은 효율성을 **첫손**에 꼽고, 네덜란드인들이 **영국산** 직물(그리고 남유럽산 소금)의 중계무역을 주도한 것을 **두번째** 요인으로 들었다.[36] 생산의 우위가

---

33) 레이덴은 1350년 이후 수출용 직물제품의 중요한 생산지였다. H. P. H. Jansen(1978, 11) 참조. 얀센에 의하면 홀란트의 공업은 1350년에서 1400년까지 결정적인 호황이었다. 흑사병 피해가 한결 덜했기 때문에 인구 감소의 충격도 덜했던 네덜란드는 "인구가 크게 줄고 때로 적대적인 길드 조직에 시달린 주변 나라들과의 경쟁에서 더 유리했다."(p. 17)
34) Faber 외(1974, 7).
35) Wilson(1965, 55). Glamann(1974, 505)은 이 상황을 일종의 분업의 관점에서 본다 : "1620년에서 1700년까지의 기간을 훑어보면 영국에서는 방모직물(woollens)이 쇠퇴하고 소모직물(worsteds)이 번창한 데 비해서 레이덴에서는 그 반대였다. 라켄스(lakens)라는 이름으로 알려진 레이덴 모직물은 영국산과 너끈히 경쟁이 된 반면 소모직물 쪽은 영국이 앞섰다." 그러나 윌슨이 주로 말하고 있는 것은 대체로 1570년에서 1670년까지라는 데에 주의해야 할 것이다.
 한편 Israel(1977, 61)은 1621년 휴전이 끝나 에스파냐 지배지역의 직물 수출 시장을 잃은 것이 네덜란드의 싸고 가벼운 직물 생산에 명백한 타격을 주었다고 본다. "레이덴은 이 손실을 구 직물, 즉 북유럽 시장에 한결 적합한 그 유명한 라켄스의 생산을 늘려서 그럭저럭 메워나갔다. 하지만 1621년에서 1648년 사이에도 레이덴에서 생산된 직물은 총가격으로 보면 분명히 늘어났지만(구 직물이 새로운 직물보다 비싸므로) 직물 생산량과 노동수요로 따지면 레이덴은 사실상 쇠퇴하고 있었다." Deyon(1978d, 267)에 따르면 이 변화는 1650년 이후에 이루어지는데 레이덴은 틸부르흐, 베르비에, 부아-르-뒤크와의 경쟁에 밀려 쇠퇴했다는 것이다. 레이덴은 높은 생계비와 임금수준 탓에 이들 지역보다 불리했다. 레이덴은 "가장 노동집약적인 제조업을 포기하고……다시 사치품, 즉 두꺼운 직물, 산양과 낙타의 털을 섞은 카멜롯 등의 생산으로 되돌아갔다."
36) Åström(1963, 61). 세번째 요인으로 드는 것은 "식민지 산물"이다.

첫번째이고, 이어서 그리고 그에 힘입어 상업의 우위가 있었다는 것이다.

이 우위는 영국인들이 염색 및 끝손질 공정 전(前) 단계의 직물을 홀란트에 보내 마무리하는 상황을 벗어나고자 기획했던 이른바 코케인 참사의 계획(Alderman Cockayne's Project) 사건의 역사에서 잘 드러난다. 1614년 제임스 1세는 "백포" 상태의 직물 수출을 금했고 이에 대한 보복으로 네덜란드는 완제품 수입을 금지했다. 이에 맞서서 제임스 1세는 양모 수출 금지로 다시 한번 보복하고자 했다. 서플의 말대로 그것은 "엄청난 도박"[37]이었으며 결과는 영국의 참담한 실패로 끝났다. 영국의 수출은 그 3년 동안 3분의 1로 줄어들었고 코케인의 계획은 1617년에 철회되었다. 도박에 건 돈은 엄청난 것이었다. 윌슨의 추산으로는 염색 공정에서 부가가치의 47퍼센트가 이루어졌는데 그것이 몽땅 네덜란드의 몫이었던 것이다.[38] 영국이 이 도박에서 이길 수 없었던 이유는 쉽게 짐작할 수 있으니 그것은 앞서 말했듯이 당시 홀란트가 염료 생산에서 단연 우위였고 따라서 염색비용이 훨씬 저렴했기 때문이다. 따라서 17세기 초반에 영국이 직물 무역에서 네덜란드와 겨룬다는 것은 어업에서와 마찬가지로 "못다 이룬 중상주의자의 꿈"[39]이었다.

근대 초기의 두번째 주요 공업은 조선업이었는데 여기서도 역시 연합주의 우위는 상식이다.[40] 한편 이 상식처럼 널리 인정되고 있지는 않지만 명확한 분석을 위해서 반드시 알아두어야 할 것은 네덜란드 조선업이 "근대적 차원의 것으로서 규격화되고 반복적 방법을 지향하는 경향이 강했다"[41]는 사실이다. 그것은 고도로 기계화되었으며 많은 노동절약형 장치들, 가령 풍력 제재기, 톱과 도르래의 동력식 목재 공급기, 무거운 목재를 나르는 대형 크레인 등을 활용했는데 이들 모두가 생산성을 향상시켰다.[42] 조선업과 상공업 복합체와의 연결에는

---

37) Supple(1959, 34).
38) Wilson(1965, 71). 전체적으로 "이익이 가장 컸던 것은" "직물의 염색과 끝손질에 관련된 세련된 기술이었으며 이 기술이 시장 지배의 열쇠였다."(1968, 29)
39) Wilson(1957a, 40).
40) Kellenbenz(1977a, 531) 참조.
41) Wilson(1973, 329). 또한 Michell(1977, 152)의 다음 문장 참조: "네덜란드의 진정한 업적은 큰 배를 건조한 데에 있는 것이 아니라 배의 품질을 한결같이 유지한 데에 있다."
42) R. W. Unger(1978, 7)와 Kindleberger(1975, 618) 참조.

놀라운 데가 있었다. 암스테르담에는 밧줄 제조, 비스킷 제조, 선박용 양초 제조, 항해용구 제조, 해도 출판 등 일련의 보조산업이 자리잡았다.[43] 배 자체를 만드는 데에는 목재가, 그것도 엄청난 양이 필요했다. 전함 한 척을 만드는 데에 2,000그루의 참나무 재목이 필요했는데, 참나무 재목이 쉬이 부러지지 않을 만큼 자라는 데에는 한 세기가 걸리고 2,000그루의 참나무를 키우는 데에는 당시 50에이커 정도의 숲이 필요했다.[44] 이 목재의 주된 공급원의 하나가 발트 해 지역이었다. 네덜란드가 이곳 무역을 독점하다시피 할 수 있었던 한 가지 큰 이유는 직물 생산에서의 높은 효율 때문이었다. 그 결과 조선업의 효율도 높아졌고 우리가 앞으로 살펴보겠지만 이것이 또한 네덜란드가 세계상업을 주름잡은 중요한 원인이었다. 나아가, 조선업말고도 네덜란드의 다른 공업들이 해상 공급에 "전적으로 의존했으므로" 선박은 "진정한 생산요소로 보아야만 한다."[45] 그러므로 조선은 생산수단의 생산이었다.

직물업과 조선업만 중요한 공업은 아니었다. 홀란트는 적어도 1660년까지는 제당업의 주도적인 중심지였다.[46] 증류주 제조업에서도 1600년 직후 일어난 "강력한 붐"이 17세기 내내 지속되었다. 그밖에도 제지업, 제재업, 출판업이 있었으며 벽돌 및 석회 제조업은 1500년 무렵부터 팽창을 시작해서 18세기까지도 "꽤 번창했다." 도자기, 담배, 파이프의 제조공장이 들어섰으며 특히 17세기에는 수출지향의 대규모 피혁공업도 나타났다. 양조업도 17세기가 끝날 무렵 절정에 달했고 유지 및 비누 생산은 17세기 중엽 전성기를 맞았다. 염료 제공을 주된 기능으로 하는 화학공업이 있었음은 물론이고[47] 여기에

---

43) Van Klaveren(1969a, 183) 참조.
44) Naish(1957, 493) 참조. 또 Sella(1974, 392-394)도 참조. Barbour(1954, 238)는 네덜란드가 영국보다 선박 건조 비용을 낮출 수 있었던 이유를 영국이 목재나 그밖의 재료를 싸게 수입하지 못했기 때문이라고 본다. 사실 조선업에서는 재료비가 인건비의 8배나 되었다. 네덜란드의 우위는 "염가 구매, 낮은 운임, 낮은 관세"에 있었다는 것이다.
45) Wilson(1977a, 39).
46) 1661년, 암스테르담에는 제당공장이 60개소나 있었다. 1660년에 영국이 항해법을 반포하고 프랑스에서도 콜베르가 유사한 입법을 취하기까지 프랑스와 영국 식민지의 설탕은 대부분 암스테르담에서 정제되었다. Masefield(1967, 293) 참조.
47) 다음을 참조. Faber 외(1974, 4-10) ; Deyon(1978d, 289) ; Supple(1977, 429). 출판에 관

군수품 제조도 빼놓을 수 없다. 80년전쟁(네덜란드 독립전쟁/옮긴이)과 30년전쟁이 자극이 되어 정부가 전쟁물자 수입을 장려했기 때문에 이 공업이 꾸준히 발전했다. 16세기 말까지는 대규모 수출교역도 이루어졌다. 1600년 무렵 생산구조도 장인 길드로부터 매뉴팩처와 선대제(putting-out system)로 변모했다.[48]

그렇다고 1575년에서 1675년 사이의 100년간 연합주가 그 어느 산업분야에서나 우위를 달렸다든가 혹은 본격적인 경쟁상대를 전혀 가지지 않았다든가 하는 것은 아니다. 하지만 노스와 토머스가 말하듯이 네덜란드가 "자립적 성장을 성취한 최초의 나라"[49]라고 할 수 있다면 그것은 무엇보다 다른 어떤 나라도 이렇게 일관되고 응집력 있고 통합된 농-공업 생산 복합체를 보여주지 못했기 때문이다. 더욱이 이것은 80년에 걸친 독립전쟁에 따른 경제적 어려움에도 불구하고 이룩되었던 것이다.[50] 17세기에 네덜란드의 이러한 모습을 영국인들보다 더 주의 깊게 바라본 사람들은 없었다. 1673년 「연합주에 대한 관찰기(*Observations upon the United Provinces*)」를 펴낸 주(駐)네덜란드 영국 대사 윌리엄 템플 경은 이렇게 말했다:

교역의 진정한 기원과 기반은 좁은 땅에 많은 사람들이 북적대며 사는 데에 있다고

  해서는 Hazard(1964, 112) 참조. 그에 의하면 1699년까지도 출판의 10대 중심지 가운데 다섯 곳이 홀란트에 있었으며 암스테르담 한 군데에만도 400명의 출판업자들이 있었다.
48) Klein(1966, 195-197)과 Barbour(1963, 35-41) 참조.
49) North & Thomas(1973, 145). 20세기 상황에 대하여 논하면서 Stephen Hymer & Stephen Resnick(1969, 503)은 이렇게 말한다: "우리가 보기에 발전과정에서 일어나는 주요 전환이란 노동이 여가나 게으름을 대신하는 것이 아니라 조잡한 가내생산 방법으로부터 전문화와 교환에 입각한 한결 뛰어난 방법으로 변화하는 것이다."(1969, 503) 이것이야말로 당시 연합주에서 일어난 바를 정확하게 요약해주는 설명이 아닐까?
50) Parker(1974b, 11-15)는 네덜란드 반란이 경제에 미친 영향을 득실 양면에서 살피고 전체적으로 큰 차이는 아니라도 굳이 따지면 손실 쪽이 약간 컸으리라고 결론짓는다. 한편 Wilson(1968, 22)은 "40년에 걸친 전쟁을 치렀음에도 북부 네덜란드의 근저에 있는 경제력은 1609년 휴전 무렵 그 어느 때보다 강해졌다"고 말한다. 그런데 그의 말을 세계경제에서의 네덜란드의 상대적 지위에 대한 평가로 받아들인다면 이 두 가지 평가가 반드시 모순인 것은 아니다.

여겨진다. 그래서 온갖 생활필수품이 비쌀 수밖에 없고 재산을 가진 사람들도 절약하게 된다. 한편 아무것도 가지지 않은 사람들은 부지런히 일할 수밖에 없다. 활기찬 몸은 노동을 하게 된다. 그런 것은 어떤 류의 발명이나 천재성에서 나오는 것이 아니다. 이러한 습관은 먼저 필요에서 나오지만 시간이 가면서 차츰 한 나라의 습관이 되는 것이다.[51]

윌리엄 경은 영국인들에 대해서도 같은 이야기를 할 수 있기를 바라마지않았다.

여기서 말하는 활력은 인구 이동 및 도시화의 수치에서 쉽게 확증될 수 있다. 16세기 말 남부 네덜란드로부터 북부 네덜란드로, 무엇보다도 안트베르펜[52]으로부터 암스테르담과 레이덴[53]으로 대규모 인구 이동, 특히 장인과 부르주아의 인구 이동이 있었다는 것은 잘 알려진 사실이다. 한편 1622년 연합주 인구의 60퍼센트는 도시 주민이었다. 게다가 이 도시민의 4분의 3이 인구 1만 명 이상의 도시에서 살았다.[54] 암스테르담 인구는 1600년 5만 명이던 것이 1650년 20만 명에 달해서 네 배가 되었고[55] 플라망인(플랑드르인), 왈론인, 독일인, 포르투갈인, 독일계 유대인, 프랑스계 위그노들을 "진정한 네덜란드인"으로 녹여내는 "도가니" 역할을 했다.[56] 대부분의 저술가들은 이주한 상인 및 장인 계층에 관심을 집중시키는데, 적어도 슬럼에 살고 있었던 도시 프롤레타리아 대중의 증가를 눈여겨보는 것도 중요하다. 이는 레이덴이 특히 그러했지만 거기에 국한된 것은 아니었고 그렇게 고용된 노동자들에는 여성과 아동이 많았다. 자냉의 적확한 지적대로 "이 긴장과 갈등은 근대적인 울림을 담고 있다."[57] 물론 그러했는데 이는 우리 앞에 놓인 것이 바로 산업 자

---

51) London, 1673, p. 187(Furniss, 1957, 102에 재인용).
52) Van Houtte(1962, 707-712)에 나오는 안트베르펜의 쇠퇴단계 분석 참조.
53) Mols(1974, 63)의 인상적인 지도 참조. Jeannin(1969, 71)도 참조.
54) Helleiner(1967, 46) 참조.
55) Kossmann(1970, 366).
56) Verlinden(1964, 329). 한밑천 잡으려는 베스트팔렌의 하층민에게 홀란트가 얼마나 매력적이었는지는 Beutin(1939, 131-132) 참조. 북서부 독일 전체에 대해서는 Kuske(1956, 255) 참조.
57) Jeannin(1969, 75). 그 갈등에 대한 대응으로 20세기의 도시계획 비슷한 것까지 나타났다.

본주의이기 때문이다. 요컨대 16세기 말 북부 네덜란드는 생산의 효율이 높아가는 길에 착실히 들어섰으며 이로써 연합주는 1600년 무렵 유럽 세계경제의 주요 생산 중심지(물론 유일한 중심지는 아니지만)로 피어날 수 있었다. 홀란트는 농업부문에서는 고도의 숙련이 필요하면서 높은 이윤을 올릴 수 있는 생산물에 특화했고[58] 공업부문에서는 당시 양대 공업인 직물업과 조선업에서 주도적 우위를 차지했으며 다른 공업들에서도 중요한, 때로는 압도적인 역할을 맡았다. 연합주가 자체의 상업망을 구축해서 스스로 "세계의 창고"[59]가 될 수 있었던 것은 이렇듯 높은 생산효율에 기초한 것이었다. 이제 이에 관한 조금 잘 알려진 이야기로 되돌아가자.

네덜란드 해운업은 17세기의 세계운송교역을 지배했다. 1500년에서 1700년 사이에 그것은 10배로 성장했다. 1670년의 시점에서 네덜란드의 선박 총톤수는 영국의 3배였으며 그것은 영국, 프랑스, 포르투갈, 에스파냐, 독일을 다 합친 것보다 더 많았다. 네덜란드에서 제조된 선박 비율은 이보다도 더 컸다. 네덜란드 해운업은 사실상 17세기 후반에 와서야 비로소 그 절정기를 맞이했으니 이는 영국 내전을 틈타서 "세계운송교역에서 압도적인 우위"를 확립한 것이었다. 네덜란드의 배들은 네덜란드산 직물을 모조리 실어날랐지만 영국의 배들은 독점과 특허회사제도에도 불구하고 영국산 직물의 운송을 네덜란드 배와 나누어야 했을 뿐 아니라 더 적은 몫을 가졌다.[60] 1728년에 가서

1585년에서 1622년에 걸쳐 암스테르담의 3대 운하 —— 헤렌그라흐트, 케이세르그라흐트, 프린센그라흐트 —— 가 건설되었다. 나아가 양조업, 금속공업, 염색업, 유리 제조업, 비누 제조업, 제당업 등 오염산업은 시 중심부에서는 금지되었다. "이들 산업은 시 외곽 서쪽 요르단의 노동자 구역으로 몰아넣었다. 그곳에는 이주자용의 비좁고 납작한 집들이 세워진 한편 레헨트(Regents) 층이 보낸 사회보장국 관리(prévoyance)가 몇개의 자선시설을 세우기도 했다. 이것은 체계적인 주거 분리, 그것도 아주 차별적이고 부르주아적인 주거 분리의 최초의 예였다." Deyon(1978e, 299).

58) 곡물은 당시 비교적 비중이 떨어지는 농산물이었지만 그래도 17세기에 보리로부터 "한층 꼼꼼한 생산관리가 필요한" 밀로의 전환이 있었다. J. de Vries(1974, 148).
59) 당시 이러한 표현이 있었다는 것은 Clark(1960, 14)에 나와 있다.
60) 인용문은 Lipson(1956, II, liii) 참조. 또한 Lipson(1956, III, 10-11)과 Parry(1967, 176, 210), Glamann(1974, 452), Minchinton(1974, 164) 참조. Bowman(1936, 338)에 의하면 1650년 세계의 중계무역에 쓰인 배는 2만 척 정도였는데 그 가운데 1만5,000-1만6,000척

도 대니얼 디포는 여전히 네덜란드인들을 "세계의 운송업자, 유럽의 중개무역상, 대리상인, 브로커"[61]라고 불렀다. 17세기 네덜란드인들에 관하여 몹시 인상적인 것은 그들이 "어디로나 퍼져간다"[62]는 점이다. 그들은 발트 해(이스틀랜드) 무역을 손에 넣은 상태에서 동인도와 지중해, 아프리카, 카리브 해에도 진출했으며 북서부 유럽 무역에서도 자기 몫을 키우고, 강을 타고 들어가는 대륙 내부의 무역도 장악했다.

동인도 무역의 이야기는 물론 네덜란드 동인도회사(Vereenigde Oost-Indische Compagnie, VOC)의 이야기이다. 이것은 자본주의적 무역회사의 한 모델로서, 어느 모로는 투기적 기업, 어느 모로는 장기적인 투자기구, 또 한편으로는 식민기구였다.[63] 이 회사는 암스테르담에 냉정한 중역들로 구성된 17인위원회(De Heeren Zeventien)를 두었고 바타비아에는 다루기 까다로운 주 장관을 두었다. 초대 주 장관은 얀 피테르스존 코엔이었다.[64] 네덜란드가 동인도 무역에 손을 댄 과정은 다음과 같다. 1585년, 안트베르펜이 에스파냐의 수중에 떨어지자 유럽의 향신료 시장은 암스테르담으로 옮겨갔다. 하지만 1580년에 이미 에스파냐가 포르투갈을 병합해서 리스본이 유럽의 향신료 수입항이 되어 있었기 때문에 네덜란드인들은 에스파냐를 우회하기로 했다.[65] 이리하여 1592년, 코르넬리스 데 하우트만이 인도양에 특사로 파견되고 첫 무역선이 1598년에 항해에 나섰다. 1602년까지 연합주 의회(Staten-Generaal)는 동인도회사에 특허장을 주었다. 그것은 한편으로 네덜란드인들끼리의 파괴적인 경쟁을 막기 위해서, 한편으로 소액 투자자들에게 안정된 투자대상을 마련해주기 위해서, 한편으로 에스파냐에 맞설 경제적 정치적 무기를 확보

정도가 네덜란드 배였다.
61) *A Man of English Commerce*, p. 192 (Wilson, 1941, 4에 재인용).
62) Coornaert(1967, 244).
63) 네덜란드 동인도회사의 법적 구조에 대해서는 Rabe(1962, 351-366) 참조.
64) 베르너 좀바르트가 주장한 바 있고 얼핏 보기에 이름도 비슷하지만 Coen과 Cohen이 같은 인물이라는 이야기는 잘못이다. Coen은 다른 인물이며 유대인도 아니었다. Coen의 아버지가 왜 성을 Twisk에서 Coen으로 바꿨는지는 Masselman(1963, 229-230) 참조.
65) 그들은 리스본뿐 아니라 인도도 건너뜀으로써 에스파냐의 일부가 된 포르투갈을 따돌리고 직접 이 무역의 본바닥인 인도네시아에 들어갔다. Parry(1967, 195) 참조.

하기 위해서, 한편으로 단지 당시 유럽에서 얻을 수 있는 것 이상의 향신료를 손에 넣기 위해서였다.[66]

사실 그것은 해상으로 운송되는 향신료 무역에 나설 좋은 기회였다. 레반트를 가로지르는 육상무역이 가장 빈틈없이 봉쇄된 것은 흔히 말하듯이 1450년에서 1500년 사이가 아니라 1590년에서 1630년 사이였다.[67] 따라서 기회는 와주었고 네덜란드는 그 기회를 잡았던 것이다. 이때 인도양의 주된 항로는 북반구(홍해, 페르시아 만)로부터 남반구(희망봉 루트)로 옮겨가 있었다. 네덜란드인들은 그렇게 할 만한 기술을 가지고 있었기 때문에 이 기회를 살릴 수 있었다. 패리의 표현을 빌리면 "사각 돛이 삼각 돛을, 무역풍이 몬순을 제낀"[68] 것이다. 그러나 네덜란드인들은 이 무역에 끼어들자마자 외부지역과의 무역에 따르기 마련인 기본적인 문제에 부딪혔다. 즉 그것은 사치품 무역인 만큼 이윤이 높고 경쟁도 거셌지만, 상품이 필수품이 아닌 사치품이었기 때문에 시장이 본질적으로 좁았고 공급 과잉될 심각한 가능성을 안고 있었다. 스킬라(Scylla : 그리스 신화에서 머리가 여섯 달린 뱀 모양의 여자 괴물 /옮긴이)냐 카리브디스(Charybdis : 바다의 소용돌이를 일으키는 그리스 신화의 괴물 /옮긴이)냐,[69] 즉 진퇴양난이었다. 이 딜레마에 대처하는 방법은 두 가지밖에 없었다. 즉 인도 지역을 자본주의 세계경제의 주변부로 편입시켜서 무역의 성격을 바꾸든지 아니면 세계제국들간의 원격지 상업에서 전통이 되어온 "관

---

66) Masselman(1963, 여러 곳, 특히 62-66, 141-179) 참조. Morineau(1978c, 133)는 유럽에 향신료 부족 현상이 있었으며 그 결과 값이 뛰었다는 사실을 강조한다.
67) Duncan(1975, 512) 참조. 또 Glamann(1974, 477)은 "'대서양'의 후추 유입이 ['지중해'의 후추 유입보다] 압도적으로 우위였으므로 전자는 레반트 지역에 재수출되기도 했다"고 지적한다 . 더 이전 시기에 대해서는 Wallerstein(1974, 215-216, 325)의 논의 참조.
68) Parry(1967, 199).
69) 이 비유는 Glamann(1974, 483)의 것이다. 그는 유럽의 향신료 수요에 한계가 있었다고 강조한다. Rich(1967, 368)는 그 상대편에도 비슷한 문제가 있었다고 지적한다 : "향신료 무역은 향신료를 보유한 섬들이 무기말고는 유럽 상품을 원하는 것이 거의 없었기 때문에 한계가 있었다.……여기서 네덜란드인들은 북아메리카에서 모피 상인들이 부딪힌 것과 같은 문제에 부딪혔다. 당장 필요한 것을 손에 넣고 나면 섬 주민들은 무역에 무관심해졌던 것이다." Meilink-Roelofsz(1968, 66)도 비슷한 설명을 한다 : "아시아에는 유럽의 생산물에 대한 수요가 거의 없었다."

리"무역으로 처리하든지 어느 한쪽이었다. 어느 길로 갈 것인가가 사실상 코엔과 17인위원회 사이의 지속적인 논쟁 주제였다. "아시아의 고집센 파르티잔"[70] 코엔은 전자의 선택을, 암스테르담에 있던 그의 상사들은 후자를 지지했다.

코엔은 동인도의 주변부화에는 두 가지 의미에서의 식민화 정책이 필요하다고 주장했다. 먼저 상대적으로 강한 아시아인 지배자를 누르고 생산체제를 재편하기 위해서 정치적 통제를 확립할 필요가 있으며 또 환금작물 생산을 관리하는 일을 돕고 금은 이외의 유럽 수출품에 대한 안전한 시장을 제공하기 위해서도 백인 식민계급을 수출할 필요가 있다는 것이었다. 코엔은 그런 정책은 관리무역과는 양립하기 어렵고 시장원리의 작동을 필요로 한다고 주장했다. 이것이 논의된 용어는 종종 자유무역 대 독점이라는 오해하기 쉬운 용어이다.[71] 하지만 코엔은 사실상 시장에서의 네덜란드 동인도회사의 독점에 반대하지 않았다(정말이지 때때로 무자비한 폭력을 써서까지 교묘하게 지원했다). 한편 17인위원회도 그렇게 멀리 떨어진 곳에서 관리무역을 통제할 능력에 스스로 한계가 있다는 것을 깨닫지 못한 바도 아니었다.[72] 문제는 단기

---

70) Morineau(1978e, 170).
71) Masselman(1963, 433-442)에 있는 전형적인 논의 참조.
72) 코엔은 17인위원회에 보낸 편지에서 "권력과 힘이 함께 하는 정의보다 나은 정의는 무릇 이 세상에 없습니다"라고 말했다. Boxer(1965, 98-99)에 재인용. 실제로 Geyl(1961, 188)의 평가에 의하면 동인도회사는 "인도들의 세계에서 칼의 권력이었다." Boxer(1965, 94)에 따르면 17인위원회는 무역에 세 가지 범주가 있다는 것을 "잘 인식하고 있었다": (수는 얼마 되지 않지만) 영토지배를 하는 지역과의 무역, 독점계약을 한 지역과의 무역, 그리고 "자유무역" 지역과의 무역이 그것이다. 박서는 이 마지막 범주의 무역이 거의 언제나 가장 중요했다고 본다. 한편 Parry(1967, 197)에 따르면 "장거리 무역"을 제외하면 네덜란드인들은 중국인이나 말레이인, 아랍인, 다른 유럽인과 치열한 경쟁을 벌여야 했다.
영국인이 발트 해 무역에서는 네덜란드인을 못 당하면서도 인도 무역에서는 맞수로 경쟁할 수 있었던 한 가지 이유는 바로 "값비싼 상품" 무역과 "부피 큰 상품" 무역이라는 두 무역의 성격차와 관련이 있었다. "부피 큰 상품" 무역에서는 상품보다 선박 건조 비용이 문제였으므로 영국인으로서는 이 무역을 "이미 진 무역"으로 볼 수밖에 없었다. 그러나 인도(그리고 지중해) 무역은 가격에 비해서 상품의 부피나 무게가 작았고 배를 무장시키는 일이 속도와 효율보다도 중요했다. 이 영역에서는 네덜란드의 상대적 우위는 크

적으로 자본주의적 기업가에게 가장 유리한 것이 무엇이냐, 다시 말해서 착취에 의한 이윤이냐 투기에 의한 이윤이냐의 문제였던 것이다. 단기적으로는 투기에 의한 이윤을 노리는 사람들이 우세했지만[73] 장기적으로는 우리가 앞서 보았듯이[74] 생산을 통한 착취에서의 이윤이야말로 자본주의 세계경제에서 선두자리를 지키기 위한 유일하게 견고한 기초였다. 네덜란드뿐 아니라 영국과 프랑스 등 핵심부 국가들은 18세기 들어서 인도양 지역의 주변부화에 나서며, 그것은 실제로 1750년 이후 그렇게 자리를 잡았다.[75]

지 않았다. Barbour(1954, 230-231). 심지어 R. W. Unger(1978, 110)는 극동뿐 아니라 "위험지대의 무역에서는" "강력하고 잘 무장된 상인들"이 탄 영국 배가 "상대적 우위"에 있었다고 말한다. 지중해에서는 해적질이 이윤을 얻는 지름길이었기 때문에 17세기 초에 그것은 "부유한 상인들이 더러는 대규모로, 그것도 사업처럼 조직하는 방대한……산업이 되었다." Davis(1961, 127). 1618년의 시점에서 해적 함대는 지중해 국가들의 함대 전부를 합친 것보다 강했다.

73) Glamann(1974, 475)의 말대로 "후추는 빻아도 되고 오래 보존할 수 있었기 때문에…… 투기대상으로 안성맞춤이었다. 사실 후추는 오래 보존이 되어서, 창고에서 30년을 넘긴 예도 있었다. 물론 품질은 나빠지지만 이것도 신선한 것과 섞으면 나아질 수 있었다." 그러나 Klein(1970, 33)은 보다 일반적으로 "17세기 네덜란드의 실물무역의 성공은 부분적으로는 부유한 상인들이 자기들의 재고상품으로 재주껏 투기를 한 때문이기도 하다"고 주장한다.

74) Wallerstein(1974) 참조.

75) Coornaert(1967, 265)는 유럽인들이 17세기에는 "대륙에 거점"을 두는 것을 꺼렸다고 지적한다. "네덜란드, 영국, 프랑스의 제국들이 모습을 갖추기 시작한 것은" 17세기 말에서 18세기였다. 이와 맥락이 비슷하게 Schöffer(1973, 75)도 "원주민들이 처음에는 회사의 영향에 크게 구애받지 않았다"고 말한다. 19세기까지도 네덜란드인들의 존재는 연안지역 주민들에게 아랍이나 중국의 상인들이 맡았던 상인 및 관리직을 네덜란드인이 대신한 정도로 느껴졌을 뿐이다. 이 점은 저자가 Wallerstein(1974, 제6장)에서 서술한 바 있는 16세기 아시아에서의 포르투갈인들의 역할과 기본적으로 비슷하다. 또한 Pach(1973, 60-61)의 비슷한 지적도 참조. 1680년 이후 네덜란드가 주변 외곽의 원주민 경작자들을 관리하기 위해서 네덜란드인 "커피 감독관"을 둔 것은 사실이지만 그것은 어디까지나 한정된 현상이었다. 이 점에 관해서는 Rich(1967, 370) 참조.

Gaastra(1976, 18-19)는 18세기 무역 유형의 변화 때문에 금은의 유출이 증가하고 수입품으로 직물, 차와 식민지 생산물이 늘어났다는 점을 지적한다. 역설적이게도 그는 금은 유출의 원인을 아시아 내 무역에서 네덜란드의 역할의 쇠퇴로 설명한다. 그러나 이것은 사실상 주변부화의 징후로서 금은을 장식용 사치품이 아니라 화폐로 널리 쓰게 된 결과 금은 유출이 커진 것과 마찬가지이다.

그렇다면 마셀만이 주장하듯이, 17세기 동인도회사의 정책이 "근시안적"이었던가?[76] 그렇지는 않다고 생각되는데, 이에 대해서 답하려면 그 어떤 대안들이 가능했을지 살펴보아야 한다. 어디 다른 곳에서라면 착취에 의한 이윤을 더 크게 얻을 수 있었을까? 특히 세계경제가 전체적으로 상대적 정체이던 이 시대에 말이다. 답은 분명히 그렇다가 될 것이다. 이스틀랜드 무역에서 그랬을 것이며 북서부 유럽 자체나 남북 아메리카 등 한층 가까이에도 있었다. 그렇다면 왜 군이 동인도에까지 다가갈 필요가 있었을까? 한 세기 전반에 걸쳐 동인도회사는 적자를 나타내고 있는데 이것은 연합주 내의 소득의 내적 이전과 소투자가로부터 대투자가로의 자본집중이라는 거대한 과정을 은폐했던 것이 아닐까?[77] 만일 그렇다면 동인도회사는 일종의 증권거래소의 기능을 했다고 할 수 있으며 17인위원회의 구성원들처럼 정보에 다가가는 데 유리한 위치에 있었던 사람들에게 이것은 아주 유용한 것이었다. 그렇다면 그 역사는 적어도 18세기 말까지는 이야기의 상업적 분배적 측면보다는 금융 측면에 한층 더 적절하게 속한다. 그럼에도 불구하고 이 회사의 이야기는 한 영역의 우위가 다른 영역의 우위와 어떻게 맞물려 있는지를 잘 보여준다.

동인도 무역은 17세기 네덜란드의 상업적 팽창 가운데서도 가장 극적이고

---

76) Masselman(1963, 460). 그의 주장은 독점에는 일종의 약탈 같은 것이 있어서 무역을 죽여버린다는 것이다 : "중세의 유서깊은 테르나테, 티도레, 마찬, 바찬 왕국들은 지난날 번영을 떠받쳐온 두 기둥인 향신료 재배와 자유해운을 잃어버리고 근근히 먹고사는 수준으로 전락했다. 그것은 악착같은 유럽인 기업가 집단이 탐내는 귀중한 산물을 가지고 있다는 죄로 받은 벌인 셈이었다.……17세기가 저물 무렵 원주민들은 너무나 가난해져서 이제는 [캘리코도] 살 형편이 못 되고 집에서 자기 직물을 짜야 했다."(p. 461)
77) Masselman(1963, 466)에 따르면 향신료는 원가의 2.5-3배에 팔려 17세기의 연평균 배당은 18.7퍼센트였다. 그런데도 설립 이래 90년이 지난 뒤 이 회사가 진 빚은 400만 길더(guilder)였다. 이에 대해서 그는 "독점을 유지하기 위한 비용이 총이윤의 대부분을 갉아먹었다는 사실을 보여주는 것"이라고 말한다. 집단으로서의 회사의 관점에서 보면 분명히 그랬겠지만 이 회사의 대규모 투자가들로서도 그랬을까? 멀리 떨어진 나라들과의 이른바 무역차액 적자에 관한 Morineau(1975)의 흥미진진한 논문에서 그는 "1 더하기 1은 2", 즉 상인들이 단지 "돌아올 때의 짐값을 두 배로 한 것뿐이니까 얼핏 보는 것처럼 금은이 유출된 것은 아닐 것"이라고 주장한다. 사실 그것은 유럽 내부의 소득 이전을 나타냈던 것이다.

어쩌면 놀라울 정도로 성장한 부문이었을 것이지만 가장 중요하다고는 할 수 없고 더구나 이것이 네덜란드의 헤게모니를 설명해주지는 못한다. 네덜란드의 무역상들이 인도양에 모습을 나타낸 즈음해서 그들은 지중해에도 처음으로 드나들기 시작했다. 전환점은 1609년의 네덜란드-에스파냐 휴전협정 직후였던 듯하다.[78] 그런데 무역에서는 두 가지 영역을 구별해야 한다. 첫째는 그리스도교적 지중해 전반, 특히 북부 이탈리아와의 무역이 있었다. 이 지역은 곡물이 만성적으로 부족한 데다가 이탈리아의 흉작과 전염병, 레반트 지역과의 정치적 교류 단절 등이 겹쳐서 곡물 공급 문제가 있었다. 이와 동시에 과거에 직물 수출 지역이던 북부 이탈리아의 공업은 이제 오히려 네덜란드로부터의 수입으로 약화되었고 베네치아 해운업도 처지기 시작했다.[79] 16세기 말과 17세기 초에는 네덜란드인과 더불어 영국인, 프랑스인, 한자 상인 등이 모두 지중해 무역을 둘러싸고 경쟁하게 되었다. 그러나 네덜란드인들이 가장 큰 몫을 차지하게 되었는데 이는 무엇보다 네덜란드인들이 "선박 설계 기술과 상업조직상의" 우위를 확보할 수 있었기 때문이었다.[80] 이 우위는 그들에게

---

78) Parry(1967, 189)와 Israel(1977, 37) 참조. Romano(1962, 489-491)는 전환점을 오히려 1611-12년으로 잡는다. 시리아, 팔레스타인, 키프로스, 이집트를 총괄하는 영사가 처음 임명된 것은 1611년이었다는 것이다. 패리는 1612년을 네덜란드가 투르크 제국으로부터 평화협정을 얻어냄으로써 "네덜란드인들의 무역이 완전히 합법화된 해"라고 본다. 로마노는 무역에 이용된 배의 톤 수로 말하면 1612년까지의 무역은 동인도회사의 무역을 앞질렀음을 지적한다.

79) Rapp(1975) 참조. 또한 Parry(1967, 188)도 참조. 패리에 의하면 1593년 리보르노에 들어온 배 219척 가운데 73척은 곡물을 실은 배였다고 한다. 북부 이탈리아가 그 수입품의 대가로 수출한 것은 다름 아니라 앞 시기에 축적된 자본이었다. 따라서 이 시기 베네치아의 곡물 수입은 암스테르담의 곡물 수입과는 근본적으로 의미가 달랐다. 암스테르담의 경우 곡물 수입은 곡물 생산의 에너지를 헛되이 하지는 않았고 오히려 직물, 선박, 다른 농산물을 생산하는 편이 더 이익이었기 때문에 부등가 교환의 이익을 거둘 수 있었다. 이와 달리 베네치아의 경우 곡물 수입은 눈앞의 소비를 위해서 주로 자본을 까먹는 것이었고 이는 "쇠퇴"의 정의에 고스란히 들어맞는 그런 모습이었다.

80) Parry(1967, 189)와 Davis(1975, 10, 14). 지중해에서 홀란트(와 영국)가 베네치아의 자리를 빼앗은 데 대해서 Rapp(1975, 499-501 참조)은 북유럽 열강의 이러한 성공이 상업관행의 혁신에 힘입은 것은 아니라고 지적한다. 이들 열강의 경쟁력은 공업생산에 있었으며 그랬기 때문에 베네치아는 "쇠퇴"를 피할 수 없었다는 것이다.

곡물(그리고 그밖의 생산물)을 북유럽으로부터 지중해로 운송할 수 있고 또 이스틀랜드 무역에서 곡물을 먼저 확보할 수 있는 이중의 이점을 주었다.

북부 이탈리아와의 무역에서 큰 부분을 손에 넣자 "네덜란드인들은 [두번째 상업영역인] '사치품 교역'의 큰 부분도 장악하려고 들었다. 그 무역에서는 폭력행사도 마다하지 않았는데 이는 가혹한 만큼 효율적이었다."[81] 전자가 후자에 잇따라 일어났다고 할 수 있으니 지중해에서 "사치품 교역"은 새로운 것이 아니기 때문이다. 본질적으로 네덜란드인들은 레반트 무역에서 전통적으로 베네치아가 해온 역할을 이어받은 것이었다. 이 시대 레반트 지역은 동인도에 비해서 북서부 유럽으로부터 더 많은 실물재화 상품(사치품으로서의 금은과 구별되는)을 수입하려고 했지만 1600년에서 1750년까지는 인도양 지역보다 많은 사치품목을 수출했던 것으로 보인다. 인도양 지역에서는 시간이 지나면서 차, 커피, 캘리코와 그밖의 품목 수출이 늘어나는데 이것들은 언제부터인가 사치품이라기보다 기본 산물이 된 것들이었다. 그렇다면 레반트 지역은 아직 세계경제의 외부지역에 있었다고 보아야 할까? 이 물음에 답하기는 어렵다. 주변부 지위로의 이행이 시작되기는 했지만 완벽하게 그렇게 되기까지는 18세기 말을 기다려야 했다고 하겠다.

대서양 무역, 즉 대 서반구 무역과 그 부속물 격이었던 대 서아프리카 무역을 살펴보면 우리는 네덜란드 상업망의 중심부에 한결 가까이 다가가게 된다. 그간 네덜란드의 양대 회사인 동인도회사와 "훨씬 뒤에 설립되어 성공적이지 못했던" 서인도회사의 차이점에 대해서는 많은 논의가 있어왔다.[82] 그 한 가지로 두 회사는 사회적 지지기반이 달랐다. 동인도회사는 암스테르담 상인들이 지배했으며 그들은 항의서파(Remonstrants : 칼뱅파와 대립해서 1610년 항의서를 제출한 아르미니우스파/옮긴이)이자 평화 지지자들이었다.[83] 하

---

81) Parry(1967, 189).
82) Wilson(1968, 206)은 동인도회사와 서인도회사의 차이점들을 논하고 있다(제12장, 206-229).
83) 그러나 암스테르담의 정책이 "전통적으로 평화애호적이긴 했지만……1645년과 1657년, 1668년처럼 사업상의 이익이 위협을 받거나 1672년처럼 공화국(그리고 그 무역)이 위험에 처했을 때 이 강력한 도시는 수동적인 자세에서 벗어나 강력하고 공격적인 정책으로

지만 서인도회사는 대체로 이들의 적대자들의 노력의 산물로서, 오란예파, 칼뱅파, 젤란트인들, 북부에 재정착한 남부 네덜란드인 이민자들 "집단"이 세운 것이다. 그들은 고마루스파(Gomarians : 칼뱅파 신학자인 고마루스를 지지하고 아르미니우스파와 격렬히 대립한 일파/옮긴이)였으며 식민에 앞장선 호전적인 사람들이었다.[84] 에스파냐와의 휴전협정이 효력을 잃은 지 불과 몇주 뒤인 1621년 6월 3일에 이 회사가 설립되면서 암스테르담 자본도 참여했으나, "선교-식민 단체"라는 이념은 "노략질 기구"로 바뀌어버렸다.[85] 서인도회사 내부에서는 서로 다른 이해관계 간에 투쟁이 일어났으니, 특히 경제적으로 약세여서 회사의 노략질 독점에 의지했던 젤란트인들과 모든 네덜란드 기업가에게 노략질을 금하려고 한 암스테르담 상인들이 투쟁했다.[86]

그리하여 서인도회사는 "무역과 종교의 호전적인 혼합물"이었으며 그 결과 "혼란과 거의 파산상태라는 우울한 이야기"가 전해지고 있다.[87] 이것은 분명히 사실이다. 하지만 이 정치적인 노력이 17-18세기 자본주의적 무역의 한 주춧돌을 놓은 것 역시 사실이다. 유럽에 면화, 설탕, 담배(이것들은 모두 아프리카인 노예노동과, 동인도산 향신료와 차를 얻기 위하여 유럽인들이 쓴 은으로 키운 셈이다)를 제공한 이른바 삼각 무역의 기초는 이렇게 마련된 것이다.[88] 네

    나왔다"는 사실을 잊어서는 안 될 것이다. Franken(1968, 6-7).
84) Chaunu(1961, 1200-1202) 참조. Goslinga(1971, 287)에 의하면 서인도회사는 "칼뱅주의와 반(反)항의서파의 거점으로 여겨졌다." 나아가 1629년 암스테르담 시의회는 "북부인들이 브라반트, 즉 남부 출신 망명자들의 이익 때문에 희생되고 있다고 불만을 표시했다."
85) Goslinga(1971, 39).
86) Wansink(1971, 146)와 Goslinga(1971, 109) 참조.
87) Wilson(1968, 210). J. R. Jones(1968, 44-45)는 네덜란드 서인도회사를 "침략적이고 반쯤은 해적 같은 집단"이라고 규정하면서 그런 태도가 세 번에 걸친 영국-네덜란드 전쟁의 주 원인이었다고 본다. 네덜란드인 역사가들도 이 회사의 정치적 성격을 강조한다. Van Hoboken(1960, 42)은 "궁극적으로 [네덜란드 서인도] 회사의 운명, 그 성장과 몰락은 상당 부분 정치적 요인들로 결정되었다"고 말한다. Goslinga(1971, 91)는 이것이 단지 두 회사의 이윤추구 방법의 차이에 지나지 않는다고 강조한다. "동인도회사에서는 필요할 때면 무력도 쓰지만 기본적으로 무역에서 이익이 나왔던 반면, 서인도회사에서는 이윤이 노략질에서 나왔다."
88) Spooner(1956, 68)에 의하면 동인도에서 영국인들보다 네덜란드인들이 유리했던 한 가지 이유는 영국인들이 금밖에 없었던 데에 비해서 네덜란드들은 (수요가 더 많던) 은을 통

덜란드인들은 이 구조의 개척자들이었으며 그 이익의 대부분이 영국인과 프랑스인에게 돌아갔다고 하더라도 그것은 주로 최초의 "사회적 투자"가 많이 들고 시간도 많이 걸리기 때문이다. 결산을 해보자면 그것은 네덜란드인들이 낳았지만 1670년대 네덜란드의 헤게모니가 끝난 뒤에 그 이윤을 거둘 조건이 마련되었기 때문에 훗날 생산효율을 한층 더 높인 영국인들이 (그리고 어느 정도는 프랑스인들도) 거두게 된 것이다.

실제로 일어난 일은 단지 1621년 서인도회사가 세워진 후 네덜란드인들이 다음 사반세기 동안 대서양으로의 팽창을 꾀했던 것이었다. 그들은 뉴암스테르담(오늘날의 뉴욕/옮긴이)을 건설하고 포르투갈(에스파냐)로부터 북동부 브라질을 빼앗아 정복하고 두번째 시도로 서아프리카의 엘미나와 앙골라의 루안다를 점령했다. 그러나 네덜란드는 제1차 영국-네덜란드 전쟁(1652-54)에서 마침 에스파냐로부터 다시 독립한 포르투갈인들에게 브라질을 재차 빼앗겼고 제2차 영국-네덜란드 전쟁에서 뉴암스테르담과 몇몇 서아프리카 요새들을 잃었다. 그렇다면 세계경제에서 네덜란드의 헤게모니 시대라고 할 수 있는 이 짧은 기간에 과연 무엇이 이룩되었을까? 첫째로 네덜란드인들은 남북 아메리카에서 에스파냐를 몰아내면서 "해군 방패막"[89]을 제공했는데 그 덕분에 스코틀랜드인을 포함한 영국인과 프랑스인이 정착 식민지를 건설했다. 둘째로 남북 아메리카에서 사탕수수 재배를 시작한 것은 브라질이었는데 네덜란드인들이 브라질에서 쫓겨나자 바베이도스 섬으로 그 재배가 옮아갔고 이 섬은 영국령 카리브 해에서 처음으로 대규모 플랜테이션 식민지가 되었다. 셋째로 네덜란드인들은 사탕수수 플랜테이션에 인력을 대기 위해서 처음으로 본격적인 노예무역에 손을 댔다. 플랜테이션을 잃은 후에도 네덜란드인들은 노예무역 상인으로 이 지역에 남으려고 했지만 1675년이 되면 네덜란드의 우위가 끝나고 새로 설립된 영국 왕립 아프리카 회사에 자리를 물려주게 된다.[90]

제할 수 있었다는 사실에 있다.
89) Parry(1967, 204). Sluiter(1948)도 본질적으로 같은 점을 지적한다. 그 배경에 대한 논의는 Wallerstein(1974, 342, 주 197) 참조.
90) Emmer(1972)와 Rich(1967, 333) 참조.

네덜란드인들의 대서양 시대는 의심할 바 없이 유럽 세계경제의 성장에 크게 기여했다. 그러나 네덜란드 자체에 대해서는 어땠을까? 확실히 발트 해 무역의 기여만큼은 되지 못했다. 발트 해 무역은 이미 16세기에 네덜란드의 배들이 전체의 60퍼센트 가량의 운송을 담당해서 "모무역"이 되어 있었으며, 영국인들이 필사적으로 시장에 들어오고자 했음에도 불구하고 17세기, 적어도 1660년까지는 네덜란드인들이 계속 우위를 유지했다.[91] 바로 여기에 네덜란드의 상업적 우위의 증거가 있다고 할 수 있다. 영국과 네덜란드는 물론 프랑스까지도(북유럽 나라들은 말할 것도 없고) 해운의 지배권을 중요하고 수지 맞는다고 여겼던 바로 그 주요 지역에서 노른자위를 챙긴 것은 네덜란드 뿐이었다.[92] 세계경제가 마침 겪게 된 정체가 발트 해를 둘러싼 영국과 네덜란드의 경쟁에 어떠한 영향을 미쳤는지를 자세히 살핀 서플과 힌튼은 네덜란드의 우위를 설명하는 데에 똑같이 두 가지 요인을 들었다. 배삯이 쌌던 점과 수출용 은의 충분한 공급을 통제한 점이다.[93] 모리노는 이밖에도 영국의 이스틀랜드 회사보다 네덜란드인들이 곡물을 많이 사려고 한 것도 그들이 우위에 선 원인이라고 본다.[94] 어쩌면 그들이 물고기를 덤핑이나 마찬가지의 헐값에 팔 수 있었던 능력도 하나의 역할을 했을 것이다.[95]

수출할 은을 가지고 있다는 것이 해운과 직물의 높은 생산효율 덕분에 얻게 된 네덜란드의 이점이었다. 그 효율 때문에 에스파냐인들과 그밖의 사람들로부터 은을 얻은 것이다. 은을 가지고 있는 것이 발트 해 무역에서 왜 유리

---

91) W. S. Unger(1959, 206) 참조. 실제로 1600년에서 1660년까지 네덜란드는 상대적 우위를 한층 굳히고 그에 따라서 이윤도 100퍼센트에서 200-300퍼센트로 올랐다. Bogucka (1973, 439) 참조.
92) 영국 배들은 영국 상품만을 실어날랐지만 네덜란드 배들은 에스파냐에서 발트 해에 이르기까지 모든 서유럽 국가들 사이를 누비고 다녔다. Dunsdorfs(1947, 20) 참조.
93) Supple(1959, 83)과 Hinton(1959, 19). 힌튼은 세번째 요인을 덧붙이는데 네덜란드인들의 "엄격한 관행"이 그것이다. 이 요인이 한몫했을 수도 있지만 네덜란드의 성공을 스스로에게 합리화시키고자 했던 영국인들이 생각해낸 구실이 우리에게 전해졌는지도 모르겠다.
94) Morineau(1978d, 144-145). "곡물은 양적으로 네덜란드가 발트 해 지역과 거래한 단일 상품으로는 가장 중요한 상품이었다." Faber(1966, 115).
95) Michell(1977, 177) 참조.

했을까? 이유는 경제수축에다 30년전쟁까지 겹쳐서 영국인들이 말하는 "화폐들의 발흥"(독일인들이 악폐와 위폐의 시대라고 일컫는)이 일어남으로써 은에 대해서 소액 동전이 평가절하되었기 때문이다. 가지고 다닐 수 있는 은화로 순은 함유율이 일정했던 릭스달러(rixdollar)는 1600년에 고작 37그로셴(groschen)이던 것이 1630년에는 90그로셴이 되었다. 가장 가파른 상승은 1618년에서 1621년 사이에 45그로셴 하던 것이 75그로셴이 된 것이었다. 이들 변화는 그로셴의 은 함유율 저하에 따른 가치의 변동을 릭스달러를 근거로 나타낸 것이었다.[96] 문제는 왜 이 변화의 영향이 네덜란드에서는 영국에서와 달리 나타났을까 하는 것이다. 이미 그때는 두 나라 모두 발트 해에서 한결 싼 은 환산가격으로 생산물을 손에 넣을 수 있었던 시점이었다. 그러나 그러기 위해서는 수출할 수 있는 "현금"을 가지고 있어야 했는데 네덜란드에는 그것이 있었지만 영국에는 없었던 것이다. 게다가 무역이 전반적으로 불황일 때는 그저 값싼 수입품을 가지는 것보다 다른 나라보다 좀더 싼 수입품을 가지는 것이 더 중요했던 것이다.

영국인들에게 근본적인 문제는 **영국**에서도 네덜란드 상인들이 영국 상인들보다 싸게 발트 해 산물을 팔 수 있었다는 사실이었다.[97] 영국의 이스틀랜드 상인들은 네덜란드 상인들처럼 발트 해 곡물의 지중해 재수출 허가를 받으면 문제가 풀릴 수도 있다고 보았지만 이것은 영국의 밀 상인들의 거센 반대에 부딪혔다. 밀 상인들은 가격이 어느 정도 낮은 일정 한도를 넘을 때마다 자국산 곡물의 충분한 국제경쟁력이 떨어지지 않도록 수출 금지를 유지시키는 데 성공했다.[98] 그 결과 영국인들은 발트 해의 싼 산물을 손에 넣어 지중해에서 은을 버는 일을 할 수 없었다. 만일 재수출을 할 수 있었다면 더 많은 은을 구할 수도 있었겠지만 말이다. 따라서 발트 해 지역에서 통화의 가치저하는 발트 해 무역의 지배나 이를 통한 지중해 무역의 지배라는 관점에서 보면 영

---

96) Hinton(1959, 14-16) 참조.
97) Supple(1959, 86) 참조. Wilson(1965, 55)에 의하면 '악폐와 위폐의 시대'가 영국 상인들에게 준 고민은 "단기적 문제"에 지나지 않았다. "더 큰" 문제는 네덜란드와의 경쟁이었다.
98) Hinton(1959, 29-30) 참조.

국인들보다 네덜란드인들에게 더 유리했다. 그것은 또한 네덜란드인들이 "영국 자체에서조차 영국 상인들의 교역을 가로챌" 수 있게 허용했다.[99]

이러한 그림에 그려넣을 마지막 한 가지 요소는 강을 통한 내륙 무역이다. 이 무역은 네덜란드의 반란 전에는 안트베르펜이 장악했다. 네덜란드인들이 스헬데 강을 봉쇄하자 이 무역은 암스테르담으로 옮아왔으나 그뒤에도 안트베르펜으로 되돌아갈 가능성이 두 가지 있었다. 하나는 연합주가 확대되어 안트베르펜을 포함하게 될 경우였고 또 하나는 평화와 자유무역을 통한 길이었다. 전자는 일어나지 않았다. 스미트는 남부의 병합이 연합주의 공식적인 목표(오란예파와 칼뱅파가 진정으로 의도한 것)였음에도 불구하고 그것이 실패한 이유를 노력의 부족에서 찾는다. "홀란트는 해방된 안트베르펜으로 무역이 되돌아가 흘러가는 것이 두려워 남부 주들의 재편입을 바라지 않았다."[100] 1648년, 평화가 드디어 찾아왔을 때 스헬데 강 어귀를 통해서 안트베르펜에 이르는 교역에는 무조건 금지 관세를 물리는 것이 조약에 포함되었다.[101] 이렇게까지 정치적 노력을 기울인 것은 화물집산지 무역 전반이 아주 중요했기 때문이다. 1648년까지는 암스테르담이 안트베르펜의 부활에 대해서 안전하다고 느꼈을텐데 하고 생각할 수도 있겠지만 당시의 생산에 결정적인 상품이 하나 있었으니 그것은 이탄(泥炭)이었다. 원래 이탄을 캔 것은 안트베르펜과 브라반트 시장을 겨냥한 것이었지만 1570년대 이후는 홀란트의 에이셀 강과 마스 강 사이의 지역용으로 바뀌었다. 이탄 사용은 홀란트 도시 공업들의 생산효율에 결정적으로 중요했다. 그것이 당시 "경제에 미치는 영향력은 19세기 유럽에서 석탄이 차지하는 영향력에 비길 만했다."[102] 게다가 하천 교역은 도시가 쏟아내는 분뇨를 반대 방향으로 날랐

---

99) Hinton(1959, 9-10).
100) Smit(1968, 21).
101) Schöffer(1973, 89) 참조. 그에 의하면 "이것이 플랑드르가 언제나 북부에 대해서 끊임없이 토로한 불평거리였다." 또한 Boxer(1965, 92)도 참조. 스헬데 강은 17-18세기 내내 닫혀 있었다. 이 문제를 둘러싼 잦은 교섭들에 대해서는 Hubert(1909, 641-646) 참조. 그 규제는 결국 1795년 5월 16일 헤이그 조약으로 제거되었다.
102) J. de Vries(1974, 204)와 Kuske(1956, 232-233). De Zeeuw(1978, 5)는 이탄을 얻을

는데 이것은 "네덜란드 곡물경작의 아주 높은 수확량"의 밑거름이 되었다.[103]

1580년대 이후로 운하체계가 개량되고 정규의 수송망이 들어서게 되자 이는 홀란트 각 도시를 서로 잇는 한편, 이 도시들과 배후지에 해당하는 각 주 및 브라반트도 연결시켰다. 이 모든 것은 홀란트를 중심으로 이루어졌다. 1632년에는 트렉파르트(trekvaart)가 첫선을 보여서 기술이 한결 진보했다. 트렉파르트란, 배를 끄는 길이 딸린 여객선용 운하인데 그 건설에는 엄청난 자본이 들었다.[104] 또한 네덜란드 조선업계는 강과 호수에서 아주 신속하게 화물을 배분하고 모을 수 있는 배를 만들었다.[105] 그 결과 네덜란드는 유럽에서 가장 효율적인 국내 수송망을 가지게 되었고 1660년대에 절정에 도달했다. 이런 단편적인 이야기들을 모아보면 우리는 가장 멀리 떨어진 무역 루트──동인도, 레반트, 심지어는 그리스도교권 지중해나 대서양 무역 등──는 확실히 중요하긴 했지만 부차적이었다고 결론지을 수 있다. 1620년대부터, 어쩌면 일찍이 1590년대부터 1660년대까지 유럽 세계경제에서 네덜란드 상업 헤게모니의 열쇠는 "북유럽과 서유럽 사이의 오래 전부터의 교역이었다."[106] 나아가 네덜란드의 상업적 우위의 이유는 이미 획득한 농-공업의 높은 생산효율과 관련되었음이 틀림없다. 이러한 높은 효율은 주로 배삯, 보험비용, 일반적인 경상비를 통해서 상업상의 효율로도 옮겨갔다.

네덜란드의 배삯은 왜 그렇게 쌌을까? 가장 큰 요인은 선박 건조비가 적게 들었다는 점이었다. 패리는 비용절감의 이점을 여섯 가지로 꼽았다. 즉 네덜

수 있는지 여부는 단순한 지질학적 우연이었음을 지적한다: 그것은 "아주 얕은 곳, 때로는 지표 바로 밑에도 있었고" 이는 "인류발달기인 충적세의 해면 상승 때문이었다." 네덜란드는 이탄 덕분에 "열 처리에 기초한 공업"에 필요한 "값싼 연료"를 얻을 수 있었고 그래서 네덜란드인들은 "국제시장에 경쟁력 있는 제품을 내놓을 수 있었다."(p. 23) 네덜란드의 국제경쟁력이 쇠퇴한 것은 직접적으로는 훗날의 사정 때문이었다. 첫째 이탄은 손쉽게 캘 수 있는 곳부터 채탄을 해나갔기 때문에 차츰 비싸지고 점점 멀리서 더 깊이 파야 했으며 또 이를 실어나르기 위해서 운하가 필요해졌다. 둘째로 항구와 강에 진흙더미가 쌓이면서 수송도 한층 어려워졌다(p. 25 참조).

103) Wilson(1977a, 24).
104) J. de Vries(1974, 202-209) 및 (1978) 참조.
105) R. W. Unger(1978, 52) 참조.
106) Wilson(1957a, 2).

란드 선박 목공의 기술, 재료 사용의 경제성, 노동절감형 기계, 대규모 표준 규격 생산, 대규모 재료 구입, 네덜란드 배를 통한 건설자재의 값싼 수송이 그것이다. 그 결과 17세기 중엽에 가서도 이웃 경쟁자인 영국에 비해서 전체적인 생산비용이 40-50퍼센트나 쌌다.[107] 이들 이점 가운데 앞의 셋은 네덜란드 기술의 선진성에서 비롯된 것이요 뒤의 셋은 앞의 세 가지 이점이 낳은 누적적인 효과라고 할 수 있다. 네덜란드 배는 만드는 값만 싼 것이 아니라 필요한 승무원 수도 적은 편이었다. 다른 나라 배가 26-30명 정도로 움직이는 데에 비해서 네덜란드 배는 보통 18명이 필요했다.[108] 그 때문에 네덜란드 인들은 승무원에게 좋은 식사, 아마도 다른 나라 배보다 좋은 식사를 제공할 수 있었다.[109] 그렇게 함으로써 그들은 전체적으로 적은 인건비로 더 높은 생산성을 얻을 수 있었다. 더 높은 생산성은 바다에서뿐 아니라 항만 안에서도 찾아볼 수 있었다. 네덜란드 배들의 "더 좋은 내구성과 더 빠른 속도"는 설계뿐 아니라 "정규적 정비"[110]에 힘입은 것이었다. 게다가 네덜란드 배들이 "한결 깨끗하고 싸고 안전하다"[111]는 사실도 누적효과를 불렀다. 즉 싼 배삯은 발트 해 무역의 지배에 이르렀고 그로써 한층 싼 목재를 들여올 수 있었다. 또 목재가 쌌기 때문에 선박 건조 경비가 싸졌고 이는 또다시 싼 배삯을 가능하게 했다. 또 한층 깨끗하고 싸고 안전했기 때문에 전체 수송량이 증가했고 이는 한층 낮은 보험료율을 가능하게 했다. 낮은 보험료율은 어느 정도는 거래규모에, 또 어느 정도는 곧이어 보다시피 보다 효율적인 금융구조에 달렸다.[112] 보험비용이 더 낮은 것도 누적효과를 불렀다. 낮은 보험비용으로

---

107) Parry(1967, 211) 참조.
108) Wilson(1941, 6).
109) Morineau(1970b, 118)는 이 점에 의문을 표하면서 남부 프랑스 배의 선원들도 못지 않게 잘 먹었으리라고 본다. 17세기 네덜란드 배에서 칼로리 때문에 지출이 컸다는 점에 대한 논의로는 Morineau(1970a, 114) 참조. 하지만 Boxer(1965, 66-67)는 싼 배삯이 네덜란드 선원들의 저임금 때문에 가능했다고 본다.
110) R. W. Unger(1978, 4 ; 또한 p. 183, 주 7도 참조).
111) Wilson(1957a, 42).
112) 적어도 17세기 암스테르담은 "보험업무가 다른 어느 곳보다 전문적이었다"고 할 수 있다. Barbour(1929, 580). 바버는 또 17세기에 홀란트가 "통상 런던보다 프리미엄률이 높

배삯이 싸지고 싼 배삯이 거래규모와 거래기술을 확대 향상시켰으며 이는 다시금 보험비용의 인하를 가져왔다.

"[네덜란드] 무역의 기초가 해운이었다"[113]면 가장 큰 이익은 거대한 암스테르담 화물집산지에서의 판매 및 거래에서 왔으며[114] 그 성공은 네덜란드 상업조직의 형태가 뛰어난 덕분이었다. 헥셔는 17세기 네덜란드의 "가장 두드러진 특징"이 다른 나라에 비해서 수도 더 적고 더 단순한 상업조직들로……꾸려나가는 능력에 있다고 말한다.[115] 하지만 여기에는 어떤 뜻이 있었을까? 첫째로 그것은 파트너십 제도와 더불어 저축의 공동기금화를 뜻했다.[116] 물론 파트너십 제도는 네덜란드인들이 맨 처음 만든 것은 아니다. 그러나 그들은 소수의 상인 귀족뿐 아니라 수많은 중소 상인들을 포괄하게끔 확대시켰다.[117] 둘째로 그것은 완충재고체제의 창출을 뜻했다. 이것은 상인의 위험부담을 크게 줄였는데 이는 특히 그것이 독점적으로 조직되었기 때문에 그러했다. 그것은 또한 기본 산물 시장이 공급(그리고 비용)의 변동에 휩쓸리는 정도를 줄

은 데도 불구하고" 영국 배들이 보통 홀란트에서 보험을 들었다고 말한다(p. 581). 얼핏 보기에는 수수께끼 같은 일이다. 그가 경험적으로 옳다면 명목 보험료율과 실질 보험료율이 달랐음에 틀림없다. 이것은 네덜란드 상업조직이 더 효율적이었다는 점으로 설명할 수 있는데 이러한 효율의 차이가 일반적으로 중요한 변수였다는 것은 조금 뒤에 살펴볼 것이다. 어쨌든 뒤에 가서 그는 유럽 전체가 네덜란드 해상보험에 몰렸다고 쓰고 있다 (1963, 33-35 참조).

113) Wilson(1967, 518).
114) Wilson(1941, 10). North & Thomas(1973, 135)는 이렇게 된 것이 "시장 또는 상업부문이……당시 생산성 상승이 크게 일어날 수 있었던 부문이었기" 때문이라고 주장한다.
115) Heckscher(1935, I, 352).
116) Sella(1974, 411)에 의하면 "1500년부터 1700년 사이에 네덜란드 상선이 10배라는 놀라운 성장을 이룩할 수 있었던 것은 이러한 파트너십 형태의 해운회사(reederij) 덕분이었다."
117) Glamann(1974, 519)은 "17세기 네덜란드의 상업적 팽창"에서 "보통 상인들"의 "대거" 참여를 지적하면서 특히 곡물, 소금, 청어, 목재, 벽돌의 거래에서 그들의 역할을 예로 들었다. 더욱이 해운업은 땅이 좁은 나라에서 소규모 투자가들에게 안성마춤의 투자대상이었다. Scammell(1972, 404)은 영국에 관해서 이렇게 말한다 : "16세기와 17세기 초에는 토지를 둘러싼 경쟁이 치열해졌기 때문에 홀란트에서 그랬던 것처럼 대형 선박이나 어쩌면 소형 배라도 돈이 그리 많지 않은 자본소유자들로서는 유일한 배출구였을 것이다." 고딕체는 월러스틴의 강조.

이면서 상인들에게는 여전히 투기적인 판매 이윤을 보장했다.[118] 셋째로 그것
은 위탁 대리상 조직을 뜻하기도 했다. 위탁 대리상은 생산자로부터 상품을
위탁받아 고객을 찾아주고 그 대가로 구매자가 생산자에게 치르는 대금의 일
부를 수수료로 받는다.[119] 그리하여 네덜란드의 중계무역은 그 해운업 —— 이
것 자체는 네덜란드 공업의 높은 생산효율의 결과였다 —— 의 뒤를 이어서
발전했다.[120] 여기에도 역시 연쇄효과가 있었다. 네덜란드 중계무역의 강력한
힘이 영국 해운업을 "파괴하는 경향"[121]을 보였다. 물론 이와 같은 중계시장
은 대량의 안정된 고용을 낳았고[122] 그로써 특히 17세기에는 네덜란드 생산물

---

118) Klein(1966, 188-189)은 이 제도가 17세기 "네덜란드 경제성장에 실질적으로 기여했다"고 본다. 그에 의하면 기본적인 완충재고를 둔다는 "위험한 도박을 할 수 있었던 것은" 여러 독점주의적 관행들 —— "수평 또는 수직의 가격협정, 나라 안팎에서의 독점적 특권" —— 덕분이었다. 그렇지 않았다면 "성공적인 상인은 이윤 추구에 물불 안 가리는 경쟁자들의 과녁이 되었을 것이기 때문이다." 이러한 독점은 효과적이었다. Glamann(1974, 457)은 곡물에 대해서 다음과 같이 말한다: "정말이지 17-18세기에는 네덜란드 수도의 저 유명한 곡물거래소가 유럽 전역의 곡물 가격을 정했다고 해도 과언이 아니다." 또한 1630년부터 1738년 사이 리에주의 곡물가가 얼마나 암스테르담 가격에 의존해 있었는지에 대해서는 Ruwet(1957, 101) 참조.
119) 18세기에 상품위탁제도는 대리상이 예상가격(대개 낮게 잡는)의 4분의 3을 치르고 상품이 실제로 팔릴 때까지 자기가 선불한 돈에 대해서 그리 높지 않은 이자를 받는 제도로 바뀌었다. Wilson(1941, 12)은 이것을 "멋모르고 달려들었다가 낭패 보는 코스"로 본다. 대리상이 원래의 커미션 거래에서 해운과 하역 운송으로 옮겨가 어음 인수에 의한 신용 공여에 손을 대면 그들은 은행업에서 투기와 도박으로 옮겨가는 셈이었다. "커미션 거래가 차츰 간접적인 것이 되면서 불확실성과 사기의 요소가 한층 강해졌다."
120) Davis(1973b, 232)는 17-18세기 네덜란드에서 "사실상 상업자본과 산업자본을 구별하기는 어렵다"고 말한다. 하지만 Supple(1977, 424)도 말하듯이 "상업적 기업가가 제조업 기업에 투자하거나 경영하는 것은 극히 정상적이며 충분히 예상되는 일이었다."
121) 이것은 Hinton(1959, 10-11)의 표현인데, 그는 네덜란드의 화물집산지 무역의 존재가 "17세기 영국의 경제정책이 형성되는 데에 단일 요소로 가장 중요했다"고 본다.
122) Glamann(1974, 461)은 곡물 무역이 "연못 수면의 잔물결처럼" 퍼져갔다고 말한다. 곡물은 적재와 하역의 일거리를 만들었고 완충재고제도로 인해서 창고 건설도 필요했다. 실제로 창고의 4분의 3 정도가 곡물로 찼다. 게다가 "발아와 자연 발화를 막기 위해서" 곡물을 계속 휘저어주어야 했으므로 여기서도 일자리가 생겼다. Briggs(1957, 294)의 지적으로는 해운 수요와 창고 수요가 넘쳐서 암스테르담은 1610년에 "거주지를 네 배로 늘린다……놀랄 만하고 야심찬 집중팽창 계획"에 착수했다.

에 대한 국내수요를 안정되게 유지했다.

우리는 앞에서 세계경제 내 네덜란드의 우위가 생산, 상업적 배분, 금융의 순서로 이루어졌음을 보았다. 이 가운데 첫번째 측면의 우위에 대해서는 논란이 있을 수 있겠지만 두번째 측면의 우위는 상식이다. 그런데 종종 이것은 약간 부끄러운 어떤 것으로 치부되곤 한다. 즉 고결하고 금욕적이던 (상업) 기업가들이 천박하고 사치를 즐기는 금리생활자로 변질되어 하느님의 나라에서 프로테스탄트 윤리를 저버렸으며 이 때문에 홀란트가 에덴 동산에서 쫓겨나게 되었다는 것이다. 그런 엉터리 이야기에 대해서 요즘 들어 건전한 반론이 나오고 있는데 저자는 여기서 한걸음 더 나아가고 싶다. 금융으로의 전환은 쇠퇴의 표지가 아니며 하물며 타락의 표지는 더더욱 아니다. 암스테르담의 증권거래소가 "17세기의 월가(街)"로 여겨졌던 것은 사실 자본주의적 힘이 그만큼 강했음을 보여주는 표지이다.[123] 그러한 힘은 어디에서 왔을까? 그것은 차례로 일어난 세 단계의 결과이다. 첫 단계는 세계경제에서 생산과 상업에서 강해진 결과 건전한 공공재정의 토대가 마련되었던 것이다. 두번째 단계로 공공재정이 건전한 데다가 세계적인 상업망 구축으로 암스테르담은 국제결제체제와 화폐시장의 중심이 되었다. 특히 세계경제가 완만한 하강세에 있었고 그 결과 통화 사정이 불안했기 때문에 더더욱 그렇게 되었다. 세번째 단계로 생산과 상업에서 강하고 국제화폐시장을 지배한 덕분에 네덜란드는 자본 **수출**을 할 수 있었다. 그로 인해서 네덜란드인들은 스스로 만들어내는 생산잉여 수준을 훨씬 넘어서는 생활을 누릴 수 있었고 그것도 네덜란드가 주요 생산국이던 시대를 훨씬 지나서까지 그럴 수 있었던 것이다.

세계경제의 팽창속도가 떨어지고 있었을 때 연합주만이 "언제나 지불능력이 있었고"[124] 17세기의 "우울한 지불불능의 연속"[125]에서 주된 예외였던 것

---

123) Goubert(1970c, 27).
124) Carsten(1961, 13). 이 상태를 프랑스 국가예산의 상태와 비교해보라. 프랑스에서는 1610년부터 프랑스 혁명 사이에 흑자였던 적이 오직 1662년에서 1671년까지의 10년간뿐이었다. Parker(1974a, 575) 참조.
125) Homer(1963, 98).

은 전반적인 경제적 헤게모니의 원인이자 결과이다. 그것은 해운 운임과 보험료를 둘러싼 상업적 이점만으로 국제수지가 흑자가 된 점에서는 결과이며[126] 재정이 건전하다는 평판으로 네덜란드 정부가 돈을 더 싸게 빌릴 수 있었다는 점에서는 원인이다.[127] 네덜란드의 국가신용이 높다는 사실이 "[네덜란드의] 군사적 성공을 대부분" 설명한다는 것,[128] 나아가 그로 인해서 안전한 저축장소로서 충분한 돈이 몰려들어 연합주의 통화가 과대평가되었다는 점에서 그것은 원인이다. 이 마지막 이점은 연합주가 경상수지 적자를 재정수지 흑자로 보전할 수 있었음을 뜻한다.[129] 하지만 건전한 재정은 전반적인 자본주의 신뢰수준의 전제조건에 불과했는데 이 신뢰수준이 금융조작의 효과적인 흐름을 위해서 필요한 것이다. 재정이 건전하면 낮은 이율로 대규모 신용조작을 할 수 있게 되어 개개의 금융조작에서는 이윤이 낮더라도 그것들이 모여서 높은 이윤소득을 볼 수 있도록 하는 것이다.

휴전협정이 맺어진 해인 1609년에 암스테르담 외환은행(De Wisselbank van Amsterdam)이 문을 열었다. 이 은행은 곧바로 유럽의 예금 및 외환 업무의 주요 중심지가 되었다. 그것은 "17세기 은행의 역사에서 좀처럼 보기 드문 안전과 편의를 제공했기" 때문이다. 17세기를 거치면서 예금액이 100만 플로린에서 1,600만 플로린 이상으로 불어난[130] 이 은행은 부의 안전에 불안을 느낀 자본소유자들의 도피처가 되었다.[131] 일단 금은과 화폐의 저축이 넘

---

126) Vilar(1974, 249) 참조.
127) Parker(1974a, 573) 참조. 이 점에서 "한때" 잘 해나간 국가는 제노바였다.
128) Homer(1963, 124). 그에 따르면 다른 무엇보다 "독일인 용병들이 국토방위에 고용될 수 있었던 것은 이렇게 네덜란드의 신용이 높았기 때문이다."(p. 125)
129) 이것은 Grantham(1975, 65)의 잠정적인 가설이다. Van der Wee(1977, 297)는 다른 동기를 든다. "17세기에 네덜란드 공화국이 은을 [의도적으로 과대평가한 것은] 암스테르담의 대규모 귀금속 시장에 발트 해 및 극동으로의 수출에서 반드시 필요한 은을 공급하기 위해서였다."
130) Barbour(1963, 44-45).
131) Barbour(1963, 46) 참조. 그에 의하면 이 세기에 일어난 영국의 두 차례 정치적 위기 때에 각 개인들이 자금을 네덜란드로 옮겼다고 한다. 마찬가지로 Castillo(1964, 314)도 1649년에 아직 주조되지 않은 300만 두카트 이상의 금화를 실은 배 네 척이 암스테르담 항에 들어오는 "진기한 사건"이 있었다고 쓰고 있다. 그는 이것을 아마도 1648년 에스

치자 암스테르담은 "말하자면 유럽 국제결제체제의 열쇠"[132]를 손에 넣은 것이었다. 통화는 거의 그대로 금고에 넣어둔 채 암스테르담은 환어음 제도를 발전시켰고 그럼으로써 다각 결제도 발전할 수 있었다. 물론 신용과 흐름을 발전시키는 데에는 시간이 걸렸다. 하지만 늦어도 1660년까지는 암스테르담이 다각 결제 제도의 중심으로 논의의 여지 없는 역할을 했으며 적어도 1710년까지는 그 자리를 지켰다.[133] 금은수출 제한에 관해서 연합주는 중상주의 시대 국가들 가운데 커다란 예외였다. 연합주에서 금은은 수입이 용이했던 만큼이나 수출도 아주 용이했다. 그토록 많은 금은이 흘러든 것은 바로 이 때문이었으며[134] 물론 그 정책이 가능했던 것도 금은이 흘러들어왔기 때문이다. 이렇게 보면 다른 많은 현상들이 그렇듯이 이 현상들 역시 연쇄효과의 형태를 취하고 있으니 어떤 일이 다음 일을 한결 수월케 하고 그것이 거듭되어 결국 절정에 이르는 것이다.

암스테르담 외환은행의 건실한 예금 및 외환 업무는 1683년 이 은행이 신용 업무를 개시할 수 있게 해주었다. 먼저 예금주에 대한 "대출"이 있었고

파냐의 파산으로 유대계 사람들(Maranos)이 돈을 빼돌린 것으로 본다. "중대한 이해관계가 위태로워지면 자본주의는 이데올로기나 국경 따위는 무시하는 법이다." De Roover(1974b, 227)에 의하면 "17세기 후반기에는 제노바 대신 암스테르담이 귀금속의 세계시장이 되었다."

132) Glamann(1974, 510).
133) Parker(1974a, 550-551). 그의 도표를 보면 1700년 무렵 외환 중심지로서 암스테르담이 런던보다 확실히 우위였음을 알 수 있다. Vilar(1974, 257)는 이것이 1763년까지도 마찬가지라고 말한다. 또한 Homer(1963, 174)와 Glamann(1977, 261)도 참조. 신뢰감이 널리 퍼졌으며 그에 따라 자금의 흐름도 그러했다. 이는 1763년까지 상인들이 러시아와 거래할 때 환어음을 안심하고 발행하거나 인수할 수 있는 유일한 금융 중심지는 암스테르담뿐이었다는 사실로 알 수 있다. Knoppers(1977a, 13-14) 참조.
134) Deyon(1969, 38) 참조. 또한 Vilar(1974, 251)의 다음 주장도 참조: "네덜란드인들에게는 귀금속도 다른 상품과 마찬가지로 '수출입'을 통해서 이윤을 얻을 수 있는 하나의 상품이었다." 하지만 Morineau(1972, 4)의 지적으로는, 일단 이 체제가 확립되자 적어도 발트 해와 같은 세계경제의 주변지역에서는 사실상 금은을 수출할 필요가 거의 없어졌다. 이 점에서 동인도와 레반트 같은 외부지역과는 달랐다. "결국 외적으로든 내적으로든 우리는 연합주 경제의 경제적 기능(금융적 기능과 대립된 의미의)이라는 문제로 돌아가지 않을 수 없다.

나중에 "어음 인수 신용"이 이루어졌다. 후자는 더 이상 암스테르담의 중개무역 기능에 연결되지 않고 오히려 멀리 떨어진 중심지 활동에 근거한 신용이었다.[135] 네덜란드인들은 특정 예금에 근거한 "보기 드물게 안정된" 신용을 발전시킨 것이다. 그 이유는 "환어음을 상대방이 원하는 화폐에서 귀금속 수송으로 바꾸는 비용이 크게 줄어든"[136] 데에 있었다. 암스테르담 외환은행이 바로 이러한 귀금속의 보고였기 때문이다. 마지막으로 네덜란드 통화의 안정성으로 인해서 은화든 금화든 네덜란드 무역 화폐는 "품질보증"이었기에 세계무역에서 가장 선호하는 정화(正貨)가 되어 에스파냐의 레알 데 오초(real de ocho)에까지 충격을 줄 정도였다.[137] 이러한 금융의 흐름은 낮은 이자율을 이루어내고 유지시켰는데 이것이 다시 금융의 흐름을 더욱 원활하게 했다. 홀란트의 이자율은 17세기를 거치면서 절반 이하로 떨어졌으며 이 때문에 영국과 프랑스는 물론 스웨덴조차 이자율을 낮추지 않을 수 없었다. 하지만 이 나라들의 이자율은 네덜란드와 제대로 경쟁할 수 있을 만큼 낮아지지는 못했다.[138] 낮

---

135) Van Dillen(1974b, 179-185)과 Klein(1970, 39-40) 참조. 또한 Barbour(1963, 53)도 참조. 그에 의하면 "17세기에 다른 나라에서는 보기 드문 일이었던 화폐용 귀금속의 자유로운 수출은 암스테르담의 환율 안정을 도왔고 양도성 있는 신용수단으로서 환어음 유통을 촉진했다. 이 도시에서는 환어음의 할인과 판매가 활발한 사업이 되었다." 암스테르담이 환어음의 중심이 되자 무역 전체가 활기를 띠었는데 그것은 은행업무로서도 아주 이윤이 높다는 것이 드러났다. Bogucka(1972, 10)에 따르면 네덜란드인 은행가들이 환어음으로 그다니스크 상인들에게 큰 뭉칫돈을 보낸 것은 "단지 자금이전 수단을 보여주는 데 그치지 않는다. 그것은 환투기(arbitrage)라고 부르는 별도의 투기를 낳기도 했다.……이 환투기로 17세기 초반에는 불과 몇주 만에 투자자본의 6.5-8퍼센트, 때로는 10-12퍼센트나 되는 이윤이 실현되기도 했다. 당시는 홀란트의 이자율이 고작 3-4퍼센트를 밑돌 때였다."
136) Van der Wee(1977, 342).
137) Van der Wee(1977, 340).
138) Klein(1970, 38) 및 Homer(1963, 137, 179) 참조. 호머는 17세기 초반과 후반에 걸쳐 네덜란드, 영국, 프랑스 세 나라의 이자율을 세 종류의 대부금(1. 연부금과 저당과 그밖의 장기 대출, 2. 단기 상업 대부금, 3. 단기 예금)을 통해서 비교하고 있다. 여섯 건의 비교 가운데 다섯 건에서 네덜란드의 이자율 수치가 가장 낮고 한 건에서만 영국의 수치가 약간 더 낮다. Ringrose(1973, 291)는 이렇게 낮은 이자율은 1566년에서 1648년까지의 기간에 "군사적 이유로 저지방 국가들에 유동자본이 한꺼번에 몰린"데서 비롯되었다고 본다.

은 이자율은 또 금융 이윤의 또다른 원천인 투자의 주제로 우리를 이끌고 간다. 암스테르담은 유럽 최고의 화폐시장이자 최고의 상업시장이었으므로 자본 대출시 상대를 찾고 교섭하고 강제하는 비용이 훨씬 적게 들었으며 그 결과 투자 전반을 고무했다.[139] 연합주는 당시 가장 기술이 앞선 사회였던 만큼 그 기술을 수출할 수도 있었는데 이것이 자금 유입을 보장해주는 또 하나의 측면이었다.[140]

국내외 투자 확대가 네덜란드 자본가들에게 이윤을 가져오고 국가의 국제수지에 도움이 되었음은 분명하지만 이것이 국가경제 전반에도 도움이 되었을까? 최근년간에 중상주의적 색조를 띤 기묘한 논쟁이 있었는데 네덜란드의 "쇠퇴"는 어떤 점에서는 그것이 나라 밖, 특히 영국에 투자했기 때문이라는 것이다. 이 주장은 투자가의 관심이 이윤의 극대화에 있지 나라를 돕는 데에 있지 않다는 사실을 잊은 것이다.[141] 이에 대해서는 영국 금융의 성장을 논하는 자리에서 다시 이야기하기로 하고 일단은 반 딜렌의 다음과 같은 말로 만족하기로 하자 : 자본 창출은 "공화국의 정치적, 경제적 지위에……대단히 중요했다. 이 점은 이른바 경제원조를 통해서 동맹국을 얻는 경우를 떠올리면 알 것이다."[142] 이것은 일종의 국가투자가 민간인 집단의 투자를 강화시켰던 경우였다. 정말이지 우리는 국가의 역할을 제대로 보지 않고 네덜란드 헤게모니의 이 이야기를

---

139) North & Thomas(1973, 139, 142)와 Reed(1973, 182-183) 참조. 이 완충재고 투자에 대해서는 Klein(1969, 14)도 참조. 네덜란드인들의 해외 대출 및 투자에 대한 연구는 Barbour(1963, 104-129)에서 볼 수 있다. 18세기 유럽 국가들에서 늘어난 국채투자에 대해서는 Wilson(1977a, 27) 참조. 돈은 "특히 영국으로 흘러들었다. 영국에서 네덜란드인 투자자들의 결정은 역대 재무장관들의 중대한 관심사가 될 정도로 큰 문제였다."

140) 일찍이 1628년에 코르넬리우스 페르모이덴은 영국의 찰스 1세로부터 해트필드 사냥터의 배수공사를 청부맡았다. Cunningham(1897, 209-210) 참조. Dickens(1976, 8)는 17세기 네덜란드의 "영국에 대한 기술 식민지화"에 대해서 말하고 있다. 또 배수기술과 조선기술, 농업기술 등의 수출에 관해서 Wilson(1968, 77-91) 참조. 배수와 간척에 대해서는 L. E. Harris(1957, 322)의 논문 참조 : "[잉글랜드의] 동부 습지대 간척이……네덜란드인들의 특권이기를 그친 것은" 17세기 말이 되어서였다.

141) 18세기 홀란트의 해외투자를 중상주의적 패권 상실의 결과로 본 Marx(1969, 93)는 "자본의 모국은 더 이상 최고의 이자를 보장해주는 곳이 아니었다"고 썼다.

142) Van Dillen(1974a, 207).

온전히 완성할 수 없다. 연합주는 중상주의 이데올로기가 압도적이었던 17세기에 커다란 예외였다고 할 수 있다. 이 사실로부터 네덜란드 국가가 약체였다는 기묘한 결론을 끌어내는 사람들이 많다. 하지만 사실은 정반대였다고 보인다. 17세기에 네덜란드 국가는 나라 안팎에서 충분히 강력했기 때문에 중상주의 정책의 필요가 가장 적었던 유럽 유일의 국가였다.

여기서 간단히 중상주의라는 이데올로기의 성격과 실제를 잠시 검토하고 나라 안팎에서의 연합주의 힘을 살펴보자. 암스테르담도 초기의 시점에서는 한때 강력한 보호주의 노선을 추구한 적이 물론 있었으며[143] 이 도시 자체만 놓고 보면 17세기에도 그 경향이 완전히 없어지지는 않았다.[144] 더욱이 연방 차원에서 보호주의를 취하지 않는 데 대해서 반대하는 사람들도 많았다. 17세기가 지나면서 농-공업 부문이 우위를 잃자 그 부문 쪽에서 관세를 요구한 적도 있었고(크게 성공하지는 못했지만),[145] 영국 및 프랑스와 경쟁하면서 연합주 의회가 보복관세를 설정한 적도 있었다.[146] 하지만 국가의 역할은 보호주의 아닌 문제들에서 뚜렷했다. 국가의 역할은 사기업(私企業)의 성공조건을 만들어냈다. 네덜란드에 자율적 정부가 들어서자마자 "어업은 정부가 가장 진지하게 신경 쓰는 부문이 되었다."[147] 1575년 오란예가(家)의 빌렘은 품질관리를 위해서 다섯 항구의 대표를 불러들이기도 했고 1580년에서 1582년 사이에는 일련의 법령을 통해서 청어잡이의 관리를 위한 대학 비슷한 조직을

---

143) Glamann(1974, 457) 참조.
144) "이 도시들은 공업을 보호하고 보조금을 주었다. 조선업은 그 좋은 예였다. 조선시설 건설은 보조의 한 형태였다. 선박 목공 길드의 규정에는 그밖에도 많은 보조 형태들이 있었다." R. W. Unger(1978, 114).
145) 그럼에도 이 이해관계들은 타협을 통해서 완화되어야 했다. 경제적으로 어려웠던 시점인 1681년에 암스테르담의 곡물 상인과 젤란트의 농업생산자 사이에 타협이 이루어졌다. 전자가 수출(그리고 재수출) 관세 폐지를 얻어낸 대신 후자는 수입 관세 인상을 따냈다. Jeannin(1969, 74) 참조. 그는 저자에게 Van Dillen(1917 ; 1923)의 네덜란드어 논문 두 편이 이 논쟁과 정치적 타협을 자세히 다뤘다는 것을 가르쳐주었다. 또한 "17-18세기에는 밧줄과 돛대 같은 조선자재의 수출이 종종 법으로 금지된" 사실도 주목해야 할 것이다. R. W. Unger(1978, 115).
146) Deyon(1969, 38) 참조.
147) Beaujon(1884, 30).

만들었다.[148] 이보다 더 중요한 것은 네덜란드 동인도회사의 설립이었다. 그 설립은 상당 정도 식민지 재화의 자유로운 세계시장의 무질서와 그에 따른 덤핑에 대한 대응이라는 측면이 컸기 때문이다. 스톨스에 따르면 이러한 것들의 주된 의의는 "무역과 경제에 대한 국가의 개입"에 있으며 두 회사의 설립은 "거의 국유화(이런 말은 아직 없었지만)라고 일컬을 만한 것이었다." 한 마디로 그때까지의 국제무역을 하나의 국가독점 기업 아래 통합시키려는 것이었다.[149]

네덜란드 국가는 자기 나라 기업가의 이익을 옹호했지만 그렇게 하는 데에 이데올로기적 일관성 따위에는 별 관심이 없었다. 네덜란드 헤게모니의 이데올로기는 해양자유론(mare liberum)이라는 것이었으며 이것은 휴전협정이 맺어진 1609년에 출간된 책에서 그로티우스가 줄기차게 주장한 것이었다. 하지만 조지 다우닝 경은 클래런든 경에게 띄운 1663년 11월 20일자 편지에서 다음과 같이 날카롭게 꼬집었다 : "그것은 영국 영해에서는 해양자유론이고 아프리카 연안과 동인도에서는 해양폐쇄론(mare clausum)입니다."[150] 이 모든 것에 놀랄 만한 것은 없다.[151] 연합주가 지배적 위치에 있었으며 "자유주의는

---

148) Michell(1977, 148).
149) Stols(1976, 39).
150) Geyl(1964, II. 85)에 재인용. Meilink-Roelofsz(1968, 71) 참조. 또한 Goslinga(1971, xiv)는 카리브 해에 관해서 이렇게 말한다 : "17세기 초반에 건설된 네덜란드 식민지 제국은 돛대에 금작화를 휘날리며 항해의 자유라는 원칙 아래 건설되었다. 그러나 이 해역이 말끔해지자마자, 다시 말해서 에스파냐 해군이 더 이상 네덜란드에 현실적 위험이 되지 못하게 되자 네덜란드인들은 자기 나라 최고 철학자가 부르짖은 저 고상한 원칙에 흥미를 잃었다. 오히려 그들은 [영국에 대한] '해양폐쇄론'이라는 이베리아적 명제를 기꺼이 받아들이고자 했다."
151) 그런데도 Heckscher(1935, I, 359)는 놀라고 있다. "네덜란드가 모든 중상주의자들의 이상임에도 불구하고 다른 대부분의 나라들보다도 중상주의 경향에 별 영향을 안 받는다는 역설적인 상황이 일어난 것이다. 이에 대한 유일 가능한 설명은 네덜란드가 그야말로 이상화되어 있었다는 것이다." 경제적 자유주의의 이데올로기로 눈을 가리고 본질적 특징이 아니라 관계적 관점으로 생각하기를 거부한다면야 물론 이런 유일한 설명밖에 없을 것이다. 헥셔의 이 견해를 Schmoller(1897, 65)의 다음 견해와 비교해보라 : "종교의 자유와 에스파냐의 굴레로부터의 해방을 위한 네덜란드인들의 영웅적 투쟁의 참모습을 보려면 한 세기나 끈 동인도 식민지 정복전쟁, 은을 실은 에스파냐 선단과 에스파냐령

지배적인 위치의 경제에 잘 들어맞는 것이다."[152] 자유주의가 지배적인 위치를 유지하는 데에 방해가 되면 그것은 언제라도 벗어던질 수 있는 것이었다. 바로 그랬기 때문에 네덜란드 국가의 "자유주의적인" 분권적 구조는 약함의 표지가 아니라 강함의 표지로 볼 수 있는 것이다. 분권적인 구조가 언제나 강한 힘의 표지라는 말은 아니다. 폴란드와 같은 주변부 지역에서 지방의회와 군소 군주들의 대두는 주변지역화를 나타내는 척도였다. 그러나 헤게모니 국가에서는 이러한 구조가 다른 핵심부 국가들에 비해서 강함을 보여주는 표지인데 이들 다른 핵심부 국가들은 헤게모니 국가의 경제적 우위를 극복하기 위하여 그들의 행정적 집권화를 증대시킬 필요가 있었던 것이다.

연합주의 국가구조는 어땠을까? 1579년 위트레흐트 동맹의 결성 때로부터 바타비아 공화국 건국으로 이 지방분권 국가가 무너진 1795년에 이르기까지 자잘한 변화는 여러 가지 있었다. 하지만 그렇게 약간씩 변화해간 형태들간에 큰 차이는 없었다. 1576년에 이미 일곱 개 주 —— 헬덜란트, 홀란트, 젤란트, 위트레흐트, 프리슬란트, 오베레이셀, 그로닝겐 —— 가 연방의회에 대표를 보내는 데에 합의했다. 의회에서는 각 주에 한 표씩 권리가 있었고 의결은 만장일치여야 했다. 이밖에도 국가평의회라고 부르는 약간 약한 행정기구가 있었다. 핵심적 군사제도인 함대는 늘 서로 독립된 다섯 개 해군사관학교의 지휘 아래 있었다. 가장 중요한 주인 홀란트는 그 자체가 복잡한 정부구조를 가지고 있었다. 중앙 입법부인 홀란트 의회는 각 도시 대표 18명과 귀족 전체 대표 1명으로 이루어졌다. 연합주에 국왕은 없었지만 가장 비슷한 존재로서 주 관료의 한 사람인 주 장관(Stadholder)이 있었다. 오란에 공은 대체로 여러

　　아메리카 무역에 대한 끈질긴 노략질 등도 시야에 넣어 '편견 없는 눈으로' 보아야 한다. 오늘날 순진한 자유무역론자들은 네덜란드인들이 초기에 저관세 정책을 폈다는 이유로 찬양하기도 하지만 사실 그들은 처음부터 세계사상 비길 데 없이 가장 단호하고 호전적인 독점주의자들이었다."

152) Deyon(1969, 40). Glamann(1977, 273-274)은 자유주의를 국가의 "수동적 태도"라고 부르면서 "정부 정책이 어떤 의미에서 경제적 과정에 중립적일 수 없다면" "이 수동적 태도야말로 암스테르담에서의 기본 산물의 성장과 잘 맞아떨어졌음"이 분명하다고 말한다.

개 주(모든 주는 아니고)의 주 장관을 동시에 겸했다. 물론 두 차례의 이른바 "주 장관 부재기"는 제외하고 말이다. 이렇게 보면 제대로, 아니 어쩌면 전혀 기능할 것 같지 않은 이러한 구조를 만들어낸 것은 어지간히 딱한 사정에서였으리라.

그런데 약간의 마찰과 폭력이 없지는 않았지만 이것은 사실상 아주 잘 기능했다(개인적 차원에서 말하면 네덜란드 역사에서 "비극의 해"로 알려진 1672년에 헤이그에서 일어난 얀 데 비트의 린치 사건 같은 것은 아주 예외적인 일이었다). 나아가 연합주의 국내 갈등을 영국과 프랑스의 그것과 비교해 볼 때 성실한 연구자라면 누구나 네덜란드가 두 나라보다 혼란이 덜했다고 인정할 것이다. 실제로 지배계층의 내부 분열이 사회를 분열시킨 정도도 훨씬 덜했고 하층 민중도 그다지 반항적이지 않았다. 이 점을 설명하려면 무엇보다 공식 정부구조가 또다른 실질적 구조를 (아주 가볍게이기는 하지만) 가리는 경향이 있었음을 눈여겨보아야 한다. 재정적으로 홀란트가 정부비용의 거의 60퍼센트를 냈고 그 반을 암스테르담이 부담했던 것이다. 홀란트 주의회의 최고 행정관은 주 법률관(Land's Advocate)이라고 불렸으나 나중에 평의회 사법관(Council Pensionary)으로 이름이 바뀌었고 외국인들은 그를 대사법관(Grand Pensionary)으로 불렀다. 이 관리가 연합주 전체의 실질적인 수상이 되고 "주 장관 부재기"에는 대통령이나 다름없이 행동했다.[153]

이 관리의 힘이 강했던 것은 우선 연방의회와 홀란트 주의회가 헤이그의 같은 건물에서 열렸다는 사실에서 기인했다. 대사법관이 매년 연방의회에 머무르는 이례적인 관행으로 말미암아 관직에 연속성이 있었다는 사실이다. 그것은 또한 홀란트가 네덜란드 전체의 경제 및 문화 활동의 중심이었다는 점과 인구의 거의 절반을 먹여살리는 곡물 수입을 암스테르담이 지배했다는 사실에서 기인하는 것이다.[154] 17세기 초만 해도 암스테르담이 압도적으로 우위

---

153) Kossmann(1970, 362-365), van Hoboken(1960, 46), Renier(1944, 52), Burke(1974, 44), Wansink(1971) 참조. "역설적이게도 홀란트는 연방정부를 적극 지지했다. 하지만 그것은 홀란트가 복잡한 형태의 반쯤 중앙집권적 방식으로 공화국 전체를 사실상 지배할 수 있었다는 뜻이었다." Schöffer(1973, 92).
154) 가령 1628-30년에 그랬듯이 "국가에 곡물이 부족한 연간에 암스테르담의 힘은 엄청난

인지에 아직 일말의 의혹이 있었을지도 모르나 1650-72년의 첫번째 "주 장관 부재기"가 되자 그러한 의혹은 말끔히 사라졌다. 이 즈음이면 홀란트의 성장이 "국가를 통합시키는 접착제" 구실을 했고 대외정책도 "헤게모니 국가답게 무역의 이해관계에 종속되었다."[155] 암스테르담이 돈을 댔으니 이즈음 특히 이 도시가 "마음대로 결정할 자격이 스스로 있다고 느꼈다."[156] 이렇듯 국가의 중앙집권화 없이도 원하는 것을 얻는다면 굳이 무엇 때문에 그것에 대해서 걱정하겠는가? 물론 레니르가, 이어서 윌슨이 "상층 중간계급의 사회적 독재"[157]라고 부른 체제가 국내 반대파와 대립하는 일은 종종 있었다. 가령 반(反)항의서파와 항의서파, 오란예파와 루베스틴파의 대립이 그러했다. 하지만 그 체제의 기반이 점진적인 "귀족화" 과정으로 차츰 약화되기는 했지만[158] 그 지배계층의 이해관계가 사회적으로 한층 더 보수적인 귀족들에 의해서 정말로 위협받는 일은 없었다. 코스만이 정확히 인식했듯이 "역대 오란예 공들은 홀란트의 부유층 지배를 누를 생각도 거의 없었고 그럴 힘도 없었다."[159]

이 지배계층은 밑으로부터도 정말로 위협받지는 않았다. 그 구성원들은 사회적 평화의 가격을 지불했던 것이다. 네덜란드의 사회복지, 특히 암스테르담의 그것은 외국인 방문객들의 "무한한 찬사"를 받았다. 아마도 그들은 돈의

것이었다." Van Dillen(1964, 145).
155) Franken(1968, 2, 4). 또한 Burke(1974, 42-43), Carter(1975a, 1), Riemersma(1950, 39)도 참조. 하지만 암스테르담(또는 홀란트 주)의 정책결정 능력에도 한계가 있었다. 이에 대해서는 Rowen(1974) 참조.
156) Boxer(1965, 90). 암스테르담의 이러한 결정능력은 자신에게 아주 큰 이득이 되었다. Aalbers(1977, 86)에 따르면 1650년 이후 "지중해 및 발트 해와의 무역은 갈수록 암스테르담에 집중되어 끝내는 그 무역을 독점하다시피 했다."
157) Renier(1944, 16-24)와 Wilson(1968, 47). Boxer(1965, 11)는 이 점에서 레니르의 견해를 지지한다고 밝히고 있다.
158) Roorda(1964, 119 ; 1967, 196-197) 참조. Van Dijk & Roorda(1976, 101-102)는 이 현상을 과대평가하는 데 대해서 경고한다. "18세기 말까지도 모든 사회적 유동성을 가로막는 귀족화의 움직임이 끈질기게 있었다는 것은 의심의 여지가 없다."
159) Kossmann(1970, 365). 마찬가지로 Haley(1972, 83)도 이렇게 말한다 : 오란예파가 "부유층 지배"와의 투쟁에서 도시 하층계급의 지지를 끌어냄으로써 그 투쟁이 "내전 또는 사회혁명의 요소를 두루 갖추고 있었지만" 결국 오란예파는 손을 뗐다. "어차피 그들은 귀족들이었으며 기존 사회질서의 옹호자들이었다."

상당 부분이 로마 가톨릭 교회의 몰수재산에서 나왔다는 것을 알지 못했을 것이다.[160] 하지만 다른 나라들도 17-18세기에 가톨릭 교회재산을 몰수하면서 "빈민들에게 넉넉한 적선"을 전혀 하지 않았던 것을 생각하면[161] 이것도 대수로운 문제는 아니다. 물론 복지국가 네덜란드의 사회적 현실에 대해서 환상을 품어서는 안 된다. 네덜란드 자본주의의 전체적 이윤은 "대다수 민중에게 혜택이 돌아가지 못했다." 처음에도 조금만 올랐던 실질임금은 17세기 내내 떨어졌고[162] 국가 번영은 "많은 노동자 집단의 빈곤의 심화"와 나란히 나타났다. 암스테르담 인구의 절반가량은 "지저분한 셋집이나 지하실 같은 데"서 살았다.[163]

그럼에도 불구하고 사회적 평화가 그런 대로 유지된 것은 어떻게 가능했을까? 한 가지 주된 요인은 일부 사람들에 국한되기는 했지만 줄어든 실질소득을 사회복지 급여가 메워주었다는 것이다. 사회복지 급여가 핵심부 국가의 다른 어떤 곳보다도 높았던 것이다.[164] 둘째 요인은 암스테르담이 그 소문난 혜택으로 인해서 "이웃 나라들의 실업자와 반실업자들의 목표가 되었다"는 점이다. 이와 같은 비밀은 훗날 뉴욕에서 다시 보게 된다. "암스테르담 거리는 금으로 덮여 있다"[165]는 소문이 퍼지자 노동자들이 그 어느 곳에서나 몰려들었다. 그것은 이 빛의 도시에서 살아왔던 노동계급 주민들의 노동조건을 악화시키기에 충분했으며 그래서 남보다 빵 몇 덩이라도 더 가진 사람들은 그것을 소중히 움켜쥐었고 이주자들 역시 어떻게든 성공해보려고 전력을 투구했다. 한마디로 권력과 번영, 한줌의 적선 그리고 아주 약간의 사회적 유동성—— 바로 이것이 헤게모니 국가의 전형적인 사회정책이다—— 만 있으면 족했던 것이다.

국내적으로 강한 힘은 대외적인 힘으로도 나타났다. 17세기 전반기에 네덜

---

160) Boxer(1965, 55).
161) Wilson(1968, 53).
162) Klein(1969, 9). 또한 J. de Vries(1978, 303)도 참조.
163) Boxer(1965, 54-55).
164) Klein(1969, 9) 참조.
165) Boxer(1965, 58).

란드 함대는 한 함대로서 가능한 한도 내에서 여러 바다를 지배했다.[166] 물론 그 전에는 에스파냐가 지배적인 해군 국가였다. 네덜란드인들은 1588년 영국인이 에스파냐 "무적함대"를 끝장낼 때 옆에서 도왔다. 하지만 1600년의 시점에서도 에스파냐 해군은 영국과 네덜란드의 해군력을 합친 것보다 셌다.[167] 계속적인 해군의 승리가 그 상황을 바꾸었다. 앞서 언급한 카리브 해의 "해군 방패막"은 네덜란드가 쿠라사오를 빼앗은 1634년에 구축되었다. 1645년, 네덜란드 함대는 처음으로 외레순 해협의 지배권을 손에 넣었다.[168] 그리하여 해상력의 대이론가 매헌 제독이 썼듯이 "연합주가 받은 존중과 권력은 그 부와 함대 덕분이었다."[169] 물론 네덜란드의 헤게모니가 절정에 달한 1651년에서 1678년 사이에 이 권력은 도전을 받았고 18세기로 접어드는 전쟁기간에 네덜란드는 프랑스와 영국에 비해서 2류 군사국가로 밀려났다. 그러나 이것은 바로 네덜란드가 경제적인 헤게모니를 확립한 결과였다. 17세기 중엽에

---

166) 개인적 토론에서, 지금은 고인이 된 스테인 로칸은 유럽 세계경제가 세계제국화의 경향에 저항할 수 있었던 주요 요인으로 그것이 육지가 아니라 해양을 중심으로 성립했다는 점을 들었다. 바다는 대륙에 비해서 워낙 정복하기 어렵다는 것이다. 이 흥미로운 지적에 대하여 여기서는 일단 그의 주장으로 소개해두는 데 그치겠다. 이 문제와 관련해서 영국의 선택을 평가한 P. Anderson(1974a, 135)의 다음 글 참조 : "해군이 단위당 비용은 더 높았음에도 불구하고 전체 유지비용을 따지면 해군이 육군 상비군보다 훨씬 적게 들었다.……더구나 그후 몇 세기 동안 그 성과는 훨씬 컸다."
167) Cooper(1970, 227) 참조. 1659년까지 에스파냐 함대는 대서양과 지중해에서 연합주나 영국 함대에 밀렸으며 오래지 않아 프랑스에도 밀렸다.
168) Polišenský(1971, 236).
169) Mahan(1889, 97). Franken(1968, 6)은 한걸음 더 나아가 이것이야말로 권력에 이르는 유일한 길이었다고 주장한다 : "육군을 키울 만큼 재정 비축이 없었던 것은 확실하다. 적극적인 토지정책을 위해서 장기적으로는 해안선과 긴 무역 루트를 지킬 강력한 해군과 더불어 육군이 필요했다." 하지만 네덜란드 육군의 존재를 잊어서는 안 된다. 1609년에서 1621년까지의 휴전기간 중에 "부유했던 네덜란드인들은 세계 최대의 해군 외에도 유럽에서 유일하게 에스파냐 육군과 어깨를 나란히 하는 강력한 상비 육군을 거느렸다." Israel(1977, 38). 이것은 인력의 적절한 활용, 전술적 단위의 소규모화, 포위전법의 개량 등 마우리츠의 여러 개혁 덕분이었다. Roberts(1958, 185, 187)는 이러한 개혁에는 두 가지 전제조건이 있었다고 지적한다 : "첫번째 조건은 네덜란드 육군의 봉급이 높고 특히 제때제때 주어졌다는 것이다.……두번째 조건은 효율적인 훈련체계였다." 당대인들의 눈에 네덜란드의 개혁은 "전쟁기술을 바꿔놓는 것으로 보였다."

이르러 네덜란드의 누적적인 경제적 우위는 도저히 넘볼 수 없는 것이 되었기 때문에 영국과 프랑스 두 나라는 모두 "네덜란드를 힘으로 밀어내지 않으면 안 된다"[170]고 작정했다. 물론 자본주의 체제에서는 순전히 경제적인 차원에서 말하는 경우에도 영원한 헤게모니란 없지만, 영국과 프랑스가 안달이 났던 것을 비난할 수도 없다. 이렇게 보면 국가는 네덜란드 부르주아지가 먼저 생산의 영역에서, 이어서 상업 및 금융 영역에서도 이룩한 경제상의 헤게모니를 공고히 하는 데에 활용할 본질적인 수단이었다고 할 수 있다. 핵심부 및 반주변부의 국가들이 서로 다투는 상태 역시 이 헤게모니를 무너뜨리는 훗날의 과정에는 마찬가지로 본질적인 수단이 되었다.

문화의 영역에서는 어떠한가? 이념, 가치, 과학, 예술, 종교, 언어, 정열, 멋의 문제가 들어설 자리는 없었는가? 물론 있었다. 왜냐하면 문화란 사람들이 자기들의 정치적-경제적 이해관계와 욕구를 포장하는 방식들로서, 그런 이해관계와 욕구를 표현하거나 숨기거나 또는 시공간적으로 널리 퍼뜨리거나 그 기억을 새겨두고자 하는 것이기 때문이다. 우리의 문화는 우리의 삶이며 우리의 가장 내면적인 자기이면서 동시에 가장 외면적인 자기이고 개인 및 집단으로서의 개성이기도 하다. 그렇다면 어떻게 헤게모니의 문화적 표현이 없을 수 있겠는가? 그런 표현이 반드시 문화적 지배로만 나타나는 것은 아니다. 흔히 핵심부 국가들이 주변부 지역 사람들에게 문화적 열등감을 심어서 지배를 용이하게 하는 것이 사실이다. 그렇지만 헤게모니 국가가 다른 핵심부 국가들에 대해서도 똑같이 할 수 있었던 것은 아니다. 후자의 경우 헤게모니 국가는 기껏해야 하나의 모델, 특히 기술상의 모델이 될 수 있을 뿐이다.[171] 한편 이 문화의 영역은 바로 헤게모니에 대한 저항이 일어나는 거점이기도 했다. 왜냐하면 거기서는 당시 시장의 강자에 맞서서 예로부터 내려오는 "문명들"의 역사적 가치에 호소할 수 있었기 때문이다. 이것은 오늘날뿐 아니라 17세기에

---

170) Andrews(1915, 542).
171) "귀족적인 레헨트층이 이 사실을 아무리 조심스럽게 보고 있었을지라도 연합주는 1621년까지 강국이었고 유럽 전역의 수만 명의 지식인들에게 이상으로 자리잡은 놀라운 문명 모델이었다." Polišenský(1971, 162).

다른 한편, 헤게모니 국가들이 문화적으로 눈부시게 빛을 발하는 데에 반해서 그 비판자들은 흔히 패자의 처지에서 출발해야 한다. 첫째로 헤게모니 국가는 과학적 생산성을 높일 수 있는 물질적 필요와 물질적 수단을 가지고 있고 이렇게 이룩된 높은 생산성은 예술 면에도 파급된다. 둘째로 자유주의 정치는 문화적 만개에 좋은 토양이고 특히 그로 인한 문호개방 정책으로 다른 곳에서 많은 문화적 인물들이 흘러들어옴으로써 더욱 그러하다. 셋째로 부는 사치를 낳는데 사치는 부 자체의 물질적 토대를 허물어뜨리기도 하지만 문화적 인공물을 통해서 이루어지는 것이다. 명백히 홀란트에서는 응용과학이 초미의 관심사였다. 그전의 몇 세기에 걸쳐 이루어진 기술진보는 바로 이 시대 네덜란드가 농-공업 부문에서 높은 생산효율을 유지하는 데에 핵심 요인의 하나였다. 정말로 17세기 네덜란드는 이 기술을 열심히 수출했다. 이 기술이전이 자금의 국내유입의 한 원천이 되었다는 것은 앞서 말한 바 있다. 그것은 물론 문화적 충격의 표지이기도 했다. 유럽 세계의 전역에 걸쳐, 예컨대 영국, 프랑스, 이탈리아, 덴마크, 프로이센, 폴란드 등지에 제방과 배수로 공사에 종사하는 네덜란드인 이민자촌(Hollandries)이 들어섰다.[172] 그들은 자기들의 농업기술을 수출하는 한편 해운기술의 개량에도 엄청난 힘을 쏟았다. 특히 항해기술의 개선으로 비용 절감을 꾀했다.[173]

1669년에서 1750년 사이에 영국의 지배자들이 네덜란드 숙련 장인들에게 영국으로의 이주를 얼마나 권했는지를 살펴본 클라크는 네덜란드인들이 영국으로 건너간 한 가지 이유로 그들이 국내에서 동료들과의 치열한 경쟁에 시달렸으며 이것은 영국과 같은 "후진국에서의 한층 수월한 기회"와 비교해서 좋지 않은 조건이었다는 사실을 든다. 17세기에는 "아무리 대단치 않아도 재간이 요구되는 일에서는 으레 네덜란드인들을 보게 되는 것이 놀랄 일이 아

---

172) Van Veen(1950, 56)에 나오는 지도 참조.
173) Wilson(1968, 92)은 여기에는 많은 기술부문의 성과가 동시에 필요했다고 지적한다. 즉 "수학자들, 조각가들, 인쇄공들, 지도 제작자들, 도구 제작자들, 렌즈 연마공들의 재능"을 한데 모아야 했다.

니었다."[174] 여기에 스코틀랜드와의 "특별한 연줄"이 있다고 해도 그것 또한 놀랄 일이 못 된다.[175] 상업적 유대는 종교적 친화성으로 두터워졌으며 그 결과 스코틀랜드인들은 몇 세대 동안 네덜란드에 건너가 대학교육을 받았다. 이것은 18세기 말 스코틀랜드의 계몽주의를 설명해주는 또 하나의 연결 고리인데 스코틀랜드의 계몽주의는 영국 공업의 급격한 도약에서 결정적 요인의 하나였다. 과학적 진보가 반드시 지적 자유에 달려 있는 것은 아니지만 후자가 전자를 일구는 한 바탕임에는 틀림없으며 그것은 또 헤게모니 국가에 걸맞는 양식이기도 했다. 하지만 묘한 역설이라고 할지 지적 자유주의에는 위험한 측면이 도사리고 있었고 특히 국내에서 그랬다. 자유주의의 논리는 지배계층의 여러 분파 사이에 정치적 타협을 소홀히 여기게끔 할 수도 있고 또 자유주의의 구호는 하층민의 반란을 부추길 수도 있었기 때문이다. 따라서 헤게모니 국가는 자유주의적 문화를 장려하되 거기에 제약을 두는 방식을 취했는데, 그 제약이란 우세하게 지배적인 이해관계를 가진 사람들이 손해 대가를 치르지 않고 정치적, 경제적 이익을 거둬들이기 위해서 손대어서는 안 되는 이데올로기적 판석을 세움으로써 그 한계(특히 국내적으로)를 명확히 제시하는 것이다.

이것이 연합주에 대해서 가지는 의미를 살펴보자. 한편으로 홀란트는 "철학자들의 피난처였다."[176] 데카르트, 스피노자, 로크라는 17세기 사상의 세 거목을 포함해서도 그렇게 말할 수 있다. 데카르트는 홀란트에서 프랑스에서 얻지 못했던 평온과 안정을 찾았다. 스피노자는 파문당하고 에스파냐계 유대인들(Sephardic Jews)의 요덴브리 거리(Jodenbreestraat)에서 쫓겨나 네덜란드인 시민들이 사는 한결 우호적인 지역에 가서 살았다. 로크는 제임스 2세의 폭정을 피해서 네덜란드인이 영국 왕위에 오르는 한층 행복한 시대가

---

174) Clark(1960, 16). Glamann(1977, 253)은 새로운 직물로 전문화한 노리치와 콜체스터와 같은 도시 주민들의 3분의 1에서 반 정도가 "네덜란드 출신"이었다고 한다. Wilson (1968, 39)이 말하듯이 "경제적 혁신은 어차피 수명이 짧고 모방하기가 너무 쉽다." 하지만 문제는 누가 혁신을 일으키느냐이다.
175) Wilson(1968, 178).
176) Wilson(1968, 165-177).

올 때까지 그곳에서 피난처를 구했다. 물론 박해를 받아 이곳으로 피신한 지식인들은 코메니우스, 쥐리외, 벨 등 그밖에도 많았으니 이들은 암스테르담과 로테르담의 존재를 하늘에 감사드렸다.[177] 네덜란드는 잘 알려져 있다시피 프랑스 위그노들의 망명지였다. 하지만 자유주의적인 네덜란드인들은 위그노와 얀센파를 모두 받아들였고 청교도, 왕당파, 휘그파, 심지어는 폴란드의 소치니파(Socinians : 이탈리아의 신학자 소치니가 삼위일체설을 부인하며 폴란드에서 번성시킨 종교분파로 로마 가톨릭으로부터 배척당함/옮긴이)까지 받아들였다. 그들 모두는 "금지는 최소한, 받아들이는 것은 어느 곳이나"[178]라는 홀란트의 상업원칙의 덕을 보았다. 이러한 자세는 네덜란드인들이 고급문화를 그저 무조건 높이 평가했다는 이야기가 아니다. 그것은 좋은 사업이었으며 관계자 누구에게나 이익이었다. 한편으로 네덜란드는 그 "높은 급료와 괜찮은 노동조건"[179] 때문에도 많은 지식인들을 끌어들였다. 두뇌 유출은 요즘 들어서만의 현상이 아닌 것이다.[180] 다른 한편 네덜란드에서는 유럽 세계경제의 여러 나라 반체제파들이 원하는 대로 출판을 할 수 있었는데[181] 이것은 레헨트층이 "책과 팜플렛 장사가 경제적 이익이 됨을 깨닫고 있었다"[182]는 것을 뜻했다. 반체제파에게는 "하늘이 내린 새로운 표현수단"[183]이 다른 사람들에게는 돈벌이의 기회가 된 것이다.

---

177) 쥐리외와 벨이 망명에 대처한 방식의 차이에 대해서는 E. Labrousse(1967) 참조.
178) Jeannin(1969, 103).
179) Jeannin(1969, 102).
180) "네덜란드 공화국의 반(半)자유방임 정책은 [그 이민자유 정책과 더불어]……이 새로운 '국가'의 제조업과 상업, 금융상의 기술, 사업상의 개인적 유대 등을 크게 증진시키고 자본과 선박을 크게 늘렸다.……그런 것이 없었다면 네덜란드의 진보는 좀더 느리고 미미했을 것이다." Wilson(1977a, 18).
181) Beutin(1939, 110)은 네덜란드가 18세기 유럽에서 "비교적 출판의 자유가 있었던" 유일한 곳이었다고 말한다.
182) Haley(1972, 124).
183) Wilson(1968, 163). Vilar(1974, 251)의 말대로 "이 자유의 정신은 당시 네덜란드가 상업에서 우세했다는 사실의 표현이었다." 네덜란드 예술의 황금기와 그 "중간계급적 성격", "자연주의" 양식 그리고 당시의 지배적인 조건의 관계에 대해서 뭐라고 말하려면 다소 시간이 걸리는 번거로운 일이 될 것이다. 단지 Wilson(1968, 124)이 강조하는 다음

그러나 여기에는 동전의 또다른 면이 있었다. 바야흐로 연합주가 세계강국의 지위로 발돋움하기 시작한 때인 1592년에 첫번째 아르미니우스파 논쟁이 일어났다. 모든 것이 신의 은총이요 구원이라고 하던 개신교 신학의 절정기에 야코부스 아르미니우스는 칼뱅파 논리 중에서도 특히 성가신 부분인 예정설이라는 의사논리[184] 혹은 심리학적 논리와 정해진 영벌(永罰)이라는 교리를 고집했다. 아르미니우스는 그의 논적(論敵) 프란키스쿠스 고마루스가 지지한, 은총은 구원을 뜻한다는 학설을 거부했다. 그가 내세운 대안은 은총은 구원의 불가결한 전제조건이요 수단이라는 것이었다. 이것이 20세기인의 편견이 깃든 눈에야 하찮은 것일 수도 있겠지만 17세기 홀란트, 아니 어쩌면 당시 그리스도교 유럽에서는 최대의 신학 논쟁에 이르게 되었다.[185] 처음에 아르미니우스파는 홀란트 정계와 재계의 강력한 지지를 얻은 듯했지만 단기적으로 한때 논쟁에서 몰리기도 했다. 즉 1619년 도르드레흐트 공의회에서 반(反)항의서파(고마루스파)가 항의서파(아르미니우스파)를 누르고 그들을 이 나라에서 내쫓았던 것이다. 물론 장기적으로는 아르미니우스파의 완패는 아니었다. 그 후에도 우여곡절이 있었다.

그런데 쟁점은 어디에 있었는가? 네덜란드 역사가 G. J. 레니르에 따르면 아르미니우스파의 공식에서는 개인이 은총에 거역할 수도, 은총을 잃어버릴 수도 있었다. 따라서 "항의서파에는 그나마 인간의 자유와 존엄이 남아 있었으며 이들이야말로 인문주의의 진정한 자식들이었다." 아마도 그랬을지 모르겠다. 하지만 누가 인문주의를 지지했던가?[186] 아르미니우스파는 분명히 사회

의 개괄을 마음에 새겨두는 것으로 충분하리라 생각된다 : "[예술 관련] 직업은 높은 보수에 대한 기대가 아니라 꾸준한 수요에 의해서 유지되었다."
184) 이것은 Chaunu의 말이다. "Dordrecht, the greatest affair of the century"(1966a, 470-474)의 논의 참조. "홀란트에서는 누구나 되는 대로였다."
185) 저자의 견해로는 이 논쟁이 적어도 17세기에는 가톨릭과 개신교 간의 논쟁보다 더 근본적이라는 Chaunu(1962a, 119)가 참으로 옳다고 본다. 그가 말하듯이 아르미니우스파와 고마루스파의 이 논쟁은 가톨릭 교회 내의 몰리나파와 얀센파 간의 논쟁과 나란히 일어났다. 또 그가 아르미니우스파를 "19세기 자유주의적 이단의 선구"라고 일컬은 것도 정곡을 찌른 것이다.
186) Renier(1944, 46). 아르미니우스파로서 암스테르담의 문인이었던 사뮈엘 코스테르의 견

적 소수파였지만 강력한 소수파였다. 왜냐하면 그들의 정치적 기반의 근거는 상인 귀족과의 사회적 연계에 있었기 때문이다.[187] 반대편에는 그다지 지체가 높지 않은 집 출신으로, 교구회의에 모인 프티 부르주아와 도시 민중의 지지를 받았던 정통파 청교도 성직자인 프레디칸트(predikant)가 있었으며 이들은 마우리츠 공과 오란예파 진영의 지지를 얻었다.[188] 고마루스파는 가톨릭에 대한 태도가 "나약하다"고 아르미니우스파를 비난했는데 이 때문에 아르미니우스파는 가톨릭 교도로부터 말없는 지지를 받았다고 보인다. 하긴 가톨릭 교도들은 억압된 데다가 "사회 최하층"에 속했으므로[189] 정치적인 힘에서는 별

해를 Pieter Geyl(1961, 70)이 어떻게 서술하는지 보라 : "비유해서 말하자면 이 세상은 길들지 않은 말과 같아서 당국은 법이라는 채찍을 가지고 종교라는 말머리 장식을 씌워서 이것을 몰고 있다. 세속인 마부의 손에 말머리 장식, 즉 교회를 맡기면 말은 날뛰게 된다. 코스테르는 국가와 교회의 관계에 대해서 이런 식으로 순전히 항의서파 이론을 폈다. 이 이론은 당시 유럽 전역에 걸쳐 지성인들에게 호소력을 지녔다. 그들은 종교적 흥분이 비정상적으로 격해져서 이성을 잃고 세속적인 행정관리나 군주 또는 국가가 절대적 권위를 주장하는 것을 두려워했다."

187) 이 진술은 원래 논쟁의 시점에 그랬다는 것이지만 사회적 균열은 세기 내내 변함없이 계속 남아 있었다. Jeannin(1969, 111)에 따르면 "1672년 암스테르담에서는 아르미니우스파 —— 이 말 자체가 이미 종교적 용어라기보다 정치적 용어였는데 —— 가 인구의 5퍼센트에 못 미치는데도 이 도시 행정관리의 다수를 차지한다는 불만이 있었다." 하지만 이러한 불만은 과연 얼마나 심각했을까? Roorda(1967, 201)는 네덜란드 헤게모니의 기간에는 성직자들을 서서히 "귀족화"해서 타협이 이루어져 있었다고 지적한다. "교회는 세계의 바람을 쐬고 그 세계의 권력에 동화되었다.……한편 레헨트 계층은 더욱 교회적이 되었다.……[1672년이 되면] 교회와 국가 간의 치열한 갈등이란 이미 옛일이었다."

188) Chaunu(1966a, 128-129)는 사회적 균열에 대해서 다음과 같이 서술한다 : "사회적 반대파로서 홀란트의 레헨트층은 한편으로 여전히 아르미니우스파를 이루고 있었다. 그 맞은 편에는 동부의 토지 귀족과 중간계급, 새로 막 들어온 소수의 대(大)부르주아층이 있었으며 이들이 고마루스파의 핵심부였다. 고마루스파에는 홀란트를 뺀 여섯 주, 특히 그 즈음 정복된 농업 주와 1590년의 국경선 너머에서 새로 개종한 사람들이 있었다. 아르미니우스파에는 홀란트 주 연안도시들의 부르주아지가 있었는데 암스테르담은 두드러진 예외였다. 암스테르담은 홀란트 해안 모래언덕의 뒤편 지역보다 개신교도화가 더 최근의 일이었기 때문이다."

189) Roorda(1967, 204). Renier(1949, 49)는 겉으로는 "무관심한" 체하면서도 은밀히 가톨릭에 공감했던 경우를 지적한다. E. H. 코스만은 저자에게 보낸 개인적 편지에서 17세기 초에는 아직 많은 귀족들이 가톨릭이었으므로 가톨릭 교도를 사회 최하층으로 서술할 수는 없으리라고 주장했다.

몫을 할 수 없었다.

여러 사회집단들을 이처럼 두 진영으로 가르는 것은 약간 거칠지만 그렇게 빗나간 것도 아니다. 그렇게 함으로써 논쟁의 뜻은 어떻게 볼 수 있을까? 우선 우리는 왜 논쟁이 아르미니우스파에 불리하게 반전되었는지를 보아야 한다. 제2차 아르미니우스파 논쟁은 1602년에 막이 올라 1608년 절정에 이르렀다. 이 제2차 논쟁은 그 논쟁의 주역들이나 신학적 쟁점들에 변화가 없었음에도 불구하고 제1차 논쟁보다 훨씬 뜨겁게 달아올랐다. 변화한 것은 정치 상황이었던 것이다. 1609년의 평화에 대한 논쟁도 그전부터 전쟁지속파 진영과 휴전파 진영 사이에서 벌어지고 있었다. 전자의 진영에는 영웅 총독 오란예공에게 더욱 힘을 밀어주어 영광을 떨치기를 바라는 오란예파, 아직도 남부 네덜란드의 병합과 가톨릭 근절의 꿈을 못 버리고 있던 개신교 개종주의자들, 해적질로 이익을 본 일부 상인들 그리고 뭔가에 대한 기대심리와 외국인 혐오에 휩쓸린 민중계층의 몇몇 집단 등이 있었다. 휴전파 진영은 홀란트 주 법률관 요한 반 올덴바르네벨트가 지도자로서, 그들 진영은 네덜란드 헤게모니의 가능성을 내다본 사람들 모두를 포함했다. 그 세기의 조금 뒤에 빌렘 바렐은 올덴바르네벨트의 사상적 후계자격인 야코브 데 비트에게 띄운 1654년 12월 18일자 편지에서 그들의 관점을 이렇게 요약했다 : "주권을 가진 우리 공화국에 최선의 가능한 공리이자 바람직한 방향은 우리의 무역이 어디로건 뻗어가도록 우리 시대를 어디에서나 평화의 시대로 만드는 것이라고 생각됩니다."[190]

휴전이냐 전쟁의 계속이냐 하는 정치적 논쟁이 "불을 뿜는 정점"[191]에 이른 1608년 10월 30일, 아르미니우스는 자신의 감정선언(Declaration of Sentiments)을 발표했다. 그리하여 두 논쟁은 뗄래야 뗄 수 없이 얽혀들었다. 올덴바르네벨트는 휴전을 관철시켰고 고마루스는 도르드레흐트 공의회에서 승리했다. 양편 모두 하나를 얻기 위해서 다른 하나를 대가로 치렀다고 보아야 할

---

190) Franken(1968, 5)에 재인용.
191) Bangs(1970, 481). 뱅스의 논문은 신학적, 경제적, 정치적 현상들의 상호관계를 훌륭히 분석하고 있다. 또한 Geyl(1961, 13-14)도 참조.

까? 박서가 지적하듯이 열광적 칼뱅주의자들이 "신을 위해서 이익을 희생하는"것을 레헨트 계급이 막을 수 있었다는 것은 분명히 진실이다. 종교적 관용에 대한 그들의 태도는 "본질적으로 공리주의적이고 이기적"[192]이어서 적시에 아르미니우스파 몇몇 사람을 늑대에게 던지는 것쯤은 터무니없는 대가라고는 여기지 않았을 것이다. (도르드레흐트 공의회가 열린 1619년에 처형된) 올덴바르네벨트는 도저히 그럴 수 없었겠지만, 적어도 그와 같은 계급에 속한 다른 사람들은 그랬던 것이다.[193] 참으로 극적인 이 줄거리는 근대 세계체제에서는 낯선 이야기가 아니다. 문화적 관용에는 한계, 특히 내부적 한계가 있었다. 파멸의 씨를 뿌리는 것은 허용될 수 없었던 것이다. 지배계층 내에서 근본적인 분열을 야기하는 것도 허용될 수 없었다. 데카르트와 로크는 환영을 받았지만 그로티우스는 평생 감옥에 있었다. 국내 망명자였던 스피노자는 살아서 글 쓰는 것만은 허락받았지만 주요 저작들은 출판금지였다. 그가 죽었을 때 장례식에는 "마차 여섯 대와 수많은 부자들의 행렬이"[194] 따랐다. 여기에는 자유주의(liberalism)만이 아니라 아량(liberality)도 있었다.

1618년, 한 베네치아인은 암스테르담이 "초기의 베네치아와 꼭 닮았다"[195]고 말했다. 그러나 1672년까지 암스테르담의 생애는 지나갔다. 헤게모니가 남

---

192) Boxer(1965, 131).
193) Haley(1972, 104)도 같은 생각으로, 그에 의하면 "[레헨트층은] 다른 의견들에 대해서 너그러운 편이어서 완고한 교회의 세속적 도구가 되는 것을 달가워하지 않았다. 오히려 그들의 주된 관심은 논쟁을 끝내고 평화와 조화를 되찾는 데에 있었다." 하지만 Roorda(1967, 189)가 지적하듯이 오란예가의 총독이 "귀족의 부정"에 대항해서 민중을 보호하는 데에는 한계가 있었다. "총독의 행동이 하층 중간계급에 해당하는 오란예파의 기대에 부응한다는 것은 좀처럼 보기 드문 일이었다."
 "휴전"파도 이때부터는 휴전에 그다지 큰 비중을 두지 않게 되었다. 1621년, 펠리페 3세는 휴전에 세 가지 조건을 붙였다. 즉 가톨릭 교도의 예배의 자유, 스헬데 강의 개방, 동-서 인도로부터의 철수가 그 조건이었다. 오란예파와 암스테르담 상인들은 다시 한번 이해관계가 맞아떨어졌다. Geyl(1961, 84 참조). 26년 이상이나 끈 전쟁에서 에스파냐인들이 얻은 것은 가톨릭 남부 네덜란드라고 하겠는데 여기에도 네덜란드인들의 경제적 이해관계가 맞물려 있었다. Parker(1972, 263 참조). 따라서 보다 장기적으로 보면 성직자들(프레디칸트)도 자신들이 바라던 바를 얻지는 못했다.
194) Haley(1972, 128).
195) Visconti(1958, 301).

긴 결실은 "쇠퇴"였지만 사람들이 쇠퇴를 깨닫기 시작한 것은 정점을 지나고도 한참 뒤였기 때문에 이 과정은 흔히 생각하듯이 고통스러운 것은 아니었다. 후대의 우리들이야 네덜란드의 쇠퇴가 언제부터였는지를 따지고 있지만 당시에는 네덜란드인은 물론 영국인과 프랑스인도 홀란트가 최고라는 것을 수긍했으며 프랑스 대혁명까지는 안 가더라도 적어도 7년전쟁이 끝난 1763년까지만 해도 네덜란드 시민이라는 것은 물질적으로나 정신적으로 매우 흡족스러운 일이었다. 쇠퇴는 성장, 즉 이윤의 효율이라는 틀 안에서 다른 것들의 성장이라고 분석할 수밖에 없다. 따라서 헤게모니의 한계에 대한 우리의 논의를 한걸음 더 진전시키려면 지금까지처럼 네덜란드를 중심으로 한 서술에서 벗어나서 연합주, 영국, 프랑스 간에 나란히 이룩한 발전과 상호 관련에 대한 체계적인 논의로 옮아가야 한다.

상황은 세기의 중엽에 바뀌기 시작했다. 30년전쟁이 끝났고 80년전쟁도 끝났다. 연합주도 드디어 경제수축에서 오는 고통, 다른 나라들은 이미 30년이나 50년 전부터 겪어온 그 고통을 느끼기 시작했다. 영국 내전도 끝났다. 아직 완전히 끝난 것은 아니지만 사실상 마무리된 셈이었다. 프랑스에서도 한 세기나 끈 오랜 격렬한 내분이 막 끝나던 참이었다. 종교개혁파와 가톨릭 종교개혁파의 싸움이나 그리스도교의 "청교도파"와 "프로토-리버럴파"(또는 "관용파")의 싸움도 공적으로는 억눌려서 대체로 사적 대립으로 바뀌게 되었다. 국가들이 다시 숨을 쉬게 되고 공공행정이 지배자들의 주된 관심사가 되기 시작했다.[196]

어떻게 보면 유럽의 전쟁과 정치가 카토-캉브레지 조약 이후 안으로 향해 국가내 대립이 주된 시대로부터 다시금 국가간 대립이 주된 시대로 되돌아간 셈이다. 이 후자의 시대는 제1차 영국-네덜란드 전쟁이 시작된 1651년에서 7년전쟁이 끝난 1763년까지 이른다. 국가내 대립과 국가간 대립이라는 구분은 어찌 보면 자의적이고 애매하다. 그럼에도 불구하고 한 시대의 지배적인 색조를 돋보이게 하는 데에는 쓸모가 있으리라 보인다. 자본주의 세계경제 내의

---

196) E. Barker(1966, 1)는 자신의 근대 행정사 서술을 1660년부터 시작한 것을 두고 "자의적인 면도 있겠지만 그럼에도 불구하고 나름의 근거도 있다"고 말한다.

계급투쟁들은 복잡해서 다양한 겉모습을 띠고 비틀어져 나타난다. 한 헤게모니 국가가 지배적 위치에 서기까지의 시대는 국가 내부가 주목받는 시대라고 할 수 있다. 시장에서 계급적 이익을 추구하는 사람들이 이전 시대로부터 내려오는 **국내의** 정치적 제약을 쓸어버리려고 하기 때문이다. 이와 달리 헤게모니가 쇠퇴하는 시대는 국가간 형태에 주목하게 되는데 이는 시장에서 계급적 이익을 추구하는 사람들이 이전 시대로부터 내려오는 **국가간** 정치적 제약을 쓸어버리려고 하기 때문이다.[197]

17세기 중엽 영국과 프랑스가 네덜란드의 우위를 힘으로 밀어내고 그 자리를 차지하는 데에 관심을 두고 있었다는 것은 분명하다. 하지만 시장에서 한 나라가 다른 나라에 대하여 우위에 있는지는 그렇게 쉽게 판가름 나는 일도 아닌 데다가 네덜란드가 아직도 대단히 강했기 때문에, 또한 프로이센, 스웨덴, 오스트리아 등 새롭게 성장하는 반주변부 국가들이 군사대국이 없는 상태에서 이익을 보고 있었기 때문에 이 상황이 명확해지는 데에는 100년 넘는 기간이 걸렸다. 1763년까지 프랑스(그리고 네덜란드)에 대해서 영국이 약간 강하다는 것이 뚜렷해지고 영국은 다음번 헤게모니 국가를 목표로 뛰어갈 수 있었다. 이때까지는 반주변부의 경쟁에서 프로이센이 선두에 섰음이 명백해졌고 이는 중부 유럽 정치의 장래의 과정을 결정했다. 수축과 주변부의 재편이 마무리되었고 이제 세계경제는 더 한층 진전된 지리적 경제적 팽창을 향해서 내딛을 준비가 된 것이다.

---

197) P. Anderson(1974a, 55)의 논평도 비슷하다 : "17세기가 전체적으로는 귀족의 정치적 지배체제 내에서 계급과 국가의 관계가 혼란스럽고 시끄러운 대낮이었다면 18세기는 이에 비해서 평온과 타협이 빛나는 저녁이었다."

3

핵심부에서의 투쟁 —
국면 I : 1651-1689년

그림 4 : "고블랭 공장을 찾은 루이 14세." 루왕의 수석화가로 감독 장관이자 이 고블랭 직물공장의 공장장이었던 샤를 르 브룅이 그린 그림에 기초하여 제작된 고블랭 태피스트리. 이 태피스트리는 1677년 루이 14세의 방문을 기념하기 위한 것이다. 그는 어린 양쪽 공과 쿨베르 뒤에 가느리고 있으며 쿨베르가 보인다. 베르사유 : 베르사유 성 국립박물관.

> 무역이 위기에 처하면 그것은 최후의 보루가 위험에 처
> 한 것이다. 그것을 방어하지 못한다면 파멸할 것이다.
> ── 윌리엄 대(大)피트[1]

네덜란드의 헤게모니는 1651년에 실로 처음으로 도전을 받았다. 왜 그제서야 도전을 받았을까? 영국과 프랑스가 더 일찍 그렇게 하고자 하지 않았기 때문은 분명히 아니다. 그것은 오히려 이들 나라가 국내문제에 너무 몰두한 나머지 "홀란트의 헤게모니를 깨뜨리는 데에 어떠한 정력적인 노력"도 기울일 수가 없었기 때문이었다.[2]

유럽 전역에서 1650년 이후 반세기는 인구가 감소하거나 보합세를 유지하여 전체적으로는 정체상태였던 시대였지만, 17세기 말에 인구는 다시 상승곡선을 그리기 시작했다.[3] 의심할 나위 없이 이는 30년전쟁의 참화, 일부 지역에서 지역적인 식량 부족으로 이어진 생태학적 압박(그 결과 전염병의 유행) 그리고 세계경제 전체에서 과잉생산에 의한 곡물 가격의 세계적인 하락이 한데 어우러졌기 때문으로 풀이할 수 있다.[4] 하지만 이를 설명하는 데에 가장 적확한 것은 지역적인 편차이다. 특히 주목할 만한 점은 17세기 초에 인구밀도가 가장 높은 지역이 (플랑드르에서 북부 이탈리아에 이르는) 유럽의 구

---

1) Plumb(1950, 71)에 재인용.
2) Geyl(1961, 161-162)은 다음과 같이 말한다 : "리슐리외에게 곤혹스런 시기가 있었을지도 모른다. 하지만 위그노와 귀족을 고분고분하게 하고 프랑스의 세력들을 결집해서 합스부르크가에 맞서려고 하는 그의 필생의 사업으로 말미암아……그에게는 어떠한 행동의 자유도 없었다."
3) 여러 지역의 인구 곡선이 나란히 나와 있는 Chaunu(1966a, 181)의 도표 참조.
4) Pentland(1972, 179)는 인과적인 과정은 일반적으로 경제적 기회로부터 인구 증가의 방향으로 진행하지 그 반대방향으로 진행하지는 않는다고 설득력 있게 지적한다. 그러나 이러한 인과과정은 장기적 상승곡선의 초기에 적용된다. 다른 시기에 "인구 성장 그 자체는 다른 지원을 받지 못할 경우 사태를 막다른 궁지로 몰게 된다." 예를 들면 18세기 영국의 인구 성장을 논하면서 그는 통상적인 분석을 뒤집어 "18세기 전반에 식량이 남아돌아가고 농업이 부진했기 때문에" 인구는 "정체했고, 그후에 무엇보다 농산물 가격이 올라서 농촌주민의 생활이 나아졌기 때문에 인구가 성장했다"(1972, 180)고 주장한다. 또한 비슷한 가설을 제시하고 있는 van der Woude(1972)도 참조.

(舊) 등뼈 지역과 유럽 세계경제의 새로운 핵심부 지역(네덜란드 연합주 서부, 잉글랜드 남동부, 프랑스 북동부와 서부)에 주로 자리잡고 있었다는 사실이다.[5] 30년전쟁과 80년전쟁 그리고 17세기 초 전염병의 주요 영향은 구 등뼈 지역의 인구와 이전에 중간 정도의 인구밀집 지대였던 에스파냐 북부와 중부의 인구가 극적일 정도로 감소하는 결과로 나타났다.[6]

이와는 대조적으로 새로운 핵심부 국가들에서는 인구 감소가 거의 나타나지 않았다. 연합주의 경우 1650년에서 1680년까지 인구 상황은 들쭉날쭉했고 그뒤로는 대체로 안정적인 모습을 보이다가 1750년경에 상승했다.[7] 프랑스 북부에서는 "큰 파국은 없었다."[8] 영국의 상황은 "뚜렷하지 않아"[9] 보이며 "알려진 바가 거의 없다." 하지만 이 시기에 "그다지 크지 않은" 인구 증가가 있었던 것으로 보인다.[10]

핵심부라는 지위와 인구 감소에 대한 저항력 사이의 이와 같은 연관성을 감안한다면, "낙관주의적" 인구론, 즉 인구의 조밀성이 국가의 힘으로 이어지는 반면 인구가 빈약한 나라는 "필연적으로 가난하고 약하다"고 보는 믿음이 17세기에 널리 퍼졌다는 것은 충분히 납득할 만하다.[11] 핵심부 국가들이 몰두

---

5) 1620년의 인구밀도에 관한 Chaunu(1966a, 그래프 23)의 지도는 이를 확연히 보여주고 있다.
6) Reinhard & Armengaud(1961, 141-142, 144-146) 참조. 이들은 17세기에 (체코 지역을 포함하여) 독일의 "파국"과 남유럽의 "느리지만 지속적인 감소"를 논하고 있다. 게다가 Chaunu(1966a, 233)의 지적대로, 기아는 유민의 증가로 이어졌고 이는 전염병의 증가로 이어졌다. "식량 부족이 발생할 때마다 상황은 달라지지만 아메리카 정복의 조건들이 생겨났다."
7) Van der Woude & Mentink(1966, 1189) 참조.
8) Le Roy Ladurie(1975a, 360).
9) Slicher van Bath(1965b, 145).
10) Reinhard & Armengaud(1961, 147). 그렇지만 런던의 인구는 1600년에 20만 명에서 1650년에는 40만 명, 1700년에는 57만5,000명으로 꾸준히 증가했다. 파리의 인구는 1600년에 40만 명이던 것이 1700년에는 50만 명으로 늘어난 데에 그쳤다. Wrigley(1967, 44) 참조.
11) Hutchison(1967, 94). 그는 그 사고방식 자체(제5장) 및 그 기원과 보급(제3장)에 대해서 논하고 있으며 또한 근대 인구론의 효시격인 "정치 산술(political arithmetik)"이 그와 동시에 대두했다는 데에 주목한다. 핵심부의 지위와 인구밀도를 결부시키기 위해서는 일

했던 것은 여타 국가에 비해서 자신들의 국가를 어떻게 강화시키는가 하는 점이었다. 토머스 먼 경으로 하여금 중상주의의 고전인 「대외무역을 통한 영국의 재화(England's Treasure by Foreign Trade)」를 쓰도록 고무한 것은 다름 아닌 1622년의 불황이었다.[12] 확실히 중상주의는 영국에서 새로운 것이 전혀 아니었다. 그램프는 그것의 시점을 1500년까지 올려잡고 있고,[13] 언윈도 제임스 1세 시대에 광범위한 보호주의 운동이 있었음을 기술하고 있다.[14] 하지만 영국과 프랑스에 위기가 닥쳐오자 중상주의 정책은 "한층 강력하고 일관되게" 채택되었다.[15] 그럼에도 앞서 살펴보았듯이, 코케인의 계획은 시기상조인 것으로 드러났다. 세기 중반까지 어떤 변화가 일어나서 중상주의 정책이 성공을 거둘 수 있었는가? 실제로 중상주의 정책이 성공을 거둘 수 있도록 한 **본질적인 원인은 무엇인가?**[16]

1651년에 나온 영국의 항해조례(Navigation Act)는 핵심부의 치열한 투쟁의 개막을 알리는 신호탄이었다. 이 법령의 출현을 재촉한 것은 무엇이었는가? 30년전쟁이 종결되고 에스파냐인들이 네덜란드의 독립을 최종적으로 승

반적으로 다음과 같은 주의가 필요하다. Habakkuk(1965, 148-149)이 지적하듯이, "19세기 이전에 관한 한 인구동향의 지식은 부분적으로 경제적 증거 —— 다시 말해서 임금과 물가 그리고 지대의 동향 —— 에서 추론된 것이지만, 오히려 이것을 인구동향 때문으로 봐야 하지 않을까 싶다."

12) 이 팜플렛은 훨씬 후대까지 공개적으로 배포되지 않아서 작성시점이 한때 불확실한 것으로 여겨졌다. 하지만 이제 그 작성시점이 1620년대라는 사실은 확고부동해 보인다. Gould(1955a,b), Supple(1954) 참조.
13) Grampp(1952, 465).
14) Unwin(1904, 172-195). 이 운동은 광범위한 반대에 부딪혔는데, 그 정확한 원인은 1604년에 있은 영국 의회의 자유무역 토론회에서 전개된 열띤 논쟁의 주제이다. Rabb(1964 ; 1968), Ashton(1967 ; 1969) 및 Croft(1975) 참조.
15) Deyon(1969, 31). Hinton(1955, 286)은 비록 중상주의자들이 "진보를 신봉한 것은 아니었지만" "······그들이 품고 있던 그것과는 정반대의 개념인 퇴보도 마찬가지로 이들을 움직이게 한 강력한 자극이었다"는 것을 일깨워준다.
16) Deyon(1969, 43) 참조. 그는 "수요와 물가의 정체로 말미암아 경쟁이 격화된 어려운 시기였던 1650에서 1750년 사이에 제조업자의 번영은 엄격한 보호관세주의를 **전제로 했고** 따라서 외국 외교관과 상인의 압력에 맞설 수 있는 정치권력을 **전제로 했다.**" 고딕체는 월러스틴의 강조.

인한 것은 모두 1648년의 일이었다. 1649년에 영국에서는 공화국이 선포되었으며, 1651년에는 연합주에 주 장관 부재시기가 시작되었다. 유럽의 대규모 종교분쟁과 관련지어서 보면, 종교개혁과 가톨릭 종교개혁의 영역이 (프랑스 위그노들의 추방을 제외하고는) 어느 정도 설정되었다. 그리하여 평화가 깃들었으나 전쟁도 벌어졌다. 아니 실제로는 장기간에 걸친 "냉전"이 있었고 때로는 산발적인 전투도 전개되어 핵심부 열강들의 "적의에 가득찬 무역경쟁"[17]에 힘을 실어주었다. 대륙에서 벌어진 여러 전쟁이 종결되어도 영국은 아무런 이득을 보지 못했다. 전혀 반대였는데, 그 이유는 영국의 해운업은 영국이 중립을 지킨 덕분에 이득을 보아왔지만 "평화의 도래는 네덜란드가 중개지로 회복되는 것을 의미했기 때문이다."[18] 게다가 1632년 이후, 전시의 불안정으로 인해서 에스파냐의 아시엔티스타들(asientistas : 국왕과 계약을 맺은 특권상인들 / 옮긴이)은 영국의 선박을 이용하여 자신들의 금은을 플랑드르로 운반했다. 이는 영국에 꽤 중요한 부수적인 이익을 안겨다주었다. 왜냐하면 협정에 따라서 금은의 3분의 2가 도버에서 하역되어 런던의 화폐주조소(Mint)에서 영국의 통화로 주조되고 난 뒤 운송되었기 때문이었다. 이는 국가의 큰 수입이 되었고 이 수입은 찰스 1세와 그뒤에는 장기 의회에 유용하게 쓰이게 되었다.[19]

네덜란드측에서 보면, 전쟁이 종결됨에 따라서 1650년에 덴마크와 보상조약(Redemption Treaty)을 체결하여 네덜란드인들은 자국의 선박에 대해서 매년 일정액의 외레순 해협 통행세를 징수할 수 있게 되었다. 이로써 돈과 "그에 못지 않게 중요한" 시간의 절약이 가능해졌다.[20] 1652년 4월 7일에, 얀

---

17) 이와 같은 현대적 용어는 Franken(1968, 8)이 네덜란드와 영국의 관계에 관해서 사용한 것이다. Wilson(1965, 41)도 역시 적의를 강조하고 있다 : "에스파냐 헤게모니의 위협이 쇠퇴하고 그뒤 프랑스 헤게모니가 부상하는 사이의 시기에 영국인들은 일시적이지만 적의에 가득 찬 반(反)네덜란드인 운동에 기꺼이 나섰다."
18) H. Taylor(1972, 260). 그는 "1648년 이후의 위기와 1651년의 항해조례의 동시 발생은 시기적으로 너무나도 가까워 완전히 우연적인 것으로 볼 수가 없다"고 한다.
19) Kepler(1972) 참조. 플랑드르에 있는 에스파냐인들에 대한 공급자로서의 이러한 역할이 1630년대 영국 무역의 "새로운 역동적인 근간"이 된 점에 대해서는 H. Taylor(1972, 240)도 참조.
20) Hinton(1959, 85).

반 리베크는 동인도 항로의 요충지인 희망봉에 최초의 네덜란드 식민지를 건설했다. 전반적으로 보아서 네덜란드의 번영은 새로 최고조에 달했고 이와 대조적으로 "영국의 지위는 최악으로 떨어졌다."[21] 곡물 가격은 1649년에 그 세기를 통틀어 최고를 기록했다. 프랑스인들은 영국으로부터의 수입을 금지하고 있었다. 상인들은 국내에서(과세를 통하여), 또 해외에서(외교단이 부재하고 해군이 우선시됨으로써) 내전의 대가를 치르고 있었다. 바로 이런 상황에서 영연방의 대(大)개신교(arch-Protestant) 체제가 개신교와 애국주의가 상호 밀접하게 얽힌 역사적 형태를 무너뜨리고자 했던 것이다.[22] 실제로 리히트하임은 크롬웰이 영국의 대외팽창사에서 "결정적인 전기"를 마련했다고 파악한다. 크롬웰은 청교도들을 국민화했듯이 대외정책을 세속화했던 것이다.[23]

네덜란드인들이 사실상 헤게모니를 쥐고 있었기 때문에, 영국이 자국의 교역을 증대시킬 방법은 단 두 가지뿐이었다. 즉 영국 상인에 대한 국가적 지원과 외국 상인에 대한 국가의 제약이 그것이다. 후자의 정책을 취하여 네덜란드인들의 반감을 살 것을 두려워한 영국인들은 1621년에 규제회사(regulated company)의 형태로 전자의 정책을 선택했다.[24] 이 정책은 그 회사들에게는 제대로 도움이 되었으나 영국 부르주아지 전체에는 도움이 되지 못했다. 규제회사의 반대를 뛰어넘으면서[25] "전체의 경제력 촉진"에 발맞추어[26] 영국인들은 1651년에 수입을 규제함으로써 네덜란드에 정면으로 맞섰다. 1651년의 항해조례는 영국에 들어오는 상품이 영국의 선박이든지 생산국(최초에 생산물이 실린 항구의 나라로 정의된)의 선박이든지 어느 한쪽의 선박으로 운반되

---

21) J. R. Jones(1966, 21).
22) C. Hill(1969, 42)의 논의 참조. 또한 Roberts(1961, 405)도 참조. 로버츠는 크롬웰이 영국의 무역을 개신교의 관심사에 종속시켰던 것은 아니고 발트 해에서의 그의 정책은 "종교적인 고려에 의해서 영향을 받았을지라도 엄밀하게 세속적인 관점에서 보더라도 타당[했다]"고 주장한다.
23) Lichtheim(1974, 24).
24) Hinton(1959, 63) 참조.
25) Hinton(1959, 165) 참조. 영국의 상인집단이 보인 다양한 태도에 대해서는 M. P. Ashley(1934, 19-20, 163)도 참조.
26) Wilson(1965).

어야 한다고 명시했다. 이 법령은 바로 "네덜란드인들의 중계무역을 무력화시키려는"[27] 의도에서 나온 것이었다. 그렇다면 이 법령이 상인들의 이해가 반영된 결과라는 애덤 스미스의 해석과 국가 건설의 한 측면이라는 슈몰러의 해석 가운데 어느 한쪽을 취사선택해야 하는가?[28] 결코 그렇지 않다. 왜냐하면 이 시점에서 상인들(적어도 일부 상인들)과 제조업자들의 관심사는 다름 아니라 국가를 강화하는 일이었으며, 이는 그들로 하여금 발트 해역의 무역뿐만 아니라 막 확장하려고 하는 그리고 궁극적으로 훨씬 중요한 대서양 무역을 독점하는 데에 기여할 수 있었기 때문이다.[29]

어떻게든 군사력의 대결은 피할 수도 있었으리라고 보기는 힘들다. 설령 영국인들이 자신들은 방어적 입장에 있다고 여겼을지라도, 네덜란드인들에게는 1651년의 항해조례가 너무나 도발적으로 비쳤다. 1651년 초에 네덜란드인들은 영국이 제안한 협정을 거부했고 양국 관계는 급속히 악화되었다.[30] 1652년에

---

27) Harper(1939, 49). 영국의 이 새로운 공세의 부산물 가운데 하나는 이를 잘 보여주고 있다. 1597년에 네덜란드의 연방의회는 "네덜란드에서 살고 있는 포르투갈 국민"을 위한 새로운 특허장을 공포했다. 이는 새로운 그리스도 교도와 간접적으로는 신앙고백을 한 유대인 양쪽을 의미했다. 그 목적은 유대인의 자금을 끌어들이는 것이었는데, Baron(1973, 20 ; 3-73, 여러 곳)은 "오란예 공과 그 측근들은 유대인의 자금을 상당히 과대평가했다"고 주장한다. 1651년에 항해조례가 통과된 직후, 올리버 크롬웰은 암스테르담의 에스파냐계 유대인들과 이들의 영국 재입국(유대인들은 1290년에 에드워드 1세에 의해서 추방되었다)을 놓고 협상을 시작하여 마침내 성공을 거두었다. 유대인 사업가들의 관점에서 볼 때, 재입국은 "항해조례가 가지는 제약적인 의도를 피할 수 있음"을 의미했다. 크롬웰의 관점에서 볼 때, 재입국은 "해외무역의 확대라는 보다 일반적인 정책 속에서는 하찮은 요소였다. 유대인 상인의 런던 거주를 허용함으로써 영국은 홀란트와의 상업경쟁에서 힘을 얻을 수 있었던 것이다." Endelman(1979, 15, 17).
28) 이들 두 해석에 대한 논의는 Farnell(1964, 439-440) 참조.
29) Davis(1962, 297).
30) Geyl(1964, 25-28) 참조. Hinton(1959, 88)은 영국인들이 자신들에게 유리한 정치적 동맹을 선호한 반면 네덜란드인들은 기본적으로 자신들에게 유리한 경제적 동맹을 원했음을 지적한다. 당사자들이 이와 같이 상반된 입장에서 출발했기 때문에 어떻게 해서 통합의 논의가 금세 "증오로 폭발하게" 되었는지 알 수 있다. P. de Vries(1950, 46). 네덜란드 및 영국의 동인도회사들의 통합을 고려하자는 제안이 정치적 논의를 예시했다. 그것은 1610년에서 1618년 사이의 일이다. 그러나 네덜란드의 요구가 영국인들에게 터무니없는 것으로 비쳐진 탓에 실패로 끝났다. Dermigny(1970, 453) 참조.

전쟁이 발발하자 전세는 급속히 네덜란드측에 불리하게 돌아갔다. 그 주된 이유는 네덜란드의 해군이 놀라우리만치 형편없는 상태에 있었기 때문이다.[31] 어떤 의미에서 하나의 전쟁은 또다른 전쟁으로 이어졌다. 영국의 "주전론자들"은 "네덜란드에 한번 더 일격을 가할 기회"[32]를 엿보고 있었다. 수년 뒤에 기회가 찾아왔다. 게다가 이번은 완전히 공개적인 침략이었다. "크롬웰이 네덜란드인들로부터 자신을 지키려고 했다면, 찰스 2세는 네덜란드인들의 지배자가 되고자 했다."[33] 하지만 찰스 2세의 시대까지는 네덜란드 해군은 과거의 경험을 바탕으로 개혁되어 있었고, 영국의 사기는 (행정상의 무능력과 런던의 전염병으로 인해서) 저하되어 있었다. 그리하여 전쟁은 교착상태에 빠지고 평화조약이 체결되었다.

몇 가지 점에서 1667년의 브레다 조약(Treaty of Breda)은 네덜란드의 승리였거나 아니면 적어도 타협의 산물이었다. 네덜란드인들은 뉴암스테르담이라는 "값비싼 부담"을 수리남 및 동인도의 풀로-룬과 맞바꾸었다.[34] 영국인들은 연합주의 자연적인 배후지의 산물들(홀란트에서 가공되고 분류되었거나 아니면 가공되거나 분류된 독일제 아마포 등)을 네덜란드산으로 인정하는 데

---

31) Mahan(1889, 126)의 설명에 의하면, "네덜란드 정부는 돈이 드는 것을 꺼리고, 비군사적인 기풍을 지니며, 쇠락한 에스파냐 해군에 대하여 오랜 기간 쉽사리 승리를 거둔 탓에 방심했기 때문에 자국의 함대가 단순한 무장 상선단으로 전락하도록 내버려두었다. 크롬웰의 시대에 상황은 최악이었다." 최근의 연구는 이런 견해를 뒷받침한다. Wilson(1975a, 65)에 의하면, "30년전쟁의 장기간의 육상전 동안 네덜란드 해군은 상대적으로 등한시되었다." 그 전쟁 자체를 개략적으로 살펴보려면, Wilson(1968, 190-194) 참조. 그는 "그럼에도 전쟁으로 인해서 경제적 효율성과 평화 그리고 사업이라는 점에서 전과 다름없이 전개되어왔던 네덜란드 경제의 결정적인 취약성이 드러났다"고 결론짓는다.
32) Wilson(1968, 194).
33) Hinton(1959, 145). Haley(1972, 177)도 세 차례에 걸친 영국-네덜란드 전쟁은 모두 "네덜란드인들에게 탐탁지 않았다"고 하며 이에 동의한다. 그는 "처음의 두 차례 전쟁은 본질적으로 시샘하는 영국의 상인층이 잠시 동안 네덜란드의 통상력과 해군력을 무력으로 공격하여 깨뜨리도록 정부에 압력을 행사할 수 있었기 때문에 일어났다"고 말한다. 이 견해는 "1652년에 제1차 전쟁이 발발하자 블레이크 제독이 내린 3대 명령 가운데 하나가 스코틀랜드 해역에 모여 있는 네덜란드의 어선단을 격파하는 것"이었다는 사실에 따라 수긍이 간다. Michell(1977, 179).
34) Carter(1975a, 6) 참조.

에 동의했다. 이 제품들은 네덜란드인들이 대량으로 영국에 수출하고 있던 상품인 만큼, 이는 항해조례의 효과를 일부 무효화했던 것이다.[35] 그럼에도 불구하고 윌슨은 브레다 조약을 "영국-네덜란드 관계의 진정한 전환점"으로 여기고, 카터도 이를 "네덜란드 공화국이 누렸던 번영이 하강하기 시작한 전환점"으로 본다.[36] 분명히 정치적 표면 아래서는 모종의 일이 틀림없이 진행되고 있었으며, 그것은 영국인들이 뉴암스테르담을 손에 넣고 또 이를 통해서 영국의 중상주의 규제에 네덜란드가 밀수를 위해서 뚫어놓은 거대한 구멍을 들어막음으써 획득한 단순한 이점 이상의 것이었음에 틀림없다.[37] 실제로 영국인들은 한편으로는 네덜란드인들을 혐오하고 있으면서도 다른 한편으로는 "내키지는 않지만 그들의 경제적 수완에 감탄할 수밖에 없었고,"[38] 또 "그들과 겨루고 싶은 욕망"[39]도 강했던 것은 아닐까? 그리고 영국의 농업 및 공업상의 효율성이 크게 변화했기 때문에 브레다의 좌절은 본질적으로 그다지 중요한 의미를 가지지 않게 되고 네덜란드인들이 영국의 하위 동반자로 전락할 수 있었던 것은 아닐까?

의심할 나위 없이, 프랑스가 일련의 전쟁에 개입한 것은 이러한 변화의 결과이기도 했지만 또한 이 변화를 촉진시키기도 했다. 1667년 에스파냐령 네덜란드에 대한 프랑스의 침략은 "결정적인 사건"[40]이었는데, 이로 인해서 브레다 조약이 앞당겨졌고 순식간에 영국과 연합주 그리고 스웨덴(당시 유럽의 네번째 군사강국)으로 이루어진 3국동맹이 체결되었다. 그래서 루이 14세는 물러설 수밖에 없었고, 네덜란드인들은 "1668년에 자신들이 유럽의 중재자로서 다섯 왕권을 쥐고 있다고 뽐내었는데 이는 어느 정도 타당한 것이었다." 이후 루이 14세가 "네덜란드 강박관념"[41]에 사로잡히게 된 것도 무리가 아니다.

---

35) Wilson(1941, 6) 참조.
36) Wilson(1957a, 154). 또한 Farnie(1962, 206) 및 Carter(1975a, 6)도 참조.
37) Wilson(1968, 213-214) 참조. Williamson(1929, 252)도 참조.
38) Wilson(1965, 168)의 견해에 의하면 이 태도는 영국 중상주의 체제의 "건설자"인 조지 다우닝 경에게서 비롯된 것이다.
39) Hinton(1959, 106).
40) J. R. Jones(1966, 75).
41) Goubert(1970b, 112). J. R. Jones(1966, 60-61)도 참조. 네덜란드의 "현상유지" 노력에

1672년에는 사태가 막바지에 이르렀다. 네덜란드는 영국 및 프랑스와 각각 교전상태에 들어갔다. 제3차 영국-네덜란드 (해상) 전쟁은 상징적인 경례 문제[42]에 대해서는 영국의 주장이 관철되었지만 결말이 나지는 않았다. 반면에 프랑스는 육상 전투에서 적어도 처음에는 대단한 성공을 거둔 듯이 보였다. '재앙의 해'였던 1672년에 네덜란드 전역은 프랑스에 거의 정복되다시피 했다. 이로 인한 정치적 소용돌이 속에서 얀 데 비트가 살해되었고 네덜란드 공화국 체제는 종말을 맞았다. 하지만 거의 눈앞에 둔 승리가 실패로 뒤바뀌었다(네덜란드인들이 1672년에 붙인 또다른 명칭인 '기적의 해'는 여기에서 유래되었다). 프랑스인들은 네덜란드의 무역체계를 접수하기는커녕, 결말이 나지 않던 긴 전쟁이 1678년에 네이메헨 조약에 의해서 결국 최종적으로 종결되면서 1664년의 관세 철폐를 강요받았다.[43]

1672년이 지니는 진정한 의미는 1651년에서 당시까지 영국인들과 프랑스인들이 모두 네덜란드를 대단한 경쟁자로 생각했다는 점이다. 이제 그들은 서로를 우선적으로 적대했고, 네덜란드인들은 자신들의 경제력을 유지했음에도 불구하고 돌연 부차적인 요소로 치부되어버렸다.[44] 어떤 의미에서 실상은 전

대해서는 Franken(1968, 7) 참조.
42) 한동안 영국인들은 해상의 타국 선박에 대해서 영국 선박에 경례할 것을 요구하고 있었다. 이런 고질적인 요구는 1672년에 강제성을 띠었다. J. R. Jones(1968, 48)는 네덜란드인들, 스칸디나비아인들, 한자 동맹 상인들 그리고 프랑스인들이 볼 때 "이는 동시대인들이 일컬은 해상의 연합왕국의 확립을 의미한다"고 한다. 그리고 그것은 지상에서 루이 14세가 한 주장에 대응하는 것으로 간주되었다.
43) Wilson(1968, 202-204) 참조.
44) 이때까지 루이 14세가 영국을 "친(親)프랑스 약소국가"로 간주했는데, Goubert(1970d, 72-73)는 그 판단이 "1661년에는 받아들일 수 있는 것이었지만 불운하게도 루이는 그것을 1670년에 선언했다"고 주장한다. 마찬가지로 Rule(1969, 59)은 루이가 "영국의 힘을 과소평가했다"고 한다. 의심할 나위 없이, 이 때문에 대(對) 네덜란드 전쟁이 어느 정도 "프랑스 정치가들을 곤혹스럽게 한" 것으로 드러났다.

영국으로서는 장래의 전망의 전환이 정치적 논쟁거리였다. C. Hill(1969, 163)은 1674년 당시 "프랑스를 세계무역과 세계패권을 둘러싼 영국의 주요 경쟁자로 여긴 것은 바로 휘그파와 금융계였다"고 말한다. 토리파는 그다지 자신이 없었고, 영국이 적극적으로 열강의 역할을 받아들이게 된 것은 겨우 1689년 이후의 일이었다. Horn(1967, 2)에 의하면 그때까지 영국이 이런 역할로 대륙에 등장하는 것은 "보통은 부득이했고 단명했고 효과

쟁비용이 꾸준히 늘어나고 있었다는 점이다. 무기의 기술은 근대 초 동안 내내 기본적으로 변하지 않았지만, 기병의 역할[45] 및 네덜란드인들이 뛰어난 솜씨를 발휘한 포위공격전의 역할[46]은 꾸준히 감소하고 있었다. 17세기 말까지는 부르고뉴 국가의 분리가 인구학상에 미친 영향으로 인해서 그들의 군사적인 능력은 쇠퇴하기 시작했다. 연합주는 그 재력에도 불구하고 "영토가 너무 작아서 육군 및 해군의 힘겨운 방위부담을 무한정 질 수는 없었다."[47] 영국 해군은 급기야 네덜란드 해군을 능가했는데, 그 주된 이유는 영국이 "더 많은 자원을 마음대로 할 수 있었기"[48] 때문이었다. 프랑스도 물론 그랬지만, 프랑스인들은 자신들의 자원을 해상이 아닌 육상에 이용했기 때문에 장기적으로는 군사적 투자에서 얻은 것이 훨씬 적었던 것이다.[49]

도 거두지 못했다." '부득이한'이라는 형용사에 확실히 동의하지는 않지만 나머지 두 단어는 충분히 맞는 것 같다. 혼은 1689년 이후에야 영국인들이 더 이상 보조금 수령자가 아니라 네덜란드인들과 프랑스인들이 이미 그랬듯이 지불자가 되었다는 것을 기본적인 지표로서 제시한다.

45) A. R. Hall(1957a, 347, 349) 참조. 무기에 관해서 이렇다 할 만한 기술변화가 없다고 해서, "군대조직이 크게 개선되었고 규모상으로 크게 확대되었음"을 간과해서는 안 된다. 무기와는 대조적으로 군대조직의 변화에 대해서는 Finer(1975, 99-102) 참조. 군사상의 혁명이 어느 정도로 일어났는지에 대해서는 유보가 필요하다. 이에 대해서는 Parker(1976b) 참조. 홀은 기병의 쇠퇴를 17세기 중반 이후로 잡는다. Barnett(1974, 129)은 1660년에서 1714년 사이에 이루어진 두 개의 발명품인 총검(bayonet)과 부싯돌식 발화 머스킷 총(flintlock musket)은 "보병의 효율성 증대"에 기여했음을 지적한다.
46) "나사우의 마우리츠 공 시대부터 네덜란드인들은 포위공격전에서 이름을 떨쳤는데, 포위공격전에서 그들은 토목기술, 지뢰 부설, 대항갱도(對抗坑道), 탄도학, 폭약 등의 부문에 걸쳐 다양한 재능을 발휘할 수 있었다." Wilson(1968, 100).
47) Wilson(1970, 125).
48) Fischer & Lundgreen(1975, 541).
49) Goubert(1970a, 140)가 보기에, 프랑스-네덜란드 전쟁이 콜베르에 대한 루부아의 승리와 재정적 안정의 종식을 뜻했다는 점에서 1672년은 루이 14세 "치세의 일대 전환점"이었다. "1673년[까지는] 국왕은 자금이 바닥나 있었고, 콜베르가 쌓아올렸던 구조물은 사방에서 허물어지기 시작했다."
말할 나위도 없이 Mahan(1889, 226-227, 229)도 같은 생각을 했다 : "모든 열강 가운데 [프랑스]만이 [육상이나 해상을] 자유롭게 선택할 수 있다. 그러나 1672년, 프랑스는 단단한 각오를 하고 대륙의 팽창을 선택했다. [1715년에] 영국은 번영하고 있었는데, 프랑스는 왜 비참하게 피폐해졌는가? 영국이 뜻대로 강화의 조건을 설정하고 프랑스가 이를 영국과 프랑스의 군사력 신장은 경제적 토대의 중요한 변화에 그 근본적인 원인이 있었다. 1650년에서 1750년까지의 시기에 핵심부 열강들의 농-공업 생산의 효율성을 비교할 때, 특히 잉글랜드 또는 브리튼과 프랑스를 대비할 때 나타나는 문제점들 가운데 하나는 거의 모든 연구가 국가적 테두리 안에서 이루어져왔다는 점이다. 그러한 저작들은 더러 비교론적 서술을 담고 있지만 냉정한 평가라기보다는 오히려 편견을 드러내는 경우가 흔하다. 프랑스인들을 포함한 전 세계의 학자들은 한결같이 19세기에 나타난 차이를 훨씬 이전 시기에도 적용하고 이에 따라 아직 실증되지 않은 사실들을 설명하려고 끊임없이 노력하곤 했다. 이 시기에 영국과 프랑스 사이에 보인 농업 및 공업의 실질적인 효율성의 차이는 생각하는 것보다 훨씬 더 적었던 것이 아닌가 하는 강한 의문이 든다. 1763년 당시 나타난 작은 차이는 1세기 후에는 **정치적으로** 증폭되어서 상당한 차이가 생겨났으며 이 무렵까지는 그 차이가 경제적으로도 제도화되어버렸던 것이다. 여기서 개관하려는 것은 이러한 논의의 전반부이다.

비교를 할 때 나타나는 기본적인 문제들 가운데 하나는 어떤 지역을 비교할 것인가 하는 것이다. 프랑스라는 정치적 단위는 잉글랜드에 비해서 면적과 인구에서 거의 네 배였다(그러므로 인구밀도는 엇비슷했다). 스코틀랜드와 웨일스를 덧붙여 그레이트 브리튼을 비교의 단위로 삼을 경우, 면적은 잉글랜드의 두 배가 조금 못 되고 인구밀도는 떨어지게 된다. 통일된 관세지역인 프랑스의 5대 징세청부지역(Cinq grosses fermes, Five great farms : 1664년 콜베르에 의해서 관세의 통일 및 단일화가 적용된 노르망디, 샹파뉴, 부르고뉴, 푸아투, 피카르디 지역/옮긴이)만 해도 거의 그레이트 브리튼과 같은 면적이 된다. 이와 같이 다양한 단위들에 따라서 적절히 나눌 수 있는 자료가 있다면, 어느 것을 선택하느냐에 따라서 상이한 결과가 나올 것이다. 외적인 정치적 경계선은 군사적인 가능성을 가늠하고 정부 정책이 경제생활에 영향을 끼

받아들인 까닭은 무엇인가? 그 이유는 확실히 부와 신용의 차이에 있었다." 매헌 제독은 영국의 해전과 무역에서의 성공에 대해서 캠벨(「제독들의 생애(*The Lives of Admirals*)」)을 인용하고 있다 : "이야말로 우리의 해군력이 증강된 결과이고 그것이 사용된 방식의 결과였다." 매헌은 "더 이상 덧붙일 것이 없다"고 논평했다.

칠 수 있는 범위를 나타내는 데에 상당한 의미를 가진다. 비록 핵심부 세 열강들의 경우에 각각의 중앙정부는 그 입헌구조의 성격(국내정치는 말할 것도 없이)에 의해서 다양하게 제약을 받긴 했지만 말이다.

자카르는 프랑스의 경우, 17세기에는 농업이 "가장 중요한, 아니 단연 가장 중요한 부의 원천"50)이었다고 한다. 이는 영국도 마찬가지가 아닌가? 경제적 침체기에 영국에서는 경작지의 일부가 목축에 이용되었지만, 프랑스에서는 포도주 생산에 이용되었다. 어느 경우나 16세기의 팽창 이전 시기의 관행으로 되돌아간 것이었다. 두 나라의 대응이 다른 것은 주로 기후와 토양의 작용 때문이었다. 구베르는 영국과 홀란트 및 그외 유럽의 몇몇 지역에 비해서 17세기 프랑스의 농업을 암울하게 그리고 있다. 하지만 르 루아 라뒤리는 프랑스의 농업 팽창이 적어도 (농경에 가장 적합한 지역인) 최북부에서는 영국과 똑같은 무렵인 1690년에 시작된 것으로 보고 있다. 앵베르는 제3의 입장에서 프랑스의 곡물 생산은 약간 개선된 데 그쳤지만 포도주 생산은 훨씬 더 큰 폭으로 증가했다고 주장한다.51)

1650년에서 1750년에 이르는 1세기 동안 핵심부의 3국은 어느 나라 할 것 없이 곡물 가격이 하락했다. 게다가 여타 농산물의 가격도 떨어졌으나 반드시 동일한 비율로 하락하지는 않았다.52) 이에 대한 각국의 대응방법은 다른 사업으로 전환하든지 혹은 효율을 높이고 조직을 재편하여 생산비를 절감하든지 해서 이윤수준을 유지하려는 것이었다. 네덜란드인들은 농업의 다각화를 오랫동안 주도해왔는데, 이제 다른 나라 사람들도 그들에게 배우려고 했다.53) 퍼셀이 보기에 영국에서 "가장 중요한 새로운 현상"은 윤작에 순무와 클로버

---

50) Jacquart(1973, 172).
51) Goubert(1970, 150), Le Roy Ladurie(1975, 416)와 J. Imbert(1965, 339) 참조.
52) 연합주에 대해서는 Van der Woude(1975, 240) 참조. 영국과 프랑스에 대해서는 Thirst (1970, 149)와 Goubert(1970, 334, 338-340) 참조.
53) "동시대 영국인들은 17세기가 시작되자 곧 많은 사회조직 부문에서 네덜란드인들이 자신들보다 월등히 앞서 있음을 깨닫기 시작했다. 당시의 팜플렛들은 영국인들이 보고 배워야 할 네덜란드인들의 습관과 영국인들이 맞서 싸워야 할 네덜란드의 이권을 지적하기 시작했다." Clark(1960, 14).

가 도입된 것이었고, E. L. 존스에 따르면 "결정적인 혁신은 사료의 공급과 관련이 있었다." 윌슨은 개간의 역할, 즉 "오래 묵은 황무지와 황야에서 새로운 토지를 획득하는 과정"을 강조하고 있지만, 허배컥이 보기에 중요한 것은 새로운 기술의 이용보다 "기존의 가장 우수한 [기술]의 보급"이었다.[54] 이러한 네 가지 역점 가운데 어느 것이 옳든지 간에 두 가지 주된 사실은 주목할 만하다. 즉 "개량"에 의해서 종전에는 생산성이 낮았거나 아예 이용되고 있지 않았던 지역의 경작이 기본적으로 가능해졌다는 것[55]과 이윤의 수준을 유지하기 위해서 농민들이 상대적으로 침체된 시장에서 점유율을 높이든지[56] 다른 생산물로 전환해야 했기 때문에 그러한 개량은 곡물시장의 취약성에 대한 직접적인 대응이었다는 것이다.

이 시기 영국 농업개량의 역사에 관해서는 방대한 수의 문헌이 있는데, 이것들은 너무나 설득력이 강해서 시각을 흐트려놓을 정도이다. 데 브리스는 적어도 17세기 동안 영국의 농업개량은 "주로 네덜란드와 북부 이탈리아에서 이미 달성된 수준으로 올라가는 데에 도움이 되었지만 이들 지역을 능가할 정도는 아니었음"[57]을 일깨워준다. 심지어 프랑스 학자들조차 망설임을 보이는 데에 비추어보면,[58] 로엘은 다소 대담한 어조로 이렇게 주장한다 :

---

54) Fussel(1959, 613-614), E. L. Jones(1967, 7), Wilson(1965, 33) 및 Habakkuk(1965, 328) 참조. "영국에서는……1630년경부터 새로운 사료용 작물들이 합쳐져서 혼합농법이 생겨났다." Jones & Woolf(1969, 7).
55) Chambers(1960, 21)와 Darby(1973, 330-344) 참조.
56) E. L. Jones(1965, 14) 참조. 그는 1660년에서 1750년 사이에 "[영국 농업의] 시장 확대는 오히려 제한되었는데 기술 변화는 반대로 커졌다"(p. 1)고 말하나 이는 자기모순적이다. 기술 변화는 어느 정도가 적정한가? 그리고 그것은 언제 일어나는가? 시장이 확대될 때 비용을 들여서 기술을 개량하기보다 오히려 기존 기술을 유지하는 편이 흔히 유리하다.
57) J. de Vries(1975, 82).
58) 가령 Le Roy Ladurie(1975a, 416-417)는 영국이 소규모 농장 단위에 맞게 고안된 플랑드르의 방식을 대규모 농업에 적용시키는 데에 "천재적인 수완"을 발휘했다고 한다. 그는 프랑스의 솜 강과 루아르 강 사이의 개방경지에서도 유사한 시도가 있었으나, 일부에서만 아주 뒤늦게야 성공을 거두었다고 한다.

근대 [농업] 기술은 프랑스에서도 다른 곳과 마찬가지로 일찍 도입되었다. 특히 파리에서 서쪽으로 영불해협까지와 북쪽으로 플랑드르까지의 지역은 구조상으로나 기후상으로 영국의 최적 농업지역과 아주 흡사하다. 그러므로 '농업혁명'은 프랑스에서도 영국과 마찬가지로 불균등하게 전개되었지만 두 나라에서 이와 같이 동일한 형태의 농업지역에서 시작되었으며 또 오랫동안 주로 이들 지역에 제한되었다고 지적하는 것은 놀랄 일이 아니다.[59]

생산성 증대에 대해서 얼마나 알고 있는가? 슬리허 반 바트는 영국과 네덜란드 그리고 프랑스를 모두 자신이 말하는 C국면(곡물의 평균 수확률이 6.3에서 7.0 사이에 있는)에 놓고, 영국과 네덜란드의 경우 1500년에서 1699년 사이의 시기로 그리고 프랑스의 경우 1500년에서 1820년 사이의 시기로 연대를 설정한다(출발점은 같으나 끝은 다르다). 그는 영국과 네덜란드의 경우 1750년 이후에는 자신의 D국면(평균 수확률이 10.0 이상인)으로 이동하고 있다고 추산한다(그는 1700년에서 1750년 사이에 무엇이 일어났는지에 대해서는 밝히고 있지 않지만 말이다).[60] 호스킨스는 1680년에서 18세기 말까지 영국에서 수확량은 결코 눈에 띄게 늘어나지는 않았다고 파악하나, 리글리는 1650년에서 1750년까지 일인당 수확량이 10퍼센트 늘어났다고 추산한다. 하지만 피셔는 찰스 2세 치세 말기, 즉 대략 1680년경에는 "토지생산물의 흐름이 어찌나 컸던지 사람들은 공급 과잉의 공포를 느낄 정도였다"고 한다.[61] 스코틀랜드의 경우, (곡물 재배와 목축 할 것 없이) 농업의 상업화가 "17세기의 가장 두드러진 특징들 가운데 하나"였다.[62] 프랑스에서 곡물생산성은 수확률

---

59) Roehl(1976, 262). 고딕체는 월러스틴의 강조. 그는 다음과 같은 점을 특히 지적한다 : "새로운 작물, 특히 북아메리카에서 온 작물 —— 감자, 클로버와 그밖의 사료작물, 옥수수, 사탕무 —— 이 윤작에 도입되었다. 이들 작물은 토양을 '정화하고' 쉽게 하는 기능을 동시에 행하여, 휴경지가 억제되었다. 그 결과 축사에서의 가축 사육이 가능해지고 그로 인해서 경작지가 확대되었다." 로엘은 Bloch(1966, 213-219)를 전거로 들고 있으나, Morineau(1968)가 상반된 견해를 피력하고 있음에 주목한다.
60) Slicher van Bath(1963b, 16).
61) Hoskins(1968, 27), Wrigley(1967, 57) 및 F. J. Fisher(1961, 4).
62) Smout & Fenton(1965, 78). 하지만 이들은 1650년 당시 "중앙정부의 나약한 지배"와 낮은 가격으로 인한 수입의 감소 때문에 혁신(산성 토양에 석회 넣기)이나 개간의 속도가

또는 헥타르당 생산량을 놓고 볼 때 15세기에서 1840년까지 안정세를 유지했다.[63] 그러나 하루 노동시간이나 연간 노동일수 —— 이 두 가지는 다 길어졌다 —— 를 놓고 볼 때는 그렇지 않았다.[64]

곡물 생산만을 따로 떼내어서 본다면, 핵심을 일부 놓치게 된다. 왜냐하면 "농업개량의 핵심은 목축과 경작의 **결합**이었기"[65] 때문이다. 새로운 목초들 —— 건초와 자주개자리 그리고 클로버 —— 이 이를 가능하게 했다. 이것은 영국인들이 네덜란드인들에게 배운 것이었다.[66] 이로써 공간을 노동력으로 대체할 수 있게 되었고 유목생활이 수반되지 않는 생산성 높은 목축이 가능해졌던 것이다.[67] 이러한 일이 영국에서 진행되고 있는 동안, 프랑스에서는 포도주 생산이 유사한 번영을 맞고 있었다. 쇼뉘가 다소 장엄하게 말하고 있듯이, 17세기에 "지상천국에 이르는 길에서"[68] 서양은 동양을 좇아갔던 것이다.

1650년에서 1750년 사이에 유럽 세계경제 전체를 보면, 곡물생산지의 중심이 주변부에서 핵심부로 눈에 띄게 이동했다. 이 부분은 주변부인 동유럽의 실상을 살펴볼 때 상세하게 논의할 것이다. 하지만 프랑스의 남쪽 반 정도도 사실상 반주변부 또는 심지어 주변부에 속하기 때문에, 거기서도 같은 현상이 일어났다.

아마도 실상에 관해서는 다음과 같이 말할 수 있다. 즉 설령 영국과 북부 프랑스는 모두 핵심부 지역으로서 당시 세계 곡물 생산에서 차지하는 자신들

떨어졌다고 본다(pp. 56-87). 이는 잉글랜드의 실상과는 다른데, 아마도 그 까닭은 다음과 같이 설명할 수 있을 것이다. 즉 정치적으로 스코틀랜드는 핵심부 열강 내부에 있었지만(그것도 1707년까지는 실제로 부분적으로만 그랬다), **경제적인** 측면에서는 주변부의 일원이었다. 따라서 세계경제의 수축이 가한 영향을 보면 스코틀랜드 생산자와 잉글랜드 생산자 사이보다 스코틀랜드 생산자와 폴란드 생산자 사이에서 더 큰 유사점을 발견할 수 있다.

63) Morineau(1968, 326) 참조. Le Roy Ladurie(1973, 425)는 이것은 "농민의 세계에서는" 사실이라고 명시한다.
64) Le Roy Ladurie(1968, 83). 하지만 그는 랑그도크만 언급하고 있다.
65) Wilson(1965, 143).
66) Fussel(1968, 33-34) 참조.
67) Meuvret(1968, 17) 참조.
68) Chaunu(1966a, 310).

의 비율을 현저하게 증대시켰다고 해도, 영국의 경우 새로운 잉여물이 국경을 넘어서 수출된 데에 비해서,[69] 북부 프랑스의 경우 새로운 잉여물은 내부적으로 "수출"되었다는 것이다.[70] 이 분석이 대충 옳다고 한다면, 영국과 프랑스

69) Bairoch(1973, 459)는 곡물 수출은 1700년경 눈에 띄게 증가하기 시작했는데, 따라서 이로써 그 과정이 아마도 "사반세기 전부터" 시작되었음을 알 수 있다고 말한다. 이 시점은 정부 정책상에 변화가 일어난 시점과 맞아떨어진다. 1673년의 조례는 곡물 장려금을 창안했는데, 이는 수출을 용인했을 뿐만 아니라 장려했다. 이에 대해서는 Lipson(1956, II, lxx-lxxii, 451-452) 참조. 연합주도 세계 곡물 생산에서 차지하는 점유율을 늘렸을 가능성이 높다. 하지만 점유율은 애초에 낮게 시작했기 때문에 별로 눈에 띄지는 않았다. 예를 들면, 곡물의 가격이 시원찮을 때 생산이 증가한 것은 "영국의 독특한 특징"이었다는 E. L. Jones(1967, 159)의 가정에 대한 프랑켄의 반응 참조. 얀센은 이것이 터무니없다고 주장하며, 림부르크와 그밖의 지역에서도 사정은 마찬가지였다고 말한다. Franken(1971, 165)은 이런 팽창이 도시로부터의 압력 때문이라고 여기고 그 결과 토양의 고갈이 생겼다고 한다. 하지만 문제는 특히 생태학적 요소라는 견지에서 볼 때 왜 곡물이 더 먼 곳에서 수입되지 않았는가 하는 점이다. 이윤 가능성의 문제가 고려되어야 한다.

70) Jacquart(1974, 181-182)에 따르면, "17세기 프랑스의 농업생산물은 대부분 국내에서 소비되거나 가공되었다." 다른 농업생산물은 수출되었지만, "곡물의 교역은 수확이 좋지 않을 경우 보통은 금지되었다." 예를 들면 영국이 곡물 장려금 제도를 창안하자, 프랑스의 국왕참사회(Conseil du Roi)는 수출을 반대하는 단호한 칙령을 계속 내렸다(1675년에서 1683년 사이에 30회 이상). Usher(1913, 273, 294)는 곡물의 교역을 다룬 고전적인 저작에서 그 문제를 달리 평가했다. 그는 "콜베르의 한 가지 독창적인 요소는 그가 곡물 교역을 자유무역으로 다루었다는 것"이라고 하고, 콜베르는 "풍요할 때 수출을 허가하고 부족할 때 금지한다는 원칙"에 입각했다고 주장했다. 여서는 두 가지 자유, 즉 수출의 자유와 지역간 교역의 자유가 포함되었다고 지적한다. 1675년에서 1683년까지 후자의 상대적 자유는 어떻게 되었는가?
이 점에서 볼 때 저지 프로방스와 랑그도크의 곡물 생산이 1680년경까지 여전히 증가하고 있었다는 데에 주목해야 한다. 그 원인에 대해서는 의견이 분분하지만, 결과적으로 그것은 여타 지역의 부진을 다소 보충했다. Chaunu(1963b, 354)의 주장에 의하면, 비핵심부 지역에서 이러한 지속적인 팽창이라는 "이례적인 현상"은 "이전의 미개발지(l'incult)의 중요성"을 보여주며, 이 토지는 다른 곳보다 "늦게 한계에 이르게 되었다." 또한 Goubert(1970c, 49-54)도 참조. Le Roy Ladurie(1974a, 149)는 랑그도크의 경우 1655년에서 1675년에 걸쳐 단 한 번 "일시적으로 급증했다"고 보고 있다.
물론 영국인들도 "내부적으로", 특히 런던으로 수출했다. Everitt(1968, 64 참조). 중요한 것은 대외무역의 한계를 생산과정의 척도로 보는 것이며, 이는 Morineau(1965, 171)가 중시한 점이다. 연합주 영국 그리고 프랑스는 지리적인 규모 면에서 이 순서대로 커지고 있었다. 다른 조건이 같다면, 나라의 규모가 작으면 작을수록 대외무역이 전체 무역에서 차지하는 비율은 커지게 된다.

양국의 이후 시기에 생긴 차이가 17세기의 농업생산성 수준의 차이에서 비롯되었다고 할 수 없다. 아마도 이후 시기의 차이는 오히려 농업생산 조직의 차이에서 비롯된다고 할 수 있다. 이 시기 영국과 프랑스의 토지 보유의 전개를 제대로 비교하기 위하여 염두에 두어야 할 것은 양국은 각각 두 개의 주된 토지 이용 방식을 채택했지만 양국에 공통되는 것은 단 한 가지, 즉 곡물이었다는 것이다. 영국의 또 하나의 방식은 목축이었는데, 이는 프랑스의 또 하나의 방식인 포도주 생산보다 규모의 경제에 더 알맞았다. 그리고 목축은 보다 많은 자본 투자가 필요했다. 이런 단순한 경제적 사실이 법률, 전통, 태도, 선행하는 계급구조, 혹은 "봉건적" 권리의 유제(遺制)라고 여겨질 수 있는 것보다 토지 보유 전개상의 차이를 훨씬 잘 설명할 수 있을지도 모른다.

영국과 프랑스 양국에서는 법률과 정치 그리고 시장의 변동이 복잡하게 얽혀 토지에 대한 관계가 실제로 변화무쌍한 모습을 띠었다. 소득의 주된 원천이라는 측면에서 네 가지 주요 범주를 제시하면 이러한 복잡다단함을 피할 수 있다. 즉 첫째, 지주, 다시 말해서 생산자로부터 지대를 지불받는 자이며 통상 대지주로서 귀족인 자도 종종 있었다. 둘째, 번영하는 생산자, 즉 대부분 "차지농"으로 중간 규모 혹은 대규모 단위를 관장하고 노동자들을 고용했다. 셋째, 번영하지 않는 생산자로 작은 단위의 토지를 가지며 드물게는 소유권을 가지는 경우도 있지만 다른 일거리로 소득을 보충할 필요가 종종 있었다. 넷째, 토지를 가지고 있지 않은 (혹은 토지를 거의 가지고 있지 않은) 노동자가 있었다. 보통 농민과 요먼 농장주 같은 극히 애매모호한 용어들은 주로 두번째 범주를 가리키나 종종 세번째 범주를 가리키기도 한다. 연구자들이 영국에서 요먼 농장주가 사라지고 프랑스에서 농민이 존속했다고 할 경우 여기서 말하는 것은 세번째 범주이다. 실제로 17세기의 영국과 프랑스에서 어떠한 일이 일어나고 있었던 것일까? 범주별로 살펴보면, 이를 무엇보다도 잘 알 수 있을 것이다.

근대 자본주의의 기본적인 현상들 가운데 하나는 대영지의 느리지만 꾸준한 성장, 즉 토지집중화의 증대 과정이다.[71] 한 가지 주된 방식은 공유지의

---

71) F. M. L. Thompson(1966, 512), Goubert(1970e, 102), Le Roy Ladurie(1975b, 1412),

인클로저였는데, 이 시기에 현저히 준 것 같지는 않다.[72] 어려운 시기에 그러한 영지가 형성되는 데에는 자금과 노력이 들었다. 토지는 점차 매각되어 귀족이 아닌 사람들의 손에 넘어갔다. 되돌아보면 프랑스에서 이 현상은 별로 눈에 띄지는 않는다. 이것은 귀족이 아닌 자에게 토지 구입을 가능하게 한 부가 똑같이 귀족의 지위를 사는 것도 가능하게 했기 때문이다(귀족의 지위를 사는 것은 프랑스가 영국에 비해서 훨씬 쉬웠다). 이런 대영지들 가운데 일부는 토지를 조각조각으로 모은 데에 지나지 않았기 때문에 소유권이 집중되었다고 해도 어떤 것은 "장부상의 집중"에 불과했다.[73] 분명히 이와 같은 장부상의 집중은 결국 부재지주제도의 증가를 수반했다. 게다가 곡가가 하락함으로써 직접적인 경영의 이점이 감소하고 임차하는 편이 더 유리해졌다.[74] 국가의 안정된 성장은 점점 더 많은 수의 지주를 수도에서의 생활로 유인했다. 그들은 궁중에 출사하기 위해서 떠났건 금융시장에 참여하기 위해서 떠났건 간에, 물리적으로 농업생산에서 점점 더 멀어졌다.[75]

대영지를 유지하기 위해서 개인은 유능한 사업가가 되어야만 했다. 그러한 재능을 가진 사람에게는 기회가 많았으나 가계들마다 무능한 상속자가 나오지 않도록 자기방위를 도모했다. 영국에서는 이 때문에 새로운 법적 형태, 즉

및 Jacquart(1968, 66) 참조. 자카르는 프랑스에서 대영지가 루아르 계곡의 북쪽에서만 성장했음을 강조한다.

72) Hoskins(1955, 220)는 17세기에 개방경지를 중심으로 한 영국에는 "여태까지 생각지도 못한 엄청난 양의 인클로저"가 있었다고 한다. Darby(1973, 321)도 참조. 17세기 프랑스에서 대규모적인 평야는 영주들에게 점유되어 농민들에게는 손바닥만한 목초지라도 "하늘의 은총"(Goubert, 1970e, 102)이었다. Bloch(1930, 332 참조)는 1700년까지 프랑스의 서부와 중부에 인클로저가 폭넓게 존재했음을 보고한다.

73) Meuvret(1960, 346). Tapié(1959, 138)에 의하면 17세기 프랑스에서 대다수의 대영주는 "자본주의적 기업가인 셈이었지만 그 보유지는 분산되어 있었고 관리인이나 차지농이 관리했다."

74) Roebuck(1973, 15). 하지만 Slicher van Bath(1977, 107)는 1665년 이후 "임대인의 상황이 악화되었다"고 말한다.

75) 이런 현상은 프랑스에서 폭넓게 나타난다. 하지만 영국도 사정은 마찬가지였다. Roebuck(1973, 11-14) 참조. 영리 관리를 전문으로 하는 전임 관리인을 두게 됨으로써 그 거리는 더욱 벌어졌다. Mingay(1963, 59) 참조.

엄격한 재산수여법이 나타났다.[76] 이것은 유용하게 사용되었는데, 그 이유는 이자율이 하락하여 빚에 견디기 쉬워진 데다가 엄격한 재산수여법에 따라 돈을 빌리기가 어려워졌기 때문이었다.[77] 프랑스에서는 가족 재산은 토지의 분할 상속에 의해서 강제되는 또다른 문제도 안고 있었다. 하지만 프랑스의 토지소유자들도 영국인들만큼이나 기민하여 상속인에게 할당할 수 있는 법정 지대(rentes constituées)와 그렇게 할 수 없는 근본 지대(rentes foncières)의 차이를 이용하여 법망을 빠져나갔다. 이들은 가문의 영구 재산을 모으기 위해서 원금을 돌려받기보다는 오히려 이율이 낮지만 이자를 받을 수 있는 쪽을 선택했다. 관직매매는 그러한 투자의 핵심적인 형태였다.[78]

다음의 두 범주들, 즉 번영하는 생산자와 번영하지 않는 생산자 사이에는 혼란이 생긴다. 토지소유자도 일부 있지만 대부분은 차지농이고, 법률상의 차지농 가운데 일부는 사실상의 소유자였기 때문이다.[79] 그러므로 토지소유자와 차지농의 구분은 경제력, 사회적 지위, 혹은 정치적 전망에 의한 분류와는 서로 관련이 없었다. 대토지 소유자가 아니라면 경제적으로 어려운 시기에는 토지소유자로 있기보다 차지농이 되는 편이 아마도 더 나았을 법하

---

76) 엄격한 재산수여법은 영지 상속자가 영지를 매각하거나 저당잡히는 것을 법적으로 제약하는 장치였다. Habakkuk(1967b, 2-3) 참조. 이 제도 때문에 신흥 부유 가문들은 어쩔 수 없이 소(小)젠트리와 자유토지보유농 그리고 등본보유농을 토지의 판매자로 여기게 되었고, 이리하여 집중은 더욱 일어났다. Mingay(1968, 28).
77) Mingay(1960, 375-376) 및 Habakkuk(1960, 160-165) 참조.
78) 이렇듯 복잡다단한 체계는 Giesey(1975)에 개략적이나마 충분히 설명되어 있다. Goubert(1970g, 343-345)는 17세기 프랑스에서 지대의 이자율이 실제로 다른 수입원에 비해서 낮은 것은 아니었다고 주장한다.
79) Meuvret(1960, 343)는 영국의 등본보유와 유사한 영구 보유인 상시브(censive : '상[cens]'이라는 봉건부담 의무가 걸려 있는 밭. '상'이란 영주 소유의 토지를 빌린 대가로 농민들이 1년에 한 번 내게 되어 있는 봉건부담임/옮긴이)는 영주에게 부과조 ——"일종의 조세체계를 이루고 있던"——를 지불하는 한 그 보유자에게 "임대, 교환, 매각, 또는 공유"가 가능한 "실질적인 재산"이었다고 주장한다. 하지만 Goubert(1970f, 130)는 소유권을 행사하기에는 그 부과조가 지나치게 높게 매겨졌을 것이라고 지적한다. Kerridge(1969, 60)는 영국에 대해서도 같은 논지를 펴는데, 그는 종신 차지권을 가진 등본보유농은 법률상으로는 아니지만 토지에 관해서는 자유토지보유농이었다고 주장한다.

다.[80] 이러한 두 가지 범주의 전개과정은 두 단계의 한 과정으로 살펴보아야 한다. 17세기 전반에 지대는 여전히 오름세에 있었고 세금도 오르기 시작했으나 밀 생산에서 나오는 이윤은 이미 떨어지고 있었다.[81] 이로 인해서 소규모 곡물 생산자가 압박을 받았다. 많은 독립 생산자들이 독립적 지위를 포기해야 했다.[82] 소규모 차지농-농장주의 경우도 마찬가지였다.[83]

그 결과, 뒤이은 침체기에 토지소유자이든 차지농이든 간에 번영하고 있지 않은 농장주들을 희생으로 삼아 곡물을 재배하는 번영하는 차지농-농장주가

---

80) 예를 들면 Mingay(1963, 88)는 애덤 스미스의 용례에서 요먼(yeoman)이라는 용어는 "단지 사회적 지위의 표시에 불과했다"고 아주 올바르게 지적하고 있다. 요먼은 지위상으로는 중농(husbandman)보다 위에 있고 대농장주보다는 아래에 있는 농장주였다. 하지만 보통 자유토지보유농이나 등본보유농, 혹은 차지보유농일 수도 있었다. Slicher van Bath (1977, 109)는 일반적으로 토지소유자가 반드시 유리한 것은 아니었다는 데에 동의한다. "인구가 조밀하고 비옥한 지역은 가난한 자영농이 아닌 더 번영한 차지농에 의해서 경작되었다. 토지소유권과 부가 반드시 짝을 이룬 것은 결코 아니었다."
81) 프랑스에서는 1660년이 전환점으로 보인다. 이 해는 Jacquart(1975)가 1560년에서 1660년까지의 프랑스 농촌을 다룬 한 장에 붙인 제목인 "침체와 파국" 시기의 종언을 고한 해이다. 그러나 Le Loy Ladurie(1973, 430)는 지대가 1675년까지 상승했다고 주장한다.
82) 세기 중반 이후, "자신의 회계장부와 몇 에이커 안 되는 땅뙤기 그리고 상대적인 독립성을 자랑하던 라부뢰르(laboureur)는 패배를 인정하지 않을 수 없었다. 경작이 대규모로 이루어진 지역에서 그 토지는 일부 대(大)차지단위에 소속된다. 그가 원래의 소유지를 정기 차지로 빌려받을 수 있다면 다행이다." Jacquart(1975, 264). Dupâquier(1973, 171) 및 C. E. Labrousse(1970, 703)도 참조.
83) Lawrence Stone(1972, 68, 고딕체는 월러스틴의 강조)은 "17세기 초에 지대가 물가보다 더 급상승했고 이윤은 차지농에게서 지주에게로 역류해들어갔다"고 한다. 그가 말하고 있는 것은 틀림없이 주로 소규모 차지농이다. 왜냐하면 그는 이 사실을 토지겸병과 함께 나중에 지주와 번영한 차지농-농장주 그리고 토지가 없는 노동자라는 3분할제를 설명한다고 말하기 때문이다. Habakkuk(1965a, 660)은 자본의 전체적인 규모를 소농 몰락의 결정적인 요인으로 삼으면서 이 견해를 인정하고 있다. 이러한 시련기에 부유한 지주는 "농민이 인근에서 토지상품을 팔려고 내놓을 경우 이를 사기 위해서 언제라도 끌어댈 수 있는 여유[자금]가 있었다." 허배컥은 이러한 1660년에서 1740년까지의 시기와 대영지의 매각이 보다 빈번하게 이루어진 1540년에서 1640년까지의 시기를 명확히 구분하고 있다. 17세기 영국에서 자금의 필요로 인한 소토지 소유자의 몰락에 대해서는 Thirst(1970, 157) 참조.

Jacquart(1975, 210-211)는 (독립적인) 라부뢰르든 차지농이든 간에 1675년 이후 소생산자가 파탄했다고 한다. 다른 책에서 그는 1680년에서 1700년까지 북부 프랑스에서 "상당수의 상인 겸 라부뢰르 가계"가 사라졌다고 했다(1978c, 467).

대두된 것으로 보인다. 이는 영국[84]과 북부 프랑스[85]에도 똑같이 적용된다. 그것은 또한 이들 지역에서 다른 주요 농업부문인 낙농의 경우에도 어느 정도 마찬가지였다.[86] 번영한 차지농-농장주가 대두하게 된 이유들 가운데 하나는 바로 자본주의적 구조의 하나로서 대영지가 성장했다는 점이다. 이러한 대영지에서는 노동자이든 전차인이든 직접생산자를 감독할 매개자가 필요했다.[87] 그러한 매개자를 찾기란 쉽지 않았고 곡물 가격이 낮은 시기에는 이들 매개자가 지주로부터 더 나은 조건을 확보할 수 있었다. 더 나은 조건이란 실질지대의 감소나[88] 농업개량 비용에 대한 지주 부담률의 정도였다.[89]

1660년에서 1750년 사이의 시기에 소농이나 요먼 농장주, 즉 "독립자영농"이 영국에서 사라지고 있었다는 사실은 일반적으로 인정되고 있다. 하지만 프랑스에서는 이들이 존속하고 있었는가? 개략적으로 말하면 이미 언급되

---

84) Mingay(1968, 14-15, 31)는 1660년에서 1750년까지의 시기에 소자영농이 "극적일 정도로" 감소했다고 말한다. 그에 의하면 이와 같은 시기에 소자영농과 대영지 소유자와의 중간에 해당하는 "유력한 스콰이어(squire)" 집단은 "그 지위를 유지했다"고 한다(1960, 375). Lavrovsky(1960, 354)는 소토지 소유자와 소농 농장의 몰락은 "17세기의 부르주아 혁명에 뒤이어 18세기에" 일어난 것이라고 한다.
85) Dupâquier(1973, 169)는 촌락에서는 상인과 대차지농 그리고 중간 규모의 "토지소유자"가 유력한 사회집단을 이루고 있었다고 기술한다. 쉴리 공작은 17세기 초에 "농업(labourage)과 목축은 프랑스를 양육하는 두 개의 젖줄이며 페루의 광산이나 보화와 다름없다"고 입버릇처럼 말했다. Larraz(1943, 201)에 재인용. Meuvret(1971b, 122)는 1660년 이후 "곡물을 생산하는 부유한 농촌에서" 생존 위기가 특히 극심한 충격을 미쳤다고 한다.
86) Fussel(1968, 31-32)은 17세기 서유럽 곳곳에서 "낙농장 임대" 현상이 있었다고 기술하고 있다.
87) 총괄차지농(fermiers généraux)과 차지농(amodiateurs)의 경제적 역할에 대해서는 Meuvret(1960, 347-349) 참조. Le Roy Ladurie(1975a, 421)는 프랑스 전체의 토지 보유의 39퍼센트가 "대영지"였다고 보고한다(하지만 북부 프랑스에서는 어느 정도였을까?).
88) 불경기에 지주는 밀린 지대를 탕감하고 적절한 차지농을 앞다투어 얻기 위해서 토지세를 부담했다. E. L. Jones (1965, 8) 참조.
89) Mingay(1960, 378-379) 참조. 주로 차지농-농장주와 일반적으로 중간 규모의 단위를 관리하고 있는 사람들의 집단이 농업개량을 주도한 것으로 보인다. Habakkuk(1965d, 327, 330) 및 Mingay(1963, 166) 참조. 하지만 이 시기에 지주는 비용의 대부분을 떠맡아야 하는 압박을 받을 수도 있었다.

어온 바와 같이 북부 프랑스를 놓고 볼 때 대답은 부정적인(혹은 적어도 영국과 같은 정도로 부정적인) 데 반해서 남부 프랑스에서는 긍정적이었다. 프랑스에 관해서는 어떤 종류의 증거가 있는가? 우선 용어에서부터 시작하자. 프랑스어로 요먼에 가장 가까운 말은 라부뢰르(laboureur)인데, 이 말에는 토지 보유가 아니라 자본 축적이라는 뜻이 함축되어 있었다. 구베르는 라부뢰르란 "[동부 및 북부 프랑스에서는] 관습적으로 북부의 거대한 바퀴 달린 쟁기(charrue)로 알려진 농기구를 소유한 사람들을 가리킨다"[90]고 한다. 바퀴 달린 쟁기와 바퀴 없는 쟁기(araire)는 영어로는 둘 다 종종 쟁기(plow)로 옮겨지지만 구분이 가능하다.[91] 17세기와 18세기의 프랑스에서 바퀴 달린 쟁기는 바퀴 없는 쟁기보다 훨씬 더 무거운 농기구로 훨씬 깊이 경작할 수 있고 철이 더 많이 함유되어 있었다. 그리하여 그것을 끄는 데에는 말이나 소가 필요했다. 따라서 라부뢰르는 "그 자산의 크기와 그가 고용할 수 있는 사람의 수에서 촌락의 주민들 가운데 두드러진 비교적 큰 규모의 토지소유자 또는 경영자"였다.

남쪽으로 내려가서 바퀴 달린 쟁기 없이 바퀴 없는 쟁기만 있는 지역에 이르면, 라부뢰르 대신에 분익소작인(métayer)과 소농장 소작인(closiers)으로 일컬어지는 보다 소규모적이고 약한 농장주가 존재한다.[92] 뒤파키에와 자카르의 추산에 의하면, 1685년에서 1789년 사이에 북부지역인 벡생 프랑세즈에서 아리코티에(haricotier)라든지 소송(sosson)으로 불린 소(小)라부뢰르 주민의

---

90) Goubert(1973, 135).
91) 예를 들면 Quencez(1968, 118-119) 참조. 그는 이 기술 사전에서 (프랑스어) 바퀴 달린 쟁기(charrue)를 "쟁기(plow)"로, 그리고 바퀴 없는 쟁기(araire)를 "긁는 쟁기(scratch plow), 원시 쟁기(primitive plow)"로 옮기고 있다. 독일어(Pflug와 Hakenpflug), 이탈리아어(arato와 arato di legno), 에스파냐어(arado de labor profunda와 arado 또는 arado primitivo), 네덜란드어(ploeg와 primitive ploeg)로 옮기는 데에도 어려움이 따르기는 마찬가지이다.

　　Haudricourt & Delamarre(1955)는 506쪽에 달하는 책 전체를 동서고금에서 바퀴 달린 쟁기와 바퀴 없는 쟁기의 차이점뿐만 아니라 언어상의 혼란과 오역으로 생기는 엄청난 오해를 설명하는 데에 할애하고 있다.
92) Goubert(1973, 135-136).

비율은 9.9퍼센트에서 3.0퍼센트로 줄어든 데 반해서 보다 부유한 페르미에 라부뢰르(fermier laboureur)의 비율은 10.2퍼센트에서 8.4퍼센트로 변화한 데 그쳤다. 주지하듯이 이와는 반대로 포도주 생산지에서는 "소농의 재산이 명백히 우세하고" 이는 북부의 대규모 경작지에서보다 다섯 배나 더 중요했다.[93] 이들 소라부뢰르가 착취당함에 따라서, 그 상당수는 자신의 처지를 벗어나 주로 마뇌브리에(manoeuvriers) 즉 임금노동자로 전락했다. 르 루아 라뒤리는 16세기 동안에라도 이런 구분이 과장되어서는 안 된다고 주장하는데, 필자도 이에 동의한다. 진정한 구분선은 이들 두 집단과 대(大)페르미에(gros fermier), 즉 대규모 차지농-농장주 사이에 그어져 있었기 때문이다.[94] 이는 영국에서도 마찬가지이다. 하지만 침체기의 실상은 영국에서는 이런 구분선이 사회적으로나 정치적으로 더 뚜렷해졌지만 곡물을 재배하지 않았던 프랑스 농촌지역에서는 그 상황이 그렇게 선명하지는 않았다.

그렇다면 "프랑스 농업의 장기적인 후진성을 확고히 한 것은 근대 초기 프랑스에서 소토지 소유권의 우세"라는 브레너(그뿐만이 아니다)의 주장에 대해서는 어떻게 생각하면 좋을까? 이 두 개의 가정, 즉 소토지 소유권의 우세(북부 프랑스에는 맞지 않다) 및 영국에 비한 프랑스 농업의 후진성(적어도 1750년까지의 북부 프랑스에 적용 가능한지 의심스럽다)에 대해서는 모두 의심의 여지가 있다는 점을 이미 지적한 바 있다. 브레너는 영국에서 농업적 진보가 가능해진 것은 "지주가 토지를 독점하고 통합하며 인클로저를 행하여 대농장을 형성하고 그것을 자본주의적 투자능력이 있는 자본주의적 차지농에게 임대할 수 있었기" 때문이라고 한다.[95]

---

93) Dupâquier & Jacquart(1973, 171). 이들은 아리코티에(haricotier)를 "여윈 말 한 마리를 소유한 라부뢰르"로, 소송(sosson)을 "쟁기 끄는 한 조의 가축밖에 없는 농민"으로 정의하고 있다. Jacquart(1966, 22-26)는 프랑스 농민의 4분의 3이 기본적인 생필품도 부족하다고 추정하고 17세기 동안 내내 중간 규모의 보유지가 꾸준히 늘어났다고 보는데, 중간 규모는 30헥타르 이상으로 정의된다. G. Durand(1977, 133)은 소농민이 소유한 남부의 포도밭은 "극도의 중노동에 시달리고 찢어지게 가난한 곳"으로 정의하는데, 거기서 나오는 이윤은 주로 상인들 및 징세를 통해서 국가관료에게 돌아갔다.
94) Le Roy Ladurie(1975b, 1405-1407).
95) Brenner(1976, 43, 63). Croot & Parker(1978, 39)는 이에 대해서 의심을 품는다. "소농

자카르는 구(舊)가문들이 "제2의" 16세기에 토지 매각에 나섬에 따라서 북부 프랑스에서 일어난 변화를 기술하면서 다음과 같이 말하고 있다 : [96]

중요한 점은……새로운 토지 지배자의 행동이다. 부르주아 출신인 이들은 상인이었던 선조의, 이윤을 추구하는 심성을 얼마간 간직했다. 비록 그들은 그것을 잊으려고 했지만 말이다. 그들은 영주의 수입에서 특별보유지가 결정적인 역할을 한다는 것과 집중된 대영지가 유리하다는 것과 삼림과 목초지에서 더 많은 수입을 올릴 수 있다는 것을 알고 있었다. 수세대에 걸쳐 토지의 획득, 그 개량, 개발(가치를 높이는 것)에 관한 총체적이고 의식적인 정책이 존재했다.

자카르의 지적에 의하면, 이와 나란히 "성장 가능성도 있고 이윤을 낼 수 있는" 전형적인 **부르주아의 소규모 투자처**였던 15-50헥타르의 중간 규모의 시장지향적인 농장도 발달했다. 이와 같이 대영지와 중간 규모 단위가 성장함으로써 "느리지만 농민의 박탈과정"이 진행되고 그 결과 "농촌 대중의 실질적인 궁핍화"가 발생했다. 이것이 영국과 실제로 다른 것일까?

브레너는 프랑스 지주가 영국의 동료들과 마찬가지로 "보유지의 통합"을 바랐을지도 모른다는 점을 인정한다. 하지만 애석하게도 그들은 그렇게 할 수 없었다! 왜냐하면 영국에서는 법률에 의해서 지주가 "지대나 부담금을 턱없이 올려 소차지농을 내쫓을" 수 있었지만 프랑스에서는 통합된 단위를 이루기 위해서 무수한 소농 보유지를 **사들여야** 했기 때문이다. 이것은 프랑스의 원자본주의적 지주들로서는 어떻게 해볼 도리가 없는 부담이었을 것이라는 추론이 가능하다. 하지만 이제까지 살펴본 바와 같이, 실제로는 **영국과 프랑스 양국**에서 소유지들의 매입이 토지 집중의 가장 주된 방식이었다. 사실 브레너는 이를 암묵적으로는 인정하고 있는데, 그는 프랑스에서 "근대 초기 동안 내내 많은 농민이 실제로 심각한 빚더미 속으로 내몰렸고 결국 자신의 보유

민은 경제발전의 장애가 되기는커녕 실제로 새로운 관행이나 새로운 작물을 도입함으로써, 혹은 규모 있는 경영으로 올릴 수 있는 이익을 지주에게 보여줌으로써 자극을 불어넣었을 것이다."

96) Jacquart(1975, 273-275).

지를 팔지 않을 수 없었다"고 말하고 있기 때문이다.⁹⁷⁾ 그렇다면, 누가 이러한 보유지를 사들였는가? 브레너는 프랑스에서는 17세기 말에 "경작지의 40-50퍼센트가량이 여전히 농민의 수중에" 있었으나 영국에서는 "25-30퍼센트에 불과했다"고 결론짓는다. 하지만 **북부** 프랑스에서 그 비율은 어떠했는가?

우리의 주장은 1650년에서 1750년에 이르는 시기에 영국과 북부 프랑스의 토지조직과 농업생산성의 차이란 비교적 아주 적었다는 것이다. 자본주의 세계경제 전체의 관점에서 보면, 두 지역은 차이점보다는 유사점이 더 많았다. 두 지역 **모두** 경제정체기에 전체 이윤수준을 유지하기 위해서 세계 곡물 생산에서 점유하는 비율을 확대하고 있었다. 이로 인해서 두 지역은 홀란트의 우위를 어느 정도 따라잡을 수 있었다. 공업부문을 놓고 보면, 17세기는 공업 보호가 영국과 프랑스 양국 정부의 가장 주된 관심사가 되었던 시기였다. 립슨은 영국에서의 이러한 보호는 항해조례 및 곡물법과 함께 영국 중상주의를 떠받친 세 버팀목 가운데 하나라고 생각한다. 그는 "중상주의 시대"란 "기업의 시대"였다고 한다.⁹⁸⁾ 프랑스의 경우에는 보호주의적 간섭이 사실상 이미 리슐리외 시대부터 중요했지만 이 세기의 주된 현상 가운데 하나로 부각되는 것은 "콜베르주의"이다.⁹⁹⁾

공업 보호의 노력 —— 육성이라고 말하는 편이 맞을지도 모르겠지만 —— 은 주로 직물에 집중되었다. 먼저 그 결과를 살피고 나서 그에 대한 설명을 보자. 프랑스의 직물업은 기본적으로 최북부에, 그리고 그보다는 적지만 남부

---

97) Brenner(1975, 72-73). 어쨌든 영국의 지주들은 구매를 통해서 토지를 대거 획득했다. T. S. Ashton(1969, 36) 참조. Croot & Parker(1978, 41)는 다음과 같이 말한다 : "브레너 교수는 영국 소농민의 기여를 간과하고 그들의 자립성을 과소평가하는 만큼 프랑스 농민층의 자립성을 과대평가하고 있다." Jacquart(1978b, 409 참조)도 대토지 소유자가 소농민의 토지를 획득하는 방식은 대륙에서도 영국과 마찬가지였다고 주장한다.
98) Lipson(1956, II, lxxxix, cxliv). 17세기 영국 정부의 중심적인 정책이던 특허의 보호가 얼마나 중요했는가? 의견은 분분하다. North(1973, 228)는 그것이 혁신을 장려했다고 해서 "단연 중요했다"고 본다. Clark(1936, 152)는 속아서 대가를 받지 못한 사람이 극히 많아서 그것이 많은 발명가를 고무시켰다고 보는 것은 "미심쩍다"고 말한다.
99) 랭스와 아미앵 그리고 보베의 직물 생산이 붕괴된 뒤, 1644년 6월 15일에 네덜란드산 및 영국산 직물에 대한 관세가 두 배로 올랐다. Deyon(1969, 77 ; 1966, 54) 참조.

에도 자리잡고 있었다.[100] 리옹의 전통적인 견직업은 17세기에 "놀랄 만한 성장"을 보였다.[101] 모직업과 면직업은 이에 못 미쳤다. 이들 산업은 1625년에서 1635년까지 최고조에 달했으나 그후 내리막길을 걷다가 콜베르 아래서(콜베르의 노력에도 불구하고라고 해야 할지?) "침체를 거듭하고"[102] 마침내 1680에서 1705년에 이르는 시기에 나아져서 부분적으로 회복되었다(콜베르의 노력의 결과로라고 해야 할지?).[103] 그러한 회복은 공업의 의미심장한 "농촌화"를 수반했다.[104] 영국에서 직물업의 위기는 더 일찍 찾아왔고 새로운 직물업이 대두하면서 아마도 조기에 극복된 듯하다. 1660년에서 1700년까지 직물의 생산은 증가하고 수출은 두 배로 늘어났으며 직물의 종류도 증가했다.[105] 여기서도 직물의 생산은 아마도 "유럽 대륙에 비해서 더 빠르고 철저하게" 농촌화되었다.[106]

영국과 심지어 프랑스에 비해서도 17세기 후반의 네덜란드 직물공업은 곤란한 상황에 빠져들고 있었다. 한 가지 이유로는 그것이 도시에 입지하여 노동비용이 높았다는 것이다.[107] 따라서 네덜란드에서 직물공업은 소모직물 (worsteds)에서는 카멜롯(greienen) 이외의 온갖 부문이 쇠퇴했으나 방모직물 (woollens)에서는 그렇지 않았다. 카멜롯과 방모직물에서 그들은 필요한 원료를 특권적으로 공급받을 수 있는 이점 —— 양모를 얻을 에스파냐와 카멜롯 생산에 필요한 원료를 얻기 위한 투르크 —— 이 있었다. 그리고 그들은 인디고와 코치닐을 가지고 염색하는 기술에서도 우위를 차지했다. 카멜롯과 방모

---

100) Léon(1970b, 236)에 나와 있는 1703년에서 1705년에 걸친 시기의 지도 참조.
101) Deyon(1966, 60).
102) Goubert(1970g, 336).
103) "1680년에서 1705년까지 [아미앵의 비단세루업(sayetterie)에서] 일시적으로 이룩된 발전이 18세기 전반의 힘찬 성장을 내딛기 위한 길을 준비했고 실제로 성장을 일으켰다고 자신있게 주장한다." Deyon(1963, 955).
104) Deyon(1963, 952) 및 Kellenbenz(1965, 389-390) 참조.
105) Wilson(1965, 185).
106) 이는 Deyon(1972, 31)의 견해이다. 하지만 Kellenbenz(1965)의 조사에서는 이것이 나타나지 않는 것 같다.
107) Glamann(1974, 506) 및 Wilson(1977a, 26-27) 참조.

직물은 고가의 고급상품이었으나 넓은 시장을 겨냥한 것은 아니었다. 그러한 방향 전환은 "전반적으로 취약한 지위"의 결과였으며,[108] 따라서 17세기 후반에 네덜란드의 자본이 공업 투자에서 수익률이 높은 상업적 기업으로 이동하고 있었던 것은 충분히 이해할 만하다.[109]

여타 공업에서는 변화의 정도는 이보다는 적었다. 하지만 영국의 조선업은 "대략 1670년경에 다소 가파르게" 상승했는데,[110] 바로 이 시점에 네덜란드의 조선업은 생산량이 감소했다.[111] 사실 무엇보다 염두에 두어야 할 점은 세계 경제 전체에서 수요가 무기력한 상태였다는 것이다. 수요가 팽창하고 있던 부문에서조차 그것은 연합주 및 그 상업상의 경쟁자인 영국과 프랑스의 농업 및 공업상의 노력과 보조를 맞출 수 없었다. 영국과 프랑스의 주된 관심사는 자국의 노동자들에게 일자리를 마련해주는 일이었고 연합주의 관심사는 그것을 유지하는 일이었다.[112] 중상주의자는 그러한 고용을 창출할 수 있는 한, "고용된 노동의 생산성에는 무관심했다"[113]고 페어스는 말한다.

이와 같이 핵심부 열강들이 서로 실업을 수출하려고 경쟁을 벌이는 것은 자본주의 세계경제에서 정체기에 자주 보이는 현상이다. 1660에서 1763년에

---

108) Wilson(1960a, 221).
109) Smit(1975, 62) 참조.
110) Hinton(1959, 101).
111) Romano(1962, 519) 참조. 그는 네덜란드 조선업의 쇠퇴가 1671년에서 1701년 사이에 시작되었다고 보고 있다. Faber 외(1965, 108)도 참조. R. W. Unger(1978, 109-110 참조)는 설계분야에서 네덜란드가 확보한 우위는 이미 1630년대에 별볼일없이 되었고 1670년대에는 자취를 감추었으며 18세기까지 네덜란드의 조선소들은 위축되거나 사라졌다고 지적한다. 그 이유로 들고 있는 것은 프랑스의 보호주의, 전쟁으로 인한 네덜란드의 담세 부담과 공채의 증대, 국내시장의 위축, 해적행위의 전반적인 감소, 선박의 수명 연장 등이다.
112) 17세기 초의 영국에 대해서 Supple(1959, 234)은 "정부로서는 가장 결정적인 불안요인이 만성적인 실업문제였다"고 한다. D. George(1953, 53)는 18세기 초에 대하여 언급하면서, "고용의 불규칙성이 근대의 병폐라는 믿음이 있다. 이는 정말이지 사실이 아니다"라고 한다.
113) Pares(1937, 120). Furniss(1957, 52)에 의하면, 무역관계는 그 무역이 무역수지에 어느 정도 영향을 주는가뿐만 아니라 "그 무역이 국내의 노동자에게 어느 정도 일자리를 마련해줄 수 있는가" 하는 점에서도 평가되었다.

이르는 시기에 그 문제가 특히 심각해진 것은 영국과 프랑스 양국이 순수한 극빈자뿐만 아니라 다수의 (게다가 증가하고 있던) 비상근 노동자를 포함해서 인구의 4분의 1에서 절반 정도에 영향을 미친 "만성적인 빈곤의 문제"에 직면하고 있었기 때문이다. 윌슨은 영국에 대해서 "거대하지만 불안정한 수출용 제조공업에 부분적으로 혹은 전적으로 의존하는 노동자 대군"[114]이 있었다고 한다. 사정은 프랑스도 마찬가지였으나 수출에 대한 강조가 더 약했을 것이다. 그렇다면 문제는 소기의 고용을 극대화하는 일이었다. 여기서 임금의 역할에 관한 격렬한 논쟁이 일어났다. 한편으로 네덜란드인들의 불리한 점은 고임금이었다는 것이 오늘날의 통설인데 당시에도 그러했다. 네덜란드의 고임금은 "다른 곳에서 구매력이 광범위하게 잠식되고 있었음에도 불구하고 저항력을 보였다는 점에서 독특했다."[115] 이는 공업의 도시 입지와 그로 인한 노동자의 조합적 힘 때문이라고 생각된다. 이것은 정부의 사회복지 정책으로 이어졌으며 이것은 또한 높은 세부담의 원인이 되었다. 고임금과 중과세는 네덜란드 생산물의 경쟁력을 상대적으로 약화시켰으며 이것이 상대적 쇠퇴의 원인이다.

하지만 영국과 프랑스의 임금도 실제로는 상승하고 있었다. 프랑스에 대해서는 농업과 공업 양쪽에서 이를 시사하는 점이 몇 가지 존재한다.[116] 다른 한편, 실상을 알기 위해서는 노동생산성과 화폐로 지불된 임금의 비율에 관해서 더 많은 것을 알아야 한다. 힐은 17세기에 "영국인의 게으름은 외국인의 화

---

114) Wilson(1969a, 125).
115) J. de Vries(1974, 183). 1690년 당시 로메인은 네덜란드의 임금이 영국보다 16퍼센트 높았다고 추산한다(Wilson, 1969b, 118에 재인용).
116) Jacquart(1973, 178)는 프롱드 난 이후 농업노동자가 부족하여 농촌 노동자의 임금이 치솟았다고 한다. Goubert(1970d, 64)도 참조. 1665년에서 1688년에 이르는 시기의 공업을 보면, 경기후퇴에도 불구하고 "(성과급이든 일급이든) 임금률은 도시와 농촌 양쪽에서 안정되어 있었던 것으로 보인다." Goubert(1970g, 348). 이것은 상대적으로 임금이 상승했음을 나타낸다. C. E. Labrousse(1970, 370)도 참조. Léon(1970b, 251)은 "1660년에서 1750년까지 길드에 의한 실질적인 공격이 있었는데," 이는 도시의 임금률 상승과 아울러 공업이 노동자가 "남아돌아 고분고분하고 저임금에 길들여진" 농촌지역으로 점점 더 이전하는 현상을 설명해준다고 지적한다.

젯거리였다"[117]고 한다. 아마도 주로 비교의 대상이 되고 있었던 것은 네덜란드인들이었다. 립슨은 이러한 어려운 시기에 장인은 종종 임금의 일부를 과대평가된 현물로 받거나 약속어음의 형태로 연기된 임금을 받아야 했다고 한다. 후자의 경우, 노동자는 그것을 할인 매각하여 현금화했다.[118] 이 마지막 사실은 특히 흥미로운데, 왜냐하면 여기에는 임금 상승이 고용주에게는 실질적인 비용이 되었지만 그 수혜자는 노동자가 아니라 일부 소은행가였다는 의미가 있기 때문이다.

그러므로 수축시대에 헤게모니를 추구하고 중상주의 정책을 추진한 핵심부 열강은 서로 모순되는 요구에 직면하고 있었음을 알 수 있다. 즉 한편으로 그들은 비용에서 경쟁력을 갖추어야 했으며, 다른 한편으로 생산품에 대한 수요를 찾아내야 했다. 비용에서 경쟁력을 갖추어야 하는 압력은 노동자에게 노동규율을 지키도록 압박했다. 퍼니스는 영국에서 이런 노동규율 관념이 대두하게 된 것을 "고용권"의 상관물로 알려진 "노동의 의무"에 관한 관념의 맥락에서 설명한다.[119] 톰슨은 17세기에 시계장치의 이미지가 확대되고 "마침내 뉴턴과 함께 그것이……전 우주를 사로잡게 되었다"[120]고 한다. 네프는 이와 같은 시기에 스코틀랜드의 탄광부와 제염 노동자가 초기 산업주의의 결과로 "노예로 전락했다"[121]고 지적한다. 자본주의의 대두라고 하면 특히 핵심부에

---

117) C. Hill(1969, 98).
118) Lipson(1956, III, 278).
119) Furniss(1957, 76-78) 참조. 프랑스에서도 이와 같은 압력이 존재했다. Martin Saint-Léon(1976, 13, 501-504) 참조.
120) E. P. Thompson(1967, 57). 그는 영국의 시계 제조업도 동시에 발흥했다고 지적한다 (p. 64).
121) Nef(1968, 233). Duckham(1970, 243)은 "탄광부의 농노제"에 대해서 다음과 같이 말한다 : "탄광부를 '농노화한' 법령은 실제로 없다. 하지만 이 시기 스코틀랜드 사회에서 대부분의 광산주가 광부들을 완전한 의미의 예속민으로 여긴 것과 사실상 모든 탄광부들이 이런 지위를 받아들였다는 것은 무엇보다 명약관화한 사실이다." 그렇다고 해서 탄광부들이 간헐적으로 파업에 나서지 못한 것은 아니었는데, 파업은 "숙련 채탄부가 부족했기" 때문에 가능한 일이었다. Hughes(1952, 253).
  Rusche & Kirchheimer(1939, 50 ; 또한 24-52, 여러 곳도 참조)의 지적에 의하면 바로 이 시기에 정확히 네덜란드, 영국 및 프랑스에서 감화원이 발흥했는데, 주로 "값싼

서의 자유로운 임노동의 대두를 연상하는 데에 너무나 익숙해 있어서 노예제라는 말에 놀라거나 대경실색하기까지 한다. 그러나 마찬가지 상황이 프랑스의 왕립 매뉴팩처에서도 일어났는데, 여기서도 노동자는 사실상 일터에 구금되어 있었다. 하지만 그들은 상대적으로 고임금을 받았다.

이는 고임금을 둘러싼 논의와 더불어 살펴보자. 대다수 중상주의자들은 대다수 자본주의적 기업가들과 마찬가지로 비용 경쟁을 높이는 하나의 방편으로 저임금을 선호했다. 하지만 가장 세련된 중상주의자들은 그렇지 않았다. 1668년에 조사이어 차일드는 새로 펴낸 「교역론(*Discourse on Trade*)」에서 네덜란드의 이점을 다음과 같이 설명했다:"세계 어디에서도 임금이 높다는 것은 그 나라가 부유하다는 틀림없는 증거이고, 노동임금이 낮은 것은 그 지역이 가난하다는 증거이다."[122] 이렇게 본다면 조사이어 차일드는 아르기리 엠마누엘의 논쟁을 300년이나 앞서나갔던 것이다.[123] 비록 차일드가 모든 이들을 납득시키지는 못한 것이 확실하지만 그의 견해는 구조적 압력을 반영하는 것이었다.

노동규율과 임금 상승은 세계경제의 정체기에는 **상호 보완적이며**, 이 두 추동력이 결합되면 진정한 단위당 노동생산성이야 어떻든 고용은 늘어나게 된다. 즉 노동규율(노예제에 가까운 것을 포함하여)이 존재하여 이것이 생산고를 늘리는 수단으로 작용했고(스코틀랜드의 탄광과 파리의 고블랭 직물공장에서 보인 노동규율 강화는 이를 목적으로 한 것이 아니었는가?), 이와 더불어 **숙련** 노동자를 끌어들이고 또한 국내시장을 확대하여 수요를 확대시키기 위해서 임금의 상승도 이루어졌다(여기서도 고블랭 직물공장이 좋은 예이다). "임금"이 상승되어도 소득이 노동자가 아닌 소은행가에게 이전되는 체제는

노동을 사용하여 특별히 비용이 적게 드는 제품을 생산하는 제조업체"로 기능했다. 게다가 법적인 처벌의 방법으로서 갤리선 노예제가 창안된 것도 이 시기였다. "이는 경제적 상황이 최악이었을 때조차 자유로운 노동을 확보할 수 없는 일거리에 노동력을 손에 넣을 수 있는 가장 합리적인 방안이었다."(pp. 57-58)

122) Wilson(1969a, 122)에 재인용. Heckscher(1935, II, 169), Lipson(1956, III, 273-274), Coats(1958, 35, 46) 및 Wiles(1968, 115, 118)도 참조.

123) Emmanuel(1972).

노동자들이 실제로 보수를 잘 받는 체제만큼이나, 어쩌면 그 이상으로 수요를 증대시켰을 수도 있다. 하지만 노동비용이 너무 일찍 그리고 지나치게 많이 늘어나면(그것으로 누가 이익을 얻었는가와는 별도로) 네덜란드인들과의 경쟁이 위태롭게 되었을 것이다. 따라서 균형을 유지해야 했다.

이제 17세기 후반에 영국과 프랑스에서 농업과 공업을 증진시키려는 노력이 어느 정도 성공을 거두었는지 평가할 수 있다. 자유주의적 역사서술에서 전통적인 비교대상은 휘그 지배하의 영국이 사적으로 통제되는 장래의 대량 생산 공업으로 나아갔다는 것과 관료주의적인 콜베르주의하의 프랑스가 사치품 공업의 관행에 빠져들었다는 것이다. 그 결과, 영국은 자유주의와 의회에 의한 통제 그리고 진보를 향해서 나아갔고 프랑스는 귀족제와 "봉건제" 그리고 낭비, 요컨대 앙시앵 레짐을 강화해나갔던 것이다. 이 시기에 관한 다른 많은 논의도 그렇지만, 근대의 역사가로서 이러한 오해의 전형은 헥셔이다:

> 영국에는 [프랑스] 국가의 수중에 있는 사치품 공장(établissements)에 해당하는 것이 없었을 뿐만 아니라, 더욱 중요한 것은 가능한 한 온갖 특권을 부여받은 다수의 광범위한 사적인 왕립 매뉴팩처도……영국에는 없었다는 것이다.……
>
> 이는 **결정적인 차이**이다. 따라서 기술적 변화가 예전과 같이 주로 손재주와 세련된 취향 그리고 예술적인 유연성에서의 개량에 있었다면, 바꿔 말해서 그 변화가 왕실, 궁정, 귀족 및 그외의 부유한 생산자에 의해서 생산이 결정되는 기술분야에서 생겼다면, 프랑스는 알프스 이북의 지도적인 공업국가가 될 가능성이 얼마든지 있었다. 하지만 사정은 달랐다. "**공업주의**"나 "**자본주의**"는 대량 소비를 위한 대량 생산을 의미했고 여기서 사치품 공업은 전적으로 종속적인 것이 되었다. 그리하여 주도권은 영국으로 넘어갔던 것이다.[124]

헥셔의 설명에 대해서 제기할 수 있는 첫번째 질문은 그 사실이 정확한가 어떤가 하는 것이다. 일례로, 피에르 레옹은 콜베르가 일부 사치품 공업들을 육성했다는 점은 인정하지만 그 정확성에는 의문을 품는다.

---

124) Heckscher(1935, I, 221). 고딕체는 월러스틴의 강조.

사실, 주된 추동력은 대량 생산 공업, 즉 모직물업과 아마포 직물업(엘뵈프, 스당, 랑그도크), 군수산업의 기반이 되는 철강업(발랑시엔, 캉브레) 그리고 제지업 쪽을 향했다. 직물업에서의 300개를 포함하여 400개 이상의 재단(財團)이 그의 노력으로 창설되었다. 의심할 여지 없이 [콜베르는] "공업의 기반"을 만든 것은 아니다. 그것은 이미 수세기 동안 존속해왔으며, 그는 단지 그것을 강화하고 집중하고자 했을 뿐이다.……왕립 매뉴팩처가……앞으로 출현하는 공장이라고 하는 "형태"를 처음으로 심은 것은 틀림없다.[125]

콜베르주의가 자본주의적 기업의 숨통을 막는 영향을 끼쳤다는 것에 대해서 논할 때 염두에 두어야 할 점은 관직매매와 용병제도와 마찬가지로 콜베르주의도 19세기적 형태를 향한 일보였지 거기에서의 후퇴를 의미하지는 않았다는 것이다. 콜베르주의는 리슐리외에서 유래했고, 존 네프는 거기에는 평가되어야 하는 적극적인 측면이 두 가지 있다고 주장한다 :

첫째, 그 체제 내에서 경제적 모험가는 리슐리외 시대 이전에 통상 인정되고 있었던 것보다 더 많은 자유를 획득했다.……둘째, 상업적인 규제체제는……실제로 상인들에게 정치적 승인, 즉 지위를 부여하는 조치였으며, [콜베르 시대에 저술로 영향력을 발휘한 성직자인] 에옹은 상인들이 이를 간절히 바랐다고 주장했다.[126]

17세기 영국과 프랑스의 중상주의적 노력에서 흔히 주장되는 것보다 차이가 적었다면, (다수의 다른 사람들과 마찬가지로) 구베르는 왜 "콜베르의 전면적인 실패"[127] 운운하는가? 왜 콜베르 관세의 주된 효과는 영국의 직물 생

---

125) Léon(1970a, 113). 게다가, 1660년에서 1789년까지의 공업에 대한 국가의 투자는 연간 200만 프랑에 불과했다. 공업의 수입이 평균 1억 프랑이었으므로 이 수치는 "사실상 하찮은 것"이었다. Léon(1970b, 225).
126) Nef(1968, 215).
127) Goubert(1970g, 354-356). 그는 네이메헨 조약(1678)에서 콜베르가 네덜란드와 영국의 압력을 받아 자신의 고관세 정책에 대해서 양보해야 했음을 일깨워준다. Meuvret(1971a, 32)는 특허회사의 실패가 관세정책의 실패라고 프랑스식 항해조례라고 할 외국 선박 1톤당 50수(sous)를 부과하는 푸케 세(Fouquet)의 실패보다 더 중요했다고 주장한다. Deyon(1966, 55)도 참조.

산의 상승 경향을 "일시 늦추었을" 뿐이라고 이야기되고 있는가?[128] 드이용의 주장대로 그 전후 사정이 불리했다면,[129] 영국의 경우도 프랑스와 마찬가지였다. 윌슨은 프랑스인들은 **충분히** 중상주의적이지 않았고 그들의 중상주의란 영국과는 달리 "콜베르 시대에조차 여전히 상대적으로 일관성을 결여한 채 형태가 정비되지 않았다"고 하고, 이는 프랑스가 런던의 웨스트민스터-시티 축으로 대표되는 확대되는 상업자본과 정부 영향력의 결합이 없었기 때문이라고 했다.[130] 이렇게 되면, 두 중상주의적 핵심부 국가들의 틀 속에서 이익집단들이 어떻게 해서 자신들의 경제적 목적을 추구했는지 살펴보지 않을 수 없다. 이때 기억해두어야 할 점은 프랑스는 규모상으로 잉글랜드의 네 배이며 그 국경 내에 핵심부 지역에 속하지 않는 광활한 지역을 포함하고 있었다는 사실이다.[131]

이들 국가를 적절히 비교하기 위해서는 우선 상업 및 금융 분야를 검토해야 한다. 먼저 전체의 평가부터 시작하자. 1660년에서 1700년까지의 시기는 영국의 "상업혁명"[132]의 시기이고 이때 비로소 "자립적인 세계의 중개시장"[133]이 되었다는 것이 일반적인 생각이다. 이 시기에 대해서 흔히 강조되는 것은 네덜란드인들과 비교하여 영국인들이 세계무역에서 획득한 점유율인데, 이는 일련의 항해조례가 성공적이었던 측면을 반영한다.[134] 하지만 프랑스의 경우

---

128) Priestly(1951, 47).
129) 콜베르의 노력은 "처음부터 어려운 사업으로 각인되었다." Deyon(1963, 951).
130) Wilson(1965, 65).
131) 프랑스는 어떤 의미에서 지나치게 컸다고 할 수 있는 반면, 네덜란드는 정반대의 문제를 안고 있었다는 주장도 제기되어왔다. "만일 전 네덜란드가 통합되었더라면, 장차 영국에서 전개될 경제적 진보가 더 일찍 가능했을 것이다. 벨기에의 철강과 석탄 그리고 아르덴에서 얻을 수 있는 더 없이 중요한 수력은 산업혁명도 일으킬 수 있는 필수적인 요소였을 것이다. 하지만 네덜란드에는 그런 조건들이 없었다." Plumb(1965, xxv).
132) Davis(1954, 161, 163) 참조. 하지만 그는 "호황기는 불황에서 벗어난 1677년에서 1688년 혁명까지의 시기"라고 지적한다.
133) Wilson(1965, xii). 하지만 Klein(1966, 208-209)은 "1670년경까지 암스테르담의 기본 산물 시장은 이미 세계 중심시장으로서는 거의 중요하지 않았다"고 한다.
134) Harper(1939b, 300)는 항해조례들이 "네덜란드인들이 제3자로서 해운업을 행하는 것을 규제하는 데에 실효"가 있었다고 보고 있다. Åström(1960, 7)은 네덜란드가 잃은 것만

는 어떠했는가? 크루제에 따르면, "17세기 동안[특히 1660년 이후] 영국 대외무역에서 보인 것과 같은 급속하고 장기간에 걸친 성장은 프랑스에서는 찾아볼 수 없다."[135] 하지만 들뤼모는 1590년에서 1690년에 이르는 전 시기를 검토하면서 프랑스의 대외무역이 눈에 띄게 강화되었다는 완전히 다른 상을 제시하고 있다. 즉 "진보는……느리고 불균등하며 방해를 받기도 했지만 결정적이었다."[136] 리셰도 이에 동의하여, 이 "절대적 성장"은 연안지역 훨씬 너머에까지 영향을 미쳤고 1680년에서 1690년에 이르는 시기에는 직물 생산자와 여타 사람들로 하여금 이전 세기의 경기가 가장 좋았던 해에조차 결코 경험하지 못한 수준에 이를 수 있도록 했다고 본다.[137]

프랑스 기업들이 실패했다는 것(이것이 사실이라면)과 프랑스 자본가들이 영국 및 네덜란드 자본가들에 비해서 투자하기를 더 꺼렸던 것은 어떻게 설명할 수 있는가? 그것이 "프랑스인들의 기질과 그 결함"[138] 탓이라거나 프랑스 상인들의 자식들이 사업가가 되기를 포기했기 때문[139]이라고 하는 설명은 그리 진지하게 받아들일 수 없는 답변이다. 다른 곳에 비해서 그러한 경향이 강했다고 해도—— 그것도 의심스럽지만 —— 왜 그러했는가? 어쨌든 문제가 되는 자식들의 부친들의 투자 양상이 설명되어야 한다. 아마도 세계무역을 부문별로 보다 세심하게 본다면 문제가 분명해질 것이다.

지리적 영역별로 분류된 영국 해운의 총 톤수와 상품의 가격에서 살펴보자. 이는 표 2에 산출되어 있다(아쉽게도 프랑스의 경우, 해당 산출액을 알고 있지 못하다).

큼 영국과 발트 해의 선주가 종종 이익을 보았지만 1633년에서 1685년에 걸쳐 발트 해 무역에서 생긴 변화는 "상당한" 것이었다고 한다. Franken(1968, 10)은 1684년 암스테르담의 유지들(City-Fathers)을 인용하고 있는데, 이들은 영국인이 "자신의 작물과 제품에서" 암스테르담—— 그 교역이 상대적으로 "인공적인"—— 보다 "장사 밑천이 많다"는 사실에 주목했다.

135) Crouzet(1972, 62).
136) Delumeau(1966, 105).
137) Richet(1972, 205).
138) Meuvret(1971a, 33).
139) Kulischer(1931, 16-17).

표 2. 1700년 영국의 대외 해운[a]

부문	톤 수	100만 파운드	1000톤당 파운드
동인도	5,000	0.9	.180
지중해 지역	71,000	1.5	.046
에스파냐와 포르투갈		1.7	
서인도 제도	43,000	1.3	.030
북아메리카	33,000	0.7	.021
북유럽	218,000	0.9	.004
인근 유럽 지역	224,000	5.1	.023
총계	594,000	12.1	

a) 이 표는 Wilson(1965, 162)으로부터 재구성함. 윌슨은 랠프 데이비스의 저작에 근거함.

이 표에서 세 가지 사실이 두드러지게 나타난다. 대부분은 다른 핵심부 열강들이 속해 있던 인근 유럽 지역들은 톤수로 전체의 3분의 1 이상, 가격으로는 거의 절반을 차지했다. 발트 해 무역도 톤수에서는 3분의 1을 족히 차지했지만 가격에서는 보잘것없어 해운업자에게는 좋았으나 무역업자에게는 그다지 중요하지 않았다. 동인도 무역은 해운에서도 총 가격에서도 점유율이 거의 없었지만 이 지역의 톤당 가격은 단연 최고이다(반면 발트 해 무역은 단연 최하이다). 톤당 가격이 높다는 것은 선박당 이윤율이 높다는 뜻이 된다. 아시아 무역의 경우 이 사실은 그것이 동인도회사에는 중요했을지 모르지만 전체로서의 세계경제에는 아직 그리 중요하지 않았다는 것을 시사하고 있다. 동인도회사가 무역수지 적자로 인해서 중상주의의 논리를 거스르고 있다는 공격에 버틸 수 있었던 것도 아마도 이 때문일 것이다.[140] 그러한 무역으로 실제 입은 손해는 제한적이었다. 그 반대로 영국 정부가 동인도회사에 기대하는 것은 "아시아에서 스스로 꾸려나가는 것"[141]이었다.

---

140) 17세기의 동인도 무역을 둘러싼 "신랄한" 논의에 대해서는 P. J. Thomas(1963, 6) 참조. 이윤에 대해서는 Glamann(1958, 11) 참조. 글라만은 "네덜란드의 아시아 무역이 가져다준 이윤은 네덜란드가 유럽 내에서 해운업과 상업으로 벌어들인 수입에 비하여 그리 크지 않았다"고 한다. Morineau(1978e, 175)도 참조.
141) Bassett(1968, 85).

수입은 증가하고 있었다. 1600년에 24만 장이었던 캘리코의 수입량은 1700년에는 86만1,000장(그 가운데 3분의 2는 재수출되었다)에 달했다.[142] 하지만 아시아에서 유럽 상품의 수출시장은 여전히 극히 제한적이어서 "약간의 공급 과잉에도 심각한 수요 부족과 가격 하락이 발생했다."[143] 수요가 중상주의 열강들의 주된 공동 관심사였던 시기에서 보면 동인도회사의 무역은 아무런 해결책도 되지 못했다. 실제로 이 무역이 "도움이 되도록" 하기 위해서는 인도가 주변화되어야 했을 테지만, 1750년 이후 경기가 상승국면으로 전환되기까지는, 프랑스인들은 더했지만, 영국인들도 그렇게 하는 것은 애쓸 만한 가치가 없다고 생각했다. 사실, 영국인들이 인도에 대한 정치적 정복과 그 경제적 주변화에 착수했던 것은 바로 그 무렵부터이다.[144] 지중해 무역은 어느 모로 보아도 중간적이었다. 즉 지중해가 세계경제의 외부지역이 아니라 어느 정도 주변부였는가 하는 점에서,[145] 지중해 무역이 양적으로 어느 정도 중요한가 하는 점에서,[146] 그리고 그것이 영국과 프랑스의 경쟁과 관련하여 어느

---

142) Wilson(1965, 170). 당시 아시아산 직물은 가볍고 우아하며 올이 고와서 특히 가치가 있었다. P. O. Thomas(1963, 31)는 1727년에 제작된 「해도(Atlas Maritime)」에 "인도와 중국이 전 세계의 옷을 공급한다"고 나와 있음을 일깨워준다.
143) Chaudhuri(1968, 486) 참조. 초두리는 1700년경 "교역조건이 악화되어 유럽 상품에 불리하게 작용했다"고 덧붙인다.
144) Mukherjee(1974, 110)는 그 전환의 시점을 18세기의 40년대로 잡고 있다. 이 시기에 무굴 제국의 해체로 영국과 프랑스의 경쟁은 "상대편의 기업을 희생시켜서 지상명령인 자국 회사의 '무역상의' 이익을 확보하기 위하여 인도를 통제하려는 치열한 각축"으로 나타날 수 있었다.
145) Davis(1961, 125, 137)는 영국의 무역을 분석하면서 주변화의 문제를 논한다. 그는 이탈리아의 경우에 1700년까지는 "그 농산물을 영국의 제품과 교환하는 또 하나의 나라"가 되었다고 말한다. 그에 의하면 레반트 무역은 "영국 제품과 외국 원료와의 교환"이고 "그 무역은 실제로는 광목(broadcloth)과 생사의 교환"으로 환원될 수 있다. 이탈리아에 대해서는 그의 평가에 동의하지만 레반트에 대해서는 평가를 유보하고 싶다. Issawi(1974)는 1600년에서 1914년까지 오스만 제국이 세계경제에 점차 포섭되어가는 지속적인 과정을 기술한다. 하지만 언제 결정적인 변화가 일어났는지는 명확하지 않다. 그는 18세기를 전환점으로 보고 있는 듯하다.
146) Rapp(1975, 522-523)은 17세기 영국의 부상은 "남유럽 시장을 정복할 수 있었기 때문이었고, 더 정확하게는 공업과 무역에서 지중해의 경쟁상대를 배제할 수 있었기 때문이었다"고 한다. 이는 상당히 과장된 말로 들린다. 비록 17세기 초에 그리스도교권 지중해

정도 결정적이었는가 하는 점에서 지중해 무역은 중간적이었다.[147]

영국과 네덜란드의 경쟁 그리고 네덜란드를 희생으로 한 영국의 부상을 논할 때, 기본적으로 두 가지가 고려된다. 즉 네덜란드인들이 의미심장한 역할을 담당했던 영국의 국내시장과 네덜란드의 "모(母)무역"이었던 발트 해의 해운이 그것이다. 선박이 어느 나라의 국기를 게양하고 있었는가 하는 점을 강조할 때 놓칠 수 있는 사실은 17세기 사이에 격변을 겪었던 화물의 성격이다. 장기 16세기에 발트 해 무역은 기본적으로 서쪽을 향한 곡물의 흐름(여기에서 그다니스크가 결정적으로 중요했다)과 동쪽을 향한 직물의 흐름으로 이루어져 있었다. 17세기의 정체로 인해서 이 무역은 종말을 맞았으나, 진정한 "발트 해 지역의 붕괴"는 세기 중반 수십 년 사이에야 일어났다.[148] 곡물 수출의 쇠퇴는 곡물 가격의 세계적인 붕괴로 인한 것이었고 그 결과 폴란드와 엘베 강 이동(以東)의 곡물 생산지가 국제시장에서 퇴조했다. 이는 또 바로 이들 곡물 생산지에서 직물 시장이 쇠퇴함을 의미했다. 이것은 사용할 수 있는 경화의 양이 줄어들고(악폐와 위폐의 시대를 기억하라) 동유럽에서 지역적으로 수공업 생산이 다시 나타났고, 이것에 의해서 지주가 곡물 시장의 붕괴에서 입은 손실을 다소 만회하고자 했기 때문이다.[149]

    지역의 무역 확대가 영국(그리고 연합주)에 직접 도움이 되었지만 말이다. 사실상 1660년 이후 지중해 무역은 절대량에서는 계속 증가했지만 전체에서 차지하는 비율은 지속적으로 떨어졌다. 프랑스의 경우에 레반트 무역은 16세기 말에 전체 대외무역의 절반을 차지하던 것이 1780년대에는 20분의 1로 떨어졌다. 영국에서 그 쇠퇴가 한층 더 뚜렷하여, 17세기 중엽에는 최고조로 10퍼센트이던 것이 18세기 말에는 1퍼센트로 떨어졌다. 게다가 원면의 공급처이자 직물 시장으로서의 레반트는 다른 공급지와 시장이 형성됨에 따라서 그 중요성을 잃어버렸다. Issawi(1974, 114-115) 참조.
147) Parry(1967, 191)는 그후 18세기에 "있을 법도 하지 않은 역설인 영국인의 지중해"가 창출된다고 한다. Léon & Carrière(1970, 194)에 의하면, 1661년에서 1789년에 이르는 시기를 통해서 지중해 무역이 프랑스의 전체 무역에서 30퍼센트를 차지했다. 그리고 Issawi(1974, 114)는 1780년대에 프랑스가 오스만 제국 무역 중 50-60퍼센트를 차지했다고 한다. 프랑스의 무역은 대략 튀니지에 해당하는 바르바리 지방의 주된 역할을 포함했다. Léon & Carrière(1970, 193).
148) Åström (1963, 29).
149) Åström(1963, 71)은 다른 요인을 하나 더 덧붙이면서, (비단과 벨벳보다는 오히려) 광목을 사들인 발트 해 지역의 사회집단은 하급귀족, 젠트리, 성직자, 관료 그리고 도시민들

네덜란드산 직물과 현지산 직물에 비해서 영국산 직물의 생산효율은 그리 크지 않아 수요가 감소한 발트 해 지역에서는 "완전한 가격할인 —— 이는 논외이다 —— 없이는" 버텨나갈 수 없었다.[150] 이스틀랜드 회사는 염색되고 마무리된 직물을 수출하여 고용을 창출했기 때문에 국왕의 비호를 받아왔다.[151] 수출에서 수입으로 그 회사의 역점이 바뀌어도, 회사는 자신의 특권적 역할을 할 운명이었는데, 이는 특히 영국이 점점 더 재수출과 화물집산지 역할에 역점을 두었기 때문이다. 하지만 무엇을 수입했는가? 전통적인 수입품인 곡물은 이미 붕괴했다. 곡물 무역을 붕괴시킨 원인이었던 세계경제의 침체는 핵심부 열강 3국간의 치열한 상업적 경쟁으로 치달았고, 그 경쟁이 빈번히 전쟁(특히 해전)으로 악화되었기 때문에, 발트 해 지역이 공급할 수 있었던 두 가지, 즉 해운 관련품과 철의 수요가 커졌다.

물론, 해운 관련품은 오랫동안 발트 해 지역에서 수입되어왔다. 그러나 "1650년 이전에는 공급문제가 결코 심각한 적이 없었다."[152] 하지만 이제 그것은 다음의 세 가지 이유에서 심각해졌다. 즉 조선업이 신장된 것과 주택 건설이 늘어난 것(특히 런던 대화재 이후) 그리고 이전의 건설로 잉글랜드의 목재 공급이(세기 말까지는 아일랜드의 목재 공급도) 바닥나서 목재의 부족이

이었고 이들의 수요가 꽤 일정했다고 주장한다. "따라서 직물 소비상의 큰 변동은 직물을 입는 집단 가운데 단 하나의 집단인 군인에 의하여 결정되었다. 전쟁 준비는 수요를 자극한 반면 군대 해산은 그것을 억제했다." 따라서 30년전쟁의 종결에 뒤이은 "북유럽의 소강상태"는 직물의 구매를 격감시킨 원인이 된다.

이것이 충분한 설명인지는 의심스럽다. 무엇보다 비군사적인 수요가 그렇게까지 일정했다고는 생각지 않는다. 오스트륄 자신도 당시의 영국인들이 자신의 직물 수출의 위기를 세 가지 요인에서 설명한다고 지적한다. 그 세 가지 요인이란 "네덜란드인들의 경쟁과 북유럽 및 동유럽에서의 직물업의 증가 그리고 폴란드 시장의 구매력 감소"(1963, 69)이다. 두번째와 세번째의 설명은 바로 비군사적 수요가 일정하지 않았음을 말해준다. 첫번째 요소는 30년전쟁과 관련이 있으나, 군사적 수요가 아니라 전쟁 탓에 1623년에서 1646년까지 네덜란드의 선박들이 발트 해 지역의 "영국인들의 무역에서 자취를 감추었다"는 사실과 관련이 있다. Hinton(1959, 37).

150) Hinton(1959, 45).
151) Hinton(1959, 59) 참조.
152) Hinton(1959, 99).

"전국적인 위기로……치달았다"는 것이 그것이다.[153] 여기서 영국과 프랑스에는 결정적인 차이가 있었다. 다시 말해서 프랑스는 영토의 규모가 훨씬 넓었기 때문에 목재 공급도 훨씬 더 많았고, 콜베르의 시대가 되어도 이 점에서 영국보다 꽤 유리한 입장에 있었던 것으로 보인다.[154] 프랑스산 목재가 조선용으로는 질이 떨어지는 반면 북유럽산 돛대가 최고급품이었다는 것은 확실하다. 하지만 프랑스는 자체적으로 목재를 생산하고 있었다. 프랑스인들이 직면한 문제는 돛대의 질적 차이 때문에 나라 밖에서 목재를 얻기 위하여 시간과 비용 그리고 정치적 군사적 자원에서 특별한 노력을 기울이는 것이 가치 있는 일인가 하는 점이었다. 그 대답은 대체로 부정적이었던 것으로 보인다.[155] 영국인들은 이런 사치스러운 선택을 할 처지가 못 되었다. 그들은 목재를 나

---

153) Wilson(1965, 80). Darby(1975, 328)는 "1660년의 왕정복고 때까지 삼림지대는 큰 폭으로 감소되었다"고 한다. 한 가지 정책상의 결과는 해군성이 놀라 왕립협회의 조언을 구했다는 것이다. 1664년에 존 이블린은 토지를 소유한 젠트리에게 나무를 심을 것을 호소한 보고서를 썼다. 그 권고는 널리 호응을 받았으며 결국 그 성과는 국내의 목재 생산 증가로 나타났다. 분명한 점은 "이 당시 심은 나무들이 자라서 18세기의 여러 전쟁에서 영국 해군을 떠받쳤다"는 것이다. Darby(1973, 329).
154) Bamford(1956, 206-207) 참조.
155) "프랑스 기업가들이 북유럽의 해운업에 자본과 선박을 과감히 투자하기를 꺼린 것—— 그 때문에 그들은 흔히 비판을 받았다 —— 은 스스로의 한계와 가공할 네덜란드인들과의 경쟁에 휘말릴 위험성에 대한 현실적인 인식에 바탕을 둔 것으로 보인다." Bamford(1954, 219). 뱀퍼드는 북유럽산 돛대를 확보하기를 꺼린 두번째 원인이 비용말고도 "그것에 의존할 경우 전시에 전략상의 중대한 무능력이 빚어질지"(1956, 113)도 모른다는 우려였다고 주장한다. 발트 해 지역에서의 프랑스 무역은 당시 전체의 7퍼센트에 불과했다. Léon & Carrière(1970, 194). 프랑스가 북아메리카에 기울인 노력에 대해서 Bamford(1956, 120)는 "캐나다는 돛대용 목재가 풍부하고 값도 쌌지만, 이를 이용하려면 임금이 턱없이 높은 현지의 노동력을 쓸 수밖에 없었다"고 한다.
애초에 프랑스인들이 북아메리카의 목재자원을 찾아나서기를 주저한 것(영국인들의 필요성과 비교하여)은 자구책이었음을 아는 것이 무엇보다 중요하다. Bamford(1956, 127-128)는 1731년에 프랑스가 북아메리카산 돛대의 수입을 전면적으로 금지시킨 한 가지 이유는 품질이 형편없었기 때문이라고 지적한다. 하지만 뱀퍼드에 의하면, 돛대의 재질이 형편없었던 것은 실제로 내륙으로 더 들어가지 않고 세인트로렌스 강 인근에서 돛대용 목재를 벌목하여 이를 2년 남짓 땅에 묵혀둔 다음 운송했기 때문이었다. "프랑스인들이 수입을 중지하지 않고 캐나다산 목재의 이용을 확대하고자 했다면, 훗날 캐나다 벌목이 영국에 안겨다준 것과 같이 확실히 알찬 결실이 있었을 것이다."

라 바깥에서 구하지 않으면 안 되었던 것이다. 따라서 그들은 발트 해 지역에 많은 공을 들였고 북아메리카에서는 프랑스인들보다 더 많은 공을 들였다.

프랑스가 목재를 국내에서 더 많이 조달할 수 있었다는 것은 두 가지의 중요하고 광범위한 부수적 효과를 낳았다. 이로 인해서 발트 해 무역이 지리적으로 동쪽으로, 즉 그다니스크에서 쾨니히스베르크로, 이어서 리가로, 나아가 나르바로 뻗치게 되었으며, 결국에는 스톡홀름과 비보르 항을 통하여 러시아와 핀란드를 통합하기 시작했다.[156] 파급효과가 더 컸던 두번째 사실은 그 결과 영국이 석탄자원을 개발하도록 내몰렸다는 것이다. 최근의 조심스러운 추산에 따르면, 석탄 생산이 세기 전체에서 대략 60퍼센트 늘어났고 낮은 수치를 기록한 1650년과 높은 수치를 기록한 1680년을 비교해보면 370퍼센트 늘어났다.[157] 난방과 취사에 목재 대신 석탄을 이용하는 방식은 제임스 1세 시대 무렵 처음으로 유행했으나, 그것은 영국-네덜란드 전쟁으로 목재 수입이 중단된 결과로써 사실상 촉진되었다. 그후, 제조업자들은 석탄의 이용이 가능한 공정을 찾기 시작했고, 1738년 무렵에는 한 프랑스인 관찰자가 석탄이 "영국 제조업의 정수"[158]라고 썼다.

해운 관련품말고도 발트 해 지역에서 새로 들여온 다른 수입품은 철이었다. 17세기 초에 철은 영국이 발트 해 지역에서 들여온 수입의 2퍼센트를 차지했으나 세기 말에는 28퍼센트에 달했다.[159] 철 하면 스웨덴을 의미했고 철은 광석을 가공한 결과물인 공산품이었다. 이 시기에 스웨덴이 왜 철 생산에

---

156) Åström(1963, 41-44) 참조. 이는 목재뿐만 아니라 아마, 대마, 피치, 타르와 가성칼리도 구하기 위해서였다.

157) Langton(1972, 51). 그는 15배 증가했다는 네프의 추산에 비하여 이는 조심스런 수치라고 주장한다. 따라서 그는 "뚜렷한 '혁명'은 전혀 일어나지 않았다"고 결론짓는다. 각자가 마음대로 혁명의 양적 조건을 설정하기 때문이다!

158) Minchinton(1974, 151)에 재인용. 영국에서의 목재 부족과 석탄 이용의 증가에 대해서는 Wilson(1965, 80-85) 참조. 윌슨은 독특한 주의를 덧붙인다. 즉 "석탄이 연료로서 목재를 성공적으로 대체하여 석탄공업의 생산량이 증가했다고 하더라도 그것을 직물 이외의 영국 공업의 모든 발전을 설명할 수 있는 만능열쇠로 여겨서는 안 된다." 그렇지만 그는 "그것은 아마도 17세기 초의 경제적 팽창에 가장 유리하게 작용한 요인이었을 것이다"라고 덧붙이고 있다.

159) Åström(1963, 32).

서 그토록 중요한 역할을 했는가? 18세기 말 이전에는 목탄이 제련에서 결정적인 에너지원이었음을 기억해야 한다. 금속과 에너지는 수송비용이 많이 먹혔기 때문에, 최적의 상황은 한 곳에 두 가지 요소가 다 있는 것이다. (사실 철이 삼림보다 광범위하게 얻을 수 있고 풍부했다.) 스웨덴에서는 양질의 광석과 다량의 목탄이 모두 다 있었다.[160] 영국과 프랑스 역시 대규모 제련시설을 갖추고 있었으나, 기본적으로 "연료의 부족이 더 적었기" 때문에 아마도 프랑스의 것이 더 큰 규모였을 것이다. 그 결과, 영국은 자국의 생산을 보충하기 위해서 스웨덴산 철의 주요 수입국이 된 반면 프랑스는 "이 금속을 수입하지도 수출하지도 않았다."[161] 즉 프랑스는 필요한 양을 생산했고 따라서 발트 해 무역이 필요하지 않았다. 스웨덴산 철은 스웨덴이 세계경제의 반주변부 세력으로 부상하는 데에 주된 역할을 담당했다. 이에 대해서는 뒤에 다루겠다. 우선 강조해두고 싶은 점은 영국과 프랑스 양국의 규모와 자원의 상대적인 차이가 양국의 대외무역 양상에 미친 영향이다. 제조업은 양국에서 확대되고 있었고 철은 더욱더 많이 필요했다.[162] 철이 많이 필요해지면서 그만큼 연료도 많이 필요했다. 영국이 프랑스보다[163] 일찍 석탄을 연료로 사용하고 철의 수입에 의존하지 않을 수 없게 된 것은 공업화 수준의 차이라기보다는

---

160) Heckscher(1932, 139). 그는 "[스웨덴의] 특권적 지위는 [광물의] 질보다는 [목탄의] 양 때문이었다"고 한다.
161) Léon(1970b, 231-232)은 18세기 내내 프랑스에서 원철이 갈수록 부족했음을 강조한다. 그는 이미 1685년에 프랑스는 연간 850만 파운드분(그리고 1787년에는 4,200만 파운드분)을 독일, 러시아, 에스파냐 그리고 특히 영국과 스웨덴으로부터 수입하고 있었다. 그는 18세기에는 "삼림 고갈의 우려와 연료비 상승"에 대한 불만이 고조되었다고 말하고, 1731년에 프랑슈-콩테에서 삼림을 파괴하는 제련업자에 맞서서 일어난 농민반란을 언급하고 있다.
162) Flinn(1958, 145)은 1660년에서 1760년까지 영국에서는 제철업이 침체된 공업이었다는 과거의 견해를 공박한다. 그는 철의 수입 증가는 오히려 국내와 식민지에서의 수요 증가를 반영했다고 생각한다. Bairoch(1966, 8-10)에 의하면, 영국 국내의 철강 생산은 1660년에서 1760년까지 여전히 변동이 없었지만 수입은 130퍼센트 증가했다. 그는 그것이 주로 농업에 이용되었다고 한다.
163) 프랑스에서도 비슷한 증가가 이루어져 결국 1735년경에는 "석탄의 시대"로 접어들게 되었다. Léon(1970b, 232).

생태학적 차이 때문이었다.

영국과 프랑스 간에 가장 눈에 띄는 중요한 차이가 생긴 것은 아마도 대서양 무역에서였다. 대서양 무역의 양은 프랑스보다 영국 쪽이 훨씬 많았다. 게다가 영국은 이 시기에 서반구에 정주 식민지를 발전시킨 데 반해서 프랑스의 식민은 비교적 늦어졌고 성공적이지도 못했다. 이 두 현상은 실제로 서로 연결되어 있다. 1700년까지 영국은 "대서양에 가장 큰 이해관계가 걸린" 나라였다.[164] 그 까닭은 무엇인가? 네덜란드인들이 유럽 무역을 어떻게 지배했는지는 이미 살펴보았다. 따라서 그들로서는 새롭고 어려운 방법을 찾기보다 장점을 계속 살려나가는 편이 훨씬 더 바람직하게 보였다. 하지만 프랑스인들이 영국인들과 나란히 대서양 무역으로 전환하지 못한 이유는 무엇인가? 더 정확히 말하자면, 특히 1660년에서 1700년까지 영국인들은 프랑스인들보다 왜 그렇게 더 잘할 수 있었는가? 사실은 분명해 보인다. 17세기에 서반구에 새로 들어선 개별 식민단위는 28개였는데, 그중 네덜란드가 3개, 프랑스가 8개, 영국이 17개였다. 1700년 당시 영국인 식민지 인구가 노예를 포함하여 35만-40만 명이었던 데 비해서 프랑스인은 7만 명에 불과했고, 번영하고 있던 카리브해 식민지들에서 영국인들의 수는 프랑스인들보다 두 배나 많았다.[165] 프랑스령 캐나다와 루이지애나는 인구규모 면이나 생산량 면에서 북아메리카의 영국령 거주지에 처음부터 필적할 수 없었다. 1600년에서 1700년 사이에 식민지 생산물에 대한 유럽인의 주요 **재수출** 무역, 즉 규모가 크고 수익성이 좋은 새로운 중계무역은 영국에 의해서 발전되었다.[166] 사실 항해조례들의 가장 중요한 성과 가운데 하나는 그와 더불어 영국의 운송업자들이 자국의 식민지 무역을 성공리에 독점했다는 것이다. 여기에다 이들이 에스파냐령 아메리카에서의 밀수에도 널리 성공을 거두었다는 점을 덧붙이지 않으면 안 된다.[167]

물론 프랑스인들도 영국인들과 마찬가지로 대서양을 가로질러서 담배와 설

---

164) K. G. Davies(1974, 314).
165) K. G. Davies(1974, 45, 80, 85). 물론, 개별 식민단위의 수는 단위를 어떻게 정의하느냐에 달려 있다. 데이비스는 자기 나름의 목록과 근거를 제시한다.
166) Davis(1954, 131) 및 Wilson(1965, 161) 참조.
167) Parry(1967, 206).

탕을 실어날랐으나, 다만 총량이 영국에 비해서 적었고 프랑스의 국내시장이 수입된 것을 대부분 소화하여 재수출의 여지가 적었다. 아메리카에서 프랑스인들은 영국인들에 비하여 생산자 —— 식민자, 인덴쳐드 서번트(indentured servant : 고용 연한이 정해진 계약고용인을 말하지만, 특히 17-18세기에 미국으로 건너가서 운임과 생활비를 받고 그 대신 3-7년 정도의 기간 동안 노동을 한 열악한 환경의 노동자를 가리킴/옮긴이), 노예 —— 의 수가 적었고, 따라서 생산량이 적었다.[168] 왜 프랑스측의 생산자가 적었는가에 대한 문제에는 쉽게 답할 수 없다. 양국은 이질적인 종교집단의 이민에 대해서 다소 상이한 태도를 보였음을 알 수 있다. 사실상 영국인들은 그러한 이민을 장려했으면 했지, 적어도 이를 방해하지는 않았다. 반면 루이 14세는 위그노가 아메리카에 정주하는 것을 금하고, "식민지를 이단에게 넘겨줄 요량으로 왕국을 가톨릭으로 한 것은 아니었다"[169]고 했다.

결국 양국간의 차이에 대한 통상적인 설명, 즉 영국은 입헌적이고 상대적으로 자유주의적인 데 반해서 프랑스는 절대주의적이며 권위주의적이었다는 설명으로 되돌아가야 하는 것처럼 보인다. 하지만 여기에 한 가지 흥미로운 사실이 있다. 낭트 칙령이 철회된 직후인 1687년에서 1688년 사이에 프랑스 국왕은 국경을 넘어서 (아마도 여타 유럽 국가로) "도망치다가" 잡혀온 위그노는 미시시피, 캐나다, 마르티니크 섬, 아니면 아메리카의 다른 어딘가로 추방해버리겠다고 위협했다. 적어도 스코빌에 따르면 이것은 의미심장한 위협이었는데, 왜냐하면 "대서양 저편으로 추방해버리겠다는 위협은 위그노의 간담을 서늘하게 했으며 평생 갤리선에 묶일 수 있는 가능성보다 훨씬 많은 사람을 개종시키기 때문이다."[170] 이러한 사실에 비추어볼 때, 프랑스인들이 더 많

---

168) 영국인들은 "인덴쳐드 노동 제도를 한껏 활용했다." 1700년경 영국인들이 25만 명 정도 북아메리카로 이주한 데에 비해서 프랑스인들은 2만 명밖에 이주하지 않았다. K. G. Davies(1974, 80, 96). Curtin(1969, 제3장)은 특히 1700년 이전 영국 식민지에서 노예의 수를 더 높게 잡고 있다.
169) Dehio(1962, 89). 위그노가 그곳으로 가기를 반드시 열망한 것은 아니었다. 데히오가 말한 대로, 그들은 대서양 "저편에서도 사회적, 정치적, 종교적 생활에서 똑같이 권위적인 모습밖에 보지 못하리라는 것을 짐작할 수 있었다."
170) Scoville(1960, 103).

은 정주자들을 보내지 않았던 것이 종교적인 고려 때문인 것으로 보이지는 않는다. 아마도 프랑스인들은 정주 식민지에는 영국인들만큼 관심이 없었던 것이다.

정주 식민지에 대한 관심을 불러일으킨 것은 무엇인가? 여기에 문제의 핵심이 있다고 생각된다. 아메리카의 식민지는 두 가지 목적에 쓰였다. 첫째, 그것은 유럽의 대부분 지역에서는 나타나지 않는 기후조건이 요구되는 이른바 열대성 작물 —— 설탕과 면화 그리고 담배 —— 의 공급원이었다. 브라질과 북아메리카의 남부를 포함하는 광의의 카리브 해 지역이 생태학적으로 이에 적합했고 영국과 프랑스 양국은 이런 목적으로 이 지역에 식민지를 획득했다. 영국이 프랑스보다 더 성공적이었을지도 모르지만 이 점에서의 차이란 비교적 크지 않았다. 식민지가 지닌 두번째의 아주 상이한 기능은 제품과 재수출품을 위한 시장으로서의 기능이었다. 열대 식민지는 생산비용을 낮추기 위해서 강제노동을 사용하는 경향이 있었기 때문에 변변찮은 시장이었다. 이런 기능을 수행하기 위해서는 전체적으로 충분히 큰 실질소득을 창출하고 비교적 높은 생활수준을 누리는 유럽인 정주자가 필요했다.

영국은 그러한 식민지를 발전시켰으나 프랑스는 그렇지 못했다. 그것은 프랑스가 시장의 필요성이 덜했기 때문이거나 다른 곳에 시장이 있었기 때문이 아닐까? 다시 규모의 요인으로 돌아간다. 프랑스는 그 생산물의 대부분을 국내에서 팔 수 있지 않았을까?[171] 영국은 (오랫동안 연합주를 통해서) 하나의

---

171) "양적으로 보아서 [프랑스의] 국내교역이 대외무역을 월등히 능가했다는 것은 의심할 나위가 없다." Léon & Carrière(1970, 165).

실제로 17세기에는 교역항이 국내로 눈을 돌리게 되었다. 다시 말해서 Morineau (1970b, 163, 169)가 일컬은 마르세유의 "북방화"에 의해서 그 교역항은 "지중해와의 관계를 끊었다." 모리노는 17세기 초에 마르세유가 "16세기의 발전보다 더 눈부신" "진정한 발전"을 이루었다고 설명한다. 어떻게 이러한 일이 가능했는지 의심스럽다. 왜냐하면 마르세유가 이익이 되는 향신료 무역을 네덜란드에 빼앗기고 그 결과 향신료 무역으로도 바뀌었기 때문이다. 모리노의 답변은 이렇다. 마르세유는 피혁과 특히 생사의 주 수입처 구실을 하여 리옹의 견직물업자에 공급했는데, 그 당시 이들은 이전에 북부 이탈리아인들로부터 공급받고 있던 프랑스 시장들을 물려받고 있었다. 프랑스 시장들이란 어떤 시장이었는가? 그것들은 전반적인 쇠퇴에도 불구하고 번영을 구가한 궁정의 사치품 시장

시장으로서 유럽이 필요했고,[172] 또한 북아메리카 식민지도 만들 필요가 있었다.[173] 그것은 전적으로 상대적인 문제이다. 세계적인 경기수축이라는 동일한 문제에 직면한 영국과 프랑스 양국은 중상주의적 대응을 보였고 먼저 연합주를 겨냥했고 이어서 서로를 겨냥했다. 하지만 영국에서는 모든 것이 대외무역에 어느 정도 집중하는 경향이 있었다. 이는 자구책이었다. 즉 영국은 무역이 필요했기 때문에 선박이 필요했고 그 다음에는 해운 관련품, 그 다음에는 해운 관련품들을 구매하기 위한 생산품, 그 다음에는 늘어나는 제품을 구입할 식민지 구매자가 필요했다. 양적으로 살펴보면 왜 영국인들은 삼각 무역을 발전시켰지만 프랑스인들은 그렇게 하지 못했는가가 설명된다. 선박이 많아지면 한쪽 방향으로 이루어지는 교역과 선박의 활용성 저하에 대한 우려가 커졌으며, 이에 대한 한 가지 해결책은 삼각 무역이었다.[174] 더구나 삼각 무역은 정주 식민지의 효용을 높였다. 마지막으로 하나 더 들자면, 영국이 더 큰 대서양 무역을 가지고 있었던 만큼 재수출 무역도 더 컸으며, 그 결과 영국에는 유력한 반(反)중상주의적 압력집단이 생겨났다는 것이다.[175] 이것은 아마도 18세기 양국의 발전의 차이를 설명해준다.

영국의 경제적 진보의 또다른 주요 요인은 통행세가 없었던 데다 국내수송

이었다. 그 시장들은 세 가지 원천에서 비롯되었다. 즉 기존 수요의 방향 전환과 영주 수입의 증대 그리고 세수의 증대로 인한 궁정인의 수입 증가가 그것이다. "그리하여 사치품 교역이 자극을 받아 무기 및 피혁 교역과 어깨를 겨루게 되었다. 잊지 말아야 할 것은 17세기가 구두가 유행한 세기였다는 것이다. 마르세유는 그 발전의 성과물을 프랑스의 국내자원에 쏟아부었다. 이렇게 프랑스는 금은 감소의 반향을 피할 수 있었다." (1970, 168-169)

172) "[17세기에] 영국이 이룬 눈부신 식민사업"에도 불구하고, "무역은 [여전히] 주로 유럽 내부에서 이루어졌다." Supple(1959, 7). 하지만 식민지 무역이 발흥함에 따라서 네덜란드와의 무역은 쇠퇴했다. Wilson(1965, 271-272).

173) F. J. Fisher(1950, 156). Jeannin(1964, 338-339)은 1650년에서 1750년에 이르는 시기에 서유럽 제조업의 2대 시장이 북아메리카 식민지 주민과 나라들이었다고 주장한다. 여기서도 프랑스가 영국에 비하여 규모가 커서 내수도 컸다는 사실은 상대적으로 북아메리카 시장의 필요성이 더 적었음을 의미했다.

174) Davis(1956, 71).

175) Wilson(1967, 513) 참조.

체계가 개선된 점 —— 하천 둔덕을 제거하고 제방을 튼튼히 하며 하상을 깊게 파고 수문을 만들며 수로를 파서 운송로를 단축한 것 —— 이라는 주장이 종종 제기된다.[176] 비록 프랑스에서 통행세로 인한 비용의 증가는 비교적 적었을지라도 —— 그리고 이는 5대 징세청부지역 바깥의 교역에만 적용되었음을 잊어서는 안 된다 —— 대체로 운송비는 비싸게 먹혔다고 레옹과 카리에르는 말한다. 이들은 "이는 너무 어려운 문제라 더 이상 뭐라고 말하기 어렵다"[177]고 난감해한다.

그 문제를 이런 식으로 보는 것이 적절할까? 영국 내의 운송비는 프랑스의 북부 관세지역 내의 운송비와 큰 차이가 없었을지도 모른다. 그런데 영국에서 바깥으로 나갈 때는 해로를 통했고 프랑스의 북부 관세지역을 벗어날 때는 주로 그런 것은 아니지만 적어도 부분적으로는 육로를 통했으며, 또한 바로 이 당시 해상수송이 육상수송보다 비용이 현저히 싸게 먹혔기 때문에, 국내시장이 충분히 크지 않다고 하는 영국의 딜레마는 장점으로 변했다.[178] 아마도 핵심은 프랑스가 경제적으로 영국보다 더 나았다는 점일 것이다. 따라서 프랑스는 "대외"무역의 발전에 주력할 필요가 없었다. 장기적인 수축기에 대외무역이 발전했다고 해도 실질적으로는 아무런 차이도 없었을지 모르나, 그것으로 인해서 영국은 18세기 중엽의 새로운 경제적 팽창을 이용할 준비를 프랑스보다 경제적으로나 정치적으로 그리고 군사적으로 더 잘 갖출 수 있었다.[179]

---

176) T. S. Ashton(1969, 72-74) 참조.
177) Léon & Carrière(1970, 178) 참조.
178) 앞서 Wallerstein(1974, 264-266)에서 이루어진 논의 참조.
179) 장기적인 수축기에 영국에서조차 대외무역이 전부가 아니었음을 염두에 두자. 예를 들면 Reed(1973, 184)는 이렇게 주장한다 : "거래비용을 줄이는 데에 중요한 것은 거래의 총량으로, 관련 상인의 국적은 문제가 되지 않는다. [영국의] 대외무역이 [17세기에] 팽창했지만, 그 수준은 국내교역의 수준에 못 미쳤고 대외무역이 더 빨리 성장했다는 증거도 전혀 없다. 그러므로 당연히 국내의 상업이 주된 역할을 담당했을 것이다." 그 점은 충분히 인정된다. 하지만 특히 프랑스가 훨씬 규모가 큰 나라였다는 점을 감안하면, 프랑스의 총거래량이 영국보다 실제로 적었는지 여부는 여전히 살펴볼 여지가 있다.
그러므로 전국의 거래량이 아니라 특정 시장의 거래량을 살펴보자. 물론 파리는 런던 이제 영국과 프랑스가 생산과 무역의 흐름을 재정적으로 관리하는 문제를 어떻게 풀어나갔는지 하는 점을 살펴봐야 한다. 이 점을 검토하기 위해서는 세 가지 서로 얽힌 문제에 대한 논의가 필요하다. 즉 이 시기 무역에서 차지하는 금은의 역할(중상주의자의 큰 관심사로 여겨진다), 이 시기 금은의 이용도와 흐름, 체제 전반이 작동하는 데에 공공재정이 미친 영향이 바로 그것이다. 제프리 파커의 주장에 의하면 1500년에서 1730년에 이르는 시기는 "금융혁명"이 일어난 시기였는데, 이 혁명은 산업혁명에 필수불가결한 서막이었으며 사적 금융 면에서는 두 가지 점 —— 신용기관이 몇몇 중심으로 집중된 것과 "이와 관련한 국제적인 다각적 결제기구가 발전한 것" —— 을 의미했다.[180] 과정을 나타내는 명사인 **발전(evolution)**이라는 말의 모호한 의미 뒤에는 대논쟁이 자리잡고 있다. 실제로 어느 정도까지 결제가 다각적으로 행해졌는가? 아니 아마도 더 정확하게 말하자면, 다각 결제가 충분히 일반화되고 무역업자와 정부가 그것을 수단으로 해서 계산할 수 있게 된 시기는 언제였는가?

그 논쟁은 주지하는 바와 같이 엘리 헥셔가 중상주의자의 논리를 거부한 데 대해서 찰스 윌슨이 이견을 주장했기 때문에(실제로 그가 그렇게 한 것은 당연했다) 시작되었다. 윌슨은 양국간 결제방식에서 다각적 결제방식으로의 전환은 18세기에야 이루어진 만큼 통화의 입수 가능성에 대한 17세기의 중상주의자들의 염려는 당연한 것이었다고 주장한다.[181] 헥셔는 "다각 교역과 환투기는 이미 중세에 —— 아마도 그 이전에도 —— 존재했고", 또 "......어떤

과 같이 행정적 기능과 경제적 기능을 결코 겸비하지 않았는데, 이는 여기서도 프랑스의 규모와 그로 인한 지리적 구조 때문이었다. 1650년에서 1750년까지 런던이 도시로서 그리고 시장으로서 성장한 것은 폭넓게 논의되고 있다. Wrigley(1967, 63) 참조. 그리고 런던의 거래비용이 파리 및 그밖의 프랑스 중심지의 거래비용보다 싸게 먹힌다는 것은 사실일지도 모른다. 1500년에서 1700년에 이르는 시기에 기술상의 변화가 극히 적어서 생산성 증가의 원인이 되지 않았고 생산성 증가의 유일하게 납득할 수 있는 원천은 "시장비용의 절감"에 있었다고 한 North & Thomas(1973, 150)의 주장이 옳다면, 이것은 아마 영국이 프랑스에 비해서 약간 우위에 있지 그 이상은 아님을 말해준다.

180) Parker(1974a, 532).
181) Wilson(1949).

다각 교역을 실현하는" 수단은 "부차적인 문제"라고 응수한다.[182] 금은의 흐름은 다각 결제를 달성하는 하나의 수단에 불과했고, 환어음의 흐름도 존재하나 그것이 "일반적으로 사용되지" 않으면 다각 교역은 "계속될 수 없다." 윌슨은 다음과 같이 대응했다 : 물론 다각 교역이 일부 행해져왔고 환어음도 일부 사용되어왔지만 (특히 발트 해 지역에서) 교역량은 금은이나 정화의 "연결"에 의존했고 금은이 없었더라면 무역은 "다소 2국간의 거래로 되돌아감으로써 축소되었을 것이다."[183]

제이콥 프라이스는 이 논쟁을 평가하면서 양쪽이 "역사적 사실성이 부정확"하며 중상주의 시기 전체를 정태적으로 보고 있다고 비난한다. 그에 의하면 환어음이 안전성이나 지불의 용이함 때문만이 아니라 "부분적으로는 통화의 상대적인 부족을 메꾸기 위해서" 이미 중세부터 사용되기 시작했다. 그는 16세기 중반부터 1660년까지 세계의 은 공급이 급증하여 무역의 팽창이 가능했지만 1660년 이후 은 공급이 줄어들어 환어음의 사용이 증가하고 동시에 "무역결제를 위해서" 상품 흐름이 늘어났다고 주장한다.[184] 따라서 프라이스는 절충하여 17세기 전반은 윌슨의 주장을, 그리고 17세기 후반은 헥셔의 주장을 따랐다. 프라이스가 보기에 그 차이란 입수 가능한 금은의 양으로 설명된다. 스펄링은 프라이스를 지지하고, 1660년은 결정적인 전환점이며 그후에 암스테르담-런던 국제결제 센터가 들어서고 세계무역 체제의 성장에 따른 필요성에 맞춰 확대되었고[185] 이로써 산업혁명이 가능해졌다고 맞장구를 친다.

---

182) Heckscher(1950, 221-222).
183) Wilson(1951, 232). 그는 그 논쟁은 실질적이었다고 주장하고 다음과 같이 말한다 : "국제적인 지불수단으로 귀금속을 사용하는 것이 일종의 다각 결제라는 데에 대한 합의는 논쟁의 폭을 좁힐 것으로 기대한다. 하지만 그렇다고 해서 그 논의가 완전히 해결되지는 않는다. 왜냐하면 중상주의 시대에 국제무역과 결제의 표준적인 양상에 대해서 개념상의 차이가 존재하기 때문이다. 헥셔 교수는 금은의 역할을 지나치게 적게, 환어음의 역할을 지나치게 크게 보는 것 같다. 헥셔 교수가 주장하듯이, 토머스 먼의 세계가 알프레드 마셜의 세계와 실로 꼭 같았는가? 국제무역에 자금을 공급하는 것은 역사성이 없는가? 그렇지는 않은 것 같다. 당시 금은의 흐름은 규모 면에서 '극히 소량'이 움직인 19세기와 20세기 초와는 현저히 달랐다."(1951, 233)
184) J. M. Price(1961, 273-274).
185) Sperling(1962, 468).

루돌프 블리츠는 이 논쟁에 끼어들어 금은은 통화인 동시에 상품이라는 유익한 시사점을 덧붙였다 :

> 가령 어떤 나라가 금만 생산하고 소비재와 투자재를 얻기 위해서 이를 여타 지역에 수출한다면, 이러한 금 수출은 무역수지 적자를 결제하는 것이라기보다는 "금이라는 상품의 수출"로 보는 것이 훨씬 의미가 있다.[186]

이 말은 전적으로 옳다. 그러므로 왜 17세기에 금은이 다른 통로에서보다 일부 통로에서 더 많이 흘렀는가 하는 문제는 금은이 어디로 흘렀는가 하는 문제 못지 않게 중요하다. 상이한 무역지대를 검토하면서, 우리는 본래의 윌슨-헥셔 논쟁이 발트 해 무역을 둘러싸고 집중되었음에 주목했는데, 윌슨은 "발트 해 지역은 에스파냐가 네덜란드산 수입품을 위해서 암스테르담에 맡긴 아메리카 은이 대량 사라진 유출구였다"[187]고 주장한다. 하지만 좀더 자세히 살펴보면, 발트 해 무역이 **전체적으로** 은 수출을 필요로 했다는 것은 사실이 아니다. 힌튼은 1660년경에 영국이 은 수출을 필요로 한 무역지역으로 동인도와 투르크 그리고 노르웨이의 세 지역을 들고 있고 그것은 "이스틀랜드 무역에 반드시 필요한 것은 아니"[188]라고 본다. 발트 해 지역에 관한 윌슨의 주장에 대해서 정확히 논평한 오스트룀은 은화가 노르웨이와 러시아로 수출되었지만 거래회전율이 높은 지역인 이스트 컨트리(East Country : 발트 해 동부 지역 / 옮긴이)와 스웨덴 본국에는 전혀 수출되지 않았거나 훨씬 적게 수출되었다고 주장한다.[189] 더욱이 스펄링은 발트 해 지역에서 환어음이 사용되었다

---

186) Blitz(1967, 41).
187) Wilson(1949, 154). Supple(1959, 86)은 이 점에서는 헥셔에 반대하고 윌슨을 지지하면서, 1641년에 루어스 로버츠가 저술한 「상인의 교역도(*The Merchant's Map of Commerce*)」라는 표제가 붙은 저작을 인용한다 : "이스틀랜드 주민은 금과 은을 거의 가지고 있지 않은 것으로 유명한데, 그들은 그 때문에 모든 것을 경멸하면서[원문 그대로] 자신들의 풍부한 상품, 특히 나날의 양식을 헐값에……판매한다."(1951, 176)
188) Hinton(1959, 115).
189) Åström(1963, 82) 참조. Heckscher(1950, 225)도 스웨덴에 대해서 이렇게 주장했다 : "조심스럽게 말하자면, 은이 [스웨덴으로] 계속 유입되었다는 흔적은 조금도 없다." 하

는 "증거는 풍부하다"고 주장하고, 흐로츠와 글라만은 모두 발트 해 지역의 무역적자가 육로를 통한 동서 무역에서의 역 차액에 의해서 상쇄되었을지도 모른다고 주장한다.[190] 그러면 금은은 어디로 흘러들어갔는가? 그것은 노르웨이와 러시아 그리고 아마도 터키, 그리고 가장 중요하게는 동인도와 다른 한 곳인 홀란트로 흘러들어간 것으로 보인다. 동인도와 홀란트는 기묘한 한 쌍이 아닌가! 이 두 개의 금은 흐름은 형태상으로나 목적상으로 전혀 달랐다.

데일스는 발트 해 지역에 관한 것이 아니라면 윌슨이 옳다고 주장한다. 그는 윌슨의 주장은 주로 유럽과 "동방" 간의 무역에 딱 들어맞는다고 한다.[191] 초두리의 연구에 의하면 1600년에서 1750년 사이에 영국으로부터 인도로 금은이 끊임없이 유입되었다는 데에는 의문의 여지가 거의 없어 보인다. 하지만 이는 무엇을 의미하는가? 17세기 초에 대해서 초두리는 다음과 같이 말한다:

> 동인도회사가 아시아 각지의 시장에서 지역의 상업에 손을 댔기 때문에, 귀금속의 수출은 반쯤은 자본 수출의 성격을 띠게 되었다고 주장할 수 있다. 그 자본은 동인도회사의 아시아 상관에 투자되어 높은 이윤을 낳았고, 그것에 의하여 유럽용 상품의 구입이 적어도 일부라도 가능해졌다.[192]

지만 Attman(1973, 160)은 러시아와의 무역에 대해서 "적어도 17세기 중반까지는 모든 나라가 무역적자분을 귀금속으로 지불해야 했다"고 한다.
190) Sperling(1962, 461). 발트 해 지역으로 흘러들어온 은의 일부는 레반트 지방에서 폴란드인들에 의해서 "동방의 사치품"과 교환되는 데에 사용되었다. Mączak(1976b, 2 ; 1974, 507도 참조). 또한 Hroch(1971, 26) 및 Glamann(1977, 262)도 참조.
191) Dales(1955, 142-143).
192) Chaudhuri(1963, 26) 및 Singh(1977, 7장) 참조. 에스파냐에서 필리핀으로의 유입에 대해서는 Chaunu(1960b, 268-269) 참조. 홀란트에서 동인도로의 유입에 대해서는 Schöffer(1966) 및 van der Wee(1970, 310) 참조. 따라서 Raychaudhuri(1962, 197)는 코로만델 해안(인도 동남부에 위치함/옮긴이)으로 네덜란드인들이 수입한 품목을 다음과 같이 요약한다 : "금은과 정화 이외의 주요 수입품은 본질적으로 사치품이었다." 하지만 홀란트의 경우 인도와 중국 그리고 일본 사이를 오가는 아시아 내부의 해상무역을 떠맡을 수 있는 능력이 있었기 때문에 "서양이 결제를 위해서 동양으로 흘러보낸 금은의 정화량을 줄일 수 있게 되었다. 따라서 1668년까지 일본산 은 덕분에 네덜란드인들은 에스파냐의 피아스트라화(piasters)를 어느 정도 절약할 수 있어서 영국인 경쟁자에 비하여 다소 유리한 위치에 있었다." Deyon(1978b, 229).

핵심부에서의 투쟁 —— 국면 Ⅰ: 1651-1689년   165

하지만 그리하여 생겨난 수입은 일부 상품(주로 향신료)이 아시아에서 헐값으로 구입되어 유럽에서 비싸게 팔릴 것을 전제로 했다. 통화의 측면에서 볼 때, 초두리는 "귀금속을 유출시킨 근본 원인이……두 대륙 사이에 상품과 금은 사이의 가치에서의 현격한 차이에 있다"[193]고 본다. 하지만 이러한 차이는 왜 생겨났는가?

초두리는 1660년에서 1720년까지의 시기를 논하면서,[194] 동인도 무역도 "역시 다각적인 성격을 띠게 되었다"는 주장을 폈다. 그럼에도 그가 제시하는 자료는 금은의 수출이 눈에 띄게 떨어졌다는 것을 전혀 보여주지 못한다. 실제로는 정반대이다. 그는 전체적으로 귀금속은 계속해서 연간 수출 총액의 70-90퍼센트에 달했으며 이는 "유럽과 동인도 사이의 무역의 토대가 되는 기본적인 경제적 요인이 17세기와 18세기 전반에 근본적으로 변화하지 않았음"을 암시하는 것이라고 한다. 네덜란드로서는 수치상으로 볼 때 1672년에서 1695년까지 영국에서 수출된 금은과 화폐 전체의 70-90퍼센트를 받아들였고[195] 1699년에서 1719년까지 여전히 영국의 "귀금속 수출의 최대" 수취처였다.[196]

그밖에 주목해야 할 점은 금은은 은과 금을 말하지만 이것들은 분명히 아무렇게나 움직이지는 않았다는 것이다. 금은비가(金銀比價)가 있었고 그것은 변동했다. 그렇지만 어떤 양상을 알 수 있을까? 에르베르 뤼티는 금과 은은 적어도 대부분은 본래의 유럽 바깥에서 흘러들어왔다는 아주 중요한 점을 지적하고 있다. 이어서 유럽은 그 대부분은 아메리카에서 들어온 은을 아시아로 재수출하여 "거의 완전히 은 단일 본위제"로 보였다.[197] 하지만 금은 유럽 세

---

193) Chaudhuri(1963, 27).
194) Chaudhuri(1968, 484, 495).
195) Åström(1963, 82) 참조.
196) Chaudhuri(1968, 496).
197) Lüthy(1961, 34). 뤼티는 "거의 완전히 은 단일 본위제적이라는 것이 완전히 그렇다는 말과 똑같은 의미는 아니다"라고 한다. Chaudhuri(1968, 488)에 의하면, 1662년에서 1680년에 이르는 시기에 동인도 무역은 당시 무역의 전면에 있던 인도 남부가 요구하던 금을 흡수했으나 "1676년에 아직도 뚜렷하지 않은 어떤 이유로 인도의 금 시장에서 돌연 은으로 표시된 금의 가격이 폭락했다."
    Ruiz Martín(1970, 56)은 "1609년에서……18세기에 이르기까지" 유럽의 금융시장에

계경제에서 이와 다른 역할을 담당했다. 그것은 "유럽에 유입되어 거기에 남아서 주로 대규모 상거래의 결제와 유럽 국가들 사이의 국가에 의한 지불수단으로 쓰였다."[198]

이제 자본주의 세계경제 내의 무역과 특정한 세계체제와 그 외부지역과의 무역 사이의 차이에 대해서 살펴보자. 이 경우에 세계체제는 유럽 세계경제이며 외부지역은 동인도를 첫 손가락에 꼽을 수 있고 노르웨이와 러시아 역시 그리고 아마도 터키가 여기에 들어갈 것이다. 그 체제 내에서 거래를 용이하게 하기 위해서 **통화가 필요하다**(유럽 세계경제의 경우 일상적으로는 은화와 동화가 사용되고 금이 보조적으로 사용되었다). 분명히 어음(즉 환어음)도 이런 목적으로 사용되었다. 이와 같은 거래는 기본적으로 다각 결제로 이루어지고 주로 어음으로 처리되는데, 때때로 국제 금융 중심지(17세기에는 암스테르

서 은이 금에 비하여 "우위"에 있었다고 지적한다. 그는 그 원인 가운데 일부는 동양의 수요에 있었다고 말한다. "예를 들면 네덜란드인들과 영국인들은 알제리인들이나 페르시아인들과 외교적인 접촉을 벌이면서 치외법권 조약을 요구할 때의 유일한 조건으로 카스티야의 레알 [은]화로 지불하라는 요구를 되풀이해서 들었다." 하지만 Sperling(1962, 466-467)은 1680년경부터 1703년까지의 "은 위기"를 언급하면서 동인도로의 수출에서 왜 금이 은을 대신하지 못했는지를 묻고 있다. "은이 동방으로 흘러들어간 것은 어떤 궁극적인 의미에서 그 무역이 은에 의존했기 때문이 아니라 그 편이 이익이 되었기 때문이다. 둘째……금이 사용될 수도 있었지만 그렇게 되면 교역조건이 유럽인들에게 불리해져 이익이 더 적었을 것이다." 고딕체는 월러스틴의 강조. 그는 당시의 금과 은의 비교가는 에스파냐령 아메리카에서는 17 : 1, 유럽에서는 15 : 1, 인도에서는 12 : 1, 일본에서는 9 : 1이었다고 지적한다. 하지만 금은의 사용가치 평가의 차이가 원인이 아니라면, 이러한 비교가의 차이는 어디서 발생했는가?

198) Lüthy(1961, 35). 물론, 은은 유럽 내에서도 사용되었으나 결제보다는 시장거래에 이용되었다. 뤼티는 인상적인 언어학적 각주를 달면서 이렇게 덧붙이고 있다 : "프랑스어에서 은(argent)이라는 단어가 화폐를 뜻하는 말로 변했지만, 정화 현송점(正貨現送點, specie-point)은 금 현송점(金現送點, point-or)으로 번역되었다(금본위제도 나라들간의 외환시세는 양국 본위화폐의 금 함유량의 비가[比價], 즉 금 평가를 기준으로 해서 일정한 한도 내에서, 다시 말해서 정화 현송 비용[운임비, 선적비, 보험료 등]을 가감한 한도 내에서 변동한다. 그 이유는 외환시세가 이 한도를 넘어서 오르내리면 환에 의한 결제보다는 정화의 수출입에 대한 결제 쪽이 유리해지기 때문이다. 이처럼 정화의 수출입이 일어나는 외환시세의 한계점을 금 현송점이라고 한다/옮긴이)." (뤼티는 프랑스어 저작에서도 영어로 "specie-point"라는 말을 사용한다.)

담)에서 금의 이전으로 이루어졌다고 할 수 있다. 서로 상대의 외부에 해당하는 두 경제지역간의 교역에서는 "통화"는 이용되지 않는다. 교환은 상대적으로 두 지역간 거래 형태를 띠며 양쪽에서 가치가 다른 상품이 거래의 대상이 되었다. 이 경우 유럽의 은은 처음에는 향신료와 나중에는 동인도의 캘리코와 교환되었다. 아시아(및 러시아)로 유입된 화폐나 금은은 주로 "퇴장되거나 보석으로" 이용되었다.[199] 그리고 "무역수지"(은을 상품으로 여기지 않는다면)는 끊임없이 적자였고 장기간에 걸쳐 거래는 주로 두 나라 사이에 이루어졌다. 이 두 가지 사실은 바로 동인도가 유럽 세계경제의 외부에 남아 있었다는 증거이다. 다른 한편 서유럽과 이스틀랜드(및 스웨덴) 간의 교역이 주로 다각적으로 그리고 환어음으로 조정되었다는 사실은 양 무역지대가 하나의 경제체제의 일부였다는 것을 증명한다.

하나의 상품으로서 금과 은을 생산함으로써 아메리카는 이 상품이 세계경제의 작동에 필수적인 한, 유럽 세계경제의 주변부가 되었다. 그것은 **통화**로 사용되는 만큼 필수적이었다. 아메리카 전체의 금은이 **모두** 아시아로 흘러들어왔더라면, 아메리카는 하나의 외부지역에 지나지 않았을 것이고 유럽은 아메리카로 상품을 보내고 아시아의 사치품을 획득함으로써 세 지역 —— 아메리카, 유럽, 아시아 —— 을 잇는 한 축에 불과했을 것이다. 아메리카는 자신의 금은을 교환하거나 더군다나 채굴하는 데에 관심이 없었다. 그러므로 유럽인들은 처음에는 잉카의 금을 탈취했고 그후 포토시와 멕시코의 은을 채굴했고 늘 새로운 채굴지(그중 브라질의 금이 곧 단연 중요해졌다)를 찾아다녔다. 그들은 정주자들을 보내서 아메리카의 여러 지역을 정치적으로 지배하고 경제활동을 감독했으며 노동력을 수입했다. 요컨대, 그들은 아메리카를 자신들의 세계경제에 통합시켰는데, 그 까닭은 첫째, 팽창하는 자본주의 체제를 위한 경화를 필요로 했고, 둘째, 아시아와의 무역에서 경화의 잉여분을 사용하기 위해서였다. 1663년에 영국인들이 발트 해 지역으로의 금은 수출에 대한 벌칙을 철회한 것[200]은 발트 해 지역이 사실상 다각 결제 기구 속으로 안전하

---
199) Sperling(1962, 450).
200) Wilson(1967, 509) 참조.

게 들어갔기 때문이 아니었는가?

그러면 금은의 흐름에 대해서 중상주의자들이 염려를 보인 데 대한 어떤 근거가 있었는가? 그렇다. 왜냐하면 **통화**로서의 금은의 흐름은 헤게모니 세력에게 그 우위를 확보해준 기제들 중의 하나였기 때문이다. 영국의 중상주의자들은 (그리고 그보다는 못하지만 프랑스 중상주의자들도) 금은의 흐름에 우려를 보임으로써 **네덜란드로**의 통화의 흐름과 네덜란드를 통한 상품의 흐름을 염려하지 않았는가?[201] 실제로 동인도로의 은의 유출이 문제라면, 왜 그것을 억제하려는 진지한 시도가 전혀 없었는가? 유럽 세계경제 내부에서의 금은 흐름은 다시 금융결제 기구뿐만 아니라 총공급량에 대한 지배 및 상품생산에 대한 지배에도 달려 있었다. 바로 이 점에서 17세기의 이른바 귀금속의 결핍에 대한 논쟁이 생기게 된다.

17세기에는 은 생산량이 세계적으로 줄었으며, 금의 생산도 정체되었고 아메리카에서 에스파냐로 수입되는 금은의 양도 급감했다는 주장이 제기된다.[202] 모리노는 에스파냐의 금은 흐름을 재평가하여 통설적인 사실에 대해서 이의를 제기하고 이런 사실에 기반한 여러 해석들에 대해서 더욱더 의문을 품는다:

> 어쨌든......더 이상 17세기를 전반적인 위기라든가 일반화된 위기라는 측면에서 바라볼 수 없고 하물며 아메리카 쪽의 자료에서나 유럽의 도착분으로나 금과 은의 기근이라는 측면에서 볼 수는 더더욱 없다. 진정한 문제는 다른 데에 있다.[203]

모리노는 비록 통상적인 수치들이 과장되었다고 믿지만 에스파냐에 도착한 금은의 양이 줄었음을 부인하지는 않는다. 그러나 그는 이것이 장기적인 추세

---

201) Supple(1959, 194)은 정부가 직면한 **실질적인** 문제는 금은 흐름의 변화, 즉 유동성의 저하에 대해서 신속하게 대응하는가 하는 점이었다. "이렇게 본다면, '중상주의'는 일반적으로 이해되는 바와 같이, 공격적이고 자멸적인 잘못된 보물찾기라기보다는 방어적인 메커니즘의 모습을 자주 띤다. 당국이 화폐의 양적 질적 손실을 우려하여 이로 인한 경제의 만성적인 조정불능 상태가 일어나기 전에 정화의 유출을 막으려고 한 것은 아주 당연한 일이었다."
202) Vilar(1974, 237-244)에 나오는 이에 대한 개략적인 논의 참조.
203) Morineau(1969a, 346-347 ; 또한 1978b, 80-85).

의 산물이었다는 데에 의문을 제기한다. 그는 그것이 일련의 우연적인 경제적 요인들의 결과라고 주장하고, 또 유럽 세계경제의 경제적 수축(그가 인정하는 정도의)이 금은 공급량의 변동으로 설명될 수 있다는 데에는 훨씬 더 의문을 품는다.

이 두 문제는 모두 논의할 만한 가치가 있다. 왜 금은 수입량이 감소했는가? 명백히 그것은 공급 아니면 수요의 감소 때문이어야 했다. 일반적인 설명은 공급감소설이다. 금은을 손쉽게 구할 수 있는 광원들이 과도하게 개발되어 고갈되었다. 이제는 귀금속을 캐내는 데에 이전보다 더 많은 비용이 들었다. 새로운 광원들을 찾아내는 데에는 시간이 걸리게 된다. 일설은 16세기의 팽창은 일정한 기술수준에서 이러한 핵심 자원을 쇠진시켰으며 그 결과 자본 부족이 발생하는 불황이 왔다는 것이다. 이에 대해서 모리노는 1620년 무렵 "금과 은의 도착분이 줄어들기 시작했으며," "이러한 경향을 낳은 것은 여러 요인들과 함께……"[204] 바로 인간들이었다고 응수한다. 그가 보기에, 그것은 "아마도 여러 요소들의 뒤를 쫓는" 사람들의 문제이지 그 반대는 아니었다.

금은도 다른 모든 상품과 마찬가지로 가격을 가지며, 16세기의 주된 금융적 특징인 전반적인 물가 상승은 종종 금은 가격의 하락세를 의미한다. 그러나 화폐로서의 금은은 실물거래에서는 하나의 요소에 불과하다.[205] 당시에 금은의 수입은 서서히 감소했다. 그것은 모리노가 말한 바와 같이 "드레이크

---

204) Morineau(1969a, 311). 예를 들면 모리노는 16세기의 마지막 20년간 에스파냐에 도착한 양이 "증가한 것"을 설명하면서, 국왕이 아메리카로부터 (본래는, 어쨌든 채굴은 당하더라도 대서양을 건너 본국으로 보내지지 않았을) 은을 더 많이 들여와서 인디오들과 에스파냐인들로부터 더 많은 몫을 챙겼다는 사실을 지적한다(1969, 334). 그러나 인디오들은 금은을 보수로 받지는 못했고 스페인 정착자들은 이를 스페인에서 물건을 구입하는 데에 이용하고 싶어했을 것이다. 따라서 금은은 어떻게든 대서양을 건넜을 것이다. Deyon(1967, 84)은 모리노의 주장에는 비슷한 의문을 던진다 : "예기치 않은 발견의 역할을 부정할 사람은 아무도 없을 것이다. 그러나 유럽의 운명을 아메리카의 광산 속에 깊이 묻어버릴 것 같은 해석은 유보해야 하지 않을까?"

205) 이 시기의 사료를 이용해서 René Baehrel(1953, 309)은 금은이나 통화는 "부차적인 현상"이라고 주장한다. 달리 말하면, 그것도 역시 밀이나 직물과 같은 상품이고, 따라서 상호 관련된 이들 모든 상품의 교역조건을 염두에 두어야 한다.

효과(Drake effect)" 또는 "'근대'판 다모클레스의 칼"이었다.[206] 모리노는 설령 해적선들에게 나포당한 은 수송선이 비교적 소수였다고 할지라도 그것은 "한층 미묘하고도 효과적이며 더욱 치명적인" 영향을 끼쳤다고 한다. 해적선으로 인해서 도착이 지연되었고 이는 결국 파산을 초래했기 때문이다. 16세기 말의 "드레이크 효과" 외에도 17세기 중엽의 "블레이크 효과(Blake effect)"로 인해서 "카레라(Carrera : 에스파냐와 신대륙을 오가던 정기 선단으로 1년에 두 차례 출항했음/옮긴이)의 숨통이 끊어졌다."[207]

하지만 이러한 군사적 약탈은 단지 금은의 비용을 올려놓았을 뿐이다. 만약 금은이 이전만큼 필요했다면, 이 비용이 왜 소비자에게 전가될 수 없었는가? 왜 수송선을 더 많이 보내지 않았는가? 경기수축이라는 현실을 간과하는 것은 이를 이해하는 데에 도움이 되지 않을 것이다. 그 주된 원인은 금은 공급의 감소에 있지 않고 수요의 감소에 있다. 금은 공급의 감소는 17세기 초에 헤게모니 세력에 유리하게 작용했는데, 왜냐하면 홀란트는 그 생산 및 상업상의 우위에 의해서 기존의 금은을 불균형적으로 많이 끌어 모을 수 있었기 때문이다.[208] 실제로 공급이 달리게 될 때는 금은은 돈벌이가 되는 투자제도의 기반이 되었다. 17세기 중엽까지 네덜란드 상인들은 영국인 고객들로부터 대금으로 지급받은 금은을 런던에 남겨놓았고, 이것을 5-7퍼센트의 이자로 빌려주기 시작했다. 그렇게 함으로써 "얼마 후 '경화' 형태의 자본에 대한 압박을 덜게 하는"[209] 메커니즘을 만들었다.

---

206) Morineau(1969a, 331-332). 그는 드레이크 효과가 "무엇보다도 보험회사로서는 성체식의 빵"이었다고 덧붙이고 있다. 드레이크 효과에 대해서는 Parry(1961, 127) 및 Lynch (1969, 190)도 참조.
207) Morineau(1969a, 346). 여기에 언급된 사람은 영국의 블레이크 제독을 말한다. 그는 1656년에 카디스에서 여덟 척의 에스파냐 갈레온선(船)을 공격하여 두 척은 격침시키고 두 척은 나포했다.
208) Vilar(1974, 241)는 "세기 중반경 홀란트 공화국의 자본은 적어도 나머지 유럽 국가들의 자본 전체와 맞먹었다는 것이 확실하다"고 한다.
209) Wilson(1949, 160). Stone(1972, 69)은 1620년에서 1650년에 이르는 시기에 런던의 이자율이 10퍼센트에서 5퍼센트로 하락했다고 지적하면서 사정은 홀란트를 제외하면 유럽 어디에서나 마찬가지였다고 한다. "이러한 이자율의 극적인 하락은 유동자본 성장의 원

논의의 대상이 되는 주제인 17세기 후반의 금은의 입수 가능성과 그것이 영국과 프랑스의 경쟁과 관련하여 지닌 의미를 살피기 위해서 우회적인 경로를 밟아왔다. 금은은 다른 상품에 비하여 생산율이 떨어져서 그 세기가 진행됨에 따라 귀금속이 부족해진다. 부족을 느끼기 시작하면, 새로 금과 은을 찾아나서게 된다.[210] 뤼티는 이 시기에 프랑스가 다른 모든 나라에 비해서 특히 심한 귀금속 부족을 겪었다는 데에 의문을 품고, 평화시에 프랑스가 무역수지에서 대단한 흑자를 내고 있었다고 지적한다. 그는 프랑스를 하나의 국가로서 그리고 동시에 하나의 통화권으로 볼 때 정화의 부족은 홀란트와 영국의 그것과는 달리 "다른 유통수단이나 저축 혹은 퇴장된 부 —— 적잖이 중요한—— 를 쉽사리 상당량 동원해서 그 부족을 메울 수 있는 어떠한 제도로도 누그러지지 않았다"[211]고 한다.

통상 그러한 설명은 일보 후퇴시킬 뿐이다. 유럽의 구 등뼈 지역은 일찍부터 은행조직들을 발전시켜왔다. 17세기에는 홀란트가 선례에 따랐는데, 이는 홀란트 헤게모니의 자연스러운 결과였다. 17세기 말에 프랑스보다 영국이 이러한 경로에 이를 수 있었던 까닭은 무엇인가? 명백한 해답은 아니지만 두 가지 생각을 나란히 제시해보고자 한다. 첫째, 유럽 세계경제 내에서 세 가지 화폐용 금속의 사회적 용도는 대체로 다음과 같았다(실제로 지금도 마찬가지이다). 즉 금은 국제결제와 국가적 사업 그리고 퇴장용으로 쓰이고, 은은 대규모 국내 상업용으로 쓰이며, 동은 가계 및 소규모 상업용으로 쓰인다. 이미

인이자 결과였으며, 주식회사와 예금은행(공증인과 금 세공인을 둔)과 같이 유동자본을 이용하기 위한 제도적 시설의 발전의 원인이자 결과였다." 실로 네덜란드가 소유한 금은이 이자율의 하락을 초래했다면, 이는 은행을 통해서 차입할 수 있는 유동자본이 늘어났음에도 불구하고 전 세계적인 유동자본이 감소했기 때문이라고 보는 것이 더 적절할 것이다.

210) "무엇보다도 전체적으로 상품가격이 아주 낮을 때는 귀금속의 구매력이 높아져서 그로 인하여 귀금속을 찾도록 하는 자극이 생긴다는 것을 항상 기억해야 한다." Vilar(1974, 247).

211) Lüthy(1959, 95). 뤼티는 금은의 부족이 적절한 개념인지 의문을 품고 오히려 유동성의 결여라는 말을 제안하면서 당시 수축(resserrement)이라는 말은 통화의 퇴장과 부족을 동시에 의미했다고 지적한다.

설명한 바와 같이, 프랑스의 생산물은 주로 프랑스 국내시장에서 판매되었으며 영국(및 네덜란드)의 생산물은 수출시장에서 더 많이 팔렸기 때문에, 이 두 경쟁국은 "사실상의 단일화폐본위" —— 프랑스에서는 은, 영국에서는 금 —— 를 향해 나아갔다.[212]

두번째 생각은 동화의 역할, 아니 오히려 "세기의 악몽"이라고까지 하는 동화의 급증과 관련이 있다.[213] 스푸너는 금과 은의 유통 정도(퇴장과 대비해서)와 동화와 신용의 유통 사이에 역관계가 있었다고 주장한다. 동화와 신용은 세계경제의 측면에서 보면 뗄래야 뗄 수 없었다.[214] 그러나 그것들은 국가의 정책 면에서 보면 둘 중 어느 하나가 선택되어야 하지 않았겠는가? 프랑스 국가는 17세기 내내 어떤 희생을 치르더라도 리브르 투르누아의 평가절하를 피하려고 했으나,[215] 콜베르의 시대에만 비교적 성공을 거두었을 뿐이다.[216] 여기에서도 국가의 크기가 어떻게 세계경제의 한 요소로 작용하는가에 대한 또 하나의 사례를 볼 수 있지 않을까? 프랑스 국가는 안쪽을 향하여는 경제적인 측면에서 바라보고 바깥쪽을 향하여는 정치적인 측면에서 바라보았기 때문에 은을 지향했다. 그래서 정치경제적 기어 장치를 바꾸려고 한 한 시점 (즉 콜베르의 시대)을 빼고는 은이 부족한 시기가 되면 동화가 확산되는 재앙을 막을 길이 없었다. 영국 국가는 바깥쪽을 향하여는 경제적인 측면에서 바라보고(그럴 수밖에 없었다), 안쪽을 향하여는 정치적인 측면에서 바라보았기 때문에 금을 지향했다. 따라서 영국 국가는 금을 기반으로 한 국제적인 은행망에 문호를 개방했고 동보다는 오히려 어음을 이용할 수 있었다.

그렇다면 어느 쪽이 "강한" 국가였는가? 보통은 답이 명확하다. 루이 14세

---

212) Lüthy(1959, 97). 이것은 지속적인 함의를 지녔다. Vilar(1974, 324)는 18세기의 전반에 "영국은 그 통화의 순환을 브라질 및 포르투갈과의 관계 위에 세웠기 때문에, 금이 기초가 되었다. 한편 프랑스는 에스파냐 및 카리브 해 지역과의 관계에 치중했으므로 그 통화의 기초를 은에 두게 되었다"고 지적한다.
213) Vilar(1974, 287).
214) Spooner(1956, 3-4) 참조.
215) Pillorget(1966, 129) 참조.
216) Lüthy(1959, 98) 참조.

는 절대군주의 화신이지 않았는가? 그리고 프랑스의 딜레마란 국가와 특권귀족이 결탁하여 부르주아 기업의 숨통을 끊으려고 했다는 데에 있는 것이 아닌가? 하지만 실제의 상황은 이와는 전혀 다르게 보인다. 여기서 다루는 시기의 초기에, 다시 말해서 1651년에 연합주는 "강한" 국가였다. 그러나 말기 무렵인 1689년에 영국과 프랑스는 모두 연합주보다 "더 강했으며" 양국은 서로 어깨를 겨눌 정도였다. 18세기가 되면 영국은 프랑스보다 더 강해지게 된다. 그리고 1789년의 혁명가들을 몰아세웠던 것은 프랑스 국가가 강한 것이 아니라 약하다는 것이었다. 확실히 이러한 주장은 한 국가가 강하다는 것이 무엇을 의미하는지와 관련되어 있다.

자본주의 세계경제에서 소유자-생산자는 국가가 그들을 위해서 가장 중요한 두 가지 기능을 수행해주기를 바란다. 그들은 국가에 대해서 이윤의 증가분을 밑도는 선에서 손실을 보더라도 시장의 "자유"를 제한하거나 확대해서 시장에서 그들이 우위를 확보하거나 유지하도록 해줄 것을 바란다. 이때 국가의 개입이 적극적인가 소극적인가 하는 것은 문제가 되지 않는다. 이것은 한 소유자의 다른 소유자들에 대한 이해관계이다. 게다가 소유자-생산자는 그렇지 않다면 도저히 얻을 수 없을 잉여물의 몫을 자신들이 추출할 수 있도록 국가에 바란다. 여기서도 이로 인해서 생기는 이윤의 증가분보다 손실은 적어야 하고 이 경우에도 국가의 역할이 적극적인가 수동적인가 하는 것은 관련이 없다. 따라서 소유자-생산자에게 강한 국가는 반드시 가장 광범위한 국가기구를 지닌 국가일 필요는 없고, 단연 자의적인 의사결정 과정을 지닌 국가일 필요도 없다. 사실은 이와 정반대일 경우가 흔히 있다.

말할 나위 없이 한 국가의 강력함은 그 국가의 소유자-생산자가 세계경제에서 수행하는 경제적 역할과 서로 관련된다. 그러나 이러한 주장이 단순한 동어반복에 그치지 않으려면, 국가의 강력함을 가늠할 어떤 독립적인 **정치적 척도**가 있어야 한다. 이러한 척도로는 다섯 가지를 들 수 있다. 즉 소유자-생산자가 세계시장에서 경쟁하는 데에 국가의 정책이 어느 정도 직접적으로 도움을 줄 수 있는가(중상주의), 국가가 다른 여러 국가의 경쟁 능력에 어느 정도 영향을 줄 수 있는가(군사력), 국가가 이윤을 축내지 않는 선에서 이러한 경쟁 및 군사적 목적을 이루기 위하여 자국의 재원을 어느 정도로 동원할 수 있는가(재정), 국가가 전략적인 결정을 신속히 수행할 수 있게 할 행정조직들을 어느 정도로 만들어낼 수 있는가(효율적인 관료제), 그리고 정치적인 지배가 소유자-생산자 사이의 이해의 균형을 어디까지 반영하고 어디까지 현행의 "헤게모니 블록"(그람시의 표현을 빌리자면)이 그러한 국가의 확고한 토대를 이루고 있는가. 이 마지막 요소인 계급투쟁의 정치학은 나머지 요소의 열쇠가 된다.

이들 척도는 모두 생산효율의 척도가 아니기 때문에 정치적인 것이지 경제적인 것은 아니다. 물론, 궁극적으로 정치적인 척도와 경제적인 척도는 상호 연결된다. 왜냐하면 생산효율은 국가의 강화를 가능하게 하고 국가의 강화가 시장 외적 수단을 통해서 효율을 한층 더 높여주기 때문이다. 가장 효율적인 생산자를 거느린 국가는 그다지 효율적이지 않은 생산자를 거느린 국가보다도 세계시장에 적극적으로 개입할 필요가 더 적다. 생산효율은 국가기구가 세계시장에 개입할 수 있는 능력과 관련 있기 때문에 가장 효율성이 떨어지는 생산자를 거느린 국가는 "강한" 국가가 될 수 없다. (물론 국내시장이 속한) 세계시장에서 국가의 역할은 국내에 있는 소유자-생산자의 경제적 역할과는 곡선적 관계에 있다. 적당히 강한 국가들에서 국가는 가장 "활동적"이다. 힘의 수사("짐은 곧 국가이다")는 곧잘 현실의 대체물이다.

휘그적 역사 해석에 의하면 근대 시기는 약한 국가를 추구하는 긴 역사적 과정이었고, 이러한 추구는 인간 자유의 진보와 동의어로 여겨졌다. 이러한 시각은 이론적으로는 시대착오라고 말할 정도는 아닐지라도 거의 그것에 가깝다. 많은 마르크스주의 역사가들이 영국 혁명을 이와 같은 시각으로 보아왔다면, 그들은 그 신비화를 공유하는 셈이다.[217] 오히려 근대 국가사란 세계경제 안에서 노동자는 물론이고 다른 소유자-생산자 집단에 맞서서 일군의 소유자-생산자의 이익을 넉넉히 지켜낼 수 있을 만큼 강한 구조들을 만들기 위한 장기적인 모색으로 볼 수 있다.

---

217) Ashton(1965, 581)은 바로 이 점에서 크리스토퍼 힐을 비판한다 : "휘그파에서와 마찬가지로 그에게도 17세기는 실로 근대 자유주의가 출현하는 대단한 영웅시대이다."

군사력은 이 점에서 효율을 결정하는 하나의 열쇠이다. 플럼은 1580년에서 1640년에 이르는 시기에 네덜란드가 중앙집권적인 국가기구 없이도 세력을 넓힐 수 있었기 때문에 "기적"이라고 보는 네덜란드 역사가들을 공박하고 있는데, 이는 적절하다. 그는 아주 정확하게 다음과 같이 주장한다 :

> 그 기적은 국가와 도시들 간의 격렬한 경쟁 그리고 단단히 뿌리 내린 권리와 특권의 지속적인 방해에도 불구하고 네덜란드인들이 강력한 해군과 육군을 유지하고 그것에 드는 비용을 세금으로 충당할 수 있었다는 사실에 있다. 그리고 이것은 주로 하나의 계급 그리고 하나의 국민으로서의 자기 운명에 대한 강렬하고 실천적인 의식을 지닌 칼뱅파 과두지배자의 헌신을 통해서 이룩되었다.[218]

절대주의를 마지막 수단이 아니라 강한 국가에 이르는 최선의 길로 생각할 경우에만 그것은 기적이었다. 자의식적이고 자신만만한 부르주아 계급이라면 뭔가 집단적 조정이 필요할 경우 합의에 이를 수 있다. 그러나 그러한 계층이 없는 곳에서는 그렇게 하기 위해서 강력한 국왕이 필요하고 그렇게 되면 강력한 국왕은 자본주의 세계경제에서 "보편적인 군주제"를 재창출할 수 있다는 착각에 빠질지도 모른다. 그러나 그러한 부르주아 계급이 존재하는 곳에서는 그러한 위험성이 전혀 없었다. 부르크하르트가 루이 14세나 그뒤의 나폴레옹이 저질렀다고 비난한 것은 바로 이 죄, 즉 카를 5세의 흉내를 냈다는 것이었다.[219] 그것은 나약함에서 오는 어리석음이었다.

17세기 경제적 어려움의 결과로서 핵심부 세 열강이 서로 어떻게 그리고 왜 적대했는지, 또 일단 영국과 프랑스가 군사기구를 강화하는 데 힘쓰게 되자 어떻게 해서 영국은 해상에서, 프랑스는 육상에서 연합주를 궁지에 몰아넣었는지에 대해서 이미 살펴보았다. 네덜란드인들은 두 가지 문제로 곤란을 겪

---

218) Plumb(1965, xxii). 마찬가지로 J. R. Jones(1968, 41)도 1640년 이전에는 "네덜란드와 비교하면" 영국의 무력함은 "결정적"이었다고 주장한다.
219) Burckhardt(1965, 144-145, 152-153, 180) 참조. 그는 다음과 같이 말한다 : "루이 14세로서는 자신의 권력과 영토의 증대가 최우선적으로 가장 중요한 일이었고 또 그것들을 유지하기 위한 방편이었다."

었다. 그들은 우위를 추구하고 있었다기보다는 오히려 그것을 지키고 있었는데, 이는 적어도 대부분의 레헨트 계급에게 군사적인 준비에 드는 비용이 그 준비의 부족에서 오는 잠재적인 손실보다 종종 더 끔찍하게 보였음을 의미했다.[220] 이는 치부와 안전보장 정책의 영원한 딜레마이다. 그리고 군사적으로도 웬만한 위치를 유지해야만 했다. 설상가상으로 다름 아닌 바로 이 시기는 군대의 단위가 상당히 대규모화한 시기였다.[221] "군대의 수적인 성장이 생산수단의 발전을 훨씬 앞질렀기 때문에, 이렇듯 비대해진 군대를 어떻게 먹여살려 나가느냐가 큰 문제였다."[222] 연합주가 네덜란드인들의 의지가 아마도 어정쩡할 때에 영국 및 프랑스와 각축을 벌인다는 것은 힘겨운 일이었다.

프랑스가 대륙을 지향하고 영국과 네덜란드가 해상을 지향하게 된 이유는 이미 논의했지만, 이와는 별개로 프랑스가 지닌 순전히 인구학적인 우위는 특히 군대의 절대적 규모가 유럽 전역에 걸쳐 커지고 있었기 때문에 그러한 군사적 지향을 뒷받침해주는 경향이 있었다. 이러한 순전히 군사적인 면을 고려해보면, 영국과 네덜란드가 필연적으로 프랑스를 희생시켜서 화해할 수밖에 없었던 것도 설명된다.[223] 1672년의 충격은 네덜란드인들에게 프랑스가 으뜸가는 적임을 인식시켰고,[224] 1688년에 윌리엄 3세가 영국 왕위에 오름으로써

---

220) Wilson(1968, 235)은 네덜란드의 세금이 높은 것은 방위비 때문이라고 한다. 그는 독립 이후의 시기에 대해서 다음과 같이 말한다 : "자신을 지키기 위해서 싸우는 것은 군주에 대한 냉냉한 충성심으로 싸우기보다는 신명나는 일이었을 것이다. 그러나 그편이 돈이 덜 드는 것은 아니었다." Smit(1975, 62)는 17세기의 마지막 사반세기 동안 전쟁비용의 증가가 "그 나라의 조세 토대, 즉 인구 토대의 한계를 넘어서버렸다"고 지적한다. 경쟁에 뒤지지 않기 위해서 네덜란드인들은 "이미 세율이 가장 높은 나라에서……어마어마한 돈"을 지출해야만 했을 것이다.
221) Finer(1975, 101)는 "1648년에 30년전쟁이 종결된 후 무슨 일이 있을 때마다 그 규모가 뚜렷이 증가했다"고 한다.
222) Perjés(1970, 3). Glamann(1977, 200)은 17세기 말에 영국 해군에서는 2만 명의 수병이 복무하고 있었는데, "이는 당시 브리스틀이나 노리치 같은 도시의 인구와 맞먹는 수치였다"고 지적한다.
223) Carswell(1969, 24)은 1685년경 영국과 네덜란드의 군사력은 전시에 "특별소집 노력"을 기울여 병력을 조달했기 때문에 "비교적 대등한" 반면 프랑스는 "대규모 직업군대"를 보유하고 있었다고 주장한다.
224) Carter(1975a, 12, 33) 참조.

마침내 암스테르담 상인도 영국의 하위 파트너의 지위를 받아들이게 되었다.[225]

겉보기에 프랑스의 군사력은 강했지만, 타피에는 프랑스가 1679년에 군사력의 정점에 이르렀다고 하고,[226] 부르드는 루이 14세가 북방의 해상축에 관심을 쏟기보다는 오히려 남방의 대륙축에 매달렸다고 나무라면서 "루이 14세의 실패"는 여기서 비롯되었다고 한다.[227] 따라서 프랑스의 궁극적인[228] 군사적 패배를 설명하자면 비군사적인 요인들, 즉 중상주의와 그 변화의 문제에 눈을 돌려야 한다.

무니에는 앙리 4세의 시대에서 루이 14세의 시대에 이르기까지 콜베르주의는 프랑스 정책의 영구적인 특징이었고 그 목표는 "무엇보다도 정치적"이었다고 한다.[229] 이것은 무엇을 의미하는 것일까? 아마도 무니에에게 국가를 강하게 하는 것은 그 자체가 목적, 즉 군주가 실제로 추구할 수 있는 목적으로 여겨지는 듯하다. 상궤를 벗어난 행위를 한다면 그가 성공할 수 있으리라는 것은 의심의 여지가 없지만, 실제로 성공할까? 프랑스 국왕들이 성공하지 못한 것은 분명하다. 사실 왕정복고기의 영국과 콜베르 시대의 프랑스에서 국가는 의식적이고도 적극적으로 자국의 생산계급을 후원하고, 상선을 건조하며, 국가와 소유자-생산자들 사이에 국민총생산의 분할을 활성화하고자 했다. 레옹과 카리에르는 콜베르 시대에 대형 선박의 수가 늘어났다고 지적하면서 실제로 그것은 "전쟁의 중요성"에 기인했기 때문에 콜베르 혼자만의 공으로 돌

---

225) 1683년까지도 암스테르담 상인들이 보인 저항과 1688년에 그들이 보인 시각 변화에 대해서는 Smit(1968, 33) 참조. 영국과 네덜란드의 "적대적 공생"이 영국 주도의 협력관계로 이어지는 것에 대해서는 Hobsbawm(1960, 112) 참조. 루이 14세가 얼마 안 있어 영국을 자신의 "주된 경쟁상대"로 인식했다는 사실에 대해서는 Bourde(1960, 54) 참조.
226) Tapié(1960, 12).
227) Bourde(1960, 63).
228) Hobsbawm(1960, 111) 참조. 그는 다음과 같이 말한다 : "17세기 말의 프랑스와 관련하여 인상적인 것은 콜베르주의가 아니라 그것이 상대적으로 실패했다는 것이며, 군주정의 개혁이 이루어졌다기보다는 **자원이 훨씬 풍부했음에도 불구하고 경쟁상대인 해상세력과의 경제적인 경쟁에서 나아가서 결국 군사적인 경쟁에서도 실패하여** 그 결과 이들 경쟁상대에게 패했다는 것이다."
229) Mousnier(1967, 269).

려서는 안 된다고 한다.[230] 들뤼모는 콜베르 시대에 경제적 상황이 전반적으로 나아졌다는 데에 주목하지만, 그것도 콜베르의 공이라기보다는 프롱드 난의 실패에 따른 "정치적 안정화" 때문이라고 한다.[231] 요컨대 이 저자들은 소집단의 의도적인 정책이 핵심적인 요소는 아니며 그 아래 놓여 있는 압력들에 눈을 돌려야 한다고 주장한다. 필자는 이에 동의한다. 하지만 그렇다면 똑같은 분석을 영국에도 적용할 수 있다. 그것은 영국이 또한 조선을 촉진하는 전쟁이라는 자극을 가지고 있었고 1660년 이후 정치적 폭력이 수그러진 경험도 있기 때문이다.

윌슨은 영국과 프랑스 간의 차이를 다음과 같은 비유를 써서 제시한다. "영국의 '중상주의'와 콜베르주의 및 그 파생물 사이에는 맞춤옷과 기성복 정도의 차이가 있었다."[232] 이 비유를 공공재정 체계와 행정제도 일반에 적용시켜보자. 17세기의 "전쟁의 제도화"[233]는 핵심부 열강들에게 공공지출의 규모가 크게 증가함을 의미했다. 네덜란드 공화국으로서는 결국 그 부담이 지나치게 컸다. 그러나 영국과 프랑스는 어떠했는가? 비용의 증가분은 어딘가에서 나와야 했으며, 그 출처는 돈이 있는 계급일 수밖에 없었다. 그 이유는 간단했다. 하나의 체제로서의 자본주의가 이미 노동자의 생산물에 과세를 강화하는 한, 노동자에게 세금을 더 부과하는 것은 실제로 돈이 있는 계급의 이윤을 감소시키는 것을 의미했다. 왜냐하면 그들은 자신의 토지에서 그만한 지대를 얻지 못하거나 아니면 궁극적으로 임금을 올려야 하기 때문이다.[234]

---

230) Léon & Carrière(1970, 190).
231) Delumeau(1966, 94).
232) Wilson(1965, 57). 이것이 힌튼이 말하는 영국 중상주의 체제의 유연성인가? 항해조례의 해석에서 행정적 결정의 역할이 지닌 중요성에 대해서는 Wilson(1959, 71-83) 및 Harper(1939b) 참조.
233) 이 말은 Minchinton(1974, 111)의 것이다. Parker(1974a, 561)도 참조.
234) 공공재정과 사적 이윤 간에 실제로 이러한 관계가 있었기 때문에 여러 가지 영향이 생겼다고 볼 수 있다. 예를 들면 De Maddalena(1974a, 293)는 프랑스와 서부 독일에서 신흥 부르주아 토지소유자들의 토지 집중은 "신중하게" 추진되었는데, "그 까닭은 농민 소유지를 겸병하면 납세의무가 부과되었기 때문"이라고 지적한다. 이러한 이유에서 Jacquart(1978b, 406)는 "17세기의 진짜 부당이득자"는 국가라고 한다.

국가가 직면한 문제는 이중적이었다. 즉 돈을 마련하는 일과 그것을 잘 쓰는 일이다. 돈을 잘 쓴다는 것은 정직하게 쓴다는 뜻이 아니다. 그것은 생산적으로 쓴다는 의미인데, 이때 판단의 기준으로 사용되는 것은 세계시장에서 그 나라의 부르주아지가 획득한 이윤의 증가분이 그러한 국가지출에서 그 부르주아지가 지불하는 간접비용을 어느 정도 웃도는가 하는 것이다. 그 문제는 영국과 프랑스 양국에서 마찬가지였다. 그리고 왕정복고기의 영국과 콜베르 시대의 프랑스에서 그것에 대한 그들의 대응능력에 이렇다 할 만한 차이가 있었는지는 분명치 않다.

돈을 거두는 것만으로는 충분치 않았고, 그것을 신속하게 거둬야 했다. 이는 어딘가에서 돈을 빌린다는 의미였다. 이 점은 여전히 연합주의 장기였는데, 그것의 "건전한 공공신용은……주요 투자가들이 정부를 움직인다는 사실 때문이었다."[235] 이 시기에 영국과 프랑스 양쪽은 돈을 빌릴 방안을 찾고 있었다.

페브르는 콜베르를 두고 그는 "이른바 연금술사였다. 그는 국왕을 위해서 금을 찾아 나서지 않으면 안 되었기 때문이다. 일단 보물찾기를 시작하면 멈출 수가 없다"[236]고 말한다. 그러나 콜베르는 국가가 이미 징세청부제의 형태로 지나치게 많은 돈을 꾸고 있다고 느꼈다. 그는 총세입을 늘리기 위해서 징세업자의 역할을 줄이고(실제로 이것은 농민들이 내는 세금 가운데 국가로 넘어가는 비율을 증대시켰다) 동시에 국가의 "비생산적인" 지출을 억제하고 (이것은 그와 같은 돈이 있는 계급에게 돌아간 조세수입의 재분배액을 줄였다) 이를 중상주의적 목적에 사용했다.[237]

---

235) Parker(1974a, 572).
236) Febvre(1933, 270).
237) 징세청부업자(traitants)에게 보인 콜베르의 적의에 대해서는 Marsin(1970, 269) 참조. 하지만 Lüthy(1959, 109)는 징세총감(fermiers)과 징세청부업자가 국가에 그 수입을 미리 납부할 능력이 있었기 때문에 필요악이었다고 지적한다. 중상주의의 목표가 전적으로 공업부문에만 있었던 것은 아니다. 다음과 같은 Le Roy Ladurie(1974b, 16) 참조. "국가는 콜베르의 제조업에 대해서와 마찬가지로 자본주의적인 활동을 하는 대규모의 '영주' 직영지에 대해서도 똑같이 돈줄 역할을 했다." Dessert & Journet(1975)는 자신들이 부

콜베르는 얼마간 성공을 거두었다. 그는 아마 국왕의 수입을 배로 늘렸을 것이다.[238] 그리하여 루이 14세의 국가는 아마도 지나친 어려움 없이 대규모 군사적 노력을 지원할 수 있는 당시 유일한 국가였을 것이다.[239] 그러나 명백히 눈에 띄는 것은 콜베르의 양복은 말하자면 기성복이라는 점이었다. 즉 보다 직접적으로 징세를 하여 예산의 균형을 맞추었다. 다시 말해서 더 직접적으로 재분배했다. 그의 방법은 인기를 끌지 못했고, 프랑스가 여전히 값비싼 비용이 드는 대륙으로의 군사적 팽창에 골몰하는 한 그러한 방법은 지속될 수 없었다.

영국의 옷은 맞춤옷이었다. 즉 거기에서는 장기 공채의 새로운 메커니즘이 만들어져서 눈에 보이는 과세는 적었고 결국에는 돈이 있는 계급의 부담은 줄어들지 않았다. 이로 인해서 저항이 적었으며 18세기에는 국가수입이 한층 늘었고 훨씬 더 유용하게 쓰이게 되었다. 1653년 이후의 호국경 시대(Protectorate)가 되어서도 영국은 연합주뿐만 아니라 프랑스에 비해서도 국가의 차입방식은 "비교적 후진적"[240]이었지만, 1689년 이후의 이른바 재정혁명의 토대는 왕정복고기에 마련되었다. 소규모 개인 투자가들이 정부에 직접 대부할 것을 호소한 1665년 조지 다우닝의 실험은 단지 1672년까지만 지속되었으나 재정을 통괄하는 부서인 재무성의 지위가 상승하는 중요한 선례가 되었고 후일을 위한 기술도 준비했다.[241]

말하자면 프랑스식의 보다 직접적인 접근방식은 행정의 다양한 측면으로 확대되었다. 여기에서도 효율적인 행정이란 반드시 절대주의 행정을 뜻하는

른 "콜베르의 로비"에 대해서 그것은 1663년에서 1687년까지 총괄징세청부회사(Ferme générale)를 장악한 금융인을 대변했다고 기술한다. 즉 재정가들은 토지에서 짜내는 조세를 자신의 공업 및 수출입 활동에 이용했다. 이런 의미에서 콜베르주의는 생산성 수준이 낮은 징세청부업자와 징세총감에서 생산성 수준이 높은 인물로의 자원의 이동을 의미했다.

238) Rule(1969, 32) 및 Goubert(1970f, 123) 참조.
239) "콜베르는 자신의 일을 잘 해냈다. 프랑스인들이 확실히 값비싼 대가를 치렀지만, 그들에게 그럴 능력이 있었기 때문에 가능한 일이었다." Goubert(1970f, 124).
240) M. P. Ashley(1934, 97).
241) Roseveare(1969, 61 ; 1976) 참조.

것은 아니다. 네덜란드 정부는 비효율적이었으며, 경제적 발전을 가로막은 "낡아빠진, 반쯤은 중세적인 잡동사니"였다는 스바르트의 주장에 대해서 스미트는 이를 완전히 반박하고 있는데, 필자 역시 스미트의 견해에 동의한다.[242] 즉 "17세기에 네덜란드 정부의 지방분권화야말로 중앙집권적 군주국들에 비해서 그것을 효율적으로 만들었다." 실제로 행정상의 효율성 저하의 징후는 네덜란드 도시민의 "귀족화"에서 찾을 수 있는데, 이 때문에 그 지지자들 가운데 일부는 네덜란드 공화국에 대해서 절대주의적인 정치이론을 제시했고 레헨트층이 대외무역에 흥미를 잃었다는 불만이 터져나왔다.[243]

국가를 강화하기 위한 프랑스의 경로는 잘 알려져 있다. 즉 그것은 중앙집권화와 균일성이다. 사실 이것은 고전적인 경로로 여겨져왔다. 물론 중앙집권화는 단순히 중앙정부의 창안 그 자체만을 수반하는 것은 아니었다. 왜냐하면 그것은 이전 시기에 이미 달성되었기 때문이다. 중앙집권화에는 또한 중앙에서 지방에 이르는 직접적인 권위계통, 즉 지사제도의 창안도 속했다. 이러한 새로운 방식의 **지방행정이** "참된 절대주의 혁명"[244]이었다. 이것을 혁명이라고 부를 수도 있으나, 콜베르는 단지 5대 징세청부지역에서만 통일관세제도를 창출했다. 헥셔는 이것이 "그가 전체적인 통일을 결코 의도하지 않았음을 입증해준다"[245]고 한다. 얼마나 심한 견해인가. 다음과 같은 뫼브레의 말이 더 신빙성이 있다. "아마도 콜베르는 부지런하고 강인한 행정가였을 뿐이지 대담하고 독창적인 혁신가는 아니었다는 것이 맞을 것 같다. 그 시대의 상황이나 태도는 철저한 변화를 용인하지 않았다."[246] 콜베르가 국가를 관료화시키기 위해서 벌인 싸움을 이해하기 위해서는 수병의 예비단을 만들어 평시에는

---

242) Swart(1975, 45) 및 Smit(1975, 63) 참조.
243) Roorda(1964, 126-127) 참조. 네덜란드 공화국의 절대주의 정치이론에 대해서는 Kossmann(1976, 13-17) 및 Bouwsma(1970, 9) 참조.
244) E. Barker(1966, 7).
245) Heckscher(1935, I, 104).
246) Meuvret(1971a, 29). 게다가 이것이 영국에 비해서 불리했다고 하는 것은 터무니없다. 영국에서는 관세지역이 통합되어 있었다고 해도 그 규모는 프랑스의 5대 징세청부지역에 비해서 약간 더 컸을 뿐이었다. Crouzet(1972, 78)의 말대로 영국의 통합을 "과대평가해서는 안 된다."

상선을 타도록 하려는 콜베르의 바람에 선원과 해군 장교단 모두 저항했던 것을 보기만 해도 충분하다.[247] 같은 시기인 1670년대와 1680년대에 "[영국] 정부의 핵심부는 격렬한 정쟁에도 불구하고 점점 더 강해지고 효율성이 높아졌지만",[248] 훨씬 허세를 덜 부렸고 따라서 반대도 적었다.

프랑스와 영국은 강한 국가를 향한 대등한 모색에서 겉보기에 왜 그토록 다른 형태를 띠었는가? 왜 영국의 경로는 훨씬 더 효과적이었는가? 그 대답은 양국의 계급구조상의 작은 차이에서 찾을 수 있다. 영국과 프랑스에서 동일한 점을 먼저 살펴보아야 한다. 두 나라는 당시 유럽 세계경제에서 농업생산 및 공업생산의 중심지로 번창하고 있었다. 두 나라에서 봉건적인 특권귀족들은 주로 자본주의적 농장주로 변신했으며 비농업 활동에서 커다란 역할을 수행하고 있었다. 두 나라에서 귀족이 아닌 사람들 역시 농업과 상업 그리고 공업에서 자본주의적 기업가로서 상당한 역할을 수행했으며 이러한 비귀족 부르주아의 경제적 성공은 머지 않아 신분 상승의 기회로 보상을 받았다. 귀족과 평민 사이에 그어진 경계는 영국보다 프랑스에서 더 낮았기 때문에, 전문용어를 사용하자면 중상층 신분에 속한 사람들은 프랑스에서는 귀족이지만 (법복귀족) 영국에서는 평민(젠트리)이었다. 그러나 양자의 사회적 신분과 사회적 역할에 대한 비교는 실제로 가능하다. 프랑스 국가는 역사적으로 영국 국가보다 더 약했기 때문에(이는 무엇보다도 나라의 규모가 컸다는 것과 그로 인한 지방분권적인 경제력 때문이었다), 법복귀족은 국가관료로서 정치기구에 편입된 반면 젠트리는 지방관료로서 정치기구에 편입되는 경우가 많았다. 그러나 어느 경우에도 그들에게는 제한적이긴 하나 실질적으로 통치에 참여하는 새로운 역할이 부여되었다.

더욱이 두 나라는 16세기부터 적어도 18세기, 아마도 19세기까지 계속된 상층계급 내의 근본적인 정치적 갈등이 벌어진 무대였다. 그러한 투쟁은 잔존

---

247) Asher(1960, 48) 참조. 그의 설명에 의하면 콜베르의 해군징발제도 —— 영국의 강제징병제도보다 훨씬 더 공정한 것이지만 —— 가 실패한 것은 절대왕정이 그만큼 강력하지 못했기 때문이다(pp. 91-95 참조).
248) Plumb(1967, 13).

하고 있는 봉건시대의 법체계와 관련하여 높은 지위를 지닌 사람들과 다소 성공했던 자본가들 간에 벌어졌다. 그 투쟁에서 핵심적인 것은 어느 시기에도 각 집단의 구성원 대다수가 전통적인 지위와 동시에 경제 면에서의 높은 성취를 보여주었다는 사실이며, 따라서 그들은 당면한 눈앞의 이익을 좇아 자기 자신을 특권귀족으로도 자본가로도 간주할 수 있었다. 여기에다 "귀족화"를 통해서 시장에서의 성공을 사회적 지위로 전화시키는 끊임없는 역사적 과정을 덧붙인다면, 귀족과 자본가의 구별에는 모호한 점이 많다고 할 수밖에 없다. 하지만 당시의 사람들은 이러한 모호성 속에서 잘 살아갔으며, 그 투쟁을 뒤돌아보는 후대의 학자들보다 그러한 투쟁의 현실을 훨씬 더 잘 이해했다고 할 수 있다.[249]

거듭 되풀이하거니와, 이 모든 점에서 볼 때 대략 1500년에서 1800년에 이르는 전 시기에 걸쳐 영국와 프랑스에는 이렇다 할 만한 차이가 없었다. 토니는 다음과 같이 말한다. "부르주아 혁명? 물론 그것은 부르주아 혁명이었다. 문제는 그 부르주아지가 양쪽에 있었다는 것이다."[250] 그러나 이는 1640년 혁명에서와 마찬가지로 1688년에서 1689년에 걸친 명예혁명에도 딱 들어맞았다. 그리고 그것은 프롱드의 난에서도, 심지어 1789년의 프랑스 혁명에서도 적용될 수 있다. 그렇다고 해서 그 사건들의 "혁명적인" 성격이 제거되는 것은 결코 아니다. 이는 부르주아지와 귀족이 특히 이 시기에 근본적으로 다른 두 집단이었다는 비역사적인 사고를 버려야 한다는 의미이다. 이 양자는 크게 중첩된 사회집단이고, 지배층을 사회적 지위로서 규정하는가 아니면 사회계

---

249) 이를테면 제임스 해링턴은 자신의 저작「오세아나 공화국(Commonwealth of Oceana)」(1656)에서 다음과 같이 말한다 : "귀족(Nobility)에는……젠트리(Gentry)도 포함된다고 생각되지만 그것은 프랑스인들이 말하는 노블레스(Noblesse)에 해당한다." Wilson(1965, 109)에 재인용. 이후의 학자들이 아무도 이를 인정하지 않았다고 주장하는 것은 온당치 않다. 예를 들면 Habakkuk(1967, 2)은 젠트리를 포함한 영국의 귀족은 "그리 동질적이지는 않지만 단일한 사회계급"이었다고 한다. 다음과 같은 C.-E. Labrousse(1970, 474)의 주장을 보라. 유산계급(la classe propriétaire)은 귀족과 성직자 그리고 부유한 부르주아지의 비농민세계로 구성되며 "세 신분이 뒤섞여 있다. 유산계급은 결코 그 세 신분의 존재를 부정하지 않는다. 여기서 계급(class)은 신분(order)과 모순되지 않는다."
250) C. Hill(1975a, 281)에 재인용.

급으로서 규정하는가에 따라 다소 다른 윤곽을 띠었다. 어느 정의를 사용하는 냐에 따라서 많은 차이가 난다. 사회적이고 정치적인 투쟁이 실제로 존재했지만, 그것은 지배층 내부의 일이었다.[251]

영국과 프랑스의 유사점을 강조해왔지만, 이제 19세기에 두 나라가 걸어간 서로 다른 경로를 이해하기 위하여 세세한 차이들이 분석되어야 한다. 왜냐하면 1763년 이후 영국이 경제적 생산성과 지배권이라는 측면에서 경쟁상대를 앞지를 수 있게 한 것은 이전 시기의 작은 차이들이기 때문이다.

정치적 안정의 개념을 다룬 저작에서 시어도어 래브는 근대 초기의 유럽이 1500년 이후 본질적으로 정치적으로 불안정했다는 상을 그리고 있다. 즉 그는 17세기 중엽까지는 국왕과 귀족, 중앙정부와 지방 간의 "균형"이 "불확실"했으며, "17세기 중엽 이후 여러 문제로 인해서 100년 이상 동안 사회적인 분열이 중단되었다"고 한다. 래브는 세기 중엽 이후 "여파"가 있었지만 "정치조직 그 자체에……근본적인 의문을 제기하는" 사람은 아무도 없었다고 한다. "그것이 결정적인 변화였다."[252] 이것이 당시의 정치현실을 제대로 기술한 것인가? 만약 그렇다면, 그것은 영국과 프랑스 간의 투쟁에서 어떤 의미를 지니는가? 래브가 설정한 시기가 대략 장기적인 경제추세와 관련이 있음을 이내 알 수 있다. 그것은 얼핏 보기에 고전적인 베버의 테제, 즉 팽창과 정치적 불안정, 정체와 정치적인 안정의 상관성으로 보인다.

어떤 종류의 안정을 말하는지 그리고 시기 설정은 무엇인지를 좀더 명확히 정한다면, 래브가 틀렸다고 생각되지 않는다. 실상은 16세기의 경제적 팽창이 하나의 사회계급으로서의 부르주아지의 명확한 출현을 가능케 했지만 그 계급과 지배적인 신분집단의 관계가 명확하지 않다는 것이다. 팽창이 높은 비율로 계속 유지되는 한 이 상황은 명확히 할 필요가 없었다. 일단 경제적 팽창의 한계가 보이기 시작하면, 누가 국가기구를 통제할 것인지 결정하는 싸움이

---

251) "영국 지주집단을 가르는 선은 실재로 전통적 지주가문들과 신흥 지주가문들 사이에 있는 것이 아니다. 그 구분선은 세상이 잘못되어 자신들의 불만이 무시되고 있다고 느끼며 토지와 이익도 극히 제한된 지주와 경제적인 팽창과 사회적인 유동성에서 오로지 이익밖에 모르는 한층 기업가적이고 운좋은 사람들 사이에 그어진다." Mingay(1963, 107).
252) Rabb(1975, 71).

치열해진다. 그러나 경제적 난관이 계속되었기 때문에 양파는 사실상의 타협을 이루지 않을 수 없었다. 그렇지 않으면 정치적 투쟁이 감당할 수 없는 지경에 이르게 되어 (도시와 농촌의) 하층민도 강력하게, 게다가 독자적이고 직접적으로 자기 주장을 내세우기 시작할 것이기 때문이다. 그리하여 래브가 시사하듯이, 지배계급 내부의 갈등이 억제되거나 제도적으로 억눌러진 상대적인 안정기가 뒤따랐다.

여기서 17세기 중엽 영국과 프랑스의 복잡한 정치투쟁사를 분석할 의도는 전혀 없다. 하지만 문제가 어디에 있었는지 그리고 그것이 언제 종결되었는지를 잠시 살펴보자. 두 나라에서 모두 군주정은 도전을 받았는데, 확실히 영국이 더 극적이었다. 결국 프랑스에서는 프롱드 난이 진압되었고 영국에서는 군주정이 부활했다. 확실히 의회의 역할에서 입헌적으로 큰 차이가 있었는데, 그 역할은 영국에서는 증대되었지만 프랑스에서는 상실되었다. 영국에서는 "국왕의 행정적 절대주의"가 "입법상의 의회지상주의"253)로 대체되었다. 그러나 사회적 타협의 내용은 무엇이었는가? 영국 혁명의 결과에 대해서는 서로 뚜렷하게 다른 견해가 있다. 두 가지만 살펴보면 충분할 것이다. 스톤은 "혁명이 끝난 1660년의 영국은 혁명이 시작된 1640년의 영국과 달라진 것이 거의 없었다"254)고 한다. 반면 힐은 "1660년에는 낡은 국가는 회복되지 않았다. 남은 것이라고는 그 껍데기뿐이었다"255)고 한다.

---

253) E. Barker(1966, 31). 이 연장선상에 1688년의 명예혁명이 있다. 국왕에 대한 의회의 승리로 보이는 것은 사실 18세기에는 "스튜어트 왕조가 빈번히 시도했지만 결코 이루지 못한 입법부의 종속 문제를 성취한……행정부의 성장"을 의미한다. Plumb(1967, 65).
254) Stone(1972, 49). 마찬가지로 Zagorin(1959, 400)은 "어떠한 큰 사회적 변화도 뒤따르지 않았다"고 한다.
255) C. Hill(1969, 135). 누구도 부인하지 않는 정치구조상의 변화 외에도, 힐은 봉건적인 토지소유가 폐지되었고 정부가 인클로저를 규제하려는 노력을 중단했음을 지적한다. 그는 "무역, 식민지 및 외교 정책 면에서 영국의 중세는 1650-51년에 끝났고, 이 무렵 공화국 정부는 그 관심을 밖으로 돌릴 여유가 생겼다"(p. 155)고 한다. 힐에게는 중세는 수도꼭지와 같아서 그 마개가 닫히는 시간들은 정확히 서로 다르다. "공업과 국내교역 면에서 중세는……중앙정부가 독점권을 부여할 권리를 상실하고 빈민구호 행정의 관리권을 상실한 1641년에 끝났다."(p. 169) "재정 면에서 영국의 중세는 두 개의 근대적인 조세인 소비세와 토지세가 도입된 1643년에 끝났다."(p. 180)

어느 쪽의 결론도 정곡을 찌르지 못했다고 할 수 있다. 1660년과 1640년 사이에는 실질적인 차이가 있었다. 그러나 대부분의 논의와는 달리 중요한 것은 정치적인 차이가 아니라 사회적인 차이이다. 공공연한 사회적 투쟁은 끝이 났다. 부르주아지는 하나의 사회계급으로서 시민권을 얻었지만 이 계급의 지도적 지위는 사실 구가문들의 손아귀에 완전히 놓여 있었다. 사회적 타협의 토대는 이전의 왕당파와 의회파에게 똑같이 도움이 된 국민주의적인 경제정책의 수립이었다. "이러한 모색을 가장 전형적으로 보여주는 것은 왕정복고기의 정부 위원회들과 무역회사의 이사회였다. 그곳에서는 귀족과 상인이 자리를 같이하여 상호 이익을 꾀하기 위해서 공모했다."[256] 몰수지의 반환 문제를 감싸고 있던 복잡하고 애매모호한 분위기만큼 이 해결책이 타협임을 입증해주는 것은 없다. 그것은 뜨거운 감자였는데, 찰스 2세는 이를 의회에 떠넘기고 의회는 위원회에 떠넘겼으며 결국 그 문제는 주로 밀실 합의에 의해서 타결되었다.[257]

로렌스 스톤은 산업화 이전의 영국이 "이례적으로 유동적인 사회"라는 평판은 아마도 1540년에서 1640년에 이르는 시기를 제외하고는 "대체로 환상"이라고 주장한다.[258] 1660년의 타협이야말로 동요하던 16세기의 유동성을 멈추게 하고 안정화시켜 크고 작은 문제들을 현재의 위치에서 동결하려는 타협이 아닌가?[259] 1660년에 있은 영국의 거대한 사회적 변화는 더 이상의 내부의 사회적 변화는 막아야 한다는, 그리고 영국 국가(그것이 국왕인가 의회인가는 별로 중요하지 않다)가 세계경제에 속한 나머지 지역을 희생으로 삼아서 경제발전을 꾀하는 데에 힘을 쏟아야 한다는 데 대한 지배층 내의 합의가 아니었겠는가?[260]

---

256) Wilson(1957a, 153).
257) Thirsk(1954) 참조.
258) Stone(1966, 51).
259) 1660년 이후 "사회적 유동성에는 반혁명의 각인이 새겨져 그것에 반대하는 장벽이 쳐졌다." Thirsk(1976, xx).
260) Supple(1973, 314-316)은 "시장환경 면에서 영국이 다른 유럽 국가와 구별되는 특징은 대부분 국가 행동의 기능이었다"고 한다. 그렇지만 그는 이러한 국가 행동은 간접적인 것이었다고 덧붙인다. 서플의 논의에서 무엇보다도 중요한 것은 17세기의 내란 이후 이루어진 정치적 안정과 사회적 조화였다.

그리고 1688년에서 1689년에 걸친 명예혁명은 이를 확인한 것이 아니었는 가?[261] 여러 가지 세세한 이유로 1680년대에 일부 집단이 왕정복고가 이미 해결한 문제들을 다시 들추어내려고 한 것이 아니었는가? 결국 이 집단은 압살당했다.

마르크스주의적 휘그파가 영국 혁명을 "봉건제"에 대한 위대한 승리의 계기로 간주한다면, 명예혁명은 늘 자유주의적 휘그파가 선호하는 계기였다. 트리벨리언이 말한 바와 같이,[262] "명예혁명 체제의 기조는 종교와 정치에서 개인적 자유를 법 아래에 두는 것이었다. 역사상의 혁명들 가운데 가장 보수적인 혁명은 또한 가장 자유주의적인 혁명이었다." 트리벨리언의 주장은 명예혁명이 귀족적이었다는 말인가? 그렇지 않다. 그는 "그것은 전 국민, 곧 모든 계급의 연합에 의해서 달성되었다"고 한다. 다음과 같은 한 가지 요인을 더 덧붙여 살펴보는 것이 도움이 된다 :

> 여전히 농업이 주가 된 사회에서는 경제구조 및 사회구조로 말미암아 지주들은 농촌의 자연적이고 공인된 지도자였다. 따라서 거기에서는 정부에 대한 돌발적인 저항이 생겼을 때, 토리파인 댄비와 시모어, 휘그파인 데번셔와 슈루즈버리 같은 귀족 및 스콰이어들이 주도권을 잡았다.

모든 계급의 연합이라는 수사 뒤에는 이렇듯 "농촌의 자연적이고 공인된 지도자들"이라는 현실이 있다. 확실히, "전제" 군주는 영원히 정치무대에서 배제되었다. 그러나 핀컴이 말하듯이, 이것의 근본적인 의미는 다음과 같은 사실이었다 :

> 국왕은 이제까지 어떤 집단을 위해서라도, 때로는 심지어 놀랍게도 인민을 위해서라도 왕권을 이용할 수 있었지만, 이제 그러한 권력은 의회를 좌지우지할 수 있는 토지 귀족의 손아귀로 넘어갔다.[263]

---

261) "[1688년] 혁명은 유산계급의 궁극적인 연대를 증명했다." Hill(1961a, 276).
262) Trevelyan(1963, 45).
263) Pinkham(1963, 85). J. R. Jones(1972, 15)도 참조 : "그렇지만 제임스 왕이 도시의 중간계급을 토지소유 계급을 대신하는 계급으로 이용하려고 했기 때문에 역사가들은 영국

이러한 토지귀족의 승리는 실제로 자본가 계급의 승리였다. 정치적인 타협은 19세기 중엽까지 계속되었고 영국에는 유리하게 작용했다. 왜냐하면 그 타협으로 귀족과 스콰이어가 유럽 세계경제의 부를 착취하기 위한 경쟁에서 경쟁상대인 프랑스를 앞지르기 위하여 상인 및 금융가와 손을 잡을 수 있었기 때문이다.

프랑스의 상황은 어떻게 달랐는가? 여기서도 또한 프랑스의 지리적 특수성의 문제로 돌아간다. 영국은 그 주변지역들과 더군다나 그레이트 브리튼을 가지고 있었다. 핵심국가 내에 위치한 이러한 주변지역들은 두 가지 추세를 두려워했다. 하나는 이 잉글랜드-브리튼 국가의 세력이 점차 강해지는 경향인데, 그것은 주변지역에 정치적인 위협이 되었다. 또 하나는 자본주의적 요소들이 승리를 거두는 경향인데, 이것은 주변지역에 경제적인 위협이 되었다. 그레이트 브리튼에서 이 두 가지 위협은 서로 중첩되었다. 따라서 주변지역이 영국 혁명에 더 적대적인 경향이 있었다는 것,[264] 다시 말해서 "수십 년에 걸친 혁명의 시기가 영국의 통일을 완성했다"[265]는 것은 놀라운 일이 아니다. 앞서 살펴보았듯이, 프랑스의 상황은 아주 달랐다.[266] 거기서는 중앙집권화 세력과 자본주의적 기업 세력이 영국에서처럼 지리적으로 중첩되어 존재하지 않았다. 그래서 중앙의 세력들은 저항을 받았는데, 이들은 경제적인 주변지역으로부터도 그리고 경제적으로는 중심적이나 정치적으로 주변적인 지역으로부터도 반드시 협력을 얻은 것은 아니었다. 이 때문에 지배층 내부의 투쟁이

혁명을 철저하게 부르주아 혁명으로 기술하는 데에 주저했다. 엄밀히 말해서 그것은 정반대였다."
264) 다음의 Trevor-Roper(1967, 710) 참조 : "아일랜드와 스코틀랜드에서 국왕은 먼저 구 왕당파 계급들, 즉 세속의 관용적인 '관직' 귀족과 젠트리 —— 그 부왕(父王)도 지원을 받은 바 있는 —— 에게 호소했다.……그러나 이런 파당으로는 불충분하다는 사실을 알았을 때 그는 두 나라의 켈트 국경까지 물러났다. 그는 아일랜드에서는 잉글랜드인 농장주에 맞서서 '구 아일랜드인'의 지도자가 되고 스코틀랜드에서는 정착한 저지인에 맞서서 고지인의 지도자가 되었다." 고지인과의 유대는 후일 재커바이트주의의 형태로 존속된다.
265) C. Hill(1969, 137).
266) Wallerstein(1974, 293-297) 참조.

훨씬 장기화되고(종교전쟁에서 프롱드 난에 이른다) 정치적으로도 훨씬 불투명하게 되었다.

영국에서는 왕정복고에 의해서, 말하자면 두 파당 사이에 타협이 무르익는 듯이 보여 긴장이 누그러지는 동안에, 프랑스에서는 같은 시기에 즉 루이 14세 치세의 콜베르 시대에 휴전이 강요된 셈이었다. 그러한 휴전은 여전히 큰 도박을 건 세력들, 말하자면 영국의 동일 집단보다 위험한 게임을 할 준비를 갖추고 있고 또 그 게임을 할 수 있는 세력들을 국왕이 정치적인 능력으로 어느 정도 억누를 수 있느냐에 달려 있었다. 그 나라의 정치구조에는 이것이 반영되었다. 즉 서부와 남부 그리고 북동부의 국경지역은 모두 법적으로 (그리고 경제적으로) "중심"에서 벗어나 있었다. 이들 지역은 당시 나머지 지역들과 관세 통일을 이루지 않아서 관세동맹이 가져다줄 수 있는 이익을 보지 못했을 뿐만 아니라 —— 확실히 관세동맹에는 불이익도 있었으나 —— 더 과중한 세금을 물었다.[267] 귀족이 아닌 부르주아들은 개인적으로는 상층 지위에 오르기도 했으나 집단적으로는 그렇지 못했다.[268] 이로 인해서 그들은 늘 불만을 품었고 잠재적으로 반항적이게 되었다.[269]

이러한 모순은 위그노 문제 전체에서 드러났다. 추측컨대 낭트 칙령은 지배층의 내부분열을 해결하기 위한 조치였을 것이다. 그렇다면 1685년에 그것은 왜 폐지되었는가? 문헌상에는 이 문제에 대한 실로 적절한 해답이 아예 존재하지 않는다. 위그노는 특별히 반(反)국왕적이지는 않았다.[270] 그런데 왜

267) Pillorget(1975, 879) 참조. 물론 이 지역들은 경제적으로도 종종 손해를 입었다. 이것이 바스크 지방에 어떤 영향을 주었는지에 대해서는 Goyhenetche(1975, 5-32) 참조.
268) 이는 루이 14세의 관리등용 정책에 대한 일련의 연구를 보면 명백하다. 장관이나 장교 혹은 법관을 보면 부유하고 유능한 인물들이 적극적으로 등용되고 승진되었다는 것을 알 수 있다. Bluche(1959, 18-22), Corvisier(1959, 45-46) 및 Goubert(1959, 73) 참조.
269) "그렇지만 부르주아에게는 여전히······불만이 남아 있었다. 그들은 그토록 애타게 갈망하던 권력을 쥐었다고도 할 수 있고 그렇지 않았다고도 할 수 있다. 비록 콜베르 이래로 대부분의 장관이 다소 먼 부르주아 출신이라고 하더라도, 그들은 대개 정부의 일원이 되거나 귀족 반열에 오르는 순간부터 자신의 출신을 포기해버렸다." Léon(1970d, 643).
270) Adams(1974)의 논의 참조. 실제로 현대의 개신교도들 중에는, 낭트 칙령의 폐지로 말미암아 프랑스의 개신교는 왕정주의와 순응주의로부터 구제되어 낭트 칙령의 폐지 이후 그 "본래의 특징"으로 되돌아가야 했다고 하는 사람도 있다. Léonard(1940, 11).

국왕은 반(反)위그노적일 수밖에 없었는가? 뤼티는 낭트 칙령의 폐지를, 이전의 내전으로 굴욕을 당한 프랑스가 그 반동으로 "국가숭배에 헌신하는" 행위로 본다.[271] 로버트는 이것은 기회를 엿보고 있던 국왕의 행동으로, 이 기회는 영광스러운 네이메헨 평화 이후에 찾아왔다고 한다. "이러한 외교정책의 대성공으로……국왕은 이제는 스스로 어떤 일이라도 할 수 있다고 믿어버렸다."[272] 르 루아 라뒤리는 낭트 칙령의 폐지를 국왕이 가톨릭 교회를 끌어들이기 위한 방안으로 여기면서 다음과 같이 말한다. "그것은 공정한 거래였다. 가톨릭 동맹과 프롱드파 아래서 전의를 다진 교구 사제들은 얀센주의를 둘러싼 분쟁이 있었음에도 불구하고 이후에는 기존 질서를 떠받치는 지주가 되었다."[273] 이러한 설명들은 어느 것도 충분하지 못하다. 분명히 이것은 체스에서 점수가 나지 않는 말바꾸기와도 같은 것으로서 그냥 말의 수를 줄이면 자기 처지가 나아질 것이라는 기대와 같은 것이었다. 체스에서는 명확하게 유리하지 않은 말바꾸기를 하면, 수가 막히는 결과를 앞당길 뿐이다. 국왕은 국가를 강화하고자 했다. 그러나 그 일은 영국에서보다 더 힘들었다. 낭트 칙령의 폐지는 문제들을 완화시키지는 못했으나 또한 그것들을 악화시키지도 않았다.

17세기 중엽에 영국과 프랑스가 안정화의 방향으로 나아갔다는 우리의 일반화에 도움이 되는 더 중요한 증거가 하나 있다. 안정화는 프랑스에서보다 영국에서 더욱 효과적이었지만 그럼에도 불구하고 두 나라에서 모두 일어났으며, 그것은 지배층 내부의 타협의 산물이었다. 만약 그것이 사실이라면, 하층민의 태도에도 변화가 있었을 것이다. 왜냐하면 지배계급 내의 분열이 그들에게 공간을 마련해준 반면 타협이 이루어졌다면 그들의 정치적 활동여지는 제한을 받았을 것이기 때문이다. 후자에 대한 몇 가지 증거가

---

271) Lüthy(1959, 12).
272) Robert(1967, 47).
273) Le Roy Ladurie(1971, 28). 그는 다음과 같이 영국과 프랑스를 명쾌하게 비교한다 : "새로운 면모의 영국 왕권은 [1688년에] 이전의 반대자들과 손을 잡았다. 그리고 꼭 그와 마찬가지로 루이 14세는 이전에 가톨릭 동맹(Ligue)과 프롱드파를 지지해온 성직자들과 화해했다."(1975c, 36)

있다. 농민반란의 빈도가 줄어들고, 또한 그것은 더욱 온건해지는 경향이 있었다.[274] 추측컨대 이 시기는 경제적으로 다소 어려운 시기였기 때문에, 그 원인이 반란의 동기가 없었다기보다는 반란이 정치적으로 어려웠기 때문이라고 하는 것이 그럴싸하게 보인다.

이전 시기에는 농민들은 반기를 든 지배층의 한 분파에 붙을 수 있었다. 17세기 말에는 이것이 더 이상 불가능했다.[275] 그 대타협이 농민들과 도시의 노동자들에게는 얼마나 고통스러웠겠는가! 1837년에 어느 차티스트는 영국 혁명을 되돌아보면서 "수백만의 사람들에게 그것은 아무것도 아니었다"[276]고 했다. 확실히 소요는 있었고, 특히 도시에서는 진압하기가 매우 어려웠다.[277] 그러나 일단 부르주아지 사이에서 타협이 이루어지자, 그들은 소요를 억제하는 태도를 취했다. **노동계급과 위험한 계급**이라는 두 개념이 결합되고 "지배계급의 마음속에" "빈곤과 범죄 사이에" 연상작용이 퍼진 것도 바로 이 시기였다.[278]

상인은 "태양왕을 가릴" 수도 있기 때문에 상업이 절대주의와 양립할 수 없었다는 오랜 이야기를 다시 반복할 사람도 있을 것이다.[279] 그러나 다음과 같은 슘페터의 부언이 더 정곡을 찌른다 : "[봉건적인] 질곡은 [부르주아지

---

274) Jacquart(1975, 344-345 ; 1978c, 492), Le Roy Ladurie(1974c, 8-9) 및 C. S. L. Davies(1973, 125-127) 참조.
275) 1661년 이후 프로방스의 명사들의 "유순함"에 대해서는 Pillorget(1975, 863-866) 참조. Busquet 외(1972, 79)도 참조 : "[이러한 유순함은] 국왕 정부가 스스로 착수한 통합 과업이 성공을 거두었음을 보여주는 최상의 증거이다."
276) C. Hill(1975b, 204)에 재인용. 힐은 이렇게 동의한다 : "결국 대중은 혁명에서 무엇을 얻었는가? 그것은 소비세, 병사들의 무료 숙박, 약탈, 징집이었지, 안정적인 등본보유도 작위의 폐지도 고용주에 대항한 수공업자의 보호도 아니었다." J. R. Jones(1972, 16) 역시 혁명을 위해서 싸운 투사인 하층민들은 "혁명의 수혜자가 되지 못한 것으로 드러났다"고 주장한다. 1688년 및 1689년의 영국에서는 중소 지방 젠트리의 경우도 마찬가지였다. 네덜란드 반란 뒤 칼뱅주의 투사들, 해상 걸인들, 도시 빈민들, 그리고 소부르주아지도 이와 마찬가지였다.
277) Léon(1970e, 684) 참조.
278) Léon 1970e, 686).
279) Grassby(1960, 38). Supple(1977, 450)이 지적하듯이, 양립 불가능하기는커녕 프랑스의 귀족은 "어느 정도까지는 17-18세기의 주식회사 사업에 자본과 권위를 [제공]하지 않으면 안 되었다."

를] 방해하는 동시에 그들을 비호했다."[280] 이는 영국에서도 그랬고 프랑스에서도 마찬가지였다.[281] 그러나 우리가 이미 개괄적으로 살펴본 여러 이유들로 인해서 그 정책은 영국에서 약간 더 성공을 거두었던 것이다.

---

280) Schumpeter(1943, 135).
281) 영국과 프랑스 양국의 사례를 들어서 Supple(1977, 499)은 다음과 같이 말한다 : "귀족의 기업활동이 어느 곳보다 활발했던 곳은 광업과 중공업이었다." 프랑스 제조업에서 귀족의 역할에 대해서는 Deyon(1978d, 277)도 참조.

4

저성장기의 주변부들

그림 5: "모건의 푸에르토 델 프린시페 침공." 존 에스케멜린 작. 1678년에 간행된 네덜란드 어판 「아메리카의 해적(De Americaensche zee-roovers)」에 게재되었고 1684년에는 영어판 「아메리카의 버커니어(Bucaniers of America)」에 재수록되었다. 에스케멜린이 프랑스인이었는지 플랑드르인이었는지 네덜란드인이었는지는 확실치 않다. 그는 6년 동안 버커니어(buccaneer: 17세기 후반에 카리브 해와 라틴 아메리카 연안의 스페인 식민지 및 선박을 습격한 해적. 영국인, 프랑스인, 네덜란드인들로 구성되어 본국의 비호를 받았고, 1655년 영국이 자메이카를 점령한 후로 그곳을 근거지로 활동함. H. 모건이 두목이었으며, 태평양 탐험을 시도하여 영국의 남해회사 설립의 기초를 마련함/옮긴이)의 이발사 겸 외과의사로 활동했다. 그의 저작은 여전히 해적에 관한 정보의 주요 원천이고 그 서술 내용은 당시의 국가문서들에 의해서 사실로 확인되고 있다. 뉴욕: 뉴욕 공립도서관 희귀도서실, 레녹스 애스터 & 틸든 재단.

세계경제의 팽창기는 비교적 쉽게 요약된다. 생산은 전체적으로 그리고 대부분의 지역에서 팽창한다. 고용이 확대되며 인구가 늘어난다. 번영이 이 시기의 징표이다. 실제로 대부분의 사람들의 실질임금은 저하하고 있을지도 모르지만, 명목상의 물가가 꾸준히 상승하고 있어서 눈에 잘 띄지는 않는다. 사회적 소요도 상당히 존재하나 그것은 낙관론, 심지어 대담하기까지 한 낙관론에 의해서 조장된 소요이다. 개인적 유동성이 이 시기의 질서처럼 보인다. 진보가 신의 섭리가 제공하는 선물처럼 보인다.

하강의 시기는 훨씬 더 복잡하다. 우선, 그 시기는 훨씬 더 뚜렷하게 불균등하다. 후퇴, 정체, 위축, 불경기의 시기이지만 그렇다고 누구에게나 불경기인 것은 아니다. 세계경제를 전체로 볼 때 총생산은 총가치로 보나 일인당 생산량으로 보나 일정 수준을 유지할 수도 있다. 하지만 이것은 일부 지역에서 생산량 혹은 생산성 혹은 그 양자가 증가한 것이 다른 지역의 하락으로 상쇄된 결과이다. 피고용자들의 실질임금이 상승할 수도 있으나 실업률도 같이 증가할 수 있다.

세계경제의 주변부 지역들에서는 특히 암울한 모습을 예상할 수 있다. 이 지역들은 정치적으로 가장 약한 지역이다. 핵심부 및 반주변부 지역의 지배집단이 주변부 지역을 희생시켜서 자신의 생산 및 고용 수준을 유지하려고 할 것이라고 예상된다. 그렇지만 주변부는 여러 가지 이유로 세계경제에서 완전히 이탈하지는 않는다. 첫째, 그곳의 자본가 중심집단이 세계경제에 남아 있고 싶어하며 거기에 남아 있고자 안간힘을 다한다. 둘째, 핵심부 지역의 자본가 중심집단은 세계경제 전체를, 끝내 경기순환의 상승국면으로 되돌리는 데에 관심을 두고 있는데 이를 위해서 주변부의 토지와 주민으로 대표되는 물리적 장과 에너지가 필요하리라는 것이다. 셋째, 핵심부 국가들은 하강의 순간에도 주변부의 일정한 생산물이 계속 필요한데, 이는 부분적으로는 생태학적 이유에서 그 생산물이 다른 지역에서는 공급될 수 없기 때문이고, 또 부분적으로는 노동비용이 핵심부에서보다 극히 낮기 때문이다.

무엇보다 강조해야 할 점은 하강이 활동의 둔화이지 정지가 아니라는 것이다. 경제적으로 볼 때 그것은 이윤 추구를 가로막는 일련의 걸림돌이 되어서 말하자면 염소 무리에서 자본가라는 양을 솎아낸다. 강한 것은 살아남을 뿐만 아니라 곧잘 번영한다. 그러므로 주변부에서 세계경제의 하강은 퇴행과 진보를 동시에 초래한다. 즉 화폐경제화가 외관상 후퇴하는 동시에 새로운 기업들이 출현하고, 포기와 동시에 구조재편 또는 재배치가 이루어지며, 세계경제에서 주변부들이 차지하는 특화된 역할이 감소하는 동시에 그 역할이 심화된다. 이러한 외관상의 역설을 이해하기 위해서는 출발점에서 시작해야만 한다. 즉 세계경제의 추세에서 장기적인 추세의 역전을 초래한 원인은 무엇인가? 자본주의 체제는 시장 메커니즘을 수반한다. 시장은 자유롭지 않다. 그렇기는커녕, 시장은 정치적 조정이나 문화적인 지체와 편향의 영향을 받기 때문에 결코 자유롭지 못하다. 그러나 만일 어떤 식으로든 시장의 대응이 아예 존재하지 않는다면, 자본주의 체제라고 말하기가 어렵다.

알다시피, 시장은 공급과 수요의 변동에 대응한다. 확실히, 이 두 가지 요인은 예상치도 않은 곳에서 갑자기 맞닥뜨린 어떤 신비한 힘이 아니다. 공급과 수요는 서로를 규정하고 또한 제도적으로 결정된다. 하지만 불일치가 너무 오랫동안 지나치게 크게 지속된다면, 시장은 이를 알아차리지 않을 수 없다. 팽창기에는 시간이 지나면서 수요보다 공급이 더 많이 창출되는 경향이 있다. 이는 아주 단순한 이유 때문이다. 즉 공급이 개별 기업가(이들에게 팽창기에는 생산의 증가가 이윤 획득의 좋은 전망을 의미한다)에 의해서 결정되는데, 수요는 (소득 분배를 조정하는 정치기구를 통하여) 집단적으로 결정된다는 것이다. 기존의 세계적인 분배 상황을 감안하면, 머지 않아 생산은 끊임없이 증가하는 데에 비해서 세계적인 수요 부족이 생기게 된다. 이러한 불일치를 메우는 길은 두 가지이다. 즉 생산의 확대를 반전시키거나 중지시키고 아니면 최소한으로 둔화시키는 경우가 있을 수 있고, 또한 소득 분배를 재편하여 세계적으로 수요를 증가시키고 궁극적으로 새로운 팽창을 가능케 하는 경우가 있을 수 있다.

이런 두 가지 경우는 실제로 모두 일어난다. 생산이 정체된다. 그리고 나서 소득이 정치적으로 재분배된다. 이것이 하강기의 일반적인 사회적 단면이지만, 여기에는 지역별로 나누어 본 특징들이 곧바로 같이 이야기되어야 한다.

생산은 다른 곳보다 구 주변부들에서 더 정체를 보인다. 그리고 소득에 대한 정치적인 재분배는 주변부 지역보다 핵심부와 반주변부 지역에서 (혹은 적어도 그 일부 지역에서) 더 많이 일어난다. 뒤에 살펴보게 되겠지만, 17세기 즉 1600년 혹은 1650년에서 1750년까지의 긴 하강기에 바로 이러한 일이 일어났다. 유효수요의 부족에 기초한 이 일반 모델에는 또다른 식의 개별적인 특징들도 있다. 우리는 하강기의 시작을 1600년에서 1650년 사이의 시기로 잡았다. 이 책의 도처에 나타나는 이러한 모호성은 지식의 부족에서 온 것이 아니라 팽창에서 하강으로의 정상적인 변화 양상을 나타내는 것이다. 팽창이 계속되지만 이미 하강이 시작된 시기가 오랫동안 존재하는 것이 보통이다. 그러므로 이 시기는 발전과 하강 양쪽에 속해 있다.

우리는 장기 추세의 이 특별한 반전이 잇따른 세 개의 상업적 충격으로 이루어진 것으로 보인다고 이미 논의해왔다. 1590년대의 것과 1620년대의 것 그리고 1650년대의 것이 그것이다.[1] 이 시기는 유럽 세계경제가 통화 불안—발트 해 지역의 '통화 반란', 에스파냐의 동화 인플레이션, 아메리카에서의 귀금속 생산의 급작스러운 감소—으로 영향을 받은 시기와 동일하다. 그것은 또한 전쟁과 전염병 그리고 기근으로 여러 차례 인구상의 재난이 찾아온 시기였다. 그러한 요인들이 우연적으로 결합된 것은 아니었다. 시장의 형편이 갑자기 나빠졌을 때, 주변부의 수출용 작물 생산자는 어떻게 하는가? 그 생산자의 관점에서 볼 때 이치에 닿는 대응방식은 두 가지이다. 수출량을 늘리거나 생산비를 줄이든가 아니면 그 두 가지를 모두 행하든지 해서 순수입을 유지할 수 있다. 한 가지 방법을 쓰든 아니면 두 가지 방법을 다 쓰든 그것은 단기적으로는 개별 생산자에 종종 유리하게 작용한다. 하지만 그것들은 중기적으로는 주변부에 있는 일정 지역의 생산자 전체의 상황을 악화시킨다. 수요가 이미 늘어날 대로 늘어난 시장에서 수출용 작물의 생산이 늘어나면 세계적인 생산량은 훨씬 더 증가한다. 생산비의 절감은 주변부 지역에서 흔히 그렇듯이 자연자원이나 인적 자원의 착취를 강화함으로써 달성되는 경우 이는 미래의 생산 잠재력을 쇠진시키게 된다.

---

1) Wallerstein(1974, 269-271) 참조.

우리는 16세기 세계경제의 주요 주변부들에서 바로 이런 일이 일어났음을 보여주려고 한다. 1590년대와 1620년대의 시장의 약화는 생산량의 증가, 또는 자원 착취율의 상승, 또는 그 양쪽의 발생으로 이어졌다. 1650년대까지는 (그 이전에는 아닐지라도) 주변부의 생산자들은 이 첫번째 전술을 취한 결과, 시장, 적어도 그들이 16세기에 자신의 활동영역을 발견한 세계시장의 특정 부분을 위한 생산을 일부 축소하는 유일한 다른 현명한 대응방식에 눈을 돌리지 않을 수 없었다.[2] 우선 동유럽 주변부에서 시작하자. 17세기에 그곳의 수출상품들은 가격과 생산성 및 수출의 총액과 총량에서 하락했으며, 폴란드산 곡물과 헝가리산 소의 경우 (그것이 유일한 경우는 아니지만) 특히 두드러지게 하락했다. 17세기의 불황이라는 기본적인 상이 바로 농산물 가격의 하락에 근거하고 있기 때문에 오늘날 물가사에 관해서는 아주 잘 알려져 있다. 폴란드산 밀 가격은 1615-20년에 하락했는데, 뒤이어 일시적으로 상승하기는 했으나 17세기 중반에는 "폭락과 장기간의 가격 하락"이 이어졌다.[3] 헝가리산 소 가격의 오름세는 17세기 초에는 둔화되다가 "1620년대의 또다른 짧은 붐이 있은 이후에는 아예 멈추어버렸다."[4] 17세기 중반에 이르면 빈에서 거래된 헝가리산 소의 가격은 "상당히" 하락해 있었다.[5] 체코 농업에서도 1650년 이후의 100년간은 "정체의 세기"였다.[6]

수출품의 가격은 절대적인 측면에서 떨어졌을 뿐만 아니라 상대적인 측면에서도 떨어진 것 같다. 다시 말해서 교역조건이 주변부의 수출업자에게 "점점 더 불리하게" 되었다.[7] 동시에 특히 17세기의 2/4분기 동안 "사치품의

---

2) 폴란드의 경우 이러한 일련의 움직임은 Wyczański(1967)에 잘 기술되어 있다. 이러한 일련의 움직임의 전반부에 대해서 Gould(1962, 332)는 "농장주가 가격의 하락에 대응하려고 생산을 줄이는 것이 아니라 총소득을 관례상 받아들일 만한 수준으로 유지하기 위해서 오히려 **확대하는** 역사적 귀결이 많이 존재한다"고 지적한다.
3) Wyczańsky(1967, 68-69).
4) Pach(1970b, 254).
5) Zirńnyi(1973, 327).
6) Matejek(1968, 210).
7) Topolski(1971, 62). 각 계층의 교역조건에 대한 쿨라의 상세한 설명은 뒤에 나오는 표 3 참조. 토폴스키에 대한 Kula의 논평은 1970, 164-165, 주 164에 나와 있다. 쿨라조차

수입량이 급증했고",⁸⁾ 이는 주변부 젠트리의 마지막 발악이었던 셈이다. (적어도 이행기 동안에는) 수출의 감소와 수입의 증가가 한데 어우러져 무역수지가 극적으로 변화되었다. 예를 들면 발트 해 지역에서 폴란드의 해상무역은 1565-85년에 52퍼센트의 흑자였는데 1625-46년에 8퍼센트의 흑자를 본 다음 17세기 후반에는 적자로 돌아섰다.⁹⁾ 몬차크는 폴란드의 무역적자가 "1620년대의 운명적인 10년"에서 비롯되었다고 한다.¹⁰⁾ 무역수지의 변화는 제대로 보호받지 못한 폴란드 기업이 가격 인플레이션에 기인하는 통화 불안의 악영향에 저항할 수 없었기 때문에 악화되었다. 네덜란드 상인은 그다니스크 상인에게 강한 통화인 두카트(ducat)나 탈러(thaler)와 함께 지불의 일부를 (뢰벤탈러[loewenthaler] 같은) 약한 통화로 받아줄 것을 요구했다. 물론 이 통화는 정치적 권위에 의해서 금지될 수도 있었다. 하지만 그다니스크 상인 자신이 그러한 금지조치에 크게 반대했는데, 이들은 "대외무역에서 발생할 심각한 혼란을 두려워하여"¹¹⁾ 그러한 금지가 필요하다고 생각지 않았다. 왜냐하면 그들이 네덜란드인들로부터 받은 이 부담을 "중간 부르주아지와 귀족 및 농민의 어깨에" 전가할 수 있었기 때문이다.¹²⁾

동유럽의 곡물 수확률에 대한 연구는 많지만, 17세기에 결정적인 하락이 있었다는 점에서는 의견이 일치한다. 어느 정도인가가 다소 논란거리이다. 더 낙관적인 견해에 의하면 북서 유럽에서 생산량이 증가하는 시기에 동유럽의 생산량은 정체할 뿐이었다. 좀 덜 낙관적인 견해에 의하면 큰 폭의 하락이 있었다.¹³⁾ 밀 생산량의 감소는 일반적으로 "영주가 강제노동을 이용하여 행하는

1650년에서 1700년에 이르는 시기에 대해서는 전반적으로 그 가설을 받아들인다.
8) Bogucka(1972, 1).
9) Pach(1970b, 258)에 재인용한 Mączak & Bogucka. 또한 Mączak(1970, 139, 표16)도 참조.
10) Mączak(1975, 3).
11) Bogucka(1972, 4). 지역의 환전상 역시 국제 투기꾼으로 이익을 보았기 때문에 그러한 조치에 반대했다(p. 5).
12) Bogucka(1972, 13).
13) Żytkowicz(1971, 71)는 일반적으로 폴란드, 헝가리, 슬로바키아 및 보헤미아에서 "농산물 수확량이 낮았으나" 1500년에서 1655년까지의 시기보다 1655년에서 1750년까지의 시기

상품 생산이 극한까지 확대되었기" 때문이라고 설명되고 있으며, 이는 헝가리의 소 수출의 감소에 대해서 파흐가 제시한 설명과 같다.[14] 하지만 이러한 생산형태가 주가 되었다고 해서 왜 생산성이 떨어지는가? 두 가지 이유가 제시된다. 하나는 부역노동의 요구가 커지자 "수많은 농민들이 짐수레 견인용 가축의 사육을 포기하고 날품팔이 농부의 지위로 전락했고", 일반적으로 귀족보다 농민의 농장이 생산성이 높았기 때문에, 전체의 생산성이 떨어진다는 것이다.[15] 두번째 이유는 생산의 확대가 "경작의 기본 원칙인 윤작을 무시하고"[16] 이루어져 시간이 지나면서 지력이 고갈되었다는 것이다. 인간과 토지를 소모시키면서 50-60년 동안은 총생산이 일정 수준으로 유지되었다. 하지만 그것은 자기소모적인 방식에 지나지 않았다. 이는 생산을 늘리고 비용을 줄이려는 온갖 노력에도 불구하고 총수출량이 감소한 데서도 알 수 있다. 16세기 말에는 그다니스크에서 연간 10만 라스트(last)의 밀이 수출되었으나 그 양은 17세기에는 3만, 18세기 초에는 겨우 1만 라스트로 떨어졌다.[17] 아벨은 1620년을 전환점으로 삼고 있지만,[18] 자냉은 외레순 해협의 기록들에 따르면 1649

가 특별히 더 낮은 것은 아니라고 한다. Slicher van Bath(1969, 175-176)는 17세기 동유럽에서는 "정체 또는 심지어 쇠퇴까지" 보인다고 한다. 체코슬로바키아, 폴란드, 라트비아, 에스토니아 및 러시아를 통틀어, 그는 1600년에서 1649년에 이르는 시기와 1650년에서 1699년에 이르는 시기 동안에 4.3에서 3.9로 떨어졌음을 보여준다. Mączak(1976b, 23)는 16세기에 대한 지트코비치의 낮은 수치를 의심하고, 실제로 하락세가 있었고 "17세기 전반에 이미 눈에 띄었다"(1968, 77)고 주장한다. Wyczański(1960, 589)는 한 영지(코르친[Korczyn])의 경우 1569년의 4.8에서 1615년의 4.1, 1660년의 4.4, 1765년의 3.2로 떨어졌음을 보여주고 있다. Topolski(1974a, 131)는 16세기 말에 대략 5이던 것이 18세기 말에 3-4 정도로 전반적으로 떨어졌다고 한다. Szczygielski(1967, 86-87)는 더욱 강한 논조로 폴란드의 수확량이 15-16세기의 유럽에서 가장 높은 축에 들었으나 17-18세기에는 가장 낮은 축에 속했다고 한다.

14) Pach(1970b, 262).
15) Mączak(1968, 77). 그는 "농장의 축소로 시장에 내다 팔 잉여생산물이 감소했다는 것은 거의 의문의 여지가 없다"(p. 78)고 한다.
16) Szczygielski(1967, 94). 그는 이것은 임업의 수확에서도 마찬가지였다고 한다. 즉 "17세기 동안 무분별한 벌목이 숲의 황폐화를 낳았다."(p. 97)
17) Leśnodarski(1963, 24).
18) Abel(1973, 251 그래프 45). Slicher van Bath(1977, 87)도 참조. 그는 1617년에 수출이

년이나 1650년이 "1618년을 능가하는 기록적인 해"라고 지적하고, 1620년보다는 1650년을 전환점으로 보아야 한다고 주장한다.[19]

소의 수출도 같은 과정을 겪었다. 헝가리의 소 수출은 1550년에서 1600년까지 "황금기"였으며,[20] 그후로는 감소했다. 슐레지엔, 작센, 라인 지역에 대한 폴란드산 소 무역은 30년전쟁이 시작되면서 소 수송의 위험성 때문에 "그 중요성을 상실했다."[21] 덴마크의 소 수출도 마찬가지였는데, 이런 맥락에서 보면 같은 그림의 일부라고 할 수 있다.[22] 파흐의 주장에 의하면, 소 무역의 쇠퇴가 밀 무역의 쇠퇴보다 더 심각했고 따라서 헝가리는 폴란드보다 훨씬 더 타격을 받았는데, 그것은 밀이 "근대적 유형의 국제무역이 부상하는 대서양 연안의 중심지"로 팔려나간 반면 소는 "그 자체, 국제무역로의 변화로 희생된" 남부 독일의 도시들로 팔려나갔기 때문이다.[23] 16세기에 동유럽의 세번째 주요 수출품은 구리였다. 이것 역시 1620년대에는 눈에 띄는 쇠퇴를 보였다.[24] 이것들 —— 밀, 소, 구리 —— 은 어느 것이나 세계적인 과잉생산이 원인

최고조에 달했다고 한다.
19) Jeannin(1964, 320, 322). 이는 교역과정의 또다른 끝에서도 확인된다. 스코틀랜드로 수입된 발트 해 산(産) 밀을 검토한 Smout & Fenton(1965, 76)에 의하면 17세기 중반에 "명백한" 단절, 즉 그 수입의 뚜렷한 감소가 있었다. 이들은 이것이 "영국인과 아일랜드인 공급자가 발트 해의 [공급자들을] 일부 대체했기" 때문이라고 설명한다. 이들은 실제로 1675년에서 1685년 사이에 스코틀랜드산 곡물이 "발트 해 지역까지 운송되었다"고 덧붙인다.
20) Makkai(1971, 483). Prickler(1971, 143-144)도 참조. Wiese(1974, 454)는 "30년전쟁이 발발하기 전의" 유럽 소 무역 일반에 대해서 같은 용어를 사용한다.
21) Mączak(1972, 679). 몬차크는 "견인용 가축(대개는 숫소이지만 말도 포함)을 포함해서 소가 형편없이 감소하여" 1549년에 농민 경작지 100헥타르당 대략 77두이던 것이 1630년에 53두가 되고, 그후로도 감소 경향이 계속되었다고 한다(1976b, 23).
22) Abel(1973, 249)은 17세기에 덴마크산 소 수출이 "줄어들었다"고 한다. Glamann(1977, 236-237)도 참조.
23) Pach(1968, 316). Wiese(1966, 105 참조)는 1640년에서 1820년까지 독일지역에서 육류가격이 호밀의 가격보다 늘 불리했다고 하여 파흐의 주장을 일부 확증하고 있다. 헝가리 및 폴란드산 소는 남부 독일의 여러 도시로 출하되었으나, 덴마크산 소는 대부분 네덜란드로 출하되었다(Glamann, 1977, 216, 233 참조).
24) Pach(1970b, 257) 참조.

이 되고 있다. 밀의 경우 남부 및 서부 유럽에서 그 생산이 증가했는데, 페이버에 의하면 "소폭 증가"이기는 하나 17세기 후반 "네덜란드 곡물 무역의 파국적인 감퇴"를 설명하는 데 충분할 정도였다.[25] 소를 놓고 보면, "가격을 떨어뜨린 것은" 바로 "수요 감소"였다.[26] 구리의 경우, "시장에 유입된 스웨덴산 구리의 공급 과잉"이 주된 요인이었다.[27]

어느 경우에나 수출 상황은 전쟁과 국내의 황폐화──특히 스웨덴의 폴란드 침략(1655-60), 15년전쟁(1591-1606)에서 라코치(Rákoczi) 독립전쟁 (1703-11)까지의 한 세기간에 걸친 헝가리의 간헐적인 투쟁 그리고 덴마크-스웨덴 전쟁(1643-45)──에 의해서 초래되지는 않았지만 이것들에 의해서 악화되었다.[28] 그러나 전쟁의 황폐화는 총공급의 감소를 수반했지만 그 자체로서는 수출 감소를 설명해주지 못한다. 베라 지마니가 일깨워주듯이, "16세기에 유럽의 도처에서 파괴적인 전쟁이 있었지만 이 시기에 전쟁은 오히려 생산을 촉진하여 유리한 국면을 만들어내어 결과적으로 물가를 올리는 데에 한몫할 따름이었다."[29] 그렇다면 16세기와는 무엇이 달라졌는가? 유럽 세계경제는 총수요가 총공급을 웃도는 상황에서 정반대의 상황으로 이동했던 것이다. 이전에는 파괴가 수요를 더욱 절박하게 했으나, 이제 파괴가 총생산을 감소시키는 호재가 되었던 것이다.

전체적인 생산 감소는 지역적으로 어떠한 분포를 보이는가? 이것이 주변부 지역의 사회적 관계를 결정하거나 아니면 오히려 재편성한 만큼 가장

---

25) Faber(1966, 131). Topolski(1974c, 435)는 17세기에 폴란드의 곡물 수출이 감소한 것은 생산성이 떨어지고 따라서 "외관상의 비교" 우위가 무너졌기 때문이라고 풀이한다. 우리는 그 관계를 뒤집어서, 다른 곳의 밀 생산 증가가 간접적으로 폴란드의 생산성 하락을 가져왔다고 주장한다.
26) Zimányi(1973, 330).
27) Kellenbenz(1974, 262) 및 Vlachovič(1971, 626). 역시 일본산 및 칠레산 구리와도 경쟁을 벌였다. Pach(1970b, 257).
28) 스웨덴의 폴란드 침략이 미친 영향에 대해서는 Baranowski 외(1966, 79) 및 Gieysztorowa(1958) 참조. 헝가리에 대해서는 Makkai(1971, 493-494) 및 Várkonyi (1970, 272) 참조. 덴마크에 대해서는 Jørgensen(1963, 79) 참조.
29) Zimányi(1973, 309).

중요한 문제이다. 이미 살펴본 바와 같이, 16세기 동유럽에서 환금작물 재배를 위한 강제노동(이른바 재판농노제)이 자본주의적 경영을 하는 늘어나는 영지에 대한 노동통제 장치로서 널리 확산되었다. 여기서 설명해야 할 점은 17세기에 수출시장이 수축하는데도 왜 농노에 대한 수요가 한층 더 강화되었는가 하는 것이다. 우선 16세기에 환금작물은 영주의 영지와 농민의 땅뙈기에서 모두 엇비슷한 수준의 효율성을 보이면서 생산되었다는 사실에서 시작해야 한다.[30] 그렇지만 17세기에는 동유럽 전역에 상당한 토지집중 현상이 보이고, 다시 말해서 전체 경작지와 시장용 작물 중 영주의 수중에 있는 비율이 커지고 농민의 수중에 있는 비율이 작아졌다. 이는 폴란드[31]와 체코[32]

---

30) Żytkowicz(1968, 118)는 17세기 마조비아(Masovia : 비수아 강 동쪽에 위치한 폴란드 지방/옮긴이)의 농민 보유지와 영주 직영지(폴바르크[folwark])의 생산성을 비교하면서 잠정적인 결론으로 이것을 제시한다. "어쨌든, 이런 [영주] 제도가 출현하게 된 주된 이유는 그것이 식량을 더 많이 생산해서가 아니라 봉건적 토지소유 계급에게 수입의 증대를 안겨다줄 수 있었기 때문이다." 그렇지만 Kirilly(1965, 621)는 헝가리의 곡물 생산을 연구하면서 18세기 전반기에 "전환"이 있었다고 지적한다 : "이전의 수세기와 반대로 영주 직영지의 밀이 향후 보다 높은 수확률의 특징을 보인다."

31) Topolski(1967, 114)는 17세기 중반의 파괴적인 전쟁에 뒤이어서 영주 직영지는 마침내 전쟁 전의 생산수준을 회복한 데 비해서 농민의 땅뙈기는 종전 생산의 60-65퍼센트밖에 회복하지 못했다고 한다. 그는 일례로 그니에즈노에서는 16세기 초에 영주 직영지는 농민 보유지의 13퍼센트에 불과했는데 중반에는 16퍼센트, 말에는 20퍼센트, 그리고 18세기까지는 25퍼센트에 달했다고 한다(1970, 90). Rusiński(1972. 112-113)는 "특히 중부 및 남부 지역에서 농민 단위의 평균면적이 줄어들었으며, 16세기에 시작되어 17세기에 강화된 이 과정은 궁핍화로 이어졌다"고 한다.

　　Rutkowski(1927b, 119-120)는 전쟁 때문에 17세기 중반을 전환점으로 삼고 이렇게 말한다 : "비교적 규모가 큰 자영농의 농장이 사라지고 소규모적인 농민의 농장으로 바뀌었다.……그렇지 않으면 클로지에(closiers), 오두막살이농(chałupnicy), 그리고 날품팔이 노동자/차지농(komornicy) 등이 경작하는 경지로 전환되었다." 그는 "농촌 주민의 프롤레타리아화 과정"과 "농업생산의 절대적인 집중"이 있었다고 한다. 후대의 폴란드 역사가들은 루트코브스키의 인과적 설명은 논박하지만 그러한 관찰에 대해서는 반박하지 않았다. Gierowski(1965, 244)에 인용된 여러 연구 참조.

32) Špiesz(1969, 43-44)는 체코 지역에서 이 시기를 1620년대로 잡는다. 하지만 모라비아에서는 영주 경작지와 농노 보유지의 비율에는 변화가 없었다고 한다. Lom(1971, 9-10)도 1650년에서 1750년까지 보헤미아에서 "토지의 집중"이 증대했고 구츠헤어샤프트의 비율이 증가했다고 지적한다. Mejdricka(1971, 394)도 "17세기 후반에 부역노동을 사용하는 대(大)직영지가 최대로 팽창한 것을 알 수 있다"고 한다.

그리고 리보니아[33)]에서 확인되고 있다. 실제로 폴란드에 대해서 몬차크는 17-18세기와 16세기를 특징적으로 대비시켜, "번영하는 요먼-농민의 소집단은 ……탐욕스러운 지주의 직접적인 희생물이 되어……완전히 사라졌다"[34)]고 지적한다.

실제로 일어난 일에 대해서 분명히 해두자. 세계시장의 호황에 따라 전체 경작지가 확대되는 16세기 현상은 멈추었고 부분적으로는 반전되기까지 했다. 하지만 경작되고 있는 토지 내에서, 영주직영지가 차지하는 몫이 점점 커졌다. 다시 말해서 16세기 동유럽에서 시장용 생산의 확대라는 도전은 두 가지 방향으로 나타났다. 즉 강제노동을 사용하는 대귀족의 대영지 경영과 일부 발달한 부농에 의한 경영이 그것이었다. "하지만 17세기 초까지는 그 싸움은 강제적인 농노노동에 의존하는 '영주(Gutsherr)'가 승리하는 쪽으로 끝이 났다."[35)]

농민의 농장에 비해서 실제로 중간규모 이상의 대영지는 몇 가지 점에서 유리했다. 대규모 단위는 다양한 토지가 있어서 흉작을 대비한 일종의 내부 보험을 가지고 있기 때문에 예상 불가능한 수확의 변동에 유리했다.[36)] 일관된 공급이라는 측면의 이러한 이점 외에도, 수요 면의 이점도 있었다. 수요 면에서 보면, 시장에의 직접적인 접근, 즉 그들이 자신의 상품을 중개자의 손을 거치지 않고 직접 항구로 운송할 수 있었다는 사실은 "경제적으로 상당한 이점"이어서, 쿨라는 이것이 토지집중화 과정의 "부분적인 이유"라고 믿는

---

33) Dunsdorfs(1950, 115)는 이를 특히 18세기와 19세기에 적용될 수 있는 과정으로 보고 있지만, "17세기 동안 영주 직영지의 규모가 증대했음을 논증할 수도 있다."
34) Mączak(1972, 673). Dworzaczek(1977, 159 참조)는 이와 동일한 시기에 대귀족들이 하급귀족들의 영지를 점차 통합했다고 보고한다. 한편 Rusiński(1972, 104)는 16세기 동안 "가난한 이웃으로부터 토지를 사들인 부유한 농민의 수중에 토지가 집중되는 경향이 있었다"고 한다. 부유한 농민의 역할에 대해서는 Małowist(1972, 203-204)도 참조.
35) Pach(1970b, 261). 폴란드에서는 농민의 영구보유지(emphyteusis)는 몇 안 되는 지역에서 존속했다. 구 프로이센의 엘블라크 읍 인근에 있는 그러한 한 지역을 설명하면서 Żytkowicz(1974, 251)는 이런 예외가 가능했던 까닭은 "발달된 시장이 가까이 있어서 잉여생산물이 비교적 용이하게 처분될 수 있었고 또한 시장으로의 수송비용이 쌌기" 때문이라고 한다.
36) Kula(1961, 138) 및 Żytkowicz(1968, 109)도 참조.

표 3. 폴란드 사회집단별 교역조건의 변화[a]

	1550	1600	1650	1700	1750
대귀족	100	276	385	333	855
귀족	100	80	144	152	145
농민	100	205	169	118	51
대귀족		100	139	121	310
귀족		100	180	190	181
농민		100	82	58	25

a) 이 표는 Kula(1970, 94)의 허락을 얻어서 전재함.

다.[37] 경기가 어려워짐에 따라서 이러한 이점이 더욱 커지게 되었다는 것은 훌륭한 표 3에서 잘 드러난다. 이 표에서 쿨라는 폴란드의 세 사회집단별 교역조건(구입하는 상품에 대한 생산해서 파는 상품의 구매력의 비)을 시간의 경과 속에서 산출했다. 그러한 불확실한 통계자료를 확대 해석해서는 안 되지만,[38] 1550년과 1600년의 서로 다른 두 지표를 이용하면 어느 정도 잠정적인 시사점을 얻을 수 있다. 최대 팽창기인 1550-1600년까지의 시기는 대귀족에게 유리했지만 농민에게도 유리했다. 양쪽이 귀족을 희생으로 삼았던 것으로 보인다. 불경기가 시작되자마자 농민은 그것을 정면으로 느꼈으나 귀족과 대귀족은 모두 잘 대처했다. 1600년에서 시작된 지표를 보면, 귀족이 잠시 동안 (그러나 아주 잠시 동안만) 대귀족보다 더 잘 행동했다는 것은 분명하다. 하지만 1550년의 지표에 의하면 절대적인 면에서도 대귀족이 늘 귀족을 능가했다는 점 또한 명백하다.

왜 이러한 일이 생긴 것일까? 여기서는 매우 단순한 메커니즘을 생각해보자. 경기가 나쁠 때 생산자가 판매량을 극대화하는 방법에는 두 가지, 즉 비용을 줄이는 것과 경쟁자를 배제하는 것이 있다. 대귀족(그리고 귀족)은 임금노동에 반대되는 부역노동을 늘림으로써 비용을 줄이려고 했다.[39] 이리하여

---
37) Kula(1970, 91).
38) Kula(1970, 94)는 이 수치를 산출하는 방법을 설명하고 "이 결과가 확실히 과장되어 있음"을 인정한다.
39) 하지만 물론 그 정반대의 경우도 사실이다. 수확이 불충분하면 가격이 오르고 부역노동의

평균비용이 감소되었을 뿐만 아니라 총생산량도 **증가했다**. 총생산량의 증가는 시장가격의 하락에서 나오는 손실을 메워주는 제2의 수단이었다.[40] 그리고 영주 토지에서 생산이 늘더라도 시장이 확보될 수 있도록 영주는 농민의 토지뿐만 아니라 심지어 귀족의 토지까지 매입해버렸는데, 귀족과 농민의 다수는 사실상 파산상태에 내몰려 토지를 팔지 않을 수 없는 지경이 되었기 때문이다.[41] 설령 영주들이 새로운 토지를 생산에 투입하지는 않더라도 그들은 적어도 그것이 자신의 원래 토지와 경쟁을 벌이면서 상품을 생산하지는 못하게 막은 것이다. 이러한 아주 그럴듯한 토지투자 과정은 작물의 수출로 당장 현금이 들어오는 것을 의도하지는 않았더라도 17세기 초의 금융위기에 의해서 조장되었다는 것은 틀림없다. 이 위기로 인해서 대귀족은 "불안한 통화시장에 대한 보험으로서 경쟁적으로 상품의 사재기에 나섰고, 이는 심리적으로 이해할 만한"[42] 것이었다. 토지를 포함하여 상품은, 장기간 "저장"이 가능하다

수요도 커진다. Mączak(1975, 16)는 다음과 같이 말한다 : "적어도 몇몇 영지에서 토지소유자는 흉년에 차지농을 보다 심하게 억누르지 않았을까 생각된다. 설령 그들이 물에 빠진 사람들을 구했다고 해도 말이다.……[1550년에서 1695년에 이르는 한 영지의 연구]에 의하면 곡물 가격이 오르는 흉년에 그 공작의 관리인이 소작인으로부터 보통 때보다 많은 곡물을 거두어들였음을 알 수 있다." 그 둘 사이에는 곡선적 관계가 존재하지 않았을까? 곡물 가격이 상대적으로 높을 때는, **노동력**이 더 요구되었기 때문에 부역노동이 더 필요했다. 그리고 농민들은 물가가 높은 시장에 자신의 상품을 내다 파는 것을 선호했기 때문에 임금에 반응을 보이지 않았을 것이다. 한편 곡물 가격이 상대적으로 낮을 때는, 비임금노동이 더 많이 요구되었기 때문에 부역노동이 더 필요했다. 곡물 가격이 중간 수준일 때, 부역노동에 대한 수요가 가장 낮았다. 이렇게 부역노동에 대한 엇갈리는 이유들은 왜 부역이 장기적인 상승과 하강을 통해서 하나의 처리방식으로 존속했는지를 말해준다.

40) Kula(1970, 35)는 "[원료와 노동의] 투자 결정이 시장조건이 나아졌기 때문이 아니라…… 반대로 그것이 악화되었기 때문에 이루어졌다는 사실은 전혀 터무니없는 것이 아니다"라고 한다. 그는 이것이 비자본주의적 행동이라고 말하고 있다. 하지만 20세기에도 경기침체기에는 다국적 기업들도 때로는 이와 같은 전략을 따르지 않는가?
41) 심지어 귀족이 대귀족에게 어쩔 수 없이 토지를 매각해야 할 경우가 아니더라도, 일반적인 통화부족 때문에 "대귀족은 스콰이어층의 은행가가 되었다. 이 때문에 은행가가 흔히 그 고객에 대해서 그렇듯이 그들은 더욱 우월해졌다." Mączak(1968, 88).
42) Bogucka(1975, 147). 그는 보석류, 사치품 그릇, 귀금속, 그리고 경화(硬化)의 퇴장에 대해서 언급한다. 하지만 토지의 경우도 퇴장의 동기는 마찬가지로 격심한 인플레이션에 대한 보호막이었다. 이 두 가지 사실은 그녀의 다음과 같은 결론을 뒷받침해준다. "이 퇴장

면, 저장가치로서는 화폐보다 더 안전해 보였다.

획득한 이들 토지를 경쟁에서 배제하기 위해서 어떻게 했는가? 그 토지는 분명히 자본주의 생산양식의 부정이 아니라 "자급자족 생산으로의 전환"[43] (어쩌면 퇴화라고 해도 좋을)을 보여주었다. 그것은 바로 시장조건에 대한 현명한 적응을 보여주었고 이는 자본주의적 기업가, 즉 대귀족과 귀족이 재산목록이 세계적으로 줄어들고 생산이 전면적으로 정체하는 약한 시장에서 이윤을 극대화하기 위한 (혹은 손실을 최소화하기 위한) 방법이었다. 농민은 세계시장의 변동에 대응하여 자신의 노력을 확대하거나 축소하지 않았을지도 모르나, 농민은 기업가가 아니었다. 그들은 반(半)프롤레타리아였으며 그들의 노동력 투입은 주로 세계시장에 대해서 기업가가 어떻게 대응하느냐에 따라서 결정된 것이다.[44]

핵심부 국가로 향한 상품 수출이 쇠퇴한 것과는 대조적으로 지역시장이 잔존하고 심지어 번영한 데서도 알 수 있듯이, 경기후퇴가 자본주의 생산의 포기를 의미하지는 않았다. 시피에서는 이미 16세기에 중유럽 각지에서는 지역시장을 겨냥하여 생산이 이루어지고 있었으며, 이 점에서 서유럽으로 수출을 하고 있던 동유럽 지역과는 달랐다고 지적한다. 그는 중유럽 —— 보헤미아, 모라비아, 슬로바키아, 저지(低地) 슐레지엔, 저지 루사티아, (티롤을 뺀) 오스트리아, 작센, 튀링겐, 서부 헝가리 —— 의 생산관계를 재판농노제에 대립되는 것으로서 비르트샤프트헤어샤프트(Wirtschaftherrschaft)라고 부른다. 이들 나라에서조차 17세기에 농민의 상황은 악화되었다.[45] 하지만 주목해야 할 점

은……의심할 나위 없이 이 나라의 경제에 바람직하지 못한 결과를 가져왔다. 왜냐하면 그것은 상당량의 자본을 수년 동안 동결시켜버렸기 때문이다."(p. 148)
43) Pach(1962, 234).
44) 농민들은 세계시장에 반응하지 않았다고 여겨, Kula(1970, 27)는 "자본주의적 회계방식은 이런 종류의 '기업'에는 적용될 수 없다"고 주장한다. 이와 마찬가지로, Achilles(1959, 51-52) 역시 16-17세기에 농업생산이 실제로 곡물 가격에 반응하여 이루어졌다는 데에는 회의적이다. 이 두 사람은 아무도 자본주의적 기업가인 대지주와 반(半)프롤레타리아인 소농민을 엄밀히 구별하지 않는다.
45) Špiesz(1969, 61). Mejdricka(1971, 401)도 같은 주장을 펴는데, 보헤미아는 시장의 지리적 범위에서 폴란드 및 북부 독일과 달랐다고 한다 : 농산물과 원료의 체코 시장은 국내의 지역간 교환과 연결되었고 어느 정도 이웃 나라와도 연결되었다."

은 크라쿠프와 포즈나니 같은, 예전에 대륙간 무역에 이용되었던 폴란드의 일부 중심 시장들이 30년전쟁과 스웨덴 전쟁의 영향이 겹치면서 17세기에 그러한 역할을 상실했다는 것이다. 그렇지만 17세기 후반에도 그곳은 지역의 중심 시장으로서 번영을 누렸다.[46] 토지의 집중이 증가하면서 덩달아 부역노동의 징발 일수도 늘어났다. 분명히, 영주는 직영지가 늘면 느는 만큼 노동력이 더 필요했다. 그리고 농민은 토지가 줄어들면 주는 만큼 부역노동을 할 수 있는 시간이 많아졌다. 다시 말해서 농민은 여전히 먹고살기에 족한 토지를 경작했으나,[47] 환금작물을 심을 수 있는 자신의 토지는 더 이상 그리 많지 않았다. 17세기에 부역노동이 양적으로 증가되었다는 것은 폴란드,[48] 엘베

---

46) 크라쿠프는 대륙간 교역시장보다는 지역시장으로서 "훨씬 오래 지속되고 견실함을 보였다." Malecki(1970, 119 ; 1971, 151도 참조). "17세기 후반에……포즈나니의 교역은 다시 살아났으나 지역시장의 기능만을 했다." Grycz(1967, 55 ; 1971, 119도 참조).
47) Mączak(1972, 678)는 "폴란드는 가난했지만 그 주민에게 중요한 이익을 안겨다 주었다. 근대 초의 다른 나라들에 비해서, 폴란드는 진정한 의미에서의 전반적인 기근은 겪지 않았음."을 일깨워준다. Makkai(1974, 207)는 "동유럽의 농민은 프랑스와 독일 그리고 이탈리아의 임금노동자보다 영양상태가 좋았지만 부르주아 혁명이 성공을 거둔 부상하는 서유럽 여러 나라에 비해서는 영양상태가 좋지 못했다"고 주장한다. 후자와 관련하여, 그는 영국과 연합주를 꼽는다. 프랑스에 대해서 그는 르 루아 라뒤리만 인용하고 있어서 그가 말하는 바는 남부 프랑스에는 들어맞을지 모르나 북부 프랑스는 "부상하는 서유럽 각국"에 낄 수 있다. 그 책의 용어법으로 보아서 그의 주장은 농촌 노동자의 생활은 주변부 지역보다 반주변부 지역에서 더 악화되었는데, 이는 아마도 전자 쪽이 자급 용지가 더 많았기 때문이라는 것이다.
48) Mączak(1972, 677) 및 Rutkowski(1927b, 122) 참조. Zientara(1971, 284 참조)의 보고에 의하면 17세기에 농민의 부역노동이 대규모 철광업에 도입되었다. Rutkowski(1927a, 89)는 16세기와 비교하면 18세기에 부과조(redevances)는 높지 않았다고 한다. 그러나 그가 틀릴 수도 있다. Kula(1962, 279)는 농민의 부과조를 증대시킨 한 가지 방안은 밀을 재는 되를 크게 하는 것이었다고 지적한다. 크라쿠프에서 16세기에 1부셸(부아소[boisseau], 코제치[korzec])은 16세기에 26.26리터였는데 18세기에는 43.7리터였고 바르샤바에서는 16세기에 1부셸이 52.5리터에서 19세기에는 64리터였다.
    폴란드의 귀족은 스스로 자본주의 메커니즘의 교묘한 처리자임을 입증했다. 그들은 이러한 되의 양의 변경이 지대수취인으로서는 이익이 되지만 판매자로서는 이익이 되지 않는다는 것을 인식했다. 그래서 "특히 수출품에 사용된 도매용 되인 라스트(laszt)는 비교적 일찍 고정되고 통일된 반면에 부과조 납입에 사용된 소매용 되인 프레스타티온스(prestations), 즉 부셸은 끊임없이 늘어났다. 그 결과 시간이 지나면서 부셸로 환산할 경

강 동부지역,[49] 헝가리,[50] 보헤미아,[51] 루마니아,[52] 그리고 덴마크[53]에서도 확인되고 있다.

생산관계에 관해서 마지막으로 한 가지 의문이 있다. 부역노동의 강화가 17세기에 합리적인 것이었다고 하더라도, 왜 이미 16세기에 그와 같은 높은 수준에 도달하지 못한 것일까? 한 가지 대답은 시간이 걸렸다는 것이다. 또다른 대답은 이미 살펴본 여러 이유에서 시장이 하강기에 있을 때 **높은** 부역노동율이 합리적이었으나 시장 팽창기에는 부역노동율이 높으면 부정적인 측면이 있었기 때문에 **중간** 정도가 더 적당했다는 것이다. 일정 시점을 지나면, 부역노동은 소모적이며 생산성을 떨어뜨렸다. 루진스키는 이렇게 묻고 있다. "어느 시점에서 부역노동이 경제적으로 퇴행적인 특징을 보이기 시작했는가?……

우 라스트의 양은 점점 더 줄어들었다. 주목해야 할 점은 이것 역시 시장가격이 떨어지는 시기에 이윤수준을 유지하는 한 방법이라는 것이다.
49) Lütge(1963, 123-127 참조).
50) Makkai(1963, 41) 참조. 그에 의하면, 이것이 주로 밀 생산에 들어맞는데 그 까닭은 "소의 사육과 포도 재배에서 부역노동은 기술적인 이유에서 밀 생산에서와 같은 큰 역할을 할 수 없었기" 때문이다. 하지만 17세기 헝가리에서는 곡물 생산이 **증가했는데**, 이는 아마도 그것이 부역노동에 적합했기 때문이다. Kirilly & Kiss(1968, 1235) 참조.
51) Małowist(1974, 344)는 보헤미아에서는 "주로 1621년 비알라 고라(화이트 마운튼) 싸움 (30년 전쟁의 초기에 바이에른 공 막시밀리안 1세가 이끄는 가톨릭 군이 보헤미아의 신교군을 패배시켰고, 이로 인해서 보헤미아는 독립을 상실함/옮긴이)에서 합스부르크가 승리하고 30년전쟁에서 보헤미아가 황폐해지고 나서" 부역노동이 강화되었다고 주장한다. Klíma(1957, 87), Kavke(1964, 58) 및 Wright(1966, 14)도 참조.
52) Stefanescu 외(1962, 56)의 연대 설정에 의하면 착취가 강화된 시기는 17세기 후반이다.
53) Nielsen(1933, 153) 및 또한 Tonnesson(1971, I, 304 ; II, 719-720)도 참조. 토네송은 "덴마크를 동유럽 유형의 사례로 보아야"(II, 719) 타당하다고 주장한다. 당시 덴마크의 일부였던 노르웨이에 문제가 있었다. 노르웨이의 농민은 대부분 17세기 말에 해방되었다. Johnsen(1939, 392-393) 참조. Tonnesson(1971, I. 311)은 다음과 같은 사실로 이를 설명하고 있다 : "[덴마크 국왕에게는] 귀족이 미약한 나라에서 이웃 스웨덴에 맞서서 나라를 지키기 위하여 농민 대중의 충성을 확보하는 일이 중요했다." 만일 그렇다면, 똑같은 논리가 폴란드의 우크라이나 지역에서도 들어맞았을 것이다. 폴란드인들은 러시아인의 감언에 속지 않도록 우크라이나 농민의 충성심을 확보해두고 싶어했을 것이다. 그러나 실제로 폴란드인들의 태도는 전혀 그렇지 않았다. 노르웨이인들과 우크라이나인들이 보인 태도의 차이는 아마도 우크라이나에서는 수출용 작물이 없었지만 노르웨이에서는 일찍부터 그 가능성이 보였기 때문이다.

최근의 연구에 힘입어서 이 시점을 매우 정확히 포착할 수 있다." 그는 그 시점이 중부 폴란드의 경우에는 1580년에서 1620년에 걸친 시기이고 슐레지엔과 보헤미아의 경우에는 이보다 조금 늦은 시기라고 한다.[54] 이리하여 여기서 다루고 있는 주제인 이행기(1600년에서 1650년까지)로 되돌아오게 된다. 그 상황은 다음과 같이 요약할 수 있다. 즉 16세기에 부역노동은 경제적으로 생산적이었다. 시장이 강력했기 때문에 어쨌든 농민은 노동을 했을 터이나, 영주는 부역노동을 제도화함으로써 농민으로부터 잉여의 일부를 자신을 위해서 전유했다. 경기가 나빠지면서 영주는 농민에게 노동시간의 연장을 요구했다. 그 시점에서, 농민은 그렇지 않았더라면 결코 할 리가 없는 노동을 제공하기 시작했다. 장기적으로 보면, 생산의 이런 과도한 확대는 농민의 노동 잠재력을 쇠진시켜 생산성을 저하시킨다. 하지만 그럼에도 이 생산의 과도한 확대는 중기적으로는 약한 세계시장에서 비롯되는 손실의 대부분을 영주가 아니라 농민이 떠맡았음을 확실히 보여준다.

당연히 농민은 이런 상황을 달가워하지 않았다. "영지가 커지면 커질수록 영주 직영지(구츠비르트샤프트)와 농민 경작지(바우에른비르트샤프트) 간의 격차가 커졌다."[55] 그 결과 농민의 도주와 태업이 발생했다. 그래서 이는 얼핏 보면 또다른 모순으로 보인다. 부역노동과 임금노동이 모두 동시에 증가했다는 것이다. 동유럽의 영주가 농촌 노동자와 관계를 맺는 데에는 사실상 세 가지 방식, 즉 부역과 임금 그리고 면역지대(cens)가 존재한다는 것을 기억한다면 이런 역설은 어렵지 않게 풀린다. 14세기와 15세기 동유럽에서 주된 방식은 바로 부역이나 임금에 대립되는 면역지대였다. 16세기에 세계경제가 팽창하자 면역지대를 대신하여 부역노동이 다시 제도화되고 팽창했다. 실제로 수출항에 가장 인접한 지역, 가령 서부 프로이센, "대폴란드"의 북부 및 쿠야비아 등지에서 농민은 16세기의 부역노동을 재도입하는 데에 저항할 수 있어서 면역지대제도를 유지하여 시장이윤을 보다 많이 손에 넣을 수 있었다.[56]

---

54) Rusiński(1974, 40–41).
55) Rusiński(1960, 420).
56) Rusiński(1972, 112) 참조.

이것은 아마도 이들 농민이 항구에 가까이 있어 자신의 생산물을 경쟁력 있는 가격으로 팔기가 비교적 쉬웠기 때문일 것이다. 하지만 시장이 핍박받기 시작했던 17세기에, 잔존하고 있던 동유럽의 기업가적인 차지농-농장주의 영주에 대한 저항능력이 무너지면서 면역지대는 한층 더 감소되기 시작하고 부역노동과 임금노동 양쪽에 의해서 대체되었던 것이다.[57]

농촌 노동자의 관점에서 보면, 임금노동이 부역노동제도보다 반드시 탐탁스러운 것은 아니었다. 실제로 직영지에서 임금노동자는 서번트이거나 날품팔이 노동자인 경우가 대부분이었는데, 날품팔이 노동자는 부역노동을 지고 있는 농노보다 "훨씬 더 종속적인 상황에 처해 있었다."[58] 농노는 해고되지 않는다는 점에서 날품팔이 노동자보다 더 안정적이었고 지위도 높고 실질소득도 많았다. 이상하게 들릴지 모르지만, 농노는 선택 가능성도 많았다. 법적인 제약을 받기는 했으나 공권력이 약화되어 "영주로부터 과도한 부과조를 강요받은 농노들은 언제라도 영주를 바꿀 수 있었다."[59] 영주와 농민 사이의 이러한 투쟁은 실제로는 부르주아와 프롤레타리아 간의 계급갈등이었지만, 이와 같이 경기가 나쁜 시기에조차 농민은 자신의 이익을 지켜낼 능력을 완전히 빼앗기지는 않았다. 따라서 영주/부르주아는 잉여를 추출하기 위하여 단순히 법적 장치를 통한 실질임금의 감소 이외에 다른 방도를 찾아야 했다. 당연한 일이지만 그는 공업생산에 눈을 돌렸고, 그 결과 농민은 피고용인으로서만이 아니라 소비자로서도 그와 관계를 맺을 것이었다.

17세기에 농민들은 궁핍했는데, 이들은 무엇을 살 수 있었을까? 주민 대다수에게 빈곤이 이미 만연해 있었기 때문에,[60] 그러한 도시 공업은 16세기 말

---

57) Rutkowski(1926, 473)는 17세기 중반 무렵 "영주 직영지에도 부역노동과 함께 임금노동이 종전보다 더 중요한 역할을 하기 시작한다"고 한다. Kula(1970, 152)는 이에 동조하여, 1650년 이후 "전쟁으로 농민의 유동성이 높아져서 임금노동(main-d'oeuvre de louage)의 공급이 늘어났다"고 한다.
58) Rutkowski(1926, 503).
59) Rutkowski(1926, 486). 그는 "당시의 공권력은 절대적이고 예외가 적은 '토지에 붙박인' 농노제를 도입할 능력이 없었다"(p. 485)고 한다. Kula(1961, 145)도 "이런 현상 속에서 농민의 탈주가 광범위하게 일어났고 귀족계급은 무능력을 드러냈다"고 한다.
60) Małowist(1972, 215).

까지는 사라졌다. 그렇다면 영주는 무엇을 생산하여 농민에게 팔 수 있었을까? 변변찮은 직물, 약간의 유리제품과 금속제품 그리고 흉년기의 곡물이 그런 것들이다. 어쨌든 장인들은 영지의 작업장에서 일하기 위해서 도시에서 대영지로 이동한 것으로 보인다.[61] 가장 성공을 거둔 공업은 의심할 나위 없이 점점 더 가난해져가는 빈민들의 영원한 친구인 알코올 제조업이었다. 진 하면 18세기 후반 영국의 신도시 공장이 떠오르고, 위스키 하면 뿌리조차 찾을 수 없는 19세기 변경지역의 토착 주민이 떠오른다. 마찬가지로, 폴란드에서는 보드카와 맥주, 헝가리에서는 포도주가 17세기의 궁핍해진 농민들의 친구였다. 여기에는 프로피나티오(propinatio), 즉 "음주의 권장"이라고 부른 관행이 결정적이었다. 이 관행은 실제로 알코올성 음료의 생산과 판매에 대한 영주의 독점을 의미했다.[62] 1650년에서 1750년에 이르는 시기에, 프로피나티오는 종종 귀족의 주요 수입원이 되었다.[63]

토지가 집중되어 면역지대가 한층 더 줄어들었으나 프로피나티오가 영향을 미친 결과, 동유럽의 상층계급은 자신들의 수출작물을 팔 수 있는 세계시장이 약했음에도 불구하고 또한 전쟁으로 황폐화되었음에도 불구하고 그 시기를

---

61) "상품 및 통화의 유통이 막혔다는 것은 독점적인 영주에게 상당한 이윤을 확보해주었다. 영주는 자신의 영지에 수공업 작업장을 설치하여 자신과 영지 안의 농민들에게 물자를 공급했다." Mączak(1972, 672). Rostworowski(1968, 307)는 라티푼디움은 사실상 중상주의 정책을 취하는 영주령이었다고 지적한다 : "자신의 운송수단과 중개인을 소유한 대귀족은 광범위한 지역의 농산물의 수출입을 자신의 수중에 집중시켰다. 이 지역 내에서는 자유주의는 전혀 없었고, 오히려 강제와 독점체제가 존재했다.……그러한 것이 전제가 되어서 라티푼디움에 작업장들이 세워졌다." Molenda(1976, 169 참조)는 납 광산의 경영권이 17세기에 크라쿠프 상인에게서 세금우대 덕분에 더 낮은 생산비로 제련할 수 있었던 대귀족에게로 넘어갔다고 보고한다. 그것 역시 부역노동을 보다 쉽게 이용할 수 있었기 때문이 아닐까?
62) 폴란드의 경우 Szczygielski(1967, 97) 및 Kula(1970, 102-103) 참조. 헝가리의 경우 Pach(1962, 262-263) 및 Makkai(1963, 41) 참조.
63) Żytkowicz(1972, 149) ; Slicher van Bath (1977, 116)도 참조. Leśkiewicz(1960, 414, 표 III)는 폴란드 왕령지의 전체 수입에서 알코올 음료의 수입이 차지하는 비율이 1661년에 0.4퍼센트에서 1764년에는 37.5퍼센트로 증가한 반면, 농산물 수입의 비율은 59.6퍼센트에서 38.2퍼센트로 떨어졌음을 보여준다.

그럭저럭 버텨왔다. 물론 그들은 암스테르담의 레헨트 계급이나 북부 프랑스의 영주만큼은 번영을 구가하지 못했을지라도, 주변부로서의 동유럽이 입은 순수입의 격감은 무엇보다도 하층민에게 부담으로 작용했다.[64] 도시 장인과 부유한 농민은 몰락하고 빈농은 더욱 가난해졌다. 사회적 양극화가 심화되면서 신분 상승을 이룬 사람도 얼마간 있었다. 궁정인, 프랑스에서처럼 국왕의 궁정인보다는 유력한 영주의 궁정인이 그들이었다.[65] 이것이 그간 재봉건화라고 불러온 것이다. 마카이는 이 명칭이 잘못된 것이라고 올바르게 주장하는데, 그에 의하면 이것은 "귀족층의 인플레이션"[66]이라고 불러야 한다는 것이다.

앞 장에서 우리는 영국과 프랑스의 새로운 자본가와 낡은 귀족들 사이에 이루어진 사회적 타협의 모습을 그렸는데, 이 두 범주는 동시대 사람들의 견해나 그 시대에 대한 이후의 통념보다 훨씬 더 겹쳐진 것이었다. 하지만 그 두 범주는 완전히 겹쳐지지는 않아서 세계경제의 팽창기에는 상당한 마찰이 생기기도 했다. 그 갈등은 이행기, 즉 세계적인 팽창의 중단과 밀접하게 연결

---

64) Rostworowski(1968, 291)는 18세기 중반의 상황을 기술하면서 "폴란드의 대귀족은 개인적으로는 영국의 귀족 다음으로 유럽에서 부유했다"고 한다. 이는 부분적으로 작센-폴란드 연합 궁정에서 수지 맞는 한직을 얻을 수 있었기 때문이었고, 17세기에는 사정이 달랐을지 모른다. 그러나 그들이 18세기 중반에 갑자기 넝마주이에서 부자로 바뀐 것 같지는 않다.
65) Małowist(1976, 15)는 영주와 성직자 귀족의 궁정에서 생활하는 젊은 귀족이 17세기 전반에는 "귀족의 각종 재산, 특히 대영주가 모은 사병(私兵)의 관리인"으로 일하고 있었다고 한다. Mączak(1975, 33, 주 16)는 "왕실의 사치스런 낭비에 대한" 트레버-로퍼의 "견해는 폴란드의 대귀족 궁정에도 들어맞을 수도 있다"고 말한다. 이것이야말로 17-18세기에 이 왕국의 가장 주요한 도시들에 살고 있는 귀족의 수가 "상당히 증가했다"는 Rutkowski(1927b, 153)의 주장을 설명하는 것이다.
66) Makkai(1974, 198). 마찬가지로 Mączak(1975, 10)도 이는 "중세적 방식의 연속"을 나타내는 것은 아니라고 한다. "……이제 상층 지주의 신규 구성원들은……이전보다 귀족 가신들이 더 많이 필요했다." Kowecki(1972, 6)는 프랑스 귀족과 비교하여 폴란드와 헝가리 귀족(에스파냐 귀족도 마찬가지로)의 규모가 컸음을 지적한다. 그는 다음과 같은 수치를 제시한다. 즉 폴란드에서는 8-10퍼센트(민족적으로 폴란드인들만을 놓고 보면 16퍼센트)이고, 헝가리에서는 5퍼센트(부르주아지의 수보다 많으나)나 프랑스에서는 0.7퍼센트(성직자를 포함하면 1.0퍼센트)에 지나지 않았다.

된 인플레이션의 마지막 시기에 가장 심각했다. 하지만 1650년에서 1750년까지의 시기에 경기 하강 및 중상주의 시기라는 현실을 맞아 중첩되어 있는 두 계층은 서로 타협하지 않을 수 없었으며, 이는 17세기 말까지는 (넓은 의미로는) 새로운 국가체제의 재편성으로 구체화되었다. 동유럽의 주변부에서는 이에 견줄 만한 어떤 일이 일어났는가? 핵심부에는 존재했지만 주변부에는 없었던 요소가 두 가지 있었다. 첫째, 핵심부에 있던 그런 계층으로서는 자본주의적 이윤의 전망은 여전히 대체로 더 나은 상태를 유지했기 때문에 서로 양보할 때 뒤따르는 고통이 감해질 수 있었다. 어쨌든 그럴 만한 가치가 있었던 것이다. 둘째로, 핵심부의 상층민은 국가 기제가 강화되어 개인적으로는 그렇지 않았다고 해도 집단적으로는 이익을 보았다. 하지만 이 국가 기제는 다시 상부계층 내부의 갈등에 대한 제도적인 제동장치로 작용할 수 있었다.

주변부 지역은 경제적인 보상도 강력한 국가 기제도 갖추지 못했다. 폴란드에서는 군주정은 더욱 약화되고 있었다. 헝가리는 세 부분으로 나뉘어서, 그 가운데 두 지역은 외국의 지배하에 놓였고 결국에는 세 지역 모두 그렇게 될 것이었다. 체코 역시 외국의 지배하에 있었다. 실제로 뒤에 살펴볼 특별한 사례인 브란덴부르크-프로이센을 제외하면, 17세기는 토착 국가권위의 붕괴가 심화되고 있던 시기였다. 민족의 영토를 모두 토착 권력 아래 두었던 유일한 국가인 폴란드는 실제로는 라틴어 레스푸블리카(Respublica)에서 유래한 용어인 제치포스폴리타(Rzeczpospolita)로 일컬어졌으며, 통상 젠트리 공화국(Commonwealth of the Gentry)으로 불렸다. 하지만 외국들이 선거에 의한 국왕 선출에 끊임없이 간섭하여 폴란드 토박이가 아닌 인물이 선출되는 경우가 비일비재했다. 17세기 헝가리의 세 명의 지도자, 즉 가보르 베틀렌, 즈리니, 페렌츠 라코치 2세는 "유럽의 상황 변화에도 충분히 대처할 수 있는 헝가리 국가를 만들려고"[67] 하여 군대의 강화를 지향하고 그 전제조건으로 조세 수입의 증가를 꾀했다.[68] 그들의 시도는 헝가리 귀족과 합스부르크 군주들이

---

67) Várkonyi(1970, 279).
68) Várkonyi(1970. 281)는 즈리니를 인용하여 이렇게 말한다 : "만민의 평화는 군대 없이는

합세하여 반대하는 바람에 실패했다. 이 두 세력은 1711년에 헝가리 독립전쟁이 실패한 뒤 제휴했는데, 이 제휴는 서로에게 유리해서 그후 계속 이어졌다. "헝가리에서는 귀족의 면세가 한 세기 동안 더 지속되어 구리 무역은 네덜란드인들의 수중에 떨어지고 그 중개인의 이윤은 합스부르크 국가에 의해서 오스트리아 광산을 근대화하는 데에 투자되었다."[69]

핵심부 나라에서 신흥계층은 젠트리이든 법복귀족이든 국가 기제가 구귀족의 요구들을, 그리고 특히 시장경제에 잘 순응하지 못하는 사람들을 어느 정도 억제할 수 있다는 사실에 의지할 수 있었다. 하지만 동유럽에서는 이런 가능성이 거의 없었다. 동유럽의 이들 계층은 강한 국가를 "젠트리 공화국"으로 대체하려고 했다. 즉 상층집단 내부의 사회적 경제적 불평등과 갈등이 실제로 아주 두드러졌고[70] 당시의 경제적 어려움으로 심화되었지만,[71] 법적 도

있을 수 없고, 어떠한 군대도 급여 없이는 있을 수 없다. 그러나 급여는 조세 없이는 있을 수 없다."
69) 실제로, 남부 독일의 자본가들이 쫓겨난 이래 한 세기 동안 쭉 네덜란드인들과 다른 사람들은 이 무역을 손에 넣으려고 애써왔다. Várkonyi(1970, 275)는 17세기에 그 형세를 정탐하여 "서유럽 자본주의의 첨병이자 앞잡이" 노릇을 한 서유럽의 초기 "여행자들"에 대해서 기술한다
70) Várkonyi(1970, 299). 이와 같은 외세의 침입은 오늘날 제국주의라고 불리지만 이례적인 현상이 아니었다. Mączak(1976b, 12)는 폴란드에서도 유사한 현상이 있었다고 기술한다. 폴란드 수출무역의 중심은 물론 그다니스크였고 이곳은 상당한 정도의 자치를 누렸다. 그리고 국왕에 대해서 "그다니스크 시 당국은 대귀족과 비슷한 역할을 담당했다." 스웨덴 전쟁(1626-29) 뒤 "열렬한 환호"를 받으며 권좌에 오른 부아디수아프 4세(Tazbir, 1968a, 235)는 왕권강화에 힘썼다. Mączak(1976b, 14)는 실상을 이렇게 기술한다 : "스웨덴인들과 폴란드인들이 1635년 스툼스도르프에서 조약을 맺은 직후, 폴란드 국왕은 [그다니스크의] 관세수입 중 일부를 손에 넣고자 하여 어느 정도 성공을 거두었다. 덴마크의 함대 때문에 국왕은 힘자랑을 계속할 수 없었고 그다니스크 시의 관세 관리권도 그대로 존속되었다."
71) Rutkowski(1926, 498-499)는 상층 귀족, 즉 영주(파노비[panowie])나 대귀족(마그나치[magnaci])과 중간 귀족(슐라흐타 차스트코바[szlachta czastkowa]) 그리고 소귀족(드로브나 슐라흐타[drobna szlachta]) 간의 차이를 다음과 같이 기술하고 있다. 후자는 농노를 소유하지 않았고 스스로 토지를 경작하는 농민이었으며 실제로 수입 면에서도 부유한 농민과 다를 바 없었다. 심지어 면역지대 귀족(슐라흐타 친쇼바[szlachta czynszowa])이라고 하는 소귀족의 소규모 하부집단도 있었으며, 이들은 영주로부터 땅을 빌려서 농사를

덕적 압력으로 인구의 상위 5-10퍼센트 내의 평등을 이루려는 것이었다. 그럼에도 폴란드에서는 대귀족의 횡포에 맞서서 법정에서 정의를 구현하고 법 개정을 실현하려는 중간 젠트리의 노력이 성공을 거두지 못했다. 대귀족은 법정을 매수하고, 손을 쓸 수 없을 때에는 언제든지 세임(Seym : 전국적 의회/옮긴이)과 지방의회를 해산시켜버렸다.[72] 헝가리에서는 "젠트리"가 전쟁을 시도했으나 실패했다. 폴란드에서 이들은 사르마티아의 신화를 변형시켰다. 이 신화는 원래 그저 폴란드-리투아니아 왕국의 다양한 민족집단이 공통의 슬라브계 선조 사르마티아인에서 유래했음을 주장하기 위하여 만들어졌으나 지배계급의 기초를 닦은 정복 귀족의 기원을 설명하는 신화로 변형되었던 것이다.[73] 그리하여 "자기들 젠트리만이 폴란드 국민으로 간주되고 다른 사회계급은 모두 기원이 다르다고 해서 민족공동체에서 배제시켜버렸다."[74] 기독교 신앙과 외국인 혐오를 옹호한 젠트리는 이런 교의를 맹렬히 그리고

짓고 자기 소유지라고는 전혀 없었다.
72) "대귀족과 젠트리의 옛부터의 구분은 농업이 번영하고 사회적 평등이 이루어진 시기에는 늘 잠재해 있긴 했으나 묻혀버렸지만, 17세기에 되살아났다. 이 시기에 리투아니아와 우크라이나에서 광대한 영지가 대두하여 이들 대영지 소유주의 지위를 압박했을 뿐 아니라, 대귀족을 섬기고 대귀족이 평등에 기초한 구제도를 파괴하는 것을 돕는 스콰이어들을 양산했다." Boswell(1967, 159). 바꾸어 말하면, 귀족의 인플레이션은 앞서 언급한 피보호제(clientele) 현상과 맞물려 대귀족과 밀착한 소귀족의 수를 증가시키고 그 결과 대귀족과의 평등을 주장하는 중간 귀족과 전통적인 소귀족을 위협하고 있었다.
헝가리에서도 유사한 상황이 보고된다. 소트마르 강화(Peace of Szatmár, 1711) 당시 근 200-300명의 대귀족과 2만5,000명의 젠트리가 있어서 각각 의회에서 원(院)을 구성하고 있었다. "그것은 대귀족의 전성기였다. 헝가리의 과두지배층은 그러한 기회 ── 재분배가 끝난 뒤 부를 획득하기보다는 그것을 지킬 기회 ── 를 이제까지 누려본 적이 없었다.……[대귀족의 대영지는] 대부분 터키로부터 회복한 지역이었고 노역의 부담을 지지 않았다. 그 소유자는 '신으로부터 받은' 땅으로 취급하여 국가에는 어떠한 의무도 지지 않았다. 그리하여 이런 토지의 생산비는 극히 낮아 자본투자가 가능했는데 때로는 투자분의 10배에 달하는 이윤을 얻을 수 있었다." Macartney(1967, 129).
73) Tazbir(1968b, 259).
74) Tazbir(1968b, 264). 리투아니아와 루테니아(Ruthenia : 우크라이나 서부의 한 지방. 이 지방 주민들은 16세기 말 이후 로마 가톨릭 교회에 속했음. '루테니아인'이란 원래 우크라니아인을 일컫는 말이었음/옮긴이)의 대귀족이 언어와 종교 면에서 스스로 "폴란드화"할 필요성에 대해서는 Kersten(1977, 125-126) 참조.

극단적으로 밀고 나갔고,[75] 의심할 나위 없이 "과대망상"[76]과 "병적인 신화광"[77]의 과오를 범했다. 하지만 명예혁명 같은 것이 일어날 가능성이 없을 바에야, 사르마티아주의가 "문화적 정체와 창조적인 지적 활동의 위축"을 뜻할지라도 그것에 의지하지 않을 수 없었다.[78]

세계경제의 하강기에 핵심부 국가들은 민족주의(중상주의)와 상층민 내부의 입헌상의 타협의 길을 모색하도록 이끌어져 그 결과 하층민이 반란을 일으키기가 어렵게 되었다. 그러나 동유럽 국가들은 약했기 때문에 중상주의 전술에 의한 이익을 추구할 수도 없고 상층민 내부의 어떤 타협도 보장할 수 없었다. 이리하여 주변부 지역에서는 계급갈등이 격해지고,[79] 지역주의가 고개를 드는 한편 민족의식이 약화되었다.[80] 또한 내부에 희생양을 요구하는 움직

---

75) 17세기에 보이치에흐 데볼레치키 신부는 "폴란드인들은 아담과 이브의 직계 자손이므로 세계를 지배하도록 예정된 가장 오래된 민족"이라고 주장했다. Tazbir(1966, 20).
76) Tazbir(1968b, 265).
77) P. Anderson(1974a, 292).
78) Rostworowski(1968, 302). 1658년 스웨덴의 정복으로 물리적으로나 문화적으로 막대한 파괴를 입은 뒤, 바르샤바는 "사르마티아" 도시로 재건되어 "동방화되었다." 그리하여 그곳의 부르주아지는 몰락했다. Tomkiewicz(1967 참조). Rostworowski(1968, 302)는 바르샤바에 대해서 아주 신랄하다 : "이 수도의 쇠퇴는 문화생활에 특히 해악을 끼쳤다. 작센 시대의 바르샤바는 예술과 문화의 후원자 노릇을 하지 못했을 뿐만 아니라 사회생활의 중심지조차 될 수 없었다. 폴란드는 하나의 거대한 지방이 되었고, 문화생활은 지방을 이리저리 떠돌아다녔다."
아우구스트 3세가 1733년에 작센-폴란드 연합왕국의 궁정을 드레스덴으로 옮기자 아무것도 남지 않았다. "그때까지는 국왕은 그 권력에 여러 가지 제약이 있긴 했지만 여전히 국가의 정치구조의 중추였고 왕의 궁정은 이 나라 문화생활의 중요한 시설이었다. 아우구스트 2세의 야심찬 여러 계획이 실패로 돌아가자 작센-폴란드 연합왕국은 폴란드에서 그러한 요소를 앗아가버렸다." Rostworowski(1968, 275).
79) "[17세기 폴란드의] 통화문제가 야기한 주요 결과들 가운데 하나는……계급 적대와 집단 간 반목의 재발이었고 이는 공동체의 여러 부문간의 무자비한 싸움으로 발전했다." Bogucka(1975, 152). 또한 Slicher van Bath(1977, 122)도 참조 : "이 시기는 중부와 동부 유럽 전역에서 농민전쟁과 반란이 빈발한 시기였다."
80) Tazir(1966, 14-15, 20) 참조 : "17세기에는 민족적 단위로서의 국민의 개념은 사르마티아 신화에 기초한 귀족의 국민(nation nobiliaire)이라는 초주관적인 개념에 밀려서 그 배경으로 자리잡지 못했다.……서부지역(특히 슐레지엔)에서 가톨릭 종교개혁의 승리는 라틴

임이 나타나고,[81] 농민층의 반항은 극에 달했다.[82] 필요한 대로 조금 수정해보

> 어에 대한 거의 배타적인 사용과 교회가 바라는 독일화의 진행이라는 양상을 띠었다.……
> 사르마티아 국민 개념의 승리는 폴란드의 여러 지역에서 특징적인 지역주의의 부활을 북
> 돋웠다. 17세기에는 마조비아가 그 특성을 재발견했다."
> 하지만 Rostworowski(1968, 297)는 다음과 같이 주장한다 : "그 나라의 중앙정부가 마
> 비되거나 퇴행을 보임에도 불구하고 지역 분권주의가 발달하지는 않았다. 농민 대중과 도
> 시민 사이에 광범위한 차별성이 여전히 그 다민족 국가에서 널리 퍼져 있었으나 '젠트리
> 국민' 사이에서는 외견상의 균질화가 진행되고 있었다. 루테니아 귀족을 폴란드화하는 과
> 정이 완료되었다(1697년에 법적인 기록에서 루테니아인이라는 말이 폐기되었다). 폴란드
> 인과 리투아니아인 그리고 루테니아인 젠트리는 수천의 인척관계로 서로 연결되어 하나
> 의 거대한 동포 귀족으로 융합되었다." 하지만 문제는 대귀족이 분권주의에 대립되는 것
> 으로서의 이러한 폴란드성(Polishness)의 관념을 어느 정도 부추겼는가 하는 점이다.

81) 16세기 팽창의 와중에서 대거 동유럽에 들어간 유대인들은 17세기에 경기후퇴를 맞아 손
쉬운 희생양으로서의 영원한 진가를 입증했다. Weinryb(1973, 185) 참조 : "이들 유대인의
상당수는……16-17세기에 〔폴란드령〕 우크라이나에 정착했다.……이들 유대인 가운데
상당수는 촌락이나 여관만이 아니라 도시 전체의 차지권을 쥐고 있거나 귀족이나 왕령지
의 징세인이 되거나 해서 경제적 기능을 수행했다. 차지권은 여러 부문의 주민에 대해서
사법권을 포함하여 어떠한 권력 행사와 관련을 맺는 일도 빈번했다. 말하자면 이러한 활
동과 권력으로 말미암아 유대인은 폴란드 영주와 비슷한 입장에 서게 되어 (연대기 작가
하노버의 표현을 빌리면) '지위가 낮은' 우크라이나인들과의 관계에서 사실상 상급 영주가
되는 일도 종종 있었다. 이리하여 유대인들은 폴란드 귀족과 동일시되었다." Weinryb
(1973, 190-191)에 의하면 스웨덴과의 전쟁에서 피해를 입은 폴란드 귀족에 의해서 유대
인의 속죄화가 일어나고, 특히 크라쿠프에서는 재산몰수가 있었다.
P. Anderson(1974a, 285)에 의하면, 동부 및 남동부 폴란드의 대부분 지역에서 종족적
계층화는 지주인 폴란드인(또는 동화된 리투아니아인) 특권귀족과 비폴란드인 농노로 구
성되었고 이 농노들은 종교상으로는 그리스 정교도이고 언어상으로는 벨로루시어와 루테
니아어를 사용했다(그리고 웨인리브의 글에서 살펴보았듯이, 유대인은 중간적인 계층으로
존재했다). 앤더슨은 이것이 고전적인 "식민지" 상황임을 일깨워준다. 덧붙여 말한다면,
식민지 상황은 불황기에는 민족집단간의 투쟁을 촉진한다.
82) Tazbir(1968b, 258-259)는 노동부역 일수가 늘어난 데 대한 농민의 대응을 언급한다.
"농민은 집단 도망과 노동 거부 그리고 일부 지역에서는 심지어 무장저항으로도 응수했
다. 1651년의 농민반란 외에도, 크라쿠프의 총독통치(1669-72)하의 남서부 지역, 포드할
레 지역, (프로이센 공국의 국경에 있는) 쿠르피에 지역의 왕령지, 포들라지에의 수라즈령
에서 봉기가 일어났다." 게다가 우크라이나에서는 "카자크 문제"가 계속되었다. Tazbir
(1968b, 237-241) 참조.
헝가리에서는 외세에 맞서서 "민족주의적" 저항이 있었고 농민은 절망적인 상황 속에
서 헝가리인 젠트리-부르주아지에 의해서 싸움에 끼여들었다. 1704년에서 1706년까지 라

면, 남유럽과 아메리카의 구 주변부에서도 사정이 마찬가지였음을 알 수 있다. 그리스도교 지배하의 지중해 지역을 대충 훑어보면, 17세기에는 이와 같은 양상이 대세를 이루었는데 그 특징은 "사업상의 정체"로 나타났다.[83] 주요 수출품의 가격이 떨어졌다. 에스파냐에서는 1585년 이후 밀 가격이 하락하여, 17세기 내내 포도주, 쌀 및 기름의 가격과 마찬가지로 정체상태를 보였다.[84] 시칠리아에서는 견직물의 수출이 1640년 이후 밀과 포도주의 수출과 마찬가지로 쇠퇴했다. 그러나 에마르는 수출의 감소가 지속적인 인구 증가에 의한 "내부" 소비의 증대로 상쇄되었다고 지적한다.[85] 하지만 이것은 일인당 곡물 생산량이 하락했다는 의미일 수도 있는데, 이미 동유럽에서 본 현상이다.

그것을 어떻게 설명할 수 있는가? 칸칠로는 1573년에서 1653년까지 시칠리아에서 "식민사업이 강도높게" 이루어졌다고 이야기한다.[86] 다 실바에 의하면, 1609-10년에 에스파냐를 걱정하는 한 저자는 폐해가 늘어나 삼포제를 더 이상 찾아볼 수 없고 생산자가 "땅을 고갈시키고 있다"고 경고했다.[87] 다 실바는 사정이 이러하자 1570년에서 1630년에 이르는 시기에 새로운 토지를 찾는 움직임이 나타났지만 이 토지도 마찬가지로 고갈되었다고 한다. 이와 같은 토지의 "불모지화"는 특히 소생산자에게 타격을 가했고,[88] 토지 집중은 더욱 심화되었다. 토지 고갈이 진행됨으로써 수출능력이 상실되었고, 그로 인해서 토지가 집중되어 생산관계에서 **금납화**가 심화되었다. 이는 "농민(콘타디니 [contadini])과 촌락민이 자신의 땅을 갈아서는 자급자족할 수 없어 국내시

코치는 농노를 해방하고 무장시켜 특권귀족 및 합스부르크가와 벌인 자신의 투쟁에서 세를 얻으려고 했다. Várkonyi(1970, 292). 농민이 일단 손에 넣은 무기를 좀처럼 포기하지 않았으리라는 것은 쉽게 짐작할 수 있다.
83) Braudel(1956, 196).
84) 발랜시아에 대해서는 Castillo(1969, 251-252) 참조. 안달루시아와 카스티야에 대해서는 Ponsot(1969, 105) 참조. Wittman(1965)에 에스파냐와 헝가리의 농업 쇠퇴가 비교되어 있다.
85) Aymard(1971b, 440).
86) Cancilo(1969, 25).
87) Da Silva(1964b, 244).
88) Da Silva(1964b, 248).

장이 확대되었기 때문이다."⁸⁹⁾ 이와 비슷하게 동유럽에서도 지역시장은 세계무역이 쇠퇴하면서 발달했다는 사실을 알 수 있다. 인구의 움직임도 선례에 따랐다. 에스파냐 인구는 16세기 마지막 수년간에 있은 역병과 모리스코들의 추방으로 줄어들었다. 1609년에서 1638년까지 발렌시아 인구는 35퍼센트가량 줄어들었다. 그러나 이러한 "극심한 인구위기"는 경기의 정체보다 먼저 일어났기보다는 그것에 뒤이어 일어났다.⁹⁰⁾

남부 이탈리아를 놓고 보면, 나폴리의 인구가 감소했다. 에마르에 따르면, 시칠리아는 인구 감소라기보다는 인구 팽창의 "둔화"를 겪었을 따름이었다. 하지만 그는 시칠리아의 수치에는 "명백히 존재하는 지역적 차이"가 감추어져 있다고 덧붙인다. 그 섬은 둘로 나뉘는데, 북부와 북동부 그리고 중부는 정체된 채 식량의 자급자족이 더 이상 불가능했다.⁹¹⁾ 게다가 눈에 보이지 않는 인구 감소도 있었던 것은 아닌가 생각된다. 벌린든에 의하면, 남부 이탈리아와 시칠리아에서 노예제는 15-16세기가 정점으로, 17세기에는 쇠퇴했다. 이는 (이전에 포르투갈인들이 지중해로 수입한) 아프리카 노예무역이 아메리카로 방향을 돌렸고 투르크인들과 다른 이슬람 노예의 공급은 훨씬 적었기 때문이다.⁹²⁾ 이것은 다른 통계에서 잡히지 않는 전체 인구의 감소를 의미하는 것이 아닐까? 경제의 "명백한 수축"은 나폴리 국가의 아퀼라에서 살레르노에 이르기까지 지역 제조업을 성장시킨 원인이라고 할 수

---

89) Da Silva(1964b, 250).
90) Castillo(1969, 242, 247, 273). 인구 감소는 또한 억압적 조치를 반영했으며, 이로 인해서 남부 프랑스 출신 이민자의 흐름이 끊어졌다. Nadal & Giralt(1960, 83-84, 198) 참조.
91) Aymard(1969, 222, 및 1971b, 427도 참조). 나폴리에 대해서는 Petraccone(1974, 40-41, 51) 참조.
92) Verlinden(1963, 37). Larquié(1970, 55)의 보고에 의하면 17세기 후반 남부 에스파냐에서 노예제가 마찬가지로 쇠퇴했고 18세기까지는 사라졌다. 그는 이를 경제적 국면이 약했기 때문으로 풀이한다. "마침내 상업의 흐름은 무너지고 에스파냐의 경제적 어려움은 여러 소비집단들에 영향을 미친다. 점차 그 소비집단들은 사치품의 욕구를 줄여나간다." 그는 노예를 사치품이라고 하지만, 이들 중 다수는 항만 유지, 알마덴 광산, 갤리선에 사용된 "국왕 노예"였다고 지적한다(p. 67 참조). 이것은 거의 사치품으로 사용된 것이 아니었다. 경기위축의 시기에 구 주변부에서 노예는 다른 강제노동에 비해서 오히려 값비싼 노동형태가 아닌가? (이 문제는 카리브 해 지역의 노예제와 관련지어서 뒤에 논의할 것이다).

있다.[93] 하지만 이런 현상은 나폴리뿐만 아니라 이탈리아 전역과 아울러 랑그 도크에서도 마찬가지였다. 브로델은 이것이야말로 "무역의 부진에 대한 광범위한 불만의 표현"[94]이 아닐까 하고 묻고 있다. 경기후퇴기에 실질적으로 손해를 본 농촌의 소생산자를 착취하자 결국 격렬한 계급투쟁이 빚어졌다. 에밀리오 세레니는 1647-48년에 걸쳐 나폴리에서 일어난 농민반란을 가리켜서 "바야흐로 신흥귀족의 상업적 탐욕으로 점점 심해진 봉건적인 억압과 폐해에 맞선 농민 대중의 대응"이었다고 한다. 그는 "그것은 '재봉건화'라고 하기보다 봉토의 상품화라고 하는 편이 적절할 것"[95]이라고 말한다. 경제의 경기후퇴, 토지와 노동력에 대한 압력의 증가, 토지와 노동의 집중과 상품화의 심화 등은 모두 실제로 동유럽에서처럼 남유럽에서도 나란히 진행되었다.

이제 "17세기의 불황"이 오랫동안 주된 논쟁거리였던 에스파냐령 아메리카로 눈을 돌려보자. 세계경제의 이 주변부에서 가장 중요한 농업제도인 아시엔다(hacienda)의 등장을 먼저 살펴보자. 아시엔다의 정의는 무엇이며 또 어떤 것이라고 말할 것인가? 이것은 언제 대두했는가? 토지구조를 "봉건적"[96]이라고 볼 것인가 아니면 "자본주의적"이라고 볼 것인가 하는 문제를 둘러싼 논쟁은 16세기의 맥락에서 이미 살펴보았다. 프레데릭 모로가 주장한 대로, 에스파냐령 아메리카에서 16세기와 18세기에는 적어도 "투기꾼, 상인, 광산주, 도시 부르주아……심지어 국왕 관료 등의 중요성이 커진" 반면, 17세기와

---

93) Aymard(1971a, 11).
94) Braudel(1956, 194).
95) Sereni(1961, 195). 어쨌든 이 시기 남부 이탈리아에서는 토지에 붙박인 농노(adscriptus glebae)가 존재하지 않았다. 동유럽에서와 마찬가지로 여기서도 "재봉건화"는 지방의 지주 귀족의 권력에 비해서 [에스파냐] 국가권력이 약화된 것을 의미했다. Villari(1962, 260 ; 1963 ; 1965도 참조). Vivanti(1974, 422)도 참조.
96) Charles Verlinden(1971, 347)은 중심적인 대도시의 자원부족 때문에 초기 투자의 위험을 감수하지 않으려는 "봉건적" 토지보유제도가 에스파냐령 아메리카뿐 아니라 브라질이나 프랑스령 캐나다와 네덜란드령 카리브 해 지역에도 도입되었다고 한다. 그는 백인이 정착할 때에만 사정이 변화한다고 본다. 그러므로 에스파냐령 아메리카에서 봉건제는 "이론적으로" 폐지되었지만 "영주제는 백인정착지가 꽤 조밀해져 모든 형태의 공권력을 공급할 정도로 국가수입이 커질 때까지 지속되었다."(p 348)

19세기는 "가부장적 사회"가 승리를 거둔 시기였다.[97] 이러한 관점에서 보면, 자본주의와 봉건제는 세계경제의 초장기의 경기순환인 A국면 및 B국면을 각각 나타내고 있는 것으로 보인다. 따라서 핵심적 쟁점은 16세기가 아니라 17세기이다. 자급자족적 "비자본주의적" 아시엔다의 승리를 주제로 삼은 프랑수아 슈발리에는 자신의 저작에서 그 승리를 세계경제의 경기후퇴의 결과로 봐야 한다고 말한다 :

17세기의 초의 수십 년 동안 은의 붐이 붕괴되고 그 과정에서 막 태어난 자본주의의 초기 활동은 질식되어버렸다. 토지가 유일한 소득원이 되었다.……가장 큰 영지들은 자급자족적이었다. 거대한 제당소, 플랜테이션, 수확 농장, 그리고 그 농장에 딸린 용광로에서 필요한 물자를 거의 모두 자체적으로 조달했다.……종종 중세를 연상할 수 있다.……[아시엔다 소유주는] 사실상 귀족이었고, 작위를 받은 사람도 몇몇 있었다. 델 바예 후작의 영지는 결국 부르고뉴 공국을 어설프게 흉내낸 것이다.[98]

97) Mauro(1974, 249). 그는 "장기적 국면이 에스파냐령 아메리카와 같은 폐쇄경제에 미친 유일한 영향은 그것을 더욱 폐쇄적으로 만들거나……아니면 더욱 개방적으로 만드는 것" (p. 245)이라고 명확히 밝혔다. 그가 쓴 "유일한"이라는 말은 사실상 전부라는 의미이므로, 왜 모로가 그 말을 사용했는지 궁금할 것이다. 17세기에 대한 그의 또 하나의 구분도 알아둘 필요가 있다. 만일 설탕 생산이 중요했기 때문에 "[브라질의 경우] 우리가 대체로 '자본주의적' 테제의 열성파가 된다면, 에스파냐령 아메리카의 경우 우리는 공공연히 '봉건적' 테제에 의존하게 된다."(p. 245) 18세기 후반의 정치적 차이를 설명하는 데에 이런 구별을 사용하여 그는 (프랑스와 마찬가지로) "봉건적인" 에스파냐령 아메리카는 (영국과 마찬가지로) "자본주의적인" 브라질에 비해서 훨씬 폭력적인 정치적 격변에 휩싸일 것이 기대되곤 했다고 한다. p. 251 참조.

Mauro(1971, 388)는 이런 구별을 토지보유제도에도 적용하고 있다 : "[브라질의] 세스마리아(sesmaria)는 농민 보유가 아니었다. 그것은 [도나타리오(donatário)가] 수출농업에 대한 전망을 가진 자본주의 기업가에게 양보한 것이었다.……그것은 카롤링 왕조의 영지와 같은 식의 폐쇄경제를 창출하거나 혹은 심지어 17세기 멕시코의 아시엔다와 같은 폐쇄경제를 창출하는 것을 의도하지 않았다." 심지어라는 말은, 원문에서는 강조되고 있지 않지만, 모로가 그럼에도 카롤링 왕조의 영지와 멕시코의 아시엔다를 어느 정도 구별하고 있음을 암시한다.

98) Chevalier(1970, 309, 311, 313). 슈발리에의 운문에 가까운 이 문장은 최대 규모의 영지에 관한 것임에 주목하라. 그러면 소규모 영지는 어떠했는가? 식량은 어떻게 얻었는가? 아시엔다 그 자체는 자급자족적이었다고 해도 또한 잉여생산물이 있어서 어딘가에 팔지 않으면 안 되었다는 사실은 한마디도 언급되지 않는다는 점도 주목하라. 그러면 그렇게 얻은 이윤은 어디에 사용되었는가?

안드레 군더 프랑크는 17세기 멕시코의 아시엔다와 관련해서 또 하나의 시각을 강력하게 제시한다.

> 17세기 멕시코에서 라티푼디움이 성장했다고 해서 경제구조가 경제불황에 의해서, 말하자면 봉건적 아시엔다로 전환된 것은 아니다. 오히려 정반대였는데, 아시엔다는 라틴 아메리카에서 언제 어디서나 그렇듯이 이 시기에도 성장하고 번영했다. 왜냐하면 국민경제에서나 실제로 세계경제에서나 다른 곳에서 일어난 일이 라티푼디움 생산에 고수익을 안겨다주었기 때문이다.[99]

이 역사적 과정 가운데 일부를 좀더 자세히 분석한다면, 상반되는 이들 시각을 평가하는 데에 도움이 될 것이다. 첫번째 문제는 경기의 하강시점이 언제였느냐 하는 것이다. 린치는 멕시코의 은 생산의 절정기가 1590년대이며, "그후 붐은 끝났다"[100]고 한다. 하지만 아메리카의 무역 전반에 대해서는 그도 쇼뉘의 견해를 받아들여 1593년에서 1622년에 걸쳐서는 단순히 "주된 추세의 반전"만 일어난 데에 그쳤으며 대규모 불황은 1623년에서 1650년에 걸쳐 발생했다고 한다.[101] 이번에는 매클라우드가 중앙 아메리카를 놓고 대략 1576년에서 1635년에 이르는 시기를 "이행의 반세기"라고 부르고 불황의 시점을 1635년에서 1720년 사이의 어느 시점으로 잡는다.[102] 베르트는 멕시코

---

99) Frank(1979a, 38). 슈발리에-프랑크 논쟁에 대한 Piel(1975, 147-148)의 짧은 논평 참조. 멕시코의 경제상황에서 은 광산의 역할을 분석하고 있는 P. J. Bakewell(1971, 225)은 본질적으로 프랑크 편에 서 있다. "17세기 신에스파냐(멕시코/옮긴이)의 경제는 여러모로 분명히 자본주의적 성격을 띠고 있었다."
100) Lynch(1969, II, 204). Bakewell(1971, 117, 주 4)은 슈발리에를 인용하여 이와 유사한 시기 설정을 비판한다. 그는 슈발리에가 "광산의 쇠퇴를 20년 더 일찍, 즉 17세기의 초기 10년간으로 잡는다"고 한다.
101) Lynch(1969, II, 184). "1592년에서 1622년까지의 시기는 팽창과 위축 사이에 있는 고원 현상을 보인다. 확실히 그것은 지속적인 번영의 징후를 띠지만 그와 동시에 이전의 추세가 반전됨을 나타내는 정체의 징후도 두드러지게 보이는 높은 고원 현상이다."(p. 185) 그는 신에스파냐를 "1620년대에서 1650년대까지 대서양 경제의 환자"(p. 189)라고 부른다. Chaunu(1959, VIII, 2/bis, 여러 곳)도 참조. Chaunu(1960b, 246, 250)는 "대서양-세비야의 [콩종크튀르와] 꼭 일치하는" 경기 하강은 같은 시기의 필리핀에서 볼 수 있으며 "1630년에서 1640년까지의 시기에 거대한 한계점"이 있었다고 주장한다.
102) MacLeod(1973, 208). 그는 통화위기가 1655년에서 1670년 사이 최고조에 이르고 이 시

농업이 심각한 위기를 맞은 시점을 1630년에서 1680년까지의 시기로 잡는다.[103] 마지막으로 메야페는 에스파냐령 아메리카 전체, 특히 칠레를 두고 "진정한 위기는 1650년 이후에 시작된다"고 하고 "1595년의 카르타헤나의 함락은 두 세기에 미칠 처절하고 파괴적인 투쟁을 처음으로 알리는 경고였다"[104]고 덧붙인다.

언제나 그렇듯이, 연대 설정에 대한 학문적인 애매한 주장들은 상승국면이 채 끝나기도 전에 하강국면이 시작되는 듯한 현실의 복잡함을 반영한다. 분명한 점은 에스파냐령 아메리카에서는 이 국면이 겹치는 시기(혹은 이행기)가 적어도 1570년대에 시작되었으나 더 확연하게는 1590년대부터였고 1630년에서 1650년 사이의 어느 시점에 끝났다는 것이다. 우리가 그런 시기에 예상할 수 있는 것은 주도부문에서 이윤의 위기가 발생하고 그 결과 대토지 소유자나 대투자가는 단기 처방으로 손실을 메우려고 한다는 점이다. 그러나 실제로 이로 인해서 장기적 상황은 악화된다. 실상은 이렇다. 16세기 에스파냐령 아메리카의 주요 수출품인 은은 1590년에서 1630년까지의 시기에는 고원현상을 보였고 그뒤 수치는 갑자기 뚝 떨어졌다. 여기서 공식적인 무역통계는 오해를 불러일으키는데, 그 까닭은 밀무역이 증대하기 때문이다. 그럼에도 광산지역에서 나온 서술자료로 미루어보면, 정말이지 "생산은 실제로 감소했다."[105] 왜 이런 일이 일어나는가? 한 가지 주장은 그 원인이 노동력 부족에 있었다는 것이다. 하지만 전체 인구가 감소하고 노동비용이 약간 오르긴 했지만, 광산주들은 필요한 노동력을 확보한 것 같다. 이들은 멕시코에서는 임금노동에 의존하고 포토시에서는 다만 강제노동을 원거리에서 끌어왔을 뿐이었다. 문제는 노동력을 이용할 수 있어도 생산이 감소했다는 것이다. 데이비스는 다음과 같이 주장한다. "실제로 17세기 중반에 포토시의 많은 광산주

기에 악화와 지불정지 그리고 통화 재평가 때문에 "수출은 타격을 입었고 국내교역도 와해되었으며 신용 및 정부의 명령에 대한 신뢰조차 약화되었다"(p. 286)고 한다.
103) Berthe(1966, 103) 참조. 이는 멕시코 은 생산에서 최초의 경기순환이 대략 1630년에서 1640년에 끝났다는 Chevalier(1970,4)의 견해와 일치한다.
104) Mellafe(1959, 207-208). 고딕체는 월러스틴의 강조.
105) Bakewell(1976, 224) 및 Davis(1973b, 158). 데이비스는 증거는 "충분하다"고 한다.

는 미타(mita), 즉 그들이 징수권을 인정받았던 강제노동 대신에 인디오에게 화폐 공납을 받고 있었고 광산업이 가져다줄 수 있는 어떤 이익보다 이러한 일정한 수입을 선호했다."[106]

그렇다면 그것은 수은 부족 때문이었는가? 1630년대부터 1660년대에 걸쳐 수은이 부족했다는 것은 분명하다. 베이크웰은 수은 공급의 어려움이 "[은] 산출량의 변동을 가져온 가장 결정적인 단일 요인"이라고 한다. 하지만 데이비스는 그것이 "결정적인" 요인이었다고는 생각하지 않는다.[107] 문제는 왜 1660년대에는 1630년대보다 더 많은 수은을 이용할 수 있었는가 하는 점이다. 수은을 얻기 위해서 필요한 일을 하는 것이 1660년대에는 수지가 맞았지만 1630년대에는 그렇지 않았음이 분명하다. 금은의 공급이 이 시기 물가 형성의 주된 요소였지만 "금과 은도 각각 가격이 있고" "통화는 일반적으로, 특히 금속화폐는 다른 상품과 마찬가지로 일종의 상품이었다"는 것을 다시 염두에 두자.[108] 안드레 군더 프랑크도 이에 동의하고 생산 하락을 가격 인플레이션의 장기적인 결과로 풀이한다.

그렇다면 은의 가격이 고정되었다는 것은 설령 비용도 마찬가지로 그대로 고정되어 있었다고 해도 이윤의 감소를 의미한 것은 아닐까? 인플레이션일 때 상품과 서비스의 가격이 올랐다는 이야기는 다른 말로 하면 통화가치 또는 가격이 떨어졌다는 것이다. 그러나 은의 가격이 고정되어 있었기 때문에 광산주가 생산한 것은 통화가 아니었겠는가? 그 함의는 광산주가 비용의 증가와 이윤의 감소를 동시에 경험했다는 것이다. 자본가라면 누구나 자신의 생산활동을 줄여서, 할 수 있다면 어떤 다른 사업에 투자하려고 한 것은 당연한 일이다.[109]

---

106) Davis(1073b, 159).
107) Bakewell(1971, 188) 및 Davis(1973b, 159). M. F. Lang(1968, 632) 또한 수은 부족을 첫 손가락에 꼽는다.
108) Romano(1970, 131, 140). Onody(1971, 236, 주 2)도 참조. 오노디는 브라질산 금에 대해서 같은 주장을 펴고 있고 다음과 같은 19세기 브라질 재무성의 문서를 인용한다 : "우리는 현 상황에서 제국 내의 전국통화를 실제로 일종의 상품으로 여겨야 하고 그 거래는 연안 통상, 즉 카보타주(cabotage)의 일부로 이루어져야 한다."
109) Frank(1979a, 54). Davis(1973b, 159)의 견해도 이와 같다 : "하지만 전체적으로 보면 비용 상승은 조절되었다. 다른 상품과의 교환비율에서 보면 은의 가치가 떨어졌기 때문

주도적인 부문인 은 수출의 감소는 다시 다른 "수출작물"에도 영향을 미쳤다. 중앙 아메리카의 인디고 생산에 대하여, 매클라우드는 17세기 해운기술의 형편상 대서양 무역의 1차 생산물의 이윤율은 불안정했다고 주장한다. "호황기에 인디고는 금과 은의 이윤에 힘입어 살아남았다. 불경기가 되면 [인디고는] 유럽에서 너무 멀리 떨어져 있어 안정된 이윤을 낼 수 없었다."[110] 인디고에 관한 이러한 사실은 일반적인 것에도 적용할 수 있다.[111]

수출품의 가격이 떨어지자, 당장 두 개의 유력한 집단이 타격을 받았다. 즉 생산기업을 관장한 에스파냐인과 이들 에스파냐인에게 과세한 국가가 그 양자이다. 과세율은 이미 16세기 후반에 현저하게 치솟았다.[112] 하지만 에스파냐와 그 제국에서 경제적 어려움이 생기기 시작한 시기는 대규모 군사행동(네덜란드인의 반란과 그에 뒤이은 30년전쟁)의 시기와 일치한다. 수입이 줄어들고 지출이 늘어나자 에스파냐 국가는 17세기 초에는 "베욘 화(vellon : 동과 은이 합금된 화폐. 나중에는 완전히 동으로만 주조됨/옮긴이)의 방만한 주조"에 의지했고,[113] 그마저 부족하자 제국으로부터 "마지막 한방울까지 짜내

에 은광의 개발은 제약을 받았다.……[은의 가격은 고정된 반면, 수입상품의 가격이 올랐기 때문에] 은의 구매력은 매우 낮아지고 실질적인 생산비가 그대로이거나 오를 때 생산을 계속할 가치가 없었다." 물론, 그렇다면 왜 은의 가격은 오르지 않았는가 하는 물음이 제기될 수 있다. 이에 대해서 Romano(1972, 140)는 다음과 같은 답을 제시한다 : "아메리카의 광산이 생산을 줄인 것은 단지 유럽의 경제생활이 정체 국면에 들어가 [은이] 필요하지 않았거나 아니면 적어도 그 수요가 줄어들었기 때문이었다." 세계적인 수요 감소(혹은 사실상 세계적인 과잉 생산)와 이윤율의 저하는 동전의 양면과 같다. 생산의 감소에 대한 이 두 가지 설명은 같은 것이다.

110) MacLeod(1973, 382). 인디고의 생산은 노동력이 적게 들고 양질의 토양이 필요하지 않았지만 17세기 내내 정체되었다(p. 202 참조).
111) 파라과이와 세계경제를 묶는 유일한 상품인 마테 차[茶]의 가격이 17세기 동안 하락한 데 대해서는 Lopez(1974)의 논의 참조.
112) José Larraz(1943, 79 참조)의 표에 따르면, 물가지수가 꾸준히 올라 1504년에서 1596년 사이에는 세 배로 뛰어올랐고 두 개의 주요 조세인 알카발라 세(alcabala : 판매가의 약 10퍼센트를 부과하는 판매세/옮긴이)와 미욘 세(millones : 주로 육류, 포도주, 기름 등 기본 소비재에 부과하는 세금/옮긴이)의 지수는 처음에는 천천히 오르다가 뒤이어 1575년 무렵에는 물가지수를 크게 앞질렀으며 1596년 무렵에는 537선에 도달했다.
113) E. J. Hamilton(1947, 12). Morineau(1978d, 158)는 찰스 윌슨이 제기한 "낡은 질문"을

려고" 했다.[114] 그리하여 멕시코와 페루에서 에스파냐 국가는 세금을 인상하면서 보다 효율적으로 징세를 하고자 했다.[115] 이것은 사실상 제 살을 깎아먹는 것이었다. 1620년에 펠리페 3세는 사적으로 반입된 금은의 8분의 1을 몰수하고 그 대신 베욘 화나 국채증서(juros)를 지급함으로써 직접 자국의 상인으로부터 자본을 빼앗는 가장 확실한 방법을 취했다. 하지만 더욱 중요한 것은 그 결과 이들이 자신들의 금은을 조금이라도 본국으로 보내기를 주저했다는 것이다(이는 의심할 나위 없이 은 생산을 감소시킨 또 하나의 요인이었다). 그 결과, 은 선단 호위함 비용으로 거둬들인 종가세(從價稅, ad valorem tax)인 아베리아(avería)의 세수가 줄어들었다. 호위함을 유지하기 위해서 국왕은 아베리아의 세율을 더 올려야 했으며, 그것은 린치의 말대로 "더욱더 부정행위를 조장했고" 국왕을 "아메리카 무역과 식민지에 빌붙어 [살아가는] 기생물"로 만들었다. 국왕은 또한 에스파냐인들에게 더 많은 하사지(下賜地, mercedes)를 인가함으로써 그 적자를 메우고자 했다. 그것은 악순환이었다. "약탈과 기생은 부정행위와 밀수를 생활방식으로 만들었다."[116] 그리고 부정행위와 밀수는 뒤에 살펴보게 될 것처럼 에스파냐의 반(半)주변부화를 한층 더 밀고 나갔다.

크리오요(Criollo : 에스파냐령 아메리카에서 태어난 백인/옮긴이) 가운데 일부는 경제적 어려움에 시달려 공직에서 살길을 찾고[117] 그리하여 국가 관료

해야 한다고 주장한다. 에스파냐의 높은 과세율은 "16세기에는 모호한 우위에 대한 반대급부였고 17세기에는 에스파냐의 불행과 쇠퇴의 원인이 아니었을까?"
114) Lynch(1969, II, 165).
115) Israel(1974a, 40) 참조. 그러므로 이즈리얼은 무거운 세금은 에스파냐령 아메리카의 "경제적 성취의 지표"가 아니라 식민지에 "에스파냐가 가한 압력의 지표"로 봐야 한다고 말한다. 에스파냐의 조세 요구는 다른 식으로도 경제적인 생산활동에 영향을 미쳤다. 1630년 이후 멕시코의 은 광산에서 발생한 극심한 수은 부족 현상은 수출을 절반으로 줄이는 국왕의 결정에 따른 것이었다. Brading & Cross(1972, 574)에 의하면, 국왕의 이와 같은 결정이 "아마도 [페루의] 부왕이 2할세(quinto)를 납부한 반면 멕시코는 1/10세(diezmo)만 지불했기 때문에 취해졌을 것이다."
116) Lynch(1969, II, 165-167).
117) 다수의 크리오요들과 에스파냐인들의 "지위 하락"을 막을 "유일한 실질적인 해법"이던 공직에 대해서는 MacLeod(1973, 311) 참조.

기구의 기생성을 증폭시켰던 한편, 일부는 세계시장의 상황 변화에 아주 잘 적응하기도 했다. 당시까지 주요 수출품목이었던 금은의 생산은 감소했지만 곡물의 생산은 증가했다. 바로 이 시점에서 혼란이 생긴다. (동유럽산 곡물과는 달리) 아메리카산 곡물은 주변부에서 핵심부 지역으로 수출된 상품이 아니었기 때문에, 그 생산이 자본주의적인 것이 아니었다는 주장을 흔히 볼 수 있다. 바잔트는 정반대였다고 한다: "[밀의] 대규모적인 생산은 의심할 나위 없이 시장을 위한 생산이고 자본을 사용하는 생산이었던" 것이다. 그는 옥수수빵(tortillas)을 먹는 노동자들이 밀을 소비하지 않았음에도 불구하고 "도시의 백인 주민들이라는 상당한 시장이 있었음"을 일깨워준다.[118] 게다가 이 생산에는 제분소, 가축 및 노동력에 드는 식량이라는 형태로 많은 자본이 필요했다.

이것은 밀에는 적용될 수 있지만 옥수수에는 적용될 수 없다고 주장할 수 있을지도 모른다. 하지만 이 경우에도 역시 상품화가 중심적이었다 :

기계를 움직이는 노새와 말뿐만 아니라 노동자들 —— 인디오, 물라토, 흑인, 메스티소 —— 다시 말해서 광산에 고용된 전체 노동력은 옥수수에 의존했다. 16세기 말부터 그 수요를 채우기 위해서 광산 주변에는 농업과 목축을 행하는 아시엔다 지대가 성장하여 특히 그들에게 식량을 공급하는 데에 몰두했다.[119]

이런 점에서 볼 때, 이들 아시엔다가 경제적인 영향을 받지 않았다는 것은 아

---

118) Bazant(1950, 90). 그는 "총생산의 일부가 수출용이었다"고 덧붙인다.
119) Florescano(1969, 150). 다음의 Bakewell(1971, 64)도 참조 : "아마도 사카테카스에 대한 곡물 공급 과정에서 가장 두드러진 특징은 공급망의 폭이다.······사카테카스산 은은 곡물의 대가로 돌아오는 짐수레와 나귀에 실려서 말 그대로 각처로 운송되어 북쪽으로 살티요에서 남쪽으로 푸에블라까지 미쳤다." 멕시코에 대한 이런 서술은 페루에 대한 Lynch(1969, II, 217)의 서술과 상응한다 : "플랜테이션 생산물인 설탕과 포도주 그리고 면화의 최대 시장은 고지 페루의 광산지구였다. 페루 전체가 이런저런 방식으로 포토시를 위해서 움직이고 그 부에서 이익을 보았다." 1687년에 페루에서 일어난 지진이 끼친 충격을 보면 이 점은 더욱 확실해진다. 이 지진으로 칠레에서 "밀의 쇄도"가 발생했고, 생산자들은 목축과 포도 재배에서 밀 생산으로 전환했다. Romano(1969, 280). 또한 Carmagnani(1973, 31-42, 265-266)도 참조.

니다. 광산이 불경기를 맞으면, "어려운 시기가 오고 때로는 경기후퇴도 찾아온다."[120] 새로 경쟁적인 아시엔다가 만들어짐으로써 사정은 종종 더욱 악화되기도 한다. 하지만 이는 시장이 지역적인 한계를 가지며 세계경제가 위축될 때 그 한계를 넘어서면 수익성이 없다는 것을 시사하는 것이다.[121] 의심할 나위 없이, 소규모 시장을 상대로 한 아시엔다와 대규모 시장을 상대로 한 설탕 플랜테이션과의 **구조적** 차이를 **콩종크튀르**로 설명할 때 보통 언급되는 것이 이 논법이다.[122] 한정된 지역 내에서, 아시엔다 생산은 아주 수지가 맞았다. 원한다면, 이를 자급자족이라고 부를 수도 있다. 하지만 베이크웰이 말한 바와 같이, 보다 설득력 있는 것은 그것이 "유럽적 유형의 다각화된, 그리고 오늘날의 용어로 말하면 자본주의적인 경제가 신세계에 형태를 갖춘 결과이자 중앙 아메리카의 이익을 위해서 중앙 아메리카의 풍부한 자원을 개발할 목적으로 이러한 경제를 활용한 결과"라는 것이다.[123] 그 결과로 생긴 이익의 수혜자는 중앙 아메리카라는 추상적인 실체가 아니라 중앙 아메리카의 지주라는 구체적인 사회집단이었다.

하지만 동유럽에서와 마찬가지로 전체로서의 세계경제가 둔화하면서 이윤

---

120) Florescano(1969, 183).
121) "[모든 증거로 볼 때] 비교적 단시간에 대규모 아시엔다는 지역의 소비욕구를 채우는 데 성공했다. 그렇지만 아시엔다가 최대 생산능력을 발전시키기 전에 이 수준이 채워진다고 해도, 지역의 시장구조, 엄청난 거리, 나쁜 도로사정, 높은 운송비, 국왕의 상업정책으로 인해서 잉여생산물은 지역을 초월하여 수출될 수 없었다. 그래서 아시엔다는 생산을 줄이지는 않는다고 하더라도 적어도 그 수준에 머무를 수밖에 없었다." Florescano (1969, 184).
122) Wolf & Mintz(1957, 380) 참조.
123) Bakewell(1971, 235). Morner(1973, 191)도 참조. Lynch(1969, II, 139)는 한층 더 나아가 이를 "에스파냐령 아메리카의 최초의 노예해방"이라고 부른다. 그는 이렇게 말한다 : "아메리카 무역의 대불황의 원인이 식민지 경제의 붕괴에 있다는 생각은 퍽 일리가 있다. 하지만 그것은 붕괴라기보다는 변화의 결과였다. 식민지가 예전처럼 무역을 육성시키지 않았다면, 그것은 주로 식민지가 그 자본을 국내에서 공공투자와 개인투자에 사용했기 때문이다." Piel(1975, 151)은 그 주장을 뒤집어서 대서양 해운의 축소된 수치에 근거하여 금은의 유통이 적었다고 하는 논자들(Romano, 1970 참조)을 반박한다 : "대서양의 금은의 흐름이 둔화되었다면, 그것은 광산의 생산량이 줄어들었기 때문인가 아니면 오히려 현지에서 확보된 금은의 비율이 높아졌기 때문인가?"

수준을 유지하기 위해서는 기초자원(토지와 노동)의 이용을 강화시켜야 했다. 에스파냐령 아메리카의 전역에서 인디오 인구가 격감하고 있었다는 것은 이제 매우 널리 알려진 이야기이며,[124] 거기서 전염병이 결정적인 역할을 했다는 것도 실증되었다.[125] 이 인구의 감소는 에스파냐인 지주에게는 기회인 동시에 딜레마였다. 인디오 생산자가 사망과 토지침탈에 의해서 감소하는 사이, 도시 및 광산지역에서 에스파냐인과 메스티소의 수가 늘어나 지역시장이 생겨나고 아시엔다 소유주에게는 생산물의 가격 상승이 초래되었다. 한편, 아시엔다 소유자는 노동자도 필요했다. 바로 여기에 누가 자본을 축적할 것인가를 둘러싼 투쟁의 근원이 있다. 자본 축적이 세계적으로 하강하고 있었다는 사실은 작아진 경제적 파이의 몫을 둘러싸고 에스파냐령 아메리카의 자본주의 부문이 에스파냐의 자본주의 부문과 격렬한 경쟁을 벌인다는 것을 의미했다. 아메리카로부터 잉여의 이전을 겨냥한 국왕의 증세에 대해서 이미 살펴보았다. 아메리카에서 예전에 가장 역동적이었던 지역인 신에스파냐의 관점에서 볼 때, 가장 악영향을 준 것은 에스파냐 국왕이 멕시코가 페루 및 필리핀과 직접적인 유대를 맺는 것을 약화시키려고 한 것이었다. 물론 밀수가 만연했으나, 국왕의 정책 또한 말할 나위 없이 "멕시코 시티에 심각한 역효과"를 미쳤다.[126]

이윤을 둘러싸고 발생한 긴장은 무역로의 장악을 둘러싼 분쟁뿐만 아니라 노동력 공급의 관리를 둘러싼 분쟁에서도 나타났다. 레파르티미엔토(repartimiento) 제도는 실제로는 16세기 중반부터 있어왔지만, 대규모 농업생산자

---

124) 예를 들면 Cook & Borah(1971) 참조. 필리핀에서도 인구 감소는 이와 비슷하나 그 정도로 심한 편은 아니다. Phelan(1959, 194) 및 Chaunu(1960b, 74, 표 1) 참조.
125) 천연두에 대해서는 Crosby(1967) 참조. 안데스 산맥 일대는 16세기에는 중앙 아메리카에서 보인 사망률은 피했지만 17세기 후반에는 같은 상황에 처하게 되었다. Dobyns (1963, 514). 칠레에 대해서는 Mellafe(1959, 226), 그리고 중앙 아메리카에 대해서는 MacLeod(1973, 204-205) 참조.
126) Israel(1974a, 39). 그는 "1630년대와 1640년대에 멕시코에서 격렬한 저항이 무수히 일어났음"을 지적한다. M. F. Lang(1968, 639)은 "신에스파냐와 페루 간의 무역을 제한하려는 욕구가 국왕으로 하여금 우안카벨리카(Huancavelica)로부터〔멕시코 은 광산으로 수은을〕정규적으로 공급하는 것을 주저하게 만든 주된 동기였음"이 분명하다고 믿는다.

의 시각에서 보면 꽤 불리했다. 그것은 강제적인 임금노동이나 매한가지였지만, 노동자는 한시적으로 일하고는 정기적으로 되돌아가 전통적인 생산활동을 영위했다.[127] 그런 노동력 공급은 에스파냐 관료, 특히 코레히도르(corregidor : 에스파냐령 식민지의 관리로서 그의 관할구역에서 사법과 행정의 권한을 가짐. 인디오 지역에 대한 행정관, 세리 등의 역할을 하고 경찰권을 쥐고 있으며 공공노역에 인디오 노동을 고용하는 일을 감시함/옮긴이)에 의해서 중개되었고, 그것을 에스파냐인들의 탐욕으로부터 인디오들을 보호하는 수단이라고 주장한 수도사들의 확고한 지지를 받았다. 이즈리얼이 멕시코의 상황에서 설명하고 있듯이, 그 "보호자들"의 이해관계는 뻔했다 :

코레히도르들은……인디오의 작물을 최저가로 강제구매하여 이를 도시에 가져가서 이윤을 크게 붙여 팔거나, 상품을 터무니없는 값으로 강매하며, 에스파냐인들에게 소개비조로 뇌물을 받고, 레파르티미엔토를 용의주도하게 활용하는 등 갖가지 수탈방식을 통해서 정기적으로 막대한 부를 모았다.……따라서 인디오들은 실제로 두 가지 전혀 별개의 경제를 지탱하고 있었다. 즉 한편으로 에스파냐인 정주자의 경제와 다른 한편으로 주로 코레히도르와 수도사 그리고 인디오의 계서제의 이해관계에 따라서 작동한 인디오의 지역경제였다.[128]

127) Enrique Semo(1973, 222)가 제시한 레파르티미엔토의 정의 참조. 그는 이 말이 20세기 연구자에 의해서 만들어졌으며 반드시 당시에도 적용될 수 있는 것은 아님을 인정한다. "레파르티미엔토는 에스파냐인이 경영하는 기업에서 할당제, 순번제의 노동이라고 여겨진다. 이 제도는 엥코미엔다로 부여받은 인디오들과 그렇지 않은 인디오들에게도 적용되었기 때문에 엥코미엔다의 수혜자보다 훨씬 더 폭넓은 유산계급에게 이익을 주었다. 덧붙여야 할 점은 국왕에 대한 봉사의 대가로 주어지고 그 수령자가 적당하다고 생각한 용도에 쓰인 엥코미엔다의 인디오들과는 달리, 레파르티미엔토는 뚜렷한 **경제적** 목적을 위해서 인가되는 경우가 빈번했고 인디오들을 다른 목적에 부리는 것은 금지되었다는 사실이다. 새로운 제도하에서 우선순위는 궁극적으로는 부왕에 의해서 결정되었다.……엥코멘데로가 인디오들을 필요로 하는 여러 가지 항목 가운데 은 생산이 특히 중요시되었다."
128) Israel(1974a, 47). 중앙 아메리카에 대해서 MacLeod(1973, 384)가 기술한 상황과 비교하라 : "1630년에서 1690년에 이르는 이 시기는 부가세(derrama)가 두드러진 시기였다. 즉 이 시기에는 종종 크리오요이던 정부의 하급 관리가 인디오에게 불필요한 물건을 엄청난 가격으로 강매하거나 무보수 혹은 몇푼 주지 않고 상품을 강제로 생산하도록 했다."

인디오들에게 지워진 이런 이중 부담은 확실히 그들의 인구가 감소한 또 하나의 이유였다. 게다가 그것은 경제위기가 닥쳐오자 정치체제에 견딜 수 없는 긴장을 초래한 것이 틀림없다.[129]

1632년에 국왕은 마침내 신에스파냐에서 광산이 아닌 곳의 강제적인 임금노동 사용을 중지시켰다. 긴장이 계속되었기 때문에, 이는 에스파냐인 지주—— 이제 아쎈다도(hacendado : 아시엔다 경영자/옮긴이)가 된 —— 가 가난(gañan)이나 라보리오(laborío)로 알려진 영구 노동자들을 끌어들이는 전술상의 발전을 가속화시켰을 뿐이다. 코레히도르들의 대응방식은 처음에는 이들 가난들을 레파르티미엔토에서 제외하지 않는 것이었다. 이는 사실상 크리오요 계층을 약화시키기 위해서 코레히도르가 인디오를 한 크리오요에서 다른 크리오요 밑으로 강제로 떠나 보내는 것을 의미했다. 국왕이 강제를 송두리째 폐지하는 대안적 전략을 시도하자 인디오들은 전혀 일하지 못할 가능성이 높아졌다. 그러자 대규모 농업생산자는 노동력을 토지에 붙들어맬 방안으로 채무노동제도(debt peonage)를 만들어냈다.[130] 토지 수탈이 노동 통제를 훨씬 더 강

---

129) 이즈리얼의 논문은 시종 1620년에서 1640년에 이르는 멕시코 지배층 내의 알력을 부족한 노동력의 지배권을 둘러싼 갈등이라고 상술한다.
130) Zavala(1966, 특히 79) 및 Godinho(1948) 참조. 그리고 Chevalier(1970, 285)에 의하면, "채무노동제도는 서서히 —— 그리고 거부할 수 없을 정도로 —— 점점 더 아시엔다로 잠식해갔다. 17세기 말이나 18세기 초까지 가난들과 나보리오들(naboríos)을 영지 재산으로 여기는 것이 통상적인 관례였다." 또한 다음의 Phelan(1959, 191)도 참조 : "채무노동제도를 통해서 인디오를 아시엔다에 붙잡아두는 것은 다른 노동형태에 비해서 몇 가지 이점이 있었다. 흑인 노예는 대규모 자본 투자를 필요로 했다. 레파르티미엔토 노동은 매주 교체가 이루어졌고 이용 가능한 인디오가 꾸준히 감소하고 있어서 효율성이 떨어졌다." 광부들의 경우, 광산주는 처음에는 봉급과 얼마간의 채굴을 자기 몫으로 삼도록 하는 방식을 묶어 노동자를 유지하고자 했다. 이를 멕시코에서는 페페나(pepena), 페루에서는 도블라(dobla)라고 불렀다. 하지만 자기 몫으로 파낸 은광석을 개개의 인디오들은 정련할 수 없었다. 그래서 그들은 그것을 헐값으로 광산주에게 파는 도리밖에 없었다. 어떤 경우에는 임금노동이 사실상 현물 지불로 바뀌었다. 어쨌든 광산주는 노동자를 적절히 유지하기 위해서 채무 메커니즘을 사용하는 쪽으로 나아갔다. Romano(1970, 132-133) 및 Bakewell(1971, 125-126) 참조. Davis(1973b, 167)는 채무노예제도는 "16세기 말 무렵 인구가 바닥 수준으로 떨어지자" 자유시장에서의 노동자의 강세에 대한 고용주의 대응이라고 분석한다.

화시켰다.[131] 따라서 엥코미엔다는 아시엔다로 바뀌었고,[132] 강제노동을 하는 노동자는 채무노예가 되었다. 시간단위로 산정된 보수로 따지자면 노동자의 처지는 나아졌다고 할 수 있다. 노동력의 부족은 노동자에게 어느 정도 교섭능력을 가져다주었다.[133] 하지만 노동자의 이러한 보수수준 상승은 총노동시간의 강제적인 증가를 대가로 이루어진 것이 아닐까? 사실, 노동 강도가 증가되고 노동자의 수명이 단축된 것은 아닐까? 동유럽에서와 마찬가지로 여기서도 생산수준을 유지하기 위해서 노동력이라는 자본 자체를 바닥나게 한 것이 아닐까?

---

131) "가난들과 페온들(peons)을 얻는 최선책은 인디오의 마을에서 멀리 떨어진 토지를 가지는 것이었다.……본질적으로 보완적인 자원인 토지의 독점화는 라티푼디움 농업의 성장과 지속 그리고 그와 관련된 자원이용의 비효율성의 가장 중요한 공통 원인들 가운데 하나(대체로 지적되지 않고 있지만)이다. 여기서 독점이란 사회적인 관점이고, 개인적인 독점을 말하고 있는 것은 아니다." Frank(1979a, 70-71). 1580년에서 1590년까지의 시기에 대해서는 다음의 MacLeod(1973, 221)도 참조 : "처음으로, [중앙 아메리카의] 에스파냐인은 사망했거나 '소집된' 인디오의 것이었던 미개간지(tierra baldías)와 왕령지(realengas)를 차지했다. 이제 또한 인디오의 토지에 대한 엄청난 침입이 비로소 시작되었다."

132) Lockhart(1969, 419, 425-426)에는 다음 몇 가지 점들이 꽤 설득력 있게 나타난다. 즉 법적인 단절이 아무리 존재한다고 하더라도, 엥코미엔다에서 아시엔다로의 사회학적 의미의 연속성은 크다. "엥코멘데로와 그후의 아센데로는 같은 천에서 재단된 것이었다." 아시엔다의 경우 자급자족성이 과장되어 있는데 "다양성으로나 통합의 정도로나 하나의 상업 기업으로서 양자를 구별하기가 지극히 어렵다." 그리고 무엇보다 중요한 것은 노동자의 생활이 그대로였다는 것이다. "촌락민은 처음에는 엥코미엔다의 의무에 의해서, 다음으로 레파르티미엔토 기제를 통해서, 마지막으로는 개인적인 계약을 통해서 농장(estancias)과 그후 아시엔다에서 일하게 되었다. 하지만 늘 그 사람에 그 일이었다." 또한 R. G. Keith(1971, 441) 및 Piel(1975, 161, 238)도 참조.

아시엔다의 법적 기초는 1591년에 있은 에스파냐 국왕의 두 칙허장(cédulas)이었다. 여기에서 국왕은 자신이 법적인 명의가 없는 모든 토지에 대한 권리가 있다고 천명했다. 이리하여 토지소유자들이 발디오(baldíos) 즉 황무지나 버려진 땅으로 비난받은 이들 토지에 대한 명의를 얻기 위해서는 반환금(composición)을 지불해야 했다. 1713년까지 국왕은 절망적인 자금 부족에 빠져 페루에서는 돈만 있다면 인디오에게도 발디오를 팔려고 했다. Piel(1975, 191).

133) MacLeod(1973, 227) 참조. 그는 "하층계급의 구성원들 가운데 일부는 상황이 약간 나아졌다"고 한다.

인과관계는 다음과 같을 것이다. 16세기 말에 농산물 가격이 폭등하고 공급이 달리게 되자 토지가 수탈되고 생산이 촉진되었다. 예를 들면 슈발리에는 목축업자가 "많은 가축을 희생시켜서 심지어 가축떼의 씨를 말릴" 정도였다고 한다.[134] 광산주나 도시민 그리고 관료── 요컨대 농산물을 위한 지역시장을 구성한 사람들 ──는 알론디가(alhóndiga)라는, 가격이 고정된 도시의 곡물 창고와 같은 가격 통제의 메커니즘을 사용하여 생산자의 이윤수준을 통제하려고 했으나, 인디오의 생산물은 여기에서 제외되었다.[135] 소규모의 에스파냐인 농업생산자들은 그들 중 다수가 형편없는 농민의 처지로 전락한 메스티소 생산자들과 마찬가지로 착취로 인해서 몰락하기 일쑤였다.[136] 거꾸로 대규모 생산자들은 가격이 하락하는 바로 그 순간에 성장하여 훨씬 더 비대해졌다. 이들이 외견상 강해진 까닭에 대해서 뫼르너는 다음과 같이 말한다 :

아시엔다는 흔히 시장의 제약과 풍작시의 가격 폭락 때문에 생산을 줄여야 했다. 그러면 그것이 확대되는 데에 왜 어려움을 겪었을까? 아센다도가 이웃의 토지를 빼앗아 경쟁관계에 있는 생산물을 일소하거나 여태까지 자급자족적이었던 소생산자를 강제로 아시엔다 생산물의 소비자로 만들었기 때문이다.[137]

이른바 자급자족적인 대규모 아시엔다는 바로 시장의 힘에 민감하게 적응할 수 있는 메커니즘이었다. 그것은 이윤율의 변동에 따라서 생산을 줄이거나 늘릴 수 있었고 자원 이용의 속도를 빠르게 하거나 늦출 수 있어서 장기간에 걸쳐 농업생산과 세계경제의 연계를 유지할 수 있었다. 게다가 아시엔다는 새로운 직물 생산의 거점이었다. 그것의 등장은 수세기 뒤에 세계적인 경기위축의 산물로서 악명이 높은 수입대체와 유사했다. 베이크웰은 "아마도 무역이

---

134) Chevalier(1970, 107).
135) Bakewell(1971, 75) 참조. 하지만 그는 "물가를 규제하는 데에 알론디가가 어느 정도 효과를 거두었는지는 알 수 없다"(p. 66)고 지적한다. 또한 Guthrie(1939, 105) 및 Chevalier(1970, 62-65)도 참조.
136) MacLeod(1973, 153). 물론 저항도 있었다. Osborn(1973)은 당시 멕시코에서 토지 수탈에 대한 인디오의 저항능력은 공동체 조직의 힘에 달려 있었다고 말한다.
137) Morner(1973, 192).

쇠퇴한 큰 원인은 신에스파냐가 더 이상 유럽산 수입품을 필요로 하지 않았기 때문일 것이다"[138]라고 주장한다. 그는 "17세기 초에 신에스파냐의 경제는 쇠퇴를 경험하기는커녕 더 탄탄해졌다"[139]고 결론짓는다. 하지만 이는 상황을 잘못 인식한 것이다. 에스파냐 경제에 빗댈 수 있는 경제가 신에스파냐에서는 아예 존재하지 않았다. 에스파냐령 아메리카의 일부 기업가는 에스파냐인과 메스티소 인구의 증가와 은 수출의 감소 그리고 아시엔다 제도에 따른 노동면에서의 규모의 경제 등과 같은 시장의 상황 변화 때문에 특히 직물 생산쪽으로 투자를 전환했고, 이로써 에스파냐 직물 생산자의 수출 잠재력이 타격을 입었다.

세계적인 경기수축이 자본주의 경제활동의 쇠퇴를 의미하지는 않았다. 실제로 그것은 지역에 기반을 둔 부르주아 기업의 힘이 강화된 표시였다.[140] 더군다나 유럽의 경우와 마찬가지로 문제는 전체 직물 생산량이 감소했다는 것이 아니라 이 생산이 농촌지역, 즉 아시엔다와 인디오 촌락으로 이동하고 있었고 또 "양질의 의류가 대부분 매뉴팩처(오브라헤스[obrajes])에서 생산되고 있었다"[141]는 것이다. 또한 직물업만 성장을 보인 것은 아니었다. 17세기

---

138) Bakewell(1971, 234).
139) Bakewell(1971, 230). Phelan(1970, 213)도 본질적으로 같은 주장을 한다 : "인디오의 노동력 부족에 대한 W. 보라의 명제는 이론의 여지가 없다. 하지만 17세기에 이 노동력 부족 자체는 경제적 정체보다 경제성장에 기여했을 것이다. '불황'이라는 말은 이 시기 전체에 적용하면 오해를 불러일으키기 쉽다."
140) "페루에서 대토지의 출현이 시기적으로 화폐경제의 쇠퇴나 농업 이외의 기업 —— 광산업, 제조업, 상업 —— 의 쇠퇴와 일치하고 있다고 해도, 17세기 페루에서 매뉴팩처(오브라헤스)의 발흥은 어떻게 설명할 수 있을까? 그 생산량은 당시 에스파냐를……능가했던 것이다. 하물며 에스파냐계 페루 상인 부르주아지의 대발흥 —— 1613년에는 리마 영사관할의 재판소를 설립하고 마드리드로 하여금 페루-스페인 간 무역의 식민지 독점을 나누어 가지도록 했다 —— 은 어떻게 설명할까?" Piel(1975, 150). 세비야의 경제 엘리트에 비해서 신에스파냐의 경제 엘리트의 "행동의 폭을 넓혔다"는 데 대해서는 Boyer (1977, 457 외 여러 곳) 참조. 국왕에 비해서 현지 아비아도르(aviador), 즉 멕시코 자본가의 힘이 강해지고, 자신들이 세금을 지불하기 전에 채무자에게 강제로 환불을 청구할 수 있는 것에 대해서는 Bakewell(1976, 219) 참조.
141) Pohl(1969, 448). 하지만, Davis(1973b, 161-162)는 "멕시코가 다량으로 생산한 상품들은 값싼 하급 상품이었던 데 반해서 고급 모직물과 아마포 그리고 금속제품은 계속 유

가 시작되자 철공업과 청동공업이 발달하여 "문과 창에 르네상스풍의 철 격자가 달린 거대한 교회"의 건축에 자재를 공급했다.[142] 에스파냐령 아메리카의 주요 수출품(특히 은)이 세계시장에서 쇠퇴하자, 이러한 종래의 주변부 지역 생산자들은 다른 방식의 이윤 획득에 관심을 돌렸다. 이들은 대서양 무역의 견지에서 보면 상대적인 후퇴를 보이고 있기는 했어도 성장하고 있던 지역시장에 자신들의 생산활동을 집중시켰다. 하지만 이를 자급경제의 성장으로 볼 수는 없다. 다른 한편 핵심부의 여러 나라에서 수요가 확대되어 설탕(그 정도에는 못 미치나 담배)의 수출시장은 커졌다. 이것은 새로운 주변부 지역——카리브 해의 여러 섬들과 그 주변지역 그리고 영국령 북아메리카의 남부 식민지——이 어느 정도 세계경제 속에 포섭됨을 의미했다. 그 상을 완성하려면 바로 이 역사를 살펴보아야 한다.

17세기 초까지 카리브 해 여러 섬들은 대부분 유럽인의 지배를 받지 않았다. 에스파냐인들은 주로 트리니다드 섬과 이른바 대(大)안틸레스 제도(쿠바, 자메이카, 히스파니올라, 푸에르토 리코)의 큰 섬들을 주로 장악해왔다. 그들은 약간의 소를 사육하고 얼마간의 식량용 작물과 약간의 담배와 사탕수수를 재배했다. 하지만 그들의 주된 관심사는 아메리카에서 그들이 주로 관심을 두고 있던 지역으로 가는 무역로를 지배하는 것뿐이었다. 1604년에서 1640년에 걸쳐 돌연 영국인들과 프랑스인들 그리고 네덜란드인들이 카리브 해를 침략해서 군소 제도들을 장악했다. 1625년에서 1654년까지 네덜란드인들이 브라질의 일부 지역을 장악했고, 1655년에는 영국인들이 에스파냐인들로부터 자메이카를 빼앗았다. 1629년에는 일부 프랑스인 버커니어들(194쪽의 그림 설명 참조/옮긴이)이 히스파니올라에서 조금 떨어진 토르투가 섬에 상륙하여 1659년까지 히스파니올라 섬을 확고하게 지배하게 되었다. 그들은 그 큰 섬의 서쪽 절반 지역, 곧 오늘날의 아이티로 이동했다(프랑스 주권은 1697년에 가서야 공식적으로 승인되었지만 말이다). 이후 1650년대부터 1763년까지는 식민지 분할은 비교적 안정되어 있었다. 그러면 왜 북서 유럽 열강들이 광의

럽에서 들어왔다"고 강조한다.
142) Bargalló(1955, 251).

의 카리브 해 지역으로 갑자기 물밀듯이 침략하게 되었는가? 왜 그것은 에스파냐령 및 포르투갈령 지역에 대한 장악을 눈앞에 두고 실질적으로 멈추어버렸는가? 그리고 17세기에, 특히 1660년대와 1670년대에 카리브 해 지역은 왜 해적과 버커니어들의 피난처, 다시 말해서 아메리카 여타 지역의 "단조로운 정주지와는 달리 매력, 흥분, 일확천금, 끊임없는 위험 속에서 훨씬 더 많은 것을 약속하는" 그 시대 서부의 황야가 되었는가?[143]

피에르 쇼뉘는 1619/23년에서 1680년 사이의 어느 시기 —— "연대를 너무 엄밀하게 잡는 것은 무의미하다" —— 에 에스파냐의 카레라의 성격이 변화했다고 한다. 관료주의적 경직성이 16세기에 성공적인 교역의 특징인 유연한 메커니즘을 대체했다. "17세기 후반부터 과달키비르 강과 맞닿아 있는 대서양은 여러 대서양 가운데 하나에 불과했다."[144] 쇼뉘의 시기 설정은 당시 일부 사람들이 설정한 시기보다 늦다. 1619년 톨레도 대학의 성서학 교수이자 에스파냐 중상주의 사상가였던 산초 데 몬카다는 (과장이 좀 섞여 있는 것은 분명하지만) 다음과 같이 주장한다. 서인도 제도로 향하는 교역의 10분의 9는 외국인들의 손아귀에 놓여 있어서, "이들이 서인도 제도를 소유하고 황제는 이름뿐이다"라고 주장했다.[145] 그가 본질적으로 옳았음은 입증될 것이었다. 중상주의의 세기인 17세기에 에스파냐와 포르투갈은 중상주의 국가에 끼지 못했고 또 그럴 능력도 없었다. 따라서 이들 국가는 반주변부 국가들로 바뀌어 주변부에서 발생하는 핵심부 열강들의 이익을 옮겨주는 전달장치가 되었다. 반주변부에 대해서는 다음 장에서 살펴볼 것이나, 여기서는 주변부에 대해서 논의하고자 한다.

경기가 전반적으로 위축된 시기에는 일부 경제활동 영역이 위축되기 마련이다. 경제활동의 위축을 최소화하려는 핵심부 열강들은 부분적으로 주변부 지역들에 선취권적 지배권을 확립하고자 함으로써 그들끼리 첨예한 경쟁을 벌인다. 이들 열강은 식민화에 나서는 동시에 다른 쪽의 식민화를 방해한다.

---

143) Dunn(1972, 9-10).
144) Chaunu(1959, 1539).
145) Larraz(1943, 90)에 재인용.

이는 격렬한 식민지 전쟁으로 이어진다. 그 열강들은 지배 가능성이 낮은 지역보다 높은 지역(동유럽과 남유럽보다는 아메리카)에 유리하도록 세계시장을 다시 짜고자 했다. 게다가 열강들은 에스파냐 제국과 포르투갈 제국의 경우에 대체로 그렇듯이 약한 식민지 국가의 영토를 당장 빼앗는 데에 비용이 너무 많이 먹히는 것으로 드러나면 그 식민지 국가를 살찌우고자 한다.[146] 따라서 세계적인 경기위축이 시작되자, 영국인들과 프랑스인들 그리고 네덜란드인들은 모두 카리브 해 지역을 선점하기 위해서 이곳으로 눈을 돌렸다. 그들은 손에 넣기 쉬운 지역을 식민화한 뒤 에스파냐와 포르투갈이 여전히 지배하고 있는 지역에서는 무역을 장악함으로써 그들이 직접 식민지배를 했을 경우 누렸을 경제적 이점을 얻고자 했다. 17세기에 이를 실현하는 주된 메커니즘은 밀수였다.

밀무역이 어떻게 행해졌는지를 이해하기 위해서, 우선 버커니어의 사회적 기원을 살펴보아야 한다. 16세기에 중앙 아메리카와 카리브 해의 섬들에는 소들이 떠돌아다녔다. 그중 일부는 야생이었다. 일부는 인디오들이 관리했으나 그 세기가 계속되면서 그 수가 점점 줄어들었고, 또 일부는 에스파냐인들에 의해서 사육되었다. 에스파냐령 아메리카의 인구 변동에 대해서는 이미 살펴보았다. 즉 인디오의 인구가 꾸준히 감소하고 크리오요와 물라토 그리고 메

---

146) Charles Boxer(1961, 49)에는 17세기 초기 2/3분기에 세계를 무대로 한 네덜란드와 포르투갈의 투쟁이 다음과 같이 개관된다 : "지나친 단순화의 위험을 무릅쓴다면, 이 장기적인 식민지 전쟁은 아시아의 향료 무역, 서아프리카의 노예 무역, 브라질의 설탕 무역을 장악하기 위한 투쟁이었다고 할 수 있다. 마찬가지로, 최종 결과는 사실상 아시아에서는 네덜란드의 승리, 서아프리카에서는 백중세, 브라질에서는 포르투갈의 승리였다고 할 수 있다." 이것이 옳다고 할 수 있을까? **정치적** 지배의 측면에서는 그렇다. 하지만 **경제적** 지배의 측면에서 이 전쟁은 세 지역 모두 네덜란드(뒤에 영국으로 대체된)의 승리가 아닌가? 전쟁이 외부지역(아시아)에서 일어났는가 아니면 주변부(브라질)에서 일어났는가에 따라서 —— 서아프리카는 당시 외부영역에서 주변부로 느리게 이행한 지역이었다 —— 승리의 모양새가 달랐다. 차이란 포르투갈이 생산과정에 어느 정도 확고하게 자리잡고 있는가 하는 것이었다. 그리고 Boxer(1961, 54) 자신이 다음과 같은 실마리를 주고 있다 : "포르투갈인들은 여러 결점을 가지고 있음에도 불구하고 식민자로서〔브라질에〕깊이 뿌리를 내렸다. 그래서 그들은 대개 해전이나 지상전에서 한번 패했다고 해서 혹은 심지어 몇번이고 패배를 거듭하고서도 무대에서 제거되지 않았다."

스티소 집단이 꾸준히 증가했다. 17세기에 광산지역의 경기가 위축됨으로써 가난한 크리오요와 사회적으로 중간부류의 물라토와 메스티소 주민이 도시에서 얻을 수 있는 기회는 줄어들었다. 이들 중 상당수는 농촌지역으로 이주했다. 일부는 성장하고 있던 아시엔다와 목장의 망조직에 자리를 잡았으나, 그 밖의 사람들은 그렇지 못했다. 일자리를 찾지 못한 중간계층은 "사회적 하락", 즉 단순한 식량용 작물의 재배자라는 지위로 전락할 위험이 있었다. 하지만 변경이라는 분위기 속에서 이들에게는 대안이 있었다. 이들은 야생동물의 카우보이가 되어 생존에 필요한 것을 도살했다. 배에서 도망온 사람들이 가세하는 바람에 이들의 수는 불어나기 시작했다. 네덜란드인 선장들은 그들과 피혁 거래를 시작했고, 이 때문에 도살률도 훨씬 더 높아졌다. "그런 관행이 매우 소모적이라는 것은 분명했다."[147] 정주민의 견지에서 보면, 머지 않아 "이런 폐해는 대단히 엄청났다."[148]

1640년경에 에스파냐 당국은 카리브 해 지역과 중앙 아메리카 연안지역에서 부카니에(boucaniers : 곧 버커니어/옮긴이)[149]를 근절하기 시작했다. 이를 실현하기 위해서 에스파냐인들이 택한 한 가지 방법은 소를 죽여서 카우보이의 기를 꺾는 것이었다. 영국인들이 그 일에 끼어들어 에스파냐인들에게 훼방을 놓았다. 이 무렵 소는 적어도 그 섬들에서는 사실상 사라졌고, 절망한 버커니어들은 바다로 나가서 해적이 되었다. 하지만 쿠라사오의 네덜란드인들과 생-도맹그(히스파니올라 섬의 서부)의 프랑스인들 그리고 특히 자메이카의 영국인들이 "이들에게 노획물의 안전한 판로를 제공하지" 않았더라면 해적들은 결코 살아남을 수 없었을 것이다.[150] 자메이카가 열쇠였다. 영국은 바

---

147) MacLeod(1973, 212).
148) Pares(1960, 20).
149) 부카니에라는 말은 인디오 말로 부캉(boucan)이라는 철제 쟁반에 고기를 올려놓고 훈제한 뒤 팔았던 데서 유래했다. Deschamps(1973, 40) 참조. 이전에도 버커니어들이 알려지지 않았던 것은 아니다. 오히려 "1650년경까지 서인도 제도의 버커니어 행위는" 그후의 "전성기"에 비해서 "그 성격 면에서 다소 우연적이고 우발적이었다." Haring(1964, 249).
150) Davis(1973b, 169). 17세기 초에 네덜란드 해적들은 가장 "대담하고……집요하게 에스파냐 선박을 추적했다.……'홀란트인'이라는 명칭은 '해적'과 동의어가 되었다." Peterson (1975, 250).

로 크롬웰 치세기에 그 섬을 에스파냐로부터 빼앗았는데, 왕정복고기에 그곳은 버커니어들의 근거지가 되었으며 이들 가운데 헨리 모건이 총독대리가 되어 나이트 작위를 제수받았다. 해적행위가 완전히 사라진 것은 명예혁명 이후였다. 크롬웰의 목표는 서인도 제도에 대한 에스파냐의 무역독점을 깨는 것이었다. 그는 처음에는 외교술을 시도했으나, 그것이 실패하자 약탈에 의존했다. 스트롱은 다음과 같이 쓰고 있다. "크롬웰은 엘리자베스주의자였다. 그는 롤리와 길버트 그리고 해클루트와 같은 계열이다. 서인도 제도 원정대는 어느 모로 보나 엘리자베스식이었다."[151] 하지만 그 정책은 크롬웰의 정책만은 아니었다. 왜냐하면 "국영 해적 기업"으로서의 자메이카의 이력은 찰스 2세 치하에서도 수그러들지 않고 계속되었다.[152] 이론상으로 해적행위는 1670년의 영국-에스파냐 조약에서 불법화되었다. 하지만 그것은 실제적으로 적어도 1685년까지, 그리고 실로 1692년에 지진이 발생하여 포트-로열(Port-Royal : 자메이카 동남부, 킹스턴 항구의 입구에 있는 도시/옮긴이)의 거대한 버커니어 요새가 파괴될 때까지 계속해서 상당히 맹위를 떨쳤으나 마침내 1697년에 레이스베이크 조약에 의해서 종식되었다. 자메이카에서는 설탕 식민지로서의 역할과 약탈과 밀무역을 위한 근거지로서의 역할 사이에 모순이 증대했다. 하지만 그 이상으로 핵심부 국가들에서는 본원적 축적의 한 방법으로서 해적행위의 필요성이 줄어들고 있었다.

밀무역의 양상은 16세기의 마지막 10년간에 아주 실제적인 문제로서 네덜란드인에 의해서 시작되었다. 에스파냐와의 전쟁으로 이베리아 반도로 가는 네덜란드의 해운이 끊어지고 그리하여 청어 가공업에 없어서는 안 될 소금의

---

151) Strong(1899, 233). 그는 다음과 같이 덧붙인다 : "찰스 2세의 조언자들은 정복과 식민에 관한 크롬웰의 계획이 얼마나 원대한지를 이해하고 그의 서인도 제도 공격의 진정한 근본 동기도 이해했다. 1656년 1월, 찰스를 위해서 에스파냐 국왕에게 편지를 쓴 'A. B.'라는 인물은 크롬웰이 서인도 제도를 식민화하고 그의 함대로 에스파냐 무역을 끊어버리려고 한 사실을 크게 강조했다. 실제로 다른 이유로 그 계획 전체는 아무런 의미도 없다. 그만큼 막대한 준비와 비용을 들여서 호국경이 몇 마일의 영토를 얻는 데에 만족했을 것이라고 생각하는 것은 터무니없다."(1899, 244)

152) Pares(1960, 3).

구입이 방해를 받았다. 네덜란드인들은 베네수엘라의 염전으로부터 소금을 불법적으로 구입하게 되었다. 이 응급조치는 세계적인 물가의 기본 구조로 인해서 영구적인 정책으로 바뀌었다. 연합주는 에스파냐보다 한층 더 효율적으로 농산물과 공산품을 생산했다. "세비야의 독점체는 [에스파냐령 아메리카에] 상품을 적절한 가격으로 충분히 공급할 수 없었다."[153] 하지만 네덜란드인들은 그렇게 할 수 있었다. 그 결과 밀무역은 핵심부 나라들의 상인들과 그들이 직접 지배하지 못한 주변부 나라들의 생산자들을 연결하는 생활방식이 되었다.[154] 에스파냐와 한 핵심부 열강과의 관계가 악화될 때마다, 그중에서도 전시에, 새로운 식민지들은 "어느 정도 노략질의 근거지로 이용될 운명"에 처했다. 페어스는 이것이 그 식민지들의 연대기를 일부 설명해주고 있다고 한다.[155] 그것은 또한 프랑스가 빈번히 영국에 맞서서 에스파냐와 **동맹**을 맺을 만큼 궁극적으로 영국 식민지들이 프랑스 식민지들보다 더 많은 이유도 설명할 수 있다.

자메이카는 밀무역 체계의 정점에 있었다. 그곳은 카리브 해 밀무역의 중심지가 되었다. 이 밀무역을 "영국인들은 중지할 마음이 없었고……에스파냐

---

153) J. Lang(1975, 55). Haring(1947, 314-315)은 결과적으로 "에스파냐 상인들은 종종 단순한 중계자, 즉 법망을 피하도록 에스파냐인의 명의를 빌려주고 수수료를 받아 챙기는 대리인이 되었다"고 한다. 궁극적으로 이는 "에스파냐와 아메리카의 교역이 유럽의 여타 지역의 상품을 국왕의 관할 아래 아메리카로 보내는 다소 수동적인 기구로 변했다"는 것을 의미했다.
154) 그것은 카리브 해 지역에서만 존재한 관행은 아니었다. 네덜란드인들은 이와 똑같은 방식으로 노르웨이의 덴마크 "식민지"와 관련을 맺었다. Lunde(1963, 38-39)의 다음과 같은 글을 보라. "밀수는 대체로 코펜하겐의 정부 당국에게는 심각한 문제로 받아들여졌다. 노르웨이 전역에서 대규모 밀수행위가 이루어지고 있다는 것을 모르는 사람은 아무도 없었다. 부왕자문회의(Staatsloven)는 네덜란드인들을 이 일의 전문가로 보고 비난했다. 부왕자문회의는 관세가 있는 한 노르웨이 상인들은 밀수를 하기 마련이라고 기술했다. 밀수를 막기 위한 처방은 한 가지뿐이었다. 즉 관세 인하가 그것이다. 그들은 이 방법을 추구했으나 별로 성과가 없었고 밀수행위는 계속되었다.……상인은 정직하면 망한다고 스스로 단언했다.……밀수행위는 코펜하겐에서 지배적인 경제체제와 시행중인 상업정책의 직접적인 결과였다."
155) Pares(1960, 12).

인들은 그럴 능력이 없었다."[156] 처음에 해적들의 존재는 이런 과정에 도움을 주었다. 그들은 결국 진정한 해적은 아니었는데, 왜냐하면 에스파냐인들만 약탈하고 그것도 종종 자기네 정부의 승인을 받아서 행했기 때문이다.[157] 하지만 자메이카에서 사탕수수 재배가 더 중요해졌고, 1670년에 에스파냐인들이 거류지 독점권에 대한 구래의 주장을 마침내 포기하자, 버커니어들은 이제 영국인들에게 성가신 존재로 비치게 되었다. 이는 특히 그들의 수가 늘어나고 있었고 백인 빈민들이 플랜테이션의 확대로 자메이카의 토지에서 내쫓기게 됨에 따라 갈수록 자포자기 상태에 빠졌기 때문이다.[158] 이제 버커니어들은 더 이상 필요하지 않았다. "중앙 아메리카로 상품을 밀수하는 데에 숱한 위험"을 무릅써왔던 온두라스 만의 생산자들도 자메이카 상인들과의 직거래에 만족해했다.[159]

버커니어들은 **약탈**을 해왔다.[160] 영국인들(그리고 프랑스인들)은 이제 **비합법 무역**을 위해서 정주할 준비가 되어 있었다. 왜냐하면 이것은 잉여의 이전을 수반하는 동시에 버커니어들의 약탈로는 가능하지 않은 지속적인 생산도

---

156) Christelow(1942, 312). Sheridan(1969, 24)의 추정에 의하면, 밀무역이 왜 계속되었는지가 분명히 드러난다. "1763년경 이전에는 영국의 비공식 제국과의 무역은 아마도 공식 제국과의 무역에 못지 않게 중요했을 것이다." 그는 영국의 비공식 제국의 두 주요 구성요소로 자메이카를 통한 밀무역과 카디스와 포르투갈을 통한 간접무역을 든다. 부에노스 아이레스를 통한 무허가 불법 상인의 무역도 염두에 두어야 한다. "부에노스 아이레스가 리마와 서인도 제도에 있었던 에스파냐 권력의 중심에서 너무 멀리 떨어져 있고 브라질에 있는 포르투갈인들에게 가까웠기 때문에 그곳에 대한 적절한 통제는 거의 불가능했다. 더욱이 그 항구가 갈레온선 무역의 이익을 도모하여 사실상 폐쇄됨에 따라서, 에스파냐가 금한 방식으로 상품을 획득하고 싶은 유혹은 떨쳐버리기 어려웠다." Harring(1947, 329).
157) Deschamps(1973, 44-45). Haring(1964, 249)은 이런 승인은 "진짜"일지도 모르지만 "눈가림"일 수도 있음을 일깨워준다.
158) Floyd(1967, 26-28) 참조. Farnie(1962, 209)도 참조 : "설탕은 목축을 부차적인 역할로 떨어뜨리고 카리브 해 역사에서 '버커니어 행위(buccaneering)'의 국면을 종식시켰다."
159) MacLeod(1973, 367-368).
160) Davis(1973b, 169). 사실상 두 가지 형태의 약탈이 있었다. 하나는 보물선의 약탈이었고, 다른 하나는 카리브 해와 멕시코 만에 있는 에스파냐 도시들에 대한 약탈이었다. 실제로는 보물선의 약탈에 버커니어들이 참여한 적은 결코 없었고, 해군 함대만이 보물선을 약

보장해주었기 때문이다. 일단 버커니어들의 근거지가 폐쇄되자, "에스파냐인 농장주들이 그 섬들과 연안지역을 따라서 다시 번영할 수 있었다."[161] 또한 영국인들과 프랑스인들은 이른바 아시엔토(asiento : 에스파냐 국왕과 개인 사이에 계약하는 것을 모두 아시엔토라고 하는데 가장 유명한 것으로는 에스파냐령 아메리카에 흑인 노예를 공급하는 아시엔토 데 네그로스[asiento de negros]가 있음/옮긴이)라는 "합법적인" 노예 무역을 위해서 에스파냐인들과 직접 협상할 수도 있었다.[162] 에스파냐령 아메리카의 밀무역은 전체 정황의 사소한 부분에 지나지 않았다. 더 큰 부분은 설탕이었는데, 그것은 이미 오랫동안 주변부 나라들의 기본 생산물 가운데 하나였다. 설탕 생산은 지속적인 지력 고갈 과정 때문에 끊임없이 서쪽으로 이동했고,[163] 16세기 말에는 브

탈했으며, 그것도 세 차례 —— 1628년에 네덜란드인들에 의해서, 1656년과 1657년에 영국인들에 의해서 —— 에 불과하다. Haring(1964, 235-247) 참조. 그러나 에스파냐의 식민지 도시들에 대한 약탈은 버커니어의 장기였다. 1655년에서 1671년에 걸쳐, 18개의 도시가 황폐화되었다. 그리고 바로 이런 형태의 약탈이 대서양 무역의 양상을 변화시키는 데에 결정적인 역할을 했다. "스페인-아메리카 간 무역의 원천을 고갈시킨 것은 은을 실은 선박의 파괴가 아니라 무허가 불법 상인의 무역과 더불어 바로 그러한 약탈이었다." Haring(1964, 250). 결국에는 Glamann(1977, 191)이 말한 바와 같이, "해적 경제는……성장 면에서 특별히 생산적인 것은 [아니었다].……전함은 검은 기를 달든 그렇지 않든 간에 곡물을 가득 실은 화물선이나 석탄과 벽돌, 포도주 통이나 소금, 그리고 말린 생선을 선창에 실은 다른 연안선에 비해서 무역과 번영의 도구로서는 성과가 없었다."
161) Davis(1973b, 169). Dunn(1972, 22)도 참조. 그는 이렇게 말한다. 17세기 말에 영국인들과 프랑스인들 그리고 네덜란드인들은 "'아메리카의 환자'라는 에스파냐가 이리저리 널려 있는 개발되지 않은 카리브 제국의 나머지를 유지시키는 데에 암묵적으로 동의했다. 실제로, 영국과 프랑스 양쪽의 당국은 에스파냐 식민자들을 약탈하기보다 이들과 거래하면서 더 많은 이익을 보았고, 1680년 이래로 이 당국들은 버커니어를 진압하는 데에 온 힘을 쏟았다." 사실상 1678년의 네이메헨 조약 이후 네덜란드인들은 더 이상 "카리브 해 지역에서 고려의 대상이 될 만한 주된 요소"가 아니었다. Goslinga(1971, 482). Dunn(1972, 162)에 의하면 적어도 영국의 경우 이러한 정책 변화에 한 가지 요소가 더 작용했다. 그는 명예혁명이 설탕 농장주들에게 결정적인 전환점이자 승리가 되었고, 이후 이들은 "국왕과 우호적인 관계를 유지하여," 왕정복고하에서 그랬던 것처럼 국왕이 더 이상 그들의 이익을 집어삼키지는 않았다고 한다.
162) 정책 변화에 대한 논의는 Nettels(1931b, 17-19) 참조.
163) Wallerstein(1974, 88, 특히 주70) 참조.

라질에 (또한 그 정도에는 못 미치나 멕시코에도) 도달했다. 설탕 생산은 17세기에는 카리브 해의 섬들로 이동하게 되었다. 밀과 소 그리고 은과 달리, 설탕은 1600년경 세계경제에서 공급 과잉에 빠지지는 않았는데, 이 공급 과잉은 주변부에서 핵심부 지역으로 향하는 수출을 근본적으로 위축시켰다. 설탕은 발트 해의 지속적인 "성장" 품목인 목재와 유사했다. 그것이 당면한 변함없는 문제는 생태학적 소모와 미개발지를 찾아 개발할 필요성이었다. 하지만 그 결과 이윤은 높았다.[164]

설탕의 경우, 핵심부 나라들에서 새로운 음식 기호가 생겼기 때문에 17세기가 경과함에 따라서 그 절대적 수요가 커졌다. 중세에는 단것에 대한 유럽의 욕구는 주로 둘 다 천연적으로 단맛이 나는 벌꿀과 발효 전의 포도 과즙으로 충족되었다. 이제, 새로운 음료가 발견되었고 새로운 디저트가 발명되었는데, 그 맛을 좋게 하기 위해서는 설탕이 들어가야 했다.[165] 설탕 생산은 1580년경에 대서양의 섬들에서 브라질로 먼 거리를 이동했다.[166] 에스파냐령 아메리카에 장기적인 경기 하강의 징후가 나타나기 시작함에 따라서 브라질에서 상승 경향이 있었던 것 같다. 쇼뉘의 설명에 의하면, 이런 "늦은 전환점"이 브라질에서는 1580년이라기보다는 오히려 1630년경부터 1650년경에 걸쳐 일어

---

164) Chevalier(1970, 74)는 멕시코에 대해서 다음과 같이 말한다 : "영토 소유자들은 기후만 허락하면 어디에나 밀밭을 사탕수수밭으로 바꾸는 데에 열을 올렸다.……밀은 주된 산물로 여겨졌지만 [정부의] 최고가격 통제에 걸려 있었고 당국의 징발 대상이었기 때문에 생산자들이 별로 이익을 보지 못하는 경우가 흔했다. 한편, 설탕은 공개시장에서 팔리는 사치품이어서 수요의 증가에 따라 높은 값에 팔렸다."

그러면 왜 멕시코는 설탕의 주요 생산지가 되지 못했을까? Berthe(1966, 103)는 이를 정치적으로 유지된 노동비용의 차이로 설명한다. "밀을 생산하는 아시엔다의 이익이 우선시되었기 때문에 오랫동안 레파르티미엔토 제도를 쓸 수 없게 된 [제당공장은] 심지어 인디오 임금노동자들조차 독점적으로 이용할 수 없어서 허약하고 값비쌌지만 노예노동력을 대부분 이용할 수밖에 없었다." 다른 한편, Batie(1976, 13)는 담배나 면화에 비해서 설탕 생산의 어려움을 강조한다. 여기에는 "거액의 자본, 거대한 노동력, 제당 과정에 대한 복잡한 지식"이 필요했다.

165) "단 음료를 마시고 단맛이 나는 푸딩과 파이를 먹는 습관은 17세기에 보다 일반화되었다." Forbes(1957, 7). 또한 Davis(1973b, 168) 및 Pares(1960, 23)도 참조.

166) Boxer(1952, 388)는 1580년에서 1680년에 이르는 시기를 브라질의 "설탕의 세기"라고 부른다.

났는데, 그 까닭은 1570년에서 1620년까지의 시기에 브라질은 에스파냐령 아메리카와 달리 "성장하기 쉬운 청년기의 이점이 있었기" 때문이다.[167] 이는 작위적인 설명으로 보인다. 이런 팽창을 앞서 살펴본 상당히 빠른 비율의 생태학적 소모와 세계적 수요 간의 관계로 설명하고, 세계경제의 생산물로서 설탕이 밀과 은보다 장기적인 경기변동의 영향을 덜 받았다고 결론짓는 것이 쉽지 않을까? 쇼뉘가 보는 1630년에서 1650년에 걸친 경기 하강은 정확하게는 다시 생산성 하락을 유발시킨 요인일 것이다.[168]

어쨌든 바로 네덜란드의 기업가들은 브라질로부터 오는 네덜란드의 수출품이 최고조에 달한 바로 그 시점에, 그리고 브라질로부터 네덜란드인들의 추방으로 이어지게 된 1645년 페르남부쿠 반란 이전에 설탕을 바베이도스 섬에 도입했다. 무엇 때문인가? 던은 이에 대해서 두 가지 이유를 제시한다. 첫째, 어쩌면 설탕에 대한 유럽인들의 욕구가 "너무나 강해서 바베이도스가 브라질에 덧붙여짐으로써 생기는 공급의 팽창을 감당할 수 있을 정도였다." 둘째, "영국의 대외무역이 내전으로 혼란에 빠진" 순간에 네덜란드인들은 중개인의 업무에서 이윤을 볼 수 있었다.[169] 그럴지도 모른다. 하지만 아마도 네덜란드

---

167) Chaunu(1961, 1193-1194). Mauro(1960, 233)는 17세기의 콩종크튀르에서 브라질 설탕 생산의 "특수 사례"를, 약재로 사용하던 설탕이 식료품으로 사용되어 수요가 급증했기 때문으로 풀이한다.
168) de Castro(1976) 참조. Pares(1960, 41)는 시간상으로 더 뒤인 18세기 영국령 서인도 제도의 설탕 생산에 대해서 다음과 같이 말한다 : "사탕수수의 이식이 지력의 고갈로 영향을 받았음을 분명히 알 수 있다. 10년마다 동일 면적에서 같은 양의 설탕을 산출하는 데에 더 많은 노예가 필요했다. 경작이 촉진되거나 생산량이 늘어난 경우에도, 그것은 노동력이 과중하게 더 들어서 이루어졌을 뿐이었다." Masefield(1967, 291)는 설탕 산업에서 보이는 "자산의 시소게임"은 지력의 고갈이 되풀이되기 때문이라고 한다. Batie(1976, 15)는 브라질의 경우 네덜란드인들과의 전쟁(1630-41)이 사탕수수 생산지를 "크게 파괴한" 또 하나의 요인이라고 주장한다.
169) Dunn(1972, 65-66). Sheridan(1969, 11)은 1636년에 영국인 담배 재배업자들이 과잉생산의 위기를 맞아 대체작물을 구하게 되었다고 주장한다. 그래서 1637년에 네덜란드인들이 사탕수수──그리고 기술, 자본, 흑인 노예──를 가지고 나타났다. 다른 한편, Furtado(1963, 25)는 다음과 같이 주장한다 : "카리브 해 경제에 영향을 미친 변화는 17세기 전반이 끝날 때쯤 일어난 외적인 사건──북부 브라질에서 네덜란드 침략자들을 최종적으로 추방한 것──을 제외하고는 훨씬 더 느리게 일어났을지도 모른다."

인들도 사탕수수 플랜테이션의 쇠진 가능성을 알고 있었을 것이다.[170] 네덜란드인들이 최적의 조건을 찾고 있었다는 사실은 다른 섬이 아닌 바베이도스를 선택했다는 데서도 분명해진다. 일반적으로 말해서, 바베이도스는 다른 카리브 해 섬들보다 더 좋은 기후와 토양을 갖췄고 약탈로부터의 안전이라는 점에서 더 나은 물리적인 입지조건을 갖췄다.[171] 실제로 그러한 고려사항들은 초기의 모든 사탕수수 재배지에 적용될 수 있을 것이다(바베이도스는 단지 그 가운데 으뜸가는 섬에 불과했다). 셰리든은 다음과 같이 지적했다 : [172]

플랜테이션이 들어서는 데에 처음에는 작은 섬이 큰 섬에 비해서 유리했다. 운송과 방어의 견지에서 볼 때, 북유럽과 거리상으로 더 가깝고, 바람 불어오는 쪽의 섬이 바람 불어가는 쪽의 섬에 비해서 방어하기가 한결 쉬웠으며, 토지에 비해서 해안선의 비율이 높은 것이 대다수 플랜테이션들로 하여금 선박에 직접 접근할 수 있도록 했다.

---

170) Edel(1969, 42)은 그 변화가 신선하고 질이 좋은 토양 덕분에 바베이도스가 브라질보다 비용이 싸게 먹혔다는 사실 때문이라고 여긴다. 따라서 "네덜란드 자본가들로서는 페르남부쿠(Pernambucco : 브라질 동부에 위치한 지방/옮긴이)에 기득권을 가지고 있었음에도 불구하고 심지어 북동부 브라질에서의 네덜란드인의 지배권이 불안정했다는 것과는 별도로 바베이도스를 새로운 투자처로 생각한 것은 합당했다." Batie(1976, 21)는 콩종크튀르의 변화라는 하나의 요인을 덧붙인다. 즉 1645년의 페르남부쿠 반란이 일어난 후 네덜란드의 서인도 회사는 반란이 곧 끝나리라고 보고 아프리카의 황금해안의 대리인들에게 노예를 계속 보내도록 명령했다. 이들 노예는 도착하자 소(小)안틸레스로 옮겨져 "관대한 신용조건"으로 팔아치워졌다. "그 섬들 가운데 바베이도스가 레시페(Recife : 브라질 동부에 있는 항구도시/옮긴이)와 가장 가까웠다."
171) 기후와 토양에 대해서는 Dunn(1972, 26-30) 참조. 안전성에 대해서는 Pares(1960, 10) 참조 : "바베이도스가 보기 드물게 평온한 이력(이 식민지는 건설된 이래 단 하루도 국기가 바뀐 적이 없었다)을 가진 것은 주요 군도에서 동쪽으로 수마일 떨어져 있는 탓에 에스파냐인들뿐만 아니라 카리브인들의 항로로부터 벗어나 있었기 때문이었다." Batie(1976, 15)는 설탕 생산에는 거액의 자본이 투자되었기 때문에 안전성이 중요했다고 한다. "침략의 위협은 특히 부유한 투자자들의 우려를 자아냈는데, 이들은 단시간의 해상 습격에도 노예와 시설상의 자산을 잃을 수 있는 입장에 있었다."
172) Sheridan(1969, 19). 브라질이 지닌 불리한 점 가운데 하나는 내륙지역이 도망 노예의 공동체들이 살아남을 수 있는 터전을 제공했다는 것이다. 특히 바이아 지방의 카이루(Cairú)와 카마무(Camamú)의 경우가 그러했다. Schwarz(1970) 참조.

또한 셰리든은 풍차를 돌리는 데 필요한 바람이 더 많이 불었고, 기후도 그다지 가혹하지 않았으며, 노예의 반란과 도망의 가능성도 더 적었다고 덧붙인다.

아주 대규모적인 섬인 자메이카가 설탕을 생산하기에 이르자, 적어도 영국은 설탕 생산을 위한 영토상의 팽창을 그만두었다. 왜냐하면 자메이카는 꽤 큰 경작 면적을 제공했고 영국의 설탕 생산업자들은 "사탕수수 재배 면적이 더 확대되면 공급 과잉이 초래되어 가격이 떨어질" 것을 우려했기 때문이다.[173] 이런 의미에서 더 이상 팽창하지 않았다는 것은 새로 획득된 중상주의적 힘의 표현이었다. 프랑스가 생-도맹그를 획득하고 나서 보인 입장도 마찬가지였다.[174] 영국과 프랑스 지배하의 설탕 생산지는 다음 세기 동안에도 매우 충분했기 때문에 에스파냐를 희생으로 삼는 팽창은 더 이상 불필요했다. 하지만 서로의 자산에 대한 파괴는 여전히 카리브 해역에서 벌어진 세 차례의 영불전쟁 기간(1666-67년, 1689-97년, 1702-13년)에 영국과 프랑스의 주된 목적이었다. 1713년 이후 서로간의 파괴가 사라져버렸다면, 이는 당시까지 세계적인 설탕 수요가 확대되어 붐을 맞고 있던 두 나라의 설탕 공업을 충분히 수용할 수 있었기 때문이다. "결국 설탕 농장주들은 엘 도라도를 발견한 것이었다."[175]

어떤 의미에서 담배는 늘상 설탕의 열등한 친척뻘이었다. 즉 설탕보다 먼저 시작되지만 일찍 시들해진 작물이었다. 담배는 처음 경작하는 사람들이 심는 작물이기 때문에 설탕보다 일찍 시작되었다. 담배는 1년 내에 잎이 자랐고 특별한 장비가 거의 필요하지 않았다. 하지만 적어도 우리가 논의하고 있

---

173) Dunn(1972, 21). Davies(1952b, 89)도 참조 : "1655년 자메이카 점령 이후의 반세기에 서인도 제도에서 영국의 세력은 팽창하기보다는 공고화되는 특징이 있었다."
174) Dunn(1972, 21) 참조.
175) Dunn(1972, 23). 전쟁에 의한 상호 파괴가 설탕 공업의 성장률을 억제하지는 못했지만 (이는 수요가 꾸준히 증가하고 있었다는 증거이다), 그것은 생산의 사회적 조직에는 영향을 미쳤다. "영국령 섬들에서 [1689년에서 1713년에 걸친] [장기간의] 전쟁은 의심할 나위 없이 농민에게 타격을 입혔지만 대규모 농장주에게는 이익을 안겨다주었다." Dunn(1972, 147). 1670년에서 1754년에 걸친 자메이카의 토지 집중의 증가에 대해서는 Sheridan(1965, 299, 표 3)도 참조.

는 시기에 그것은 몇 가지 큰 약점을 안고 있었다. 담배는 설탕보다 훨씬 더 "토양을 망쳐놓았다."[176] 그것은 대략 25년마다 장소를 옮겨 심어야 했고 따라서 그것을 대규모 섬들이나 버지니아와 메릴랜드와 같은 배후지가 확대되는 지역에 재배하는 것만이 실로 바람직했다.[177] 게다가 담배는 설탕보다 세계시장의 규모가 더 작았고 이윤폭도 더 적었다. 그것은 "설탕과 같이……10년 만에 한밑천 잡을 정도로 대단한 농업은 아니었다."[178] 담배는 설탕과 마찬가지로 치료효과가 있다고 여겨졌다. 하지만 설탕은 17세기 초의 어느 시점에 약제가 아니라 기본 산물이 되었고, 담배는 한 세기 이후, 아마도 두 세기 이후까지도 그렇게 되지 않았던 것으로 보인다. 그 까닭은 완전히 밝혀지지는 않았으나 두 가지 사실만은 분명하다. 즉 설탕에는 영양가가 있는 반면 담배는 그렇지 않다는 점과 설탕 소비의 확대는 커피와 차 그리고 코코아의 소비 확대를 뒷받침했다는 점이다.[179]

---

176) Pares(1960, 20).
177) Pares(1960, 41)는 기묘하게도 이런 단점을 장점이라고 말한다 : "[설탕 및 담배] 농장주들은 [모두] 지력의 고갈을 경험했다. 담배 식민지가 가장 적은 피해를 입었다. 왜냐하면 지력이 쇠진된 플랜테이션의 소유자들이 처녀지―― 기껏해야 200마일 떨어진――를 쉽게 손에 넣고 노예를 그곳으로 옮길 수 있었기 때문이다.……설탕 농장주는 자구책을 마련하기가 더 어려웠다. 그 섬들 가운데 상당수는 규모가 작았기 때문이다." 하지만 이것은 주객이 전도된 것이다. 왜 설탕은 처음에는 작은 섬에서 담배를 대체함으로써 담배를 큰 섬과 체서피크 계곡으로 물러나게 한 것일까? 작은 섬에서 이루어진 담배에서 설탕으로의 전환은 1660년대까지 결정적이었다. Pares(1960, 22) 및 또한 Farnie(1962, 210)도 참조. 이것은 1645년에서 1680년까지 설탕 가격의 폭락에도 불구하고 이루어졌다. Pares(1960, 40) 참조. 그가 다음과 같이 주장하듯이, 맨 처음 재배된 작물이라는 이 점에는 토양 고갈과 관련해서 한 가지 부작용이 있었다 : "설탕 플랜테이션은 담배와 같이 쉽게 이전되지 않았다. 장비가 무거웠고, 이미 작물을 심은 토지에 많은 자본이 투자되었기 때문이다. 이러한 이유로 설탕 농장주는 흔히 제자리에 가만히 있어야 했다."
178) Land(1965, 647).
179) 어떻게 해서 담배가 이 시기에 주로 신체의 치료제로 여겨지게 되었는지에 대해서는 Ortiz(1947, 242-245) 참조. 설탕에 대한 기호가 커진 데 대해서 Nef(1968, 77)는 이렇게 설명하고 있다 : "16세기와 17세기 초에 유럽인들은 이전의 문명화된 민족들 사이에는 존재하지 않았던 설탕에 대한 기호를 발전시켰다. 이는 부분적으로는 북유럽에서 경제적인 문명이 성장했다는 것으로 설명된다. 북유럽의 과일과 야채는 지중해 토양에서 자라는 것보다 수분이 적었다. 이것을 먹기 좋도록 하기 위해서 단것을 넣을 필요가 있었다."

게다가 담배는 설탕과는 달리 열대기후가 아닌 곳에서 재배될 수 있었기 때문에 유럽 각지에서 경작될 가능성이 있었다. 반면에 사탕수수 재배는 단지 지중해의 섬들에서만 가능했는데, 사탕수수는 이미 그곳을 통과해버렸다. 그리하여 담배로 인해서 토양이 급속히 고갈되었음에도 불구하고, 설탕 생산보다 담배 생산에서 세계적으로 공급이 수요를 초과하는 경우가 빈번했다. 유럽의 대다수 정부가 펼친 정책으로 담배 생산 상황은 더욱 복잡해졌다. 이들 정부는 이 사치품을 과세하기 쉬운, 곧 사실상 국가독점권을 통해서 농장에 과세할 수 있는 품목으로 삼았다. 이런 사실이 어디에나 똑같이 적용되지 않았음은 분명하다. 세계 담배 시장을 주도했던 위치에 걸맞게 연합주는 담배에 대하여 과세하지 않았다.[180] 그리고 연합주에서 담배 생산은 내륙에서 특히 몇해에 걸쳐 곡물 흉년이 계속되는 동안에 번창했다.[181] 대다수 국가는 담배를 규제하고 담배세를 부과할 뿐만 아니라 국내생산을 금지하고자 했다. 특히 영국과 프랑스가 이 정책을 취했는데, 그것의 가장 일리 있는 동기는 재정의 관리였다. "글로스터셔나 가스코뉴에서 재배된 작물에 소비세를 거두어들이기보다 런던이나 라 로셸로 수입되는 담배에 관세를 징수하는 편이 더 쉬웠다."[182]

처음에는, 국가의 과세가 아메리카의 담배 산업에 타격을 가했다. 이로 인한 주된 결과는 "가격 상승과 시장 규제"였다.[183] 왜냐하면 특히 관세의 부과

---

180) 유럽에서 담배 수입에 세금을 부과하지 않은 그밖의 주요 지역은 에스파냐령 네덜란드 뿐이었다. Gray & Wyckoff(1940, 4) 참조.
181) Roessingh(1976b, 500) 참조 : "장기적으로 담배 재배의 성장은 1650년경부터 1750년경에 걸친 오랜 농업상의 후퇴와 더불어 나타난 현상으로 풀이할 수 있다. 내륙에서 담배와 곡물의 가격비는 담배에 유리한 쪽으로 변화하여 재배업자는 담배 재배지를 늘려서 이러한 경제적 변화에 대처했다."
182) Pares(1960, 26). 하지만 유럽의 담배 생산을 완전히 없애기란 그리 쉬운 일이 아니었다. Beer(1912, 145)에 의하면, "영국에서 담배 생산 금지령이 처음 나온 것은 1620년의 일이었다.······이 산업을 뿌리 뽑는 데에는 많든 적든 줄기찬 노력을 기울이고 강력한 조치를 취하면서도 70년의 세월이 걸렸다." 영국에서 담배를 재배하는 데에는 아무런 생태학적 장애가 없었다. Thirsk(1974, 89)는 영국의 농업여건이 "꼭 알맞다"고 하면서 재배시기가 주요 식량작물의 재배와 상충되지 않는다고 지적한다.
183) Gray & Wyckoff(1940, 4). 그러나 Breen(1973, 13)은 "······버지니아의 변화는 1684년 이후 담배 가격이 상승했기" 때문이라고 생각한다.

로 인해서 다시 유럽 내부에서 생산이 촉진되었고, 그 결과 서반구의 생산에
"늘 따라다니는 경제적 문제" 곧 "노동 및 운송 비용의 문제"가 악화되었기
때문이었다.[184] 그러나 18세기 초까지 여러 가지 요소들이 특별히 어우러져
전체상을 뒤바꾸어놓았다. 첫째로, 유럽 내에서 담배 생산을 억제하는 국가정
책이 비교적 성공을 거두게 되었다. 둘째로, 서반구의 생산자들 가운데 체서
피크 계곡의 영국 식민지들이 질좋은 담배를 값싸게 생산하게 되었다. 셋째
로, 영국이 (담배를 포함한) 여러 열대작물의 재수출을 자신들의 주된 경제활
동 가운데 하나로 발전시켰다. 그리하여 영국인들은 담배를 재정수입의 원천
으로 보기보다는 주로 상업수입의 원천으로 보게 되었다.[185] 같은 시기에 프
랑스는 영국과는 정반대의 정책을 취하여 담배세를 "국가의 주된 수입원"으
로 삼았다.[186] 1720년 이후 정부의 장려 아래 프랑스는 영국에서 재수출된 버
지니아산과 메릴랜드산 담배의, 단일 국가로는 최대 구매자가 되었다. 당시
프랑스는 전체 생산량의 4분의 1을 일거에 사들였는데, 이는 붐의 주요 원인
이었고 생산 및 판매의 집중을 강화한 원인이 되었다.[187]

17세기가 막 끝나갈 무렵, 아마도 1693년에서 1695년 사이 브라질에서 금
이 "발견되었다."[188] 이때부터 금 수출 붐이 일기 시작했고, 공식적인 추계에
따르면 금 수출량은 1699년에 725킬로그램에서 최고점에 달한 1712년에는
1만4,500킬로그램으로 증가했다. 그러나 박서는 이는 단지 실제 수출량의 10
분의 1에서 3분의 1에 불과하며 나머지는 밀수되었다고 추정한다.[189] 왜 하필
브라질의 금이 그때에 "발견되었는가?" 빌라르는 브라질의 "금 주기"가 시

---

184) K. G. Davies(1974, 144).
185) 1723년에 월폴은 면세조치를 취해서 (그리하여 네덜란드산 및 독일산 담배의 가격상의
우위를 없애고) 담배의 재수출을 촉진했다. J. M. Price(1964, 504-505) 참조.
186) J. M. Price(1964, 504). "1700년에 영국 국왕은 담배에서 프랑스 국왕보다 두 배나 많
은 수입을 올렸지만, 1760년대까지는 프랑스 국왕이 담배잎으로 영국 국왕보다 약 네 배
나 많은 수입을 올리고 있었다."
187) J. M. Price(1964, 506)는 이것을 "구매독점적인 프랑스인 구매자의 압력"과 직접적으
로 연관시킨다.
188) Boxer(1969b, 35).
189) Boxer(1969b, 59).

작된 시점과 1689년에서 1713년까지 벌어진 전쟁으로 영국에서 통화 인플레이션이 일어난 시점이 일치한다고 지적한다. 그는 영국의 상업 팽창과 인플레이션의 원인이 금의 발견 때문이라기보다는 오히려 그 반대였다고 주장하는데, 이는 정곡을 찌르고 있다. 즉 팽창이 "새로운 광산의 개발을 요구하거나 장려함으로써 '금 주기'가 시작된다."[190] 밀무역은 거의 공공연하게 이루어졌고 오히려 사실상 포르투갈 경제를 전혀 통하지 않고 브라질의 금을 영국으로 옮기기 위해서 체계적으로 조직되었다는 사실이 바로 이러한 견해를 뒷받침한다.

> 전시든 평화시든 한결같이 브라질의 금은 해군 함선이나 매주 팰머스(Falmouth : 잉글랜드 서남부의 항구도시/옮긴이) 및 리스본을 오가는 정기화물선 편으로 영국에 유입되었다. 함선이나 화물선 모두 포르투갈의 세관이나 기타 모든 관리들의 수색을 받지 않아도 되었다. 영국인 상인이나 외국 상인 할 것 없이 리스본에 있는 상인들이 이러한 방법으로 영국에 금을 보내고 싶어한 것은 당연했다. 왜냐하면 중세 이래 포르투갈은 정화와 금은의 수출을 엄격히 금지했기 때문이다.[191]

앞에서 제시한 여러 정황들은 1600년에서 1750년까지의 장기적인 수축으로 단순히 주변부의 여러 지역들이 편입된 것은 아니었다는 점을 보여준다. 실상은 이전에 주변부의 일부 활동(특히 곡물 생산과 목축업)이 주변부에서 핵심부로 재배치되고(그 결과 동유럽과 에스파냐령 아메리카는 지역시장으로 전환하지 않을 수 없었다) 일부 직접적으로 식민지배를 받고 핵심부 국가에서 생산될 수 없는 상품들만 생산하는 새로운 주변부 지역이 탄생했다는 점이다. 이러한 새로운 주변부는 북동부 브라질에서 메릴랜드까지 뻗어 있는 광의의 카리브 해 지역이었으며, 그 지역의 세 가지 주요 생산물은 설탕과 담배

---

190) Vilar(1974, 279). 여기에는 필시 또다른 일면이 있다. Boxer(1969b, 26)는 이렇게 지적한다 : "17세기 마지막 사반세기에 설탕 가격이 하락하자, 많은 리스본 상인들은 [노예의 대가로] 현물[설탕이나 담배]보다는 현금으로 대금결제를 요구했으며, 그 결과 정화 수출이 생겨서 브라질에서는 심각한 금융위기가 발생했다." 이는 영국인들은 물론 브라질인들이 금의 "발견"에 나서도록 하는 동인이 되었다.

191) Boxer(1969a, 460).

그리고 금이었다. 핵심부 3국인 연합주와 영국 그리고 프랑스는 경제적 이익들을 나누어가졌다. 네덜란드는 1650년까지 몫을 더 많이 차지했으며 영국은 그후, 특히 1690년경 이후에 더 많은 몫을 차지했다.

이제 이 새로운 주변부의 계급 형성 과정, 특히 부르주아지와 프롤레타리아트가 취한 양상을 살펴보자. 주변부 지역에 위치한 부르주아지는 주로 "상인이자 농장주"라는 고전적인 이중적 모습이었다. 17세기에 동유럽 및 최남단 남유럽(시칠리아 및 이탈리아, 에스파냐, 그리고 포르투갈의 남부)의 "옛" 주변부에서는 편입과정이 진전되어 제조업이 일정한 역할을 되찾았으며 지역시장을 겨냥했다. 따라서 한 집단의 수중에 집중된 총자본의 비율이나 그들의 활동으로 획득한 이윤율 혹은 (지역적이고도 세계적인) 그들의 정치적 영향력을 잣대로 사용한다면, 상인계급의 중요성은 생산적인 기업가들, 즉 농장주들의 중요성에 비해서 감소했음이 분명하다. 원거리 무역이 상당 부분 사라짐으로써 상인집단들은 토지를 소유한 환금작물 생산자들과의 교섭력에서 틀림없이 심각한 타격을 입었을 것이다. (지주에 대한 농민의) **국지적인 채무노동제도**가 확산됨에 따라서, (상인에 대한 농장주의) **국제적인 채무노동제도**는 쇠퇴했음에 틀림없다.[192]

하지만 "새로운" 주변부인 광의의 카리브 해 지역은 어떠했는가? 그야말로 "상인 자본주의"가 맹위를 떨친 곳이 아니었는가? 17-18세기에 영국령 서인도 제도와 영국 사이의 자본 투자와 흐름을 세밀하게 분석한 리처드 페어스의 결론에서 출발하여 실상에 대해서 주의깊게 살펴볼 필요가 있다:

그리하여 말하자면 그 자신을 예속적인 위치에 떨어뜨리기 위해서 대가를 치르고 있던 쪽은 바로 농장주들이었다. 플랜테이션의 이윤은 플랜테이션 자체에 걸려 있는 부채를 갚는 데에 충당되었다. 이런 의미에서 애덤 스미스는 틀렸다. 영국령 서인도 제도의 부는 전적으로 모국에서 나온 것은 아니었기 때문이다. 초기의 얼마간의 대부는 단지 펌프에 물을 끌어올리기 위한 마중물일 뿐이었고, 그후 서인도 제도의 부는 서인도 제도 자체의 이윤에서 창출되었다. 그리하여 영국의 납세자로부터 어느

---

[192] 16세기에 시행된 국제적인 채무노동제도에 관한 논의에 대해서는 Wallerstein(1974, 121-122) 참조.

정도 도움을 받아서, 그 부의 상당 부분은 영국 본국에 영원한 근거지를 마련했다.[193]

이러한 체제는 어떻게 작동했는가? 여기서 논의되고 있는 것은 카리브 해 지역의 노동 착취가 영국의 자본 축적에 얼마나 많이 기여했는가가 아니라는 점을 분명히 해두자. 문제는 부르주아 계층 사이의 내부 갈등이 그들간에 잉여가치가 배분되고 궁극적으로 그것이 주변부에서 핵심부로 흘러들어가는 방식에 어떤 영향을 미쳤는가 하는 것이다.

설탕의 "이해"는 17세기 말부터 18세기를 거쳐 영국으로 이동했다. 하지만 던은 한걸음 더 나아갔다. 던은 비록 카리브 해의 설탕 농장주가 "대규모 기업가"이자 "농장주와 제조업자를 겸한" 자였다고 할지라도,[194] 17세기 말까지 "부재농장주제도가 중요한 문제로 떠오르고 있었다"고 지적한다.[195] 처음에는 농장주들이 자신들이 이주한 지역에서 소규모 보유지와 제한된 자본을 가지고 시작하는 것이 일반적인 유형이었다. 그들은 런던 및 디에프와 같은 유럽 항구도시의 상인들로부터 필요한 투자자본을 조달했다. 상인은 담보가 설정되어 있지 않은 이 대부금을 회수하지 않고 소규모 농장주와 동업관계(프랑스어로 마틀로타주[matelotage])를 시작했다. 농장주는 자신과 여러 인덴처드 서번트를 위해서 필요한 운임비와 장비 및 최초의 식량 구입 비용을 받았다. 그리하여 상인은 자본을 투하하고 그 대가로 현물을 받았다. 이 체제는 "농장주"가 "대리인"이 되는 직접소유권 체제와는 달리 상인에게 크게 유리했는데, 상인은 "동업관계를 통해서 사업이 잘될 때 농장주에게 정당한 이익을 안겨줌으로써 어떠한 식민지 사업에서도 가장 큰 위험이었던 대리인의 불성실을 어느 정도 막을 수 있었다."[196]

하지만 일단 플랜테이션들이 특정한 섬에서 시작되자, 세계적인 첨예한 경

---

193) Pares(1960, 50).
194) Dunn(1972, 194). 제조과정에는 사탕수수에서 원액을 추출하는 공장, 원액을 증발시켜 설탕 결정을 만드는 찜통, 설탕을 말려서 당밀을 추출하는 건조실, 당밀로 럼주를 만드는 증류주 제조실, 그리고 통에 담긴 설탕을 보관하는 저장고가 포함된다(pp. 189-190 참조).
195) Dunn(1972, 200).
196) Pares(1960, 5).

쟁에 직면하여 대규모 생산자들의 탄력성이 더욱 커짐으로써 집중화의 과정이 진행되었다. 플랜테이션의 규모가 커짐에 따라서, 농장주도 자신의 동업자인 상인에 비하여 더욱 중요해졌다. 이는 항해조례를 둘러싼 갈등에서 알 수 있다. 중상주의적 입법은 제조업자들과 재수출상인들을 보호한다. 이는 주변부의 1차 산업 생산자들에게는 거의 도움이 되지 않았다. 영국령 카리브 해 지역의 설탕 생산량이 다른 지역에 비해서 많았고 영국의 국내 소비량이 비교적 적었던 17세기 중반에 영국령 서인도 제도의 소규모 농장주들은 영국 상인을 통하지 않고 북아메리카, 네덜란드령과 프랑스령의 서인도 제도 그리고 심지어 아일랜드와 스코틀랜드의 상인들을 통해서 대륙에 판매하려고 안간힘을 썼다. 18세기까지 그러한 양상은 반전되었다. 설탕 생산이 다른 지역에서 늘어나고, 영국 국내시장의 가격은 보호주의 정책으로 상승했으며 영국의 수요는 생활수준의 향상과 인구의 증가로 인해서 증가했다. 당시 영국령이 아닌 지역의 농장주들이 영국령 서인도 제도의 상인들을 통해서 자신들의 상품을 팔고자 했다. 이는 영국인 농장주들의 처지를 약화시키고 런던 상인들의 입장을 강화시켰다.[197]

따라서 우리는 세 가지 국면들을 구분해야 한다. 첫번째 국면에서 카리브 해 지역의 농장주들은 비교적 규모가 큰 상인들에 비해서 규모가 작고 힘이 없었다. 집중화의 결과, 농장주들은 점점 강력해지고 거대해졌으며 카리브 해 섬들에서 지역의 정치권력을 장악했다.[198] 더더욱 중요한 것은 위탁제도가 발달하고, 농장주가 상인의 "대리인"이 되는 것이 아니라 이제 상인이 농장주의 "대리인"이 되었다는 점이다. 위탁제도는 (영국의 대규모 대리인과는 달리) 섬에 기반을 둔 소규모 상인들을 제거하는 쪽으로 작동했다.[199] 여기에는

---

197) Sheridan(1957, 63-66) 참조.
198) "18세기 초까지 부유한 농장주들은 이 섬의 입법부에서 다수 의석을 차지했다." Sheridan (1957, 67).
199) "하나의 계급으로서 현지 상인들은 에스파냐 제국과 밀접한 관계에 있던 자메이카의 킹스턴과 대규모 노예사업을 하던 바베이도스의 브리지타운, 그리고 위탁대리인이 다른 섬의 무역을 희생시켜 부를 축적한 마르티니크(Martinique : 서인도 제도의 동부, 소안틸레스 제도에 있는 섬/옮긴이)에서는 살아남았지만 서인도 제도의 대부분 지역에서 쇠퇴하

섬들간의 밀무역을 줄이는 부수적인 이점도 있었다. 1707년까지 서인도 제도의 이해관계자들은 스코틀랜드에서, 그리고 1732년의 악명 높은 당밀법에 의해서 아일랜드 및 영국령 북아메리카에서 "강제적인" 시장을 능히 만들어낼 정도로 강력했다.[200] 카리브 해 지역의 농장주들과 영국 상인을 직접 연결시킴으로써 위탁제도는 **주변부의** 중간상인을 배제했다. 그것은 가장 중요한 설탕 시장을 카리브 해에서 유럽으로 이동시켰던 것이다. 위탁제도는 처음에 바베이도스의 설탕 생산과 관련해서 출현했는데, 두 가지 요인이 그 제도가 출현할 수 있는 여건을 마련했다. 그 두 가지 요인이란 집중화를 통한 농장주들의 세력 증대와 그들이 받은 가격 하락 압력이었다. 왜냐하면 그들은 똑같은 수준의 수입을 유지하기 위해서 이윤에서 차지하는 몫의 비율을 늘릴 필요가 있었기 때문이다.[201] 그 제도는 다른 섬들로 확산되었고, 1690년대까지는 담배 생산에도 이용되었다.[202] 그것은 기업의 투자처를 상인에서 농장주로 이동시켰다. "농장주는 자신의 생산물을 유럽으로 보내어 자신의 대리인인 상인에게 수수료를 지불하고 팔았으며, 바로 이 대리인이 또다시 수수료를 받고 농장주의 요구에 따라서 플랜테이션 재고품을 매입했다."[203] 위탁제도는 보편적인 것은 아니었다. 영국의 설탕 농장주들은 그 제도를 이용했으나 프랑스의 농장주들은 이를 이용하지 않았다. 버지니아산 담배의 경우 이러한 제도로의 전환은 일시적이었으며, 1730년대에 농장주들은 예전에 이용했던 제도로 되돌아갔다. 우리는 세 가지 물음에 답해야 한다. 왜 이 제도가 영국령 섬들에

거나 심지어 사라지기 시작했다. 그밖의 다른 곳에서는 그들의 중요성이 크게 감소했다. 상인들이 존재했으나 그 대부분은 수수료를 받고 북아메리카산 산물을 파는 대리인에 불과했다." Pares(1960, 33).
200) "설탕 가격을 올리려는 농장주들의 시도가 성공을 거두자, [1753년에] 구매자들은 어쩔 수 없이 의회에 지원을 구했다." Sheridan(1957, 81, 83)은 이것을 1730년대 후반부터 1763년까지의 "초과이윤" 시대를 출현시킨 주요 원인으로 꼽는다.
201) K. G. Davies(1952b, 101, 103-104) 참조. 그는 다음과 같이 말한다 : "위탁제도는 본래 대규모적이고 집약적으로 경작되며 자본이 고도로 투입된 영토에서 생산된 설탕을 처분하는 방식이었다."
202) J. M. Price(1954, 506) 참조.
203) Pares(1960, 33).

서 출현했으나 프랑스령 섬들에서는 출현하지 않았는가? 왜 버지니아산 담배 농장주들은 원래대로 되돌아갔는가? 이윤의 위치와 관련하여 그 전환을 어떻게 해석할 것인가?

그 제도가 영국인들에게 이용되고 프랑스인들에게는 이용되지 않은 이유에 대한 문제를 언급한 페어스는 우선 위탁제도가 대규모 농장주들이 자신들의 노예 대금을 지불해야 했기 때문에 발생했다는 K. G. 데이비스의 설명을 지적한다. 런던에서 대리인들은 그 대금의 지불에 환어음을 이용할 수 있었고 설탕의 위탁판매를 통해서 대가를 지불받았다. 그리하여 위탁제도는 대규모 농장주 겸 기업가를 위해서 신용을 창출했다. 하지만 페어스는 프랑스의 대규모 농장주들도 노예 대금의 지불을 위한 신용이 필요했지만 위탁제도를 창출하지 못했기 때문에 다른 요인이 더 작용했다고 한다. 그 요인이란 프랑스령 섬들에서보다도 영국령 섬들에서 부재농장주제도가 일찍 시작되었고 보다 더 광범위하게 시행되었다는 사실이었다.[204] 그러나 부재농장주제도는 무엇을 의미하는가? 그것은 성공적인 기업가가 자신의 거대한 재산에서 이윤을 보고 있었기 때문에 발생했으며 따라서 그것은 그들의 기업이 강하다는 증거이다. 그들의 역할은 십장에서 재정담당 이사의 역할로 변모했다. 그리고 그들은 자신들이 축적한 자본의 규모로 인해서 재정담당 이사의 일을 전문적으로 다룰 수 있었다(덧붙여 말하자면 자신의 이윤을 소비하는 데에 개인적으로 시간을 더 할애할 수 있었다). 부재농장주제도(그리고 그로 인해서 발생하는 위탁제도)는 프랑스령 섬들이 아니라 영국령 섬들에서 생겨났고 담배보다는 설탕과 더 깊이 관련되었다. 이는 바로 영국령 지역과 설탕의 이윤율이 더 높았기 때문이었다.[205]

---

204) K. G. Davies(1952b) 및 Pares(1960, 33-34) 참조. 페어스는 다음과 같이 덧붙인다 : "그러나 이러한 설명에는 한 가지 중대한 반론이 있다. 즉 영국령 식민지에서 설탕을 자기 나름대로 [위탁제도를 이용해서/옮긴이] 본국에 보낸 것은 부재 농장주뿐 아니라 거의 모든 재지 농장주였다." 이러한 반론이 설득력이 있어 보이지는 않는다. 일단 모델이 형성되자 소규모 농장주들도 시류에 편승했고, 런던의 대리인들이 기꺼이 사업을 하고 싶어하는 것도 알았다.
205) Land(1965, 547)는 체서피크의 담배는 서인도 제도의 설탕만큼 자산을 불리지는 못했다

따라서 왜 버지니아의 담배 농장주들이 이전의 방식으로 되돌아갔는가 하는 문제에 대한 해답이 부분적으로 제시된다. 담배 농장주들은 프랑스의 수요 독점적 구매자의 출현으로 인해서 쉽게 부재 기업가가 될 수 없었다. 프랑스 시장의 구매자들은 대규모의 공급자들을 찾아다녔고 스코틀랜드 서해안에 자리잡은 스코틀랜드 상사들이 이러한 역할을 수행했다. 그 상회들은 프랑스 항구들까지의 항해거리가 결코 더 먼 것은 아니었으나 버지니아와 가깝고 (글래스고의 반주변부적 지위로 인해서) 노동비용이 더 싸다는 점에서 (영국의 여타 상인들에 비하여) 유리했다. 대규모 공급시장을 지닌 스코틀랜드 회사들은 자신의 대리인들을 체서피크 계곡으로 보내서 런던에 위탁대리인을 둔 대규모 농장주들을 피하고 내륙의 소규모 생산자와 접촉해서 신용을 공급하고 현물로 되돌려받았다.[206] 따라서 이 경우에는 힘의 균형관계가 구매자 쪽으로 도로 이동했다. 마지막으로, 경영의 위험과 이윤이 어디로 이동했는가 하는 문제에 답하기 위해서 우리는 부채의 의미를 살펴봐야 한다. 페어스는 설탕 가격의 하락이 이러한 변화를 일으킨 촉진제 가운데 하나였기 때문에, "농장주가 상인에게서 빼앗은 기업가의 지위는 자랑스럽고 수지 맞는 것이 아니라 상인이 그에게 떠넘긴 변변찮고 대가 없는 것"이었다고 주장한다. 그러나 그 역할은 페어스 자신이 다음과 같이 지적하듯이 분명히 변변찮고 대가 없는 것이 아니었다 : "부재 설탕 농장주는 동인도의 대부호(Nabobs)와 더불어 당시 가장 두각을 나타낸 부호들이었다."[207]

고 한다. "그 결과 체서피크의 농장주들은 '고향으로 되돌아가' 재산으로 사람들의 이목을 끌지는 못했다. 그들의 수입은 첫째로는 담배 생산에서 나왔는데, 이것은 어지간한 수입을 안겨다주었다. 두번째로는 기업에서 나왔는데, 이것은 더 큰 이익을 가져다주었다." 다시 말해서 그들은 "전문화"할 수 없었으며 감독자로 머무를 수밖에 없었다. 하지만 J. R. Ward(1978, 208 참조)는 18세기에 영국령 식민지와 프랑스령 식민지 간에 이 윤율의 차이가 상당히 컸다는 데 대해서는 의문을 품는다.

206) 다음의 J. M. Price(1964, 509) 참조 : "[글래스고의] 상인이 담배를 더 얻고자 한다면, 농장주들에 대한 신용을 확대하는 것만으로 충분했다. 그러면 수확시에 담배가 더 많이 유입될 것이기 때문이다. 따라서 스코틀랜드와 여타 지역의 신용은 가격 메커니즘보다 훨씬 효과적으로 스스로를 위한 담배 공급을 창출했다. 그리고 스코틀랜드인의 신용의 뒤에는 프랑스인 구매자가 있었다."

207) Pares(1960, 35, 38).

이러한 사실을 또 하나의 사실, 즉 18세기 내내 영국 농장주가 영국인 상인들에게 진 빚이 갈수록 불어났다는 점과 함께 살펴보자. 이것은 한번 더 힘의 균형이 농장주 쪽에는 불리하고 상인 쪽에 유리하게 이동한 것을 나타내는 것은 아닌가? 아마도 그럴 것이다. 하지만 금융제도를 해석하는 데에는 또 다른 방식이 있다. 이렇게 대리인에게 빚을 지는 구조는 설탕 산업이 번창하는 동안에만 유용하게 작용했다. 하지만 부재 농장주들이 자신들의 현재 수입 이상의 생활을 시작했다는 것은 분명했다. "큰 부채는 거의 모두……당좌차월 형태로 시작해서 저당으로 끝났다.……결국……서인도 제도의 대다수 영지들은 그 가치가 저당액에도 못 미치는 것으로 드러났다."[208] 다 아는 바와 같이, 설탕(그리고 담배)은 자기 소모적이다. 상인의 후원을 받는 경영이라는 최초 단계와 토지가 집중되고 농장주가 이윤의 실현을 주도하는 두번째 단계가 지나면, 플랜테이션들의 쇠퇴가 불가피한 것을 감안할 때 자본을 이전과 같은 수준으로 재생산할 수 없자 부재 농장주들이 그것들을 마구 착취한 세번째 단계가 없었겠는가? 확실히, 이들 농장주들은 자신들의 대리인과 이러한 초과이윤을 나누어 가졌다. 그러나 그러한 방식은 산업화 이전 시대에 상인들의 우위를 보여주는 사례가 아니라 생산성이 최대가 되고 비교적 효율성을 갖춘 시기에 뒤이은 시기의 이윤 형태를 보여주고 있다.[209]

이제 이러한 등식의 다른 절반, 즉 생산의 효율성 증대를 낳았던 노동력 공급 문제로 눈을 돌려야 한다. 설탕과 노예제가 "긴밀히 연관되었다"[210]는 것은 자명한 공리이다. 그러나 실제로는, 카리브 해 지역에서 초기에 설탕과 담배를 재배하려는 시도는 거의 언제나 노예가 아니라 인덴처드 서번트의 노동에 바탕을 두었다. 노예들이 그 섬들의 특징적인 노동력이 된 것은 다만

---

208) Pares(1960, 48-49).
209) 따라서 Sheridan(1965, 309-310)은 "분명한 것은 자메이카의 플랜테이션 경제가 일군의 런던 상인과 부재 농장주들에 의해서 좌우되었지만 부유한 가족은 열대농업보다 상업 및 금융과 훨씬 더 긴밀히 관련되었다는 것"이라고 한다. 그의 말은 뒷 시기에는 적용된다. 하지만 그는 이런 이후의 단계가 초기에 이들 가족이 생산효율 면에서 경쟁력이 있었기 때문에 가능함을 고려하지 않는다.
210) Masefield(1967, 290).

17세기 말 무렵의 일이었으며, 18세기 초가 되어서야 이것이 북아메리카의 남부 식민지들에도 적용되었다고 할 수 있다.[211] 그 두 신분 사이에 어느 정도 법적인 차이가 있었는가 하는 문제는 랠프 데이비스[212]처럼 인덴처드 서번트가 일시적이기는 하나 노예제였음을 강조하는 학자들과 K. G. 데이비스[213]처럼 노예제이기는 하나 일시적인 데 지나지 않았음을 일깨워주는 학자들 간에 논란거리이다. 실질적인 쟁점은 경제적인 것이다. 각각의 경우 장기적으로 볼 때 비용 면에서 유리한 점과 불리한 점은 무엇이었는가? 초창기의 카리브 해 지역 경영자들이 노예보다 인덴처드 서번트를 선호했던 이유를 이해하기란 쉬운 일이다. 첫번째의 그리고 아마도 결정적인 이유는 처음에는 자본 지출이 더 적었기 때문이었다. 당시에 인덴처드 서번트를 데려오는 데에는 운임으로 약 5-10파운드를 미리 지불하면 되었지만 아프리카 노예를 데려오는 데에는 20-25파운드의 운임이 들었다.[214] 음식과 의복에 드는 부대비용은 노예 쪽이 더 적었고 인덴처드 서번트에 대한 지출이 불과 3-4년이면 쓸모없이 되었지만, 거기에는 여전히 초창기 자본의 유동성이라는 문제가 놓여 있었다.

물론, 이용 가능한 노동 공급이 있어야 했다. 실제로 누가 인덴처드 서번트(앙가제[engagés])로서 서반구로 왔는가? 일반적으로 말해서 이러한 사람들은 임금노동자들이나 가난한 중간계층의 자식들로서 대부분 어린 청소년들이었다. 그들이 강제로 노동에 내몰리지는 않았던 만큼, 불확실한 기후와 가혹한 일이 기다리는 혹독한 상황으로 그들을 유인한 것은 바로 노동의 대가로 받는 토지를 통한 사회적 신분 상승의 가능성이었다. 그들이 아프리카 노예들보다 더 숙련되었다는 주장이 이따금식 제기되나, 이는 그들의 나이와 경험으

---

211) Davis(1973b, 134) 참조. 하지만 Breen(1973, 14)은 버지니아의 경우 전환점은 1680년이었고, 이 당시 "영국의 회사들이 흑인을 아프리카에서 아메리카 식민지로 직송할 능력을 발전시켰다"고 주장한다. 그는 또한 1682년에 영국에서는 인덴처드 서번트의 모집에 대한 새로운 규제법이 통과되어 모든 계약에는 영국의 주 행정관의 서명이 있어야 하고 14세 이하 어린이의 계약에는 부모의 동의가 필요했음을 지적한다.
212) Davis(1973b, 130). 고딕체는 월러스틴의 강조.
213) K. G. Davies(1974, 107) 참조.
214) Pares(1960, 19) 참조. Phelan(1959, 191)도 참조 : "흑인 노예는 대자본의 투자를 수반했다."

로 보아서 의심스럽다. 사실 이와 정반대의 논거가 제시될 수 있다. 한 명의 노동자를 유능하게 훈련시키는 데에는 수년의 세월이 필요한데, 인덴처드 서번트들은 "기술을 어느 정도 습득했다"싶으면,[215] 고용주들을 떠나버릴 것이다. 반면에 아프리카 노예들은 훈련을 받더라도 그대로 머무를 것이었다. 바베이도스 섬이 노예노동력을 이용하려고 결정한 것은 "보다 안정적이고 의존적인 노동력"에 대한 추구 때문이라고 말하지만, 그 이유는 여기에 있는 것이 아닐까?[216]

인덴처드 서번트의 이용을 선호하던 데서 노예제로 요인들의 균형상태를 옮긴 것은 무엇이었는가? 우선 인덴처드 서번트의 노동을 선호하는 배치의 근거가 된 "주인 없는 좋은 토지"는 모두 바닥이 났는데,[217] 이는 토양의 고갈에 따라서 토지개발이 이루어지고 동시에 토지집중이 증대했기 때문이다. 따라서 노예제도는 담배 플랜테이션보다 설탕 플랜테이션에 더 일찍 도입되었고 북아메리카의 남부보다도 서인도 제도에 도입되었다.[218] 만약 인덴처드 서번트가 자신의 보수를 기대할 수 없다면, 왜 그가 플랜테이션의 혹독한 노역을 견디겠는가? 노동 공급의 감소가 노동 수요의 증가와 동시에 맞물렸을 때 노예제도가 확실히 도입되었다. 심지어 그것이 "반드시 가장 값싸거나 가장 효율적인 설탕 플랜테이션 경영방식"이 아니었을 때조차, "……그것은 백인 서번트들을 더 이상 유인할 수 없을 때 이용 가능한 유일한 방식이었다."[219] 따라서 노예로의 대체가 붐 시기와 규칙적인 관련을 가지는 것은 결코

---

215) Pares(1960, 19).
216) Dunn(1972, 72). Debien(1942, 74)은 프랑스령 안틸레스 제도에서의 그 이동을 설명하기 위해서 앙가제(engagés)가 "유동인구"였다는 사실을 인용하고 있다.
217) Davis(1973b, 131). 인덴처드 서번트의 노동이 프랑스령 캐나다에서는 잔존했지만 프랑스령 안틸레스 제도에서 사라진 이유는 바로 전자에서 토지가 고갈되지 않았다는 사실에 있다. Dermigny(1950, 236) 참조.
218) Pares(1960, 21)가 어떤 점에서 지적하고 있는 것은 담배는 "정확한 판단"이 필요해서 "틀에 박힌 방식대로 일하는 노예에게는 맡기기 어려운" 자유인의 작물이었다는 사실이다. 그러나 그는 "버지니아의 경험은 담배도 노예 플랜테이션으로 재배될 수 있었음을 보여준다"는 것을 인정한다.
219) Davis(1973b, 133). 고딕체는 월러스틴의 강조. Allen(1975, 49)은 버지니아에서는 1667년 서번트의 음모와 1682년 담배 폭동 사이에 열 차례의 민중 혹은 서번트 봉기나 반란

우연이 아니다.[220] 노예들이 노동력으로서 유럽 출신의 인덴처드 서번트들을 대체한 이유는 비교적 간단하다. 그러나 왜 하필 아프리카인들인가? 왜 인디오들은 노예로 이용되지 않았는가? 그리고 에스파냐령 아메리카의 상당 지역에서 활용되었던 인디오(그리고 메스티소) 채무노동제도는 왜 광의의 카리브 해 지역에서는 활용되지 않았는가? 사실 인디오들은 애초에 노예로 이용되었다. 그러나 그들은 "속박을 받는 상태에서 빨리 사망했으며"[221] "설탕 공장의 생활환경에……적응하는 데 무능했음"[222]은 널리 알려져 있다. 인디오들도 처음에는 칠레의 광산에서 노예로 이용되었다.[223] 그러나 그들은 1589년 이후 아프리카 노예로 대체되었는데, 메야페는 이것이 "칠레의 [에스파냐 정주지가] 살아남을 수 있도록 한 근본적인 요인들 가운데 하나"[224]였다고 한다. 인

음모가 있었는데, 결정적인 것은 1676년 4월에 있은 베이컨의 반란(Bacon's Rebellion)이었다고 지적한다. 그에 의하면, 농장주들은 백인 노동자들에게 상이한 지위를 부여하여 노동계급을 분리시킬 필요가 있다고 생각했다. 그리하여 "아프리카 노동력으로의 전환이 1685년 이후 촉진되었다."(1975, 49) Menard(1978, 24)는 "1670년대 후반에 인덴처드 서번트의 노동력의 가격이 오르기 시작했다"고 지적한다. 1700년경에는 노예의 수요가 확대되어 가격이 상승했으며, 가격을 낮추기 위해서 "어린 노예와 여성 노예가 전체 뱃짐에서 차지하는 비율이 증가했다." Galenson(1979, 247).

220) 1640년에서 1660년에 걸친 설탕 붐의 영향에 대해서는 Dunn(1972, 59)을, 그리고 1680년에서 1700년에 걸친 담배 붐의 영향에 대해서는 Farnie(1962, 208) 참조. Curtin(1971, 253)은 유럽인 노동력 공급의 감소와 노동력의 수요 증가 이외에 제3의 요인으로 발병률의 차이를 들고 있다. 아프리카인들은 "열대병과 광범위한 아프리카와 유라시아에 공통되는 질병이 존재하는 질병환경 출신이라는 엄청난 이점"이 있었다. 그는 카리브 해역에서 유럽인 노동자와 아프리카인 노동자의 사망률을 3:1로 추정한다. 이보다 앞선 논문에서 그는 이 비율을 4:1로 잡고, "[노예와 인덴처드 서번트의] 유지비가 엇비슷했다"고 추정한다면 "노예는 유럽인의 가격의 세 배가 될 때까지 선호되었다"고 한다 (1968, 207).

221) Boxer(1952, 223).

222) Viana(1940, 11). 물론, 실제로 아프리카인들도 마찬가지의 "무력함"을 보여주거나 죽기도 했다. Schwartz(1970, 316)는 다음과 같은 점을 일깨워준다. 설탕 붐 시기(1570-1670)에 브라질에서 노예의 상태를 가장 잘 나타내는 형용사는 "생지옥 같은(hellish)"이라는 단어였다. 수확기에는 하루 수면시간이 4시간이 보통이었다. 그리고 "널리 통용된 노예관리론은 가능한 한 적은 비용으로 최대의 노동력을 끌어내는 것이었다."

223) Romano(1970, 133) 참조.

224) Mellafe(1959, 252-253).

디오 노동자 대신 아프리카 노예가 이용되는 지역에서는 인디오들이 (소안틸레스 제도에서처럼) 주로 수렵 및 채집 생활을 영위했고 (대안틸레스 제도의 아라와크나 타이노처럼) 농업도 아직은 계급구조를 분명히 할 정도로 발전하지는 않았다. 통제된 노동에 "적응하지 못해서" "죽은" 자들은 바로 그런 사람들이었다.[225] 그러나 생산물의 재분배 방식이 존재하는 곳에서는, 인디오 주민들이 계급분화가 일어나 하층민은 이미 계서제적으로 전유된 잉여를 생산하고 있었다. 따라서 그들은 특히 자신들의 이전의 상급 지배자들이 협력할 경우 유럽의 착취자들을 위해서 수정된 형태로 이것을 강제적으로 계속하지 않을 수 없었고, 이는 비교적 성공을 거두었다. 그리하여 특히 신에스파냐와 과테말라 그리고 페루에서 레파르티미엔토와 미타 그리고 궁극적으로는 채무노동제도가 발전했던 것이다.[226]

만약 인디오들을 이런저런 형태의 강제노동에 성공적으로 몰아넣을 수 없는 곳에서만 아프리카 노예들이 인디오 노동을 대체했다면, 노예제가 최후의 선택일 수밖에 없었을 것이다. 그리고 (농업에서든 광업에서든 아니면 공업에서든) 노예를 이용하는 것보다도 강제적인 환금작물 노동을 이용하는 편이 비용이 덜 들었다는 설명만이 유일하게 가능하다.[227] 강제적인 환금작물 노동과

---

225) 히스파니올라의 상황에 대해서 Dupuy(1976, 22)는 이렇게 말한다 : "아라와크족의 사회 구성이나 생산조직은 하나의 계급이 다른 계급을 착취하거나 종속시키는 성격을 띠는 것은 아니었다. 아라와크족 사회의 생산관계는 사용가치의 우위와 교환가치, 즉 상품 생산의 완전한 부재로 특징지어졌다.……그러므로 이방인 식민자에게 속박당하느니 산속에서 굶어죽는 편이 나았다."
226) Romano(1970, 130) 참조. Brading & Cross(1972, 557)의 지적에 의하면, 강제노동이 인디오 인구가 파국적으로 격감하고 있던 멕시코의 광산에서보다 페루의 광산에서 더 늦게까지(1812년까지) 남아 있었다. 그 결과 18세기가 되면 멕시코의 광산 노동자는 비교적 높은 임금을 받으며 메스티소와 물라토 그리고 문화적응이 된 인디오에서 충원되었다. "이러한 차이가 발생한 이유는 그리 명확한 것은 아니다.……하지만……그 원인이 두 인디오 부족간의 서로 다른 발전과정과 정착성이 강한 두 부족의 주요 정착지의 차이에 있다고 보고 싶다." Bakewell(1976, 217)은 이미 17세기에 "에스파냐인과 사카테카스의 인디오 사이의……중심 관계는 고용자와 피고용자의 관계였다"고 주장한다. 이와 대조적으로 Céspedes(1947, 39)는 "페루의 원주민이 고분고분했다"고 한다.
227) Oberem(1967, 767-770)은 에콰도르에서 콘시에르토인(conciertos) 즉 채무노예를 사용

같이 그들의 노동 중 일부에 대해서만이라도 "임금"을 받는 노동이 단지 현물로만, 그것도 충분하지 않게 보상을 받는 노동보다도 비용이 덜 들었다는 것은 어떤 이유에서인가? 만약 그것이 고용주 편에서 보아 초기 지출의 차이에 불과하다면, 이것은 시간이 지나면서 상쇄되었을 것이다. 그러나 또한 강제적인 환금작물 노동자들과 그들의 일가들은 고용주의 통제 밖에 있는 땅에서 식량작물의 형태로 자신의 "임금" 일부를 생산했으며, 따라서 그 식량작물은 고용주들의 노동비용에서 공제되었던 것이다. 반복하여 지출되는 노동비용 총액은 강제적인 환금작물 노동을 이용할 때보다 노예노동을 이용할 경우 더 높았다.[228]

따라서 1600년에서 1750년까지 시기의 새로운 주변부인 광의의 카리브 해

하는 데에 드는 비용과 아프리카 노예를 사용하는 데에 드는 비용을 비교하여 바로 이 점을 주장한다. 그는 콘시에르토인을 "준노예"로 정의하는데, 그 이유는 그들은 "돈으로 살 수 있는" 경우도 있기 때문이다.

228) 바로 이런 이유에서 D. Hall(1962, 309)의 견해에 동의할 수 없다. 홀은 노예를 "자본설비(capital equipment)"로 보아 노예노동의 비용과 자유노동의 비용을 비교할 수 없다고 한다. 왜냐하면 그것은 실제로 노동비용과 자본비용의 대체를 문제로 삼기 때문이다. 문제가 그뿐이라면, Land(1969, 75, 79)가 실제로 주장하듯이 버지니아의 담배 농장주들이 노예를 사용하는 것이 비합리적이었을 것이다. 그러나 랜드는 이들이 17-18세기에는 기술개량을 통해서보다 노예노동을 늘림으로써 생산을 확대하고자 하는 "단호한 경향"을 가지고 있었고 그 결과 "기술변화는 저지당했다"고 한다. 이는 영국령 서인도 제도의 설탕 플랜테이션에 대한 W. Barrett(1965, 167)의 관찰과도 일치한다. 즉 "규모의 경제가 행해졌다는 증거는······하나도 없다."

하지만 이것으로는 [왜 노예를 늘리는 쪽을/옮긴이] 선호했는가 하는 문제, 따라서 "문화적"으로도 경제적으로도 왜 이러한 비합리적인 것이 남았는가 하는 문제는 해결되지 않은 채 남아 있다. 그 분석은 실패로 보인다. 어떤 의미에서 모든 노동비용은 자본비용이다. 문제는 언제나 기계, 즉 죽은 노동과 살아 있는 노동의 최적의 조합에 대한 선택이다. 따라서 알고 싶은 것은 (a) 임금노동, (b) 환금작물을 위한 강제노동, (c) 기계의 증강에 대한 대안으로 노예노동을 사용하는 것이 언제 최적이며 단기적으로 정치상 가능한가 하는 점이다. 노예들이 많은 지역에서 판매인으로서 화폐경제에 참여해서 자본을 모을 수 있었음을 기억하면 그에 대한 대답도 훨씬 복잡하다. Schwartz(1974, 628-629 참조)의 물음과 같이, 달리 어떻게 브라질의 노예들이 자신들의 해방금을 치를 수 있었겠는가? Mintz(1964, 251)도 자메이카에서 "18세기 초까지 노예도 시장에서 자신의 생산물을 활발히 사고 팔았다"고 지적한다.

지역에서 프롤레타리아 노동이 조직된 기본적 형태[229]는 임금노동이나 차지농제 또는 강제적인 환금작물 노동이 아니라 노예제였다는 것이다. 당시의 정치적 조건을 감안해볼 때 노예제는 시장과 법적 체계를 통해서 그 지역의 기본적 생산관계를 도출한 부르주아 생산자들에게 경제적으로 가장 적절한 것이었다.

---

229) 기본적 형태라고 해서 유일한 형태를 의미하지는 않는다. 브라질의 설탕 생산지의 라브라도르 데 카나(lavrador de cana : 사탕수수 경작자/옮긴이)에 관한 Schwartz(1973, 193-194)의 전체 논문의 취지는 이렇다. 즉 그들의 소작권──토지소유권조차──은 대토지 소유자에게는 대안적 형태의 노동 착취였고, 그 유용성은 경제적 조건에 따라서 달랐다. "경제팽창기에……사탕수수 재배자를 사용함으로써 자본비용이 줄어들고 아마도 제당공장(engenho : 브라질에서 원래는 사탕수수를 빻는 롤러가 설치된 건물만 가리켰으나 곧 제당과정 전체와 연결된 모든 시설물에 대해서 이 말을 쓰게 됨/옮긴이)이 딸린 플랜테이션 자산 관리가 강화될 수 있었다."

5

기로에 선 반주변부들

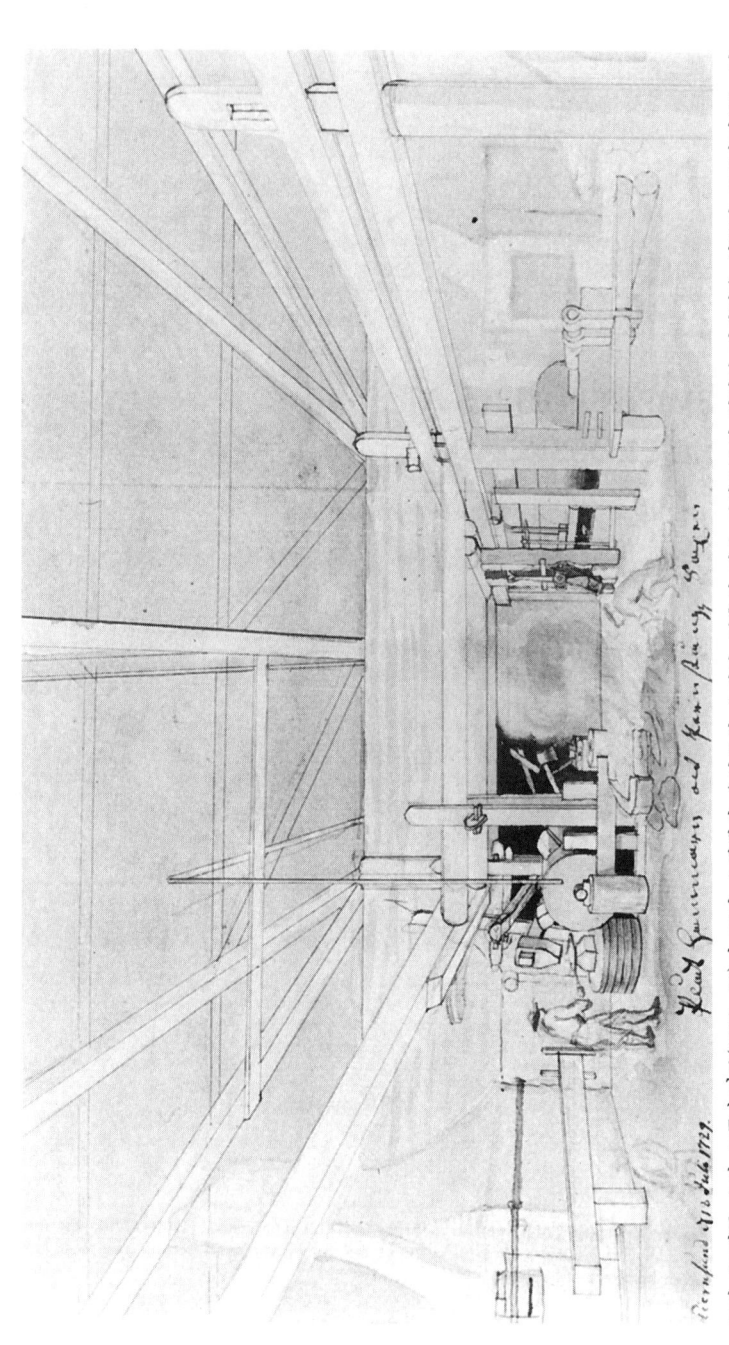

그림 6: 카를 요한 크론슈타트(1709-79)가 그린 스케덴식 용광로의 스케치. 건축의 기초 지식으로서 역학과 기하학을 연구한 크론슈타트는 당대에 가장 유명한 스웨덴 출신 건축가가 되었다. 스톡홀름: 기술박물관.

자본주의 세계경제에서 한 가지 불변의 요소는 위계적인 (그리고 공간적으로 배치되는) 분업이다. 그렇지만 경제활동의 위치 이동과 그 결과로 일어나는 세계체제 내의 특정한 지리적 지역의 위치 이동도 또 하나의 불변요소를 이룬다. 국가기구라는 관점에서 보면 특정 지방, 지역 그리고 국가들의 상대적인 경제적 힘이 규칙적이지만 불연속적으로 변하는 것은 하나의 실체로서의 국가가 올라가거나 내려가는 식의 "유동성"을 가지는 것으로 보일 수 있고(그리고 실제로 대개 그렇게들 본다), 이런 움직임은 국가간 체제의 틀 내에서 다른 국가들과 비교하여 측정된다. 20세기에는 국가의 "발전"식으로 이야기하지만 17세기에는 왕국의 "부"에 대해서 이야기했다. 그러나 17세기의 사람들은 그 발전이나 부를 측정하는 기준이 적어도 근대 세계체제의 강제 내에서는 기수적인 것이 아니라 서수적이라는 것을 종종 오늘날의 우리보다 더 명확하게 인식했다. 지위의 변경은 특히 전반적인 침체기나 불황기에 일어난다. 그리고 위계적 연속체의 중간에 있는 반주변부에서 그런 움직임은 주로 국가활동에 의해서 초래되며 영향을 받는다. 반주변부 국가들은 보통 내려가고 올라가는 국가들이다.

이것은 지나치게 의지에 중심을 두고 하는 이야기처럼 들리는데, 어느 정도는 그렇다. 국가의 의식적인 정책들은 실제로 일어나고 있는 것과 상당히 관련이 있다. 그러나 두 개의 단서를 바로 덧붙여야 한다. 첫째, 국가정책들은 주된 행위주체가 아니라 개입하는 과정이다. 둘째로, 모든 국가기구가 똑같이 좋은 결과를 얻기를 기대하면서 주어진 일련의 정책들을 이용할 수 있는 것은 아니다. 실은 정반대이다. 많은 국가기구들이 세계 분업체계 내에서 자국의 지위를 상당히 변화시키고자 애를 쓰지만, 몇 안 되는 국가기구들만이 이에 성공할 뿐이다. 그 까닭은 한쪽의 성공 바로 그것이 다른 쪽의 기회와 대안들을 제거해버리기 때문이다. 17세기에는 쇠퇴한 반주변부 지역들이 많이 있었다. 에스파냐, 포르투갈, (플랑드르에서 서부 및 남부 독일지역을 거쳐 북부 이탈리아에 이르는) 유럽의 구 등뼈 지역이 그런 곳들이다. 그러나 지위가 올라간 지역은 몇 안 되었다. 그런 지역들은 특히 스웨덴, 브란덴부르크-프로이센, 그리고 영국령 북아메리카의 "북부" 식민지(뉴잉글랜드와 중부

268

대서양 식민지들)이다. 쇠퇴한 반주변부 지역들은 여러 가지 이유로 주변부 지역들과 중요한 구조적 차이를 계속 유지하기는 했지만, 앞서 주변부 지역들에 대해서 기술한 것과 같은 과정들을 비슷하게 겪었다. 지위가 올라간 지역들은 이 시기 세계경제의 핵심부 지역으로 들어가려는 투쟁을 이제 막 시작하는 참이었다. 이런 지역의 국가들은 세계경제의 전반적인 어려움을 자기들 이익의 기회로 삼을 수는 없었지만 어쨌든 핵심부 지역의 일부가 되고자 하는 투쟁의 경로로 나아가기 시작했고, 그것만으로도 성공이었다. 이들은 세계경제의 어려움을 대부분의 주변부와 반주변부 지역들에서처럼 핵심부 지역에서 훨씬 더 멀어지는 식으로 겪지는 않았던 것이다.

이런 점에서 에스파냐의 "쇠퇴"는 17세기에 일어난 가장 극적인 현상으로서 이는 심지어 당대인들도 뚜렷이 알 수 있었다. 이미 살펴보았듯이, 에스파냐의 쇠퇴를 불러온 원인들은 에스파냐의 경제적 정치적 구조들에 깊이 놓여 있었으며, 에스파냐의 상대적 약점은 16세기에 이미 상당 정도 존재했다.[1] 이러한 약점들은 부분적으로 에스파냐의 군사력과 순전히 금은으로 이루어진 부로 인해서 드러나지 않았다. 그러나 세계경제 전반의 경제적 역전은 에스파냐의 외면에서 덮개를 떼어내고 세계만이 아니라 에스파냐인들 자신에게도 그 약점들을 드러내 보였다. 이를 시기상으로 보면, 펠리페 2세의 두번째 파산시기인 1596년이 다른 어떤 시기보다 더 적절할 것이다. 이 파산은 "북부 카스티야의 재정적 우위가 종식된 것보다 더 큰 의미를 지녔다. 그것은 또한 펠리페 2세의 제국의 꿈도 종말을 고했음을 의미했다."[2] 전통적인 역사서술

---

1) 16세기 에스파냐의 구조들에 대한 논의는 Wallerstein(1974, 5장, 여러 곳) 참조. 17세기 에스파냐 사상가들이 에스파냐의 쇠퇴(decadencia)를 스스로 인식하고 있었다는 것에 대해서는 Elliott(1977) 참조.
2) Elliott(1966, 283). Ruiz Martín(1970, 43)은 "쇠퇴의 세기"를 1586년에서 1680년이나 1690년에 이르는 시기로 잡는다. 그러나 당대인들이 역사의 현실을 인식하는 데에는 때때로 그 이상의 우여곡절과 50년의 시간이 더 필요하다. "1643년 5월 19일 로크루아에서 에스파냐의 보병이 패배한 것은 그토록 오랫동안 에스파냐의 힘을 유지시켰던 군사체제의 붕괴를 상징하는 것 같았다. 이제 그 나라에는 군대도, 새로운 국제상황을 이용할 지도자도 없었다."(p. 345) Stradling(1979, 182)에 따르면, 에스파냐는 1668년에 이르러서야 "포르투갈의 독립에 대한 공식적 양보와 함께 최악의 굴욕상태를 맞았다. 그리하여 펠리

에서 17세기 에스파냐는 경제적 쇠퇴의 모습으로 그려졌다. 얼 해밀턴은 이 모습이 과장된 것이라고 했다. 그러나 그러면서도 그는 17세기가 "에스파냐의 경제적 연대기에서 가장 낮은 쇠퇴기 중 하나"였다고 덧붙인다.[3] 우리는 이 시기 에스파냐의 농업생산에 대해서 얼마나 알고 있는가? 알고 있다고 할 정도가 못 된다.[4] 17세기는 "경작지가 개간되지 않았고 관개시설을 갖추지 못했으며 가축이 크게 부족한" 시대였다.[5] 17세기의 첫 3분의 1 시기 당시 토지의 과도한 사용에 대해서, 즉 삼포제 방식이 아닌 1년단위 파종과 그로 인한 지력 고갈에 대해서 상당한 논의가 있었다. 밀이 옥수수만이 아니라 기장, 사탕수수, 보리와 같은 보다 열등한 곡물로 대체되었고,[6] 그것은 우리에게 주변부 지역에서의 발전을 생각나게 한다. 남부 프랑스에서처럼 곡물 대신에 포도주 생산이 매우 광범하게 퍼져서 사람들이 밀과 포도주를 교환하기 시작할 정도였다.[7]

펠 2세의 세계제국은 더 이상 존재하지 않게 되었다." G. Desdevises de Dezert(1927, 354)는 17세기 말 무렵이 되면 "에스파냐의 군사력은 추억거리에 불과하게 되었다"고 말한다. E. J. Hamilton(1943, 192)도 참조.

3) E. J. Hamilton(1935, 111). 마찬가지로 Jos Gentil da Silva(1965, 175-179)도 비록 "지나치게 단순한" 표현일 수도 있지만 "쇠퇴"가 있었다고 주장한다. 최근에 나온 두 개의 논문들이 정반대의 시각에서 이러한 전통적인 역사서술에 도전하고 있다. Kamen(1978, 35, 41)이 보기에, 에스파냐는 15세기 이래 "종속적"이었고, 따라서 "그렇게 미발달한 나라가 부유해지기도 전에 '쇠퇴했다'고 보기는 어렵기에" 17세기는 쇠퇴가 아니었다. Stradling(1979, 167, 171)에 따르면 "에스파냐의 힘과 권력체계는 1660년대까지 [존속했다]." 그리고 적어도 그때까지는 "어떤 적이나 연합 적대세력도……에스파냐에 치명타를 가할 정도로 충분히 강력하거나 조직화되지 못했다." 여기서 스트래들링은 1560-1660년에 "에스파냐가 우위를 점했다"는 헨리 하우저의 연대 설정을 되풀이하고 있다.

4) J. H. 엘리엇은 1961년에 이 문제에 대하여 불만을 토로했고, Weisser(1973, 615)는 이를 인용하면서 똑같이 불만을 제기한다.

5) E. J. Hamilton(1935, 111). 세고비아의 경우에도 생산량 곡선의 전개과정은 "17세기를 '쇠퇴'나 '불황'의 세기로 보는 해석들을 확인해주는 경향이 있다." Anes & Le Flem(1965, 16).

6) da Silva(1965, 156-158) 참조. 호밀과 귀리 생산의 상대적 증가 및 부식토와 거름의 공급 고갈로 인한 토지의 과도한 사용에 대해서는 Anes & Le Flem(1965, 18-19)도 참조. 그들은 또한 호밀 경작에는 인간의 노동력이 보다 적게 필요했다고 지적한다.

7) da Silva(1965, 158-160).

곡물의 교체와 더불어 수출량도 감소했다. 대체로 "[17세기에] 원료 수출지로서 에스파냐는 그리 눈에 띄는 성과를 거두지 못했다."[8] 그렇지만 16세기의 에스파냐는 원료 수출에 한정된 주변부 나라가 아니었다. 에스파냐는 제조업의 중심지였고, 이런 부문에서 쇠퇴가 훨씬 더 두드러졌다. 직물업이 가장 격심하게 쇠퇴했다. 에스파냐산 견직물과 아마포 생산의 중심지였던 톨레도에서는 1600년에서 1620년에 이르는 20년 사이에 그러한 생산이 사실상 소멸되었다.[9] 세고비아와 쿠엥카의 경우도 마찬가지였다. 직물업만이 아니라 제련업과 조선업도 쇠퇴했다. 근대 초기 유럽의 이 "성장 공업들" 세 부문 모두에서 에스파냐는 "자신의 수출시장을 잃었고, 또한 자신의 국내시장과 식민지 시장 대부분도 상실했다. 에스파냐는 그 시장들을 영국인과 프랑스인 그리고 네덜란드인에게 빼앗겼다."[10] 그러므로 이 불황기에 에스파냐는 주변부 지역에서 발생하는 농업적 퇴화만이 아니라 산업조직의 파괴도 겪었다. 그 결과는 이중적이었다. 한편으로 에스파냐 내에 양극화 및 지역적 대립이 증가했고, 다른 한편으로 에스파냐는 살아남기 위해서 자신의 식민지 세습재산을 써버릴 수밖에 없었다.

16세기에 이미 에스파냐에서는 카스티야와 나머지 다른 지역들 사이에 간

---

8) Lynch(1969, 153).
9) Weisser(1973) 참조. 그는 이것을 E. J. 해밀턴이 사용한 "외재적 요소들(즉 재화)의 중요성"이 아니라 "카스티야의 내재적인 경제적 조건들"이라는 측면에서 설명하고자 한다. 그렇지만 그가 제시하는 세 개의 내재적 요소들은 다음과 같은 것으로 드러난다. 첫째 요소는 "생계유지를 위해서 필요한 경쟁적인 수요와 공업생산 [사이의] 균형 결여"이다. 그것은 1575년경에 시작되었고, 그 원인은 다시 "톨레도가 주변 농촌지역의 공업력에 보다 더 크게 의존할 수밖에 없도록 만든 에스파냐 목양업자 조합(Mesta)의 양떼 축소와 북부와의 무역 단절"로 설명된다. 두번째 요소는 "대규모로 생산된 생산물을 지역적으로 싼 값에 팔았던……외국상품의 등장"이다. 그리고 세번째 요소는 톨레도 주민들을 마드리드로 이주하게 만든 마드리드의 성장으로, 이런 톨레도의 인구 감소는 "국왕의 제국적 야망" 때문에 발생했다(1973, 614-615, 637-640). 또한 무어인의 추방도 도시 인구를 하락시킨 원인이었다고 하는데, 이것은 Warden(18964, 261)도 거의 절멸상태에 빠진 톨레도의 아마포 제조업 —— 1550년에 50개의 공장이 있었는데 1665년에는 불과 13개의 공장만이 남았다 —— 을 설명하면서 언급한 요소이다.
10) Lynch(1969, 152, 149-151 참조).

격이 확대되었다. "모든 상황이 결합하여 카스티야에 압도적인 우월성을 제공했고, 시간이 가면서 이는 점점 더 강화되었다."[11] 전반적인 경제적 어려움에다 에스파냐가 30년전쟁에 깊이 연루되어 발생한 군비 지출 때문에 조세가 지속적으로 증가했다. 에스파냐의 나머지 지역만이 아니라 카스티야도 그 부담을 졌으리란 것은 확실하며, 아마 다른 지역보다 훨씬 더 많은 부담을 떠맡았을 것이다. 그러나 하이메 비센스 비베스가 지적한 것처럼, 카스티야는 "아메리카 대륙의 착취 및 에스파냐 중심부 내에서의 문화적 정치적 우월성이라는······ 거대한 보충물"[12]을 가지고 있었다. 아마도 카스티야와 나머지 지역간의 간격은 훨씬 더 넓게 벌어지고 있었을 것이다. 어쨌든 17세기 초까지 카스티야와 비교하여 경제적으로 동등한 상태를 유지했던 카탈루냐와 포르투갈은 카스티야 때문에 새로이 무거운 경제적 압박을 받고 있다고 생각했다.[13] 그러므로 올리바레스라는 인물을 내세워서 중앙정부가 더 많은 자금을 원했을 때, "[카탈루냐인들이] 페르난도의 자치 입법이라는 확실한 장벽 뒤에서 불신을 품은 채 스스로를 강화한 것은 아주 당연한 일이었다."[14] 카탈루냐인들만이 그렇게 한 것은 아니었다. 1628년에 오포르토에서, 1629년에는 산타렘에서 재정정책에 반대하는 봉기들이 있었고, 1632년에는 바스크 지역에서 "소

---

11) Elliott(1963, 11). "중세적 분열은 흔히 생각된 것처럼 약화되었던 것이 아니라, 수세기에 걸쳐 한층 더 강화되었다. 이런 중세적 분열이 충분히 강조된 적이 있었는가?" Vilar (1962b, I, 191).
12) Vicens Vives(1970, 107).
13) "[1637년 당시] 카스티야로부터 더 많은 재화를 짜내려는 백작-공작[즉 올리바레스]의 노력이 성공했는데도, 그는 카스티야가 고갈되는 순간이 반드시 오리라는 것을 누구보다도 잘 인식했다. 이 때문에 문장동맹(紋章同盟, Union of Arms : 1626년 올리바레스가 제국 내 모든 지역이 공동 출자하여 14만 명 규모의 연합군을 만들자고 한 제안. 지역적 배타주의로 인해서 실패함/옮긴이)이 실제로 이루어져야 하고, 특히 이베리아 반도에서 가장 부유한 두 국가들로 **추정된** 카탈루냐와 포르투갈이 그들이 가졌다고 **여겨진** 재원에 걸맞는 역할을 해야 한다고 그는 생각했다. 올리바레스가 보기에는 위험스럽게도 이 두 국가들은 모두 왕국의 나머지 지역들과 '분리되어' 있는 것 같았다." Elliott(1966, 333). 고딕체는 월러스틴의 강조.
14) Vicens Vives(1970, 107). Pierre Vilar(1962b, I, 627)의 다음 글도 참조 : "엄청난 재정적 곤경에 처한 중앙정부는 지역 평의회들이 징세에 맞서서 격렬하게 방어하고 있던 카탈루냐의 재원에 눈독을 들였다."

금 폭동"이 있었다. 이러한 봉기들의 주된 원인은 새로운 조세들이었고, "그것은 이미 다른 착취형태들로 한계에 이른 민중의 인내를 넘치도록 만든 마지막 물방울이었다."[15] 카탈루냐의 경우에 특별한 것은 민중의 분노가 "갑자기 폭발적으로 터져서 활기를 띤"[16] 것이 아니라 그것이 "부르주아지의 각성" 및 "카탈루냐 지배계급"의 동요와 결합했다는 점이었다.[17] 이러한 불만의 원천들이 결합하여 '카탈루냐 반란'을 그렇게 오랫동안 지속되고 그렇게 위협적이게 만들었던 것이다.[18]

포르투갈이 이베리아 연합(1580-1640년간 포르투갈이 에스파냐에 종속된 것을 가리킴/옮긴이), 즉 포르투갈인들이 뒤에 '60년간의 속박'이라고 부르게 된 것 속에서 법적으로 에스파냐의 일부가 되었던 것은 유럽 세계경제가 팽창과 인플레이션의 시대에서 불황의 시대로 새로 방향을 잡아가는 바로 이 시기였다. 포르투갈의 왕위계승이 단절된 데다가 1578년 알카자르-엘-케비르에서 포르투갈 군이 모로코인들에게 패했기 때문에, 1580년 에스파냐 왕은 자신의 군대를 이끌고 포르투갈에 진입하여 포르투갈의 왕이 될 수 있었다. 이 연합에 대한 반대는 미약했는데, 그 이유는 포르투갈인에게도 그것이 어느 정도 분명한 이익이 되었기 때문이다. 그 이점 중 하나는 이베리아 반도 내

---

15) Emiliano Fernández de Pinedo(1974, 76)는 프랑스에 대해서 포르슈네프가 쓴 이 문장을 이 시기 비스카야에도 정확히 들어맞는 것으로 인용하고 있다.
16) Elliott(1963, 463). 그는 이러한 민중의 분노들을 "부농과 귀족에 대한 소농 및 무토지농의 증오와 농촌 실업자들의 고통, 비적을 진압했던 사람들에 대한 비적 분자의 복수 열망, 농촌과 도시의 오랜 반목 및 자치도시 내 과두지배자와 도시 빈민들 사이의 불화"(pp. 462-463)와 동일시한다.
17) Elliott(1963, 127, 465).
18) "카스티야의 영지에서 1600년 이래 일어났던 재난들 중에서 최악의 재난을 들자면, 그 전쟁 때문에 공국에서 발생한 일들이리라. 그 재난이란 막대한 공공지출과 화폐 인플레이션, 생산의 마비, 무서운 전염병으로 인한 인구 감소, 그리고 마지막으로 국제분쟁의 결과로 가장 비옥한 루시용 평야를 포함한 카탈루냐 일부 지역의 상실이었다." Vilar(1962b, I, 633). 가장 고통을 겪었던 사람들은 소규모 자영농이었다. Vilar(1962a, 80-81) 참조. 또한 주변부 나라들과의 유사성에도 주목하라. 이 때문에 반란이 격렬해졌음은 물론이고 반란이 "폭도들의 통치에 귀족들을 종속시킬지도 모른다는 사회적 연상작용"을 발생시켰다. Elliott(1966, 349). 이런 이유로 카탈루냐의 통일성은 허물어졌고 카탈루냐인들은 1652년 무렵 에스파냐의 테두리 안으로 되돌아가게 되었다.

관세장벽의 폐지였는데, 이것으로 포르투갈인들은 에스파냐산 밀을 세금부담 없이 구입할 수 있게 되었다.[19] 두번째 이점은 연합을 통해서 포르투갈의 부르주아지가 에스파냐 제국에 접근할 수 있게 되었다는 것이다. 에스파냐 제국은 1580년에 "그 절정기에 이르렀고, 이는 포르투갈인들의 기업심을 강력하게 끌어당겼다. 그 당시 그들은 다른 문화들과 색다른 무역방법들에 익숙해 있었으며 도처에 자신들의 시장을 확장하는 데 열중했기 때문에 그러한 유대가 그들에게 제공한 막대한 가능성을 잘 인식했던 것이다."[20] 에스파냐의 입장에서, 연합은 카스티야 국가 행정에 대해서 재정압박이 점점 더 커지던 시기에 새로운 금융망에 접근할 수 있게 하는 경제적 이점을 가졌다. 포르투갈인 은행가들은 이제 ── 공식적으로는 1606년 이후이지만 그전에도 비공식적으로 ── 카스티야의 재정계통에 진입할 수 있었다.

왕국의 재정문제를 해결하고자 했던 올리바레스는 포르투갈인들에게 많은 혜택을 주었다. 포르투갈인 은행가들은 암스테르담 환거래소와 연결되었고 네덜란드 자금을 이용하고 있었을 것이다.[21] (그들은 실제로 거의 모두가 마라노, 즉 유대인 **개종자들**이었다.)[22] 게다가 그들은 상인-은행가였고,[23] 그들에

---

19) A. H. de Oliveira Marques(1976, I, 308)는 이 관세 폐지가 "특히 포르투갈인들이 오랫동안 간직했던 꿈"이라고 한다.
20) Marques(1976, I, 308). 포르투갈인들은 에스파냐 제국을 충분히 이용했다. Israel(1974b, 32)은 1640년 무렵 포르투갈인들이 신에스파냐 인구의 6퍼센트를 차지했고, 에스파냐령 인도 제도 전체에 걸쳐 유사한 비율의 집단이 있었다고 추산한다. 그는 "……포르투갈로부터 실로 거대한 탈출"이 있었다고 한다. "그 탈출은 포르투갈의 농촌과 소도시로부터 주민이 이동한 것과 포르투갈 사업가들이 침체에 빠진 포르투갈과 쇠퇴하는 에스파냐 그리고 타격을 입은 이탈리아로부터 떠난 사실을 반영했다."
21) Castillo(1964, 특히 pp. 311-314)의 논의 참조.
22) 이것은 카스티야 외의 다른 이베리아 지역들에서도 마찬가지였다. "이베리아 반도의 주변지역들[포르투갈, 카탈루냐 해안지역, 발렌시아]에서는……부르주아 신분과 '개종자' 신분 사이에 높은 상관관계가 있었다." Chaunu(1963a, 82). Mauro(1970, 34)도 같은 주장을 한다. "포르투갈은 17세기에 부르주아지와 신그리스도 교도(new Christians) 집단이 존재했던 유일한 나라가 아니었다. 그러나 포르투갈이 다른 나라들과 다른 점은 거기서는 두 신분이 사실상 혼동되고 있었다는 것이다."
23) 이들 상인-은행가들을 Mauro(1961c, 20)는 다음과 같이 설명한다 : "그들 사이를 구분할 어떠한 기술적인 근거도 없다. 도매업, 준도매업, 소매업? 그들 모두는 그 모든 것을 다

게 에스파냐에 대한 접근은 또한 에스파냐령 아메리카, 즉 부에노스 아이레스, 리오 데 라 플라타, 테라페르마, 안틸레스 제도에 대한 접근이기도 했다.[24] 게다가 포르투갈인들은 에스파냐 함대의 보호를 받으며 자신들의 번성하는 브라질 설탕 식민지[25]로부터 이윤을 얻을 수 있었다.[26] 따라서 부분적으로 연합이 가져온 이점을 통해서 포르투갈인들은 17세기에 분 최초의 세찬 바람으로부터 스스로를 보호했다. 그러나 그것은 지속될 수 없었다. 한편으로 포르투갈인들의 이러한 이익에 대해서 에스파냐인들이 반발하기 시작했다.[27] 그것은 쉽게 반(反)유대 혐오증으로 포장되었다.[28] 다른 한편으로 포르투갈인들도 불만을 품게 되었다. 그 이유는 그들이 필요로 하는 보호를 에스파냐인들이 점점 더 제공할 수 없게 되었기 때문이다. 포르투갈인들은 얼마간 네덜란드와 에스파냐 간의 지속적인 대립 때문에 네덜란드가 브라질을 점령했다고 생각했다(1630-54년에 네덜란드인들은 브라질의 페르남부쿠를 점령했고, 1641-

하고 있다. 원거리 무역, 전국적 무역, 국지적 무역? 그들 모두는 그 각각을 조금씩 다 했다. 상품거래, 환거래? 그것들은 분리될 수 없었다."
24) Huguette & Pierre Chaunu(1954, 53) 참조. Revah(1959-1960, 37 ; p. 48, 주 4 비교)는 이 지역들에서 "고유명사 '포르투갈인'은 '신그리스도 교도'와 동의어로 사용되었고, 종종 '비밀 유대인'과도 동의어로 사용되었다"고 지적한다. 그러나 Israel(1974b, 24와 여러 곳, 19-32 참조)은 비밀 유대 교도(juaizantes), 사실상 동화된 신그리스도 교도(Cristãos novos), 그리고 그 중간적인 집단인 "비유대교화하고 있었지만 그럼에도 자신의 유대인적 성격을 자기 직업에 강력하게 지니고 있던" 개종자들을 주의깊게 구분한다.
25) Mauro(1959, 183)는 "16세기[말경]에 포르투갈 제국과 에스파냐 제국의 운명을 혼동하지 말 것을" 권고한다. "왜냐하면 브라질과 그것의 막대한 설탕 단지는 두 나라의 운명에 차이를 가져왔으며, 그 차이는 작지 않았기 때문이다."
26) Huguette & Pierre Chaunu(1954, 52).
27) J. Elliott, "Seventeenth-Century Revolutions"(1958, 68)에서 전개하는 주장 참조. Disney(1977, 252)는 포르투갈 사업가들이 (1628년에 설립된) 포르투갈 동인도회사에 투자하길 꺼린 이유를 설명하면서 다음과 같은 한 가지 요소를 이유로 제시한다 : "일부 포르투갈인들은 동인도회사의 설립을 1580년 펠리페 2세가 포르투갈에 부여했던 행정적 독립성을 회피하려는 마드리드의 음험한 시도로 보았다."
28) Huguette & Pierre Chaunu(1954, 54). 이들은 유대인들이 목표가 되었다고 지적하고 "이러한 낭트 칙령들이 국면 A에 들어맞았으며 국면 B에서는 철회되었다"고 한다. 또한 Chaunu(1963d)도 참조. 이들 신그리스도 교도 중 일부는 쉽게 함부르크로 이주했고, 그 곳에서 18세기 함부르크의 상업 확장에 중요한 역할을 했다. Kellenbenz(1958) 참조.

54년의 전쟁을 통해서야 축출됨/옮긴이).²⁹⁾ 어쨌든, 1600-30년 동안에는 세비야-대서양 무역보다 훨씬 더 잘 유지되었던 루시타니아-대서양 무역이 하강곡선을 그리기 시작했다(루시타니아는 대략 포르투갈 대부분과 일부 에스파냐 서부 주들을 포함하는 이베리아 반도 서부지역을 말함/옮긴이).³⁰⁾ 브라질에서의 이런 어려움들은 1638년 당시 포르투갈인들이 영국인과 네덜란드인에게 서아프리카 해상 금 무역을 빼앗김으로써 가중되었다.³¹⁾

카탈루냐인들의 반란과 같은 시기인 1640년에 포르투갈인들은 봉기했지만, 그 봉기는 카탈루냐 반란처럼 계급분열을 지니고 있지 않았다. 이러한 사실은 "[포르투갈 부르주아지가] 에스파냐와의 연고를 끊고 독립을 이루는 것을 더 쉽게 받아들이도록 했다."³²⁾ 포르투갈은 자신의 독립을 선언했고 영국과 관계를 맺는 쪽으로 나아가기 시작했다. 박서는 포르투갈이 17세기 초에 아시아에서 자신의 무역제국을 네덜란드인들에게 빼앗겼는데, 이는 "무력해진 포르투갈 왕국에 비해서" 네덜란드인들이 "실제적인 힘과 잠재적인 힘에서 매우 우월했기" 때문이라고 한다.³³⁾ 앞서 보았듯이, 포르투갈은 그에 대한 어느 정도의 보상을 에스파냐와의 연합에서 구했다. 그러나 유럽 세계경제의 하락세

---

29) Boxer(1961, 52)는 네덜란드의 브라질 점령을 "포르투갈인들이 1640년에 에스파냐 국왕에 대해서 반란을 일으킨 주된 원인 중의 하나"로 제시한다. 그러나 그는 "포르투갈인들은 포르투갈의 정복지와 본국이 에스파냐와의 관계를 끊으면 곧 네덜란드인이 포르투갈의 정복지에 대한 침략을 멈추리라는 바람을 이루지 못했다. 그와는 반대로……"라고 지적한다.

30) Chaunu(1961, 1194) 참조. Mauro(1960, 513)는 1670년까지 포르투갈의 대서양 경제가 "번성했다"고 말한다. 그러나 쇼뉘는 보다 신중하다 : "17세기 초에 장기적 경향의 역전이 어떤 다른 곳보다 분명하게 보이는 세비야 구역과 비교하여 브라질 연안 대서양은 어두움과 미묘한 색조로 가득 차 있다." 그는 또한 "1630년대 말, 아마도 1650년에 늦은 전환점이 있었는데, 그것은 붕괴라기보다는 오히려 성장의 둔화였다"고 한다. 포르투갈인들의 반란이 적어도 1670년까지 브라질이 회복될 수 있었던 것을 설명할 수 없는가? 반대로, Elliott(1966, 351)이 주장한 것처럼, 그 회복은 "독립국가로서 포르투갈이 잔존하는 데 대한 외국[특히 영국]의 관심을 자극하는 데 일조했다"는 점에서 "포르투갈에게 구원"이었다.

31) Godinho(1950a, 34) 참조.
32) Elliott(1963, 543).
33) Boxer(1961, 53).

로 인한 압박은 그 보상조차도 제거하고 있었다. 브로델이 보기에 "중요한 문제는 바로 이것이다. 즉 에스파냐에게 포르투갈은 경제적으로 말해서 호시절의 동료가 아니었는가?"[34] 따라서 에스파냐는 포르투갈과 분리하여 물질적으로 얻은 것이 거의 없었고, 동시에 막 시작된 식민지들의 방출로 고통을 겪고 있었다. 무엇보다도, 아메리카 대륙과 에스파냐 간의 교통이 크게 후퇴했는데, 쇼뉘는 그 시기를 1622년에서 1680년까지로 설정한다.[35] 두번째로, 처음에는 네덜란드인들에 의해서,[36] 뒤에는 영국인과 프랑스인들에 의해서 밀무역이 발달하여 유럽과 아메리카 대륙간 교역의 주된 양상이 되었다.[37] 17세기를 거치면서 에스파냐령 아메리카와 핵심부 국가들의 직접관계는 점차 "에스파냐령 아메리카의 기본 필수품의 거의 대부분을 밀무역이 공급하는" 실정으로 변했다.[38]

따라서 17세기를 거치면서 에스파냐는 기껏해야 핵심부 나라들과 에스파냐령 식민지들 사이를 연결하는 다소 수동적인 전달장치가 되었다. 에스파냐는 핵심부 나라들로부터 섬유와 뉴펀들랜드산 건어물을 수입하여 국내에서 소비하고, 밀무역에 완전히 선수를 빼앗기지 않으면 그것들을 식민지로 넘겼다. 에스파냐는 부분적으로 이베리아 반도에서 나는 원료들의 수출과 식민지에서

---

34) Braudel(1956, 196).
35) Chaunu(1959, VIII, 2*bis*, 1568). Helmer(1967, 405)의 다음 글도 참조 : "1630년 이래로 서인도 무역상들(cargadoras de Indias)이 수없이 파산했다". Chaunu(1959, VIII, 2*bis*, 1568-1569)는 "미묘한 인과관계 문제를 확정하려고 하지 않더라도" 이 시기가 비용(billón) 화폐의 인플레이션과 관계가 있다고 지적하고, 이렇게 평한다 : "단순히 우연의 일치일까? 그렇다고 하더라도 그 우연의 일치는 우리를 혼란스럽게 만든다."
36) 실제로, Jaime Vicens Vives(1970, 106)는 과거를 거슬러올라가 당시의 에스파냐 정부에게 이렇게 훈계한다 : "올리바레스는 프랑스와 홀란트의 충만한 힘이 기다리고 있던 골치아픈 유럽의 대립에 말려드는 대신에 카리브 해에서 네덜란드인에게 입은 제국의 최초의 상처를 지혈하고, 아메리카 식민지들을 전시체제로 정돈했어야 했다. 그렇게 하지 않고 그는 그런 안전한 정책을 실행하기 위해서 안달루시아에서 모은 금을 30년전쟁의 군사작전 비용으로 써버렸다. 그 결과 에스파냐령 아메리카의 미래가 유럽에서 종결되었다."
37) Vignols(1925, 240)는 대서양 횡단 밀무역이 여러 시기에 다양한 정도로 행해졌지만, 그것은 유럽 내부의 밀무역과 유럽의 일국 내 밀무역보다 항상 더 컸다고 지적한다.
38) Larraz(1943, 98). 타락한 에스파냐 관리들과 에스파냐 식민지 이주민들이 밀무역을 방조, 교사했다. Pantaleão(1946, 127-129, 235-236) 참조.

나는 염료들 그리고 무엇보다도 아메리카산 금은 ─ "구(舊)에스파냐와 무역을 계속하는 본질적인 이유"[39] ─ 으로 대금을 결제했다. 재정압박 시기에 계속된 연합주, 프랑스, 카탈루냐, 포르투갈과의 전쟁들은 베욘 화폐의 연속적인 인플레이션으로 이어졌고, 1650년 이후에는 그 양상이 특히 심각했다. 이로 인해서 1680년대까지 "카스티야는 행정적, 경제적으로 완전히 몰락하게"[40] 되었다. 그러한 상황에서 에스파냐 왕국은 아메리카 대륙에서 벌어진 핵심부 열강들의 잠식과 강탈이나 심지어 에스파냐 자체 내에서 일어난 북서 유럽산 제품 판매의 꾸준한 확장[41]에도 거의 저항할 수 없는 처지에 있었다. 이런 상황을 랑베르는 이렇게 요약한다. "17세기 말에 에스파냐는 세계경제에서 특별한 위치를 점했다. 그것은 탐욕스러운 유럽 열강 모두를 집결시키는 광대하고 사실상 개발되지 않은 시장이었다.……[에스파냐는] [보다 선진적인 나라들에] 의존하여 가까스로 살아나갔다."[42]

포르투갈도 대략 같은 상황에 처했다. 왕정복고 시기에 영국산 직물에 대하여 포르투갈과 에스파냐는 모두 "광대한 해외시장의 전망을 열었다. 아직 영국 상인들은 중개상을 통해서만 남아메리카와 거래할 수 있었지만 말이다."[43] 사실 1642년과 1654년 그리고 1661년에 잇달아 체결된 잉글랜드와 포르투갈 간의 조약들을 통해서 영국은 에스파냐령 아메리카보다 브라질과 훨씬 더 깊은 관련을 맺었다.[44] 포르투갈 삼각 무역에 영국인이 (그 삼각 무역

---

39) McLachlan(1940, 13) 참조. 또한 Christelow(1941, 516)도 참조.
40) Elliott(1966, 360). 엘리엇은 카스티야의 몰락이 "카스티야의 문화적, 지적 생활의 마비를 동반했다"고 한다(p. 361). Larraz(1943, 96)도 참조. Kamen(1964, 75)은 1677-86년의 위기를 상세히 논하면서 베욘 화폐의 인플레이션이 "거의 파국에 가까운" 것이라고 한다. 이런 어려움들을 보다 깊이 반영하는 사실은 특히 발렌시아에서 "격렬한" 비적행위가 "17세기 전반에 걸쳐 지속적으로 늘어난 것"이었다(Kamen, 1974, 654).
41) Delumeau(1966, 100)는 이 무역에 "프랑스가 크게 심려를 기울였다"고 한다. Pantaleão(1946, 272)는 "에스파냐 제국과의 상업이 대영제국 전체의 관심을 끌었다"고 말한다.
42) Rambert(1959, 269).
43) Francis(1966, 187).
44) Pantaleão(1946, 15). 게다가 브라간사의 캐서린과 찰스 2세의 혼약으로 맺어진 1661년의 조약에서 봄베이와 탕헤르가 캐서린의 결혼지참금으로 잉글랜드에 할양되었다. Boxer

을 사각 무역으로 만들면서) 개입하면서 포르투갈은 "점점 더 주변부가" 되었을 것이다.[45] 1650년에 일반적으로 유럽에서, 특별하게는 포르투갈에서 시작된 일시적인 경제적 향상이 1670년에 끝나자,[46] 포르투갈은 17세기의 보편적인 처방책인 중상주의를 채택함으로써 이러한 전달장치적 처지를 벗어나려고 굉장한 노력을 했다. 이 중상주의는 1675년에서 1690년까지 재상들이었던 프론테이라 후작과 에리세이라 공작이 수행한 공공연한 정책이었다. 포르투갈인들은 의식적으로 이 정책을 콜베르 정책의 모방으로 생각했다. 그들은 영국 및 프랑스 공업과 경쟁할 수 있는 공업을 건설하는 데에 도움을 얻기 위해서 프랑스 기술자들을 수입했고[47] 아프리카 노예무역을 위한 상업회사를 설립하여 에스파냐 상인들을 압도하려고 했다. 한번은 포르투갈인들은 통화의 명목가치를 20퍼센트 정도 올려서 특히 에스파냐로부터 금은을 유인하려고 한 적도 있었다.[48]

또한 1670년대의 이 위기의 결과 포르투갈은 브라질에서 금은 탐색을 재개

(1961, 52)는 이것을 포르투갈이 네덜란드인들에 대항하여 "영국과의 동맹에서 보호를 구한 것"으로 설명한다.

45) Sideri(1970, 21).
46) Mauro(1975, 9)는 일시적인 경제적 향상이 끝난 시기를 1680년대로 잡는다. 그러나 이 점에서 대부분의 다른 연구자들은 그와 견해를 달리하는 것 같다. Vilar(1974, 280)는 위기가 1670년에서 1703년 사이에 있었다고 하며, V. M. Godinho(1974, 266)는 위기를 1670년에서 1690년 사이로 본다. 그리고 Sideri(1970, 26)는 1670년 당시 "경제사정이 어려웠다"고 본다. 사실 위기는 은 수입량이 하락하고 프랑스, 영국, 네덜란드 시장들로부터 포르투갈 식민지산 설탕 및 담배가 점점 더 배제됨으로써 촉진되었다. 게다가 기니 만에서 벌어진 네덜란드와 포르투갈의 경쟁으로 노예 가격이 상승했고, 이것은 앙골라 지역의 노예 공급이 일부 고갈되었기 때문에 더욱 심화되었다. 이 모든 것이 1670년 일어나기 시작하여 포르투갈이 이전의 무역구조에서 한 역할을 계속하기 어렵게 만들었다. 그것은 우리가 오늘날 국제수지의 위기라고 부르는 것이었다. Godinho(1950b, 184-185) 참조.
47) 그 결과 중 하나는 1670-80년 시기에 프랑스가 포르투갈의 주된 무역상대국이 되었다는 것이다. Mauro(1961b)는 이런 사정이 뒤에 바뀌게 된 이유를 설명하면서, 프랑스의 생산물과 포르투갈의 생산물이 세계시장에서 얼마나 경쟁적이었는지를 강조한다. 그러나 이것은 영국과 포르투갈 간에 새로 이루어진 연결의 원인이라기보다는 오히려 결과가 아닌가?
48) Godinho(1950b, 186-187) 참조. 그들은 이 정책에서 실패하진 않았다. 예컨대 고디뇨는 통화조작에 대해서 이렇게 지적했다 : "1688년에는 지불준비가 불가능했다. 그런데 1689년에는 리스본에서 정화가 정상적으로 유통되었다. 따라서 통화조작은 성공적이었다."

했지만,[49] 실제로 거기서 상당한 양의 금이 발견된 것은 1693-95년의 일이었다.[50] 게다가 위기로 인해서 새로운 수출시장도 모색되었고, 바로 이때 마데이라 포도주를 위한 광범위한 시장이 개발되었다. 영국인들은 "마데이라 포도주가 더운 기후에서 보존하고 운송하는 데에 가장 좋은 포도주"라는 것을 깨달았고,[51] 실제로 마데이라 포도주는 영국인들로부터 대단한 호평을 받았다. 그래서 1663년의 항해조례는 유럽산 상품을 영국령 아메리카 식민지로 운반하려면 잉글랜드를 통과해야 한다고 규정한 기본 산물의 요구조건에 대한 세 가지 예외품목 중 하나로 마데이라와 아조레스 제도로부터 수입된 포도주를 채택했을 정도였다.[52] 영국령 서인도 제도와 뉴잉글랜드는 급속하게 이 포도주의 주된 시장이 되었고,[53] 포르투갈에서는 포도주 재배의 중요성이 꾸준히 증대했다.[54] 그런데 1690년에 에리세이라 공작이 죽었고, 1692년까지 포르투갈 중상주의가 무너졌다. 대체 무슨 일이 있었는가? 고디뇨는 세 가지 설명을 제시한다.[55] 첫째는 설탕과 담배 가격을 전반적으로 상승시켰던 1690년의 일반적인 상업위기와 네덜란드인들의 일시적 어려움을 틈타서 포르투갈이 얻었던 이익이 모두 종식되었다는 사실이다. 두번째는 영국령 아메리카에 대한 포도주 판매가 지속적으로 성장했는데, 이것은 영국과 프랑스 간 전쟁의 결과로 영국이 프랑스산 포도주의 수입을 금지하고 대신에 포르투갈산 포도

---

49) Godinho(1950b, 191) ; Vilar(1974, 280-281) 참조.
50) Sideri(1970, 40).
51) Francis(1972, 64). 또한 Silbert(1954, 413-419)도 참조.
53) Andrews(1929, I, 275) ; Beer(1912, I, 78-79) 참조.
53) T. Bentley Duncan(1972, 46) 참조. 그는 이렇게 지적한다 : "마데이라 포도주 무역은 유럽의 일반적인 기준으로는 그리 중요하지 않았지만, 영국과 포르투갈 식민지들의 얼마 안 되는 인구를 고려하면 아메리카에서는 중요한 사업이었다."(1972, 48) 그러나 또한 다음의 사실도 주목하라. 아메리카에 대한 포도주 무역은 "전적으로 풍샬(Funchal : 마데이라 섬의 항구도시/옮긴이)의 영국인 상인이 주도하고 있었다. 그들은 영국산 섬유와 다른 수입상품(소금에 절인 생선, 절인 청어, 영국산 제조업 상품들, 아조레스산 밀 등)을 판매하여 얻은 수익으로 이 포도주 화물을 구입했다."(pp. 50-51)
54) Godinho(1953, 79)는 포도주 생산의 증대가 "아메리카 대륙에서의 시장 확대와 직접적인 관련이 있다"고 주장한다.
55) Godinho(1950b, 188-190) 참조.

주로 거래선을 바꿈으로써 배가되었다.⁵⁶⁾ 세번째는 브라질에서 골드 러시가 시작되었다는 것이다.⁵⁷⁾

중상주의는 격심한 상업위기에 대응하는 정책으로 채택되었다.⁵⁸⁾ 그러나 반중상주의적인 토착세력들이 이미 너무 강하게 자리잡았고, 그들의 이해관계에 다소 유리한 분위기가 조성되자 그들이 정치적으로 재등장하는 것을 막을 수 없었다.⁵⁹⁾ 포르투갈인들은 1703년과 1713년의 메수엔 조약들에 서서히 익숙해졌다. 고디뇨의 말에 따르면, 그 조약들은 이미 1692년에 창출되었고 17세기의 모든 발전과정에서 유래하는 "실제 상황을 본질적으로 확인하는"⁶⁰⁾ 것이었다. 국제분업의 이점을 강조하는 리카도의 비교생산비 이론에 모델이 되었던, 익히 알려진 그 조약들은 영국의 특권들을 새로 창출한 것이 아니라 1642년과 1654년 그리고 1661년의 조약들에 들어 있던 영국의 특권들을 재창출했다.⁶¹⁾ 영국산 의류와 포르투갈산 포도주의 교환이 휘그 상업정책의 명

---

56) 또한 Boxer(1958, 34)도 참조. 그는 '윌리엄 왕의 전쟁' 동안 포르투갈산 포도주의 수요 증대가 포르투갈의 "무역역조"를 줄였고, 따라서 "수입된 영국산 의류상품을 국산품으로 대체하는 것을 그리 긴급하지 않게 만들었다"고 한다. 사실 영국인들이 프랑스산 포도주보다 포르투갈산 포도주를 더 좋아한 것은 아니었다. Sideri(1970, 64 참조)는 이를 다음과 같은 수치로 밝히고 있다. 1683년에 프랑스산 포도주가 잉글랜드에서 금지되었다. 그해 영국인들은 프랑스로부터 65갤런을 수입했고 포르투갈로부터 1만6,772갤런을 수입했다. 1686년에 금지령이 풀렸을 때, 그들은 포르투갈로부터 289갤런을 수입했고 프랑스로부터는 1만2,750갤런을 수입했다.
57) Cordoso(1946, 146)는 골드 러시의 결과 "[포르투갈] 조금이라도 이윤을 제공하는 유일한 시장"이었던 "브라질로의 외국산물의 불법적 도입"이 증가했다고 지적한다.
58) "개인적으로 나는 제조업을 장려하는 이 정책을 바로 그 위기가 설명할 수 있다고 믿는다." Godinho(1953, 70). 그는 중상주의 시기란 결국 설탕, 담배, 소금의 순환과 브라질산 금, 포트와인, 마데이라 포도주의 순환 사이의 "회전무대"에 불과했다고 말한다 (1950b, 70).
59) "'제조업자들'은 포도밭의 영주들에게 무너졌다." Godinho(1950b, 189). 이런 생각은 계속하여 이데올로기적으로 정당화되었다. "더 뒤의 시기에는 포르투갈인들조차도 영국인들이 도우루 강 상류에서 포도밭이 발달한 것에 책임이 있다는 데에 동의하고, 영국인이 오기 전에는 거기에서 금작화와 가시금작화 외에는 아무것도 자라지 않았다고 믿는 경향이 있었다." Francis(1972, 109).
60) Godinho(1950b, 188).
61) Macedo(1963b, 53) ; Sideri(1970, 42) 참조.

예로운 상징이 되었던 것이다.[62]

에리세이라 공작 치세하의 중상주의 시대(1675-90)가 이 시기 세계경제에서 점점 더 종속적으로 되어가는 자신의 역할에 대한 포르투갈인들의 짧은 저항시기였다면, 에스파냐 왕위계승 전쟁은 에스파냐인들이 시도한 유사한 저항시도로서 마찬가지로 실패했다고 해석할 수 있을 것이다. 에스파냐 국가는 17세기에 너무나 약화되어 1697년 레이스베이크 평화조약을 필두로 프랑스, 오스트리아, 영국, 연합주가 에스파냐 제국의 분할을 흥정할 정도가 되었다. 1702년 무렵 에스파냐는 프랑스와 운명을 같이하여, 다음 해에 메수엔 조약에 서명하는 포르투갈을 포함한 유럽의 여타 지역 모두에 대항했다.[63] 영국인들이 볼 때, 프랑스인들은 오랫동안 에스파냐 영토의 할당부분을 너무 넓게 차지해왔다. 그리고 부르봉 왕가의 에스파냐 왕위계승은 영국인들이 이미 프랑스인들을 능가했던 아메리카 대륙에서라기보다는, 에스파냐 자체와 일반적으로 지중해에서 영국의 몫을 더욱더 줄일 위험이 있었다.[64] 프랑스와 영국이 다투었던 전쟁은 에스파냐의 경계를 훨씬 넘어서 파급되었고, 특히 해적행위를 통해서 상대방의 교역망을 파괴하려는 시도로 나타났다.[65] 아르센 르그렐

---

62) "1713년에 [토리 당의 반대에 맞서서] 프랑스보다는 포르투갈과의 무역에 찬성했던 휘그 당이 정권을 장악하여 오랫동안 유지했다. 휘그 당의 집권 초기에 영국과 포르투갈 간 무역은 전례가 없을 정도로 절정에 이르렀다." Francis(1966, 185).
내게 보낸 개인적인 서신에서 E. 페르난데스는 1650년 이래 에스파냐로 모직물과 소금에 절인 생선, 밀을 운반한 자신의 배들이 빈 채로 돌아오는 것을 원치 않은 네덜란드인과 영국인들이 카탈루냐에서는 브랜디 생산을, 말라가 해안에서 조금 떨어진 곳에서는 건포도와 아몬드 생산을 자극했다고 지적한다. 특히 그 무역적자가 아메리카산 금은으로 보전되었기에 그는 이를 "은 메수엔 조약"이라고 부른다.
63) Kamen(1969, 1-5) 참조.
64) Temperley(1940, ix-x); McLachlan(1940, 30) 참조. 맥라클란은 영국 상인들이 1698년과 1700년의 분할 조약들에 반대했는데, 그 이유는 그 조약들이 체결될 경우 지중해가 "프랑스의 호수가 되리라고" 생각했기 때문이라고 한다. Clark(1928, 262)도 같은 생각이다 : "만약 프랑스인들이 성공을 거둔다면, 두 걸출한 해상세력인 네덜란드인들과 영국인들은 그들 교역의 상당 부분을 상실할 처지에 있었다."
65) 결국 프랑스인들이 이 공해상의 전투에서 패배했다. "영국인들은 프랑스 해적들의 위협을 저지하는 데에 성공했을 뿐만 아니라, 또한 같은 해적행위에서 공격자로서도 상당한 성공을 거두었다." Clark(1928, 264).

이 말하듯이, "에스파냐 왕위계승 전쟁의 역사는 에스파냐 내부의 역사가 아니[었]다."[66] 프랑스인들은 곧 에스파냐 동맹자들의 주된 관심이 프랑스의 이해를 증진하는 데에 있는 것이 아니라 에스파냐를 자신이 처해 있던 경제적 속박으로부터 벗어나게 하는 데에 있다는 점을 충분히 간파했다.[67]

카탈루냐에서 일어난 반란도 이와 같은 시각에서 살펴봐야 할 것이다. 카탈루냐는 1670년 이후 경제적으로 완만한 회복세를 겪어왔다. 이는 주로 카스티야에 비해서 "더 가벼운 조세를 부담했고……경제적으로 완전히 쇠약해지지 않았기" 때문이다.[68] 이 그다지 크지 않은 번영은 상업적인 중개역할에 기반을 두었다. "'자유무역'을 꿈꾸고 또다른 홀란트가 되기를 꿈꾸는……이 발전하는 계급"에게 중상주의적이고 중앙집권적인 에스파냐는 도움이 되지 않았을 것이다.[69] 게다가 "열강인 프랑스는" 1659년의 피레네 조약으로 카탈루냐 영토를

---

66) Arsène Legrelle, *La diplomatie française et la succession d'Espagne* (Paris, 1888-92), III, 332 ; Kamen(1928, 264)에 재인용.
67) Kemen(1969, 127)은 이렇게 말한다 : "프랑스와 에스파냐 간 무역을 증진하기 위해서 관세를 낮게 유지하고 [영국 및 네덜란드] 적과의 상업은 금지[되어야 했다]. 난처하게도 프랑스인들은 이 두 가지를 시행하면서 마음 먹은 대로 하기가 결코 쉽지 않다는 것을 알았다. 왜냐하면 그 조치들은 프랑스인들이 공식적으로 누렸던 무역 특권의 가치를 감소시킬 위험이 있었기 때문이다." 그럼에도 프랑스인들은 에스파냐에서 특권을 누렸다. 이러한 특권들이야말로 영국인들을 분기시켰던 것이다. 프랑스는 에스파냐령 인도 제도에 접근하는 데에 더 관심이 있었다. 그러나 "프랑스 해군이 우세했고, 아시엔토권이 있었으며, 생-말로(Saint-Malo : 프랑스 북서부의 상업항구. 특히 17세기와 18세기에 해적의 근거지/옮긴이)를 통해서 대량의 불법무역이 계속되었는데도, 프랑스는 결국 전반적으로 실패했다. 루이 14세는 인도 제도에 대해서 카디스가 행사한 독점을 잠식하는 데에 결코 성공하지 못했다." Kamen(1969, 155).
　　Rambert(1959, 272)의 다음 글 참조 : "에스파냐 부르봉 왕가는 늘 자신의 원래 태생을 기억했을 것이다. 그러나 그들은 처음부터 백 퍼센트 순수한 에스파냐 사람보다 조금도 못하지 않게 보였다."
68) Elliott(1966, 365). Vilar(1962a, 101)는 그것이 완만한 회복 이상의 것이라고 생각한다. 그는 "에스파냐의 카를로스 2세의 치세(1665-1700)는 카탈루냐에게는 행복한 시기였다.……부농과 상인, 온갖 종류의 사업가들에게……17세기의 마지막 3분의 1 시기는 번영의 시대였다.……1700-15년의 위기 이전에는, 1640년의 왕위계승 때와 달리 왕에 대한 격렬한 공격이 전혀 없었다"고 주장한다.
69) Vilar(1962a, 104).

점유했던 "적이었다."⁷⁰⁾ 그리하여 카탈루냐 운동이 일어났다. 이것은 1640년과 같은 민중반란이 아니라 통치집단의 운동이었고, 이를 이용해서 "영국-오스트리아 '동맹자들'"은 프랑스와 제휴한 이베리아 반도에 대한 재정복을 시도하게 되었다."⁷¹⁾ 이번에 그 운동은 에스파냐로부터 분리하려는 운동이라기보다는 에스파냐 내에서 중상주의적 시각을 가진 집단이 정권을 장악하지 못하게 함으로써 카탈루냐 부르주아지의 경제적 이해를 보존하고자 한 운동이었다.⁷²⁾ 그리고 이런 맥락에서 중상주의적 시각은 진보적인 세속적 시각이었다.⁷³⁾ 에스파냐 왕위계승 전쟁의 결과는 무엇이었는가? 에스파냐는 이베리아 반도 밖에 있는 자신의 영토를 포기해야 했다. 훨씬 더 중요한 것은 에스파냐가 영국과 아시엔토권 조약을 체결했던 것인데, 그 조약에 따라서 에스파냐령 인도 제도로 노예를 수송할 수 있는(최소한 연간 4,800명) 권리가 영국에 제공되었다. 이 권리는 이전에는 프랑스가 가지고 있던 것이었다. 새로운 아시엔토권에는 이전에 프랑스가 가지고 있던 권리와는 다른 특징이 두 가지 있었는데, 그것은 리오 데 라 플라타에 영국인 거류지를 설치하는 것과 영국의 "특허선박"을 연간 500톤으로 하는 것이었다. 이로 인해서 영국은 에스파냐령 아메리카에서 전면적인 무역을 수행할 수 있게 되었다.⁷⁴⁾ 에스파냐 왕위계승 전쟁을 종결짓는 여러 조약들은 "루이 14세에 대항한 연합측의 명백한 승리"였지만,⁷⁵⁾ 특히 영국에게

---

70) Vilar(1962a, 103).
71) Vilar(1962b, I, 672). 한때 카탈루냐 운동은 아주 성공적이었다. Kamen(1969, 248)의 지적대로, 1640년의 위기와는 달리 이번에는 "카스티야의 군대가 리스본과 바르셀로나에 주둔한 것이 아니라 포르투갈과 카탈루냐 군대가 마드리드에 주둔한 것을 볼 수 있다."
72) Vilar(1962b, I, 678) 참조.
73) Chaunu(1963c, 468-469)는 그 경제적 선택이 지닌 문화적 함의를 이렇게 파악한다 : "펠리페 5세의 에스파냐는 문호를 개방할 수 있었지만, 그 개방은 아주 느리게 이루어졌을 뿐이었다.……문호를 개방했다는 것은 무엇을 의미했는가? 그것은 프랑스에, 북쪽에 문호를 개방했다는 것을 의미했다.……카를로스 2세의 치세 말기에 여왕 노이부르크의 마리안 주위로 모인 독일파는 의심할 나위 없이 예술적으로는 이탈리아의 영향을 받은 당파인 과거파였다." 에스파냐 왕위계승 전쟁 이후 문화적 "근대화 추진자"로서 에스파냐 부르봉 왕조의 역할에 대해서는 Vicens Vives(1970, 116-120) 참조.
74) Pitt(1970, 475-476) 참조.
75) Veenendaal(1970, 444). 바로 이런 의미에서 Vilar(1962a, 12)는 위트레흐트 조약을 하나

명백한 승리였다.[76]

그러나 에스파냐의 내부를 보면, 카탈루냐인들은 그들의 동맹자들에게서 버림받았고, 펠리페 5세는 에스파냐의 중앙집중화에 착수할 수 있었다. 아라곤과 카탈루냐는 1716년에 발표된 새로운 안(Nueva Planta)으로 자신들의 특권과 제도들을 상실했다.[77] 발렌시아의 자치법(furs)은 이미 1707년에 폐지되었다.[78] 여전히 펠리페 5세(1683-1746)에 충성했던 나바르와 바스크 지역만이 자신들의 자치법(fueros)을 보존했고, 그후로는 면세 주들(Exempt Provinces)로 알려졌다.[79] 전반적인 국가간 분쟁해결과 아시엔토권 조약의 맥락 내에서는 이런 에스파냐의 중앙집중화가 소기의 목적을 이룰 수 없었다.[80] 위트레흐트 조약의 규정에 따라서 에스파냐가 영국에 불리하도록 관세를 수정하는 것은 불가능했다. 게다가 은세(silver duties : 은으로 표시된 관세/옮긴이)를 통화(베온)로 바꾸는 태환율은 1700년 카를로스 2세의 치세 말기에 일반적이었던 비율로 고정되었다. 이것은 "진짜 보호관세들을 효과적

의 전환점으로 본다. 그 조약은 "유럽에서 구 에스파냐 제국의 청산"을 이루었고, "프랑스 헤게모니를 종식시켰으며, 해상과 식민지 세계에서 영국 우위의 시작을 알렸는데, 이런 영국 우위의 시작은 다른 무엇보다도 지브롤터의 점령으로 상징되었다."

76) G. N. Clark(1928, 279)는 영국인과 네덜란드인이 동맹했지만, 그 "평화조약의 일반적 성격……은 영국인이 자신의 정치적 우위를 이용하여 네덜란드 상업과의 경쟁에서 유리한 위치를 확보한 데 있다"고 지적한다. 또한 A. W. Ward(1908, 438)의 다음 글도 참조 : "연합주는 영토 내에 프랑스의 어떤 새로운 침략에도 대항할 수 있는 확고하게 뿌리내린 강력한 장벽을 얻었다. 그러나 그에 더하여 연합주는 평화조약에서 일정한 상업적 이익을 계속해서 확보했지만, 열강으로서의 정치적 지위는 영원히 소멸되어 어떠한 실질적인 저항도 없이 자신의 경쟁자였던 세력에게로 넘어갔다.……그리고 연합주의 상업적 패권도 마찬가지로 종식되었다."

77) Elliott(1966, 370-371). Jaime Vicens Vives(1970, 11)는 다음과 같이 날카롭게 주장한다 : "카탈루냐인들은 역사의 흐름을 거슬러 투쟁하고 있었다. 그리고 이런 행동은 대개 아주 값비싼 대가를 치른다."

78) Kamen(1974, 687) 참조.

79) Vicens Vives(1970, 114) 참조.

80) Vicens Vives(1970, 113)가 보기에, "지역 특허장이라는 비법이 단지 어떤 대가를 치르더라도 중앙집중화를 이룬다는 비법으로 바뀌었을 뿐이었다.……그리고 이 시도에서 부르봉 왕조와 그 협력자들은 (그들 선배와 마찬가지로) 실패했던 것이다."

으로 차단했다."[81]

로메로 데 솔리스가 강조하듯이, 에스파냐 왕위계승 전쟁에서 부르봉 왕조가 에스파냐 내에서 거둔 승리가 "교회와 토지귀족에 대한 중간계급과 하급 귀족의 승리였다"는 점은 의심할 여지가 없다.[82] 또한 펠리페 5세가 "위트레흐트 조약이 허용한 한계 내에서" 에스파냐의 반주변부적 역할을 종식시키려고 노력했을 것이라는 점도 의심할 여지가 없다.[83] 그러나 케이먼이 주장하듯이 다음과 같은 사실도 분명하다. "위트레흐트 조약에서 이탈리아와 네덜란드의 화물을 빼앗긴 나라가 내부적인 회복과 대외적인 재기에 전념할 수 있었을까?"[84] 부르봉 왕조가 그런 노력을 했다는 것은 확실하다. 그러나 케이먼 자신이 주장하듯이, 그런 시도를 시작했다는 영예는 카를로스 2세에게 주어지며 그 시기도 포르투갈이 나름대로 자신의 시도를 하고 있었던 때와 같은 1680년으로 거슬러올라간다. "펠리페 5세가 에스파냐에 등장했을 때는 거의 1세기 동안 에스파냐를 특징짓던 통화 혼란이 사실상 제거되어 있었다."[85] 부르봉 왕조의 노력이 어느 정도로 강력했든지 간에 에스파냐가 18세기에 자신의 경제적 역할을 실질적으로 변화시키지 못했다는 것은 명백하다. 실제로 에스파냐는 1750년 이후 세계경제가 새로 확장하는 시기에 자신의 아메리카 제

---

81) E. J. Hamilton(1935, 116).
82) Romero de Solís(1973, 54). 그는 "새로운 중간계급으로 농업 자본가와 민족 부르주아지"(p. 66)를 들고 펠리페 5세의 지지자들이 "스스로 농업 자본가로 변신하고 있던 토지귀족의 중간 부문, 그리고 민족 부르주아지와 그 대리인들인 국가 부르주아지"(p. 67, 주 108)였다고 한다. 그러나 Dominguez Ortiz(1955, 30)는 이렇게 말한다 : "부르봉 절대주의는 비록 어떤 중앙 주권의 약화에도 반대했지만, 일단 봉건영주들이 오스트리아 합스부르크가의 치세 말기에 이미 거의 없어지다시피한 자신의 마지막 정치적 의미를 벗어던지자 그들과 타협했다." Kamen(1969, 115)도 이에 동의한다 : "에스파냐 대귀족의 몰락은 정치적, 행정적인 면에서 근본적인 중요성을 가지지만 에스파냐 사회사에서는 그보다 중요성이 떨어진다는 것이 강조되어야 한다. 이전의 치세 때와 마찬가지로 귀족은 자신의 특권과 영지에 여전히 굳게 자리잡고 있었다."
83) 이러한 노력에 대한 E. J. Hamilton(1943, 206)의 서술 참조. 또한 La Force(1964, 337-338)도 참조.
84) Kamen(1969, 391-392).
85) Kamen(1969, 34).

국을 상실하게 된다. 만약 위트레흐트 조약의 결과 아시엔토권 조약이 체결되지 않고 에스파냐가 중상주의 전술을 추구할 수 있는 힘을 상실하지 않았다면 부르봉 왕조가 이루었을 수도 있었던 것과 부르봉 왕조가 실제로 이루었던 것을 비교할 수는 없는가? 펠리페 5세는 아마 세계경제에서 에스파냐의 역할이 훨씬 더 심각하게 쇠퇴하는 것을 적어도 한동안 저지한 사람으로 생각될 것이다. 그러나 그가 그런 추세를 반전시켰다고는 도저히 말할 수 없다. 에스파냐가 공업 기반을 재건하는 데에 얼마간 성공했다고 한다면, 그것은 영국이 아니라 프랑스를 희생으로 한 것이었다.[86]

핵심적인 문제는 아시엔토권이었다. 영국인들은 확실히 노예무역에서 막대한 이윤을 얻었다. 게다가 아시엔토권은 이런 합법적 무역을 "금지된 상품을 에스파냐 식민지들로 유입하는 데에 눈가림으로 이용할" 수 있게 했다.[87] 1730년대까지 남해회사(South Sea Company)의 후원 아래 이런 비합법 무역은 엄청난 규모로 행해졌다.[88] "밀무역은 남해회사 경영의 모든 측면에서 뗄레야 뗄 수 없는 한 부분이었다."[89] 이것이 1740년대에 일어난 젱킨스의 귀 전쟁(War of Jenkins' Ear : 1731년 영국인 선장 로버트 젱킨스가 에스파냐 연안경비대에게 한쪽 귀를 잘린 뒤 7년 후에 하원의원이 되어 그 사건을 재거론함으로써 1739년 영국-에스파냐 전쟁이 발발함. 이것은 결국 오스트리아 왕위계승 전쟁으로 비화됨)의 주된 원인이었다.[90] 밀무역은 주로 자메이카로부

---

86) Rambert(1919, 270)의 다음 글 참조 : "한없이 신중했던 에스파냐의 관세정책은 [18세기 전체에 걸쳐] 조금씩 관세장벽을 끌어올리는 데에 성공하게 되었다. 그 장벽의 보호 속에서 민족 공업들이 성장할 수 있었고 그 나라는 부분적으로 외국의 통제로부터 벗어날 수 있었다. 오랫동안 경쟁을 주도한 프랑스가 이런 전개과정의 주요 희생자였다."
87) Nelson(1945, 55).
88) 1730년에서 1739년 사이에 비합법 무역의 규모는 550만 파운드로서 그것은 "워낙 막대한 규모여서 에스파냐 중상주의를 진정으로 위협할 정도였다." Nelson(1945, 64).
89) V. L. Brown(1928, 179). Nelson(1945, 56-60 참조)은 남해회사가 비합법 무역에 참여하기 위해서 가능한 모든 수단을 이용했다고 지적한다. 그 방법들이란 비밀 엄수(그것은 비록 에스파냐 정부가 이사회에 참여했지만 대부분의 연락이 이사회를 거치지 않았기 때문에 가능했다)와 에스파냐 관리의 매수, 눈속임으로서의 노예무역의 이용, 사기, 그리고 영국 군함이 제공하는 무력보호 등이었다.
90) Nelson(1945, 55) 참조.

터 그리고 또한 바베이도스와 부에노스 아이레스로부터도 이루어졌다.[91] 그로 인해서 에스파냐의 카디스를 경유하는 정상적인 교역이 크게 줄어들었다.[92] 영국인들은 영국과 에스파냐령 아메리카 간의 직접무역[93]에서 얻지 못한 이익만큼을 카디스를 거치는 간접무역으로 얻었다. 그 간접무역에서 에스파냐는 결국 영국에 대한 지불 결손을 메꾸기 위해서 아메리카산 금은을 이용했다.[94] 에스파냐의 금은의 손실은 만성적이고 점점 더 심화되어가는 국가예산의 불균형과 결합되었는데, 이 국가예산의 불균형은 바로 1701년에서 1745년까지 왕실 지출을 세 배로 증가시켰던 부르봉 왕조의 중앙집중화로 인한 것이었다.[95] 에스파냐에서 그리고 전 세계에 걸쳐서 영국인들에게 반격을 가하려는 프랑스의 노력은 에스파냐에 작게나마 얼마간의 여유를 제공했다. 그러나 결국 1763년 7년전쟁이 끝나고 프랑스가 "사실상 아메리카 식민지의 정세에 영향을 미치는 한 요소로서의 자격을 상실하자, 에스파냐는 다음 20년 동안 홀로 영국의 위협을 감내해야 했다."[96] 1600년에서 1750년 또는 1763년에 이르는 장기적인 진행과정에서, 에스파냐는 에스파냐의 "쇠퇴"로 알려진 흐름을 막을 수 없다는 것을 드러냈다.

에스파냐 및 에스파냐령 아메리카와 영국 간의 합법, 비합법 무역이 번성하기는 했지만, 포르투갈 및 브라질과 영국 간의 합법, 비합법 무역이 아직은 그에 비해서 훨씬 더 컸다.[97] 메수엔 조약의 효과는 바로 나타났다. 10년 만

---

91) Christelow(1941, 532) ; Nelson(1945, 57) 참조.
92) Godinho(1948, 552).
93) 교환된 상품의 명단은 Nelson(1945, 61)과 Godinho(1948, 553) 참조.
94) Godinho(1948, 553)는 이 시기 에스파냐령 아메리카산 금은의 유입량이 브라질의 미나스 제라이스산 금은보다 많지는 않았지만, "그런데도 유럽의 화폐생활에 아주 중요했다"고 지적한다. 또한 H. E. S. Fisher(1971, 4-5)도 참조. 에스파냐령 아메리카와의 합법, 비합법 무역은 아마도 두 개의 상이한 영국인 집단들에게 어느 정도 이익이 되었을 것이다. 에스파냐 국가는 자신의 합법적 교섭창구들을 이용하여 비합법 무역을 억제하려고 했지만, 그리 성공적이지는 못했다. Godinho(1948, 552) 참조.
95) E. J. Hamilton(1949, 316) 참조.
96) V. L. Brown(1928, 187). 또한 1763년으로 이어지는 시기에 대해서는 Christelow(1941, 519- 520)도 참조.
97) 1700-50년의 시기에 포르투갈은 (연합주와 독일지역에 이어서) 세번째로 큰 영국 상품의

에, 포르투갈이 영국에서 들여오는 수입품의 양은 두 배 이상 증가했다. 그러나 포르투갈의 수출은 겨우 40퍼센트 늘어났을 뿐이었다. 그 조약은 "초기 단계에 있던" 포르투갈의 직물업을 소멸시켰다.[98] 이와 병행하여 1670년에서 1710년까지 포르투갈산 포도주 생산이 다섯 배 증가했다. 이 포도주 생산은 "포르투갈의 가용자본 대부분을 흡수했고, 훨씬 더 중요한 것은 그것이 포르투갈의 노동력을 점점 더 많이 흡수했다는 점이다."[99] 영국이 프랑스산 포도주에 비해서 포르투갈산 포도주에서 얻은 이점은, 비록 포르투갈산 포도주가 더 비싸긴 하지만, 영국이 포르투갈에 직물을 대량 수출하기 때문에 프랑스의 경우처럼 금은으로 포도주 대금을 지불할 필요가 없다는 것이었다.[100] 잉글랜드의 소비자들은 더 비싼 값을 주고 포르투갈산 포도주를 사먹었겠지만, 잉글랜드에 있는 부르주아 업자들에게는 전보다 상황이 더 나았다. 실제로 포도주 무역은 포르투갈에 그리 득되는 일이 아니었다. 포도주 무역이 제조업에 끼친 부정적 영향에 더하여 포도주 무역 그 자체도 "영국인 업자들이 주로 장악하여 그들이 이윤의 대부분을 가져갔다."[101] 따라서 1760년에 프랑스의

수입국이었다. 그리고 리스본 항에서 영국 선박의 톤 수는 전체의 50퍼센트 아래로 떨어진 적이 거의 없었다. Maxwell(1968, 612) 참조.
98) Sideri(1970, 44-46) 참조. Macedo(1963a)는 영국의 이런 이점에도 불구하고 영국인들이 다른 외국 제조업과의 경쟁으로 인해서 자신의 상품가격을 낮추어야 했고, 이는 독점을 쓸모없게 만들었다고 주장한다. 그러나 시데리는 이를 부정하면서, 마세도 자신의 설명에 있는 다음과 같은 모순된 진술을 증거로 제시한다 : "네덜란드나 프랑스 직물업들은 영국의 이점들을 결코 상쇄할 수 없었다. 왜냐하면 네덜란드나 프랑스 직물업들은 영국 상인들이 기반한 것과 같은 유통망과 기득권에서 이익을 얻지 않았기 때문이다." (Macedo, p. 51 ; Sideri, p. 46에 재인용). H. E. S. Fisher(1971, 36-37)는 영국의 직물 상인들이 프랑스와 네덜란드 및 독일 경쟁자들에 비해서 이점을 가졌는데, 그 이유는 그들이 "중저가 한도에서 가벼운 모직물과 소모사 직물[로] 좀더 특화되었고" 또한 "선적료를……보다 싸게" 할 수 있었기 때문이라고 주장한다. 피셔의 글을 면밀하게 보면, 이는 순환적임을 알 수 있다. 왜냐하면 보다 값싸게 선적함으로써 보다 많은 양의 무역이 가능해졌고, 직물의 판매로 포도주의 구매가 가능해졌기 때문이다. "그리고 포르투갈의 영국 상인들은 영국에 보내는 포도주의 구매와 아울러 선적도 통제했다."(p. 36)
99) Sideri(1970, 46).
100) Sideri(1970, 41, 48). 그는 p. 41에서 프랑스에 대한 영국의 무역수지 적자가 은으로 메꾸어졌다고 하지만 p. 48에서는 금으로 메꾸어졌다고 한다.
101) Sideri(1970, 46).

외무상 슈아죌 공작이 포르투갈은 "영국의 식민지로 간주해야 한다"고 말한 것이 전혀 터무니없는 소리는 아니었다.[102)]

그런데도 가치 면에서 볼 때 수입된 직물의 규모보다 수출된 포도주의 규모가 훨씬 더 작았다. 적어도 1700년까지만 해도 하찮았던 영국에 대한 무역수지 적자는 매년 100만 파운드 정도로 증가했다.[103)] 운좋게도 포르투갈은 어쨌든 여전히 반주변부 국가였다. 포르투갈은 브라질을 식민지로 보유하고 있었고, 브라질은 부유한 식민지였다.[104)] 포르투갈이 1710년 이후부터 18세기 중반까지 영국과의 무역수지를 보전할 수 있었던 것은 브라질의 금 덕분이었다.[105)] 포르투갈의 역사가 올리베이라 마르틴스는 1908년에 다음과 같이 날카롭게 지적했다. "브라질의 금은 단지 포르투갈을 거쳐갔을 뿐이었고 영국이 우리를 먹이고 입힌 밀가루와 직물의 값으로 영국에 닻을 내렸다. 우리의 산업은 오페라와 예배로 이루어졌다."[106)] 다른 한편 영국은 세계경제의 총생산과 무역에서 차지하는 자신의 역할 증대에 걸맞게 화폐를 공급할 수 있기 위해서 금은을 많이 도입해야 했는데, 브라질산 금은의 확보로 이를 이룰 수 있었다.[107)] 게다가 그럼으로써 영국은 합법적인 금 무역에서 한 자리를 차지했을 뿐만 아니라 금은의 밀수에서도 마찬가지로 한 자리를 차지했다.[108)] 영국

---

102) Christelow(1946, 27)에 재인용. 1917년에 G. Young은 마찬가지로 이렇게 말했다. "도우루 강의 포트와인 생산지역은 영국 식민지에 대한 일종의 배후지가 되었다." *Portugal Old and Young*(Oxford, 1917, 185) ; Sideri(1970, 56)에 재인용.
103) Sideri(1970, 45).
104) Boxer(1969b, 323)는 18세기에 "[브라질]이 거의 모든 점에서 자신의 식민 본국보다 더 번영했다는 것에는 어떤 의심의 여지도 있을 수 없다"고 주장한다.
105) Francis(1972, 179-180) 참조.
106) J. P. Oliveira Martins, *História de Portugal* (London, 1908), 2 vols., pp. 149-151 ; Sideri(1970, 67)에 재인용.
107) Sideri(1970, 49) 참조. Morineau(1978h, 44, 47)는 이 부분을 약간 폄하하여 이렇게 주장한다 : 브라질산 금은 영국의 대 포르투갈 수출에 "제한적이지만 일정한 영향"을 미쳤다. 그러나 그것은 "불가결하지도" "대체 불가능하지도" 않았다. 일반적으로 18세기 영국의 경제성장과 관련하여 "브라질산 금은……성장의 유일한 동인도, 가장 강력한 동인도 아니었다." 그러나 이는 터무니없는 주장이다. 금은은 필수적인 것이었고, 실제로 이 시기에 금은은 주로 브라질로부터 얻었다.
108) Francis(1966, 217)는 이렇게 지적한다 : "역시 귀금속이 필요했던 네덜란드인과 함부르

의 역사가 찰스 박서는 이러한 배치에서 포르투갈을 위한 위안거리를 하나 찾는다. "포르투갈이 자신의 해외 소유지에서 얻었던 이익 하나는 그 해외 소유지와 거기서 얻은 자원 덕분에 스코틀랜드나 카탈루냐가 처한 운명을 피할 수 있었다는 것이었다."[109] 20세기의 시각에서 보면 포르투갈은 17세기와 18세기에 (브라질로 인해서) 더 빈곤해졌기보다는 더 나아졌을는지도 모른다. 스코틀랜드와 카탈루냐에 대한 이야기는 복잡하며, 그 두 지역의 산업발전이 늦은 것은 여기서 논할 바가 아니다. 그러나 그 두 지역이 일부 포르투갈인 집단들에게 이익이 된 영국과의 불평등 교환을 국내의 정치적 격변 없이 가능케 했던 브라질을 가지지 않았다고 해서, 손해를 보지는 않았을 것이다. 대가를 지불한 쪽은 브라질의 직접 생산자였지만, 포르투갈 내에서도 구조적 변화를 추구하려는 내부적 압력이 그리 많지 않았다.

16세기에 영광스러운 식민지 개척자이자 금은의 통제자였던 이베리아 반도의 국가들이 17세기에 너무나 수치스럽게도 북서 유럽산 제조업 상품의 단순한 전달장치 역할로 전락했다면, 15세기와 16세기에 거대한 공업 중심지였던 여러 지역들은 어떻게 되었는가? 유럽의 등뼈인 북부 이탈리아, 남부 및 서부 독일지역, 그리고 남부(에스파냐령) 네덜란드도 마찬가지로 그리고 극적으로 쇠퇴했지만, 그 방식은 달랐다. 식민지가 전혀 없었고 수입품을 구입할 금은 공급원이나 게다가 열대산 원료도 없었던 그 지역들은 단지 살아남는 데 기반이 된 그들 고유의 공업 및 농업과 오랫동안 육성된 상업적, 금융적 전문기술을 가졌을 뿐이었다.

그 지역들이 살아남는 데에 핵심적인 역할을 한 것은 선대제(Verlagssystem)였다. 이 선대제의 특징은 기본적으로 다음과 같이 정의된다. 실제 생산자는 자신의 장비로 자기 집에서 일했다. 그는 자신의 도구를 사용했다. 그는 몇명의 도제들을 거느린 장인일 수도 있었고, 혹은 혼자 작업하거나 소규모 가족집단으로 작업했다. 그는 상인-기업가(Verleger)로부터 자신의 가공작

크인들에게는 [영국인과] 같은 재간이 없었고, [밀수된 금은의] 자기 몫을 런던을 통해서 받았다."
109) Boxer(1961, 90).

업에 필요한 원료를 받았다. 상인-기업가는 원료를 제공함으로써 가공된 생산물을 고정가격으로 "구매할" 권리를 얻었고, 생산물을 시장으로 운반했다. 만약 생산자가 혼자 작업하거나 소규모 가족집단으로 작업한다면, 그 생산자는 보통 전업으로 일한 것이 아니라 이 생산활동 외에 다른 경제활동도 수행했다. 종종 선대제의 작동 결과, 생산자는 상인-기업가에게 만성적으로 빚을 지게 되었는데, 그것은 당시 여러 종류의 농업생산에서 널리 퍼져 있던 채무노예 상태와 흡사했다.

선대제는 중세 때 이미 알려져 있었지만, 그것이 처음으로 크게 확산된 때는 16세기였으며 그 당시에는 주로 도시 공업에서 퍼졌다.[110] 이 선대제는 흔히 직물업에서 사용된 것으로 생각되어왔지만, 실제로는 거의 모든 종류의 공업생산에서 이용되었다.[111] 17세기의 불황기에 선대제는 16세기보다 훨씬 더 광범하게 퍼졌는데, 여기서는 중요한 변화가 하나 있었다. 유럽 도처에서 선대제 공업이 농촌지역으로 옮겨갔던 것이다. 그런 이동이 발생한 주된 동기는 상인-기업가의 이윤을 증대시키는 데에 있었다. 브로델은 우리에게 다음과 같이 일러준다. "[선대제]가 도입된 곳에서는 어디서든 그것이 길드에 타격을 가했다."[112] 그러나 생산과정이 여전히 도시에 존재하는 한, 길드는 상인-기업가와 장인-생산자 사이의 관계를 계약을 통해서 조정함으로써 특히 호경

---

110) Braudel(1972, I, 430-432) 참조.
111) 예컨대 Friedrichs(1975, 32-33)의 다음 글 참조: "뉘른베르크에서는 16세기 초 무렵 선대제가 수많은 금속공업 부문들에 도입되었고 지갑, 장갑, 솔, 종이, 책의 제조만이 아니라 아마포, 퍼스티언 천의 제조에도 도입되었다. 17세기 말 뉘른베르크에서는 심지어 연필 생산도 선대제에 기반하여 조직되었다." Kellenbenz(1977a, 469)도 같은 주장을 하고 이렇게 덧붙인다: "철광업과 비철광업에서 펌프와 화덕, 그리고 기타 다른 긴요한 기술적 장비들을 구입하기 위해서 소규모 작업장은 빚을 지게 되었고 상인의 도움을 받아야 했다. 이러한 경우는 특히 정기적으로 생산물을 구매하는 사람이 돈을 꾸어줬을 때 발생했는데, 당시 그러한 대부는 비일비재하게 일어났다."
112) Braudel(1972, I, 431). Craeybeckx(1962, 427)는 헨트와 브뤼헤의 경우에 대해서 이렇게 말한다: "17세기에는 '길드적' 유대가 더욱 느슨해졌는데, 특히 17세기 후반에 그러했다. '장인(master)' 아니면 '수련공(journeyman)'이었던 노동자는 자기 생산물을 유일하게 책임지고 처분할 수 있던 상인들의 손에 자신의 운명이 놓여 있다는 것을 잘 알고 있었다."

기에는 선대제 내에서 반격을 가할 수 있는 정치적 입장에 있었다.[113]

일단 공업이 농촌지역에 위치하자, 상인-기업가들은 길드의 통제를 벗어나[114] 길드에 속한 숙련직인들 대신에 "노동력이 훨씬 더 쌌던" 농민을 이용했다.[115] 또한 농촌에 위치했기 때문에 노동력이 물리적으로 분산되어서 노동자가 조직화할 위험이 최소화되었지만 상품의 유통은 여전히 소수의 대(大) 상인-기업가들에게 집중되었다.[116] 켈렌벤츠는 이 선대제가 결코 정적이지 않았고 경제상황의 전개과정에 따라서 대응했다는 것을 인식하는 것이 매우 중요하다고 강조한다.[117] 선대제가 발전해가면서 취한 방식 중의 하나는 상인-기업가들에 대한 노동자들의 종속이 영속적이고 끊임없이 확대되는 것이었다.[118] 특히 반주변부 나라들의 선대제에는 그 이상의 특징이 있었는데 이

---

113) Friedrichs(1975, 33) 참조. 거기서 그는 "길드는 계약이 길드 회원들에게 불리한 것으로 드러나면 그것을 해약할 수 있었다"고 지적한다.
114) Kellenbenz(1965, II, 420) 참조.
115) Kellenbenz(1977a, V, 470). Sella(1968, 122-123)는 적어도 베네치아의 경우에는 농촌지역으로의 선대제 이동이 길드 회원들의 고임금 때문이기보다는 그들 노동의 비효율성 때문이었다고 생각한다. 그러나 내가 보건대 이것은 같은 이야기인 것 같다. 농촌지역에서 농민 모두가 똑같이 이런 역할을 원했던 것은 아니었다. E. L. Jones(1975, 339, 341)는 (선대제) 영세 가내공업을 특히 일정한 "고지대"만이 아니라 "척박한 모래땅과 경작이 어려운 점토지역"으로 이루어진 저지대들에서도 볼 수 있다고 지적한다. 그는 이들 지역에 사는 "주민들이 자체의 농업자원으로 먹고 살 수가 없었기" 때문에 이런 식으로 자신의 수입을 보충하고자 했다고 주장한다. 유사한 맥락에서 Mendels(1972, 242)는 다음과 같이 지적한다 : "방직공이 되었던 농민들은 사회적 지위의 맨 아래에 있었고 거기에 머물렀다는……증거가 있다." Peter Kriedte는 이렇게 주장한다 : "농경지가 부족하여 [농업으로부터 얻는 수입이] 줄어들면 줄어들수록 소규모 제조업자들 사이에서 농업을 경시하고 자신의 기술을 공업생산에 집중하는 경향이 더욱더 증대하고 있었다." Kriedte 외(1977, 68)에서 인용. Klíma & Macůrek(1960, 90)은 체코 지역에서는 농촌 제조업에서 일하던 노동자들이 "농촌 빈민" 출신이었다고 지적한다. 또한 일정 유형의 농업 공동체와 수공업 간의 연계에 대한 Thirsk(1961)의 논의도 참조.
116) Kulischer(1931, 11) 참조.
117) Kellenbenz(1965, II, 427과 여러 곳).
118) Friedrichs(1975, 33). Bulferetti & Constantini(1966, 73)는 이렇게 지적한다 : "16세기 후반과 17세기 전반을 거치면서 제노바에서는 상업자본과 독립 장인들 간의 해묵은 대립이 상인-기업가들의 감독에 장인 단체들(corpi di mestiere)이 획일적으로 종속되는 것으로……변화되었다." Peter Kriedte는 심지어 선대제와 달리 위탁을 받지 않고 작

것은 눈여겨보아야 할 대목이다. 반주변부 나라들에서 선대제는 흔히 외국 상인-기업가들의 수중에 있었다. 네덜란드인들은 헤게모니 세력이라는 지위에 걸맞게 도처에 퍼져 있었다. 그들은 북해 및 발트 해 연안의 도시국가들에 그리고 브란덴부르크, 스칸디나비아 반도, 쿠를란트, 러시아에, 또 라인란트와 북부 이탈리아에 퍼져 있었다. 그러나 영국인과 프랑스인들도 역시 이들 지역 여러 곳에 자리잡았다. 이탈리아인들과 같은 구(舊)기업가 집단들은 17세기에 움츠러들기는 했으나 여전히 중요한 역할을 하고 있었다. 그리고 "소수" 외국인 집단들도 번성했는데, 그들은 독일지역 및 북아메리카, 스위스, 홀란트 그리고 잉글랜드에서 활동하던 위그노들과 세계 곳곳에 퍼져 있던 유대인들, 독일의 여러 핵심지역들에 있던 메노파 신자들이었다.[119]

선대제는, 관직매매 및 용병부대의 이용이 국가 공직의 관료화(즉 프롤레타리아화)의 시작을 의미했던 것과 마찬가지로, 노동자의 프롤레타리아화의 시작을 의미했다. 선대 하청 아래서 직접생산자는 형식적으로는 생산수단을 소유했지만 사실상 상인-기업가의 피고용인이 되었다. 상인-기업가는 생산자의 실제 수입을 조절했고, 아직은 작업현장에 대한 직접감독을 통해서 자기 효율의 극대화를 확보할 입장에는 있지 않았지만 생산자의 잉여가치를 전유했다.[120] (유추해보면, 국가관료제의 경우와 상황이 같았다.) 반주변부 국가들

업을 했던 매매제(Kaufsystem)에서도 "경제적 종속이 시작되었으며", 생산자가 형식적으로 독립되어 있었는데도 "거래를 통해서 착취"가 이루어졌다고 지적한다. Kriedte 외 (1977, 202-203)에서 인용. 하물며 상인-기업가들이 "생산의 여부와 생산되는 상품의 종류, 생산방식 그리고 생산량을 처음부터 끝까지 결정할"(p. 214) 수 있었던 선대제 아래서는 더욱더 그러했다.

119) 이에 대한 개관은 Treue(1957, 41-42) 참조. 독일지역의 유대인들에 대해서는 Treue (1955, 398-399), 이탈리아의 영국계 네덜란드인들에 대해서는 Fanfani(1959, 57-58) 참조. 보헤미아 지역에 있던 영국인과 네덜란드인들에 대해서는 Klíma(1959)와 Mika (1978, 234-235), 중앙 유럽의 선대제와 수출무역 간의 연계에 대해서는 Klíma & Macůrek(1960, 96) 및 Kriedte 외(1977, 64) 중의 Kriedte 참조.
120) Sombart(1900, 1138-1140) 참조. 심지어 상인-기업가에게 종속되지 않았던 가내공업 생산자들도 시장의 작동을 통해서 사실상 유사한 상황으로 전락했다. 그에 대해서 Hans Medick(1976, 296)은 이렇게 강조하고 있다 : "가내공업 방직공이나 편물 직공, 못 제조공, 또는 큰낫 제조공 스스로가 구매자이자 판매자로서 시장에 들어가고 그래서 '매매제'

에 어쨌든 선대제 공업이 존재했다는 사실은 이 시기 주변부 지역들과 그 국가들을 구분짓는 것이었다. 그리고 반주변부 지역들의 선대제 공업이 얼마간 비토착 집단들의 통제하에 있는 경향이 있었고 그래서 보호주의적 입법을 확보하기 어려운 상태였다는 사실은 이 시기 핵심부 지역들의 공업과 그것들을 구분짓는 것이었다. 선대제는 멘델스의 유명한 표현인 원산업화(protoindustrialization)로 설명되는 것이다.[121] 물론 나는 이 산업화를 원시적이라고 생각하는 것을 바람직하다고 보진 않는데, 그 원시적이라는 말은 그것이 진짜 산업화가 아니라는 뜻을 함축하고 있기 때문이다. 선대제는 공장제보다 효율성에서는 떨어지지만 사실 노동 착취라는 면에서는 더 심했고,[122] 그러므로 그

로 일하든, 아니면 '선대제'로 조직되든, 그는 항상 직간접으로 상인 자본에 종속되었다." 물론 상인-기업가에게는 매매제보다는 선대제가 더 이익이 되었는데, 그 이유는 매매제 아래서는 직접생산자가 잉여가치의 상당 부분을 유지했기 때문이다. 비록 선대제가 경영 통제라는 측면에서 공장제에 비할 바는 아니었지만, 그것은 매매제에 비해서는 앞선 것이었고 그리하여 생산성을 증대시켰는데, 거기서 나온 이윤은 대부분 상인-기업가에게 돌아갔다. 직접생산자의 하청 수입은 매매제 아래서보다 선대제 아래서 더 작았지만, 그의 1년 수입은 상대적인 고용의 지속성으로 인해서 매매제에서보다 더 클 수 있었다. Kriedte 외(1977, 215-216, 아울러 주 56) 중의 Schlumbohm 참조.
121) Mendels(1972). 이 개념의 역사서술적 기원에 대해서는 Kriedte 외(1977, 13-35)에 있는 논의 참조. 그들은 원산업화를 세계경제 내에서 특정 지역들의 궁극적인 경제적 역할을 규정하는 데에 "전략적 중요성"을 가진 것으로 여긴다(pp. 30-31, 주 52). Klíma & Macůrek(1960, IV, 96-97)은 매뉴팩처, 즉 선대제를 "길드 체제에서 매뉴팩처를 거쳐 대규모 기계제 생산으로 가는 진화적 경로의 발판"으로 보아야 한다고 논증한다. 그들은 매뉴팩처와 공장제가 깊은 단절상의 양 극단에 서 있는 지주가 아니라 진화적 과정상의 고리들로 간주되어야 하는 이유를 매뉴팩처가 "분업을 심화시켰고" "대규모 미숙련 또는 저숙련 노동자들을 생산에 끌어들였다"는 것으로 설명한다. Myška(1979, 44-49 외 여러 곳 참조)도 체코 지역의 집중화된 제철 매뉴팩처를 논하면서 기본적으로 같은 주장을 한다. 또한 Redlich(1955, 93-97)도 참조.
122) Medick(1976, 299)은 이것이 어떻게 작동했는지를 훌륭하게 설명하고 그것을 이렇게 요약한다: "가족경제적 생산논리는, 무엇보다도 토지 없는 빈한한 노동자들이 만약 '자기 착취'가 통상적인 가족생계와 경제적 자기 효율성을 확보하는 데에 필수적이라면 수공업 상품의 생산에서 그 '자기 착취'에 의존하는 경향이 있었기 때문에 효율적이었다." 이것은 상인-기업가에게 "길드 체제 내의 사회적 생산관계에서 얻을 수 있는 이윤과 매뉴팩처 내의 임금노동 관계와 유사한 것에서 얻을 수 있는 이윤을 모두 능가하는" "차별적 이윤"을 가져왔다. 그는 특히 "가족경제와 상업자본의 관계가 공생적이었음"에 주목한

것은 상대적 불황의 시기에 이상적이었다.

유럽의 등뼈 지역의 구 공업들은 모두 17세기에 쇠퇴를 겪었다. 이 쇠퇴는 특히 북부 이탈리아에서 극적으로 전개되었지만, 독일지역과 남부 네덜란드에서도 대체로 마찬가지였다. 로마노는 어려운 처지에 놓인 북부 이탈리아의 상황을 관찰하고 있다. 그는 그것을 네 가지 경향으로 요약한다. 즉 (전체 인구가 아니라) 도시 인구의 쇠퇴, 전형적인 공업 중심지들(피렌체, 밀라노, 베네치아, 또한 나폴리)에서 공업생산 특히 값싼 직물 생산의 쇠퇴, 유통업의 쇠퇴, 그리고 가격 및 통화가치는 하락했지만 임금은 꽤 안정적인 상태(이것은 실업으로 귀결되었고 그리하여 극빈자와 유민의 수를 증가시켰다)가 그것이다. 따라서 로마노는 1620년에서 1740년 사이에 도시 경제가 "극히 침체된 상태"에 놓여 있었다고 말한다. 이에 더하여 로마노는 "이탈리아 농업경제가 전반적으로 위축되었다"고 한다.[123] 그는 이탈리아가 (영국 및 연합주와 달리 그리고 어느 정도는 프랑스와도 달리) "위축의 징후 아래" 지내고 있던 17세기 유럽의 대다수 지역에 속했던 것이 확실하다고 본다.[124] 로마노가 보기에, 따라서 이탈리아는 꼭 14세기 때와 마찬가지로 "부활할 거대한 역사적 기회"를 놓쳤는데, 14세기 이탈리아에는 위기를 "견디내고" "기나긴 밤을 헤쳐나갈 준비가 된", 약해졌지만 여전히 원래 그대로인 "완전한 통치계급"이 있었다.[125] 프로카치는 이탈리아가 기회를 놓쳤다는 생각을 지나치게 의지에 중심을 둔 가정이라고 공격한다.[126] 또한 셀라는 로마노의 글을 경험주의적인 설명이라고 공격하면서 그것이 과장되었다고 주장한다. 셀라는 17세기 말까지 북부 이탈리아의 공업 사정이 "전혀 불모상태가 아니었고" 제조된 상품들이

다. 그는 "전통적인 가족 자급자족 경제의 행동규범 및 규칙들"이 자본주의의 탄생(나라면 오히려 자본주의의 성장이라고 말할 것이다)을 가능케 하는 데에 프로테스탄트 윤리보다 더 중요했다고 주장한다(1976, 300).
123) Romano(1974, 188-189).
124) Romano(1971, 201).
125) Romano(1974, 195).
126) Procacci(1975, 28). 그는 그런 생각이 "지나치게 단순하고 근본적"이라고 한다. Borelli (1974, 27-28)는 왜 그것을 단지 의지의 문제로만 보아서는 안 되는지에 대해서 좋은

수출에서 여전히 "두드러진 위치"를 점했다고 믿고 있다.[127] 게다가 그는 (적어도 롬바르디아의 경우) 농촌의 사정은 훨씬 더 나았다고 주장한다. 그래서 셀라가 보기에 17세기는 역경에 직면하여 "놀랄 만하게 인내하고, 적응하고, 다시 일어서는" 모습을 보여주었다.[128]

서부와 남부 독일지역에 대한 문헌에서도 이와 비슷하게 뒤섞인 평가가 보인다. 일찍이 19세기에 슈몰러는 이 지역이 1600-1750년의 시기에 홀란트에 "무제한적으로 종속되었다"고 강조했었다.[129] 보이틴이 인용한 1770년 시기의 한 자료는 그 당시에 프랑크푸르트가 "네덜란드인이 지배하는 대(大)화물집산지에 불과했다"[130]고 지적한다. 앤더슨은 바다와 면한 라인 강 하구를 네덜

실례를 제공한다. 그는 베네치아가 1558년에 생사 수출을 금지하여 견직업을 지키려고 노력했다는 것에 주목한다. 이것이 국내시장에서 생사 가격의 하락으로 이어졌기 때문에, 그 노력은 생사의 밀수출을 조장했다. 1694년까지 베네치아산 생사의 3분의 2가 밀수출되었다. 그것만으로는 중상주의 정책들을 표방할 수 없었다. 정치적으로 그 정책들을 충분히 시행할 수 있을 정도로 강력해야 했다. 이 경우에는 중상주의적 조치들이 제공하는 경쟁수익만으로는 베네치아의 극히 높은 생산비용을 극복할 수 없었다.

127) Sella(1969, 244). Rapp(1975, 523-524)도 경험적 상황에 대해서 유보적인 태도를 취하고 있지만, 이는 셀라의 견해와 다소 다르다. 랩은 베네치아가 수출 지향적인 공업에서 내수 위주의 공업으로 전환했다는 데에 동의한다. 그는 이것이 고용을 유지하고 그리하여 번영의 수준을 유지하려는 시도였고 그런 시도가 어느 정도 성공했다고 본다.

128) Sella(1975, 12). 회복의 모습 중 하나는 베네치아와 테라페르마의 경우에서 보듯이 실제로 도시와 주변 농촌 간에 경제적 연계가 증대된 것이었다. Marino(1978, 100)의 다음 글 참조: "테라페르마에서 이루어진 생산에 대한 재정부담의 증대와 농업에 대한 투자 그리고 지역시장은 베네치아와 그 후배지를 하나의 유기적 통일체로 만들었다.……[17세기의] 위기가 가져온 가장 중요한 결과는 하나로 통합된 지역경제와 하나로 조정된 경제정책이 갑작스레 등장한 것 바로 그것이었다."

129) Schmoller(1897, 74). J. de Vries(1976, 97)가 이러한 종속에 대한 좋은 실례를 제공한다. 1650년까지 하를렘의 직물상인들은 자기 배후지에 의존하여 그곳 여성 방직공들의 생산물을 공급받았다. 그러나 1650년 무렵, 이런 생산물 공급은 그곳을 벗어나서 베스트팔렌(그리고 남부 네덜란드)의 가정들로 지리적으로 이동했다. "이제 하를렘은 의류 도매상 망의 요충지로 기능했는데, 의류 도매상들은 표백과 최종 판매를 위해서 아마포를 그곳으로 보냈다."

130) *Die Handlung von Holland* (Frankfurt and Leipzig, 1770, 251-252); Beutin(1939, 120)에 재인용. 보이틴은 프리드리히 리스트가 이러한 시각을 공유한 것으로 인용하는데, 이러한 시각에 대해서 그 자신도 "전혀 의심치 않는다."(1939, 127)

란드인들이 통제했기 때문에 "라인 강 지역 경제가 가로막혔다"고 한다.[131] 쿠스케는 라인란트의 "정체기"가 16세기 말에 시작되는 것으로 보며,[132] 리벨은 17세기의 여러 전쟁들로 인해서 슈바벤의 제국도시들, 즉 아우크스부르크, 울름, 뉘른베르크가 "파괴적인 영향"을 받았다고 적고 있다.[133] 키슈는 오히려 "이웃한 네덜란드의 상승경향이 경기 확대 효과"를 가져왔다고 하고,[134] 이 때문에 라인란트 지역이 17세기에 독일 대부분 지역을 덮친 "침체를 모면할" 수 있었다고 설명한다.[135]

남부 네덜란드로 눈을 돌리면, 똑같은 논쟁이 있음을 알 수 있다. 우선 경제적 쇠퇴를 이야기하는 피렌의 고전적인 시각을 들 수 있다. 그의 시각에 따르면 남부 네덜란드의 경제적 쇠퇴는 스헬데 강이 폐쇄된 것과 에스파냐인들이나 오스트리아인들로부터 보호주의적 조치들을 얻을 수 없었던 것에서 비롯되었다.[136] 이런 시각은 스톨스에 의해서 강화되었는데, 그는 플랑드르인들

---

131) P. Anderson(1974a, 249).
132) Kuske(1922, 189).
133) Liebel(1965a, 287). 물론 이 도시들은 이미 16세기에 장기적인 쇠퇴를 시작했다.
134) Kisch(1968, 3).
135) Kisch(1959, 555).
136) Pirenne(1920, V, 65-69, 129-130, 193-201) 참조. 물론 중간에 중상주의적인 한 시기가 있으며 그것은 본질적으로 시사적이다. 소위 벨기에의 콜베르라고 불리는 베르제익 백작 장 드(얀 반) 브루샤방은 1698년에 에스파냐령 네덜란드의 통치자인 바이에른 선제후 막시밀리안 엠마누엘을 설득하여 관세를 정하고, 인도 제도에서의 교역을 위해서 오스텐데 회사를 설립하고, 내륙항해 노선의 개선을 계획했으며, 또 1699년에는 모직물의 수출과 외국산 직물의 수입을 금지하기까지 했다. 그러나 영국인 및 네덜란드인들의 대응과 지방들 사이에서 벌어진 질시 때문에 막시밀리안은 물러서고 말았다(pp. 64-69).
펠리페 5세의 즉위에 뒤이어서 막시밀리안이 쫓겨나고 그의 군대 대신에 프랑스 군이 들어왔을 때, 베르제익 백작은 다시 한번 자신의 콜베르주의적 개혁을 계속 수행할 권한을 부여받았다. 이것이 소위 "앙주앵 체제(régime anjouin)"였다(pp. 94-105). 프랑스 군이 1706년에 라미이에서 영국의 말버러 공작에게 패하자, 프랑스 점령지는 영국-네덜란드 동맹의 점령지로 바뀌었다. 관세는 즉시 폐지되었고 행정의 중앙집중화는 종식되었다. 피렌은 이렇게 말한다 : "그리하여 17세기 말에 그 나라가 처한 부진상태를 벗어던지려고 시작한 개혁들의 마지막 흔적이 사라졌다. 그리고 누구도 그것에 주목하지 않았다. 이제 베르제익 백작의 계획들에 반대한 지역주의가 [영국과 네덜란드 당국들의] 해운동맹의 이익에 기여했다. 더 이상 어떠한 중앙정부도 없었다. 각 지방은 지방 자체에 내

이 17세기 동안 에스파냐와의 연계를 계속 유지했음에도 그들이 친네덜란드적인 정서를 가질지 모른다는 에스파냐의 의심으로 인해서 네덜란드인들에 비하여 이익을 얻을 수 없었다고 주장한다.[137] 다른 한편 브륄레는 17세기에 안트베르펜의 상황이 "지금까지 우리가 믿어왔던 것만큼은 나쁘지 않았다"고 주장한다.[138] 브륄레는 이를 안트베르펜이 어음거래소(Dispositionshandel)의 역할을 계속한 것과 관련하여 설명한다. 거기에서 유럽의 무역과 상업거래에 대한 결정들이 이루어졌고 플랑드르 상인들은 자신들이 역사적으로 획득한 상업망으로부터 이익을 얻었다.[139]

그러므로 당시 이들 지역에서 실제 작동한 경제구조들에 대해서 우리가 알

맡겨졌고 오로지 자신의 직접적 이해만을 생각했다. 영국과 연합주는 옆에 물러서서 득의만만하게 이런 일이 일어나도록 내버려두었다. 그들은 일단 평화가 찾아오면 자신들이 벨기에를 유지하지 못하리라는 것을 잘 알고 있었고, 따라서 벨기에를 정치적, 경제적으로 무능력하고 조용한 상태로 [오스트리아의] 카를 3세에게 넘기는 것이 최선이었다." (p. 114) 또한 Hasquin(1971, 125-126)도 참조.
    이 시기에 영국과 네덜란드의 경쟁자들에 비해서 남부 네덜란드의 생산이 전혀 뒤지지 않았다고 주장하는 Craeybeckx(1962, 465)조차도 17세기 말의 위기를 유럽의 **전반적**인 하락국면과 관련지어서 설명한다. 그는 유럽의 전반적인 하락국면이 "남부 네덜란드에서 특히 격렬한 모습을 보였는데, 그 이유는 남부 네덜란드가 점점 더 거세지는 이웃 나라들의 보호주의에 재차 대항할 수단을 극단적으로 상실했기 때문"이라고 한다. Van der Wee(1978, 14, 17)는 17세기 남부 네덜란드의 회복이 사실상 "명백한 탈도시화"와 "자급자족적인 **전통적** 농업으로의 복귀"를 동반했다고 주장한다.
137) 이것은 특히 1648년 이전에는 사실이었다. 스톨스는 1617년 브뤼헤 출신의 한 예수회 수사가 한 말을 인용하고 있는데, 그 수사는 에스파냐령 아메리카에 대해서 이렇게 말했다 : "이제부터 플랑드르인들이 인도 제도에 접근하는 것이 어려워질 듯한데 그것은 네덜란드 배반자들 때문이다." Stols(1976, 40)에 재인용.
138) Brulez(1967, 89). Craeybeckx(1962, 413-418)도 이런 시각을 공유하는데, 그렇지만 그는 "경제적 무게중심이 농촌으로 슬쩍 넘어간 것"을 인정한다. 또한 경제적 무게중심은 리에주로도 이동했다. Kellenbenz(1965, II, 393)의 다음 글 참조 : "에스파냐령 네덜란드의 불행이 리에주에는 행운이었다고 이야기되어왔다." Jeannin(1969, 70)도 참조.
139) Brulez(1967, 94-99) ; Craeybeckx(1962, 416) 참조. 이런 시각은 17세기에 에스파냐 왕위계승 전쟁 때까지 번성했던 사업인 플랑드르인들의 해적행위에 대한 Baetens(1976, 74)의 논의로 강화된다. 그는 그 해적행위가 자신들의 광범한 무역을 네덜란드 해운업자에게 의존했던 안트베르펜 상업계에 **부정적** 영향을 미쳤다고 한다. 이것은 플랑드르인이 자신들의 경제에 대한 법적 제약을 빠져나간 주된 통로가 무엇이었는지를 보여준다.

고 있는 것을 좀더 면밀히 살펴보자. 북부 이탈리아 중심지들에서 도시 공업이 쇠퇴한 것은 실제로 의심할 여지가 없다. 그 쇠퇴로의 전환점이 1619년인지 아니면 1636년인지는 논란의 대상이 되고 있다.[140] 어쨌든 밀라노의 모직물 생산을 보면 1619년에는 60-70개의 기업들이 연간 1만5,000필(panni)을 생산했는데, 1640년에는 15개 기업이 3,000필을 생산했고, 1709년에는 단 한 기업만이 남아서 연간 100필을 생산했다.[141] 불페레티는 이러한 쇠퇴를 17세기 프랑스의 중상주의 탓으로 돌리는데, 그는 프랑스 중상주의가 롬바르디아의 (그리고 또한 토스카나의) 제조업 및 수공업 활동 모두에 "치명적인 타격을 가한"것으로 보고 있다. 그러나 그는 또한 기술적 변화에 대한 노동자들의 저항도 쇠퇴의 원인이라고 했다.[142] 데 마달레나는 그에 더하여 1706년에 밀라노가 오스트리아 제국으로 사실상 편입된 것이 "장기적인 하락 경향을" 결정적으로 "확장시킨 것"으로 볼 수 있다고 덧붙인다.[143] 에스파냐의 지배에서 벗어난 롬바르디아는 "궁지에 몰렸다."[144] 제노바의 모직업[145]과 베네치아의 공업부문[146]도 사정은 마찬가지였다. 리벨은 30년전쟁 당시에 "신성 로마 제국에서 가장 부르주아적인 영방국가였던" 뷔르템베르크에서도 수공업 직종들이 비슷하게 쇠퇴했다고 보고하는데, 특히 그 쇠퇴는 모직물 방직업과 아마포 방직업에서 발생했다.[147]

---

140) Meuvret(1953, 216)는 그 전환점이 1636년이라고 주장하고, Cipolla(1958, I, 392)는 그것을 1619년이라고 한다.
141) Cipolla(1958, I, 392, 394) 참조.
142) Bulferetti(1953, 53).
143) De Maddalena(1974b, 77). "밀라노 경제는 명백히 정지국면, 즉 불황국면으로 들어섰다."(p. 79)
144) Caizzi(1968, 6).
145) Bulferetti & Constantini(1966, 35) 참조.
146) Rapp(1976, 104)은 17세기 후반 베네치아에서 수출업 부문의 총고용의 절대수치가 "공업이 급성장하기 전인" 1539년 수준으로 떨어졌다고 주장한다. 그는 이렇게 덧붙인다 : "베네치아 항은 17세기의 경제적 난국으로 인해서 쇠퇴하진 않았다. 그러나 베네치아 항의 성격은 세계무역의 지주라는 성격에서 일개 지역항으로 변했다."(p. 105) Lane(1973, 417 참조)은 베네치아가 더 이상 경쟁 선단으로부터 아드리아 해를 지키거나 경쟁 항구들의 성장을 막을 수 없었다고 지적한다.
147) Liebel(1965a, 295, 300).

스위스인들의 경우에는 불가피한 일에 그대로 순응하여 뜻밖의 좋은 결과를 얻은 것 같으며, 프랑스와 맺고 있던 특별한 연계를 반주변부화의 장치로 변화시켰다. 이 특별한 연계는 원래 16세기에 스위스가 용병을 공급하는 역할을 하면서 시작되었는데, 스위스 당국들은 이를 이용하여 프랑스의 관세장벽에 대한 면세혜택을 얻었다. 그리하여 프랑스의 시장이 "스위스 공업에 대한 주요 자극제"가 되었다.[148] 이런 연계가 스위스를 강화시켰는데도 스위스인들은 30년전쟁 동안 전통적인 중립적 자세를 취하기 시작했다. 그런 중립적 자세를 통해서 스위스는 "프랑스를 독일 시장에서 내쫓을" 수 있었고[149] 이것을 수출산업을 발전시키기 위한 기반으로 활용할 수 있었다.[150] 그러나 프랑스가 1678년, 프랑슈-콩테를 합병하면서 프랑스에 대한 스위스의 정치적 종속이 강화되었다. 그 이유는 스위스의 낙농업이 프랑슈-콩테 지역에서 수입하는 소금에 의존했기 때문이다.[151] 경제적 반(反)중상주의[152]와 프랑스의 정치적 보호가 결합된 상태에 순응하면서, 그리고 시계제조업과 낙농업에서 성장하고 있던 가내공업을 이용해서 스위스는 18세기 말 무렵에는 "유럽 대륙에서 가장 산업화된 지역"이 되었다.[153]

앞의 논의가 보여주듯이, 17세기에 유럽의 등뼈 지역에서 공업이 사라졌다

---

148) Bürgin(1969, 220). 그는 17세기 말 무렵 스위스가 시계 제작의 "세계적 중심지로 등장했다"고 한다(p. 227).
149) Bürgin(1969, 221).
150) "17-18세기에 아주 중요했던" 중계무역과 아울러 "수출업의 끊임없는 발전을 위한 정치적 기초"는 "국가의 정치적 중립성이었다." Bodmer(1951, 574). 게다가 스위스의 중립성 때문에 기업가들은 망명지로 스위스를 택했다(p. 598).
151) "콜베르주의 원칙에 충실한 프랑스 정부는 새로 얻은 [프랑슈-콩테의] 광물자원을 자신의 무력외교를 위해서 사용했고, 유리한 조건에서 소금을 자신의 뜻을 잘 따르는 듯한 곳에만 넘겨주었다." Bodmer(1951, 576).
152) "스위스가 이런 특정한 지위에서 국제수지 흑자를 이루는 데에 도움이 된 것은 17-18세기에 뚜렷한 중상주의 무역정책이 없었던 점이었는데, 이것이야말로 역설적이라고 할 만하다." Bodmer(1951, 575). 사실 반중상주의라고 해서 기업가들에 대한 국가 대부가 배제된 것은 아니었다. 그리고 관세를 부과하지 않는 것도 반대를 불러일으켰는데, 예컨대 제네바의 길드들이 그러했다. Piuz(1970a, 9 참조).
153) Bodmer(1951, 598). 그는 스위스가 "막대한 양의 공업제품만이 아니라 자신의 고원경제(Alpwirtschaft)의 일부 생산물, 무엇보다도 치즈와 쇠고기도 수출했다"고 한다.

고 할 수는 없다. 오히려 17세기에 발생한 것은 공업, 특히 모직업과 면직업이 농촌으로 이동한 것이다. 이러한 일은 도처에서 일어난 것으로 보고되고 있다. 베네치아, 제노바, 아헨, 플랑드르, 취리히에서 이런 상황이 발생했고, 17세기 말에는 심지어 홀란트에서도 발생했다.[154] 매 경우마다 도시 길드 세력으로 인해서 발생한 고임금 비용의 절감이 그 주된 동기로 제시되고 있다. 반면 고급 견직업은 도시들에서 계속 번성했는데, 그런 도시들에서 견직물 제조장(mill)은 진정한 공장(factory)이 되었다.[155] 이 시기, 도시에서 확산된 두 번째 사치품 "산업"은 예술품의 생산과 수출이었다.[156] 농촌에서는 농민에 대한 착취의 심화와 선대제 공업의 출현이 같은 장소에서 동시에 발생하는 경향이 있었음을 알 수 있다. 17세기에 북부 이탈리아에서는 공유지 사용권에 대한 침탈이 있었다.[157] 벨트라미는 테라페르마의 귀족 소유지가 "그 이후 전형적인 라티푼디움의 성격"을 띠었다고 했다.[158] 1633년에 베네치아 원로원은 명시적으로 농민의 이주를 금지시켰는데, 심지어 가축이나 생산도구가 없는

---

154) 베네치아에 대해서는 Rapp(1976, 159) ; 제노바에 대해서는 Bulferetti & Constantini (1966, 48-50) ; 아헨에 대해서는 Kisch(1964, 524) ; 플랑드르에 대해서는 Mendels(1975, 203) ; 그리고 취리히에 대해서는 J. de Vries(1976, 97) 참조. 홀란트에서는, 직물업이 하를렘과 레이덴에서 트벤테와 북부 브라반트로 이동했다. 델프트 도자기는 프리슬란트로 이동했다. 비스킷 제과업은 북부 홀란트의 변경 너머로 이동했다. Van der Woude (1975, 239)는 이를 "[네덜란드] 무역과 공업의 농촌화"라고 부른다.
155) "모직업이 쇠퇴한 반면, 견직업이 성장했다." Borelli(1974, 25). 또한 Bulferetti & Constantini(1966, 70) 및 Rapp(1976, 105-106)도 참조. Piuz(1970a, 5)는 제네바 견직업에서 "도시 선대제"가 성장했다고 한다. Kisch(1968, 28)는 18세기 초 크레펠트에서 아마포 제조업이 견직업으로 변화했다고 지적한다. 그러나 Gino Luzzatto(1974, 161-162)는 프랑스뿐 아니라 유럽 도처에서 프랑스의 보호주의 때문에 견직물 판매가 힘들었기 때문에 견직물조차도 만사가 순조롭지는 않았다고 주장한다. 견직물 제조소를 공장으로 보는 것에 대해서는 Poni(1976, 490-496) 참조.
156) Haskell(1959, 48). 예술품 수출이 지닌 다른 측면은 관광객의 수입이었다. 아마 베네치아는 17세기에 근대 최초의 관광 중심지가 되었을 것이다. J. de Vries(1976, 27 참조).
157) Romano(1962, 510-513)와 Borelli(1974, 20) 그리고 Sereni(1961, 207) 참조. 이와 더불어 1600-1750년의 시기에 북부 이탈리아와 중부 이탈리아 전역에 분익소작(mezzadria)이 계속 확산되었다. Sereni(1961, 205 참조).
158) Romano(1968, 733)에 재인용.

농민도 이주를 금지시켰다. 보렐리는 이렇게 묻는다. "이를 보고 어떻게 낡은 토지 농노제가 보다 근대적인 외피를 쓴 채 부활한 것이라는······생각이 들지 않겠는가?"[159)

17세기 내내 북부 이탈리아에서는 ("하락세의" 반주변부화로 인해서) 농민에 대한 지주의 권력이 강화되고 엘베 강 동쪽에서는 ("상승세의" 반주변부화로 인해서) 국가권력이 강화됨에 따라, 두 지역의 사회구조는 더욱 유사해졌다. 그리하여 18세기 초엽에는 장래 이탈리아와 독일 국가의 조직단위들인 피에몬테와 브란덴부르크-프로이센이 상당히 두드러진 유사성을 보여주었다.[160) 남부 네덜란드(및 리에주)에서도 유사한 발전이 일어났던 것 같다. 이곳에서는 17세기와 18세기 초에 대지주들의 권력이 증대했고 많은 농민들이 차지농 지위에서 분익소작농 지위로 옮김으로써 일정 정도 독자성을 상실했다.[161) 남부와 서부 독일지역에 대한 문헌들은 종종 농민들이 어느 정도로 토지에 대한 통제를 유지했는지를 강조하고 있다.[162) 그러나 이러한 지역들에서 농촌이 구조적 **변화들**을 겪고 있었음을 간과해서는 안 된다. 그 변화들로 인하여 독일인 학자들은 비르트샤프트헤어샤프트(Wirtschaftsherrschaft)라는 새로운 말을 고안했고, 그 말은 전통적인 그룬트헤어샤프트(Grundherrschaft)와 엘

---

159) Borelli(1974, 15).
160) Stuart Woolf(1964, 283)는 이러한 유사성을 다음과 같이 상세히 설명한다 : "두 나라에서 모두 통치자들(비토리오 아마데오 2세와 카를로 에마누엘레 2세, 대선제후 프리드리히 빌헬름 1세)의 개혁활동들은 중앙집권적 절대군주제의 창출에 주된 장애로 여겨졌던 귀족들을 의식적으로 겨냥했다. 새로운 중앙행정부가 만들어졌고, 귀족의 재정적 특권들이 공격을 받았다. 그러나 두 경우 다 지역 행정에 대한 귀족의 통제가 실질적으로 손상받지 않은 채 남으면서 귀족이 재정적 불입권의 실질적 요소를 유지했다."
161) 지주들의 권력이 증대한 것에 대해서는 Jeannin(1969, 69) 참조. 그리고 리에주에서 분익소작이 증대한 것에 대해서는 Ruwet(1957, 69) 참조.
162) 예컨대 Weis(1970) 참조. 그는 (라인란트를 제외한) 서부 독일과 프랑스의 상황을 비교한다. 프랑스에서는 농민들이 토지의 35퍼센트를 소유했고 엘베 강 서쪽의 독일에서는 토지의 90퍼센트를 소유했다. 그러므로 "17세기와 18세기 전반에······" 프랑스 농민의 "경제적, 사회적, 법적, 심리적 상황은 프랑스 토지의 비옥도가 더 나았고 경작방법이 전반적으로 진보했는데도······엘베 강 서쪽 독일의 농민보다 훨씬 더 나빴다."(p. 14) 작센에 대해서는 Blaschke(1955, 116)도 참조.

베 강 동쪽의 구츠헤어샤프트(Gutsherrschaft) 사이의 어딘가에 있는 새로운 구조를 가리키는 말이었다.[163] 앞서 지적한 것처럼, 비르트샤프트헤어샤프트는 중앙 유럽의 보다 반주변적인 지역들에 퍼졌던 체제였다.

통상 한 지리적 영역의 몰락은 이 영역의 자본 소유자들이 그들의 투자처를 옮기기 시작했음을 의미하며, 그러므로 집단적인 지리적 몰락이 개인이나 가족의 몰락을 의미하지는 않는다. 자본 이동에는 두 가지 형태가 있다. 하나는 흔히 물리적 이동의 형태를 띠는 경제적 전망이 더 나은 지리지역으로의 이동이며, 다른 하나는 같은 지역 내에서 종종 보다 더 높은 착취율에 힘입어 보다 더 높은 수익률을 올리고 있는 생산단위들로의 이동이다. 17세기의 불황기 동안에 한 지역 내의 자본 이동은 토지에 대한 투자의 형태를 띠었다.

---

163) Lütge(1963, 139 ; 1965, 685)의 논의 참조. '비르트샤프트헤어샤프트'라는 개념은 Alfred Hoffmann(1952, 98)이 고안했는데, 그는 그 개념을 명백히 구 '렌텐헤어샤프트(Rentenherrschaft)'와 새로운 '구츠헤어샤프트'의 중간쯤에 있는 것으로서 16-17세기에 발전했다고 인식했다. 따라서 호프만은 비르트샤프트헤어샤프트를 다음과 같이 정의하고 있다. "이런 형태에서는 경작지의 압도적 다수가 이전처럼 개별적이고 독자적인 소농 유형의 농장들(bäuerlichen Wirtschaften)로 나누어져 있다. 그러나 과세(Abgaben)의 중앙집중화가 보다 강화되고 영주를 위한 부역에 보다 더 관련됨으로써, 소농의 농장들은 이전보다 더 밀접하게 경제적 조합(Verband)으로 [서로간에] 결합된다. 이 조합은 순수한 소농의 농업경제 활동만이 아니라 일련의 수공업 활동도 아울러 망라했고, 수출시장을 지향하는 기업(selbständingen Organisation)과 밀접하게 결합되었다." 호프만은 렌텐헤어샤프트에서 보다 더 근대적이고 자본주의적인 비르트샤프트헤어샤프트로의 전환이 "장원적 소유의 수익성에 중요한 성장을 가져왔다"(pp. 166-167)고 믿는다.

T. M. Barker(1974, 27)는 비르트샤프트헤어샤프트가 "농부의 사적 노동에서 이윤을 얻기 위하여 장원 농업과 수공업 생산을 여러 가지 방식으로 결합시킨……중앙집중화되고 경영합리화된 '농장 장원'"을 의미한다고 한다. Makkai(1975, 230)는 이 체제의 핵심적 특징이 영주가 "수입을 증대시키기 위해서 자신의 독점적 권리들(선술집, 물방앗간, 도살장 등등)을 이용하고 또한 스스로 상업적 투기에 참여했다"는 점이라고 주장한다. 그는 이것을 제3유형의 경제체제로 보는 것은 "지지할 수 없다"(p. 231)고 생각한다. 영주의 상업활동을 강조하는 한, 마카이는 옳으며, 일종의 사업가로서의 영주(Grundherr)에 대하여 논문 전체를 할애한 Alfred Hoffmann(1958) 자신의 글을 인용할 수 있다. 그러나 비르트샤프트헤어샤프트가 "경영합리화"를 이루었다는 점에서, 그것은 전통적인 '그룬트비르트샤프트'와 전혀 다르다. 그렇지만 이 시기에 모든 그룬트비르트샤프트 영지들이 비르트샤프트헤어샤프트의 방향으로 나아가고 있었다고 해도 무리는 아니다.

이 시기에 유럽의 등뼈 지역에 위치한 자본가들은 자본 이동의 두 형태 모두에 관계했다. 금융업무는 점차 제노바와 같은 중심지들에서 암스테르담으로 이동했고,[164] 공업에 종사하는 직인들도 —— 플랑드르인들은 잉글랜드로, 독일인들은 홀란트로, 베네치아인들은 리옹으로 등등 —— 이동했다. 랩은 이러한 공업 노동자들이 어쨌든 임금이 높은 지역들로부터 이동하고 있었다는 점에서 볼 때 보다 높은 임금을 추구하여 이동한 것은 아니라고 주장하는데, 이는 전적으로 옳다. 이러한 이동은 소규모 자본가들이 "막대한 이윤을 얻기" 위하여 이주를 감행한 "기업가적 성격을 가진 대탈출"이었다.[165]

이 시기, 공업에서 토지로의 자본 이동에 대해서는 북부 이탈리아를 대상으로 가장 폭넓은 연구가 이루어져왔다. 그 이유는 아마 그러한 자본 이동이 그곳에서 가장 극적으로 발생했기 때문일 것이다. 불페레티는 이 자본 이동을 "안전한 토지에 대한 투자"로의 전환이라고 하지만,[166] 나는 이런 표현이 잘못된 이미지를 낳고 있다고 믿는다. 울프는 피에몬테에서 발견되는 증거가 이 시기 신구 토지소유자들 모두의 "토지 경영 방법이 효율적이었음을 가장 적절히 보여준다"는 점을 상기시킨다.[167] 세레니는 이탈리아에서는 농업개량이 "상대적으로 연속되었다"고 하며, 16세기에서 17세기까지 "농업의 상업적 발전"이 있었는데 "[17세기의] 경제침체가 그것을 방해할 정도로 심하진 않았다"고 지적한다.[168] 북부 이탈리아에서 모직업의 사정이 나빠지자 사업가가 자본주의적 농업을 돈을 투자할 만한 곳으로 인식했다는 것은 명백하다. 그렇

---

164) 1620년대에 이전에 제노바가 맡고 있던 에스파냐의 물주로서의 금융적 역할이 쇠퇴한 것에 대해서는 Van der Wee(1977, 333, 375) 참조. 처음에는 프랑스와 합스부르크 왕가 국가들의 국채(titoli pubblici)에, 그뒤에는 잉글랜드와 스칸디나비아, 작센 등의 국채에 대한 투자를 통해서 제노바가 행사한 새로운 유럽의 물주로서의 역할은 Dermigny(1974, 549) 참조. 그는 제노바의 금융투자가 너무나 회화적이어서 "기간을 약간만 늘리면 자본주의의 최고단계인 기생(parasitism)을 말할 수 있을"(p. 562) 정도였다고 한다.
165) Rapp(1976, 37). Fanfani(1959, 130-131)도 역시 17세기에 이탈리아로부터의 이주가 [이탈리아로의 이주보다/옮긴이] 더 많았다는 점을 지적한다.
166) Bulferetti(1953, 47).
167) Woolf(1964, 283).
168) Sereni(1961, 188, 210). Villani(1968, 124)도 같은 이야기를 한다 : "17세기 [이탈리아의 농업분야에서는] 퇴보가 아니라 연속적인 발전이 있었다."

지 않았다면 경작되지 않았을 토지에 심어진 "벼의 행진"[169]은 북부 이탈리아 식량 생산의 대규모 자급자족에 일조했고 그것을 부추겼는데, 이는 주요 식량 상품의 세계적인 과잉생산을 촉진했으며, 그 과잉생산은 다시 17세기에 동유럽산 곡물 수출의 극적인 하락으로 이어졌다.

북부 이탈리아 자본은 다른 자구책을 찾았다. 그 방법 중의 하나는 일종의 유한책임합자회사인 코멘다(commenda, 또는 코만디테[commandite])의 등장이었는데, 이는 특히 토스카나의 견직물 생산에서 두드러졌다. 이 합자회사에 대해서 다 실바는 "자본집중의 한 형태"로 간주해야 한다고 말한다.[170] 두 번째 방법은 국가대부와 관련된 징세청부업(appalti di gabelle)의 등장이었다.[171] 어떤 학자는 북부 이탈리아의 국채가 17세기 및 18세기에 걸쳐 "생산활동으로부터 자금이 끊임없이 빠져나가는 배출구"로 기능했다고 본다.[172] 아마도 그러했을 것이다. 그러나 누구의 수중으로 들어갔는가? 무엇보다도 대부를 한 사업가들의 수중으로 흘러들어갔다. 집단적으로는 몰락했지만, 개별 자본가는 살아남았던 것이다(심지어 번성하기까지 했다).

이제 17세기의 장기적 불황에서 쇠퇴가 아니라 기회의 계기를 발견한 비핵심부 지역들로 눈을 돌려보자. 이들 지역 중 스웨덴이 단연 돋보인다. 1599년에 시이스문드가 왕위에서 물러나고 카를(뒤에 카를 9세)이 섭정이 되었을 때, 스웨덴은 소국가였고 정치적, 경제적, 문화적으로 후진적이었다. 그런데 1697년 카를 12세의 즉위 때가 되면 스웨덴은 유럽의 군사강국이 되었고 상대적으로 중요한 산업세력이 된다. 그러한 변화가 어떻게 일어났는가? 중세 말에 스톡홀름은 한자 동맹의 도시에 속했고, 일반적으로 보아서 16세기까지 스웨덴은 "거의 독일 식민지 중의 하나라는 처지에 놓여 있었다."[173] 비록 이

---

169) Sereni(1961, 187)는 벼를 "자본주의적 농업발전의 결정적인 추동력"으로 보고 있다. 또한 Glamann(1977, 201)도 참조. 글라만은 이베리아 반도에 옥수수가 도입된 것도 유사한 현상으로 간주한다.
170) da Silva(1964a, 485) ; 또한 pp. 490-491 ; Carmona(1964, 106-107)도 참조.
171) Romano(1968, 735) 참조.
172) Ventura(1968, 719).
173) Roberts(1958, II, 20).

러한 처지가 구스타프 바사의 치세기(1523-60) 동안 변하기 시작했지만, 1612년에 이르러서도 여전히 자치시의 공직에서 독일인들을 배제하려는 정치적 요구들이 행해지고 있었다.[174] 그러나 이러한 상황을 다른 측면에서 보면 스웨덴에는 길드가 완전히 뿌리내린 적이 결코 없었다. 길드는 "독일에서 수입된 이국적인 배양물"이었고, 길드가 존재한다고 해도 그것은 스톡홀름으로 제한되었다.[175]

16세기 중반의 언제부터인가 교역량이 증가하기 시작했다. 독일인의 독점은 파괴되었고 네덜란드인과 스코틀랜드인들이 무역에 참여했다. 외국산 직물의 수입이 증가했다.[176] 스웨덴의 수출도 역시 증가했는데, 특히 광물 수출에 비중을 두고 있었다.[177] 주변부화 과정이 일어나고 있는 것 같았지만, 그 결과는 동유럽과는 전혀 달랐다.[178] 스웨덴 농민이 법적으로 아주 강력했다는 것은 익히 잘 알려져 있다. 신분(stånd)이라는 말은 의회(riksdag)라는 말과 마찬가지로 16세기 중반 에리크 14세의 치세기 동안 처음으로 상용 스웨덴어에서 쓰이게 되었다.[179] 오랜 절충 끝에 1617년, 최종적으로 신분제 의회령(riksdagsordning)으로 신분회의들에 관한 배치가 확정되었을 때, 스웨덴은 독특하게 네 가지 신분을 가지게 되었다. 그중 네번째 신분이 농민으로서 자

---

174) Roberts(1958, II, 21) 참조.
175) Roberts(1958, II, 21).
176) Karl-Gustav Hidebrand(1954, 101)는 수입 나사가 국내산 제품보다 유리했던 주된 이 점이 수입 나사의 내구성이나 우아함이 아니라 "품질이 비교적 균일하다"는 점이었다고 한다.
177) Roberts(1958, II, 139-142) 참조.
178) Hans-Edvard Roos(1976, 65, 주 35)는 이 책의 제1권(1974)에 있는 "쇠퇴의 메커니즘"에 대한 나의 논의를 인용하고 이렇게 말한다 : "이는 스웨덴의 상황과 맞지 않는다. 16세기 후반 동안 국가재정이 대규모 적자로 특징지어졌음에도 이것은 약한 국가에 수반되는 '나선형 하강' 및 그 결과로서의 주변부적 지위를 가져오지 않았다. 실은 정반대이다. 이 논문의 기본 논지는 이러한 딜레마로부터 벗어날 새로운 길들이 발견되었는데, 그 길들은 결국 국민국가와 새로운 국민경제 형태들의 확장으로 이어졌다는 것이다."
179) 그 말은 "그밖의 많은 말들과 마찬가지로 독일에서 수입되었으며, 공동의 특권과 의무, 사회에 대한 공동의 주장, 그리고 사회 내에서의 공동의 역할을 가진 사람들의 집단을 가리켰다." Roberts(1953, I, 285).

신의 농장을 소유한 사람들로 정의되었다.[180] 나는 이전에 이런 진기한 현상을 토양적이고 기후적인 이유로 스웨덴 농업이 경제적으로 취약했기 때문에 발생한 것이라고 설명했다. 이것은 스웨덴의 경우 귀족이 16세기 유럽 세계경제의 확장 속에서 토지관계를 "(재)봉건화"했지만 거기서 상대적으로 거의 이익을 얻지 못했다는 것을 의미했다.[181] 그 결과로 동유럽의 대지주들이 자기 통치자에 반대했던 것과는 달리, 스웨덴 귀족의 이해관계는 국가를 건설하기 위한 바사 왕조의 중앙집중화에 직접적으로 반대하지 않게 되었다.[182]

17세기에 경제적 침체의 첫 징후가 유럽을 강타했을 때, 구스타프 아돌프 같은 강력한 인물은 위기를 이용하여 스웨덴 국가를 한층 더 강화하고 경제적 변화를 일으킬 수 있었다. 아돌프는 스웨덴의 자원을 동원하여 30년전쟁을 치렀다. 그는 세수를 증대하고 세금을 화폐로 납부할 수 있게 했으며, 징세청부업을 실시했다. 또한 그는 (소위 '프로이센 특허장', 즉 입항세를 모든 항구에서 징수할 수 있는 권리에 의거하여) 프로이센으로부터 자금을 끌어내었다. 아돌프는 여러 왕실독점들을 만들었지만, 그 독점은 소금 및 곡물 무역에서는 실패했고 구리와 철 무역에서는 다소 성공했다. 간단히 말해서 마이클 로버츠가 이렇게 요약하듯이:

구스타프 바사 치세하에서 스웨덴이 가지고 있던 주변적이고 초보적인 위치가 이제 영원히 폐기되었다. 구스타프 아돌프와 함께, 스웨덴의 경제적 이해는 완전히 유럽적인 것이 되었고, 경제문제에 대한 그의 정책은 당대의 중상주의적 패턴에 부합했다.[183]

---

180) Roberts(1958, II, 48) 참조.
181) Wallerstein(1974, 312-313) 참조. Perry Anderson(1974a, 179)도 유사한 주장을 하면서, "아마도 농업에서 상업화의 지표가 대륙의 어느 곳보다 낮았을 것"이라고 한다.
182) 실제로 P. Anderson(1974a, 173)은 "바사 종교개혁[1527-42년 시기에 구스타프 바사가 시의적절하게 종교개혁의 기치 아래 교회재산을 몰수한 것]이 유럽의 왕조들이 이룬 그런 류의 작업 중에서 경제적으로 가장 성공적이었음은 의심할 여지가 없다"고 주장한다. 앤더슨은 왕조의 경제적 성과와 아울러 행정의 중앙집중화 조치들까지도 상술하고 있다. 그는 그래도 이런 조치들이 "귀족의 반감을 사지 않았으며, 귀족은 [구스타프 바사의] 통치기간 내내 그 체제에 대한 근본적인 연대감을 표시했다"(p. 174)고 결론짓는다.
183) Roberts(1958, II, 120). 그는 구스타프 아돌프 치세하의 경제변동에 대해서 전반적으로

여러모로 보아서 비밀은 구리에 있었다. "가난한 사람에게는 구리가 금이었다."[184] 그리고 구리가 필요한 가난한 사람이란 16세기에 은 자원을 대부분 독점했던 그 부유한 사람, 즉 에스파냐였다. 합스부르크가가 네덜란드에 대한 지배를 유지하려고 하면서 카스티야는 재정적 긴장상태에 빠졌고, 이 때문에 펠리페 3세의 정부를 이끈 레르마 공작은 1599년에 순동 베욘 화폐의 주조를 허가했다. 그리하여 에스파냐의 대(大)인플레이션이 시작되었고, 이것은 "여러 해째 계속해서 파산한 정부에게는 돈으로 돈을 벌려는 유혹이 너무나 강했다"는 사실에서 유래했다.[185] 베욘 화폐는 17세기에 들어서면서 발행되기 시작하여, 평가절하를 거듭하다가 1686년 인플레이션이 마침내 멈추자 발행을 중지했다.[186]

비록 에스파냐가 구리에 근거한 평가절하의 주된 희생자였고 따라서 세계적인 구리 수요 증대의 주된 자극제이긴 했지만,[187] 유일한 희생자는 아니었다. 1621년에서 1623년까지 독일지역에서는 악폐 및 위폐의 시대가 있었고, 1607년에서 1621년까지 프랑스는 동화를 광범위하게 주조했다.[188] 스웨덴 자체는 1625년에 동-은 본위제를 출현시켰다.[189] 게다가 그 시기에 구리는 화폐

설명하고 있다(제2장, 여러 곳). 사실 이보다 앞서 1580년대에 빌렘 반 베이크가 중요한 역할을 했던 독점들이 있었다. 그러나 그것들은 지속되지 못했다.
184) Glamann(1977, 242). 17세기에 금속 중에서 (은과 금 다음으로) 구리가 중요했다는 것은 Kellenbenz(1977b, 290) 참조.
185) Elliott(1966, 300). 16세기에 시작되었지만 17세기에 정점에 이른 이 인플레이션이 가져온 결과 중 하나는 국내의 격심한 자본집중이었다. Ruiz Martín(1970, 60).
186) Elliott(1966, 300, 329, 344, 352-353, 361, 365) 참조. 카스티야에서는 1693년에야 베욘 화폐의 발행이 중지되었다.
187) 예컨대 P. Anderson(1974a, 183)은 "팔룬에서 코파르베리(Kopparberg : 스웨덴 중앙에 있는 주. 팔룬은 이 주의 주도[州都]로 구리 광산의 중심지였음/옮긴이)산 구리의 수요가 국제적으로 급증한 것은 바로 1599년 화폐 평가절하시 레르마가 새로운 동화 베욘을 발행했기 때문이다"라고 주장한다. "스웨덴 정부의 화폐정책에 변화"가 일어난 시점이 1599년이라는 것은 확실히 우연이 아니었다. 스웨덴 정부는 그 해에 "순동 베욘 화폐를 대량으로 발행하기 시작했고, [그것은] 1600년 이후 구리 가격의 갑작스러운 인상으로 이어졌다." Roberts(1958, II, 33).
188) Van der Wee(1977, 299) 참조.
189) Heckscher(1954, 88-89)는 이 점이 구리 가격을 올리면서 동시에 은 수입의 필요성을

주조에만 사용된 것이 아니었다. 구리는 홀란트에서 생산된 솥과 놋쇠 제품에도 필요했다. 그리고 15세기 중반 이래 구리는 청동대포 주조에 사용되었다. 17세기를 경과하면서 철대포에 자리를 내준 청동대포는 1600년에 가장 많이 사용되었다.[190] 16세기에 구리의 주산지는 티롤과 헝가리 고지 그리고 튀링겐이었다. 이 주산지들이 광석의 고갈 때문에 몰락했든 아니면 스웨덴산 구리로 인해서 소멸했든 간에,[191] 스웨덴은 유럽의 주된 구리 생산국이 되었고, 구리 채광은 스웨덴의 핵심적인 경제활동이 되었다.[192]

구스타프 아돌프 시기에 시작되었고 크리스티나 여왕의 치세 동안 악셀 옥센셰르나의 행정적 주도로 계속된 이 거대한 발전적 도약에서, 네덜란드인들과의 연계는 결정적이었다. 우리는 스웨덴의 경제발전을, 데 브리스가 말하듯이[193] 주로 (적어도 1660년까지는) "네덜란드의 후원 아래" 이루어졌다고 말할 수 있지만, 이 점이 약간 모호하다. 트로이에는 그 현상을 보다 조심스럽게 이렇게 표현한다. "여러 해 동안 살아남기 위한 투쟁을 벌이고 열강에 속하게 된 스웨덴이 홀란트 및 함부르크의 국제적 상인들과 사업가들을 자기 편으로 삼고 있었던 것은……세계사적 측면에서 아주 중요한 일이었다."[194]

축소시킨 것이었다고 한다.
190) Glamann(1977, 243) 참조.
191) Glamann(1977, 189)은 중부 유럽 광산들에서 구리 생산량이 16세기 후반에 하락하고 있었다고 주장한다. Roberts(1958, II, 90)는 헝가리 광산들의 생산을 중단시키고 튀링겐의 광산들을 쓸모없게 만든 것은 30년전쟁이었다고 주장한다. Kellenbenz(1974, 262 ; 또한 1977b, 340도 참조)는 이 두 설명을 모두 부정하고 헝가리산 구리 생산의 감소와 따라서 중부 독일 구리 시장의 쇠퇴가 "스웨덴산 구리의 과잉공급"으로 발생했다고 본다.
192) Roberts(1958, II, 90) 참조. 그리고 Heckscher(1954, 85)의 다음 글 참조 : "구리 산업은 스웨덴의 정치적 팽창과 경제적 발달을 연결한 가장 강력한 고리였다." 결국 스웨덴의 구리 산업은 1623년에 암스테르담 시장에 처음 등장한 일본산 구리의 도전을 받지만, 1650년 이전에 그 경쟁이 의미가 있었는지는 논쟁거리이다. Roberts(1958, II, 97, 주 3)에 있는 그 논쟁에 대한 언급 참조. 또한 Nordmann(1964, 474-475)도 참조.
193) J. de Vries(1976, 21).
194) Treue(1957, 28). Polišenský(1971, 175)의 다음 글 참조 : "예테보리와 여타 도시들은 바로 스웨덴 땅에 있는 홀란트의 전진기지였는데, 스웨덴의 구리와 강철은 이미 트리프, 데 헤어 같은 가문들로 대표되는 네덜란드-스웨덴 합작기업이 지배하는 상품이 되었다." 또한 Roberts(1958, II, 122)의 다음 글도 참조 : "1619년 이후에 일어난 새로운 예

스웨덴산 구리를 사들여서 화폐 주조의 주성분으로 재수출하고 아울러 "네덜란드의 도시들에서 꽤 번성한 구리제품 산업"에 공급하던 곳이 바로 암스테르담(또한 함부르크)이었다.[195] 다 알다시피 구스타프 아돌프 치세하에서 스웨덴 광산과 제련업에 외국인(주로 네덜란드인과 플랑드르인)이 투자하기 시작했고, 상당히 많은 외국인들이 그런 산업과 직접적인 경영상의 관계를 맺었다.[196] "구리로 변제하는 것이 유효하다"는 조건으로 네덜란드는 광범하게 차관을 제공했다.[197] 익히 알려진 국제적인 채무노동의 유형이 뿌리를 내리고 있었다.

구스타프 아돌프는 1619년에 스웨덴산 구리의 매매를 관장할 스웨덴 무역회사를 설립하여 이러한 위협을 없애려고 했다.[198] 이리하여 왕은 단기 수입의 확대를 통한 재정적 이점과 구조적 변화를 결합시키려고 했다. 스웨덴 무역회사에 주어진 특허장은 원래 3년 내에 스웨덴에 놋쇠 제작소와 구리 정련소들을 설립한다는 조건으로 그 회사에 독점권을 부여했다. 스웨덴 무역회사에서 외국자본의 유입은 환영을 받았고 실제로 성공적으로 외국자본이 유인되었다. 그 회사는 함부르크와 암스테르담 시장을 서로 반목시켜서 어부지리

테보리의 성장은 이런 [서쪽으로의] 방향 전환을 가시적으로 보여주는 것이다. 왜냐하면 예테보리의 무역이 전적으로 발트 해 외부에서 이루어졌고, 예테보리의 가장 중요한 시장이 암스테르담이었기 때문이다. 그리고 네덜란드 상인들은 네덜란드 연방의회의 금지를 무시하고 에스파냐와 자유롭게 교역하기 위해서 함부르크와 마찬가지로 예테보리에도 자리를 잡았다."

195) Glamann(1977, 244).
196) Roberts(1958, II, 28) 참조. 그보다 더 일찍이 1580년대에 빌렘 반 베이크가 그런 관계를 맺은 예가 있었다.
197) Glamann(1977, 245).
198) 회사의 설립 시기가 흥미를 끌었다. 그 회사는 1619년 7월 24일 설립되었다. 1619년은 격심한 상업위기가 발생한 해였다. 그 해는 또한 네덜란드에서 정치적 위기가 발생한 해이기도 했다. 4월 23일에 도르드레흐트 종교회의는 아르미니우스파의 다섯 가지 항목들, 즉「항의 서한(*Sententia Remonstrantium*)」을 공식적으로 비난했고 5월 13일에는 올덴바르네벨트가 처형당했다. 그렇다면 구스타프 아돌프는, 대부분 발트 해 무역과 관련되었고 친아르미니우스파적인 성향이 있던 레헨트 계급이 정치적으로 허약한 상태, 즉 전반적인 상업위기가 조성한 허약한 상태를 이용해서 전체 국면을 의도적으로 장악하려고 한 것이 아닌가?

를 얻으려고 했다. 그러나 세계 구리 시장이 갑자기 몰락했고, 1627년 무렵 회사는 해체되었다. 혹시 네덜란드 자본가들이 이것을 조종했을까? 다 알다시피 스웨덴산 구리에 대한 주요 투자자인 트리프 회사는 또한 1624년에 일본에서 구리를 주문한 네덜란드 동인도회사와도 연결되어 있었다. 트리프 회사는 1626년과 1627년에 동인도회사가 수입한 일본산 구리를 전량 구입했다. 또한 다 알다시피 1627년 이후 트리프 가문은 스웨덴에 다시 구리로 변제 가능한 새로운 차관을 주고, 그리하여 암스테르담 구리 시장을 소생시켰다.[199]

네덜란드로부터 스웨덴의 경제적 독립을 이루려는 것으로 추정되는 이 시도가 실패했다고 하더라도, 거의 비슷한 시기(1614-17)에 영국에서 일어난 그에 비길 만한 실패인 코케인 참사회원의 계획을 상기한다면, 우리가 그런 시도가 있었다고 믿는 것이 지나치지는 않을 것이다. 어쨌든 우리는 네덜란드가 헤게모니를 잡고 있던 시기를 다루고 있다. 구스타프 아돌프의 노력과 관련하여 놀라운 점은 그가 최고의 네덜란드 기업가들에 비해서 무능력했다는 것이 아니라 그가 스웨덴의 군사력과 공업력을 건설하는 데에 상당히 성공했다는 점이다. 그리고 노르드만이 말하듯이, 17세기에 스웨덴은 "전쟁에 의존하여 살아가고 [전쟁을] 국가적 산업으로 삼은 무장국가"[200]였으므로 군사력과 공업력이라는 두 힘이 조화를 이루었다. 구스타프 아돌프는 당대의 뛰어난 군사개혁가였다. 그는 나사우의 마우리츠의 조직방법을 받아들여 이를 개선하고, 프랑스 대혁명 때까지 지속될 유럽 군대의 한 유형을 창안했다. 구스타프 아돌프는 훈련과 규율을 강조하고 군과 관련된 모든 것에서 공격에 다시 주안점을 두는 전술적 개혁을 수행했다. 아마도 그의 가장 중요한 혁신은 그의 군대가 무장한 농민으로 이루어진 것이리라. 노르드만은 "그의 군대가 가진 근대적 성격이란 그 군대가 외국 용병의 군대가 아니라 국민군이었다는 데에 있다"[201]고 한다.

---

199) Roberts(1958, II, 92-98)와 Glamann(1977, 245-246)의 논의 참조.
200) Nordmann(1972, 133).
201) Nordmann(1972, 133). 그러므로 스웨덴 군대는 약탈을 행하지 않은 최초의 근대적 군대였다. Hutton(1968, 524 참조).

용병이 16세기에 크게 발전했음을 잊지 말자. 구스타프 아돌프는 용병의 힘을 완전히 빌리지 않을 수는 없었으나 그들의 역할을 축소시켰다. 그는 스웨덴에 봉건적 전통이 약하다는 점과 아울러, 부분적으로는 지형적인 고려에서 또한 부분적으로는 역시 어느 정도 토양조건으로 인해서 농민이 강했기 때문에 스웨덴이 중세의 중무장 기병을 채택한 적이 없었다는 사실에 근거할 수 있었다.

> 여기서는 유럽의 어떤 다른 곳보다 원시 게르만적 군사전통이 더 많이 지속되었다. 그리고 스웨덴의 숲으로 감히 달겨든 침략자는 주민 총동원령에 맞닥뜨려야 했는데, 그 주민들은 주로 도보로 이동하며 싸웠고, 개방된 지역에서는 대규모 비정규적인 집단들로 결집되었다.[202]

징집군대는 지방 연대들에 기반했고, 지방 연대는 수공업자들과 젊은 농민들을 선발했으며 그 당시의 다른 군대와 달리 "인간 쓰레기"를 거부했다. 중앙에는 피복 병참이 창설되었다. 군대는 각 가구들로부터 얻은 조세수입을 할당하는 분산된 체제에서 정기적으로 임금을 받았다. 무기와 장비는 규격화되었고 포병이 크게 강조되었다.

구스타프 아돌프는 군수산업을 증강했고 그래서 스웨덴은 군수물자를 자체적으로 조달할 수 있었다.[203] 구스타프 아돌프가 자신의 군사조직에 부가한 중요한 특징 중의 하나는 군사비용의 대부분을 스웨덴 외부로 전가한 것이었다. 잘 알려진 일례는 30년전쟁에서 소위 '프로이센 특허장'을 통해서 스웨덴이 군사적 재원을 마련한 것이다. 이 특허장은 1629년에 폴란드와 스웨덴 간에 체결된 알트마르크 정전협정으로 효력을 인정받았다. 그 특허장으로 스웨덴은 브란덴부르크와 쿠를란트의 항구들에 대하여 그리고 가장 가치 있던 것

---

202) Roberts(1958, II, 189). 이런 보병 전통을 유지한 다른 나라로는 스위스가 있다.
203) 이 부분은 Roberts(1958, II, 3장과 4장)의 책 중 "육군(The Army)"이라는 제목이 붙은 장을 바탕으로 기술되었다. 또한 "해군(The Navy)"의 장도 참고. 이런 업적들을 감안하면, 크롬웰이나 군인왕(프로이센의 프리드리히 빌헬름 1세), 표트르 대제가 스웨덴 군을 모델로 삼은 것은 전혀 이상한 일이 아니다.

으로서 그다니스크에 대하여 항만사용료를 부과할 수 있게 되었다. 거기서 나온 수익은 상당하여, 기록으로 확인되는 스웨덴 전쟁비용의 약 20퍼센트에 해당했다. 이러한 특권들이 1635년에 종식되자, 그것들을 대신하여 스툼스도르프 조약을 통해서 리보니아의 항만사용료를 확보할 권리가 스웨덴에 부여되었다.[204] 본질적으로, 스웨덴은 동유럽에서 북서 유럽으로 이전되는 잉여가치의 일부분을 얻고 그것을 이용하여 스스로 반주변부적 지위를 창출하고 있었다.

군대는 이런 반주변부 국가의 성장에 결정적인 도구였지만, 그 비용은 결국 산업화에서 조달해야 했다. 그리고 그러기에는 구리로는 충분치 않았다. 17세기를 거치면서 스웨덴 광업 및 산업생산의 중심은 구리에서 철로 넘어갔다. 그렇게 된 한 가지 이유는 세계시장에서 대포만이 아니라[205] 가정용품에

---

204) Bowman(1936, 343-344)과 Åström(1973, 92-94) 참조. 특허장 시기인 1630-35년 시기에 전쟁비용은 극적으로 상승했다. 1630년 이전에 스웨덴인들의 전쟁비용은 매년 50만 릭스달러(rixdaler)였는데, 1630년 이후에는 매년 2,000만-3000만 릭스달러가 되었다. Jeannin(1969, 324)은 이렇게 말한다 : "이러한 [지출상의] 급등을 가져오는 데 필수적인 전제조건은 전쟁이 전쟁을 낳는다는 것이었다." 그는 1628년에 "우리가 이전에 시작한 일들을 어떻게 성공적으로 이룰 수 있었는지를 생각해보면, 전쟁이 전쟁을 낳는다고 말할 수밖에 없다"고 썼던 구스타프 아돌프의 글을 인용하고 있다. 핵심 문제는 프로이센 특허장 덕분에 스웨덴인들이 따로 이루어진 전쟁비용의 급등에 대응할 수 있었던 것인가 아니면 알트마르크 조약과 그에 따른 프로이센 특허장 덕분에 스웨덴인들 자신들을 위해서 그리고 다른 나라를 위해서 전쟁비용을 급등시킬 수 있었던 것인가 하는 점이다. 관직매매를 하지 않고 얻어진 스웨덴의 지출능력은 프랑스가 그렇게 할 수 없었던 것에 비교되는데, Roberts(1973a, 12, 14)는 이를 분석하면서 이렇게 말한다 : "이런 난점[스웨덴 조세기반의 허약함]에 대한 한 해결책은 스웨덴에게 당하는 쪽에서는 침략으로 보였던 것에서 스웨덴이 안정과 지출능력을 얻었다는 역설에 있다. 전쟁은 전쟁을 낳기 위해서 행해질 수도 있었고, 그밖에 값진 보상을 가져올 수도 있었다. 평시경제보다 오히려 전시경제가 스웨덴의 필요에 맞는 것이었다." 더구나 뒤에 "스웨덴 군대가 더 이상 자신의 이웃들에게 공포심을 불러일으키지 않게" 되자, "실제로는 스웨덴에 자원이 충분치 않다는 것이 점차 분명해졌다."
205) "스웨덴 사업가 루이스 데 헤어[실제로는 스웨덴에 투자하고 거기서 산 네덜란드인]는 1664년에 철대포를 청동대포의 3분의 1 가격에 함대에 조달할 수 있다고 공언했다.……그에 이은 수십 년간 이제 기술적 견지에서도 구형 대포에 견줄 만큼 개량된 철대포가 도처에 퍼졌다." Glamann(1977, 243).

서도[206] 철이 구리를 대체하고 있었기 때문이다. 그러나 스웨덴의 입장에서 본다면, 구리와 철은 의미가 달랐다. 즉 이 시기에 이용 가능한 세계 구리 광석의 압도적인 부분이 스웨덴에 집중된 반면, 철 광맥은 유럽 전역에 퍼져 있었던 것이다. 스웨덴은 광석의 준독점과 보호정책에만 의존해서는 경쟁력을 갖춘 철 생산국이 될 수 없었다. 그러나 자원과 관련한 뜻밖의 행운을 잡아 그것을 사회경제적 이점으로 변화시킴으로써 매우 효과적으로 경쟁력을 갖춘 철 생산국이 되었다. 그 행운이란 스웨덴산 철광석의 "순도가 보기 드물게 높았다"는 것이었는데, 그것은 당시의 제련기술을 고려하면 상당한 차익을 남겼고 스웨덴이 "이익을 남길 수 있는 극히 강력한 입장"에 있을 수 있게 했다.[207] 17-18세기 내내 스웨덴인들은 철을 판매할 때마다 이런 식으로 자기 상품의 "품질을 강조했다."[208]

스웨덴의 철 채광은 적어도 12세기까지 거슬러올라간다. 그때에도 양질의 스웨덴산 단철인 오스문트(osmund)가 유럽 전역에 알려져 있었다.[209] 오스문트는 저가로 수출되어 독일에서 고가의 철봉으로 주조되었는데, 이것을 처음으로 언짢아한 사람은 16세기 전반의 구스타프 바사였다. 이 자원이 유출되는 것을 막기 위해서, 구스타프 바사는 독일 기술자들을 초빙해오고 스웨덴인의 제철소들을 설립했다. 그래도 오스문트가 철봉보다 여전히 더 많이 생산되었다. 오스문트는 1600-50년 시기까지 생산량의 3분의 2를 차지했다. 그러나 그 이후로 오스문트와 철봉의 생산비율이 점차 같아졌다. 강철공업이 시작된 것이다. 오스문트를 채광하는 데서 철봉을 주조하는 것으로 전환하는 데에는 상당한 양의 자본 투자가 필요했는데, 그 대부분을 왕이 제공했다. 그 다음으로 이러한 투자를 위해서 베름란드 같은 대규모 철광맥이 있는 외딴 지역들

---

206) "구리로 제작된 가정용품에서 철로 제작된 가정용품으로의 이동이 일어난 것을 파악할 수 있다. 이런 변화가 일어난 것은 부분적으로 철의 생산가격이 떨어졌기 때문이기도 하지만, 철제 그릇과 냄비가 청소하기 쉽고 음식의 맛을 변하게 하지 않는다는 것도 그 이유 중 하나였다." Glamann(1977, 203).
207) Samuelsson(1968, 28).
208) Samuelsson(1968, 30). 또한 스웨덴의 철광석 가공기술에 대한 논의(pp. 30-31)도 참조.
209) Roberts(1958, II, 29) 참조.

에서 광산을 확대하고 그와 동시에 그 지역들을 식민화할 필요가 있었다.[210] 이때쯤 스웨덴 철공업은 네덜란드 사업가들을 끌어당길 수 있을 만큼 중요해 졌다. 1580년대에 빌렘 반 베이크는 우플란드에 있는 왕실소유 광산들에 대한 임차권과 구리 독점권을 얻었다. 구스타프 아돌프 치세하에서 국가는 직접 경영을 포기했고, 무기산업이 성장하자 외국자본이 훨씬 더 이해관계를 가지게 되었다. 17세기 초에는 네덜란드인 루이스 데 헤어가 중심적인 역할을 했다.[211] 철공업에 대한 실제 통제권은 국가와 외국 사업가들 사이에서 왔다갔다 했지만, 그 둘 사이의 관계는 대립관계라기보다는 공생관계였다.

노르드만은 이를 두고 철 생산에서의 도약기 및 "제1차 산업혁명"이라고 한다.[212] 국가는 철 생산을 장려했으며, 아울러 군사장비에 철 생산물을 사용 했기 때문에 철의 주요 소비자였다. 전통적인 소규모 제철업자들도 철광석 채광 및 선철의 제조에 종사하면서 자기 역할을 계속했지만, 대규모 제철소를 가진 외국 사업가들은 "정련 공정의 독점권을 부여받은 데에 더하여 값싼 원료 및 반제품에 대한 접근을 보장받았다."[213] 이런 대규모 제철소들의 노동력

---

210) Roberts(1958, II, 36)는 "'철이 그 나라를 개방시켰다'는 [스웨덴 역사가 에리크 구스타프] 예이에르의 견해가 옳다는 것을 보여주는 잘 알려진 한 실례"로서 카를 9세(1599- 1611)의 베름란드 식민화를 들고 있다. 또한 그는 철공업에 국가가 개입한 역사도 논하고 있다(29-31, 35-36).
211) 이 곳과 주 205)에서 데 헤어는 네덜란드인으로 간주한다. 왜냐하면 스웨덴에서 볼 때 그는 네덜란드인이기 때문이다. 그러나 데 헤어 가문은 자본의 유동성을 예시하고 있다. 16세기 말에야 리에주의 데 헤어 가문은 정치경제적 기회 때문에 자신의 "본사들"을 암스테르담으로 옮겼다. Yernaux(1939, 101, 120-124 참조). 또한 중유럽과 북이탈리아의 선대제 공업에 대한 네덜란드인의 투자를 언급하는 부분도 보라(p. 195). Kamen(1972, 92-99 참조)은 이 중유럽과 북이탈리아의 투자자들이 플랑드르인과 왈론인 또는 벨기에인으로서, 즉 남부 네덜란드 출신이었다고 주장하는데, 그러면 리에주도 포함될지 모른다. 케이먼이 특히 언급하고 있는 16세기 후반에는 이러한 일이 실제로 일어났다. 그러나 네덜란드 독립전쟁이 진행되는 와중에 이러한 플랑드르인들 중 많은 사람들이 홀란트에 정착했고 그후 다른 곳에 투자했다. 17세기에 이런 다른 곳들에서 그들은 네덜란드인으로 인식되었다. 따라서 케이먼은 플랑드르인이라는 사실이 "감추어지게……말을 사용한" 사람들은 "당시의 영국인들"이라고 하는데(1972, 95), 영국인들만이 그랬던 것은 아니었다. 언어습관은 흔히 사회적 현실을 감추기보다는 오히려 드러낸다.
212) Nordmann(1972, 137).
213) Samuelsson(1968, 31).

은 스웨덴의 주변지역들에서 충원된 사람들로서 핀란드인과 곡물이 부족했던 스웨덴 여러 지역 출신의 농민들로 주로 이루어졌고, 그외에 군역을 면제받으려는 사람들과 형벌을 대신하여 노동하는 범죄자들도 있었다. 간단히 말해서 외국 사업가들은 값싼 노동력을 공급받았다.[214] 소규모 제철업자들에게 역할을 할애했다고 해서 스웨덴인 사업가들을 위한 공간이 확보된 것은 아니었다. 오히려 정반대로 그것은 이러한 제철업자들이 선대제를 통해서 준프롤레타리아적인 지위로 전락했음을 의미했는데, 그로 인해서 제철업자들은 외국 상인들에게 빚을 지게 되었다. 스웨덴산 철의 역사는 유럽 전반의 직물업의 역사와 유사했다 :

> 외국 수입업자들은 스톡홀름과 예테보리의 수출상인들에게 선금을 주었고, 이들 수출상인들은 다시 제철업자들에게 대부를 해주었으며, 제철업자들은 그 연쇄의 마지막 연결 고리인 노동자들에게 선금을 주었다.……각 패거리들은 그들에게 대부를 해준 사람들에게 매여 있었다.……노동자들은 대개 제철업자들이 운영하는 가게에서 생활필수품으로 대부를 받았다. 제철소들이 보통 시골의 외진 곳에 위치했기 때문에 이러한 상황을 피하기는 거의 불가능했다.[215]

외국 상인의 지배가 주 내용을 이루는 것 같은데, 이제까지 해온 구리 생산과 철 생산에 대한 설명이 내세울 만한 것인지 의아할 수도 있다. 그러나 두 가지를 염두에 두어야 할 것이다. 첫째, 폴란드의 경우와 달리 스웨덴에게 17세기란 새로운 수출공업이 발전한 시기였다. 이것은 폴란드산 곡물 및 목재 수출에 비견될 수 있을 타르와 여타 조선자재의 수출과는 별개로 이루어진

---

214) Roberts(1958, II, 37-38) 참조. 비리타 오덴은 내게 보낸 개인적인 서신에서 자신이 이에 대해서 의심스럽게 생각한다고 썼다. 그 이유는 목탄업을 제외하고는 "노동력이 고도로 숙련되었고 위계적으로 조직되었기" 때문이다.
215) Heckscher(1954, 99). Munktell(1934)의 연구에 따르면, 노동자들은 채광만이 아니라 자기 오두막에서 초벌 제련도 했으며, 제철업자들이 그들에게 주로 나무를 제공했다. 나는 존 플린트의 도움으로 그 연구를 검토할 수 있었다. 우타르베트닝스트레트(utarbetningsträtt)라고 불렸던 선대제는 또한 구리 생산에서도 광범하게 이용되었다. Roos(1976, 59)와 Boëthius(1958, 148-149) 참조.

것이었다.[216] 둘째, 스웨덴은 외국 사업가들에게 귀족작위를 줌으로써 결국 공업을 "자국산업화"할 수 있었다.[217] 결정적인 요소는 국가기제를 의식적으로 이용하는 것이었다. 요컨대 스웨덴 국가는 17세기 유럽 세계경제에서 구리와 양질의 철 그리고 타르라는 세 품목을 거의 독점한 상태에 있었다. 처음에는 헤게모니 세력과 결합하고, 뒤에는 경쟁적인 핵심부 국가들로부터 이윤을 끌어내면서 그들 사이에서 교묘히 처신하여, 스웨덴의 국가기제는 당시 영국 및 프랑스에 견줄 만한 중상주의 정책을 추구했다.[218] 스웨덴은 어떤 의미로는 그 당시의 석유수출국기구(OPEC)였다. 즉 스웨덴은 세 개의 준독점 상태를 이용하여 강력한 교섭입지를 창출했고, "그것이 없었다면 스웨덴의 정치적-군사적 확장은 이루어지기 어려웠을 것이다."[219] 그리고 그렇게 이루어진 정

---

216) Samuelsson(1968, 28-29) 참조. 17세기에 곡물 수출은 사실상 제로 상태로 떨어졌다. Åström(1973, 67, 표 5) 참조. 목재 수출은 노르웨이인과의 경쟁과 정부가 스웨덴 해군에 필요한 오크 목재의 수출을 금지시킴으로써 줄어들었다. Samuelsson(1968, 29).
217) Samuelsson(1968, 41)의 다음 글 참조: "국내 공업과 상업 전반을 위한 스웨덴인의 노력은 말할 것도 없고, 17세기의 '자국' 상선대를 갖추기 위한 투쟁은 정치적 자율성을 획득하면서 또한 경제적 멍에도 벗어버리려는 이전 식민지의 열망으로 비유될 수 있을 것이다. 아마 훨씬 더 과감히 비교할 수도 있을 것이다.……바로 새롭게 등장한 일부 아프리카 국가들이 경제와 공공행정을 운영하는 데에 도움을 얻기 위해서 이전 식민지 관리들을 유지하려고 한 것처럼, 17세기 동안 스웨덴도 외국 출신의 재정가와 여타 사업가들을 설득하여 스웨덴의 국민이 되게 했다. 그것은 그들을 '받아들임'으로써 그들의 자본과 능력을 '스웨덴화'하려는 생각이었다."
또한 Heckscher(1954, 107-108)의 다음 글도 참조: "한자 상인들은 스스로를 보다 선진적인 문명의 담지자로 생각하고 스웨덴을 식민지 영토로 간주했다. 한자 상인들은 철저히 게르만적이었고 결코 스웨덴과 동화되지 않았다. 그러나 그 나라가 자신의 것이기도 했던 17세기의 외국인들에게는 이런 일이 전혀 일어나지 않았고, 그들 또는 적어도 그들의 자식들은 거의 믿을 수 없을 정도로 빨리 스웨덴에 익숙해졌다. 대개 외국인의 2세부터 언어만이 아니라 관습상으로도 스웨덴인이 되었다.……17세기의 스웨덴 정부들은 또한 외국인을 흡수하는 것을 목적으로 하는 신중한 정책을 수행하기도 했다." 헥셔가 언급하는 정책이란 귀족작위를 부여하는 정책이었다.
218) Deyon(1969, 36-37) 참조. 그렇지만 그는 또한 영국 및 프랑스와 다르게 스웨덴이 "연합주의 경제에 지나치게 매여 있어서 일관된 경제정책을 펼 수 없었다"(p. 22)고 주장하기도 한다.
219) Samuelsson(1968, 29). 실제로 그는 세 개의 독점을 "상업적 패권"이라고 부른다. 그러나 내가 보기에 이것은 과장된 것 같다.

치적-군사적 확장은 다시 산업의 변화를 가능케 했다.

구스타프 아돌프는 스웨덴 군사력의 기반을 놓았고 그것에 힘입어서 그의 계승자들은 앤더슨이 말하는 소위 "동유럽의 망치"[220]로서 영향력을 행사할 수 있었다. 그것은 적어도 1721년 대(大)북방전쟁에서 스웨덴이 패한 것을 인정하면서 힘의 한계에 이를 때까지 지속되었다. 네덜란드인이 헤게모니를 쥐고 있는 한, 스웨덴도 그럭저럭 잘해나갔다.[221] 스웨덴은 1658년 로스킬레 조약으로 덴마크로부터 스카니아를 획득했다. 이곳은 외레순 해협에 대한 통제권을 행사했기에 "발트 해의 관문"이었을 뿐만 아니라, 한 세기 뒤에는 스웨덴의 곡창지대가 되었다.[222] 17세기 중반경 스웨덴은 에스토니아, 리보니아, 잉그리아, 켁스홀름을 얻어서 이 발트 해 동부지역을 "스웨덴-핀란드 본국의 식민지들"로 전환시켰다.[223] 또한 스웨덴은 훨씬 더 서쪽에 있는 브레멘-페

---

220) P. Anderson(1974a, 198). 그는 17세기 동유럽에 대한 스웨덴의 군사적 역할을 16세기 서유럽에서 에스파냐가 행한 군사적 역할과 비교한다. 그는 스웨덴이 열강이었던 시기를 1630년에서 1720년까지로 설정한다. Roberts(1973a, 1)는 이 시기를 구스타프 아돌프가 리가를 점령한 1621년에서 1721년 뉴스타드 평화조약(Peace of Nystad : 1700-21년의 대북방전쟁의 결과로 체결된 조약. 대북방전쟁으로 동유럽의 세력균형이 역전되어 스웨덴 제국이 쇠퇴하고 러시아 세력이 성장함. 특히 이 조약으로 러시아는 국경을 발트 해로 확장시켜 리보니아, 에스토니아, 잉그리아 및 카렐리아를 병합했고, 직접 서구로 통하는 해상 접근로를 확보함/옮긴이)까지, "꼭 1세기"로 잡는다.
221) Roberts(1962, 53)는 스웨덴이 비교적 성공을 거둔 시기를 1670년대 —— 바로 우리가 네덜란드 헤게모니의 종식 시기로 잡는 시기 —— 까지 이어지는 것으로 설정한다. 이것은 물론 "스웨덴이 '17세기의 위기'를 설명하기 위해서 제기된 일반화의 어디에도 딱히 들어맞지 않는" 이유를 설명해준다.
222) Samuelsson(1968, 75) 참조.
223) Åström(1973, 68). 그가 다음과 같이 지적하듯이 여러 층을 가진 제국구조가 형성되었다 : "기사단으로 조직된 그 지역들의 귀족은 게르만어를 사용했고 게르만식으로 생각했다. 이는 안정된 리가와 불경기에 빠졌던 레발 그리고 번성하던 나르바 같은 가장 중요한 무역 화물집산지의 시민들도 마찬가지였다.……소궁정을 가지고 있으면서 스웨덴과 핀란드 출신의 관리나 종복들을 거느린 총독과 지사들이 스웨덴 왕을 대신하여 공국들을 통치했고, 그들의 권위를 스웨덴과 핀란드에서 파견된 주둔군들이 뒷받침했다. 에스토니아와 리보니아의 귀족들은 주인과 다른 언어를 사용하는 농노화된 농민들에 둘러싸인 채 자기 영지에서 살았다." 이러한 발트 해 동부지역들의 입장에서 볼 때 17세기란 외국자본의 침입에 맞서서 싸운 지속적인 투쟁의 시기였고, 이도 역시 성공하지 못했다.

르덴, 포메른, 할란드, 엠틀란드도 획득했다. 요컨대 1650년대 무렵 스웨덴의 발트 해 정책은 "의식적인 경제적 제국주의" 정책이라고 할 수밖에 없다.[224] 스웨덴의 정치적, 경제적 확장과 나란히 발트 해에서 스웨덴 상선[225]과 해군 함대[226]가 가지는 규모와 중요성도 커져갔다.

스웨덴에서 비교적 강력하고 효과적인 국가기제를 창출하는 것은 귀족의 힘을 억제할 수 있는가에 달려 있었다. 이는 당시 스웨덴이 가졌던 계급구조와 스웨덴이 세계분업체제 및 국가간 체제에서 행한 역할로 인해서 가능했다. 왕령지와 국왕수입을 귀족에게 양도하는(avsöndring) 정책이 16세기에 시작되어 17세기 전반에 가속화되었다. 이 정책은 "국가재정 측면에서 꽤 넓은 범위의 역사적 현상들을 포괄[했다]."[227] 거기에는 매각을 통해서 그리고 행정업무나 군역의 대가인 증여를 통해서 왕령지와 자유보유지 수입을 귀족에게 양도하는 것만이 아니라 구스타프 아돌프에 의해서 시작된 징세청부업도 포함되었다.[228] 이러한 것들은 국왕이 단기간에 유동자산을 획득하는 수단인

    Arnold Soom(1962, 458)의 다음 글 참조 : "[이 점에서] 자본의 부족이 큰 역할을 했다는 것은 확실하다. 왜냐하면 네덜란드인과의 경쟁에서 성공하기 위해서는 엄청난 액수의 자본이 필요했기 때문이다."

224) Roberts(1973a, 4). 또한 그는 그 정책을 통해서 "영구히 안정된 재정상태"를 확보하려는 시도는 실패했지만, "스웨덴 자체에 대해서 제국이 가지는 경제적 중요성은 의심할 여지가 없다"(pp. 4, 5, 6)고 주장한다. Lundkvist(1973, 47)도 역시 스웨덴의 발트 해 제국에서 보이는 그 나라의 "상업적 열망"은 실패했다고 보지만, 그와는 별개로 리가를 지배하고 그 결과 리가의 배후지에서 재배된 아마와 대마를 손에 넣음으로써 얻어지는 이점이 있었다고 한다. "리가의 교역에 대한 통계수치는 17세기 후반에 틀림없이 상승곡선을 보여주며, 그래서 그 도시의 중요성은 꾸준히 증가했다." Dunsdorfs(1947, 2 참조)는 발트 해 외부에 있는 교역지들과 무역하는 경우, 17세기에 중요한 항구들은 단지 세 개뿐으로 단치히(그다니스크), 쾨니히스베르크, 리가가 그것들이라고 한다. Jensch(1930, 88 참조)는 리가 항의 선박 입항수가 1600년-09년의 96척에서 1650년-57년의 263척으로, 그리고 그중에서 네덜란드 선박이 65척에서 221척으로 증가했음을 알려주고 있다.

225) 선박의 수는 17세기 후반까지 매년 약 40척에서 약 300척까지 늘어났다. Dunsdorfs (1947, 6) 참조.

226) Jeannin(1969, 95) 참조.

227) Årgen(1973a, 9).

228) Carr(1964, 20-21) 참조.

동시에 스웨덴 경제에서 화폐화된 영역을 확대하는 수단이기도 했다. 그러나 국왕이 얻은 이점들은 상층 귀족의 정치경제적 권력을 증대시킨 대가로 얻은 것이었다. 상층귀족이 얻은 새로운 권력은 1626년에 제정된 (그리고 1644년에 재확인된) 귀족회 칙령(ridderhusordningen)에 명문화되었는데, 이 법은 (1617년의 신분제 의회령으로 만들어진) 귀족신분회의에서의 투표권을 등록된 126개의 귀족가문들로 제한했으며 따라서 나머지 가난한 소귀족(knapar)을 배제했다. 이 "상층귀족은 스웨덴의 기준에서는 아주 부유했고, 아마 절대적으로만이 아니라 국왕에 비해서 상대적으로도 더욱 부유해지고 있었던 것 같다."[229]

그러나 농민 역시 강력했고, 또한 1617년의 신분제 의회령에서 하나의 신분으로 조직되어 있었다. 농민은 사실 세 부류로 나뉘었다. 왕령지 농민 (kronobönder)과 영지 농민(frälsebönder) 그리고 납세 농민(skattebönder), 즉 자유보유농이 그들이다. 자유보유농도 대략 왕령지 농민들이 지대로 내는 만큼 세금을 냈지만, 그들은 물론 왕령지 농민들보다 안정된 법적 지위를 가졌다. 영지 농민들은 국가 조세를 면제받았고 다른 두 유형의 농민들이 지불한 것의 약 절반 정도만을 귀족에게 납부했지만, 그들의 법적 지위는 아주 불안정했다. 그들은 쉽사리 토지로부터 쫓겨날 수도 있었고, 영주의 사법권에 종속되었으며, 귀족을 위해서 1년에 약 30일 정도 노역을 해야 했다.[230] 게다가 농민신분회의가 설치되었을 때 영지 농민들은 거기에 참여할 자격도 얻지 못했다.[231] 일반적으로, 경제적 보상이라는 면에서 세 부류의 농민 지위 사이

---

229) Roberts(1958, II, 1958, 59 ; 또 pp. 57-60의 논의 참조). 또한 Samuelsson(1968, 53-54)도 참조.
230) Roberts(1958, II, 1958, 50-52) 참조. 또한 Kåre D. Tonnesson(1971, 307)의 다음 글도 참조 : "귀족의 영지 농민 대다수가 부역에 매여 있었음을 알 수 있다. 17세기에는 귀족의 성을 중심으로 집중된 대규모 농장들(exploitations)이 창출된 결과 부역이 확산되고 더욱 무거워졌는데, 특히 이 시기에는 귀족의 성들이 화려하게 새로 건설되었다." 그는 이런 현상에는 지역별로 차이가 있었다고 한다. 즉 북부에서는 환금작물을 수익성 있게 재배하기가 어려웠기 때문에 농장이 거의 없었고, 스톡홀름의 서부지역과 이전에 덴마크의 주였던 스카니아 및 할란드에서는 고도의 토지집중화가 있었다.
231) Carlsson(1972, 575) 참조.

에 전반적인 차이는 거의 없었던 것 같지만, 영지 농민들이 가진 보유권의 불안정성은 대체로 "상당히 불리한 것"으로 느껴졌다.[232] 양도 정책은 이전에 왕령지 농민이었던 사람들 일부를 영지 농민으로 만드는 결과를 낳았고, 법적으로는 아니더라도 실제상으로는 많은 자유보유농에게도 이런 일이 일어나고 있었다.[233] 그에 관련된 수치를 보면 아주 극적이다. 즉 1654년까지 귀족이 지배하는 토지는 전체 토지의 21.4퍼센트에서 63퍼센트로 증가했다.[234] 이에 대해서 농민들도 대응했다. 1634년 무렵 농민신분회의는 농민들이 예속상태에 빠지고 있는 것을 우려하여 "귀족의 특권을 삭감할 것을 요구하고" 나왔다. 1650년에는 농민을 대변하는 한 사람이 이렇게 말했다. "그들은 다른 토지에 있는 평민들이 노예라는 것을 잘 알고 있다. 그러하기에 그래도 자유민으로 태어난 그들 자신이 그런 운명에 빠질까 두려워하고 있다."[235]

수입 증대를 위해서 징세권을 매각함으로써 발생하는 문제는 그런 매각이 당장 1년의 예산위기는 해결하지만, 결국 그로 인해서 앞으로의 예산위기를 격화시킨다는 것이다. 스웨덴의 중상주의적 노력은 끊임없는 확장을 위해서 과중한 군사비 지출을 필요로 했지만,[236] 스웨덴은 자원이 빈약하고 인구가 작은 나라였다는 사실을 염두에 두어야 한다(자원은 고갈되어가고 있었고 인구는 17세기 중반에 스웨덴인이 100만 정도였고 핀란드인과 여타 사람들이 50만 정도였다). 이러한 상황으로 인해서 17세기 내내 국가재정은 늘 "긴장상태"였다.[237] 1655년에 폴란드 전쟁의 비용을 조달할 필요에서, 처음으로 이른

---

232) Dahlgren(1973a, 109).
233) Roberts(1958, II, 55-56) 참조.
234) Hatton(1974, 4, 주 2). Tonnesson(1971, 308)은 귀족의 영지가 1560년에 전체 토지의 15퍼센트이던 것이 1655년에는 60퍼센트로 증가했다고 한다. Jutikkala(1975, 159-160)는 1600년에서 17세기 중반까지 스웨덴에서 귀족영지가 전체 토지의 4분의 1에서 3분의 2로 증가했고 핀란드에서는 5퍼센트에서 50퍼센트로 증가했다고 한다.
235) Roberts(1958, II, 153). 농민을 대변하는 사람의 말은 로버츠가 G. Wittrock(1927)으로부터 인용한 것이다.
236) "17세기 스웨덴 제국은 끊임없이 확장해야만 그 존재를 유지할 수 있었다." Dahlgren(1973b, 175).
237) Åström(1973, 58 ; 또한 pp. 65-75도 참조).

바 토지환수(reduktion), 즉 토지를 귀족의 지배로부터 국왕에게로 되돌리는 현상이 촉진되었다.[238] 1655년의 토지환수는 상대적으로 소규모였다. 소위 양도 불가 토지 중에서 이전에 왕령지였던 토지가 환수되었고, 1632년 이래 "증여된" 여타 토지들 가운데 정확히 4분의 1만이 되돌려졌다(fjärdepartsräfsten). 1604년 이래 증여는 "봉건적" 형태로만 이루어질 수 있다는 노르쵀핑 의회의 결정을 무시하고 자유보유지로 주어졌던 모든 토지가 그러한 "봉건적" 형태로 재규정되었던 것이다. 비록 1655년의 토지환수가 대규모로 이루어지지도 활발하게 시행되지도 않았지만,[239] 그래도 그것은 토지환수 정책의 시작이었다. 그리고 이러한 토지환수 정책과 맞물려 귀족의 수가 늘어났기 때문에 귀족들은 정부 관직에 의존하여 대부분의 수입을 얻을 수밖에 없었다.[240]

스웨덴이 수입원을 추구하는 데에 프로이센 특허장이 했던 역할에 대해서는 이미 언급했다. 그 특허장들은 1635년에 종식되었고, 1637-79년 시기에는 프랑스의 보조금이 그 역할을 대신하게 되었다. 이러한 보조금은 너무나 중요하여, 오스트룀 같은 이는 이 시기의 스웨덴을 "사실상 프랑스의 위성국가"라고 부르고 스웨덴 군은 "중유럽과 동유럽에서 프랑스 외교정책의 직접적 도구"라고 부르기까지 한다. 그러나 프랑스의 보조금은 프로이센 특허장으로부터 얻는 금액보다는 작았다. 오스트룀이 말하는 것처럼, 확실히 "프랑스의 보조금에 의존하는 것보다는 발트 해 무역을 갈취하는 것이 더 나았겠지만",[241] 프랑

---

238) Dahlgren(1973b, 178) 참조. 그는 전쟁이 직접적인 구실에 불과했다고 믿고 있다. "카를 10세는 사실 [1654년에] 왕위에 오르기 전부터 이미 토지환수 정책을 계획하고 있었다. 그는 토지환수 정책을 스웨덴의 전쟁 수행과 관계없이 반드시 행해야 하는 조치로 생각했다."
239) Ågren(1973b, 240-241)과 Dahlgren(1973a, 120) 참조.
240) Ågren(1973a, 27 ; 또한 1973b, 237-241) 참조. 이러한 귀족들에 대한 압박은 1680년의 토지환수 이후 훨씬 더 격렬해졌다. Dahlgren(1973a, 126-131).
241) Åström(1973, 94). 그는 또한 스웨덴이 이따금 홀란트와 영국, 에스파냐, 그리고 일부 독일지역들로부터도 소규모 보조금을 얻었지만, 이러한 보조금들은 "아주 부수적인 중요성만을 가졌다"고 지적한다. 일반적으로 스웨덴은 나르바, 예테보리, 스톡홀름의 관세항들을 통해서 서유럽과 폴란드 및 러시아 사이의 무역을 중계하려고 했다. Åström(1963, 50) 참조.

스의 보조금도 전혀 없는 것보다는 나았다. 물론 발트 해 무역의 비중이 극히 작았던 프랑스인들로서는,242) 어떻게 해서든 스웨덴을 네덜란드인과 영국인들에 대한 잠재적인 상업 경쟁자로 세우려고 했다. 또한 이렇게 프랑스의 보조금에 의존하는 것은 상층귀족의 이해관계에도 도움이 되었는데, 이 상층 귀족들은 왕령지의 담보계약이나 매각에서 얻는 수입 외에 보조금에서 얻는 수입을 이용하여 그들의 "사치스런 귀족 생활방식"을 유지했다. 실제로 상층귀족들은 17세기 중기와 말기, 법적이면서 실질적인 섭정정치가 행해지는 시기 동안 국가평의회 회원의 자격으로 왕령지를 구입하여 그 수입을 착복했다.243) 그 시기는 1632년 구스타프 아돌프가 죽었을 때부터 1670년대 말 카를 11세가 실질적으로 권력을 장악할 때까지의 기간에서 반 이상을 차지했다.

 1680년에 "대" 토지환수가 일어났다. 경제적인 측면에서 그것을 설명하는 것은 그리 어렵지 않게 보인다. 전반적 불황기에 국가지출이 증대했고,244) 국

---

242) Bamford(1954) 참조.
243) Åström(1973, 73, 86-87) 참조. 이러한 귀족의 횡령행위로 스웨덴 농민보다 핀란드 농민이 더 큰 손해를 입었다. 증여가 보스니아 만과 라도가 호수를 따라서 이루어진 덕분에 "고위 평의회 귀족들의 대영지에서 나온 생산물의 수출을 위한" 훌륭한 운송로가 마련되었기 때문에 핀란드(또한 켁스홀름)는 '약속의 땅'이었다(1973, 87). 또한 핀란드는 군마용 사료를 제공하게 되면서 자기 몫 이상의 역할을 했다. "'위대한 시대'가 시작될 때 핀란드 기병이 카자크 기병과 유사했다고 말하는 것은 아마도 잘못된 역사적 대비이거나 기이한 과대평가일 것이다. 그러나 그래도 거기에는 옳은 면이 있다."(1973, 64)
244) Nordmann(1971, 454)은 유럽 전반에 걸친 물가 하락의 중요성을 상기시킨다. 스웨덴에서 물가 하락은 "뒤늦었지만"(1650년 이후), "그래도 뚜렷했다." 물가 하락이 스웨덴에서 "늦었다"는 것은 그것이 영국과 연합주에서 늦었다는 것과 같은 의미에서이다. Jeannin(1969, 95) 참조. 물가 하락이 국가수입에 미친 영향은(1672년) 그다지 크지 않은 가격 상승이 시작된 직후(1675년에) 스웨덴이 프랑스와 네덜란드 간의 전쟁에 참가했다는 사실로 인해서 격화되었다. Rosén(1961, 529)은 이렇게 주장한다: "루이 14세는 보조금을 주지 않겠다고 위협하여 스웨덴이 연합주의 동맹국인 브란덴부르크를 공격하도록 만들었다. 그리고 1675년 6월에 스웨덴 군은 페르벨린에서 패배했다. 자신의 의지와는 반대로 스웨덴은 열강들의 투쟁에 말려들었다.……하찮은 군사적 충돌이었던 페르벨린 전투로 스웨덴 군은 30년전쟁 이래 누리고 있던 강하다는 인상을 잃어버렸다." Roberts(1967, 230)의 다음 글 참조: "1679년까지……30년 전에 유럽 전체를 공포에 떨게 하고 놀라게 한 열강이 상당히 치욕스러운 상태로 전락했다.……구스타프 아돌프의 후예들은 프랑스의 종신이 되었다. 프랑스인들과 네덜란드인들은 에스파냐의 속령들을

가수입에 대한 귀족의 유용이 늘어났으며,[245] 프랑스 보조금이 종식된 것,[246]

두고 다투던 것과 같은 식으로 스웨덴 영토의 운명을 두고 전리품의 일부이거나 교환의 대상인 것처럼 다투었다." Rosén(1961, 531)은 다음과 같이 덧붙인다 : "바로 1657-60년 전쟁이 덴마크-노르웨이에 절대주의의 도입을 촉진했듯이, 1673-79년 전쟁은 스웨덴에 절대주의를 성립시켰다." 또한 Østerud(1976, 8)의 다음 글도 참조: "스웨덴에서 절대군주정은 격렬한 재정위기와 군사위기에 대한 대응으로서 1680년 무렵 확립되었다."

245) Dahlgren(1973a, 124-125)은 스웨덴 귀족이 유럽의 다른 지역 귀족들보다 경제활동을 더 잘 수행하고 있었다고 생각한다. "유럽의 다른 여러 나라들에서는, 심지어 덴마크처럼 스웨덴에 가까운 나라들에서도, 실제로 토지소유 귀족들은 종종 격심한 경제위기를 겪었다.……스웨덴 귀족에 관한 한 1680년 이전 시기에 그러한 경제위기의 흔적이 전혀 없다는 것은 독특하다는 인상을 준다. 스웨덴 귀족들이 합리적으로 잘 행동했다는 것을 가리킨다고 생각되는 사실 하나는 그들 중 아주 많은 사람들이, 특히 그중에서도 상층 귀족에 속하는 사람들이 여러 종류의 사업이나 해운업 또는 무역회사들에 자금을 투자할 기회를 이용했다는 것이다.……1680년 이후에야 스웨덴 귀족들에게 경제위기가 닥쳤고, 그때의 경제위기도 경제적 요인으로 인한 것이기보다는 정치적 결정의 결과였다."

양도 정책이 특히 상층귀족들(로가델[lågadel]과 대비되는 소위 회가델[högadel])에게 이익이 되었다는 것을 잊지 말아야 할 것이다. 그리고 또 귀족이 수입을 위해서 국가 업무에 점점 더 의존했던 것은 1680년까지 주로 하층귀족의 현상이었다는 것도 잊지 말아야 할 것이다. 토지환수에 대한 한 설명은 하층귀족(로가델)이 1675-79년의 전쟁에서 임금을 지급받지 못한 상태였고, 그래서 상층귀족(회가델)의 토지를 몰수하여 국가수입을 증대시킴으로써 자신의 수입을 확보하려고 했다는 것이다. Ågren(1976, 56-58, 79-80)에 있는 J. 로젠의 설과 C. A. 헤슬러의 설에 대한 논의 참조. Åström(1973, 77)은 귀족 내의 분열에 대한 논의에 더해서 민족학적인 고려도 하고 있다. 그는 크리스티나 여왕과 아울러 카를 11세도 많은 독일계 발트인들을 회가델 신분으로 격상시켰고, 토지환수 정책을 "열광적으로 환영한 사람들"은 "크레우츠 백작이나 플레밍 또는 브레데 공 같은 핀란드 출신의 사람들이거나 중부 스웨덴 출신으로 최근에야 사회적 지위가 성장한 가문 사람들"이었다고 지적한다. 핀란드 내에서도 역시 토지환수 정책의 "옹호자들"은 보스니아 만과 라도가 호수, 즉 "가장 불리한 처지에 놓인" 장원들을 소유한 사람들이었다(p. 87). 에스토니아에 대한 Liiv(1935, 35)의 연구는 오스트룀의 견해를 확인하는 데 도움이 된다. 리블란드(Livland : 리보니아/옮긴이)에서는 귀족이 자기 토지의 6분의 5를 상실했고, 에스틀란드에서는 5분의 2를 상실했으며, 사레마 섬에서는 거의 3분의 1을 잃었다.

246) 프랑스와 네덜란드 간의 전쟁은 1678-79년에 네이메헌 조약으로 끝났다. "루이 14세는 스웨덴과 전혀 협의하지 않은 채 스웨덴을 대신하여 적들과 강화했다.……루이 14세가 카를 11세와 협의하지 않은 것은 스웨덴의 분노를 샀다. 또한 프랑스는 1672년의 동맹에서 스웨덴이 입항세와 관련하여 일정한 양보를 얻어낼 때까지 네덜란드와 강화하지

이 모든 것들이 맞물려서 국왕에게 재정위기를 가져왔다. 이 재정위기는 국왕의 정치적 결정으로 해결되었는데, 그것은 상층귀족들보다 국왕에게 협력자가 훨씬 더 많았기 때문에 가능했다. 그 정치적 결정이란 연이어 제정된 두 개의 토지환수령이다. 1680년에 의회는 소위 노르최핑 결의에 따라서 국왕에게서 "봉건적" 형태로 받았던 영지들을 환수하기로 결정했다(거기에는 600은 달러[silver daler] 이상의 가치가 나가는 영지만 해당되었는데, 따라서 소귀족의 토지는 제외되었다). 또한 1682년에 의회는 다시 중세의 토지법이 국왕에게 봉토를 창출할 권리뿐만 아니라 그것을 철회할 권리까지도 부여한다는 데에 동의했다. 이것은 사실상 왕에게 자신이 바라는 대로 토지환수 정책을 수행할 수 있는 백지수표를 제공한 것이었다.[247] 실제로 상당량의 토지가 국왕에게 이전되었고, 국왕은 여기서 나온 수익으로 더욱더 부유해졌지만 그만큼 귀족이 손해를 보았다는 것은 거의 의심할 여지가 없는 것 같다.[248] 게다가 카를 11세는 뒤에 이러한 토지의 상당 부분을 관리와 부르주아, 귀족들에게 팔았다. 그러나 그 매각은 과세대상 토지가 된다는 조건으로 이루어졌다.[249]

다른 한편, 귀족의 쇠퇴를 과대평가해서는 안 될 것이다. 그 이유는 토지환수 정책이 시작되기 전에 왕령지와 자유보유지가 축소되고 전체 토지에서 귀족소유(frälse) 토지가 차지하는 비율이 지속적으로 증가한 것 외에 또다른 변화가 일어나고 있었기 때문이다. 귀족소유 토지의 범주 내에는 절대 귀족소유(ypperligt frälse) 토지라는 하위범주가 있었다. 이것은 장원의 직영농장인 세

않겠다는 약속도 어겼고, 스웨덴에 극히 불리한 무역협정을 네덜란드와의 평화조약에 포함시켰다. 그래서 카를 11세는 이것의 비준을 거부했다." Rosén(1961, 530). Hatton (1968a, 74)은 토지환수가 주로 "유럽적 상황에서 선택의 폭을 제한하고 '균형정책'을 방해했던 동맹과 보조금 조약들로부터 스웨덴이 벗어날 수 있도록 '화평의 문제'를 해결하려는 시도였고, 이는 크게 성공했다"고 본다.

247) Ågren(1973b, 243) 참조.
248) Ågren(1973b, 257). 게다가 이러한 토지 이전은 농업생산성에 간접적인 영향을 미쳤다. 그에 대해서 Heckscher(1954, 128)는 이렇게 지적한다 : "광범한 보유토지를 박탈당한 귀족들은 금리생활자가 되기보다는 젠틀맨 농장주가 되는 경향이 있었다.……그들은 이전보다……더 생산적이었다."
249) Aspvall(1966, 3-4) 참조.

테리(säteri)와 그에 인접한 주변 토지를 가리켰는데, 영지 농민에 의해서 경영되는 스트뢰고즈(strögods), 즉 분산지와 구별되었다. 분산지는 국왕에게 일부 사소한 의무들을 져야 했지만, 세테리는 어떠한 의무도 지지 않았다. 토지환수 정책 이전 한 세기 동안에 절대 귀족소유 토지는 귀족소유 토지의 비율만큼 성장하고 있었다. 즉 귀족소유 토지의 집중화가 증대하고 있었던 것이다.[250] 토지환수가 시작되었을 때, 귀족들은 어떤 토지를 돌려줄지를 선택할 권리를 가졌다. 일반적으로 그들은 스트뢰고즈를 반환하여 장원을 계속 유지했고, 따라서 영지 농민의 희생을 대가로 귀족소유 토지의 집중화는 한층 더 증가하고 있었다.[251]

그래도 국가는 토지환수로 수입이 전반적으로 늘어난 외에 더 많은 것을

---

250) Østerud(1976, 13-14) 참조.
251) Rosén(1961, 534)과 Østerud(1976, 14), 그리고 Dahlgren(1973a, 125) 참조. 더욱이 "국왕의 일부 지도급 관리들이 토지환수로 인한 토지가격 하락을 [이용하여] 스스로 대규모 영지를 획득했다"는 사실은 토지집중화를 한층 더 부추겼다. Dahlgren(1973a, 125). Ågren(1973b, 256)은 귀족들이 장원을 유지했다는 데에는 동의하지만, 지도적인 관리들이 토지를 획득했다는 가정에 대해서는 이렇게 이야기한다 : "전체 논지 전개에서 근본적인 토지가격의 하락이 있었다는 주장은 가설에 지나지 않으며, 입증되지 않았다."
신구 상층귀족들의 힘을 비교하는 학문적인 논쟁을 무시해서는 안 될 것인데, 특히 "1680년대와 1690년대[에] 귀족작위의 수여가 이례적으로 빈번했기" 때문에 그러하다. Carlsson(1972, 580). 귀족작위의 수여가 그렇게 빈번했던 중요한 요인으로는 대토지 소유자와 비세습적 관료들 간의 공생관계가 증가한 것을 들 수 있다. 1700년에 고위 관리 중 25퍼센트가 세습귀족이었고 44퍼센트는 귀족작위를 새로 부여받았다. 대북방전쟁 (1700-21) 동안, 카를 12세는 많은 군 장교들에게 귀족작위를 부여했는데, 그들 중에는 외국의 귀족가문 출신이 종종 있었다. Carlsson(1972, 586). 그리고 전후에 많은 관리들이 특별한 정치적 권리 대신에 귀족작위를 부여받았다(p. 610). 동시에 국가구조상 구귀족들이 차지해왔던 다수의 직책이 토지환수에도 불구하고 전쟁기간에 국왕에 충성한 구귀족들에게 유지되었다. Hatton(1974, 4) 참조.
전체적인 상황은 신구 상층계급이 국가기계의 통제 속으로 함께 얽혀들어가는 것이었다. 국가의 상대적인 힘은 1700년경에 일어난 계급구조의 양극화에 반영되었다. 즉 귀족과 평민 사이에 "명확한 구분"이 이루어졌다. "귀족들은 관직보유자인 동시에 토지소유자였다. 반면에 평민들은 오직 관직보유자(성직자, 관리, 육군 및 해군 장교)이거나 토지소유자(농민)이거나 아니면 상인 또는 수공업자일 뿐이었다." Carlsson(1972, 608). 왕이 토지환수 정책을 통해서 귀족의 억압으로부터 농민을 구하려고 했다는 19세기 스웨덴의 역사서술 시각에 대한 커다란 회의는 Ågren(1973b, 244, 257-263) 참조. 다른 한편

확보했다. 특히 국가는 1682년 군의 급료체계를 수정하여 소위 할당제도(indelningsverket)를 수립함으로써 군사재정을 조달할 보다 안정된 기반을 마련했다. 이제 스웨덴 전체의 농장들은 서너 개의 농장(rote)으로 이루어진 집단으로 나누어졌는데, 거기서 나오는 수입으로 군인들에게 보수를 주고 거기에 있는 오두막(soldattorp)에 군인들이 숙영했다. 장교들은 토지환수 정책으로 귀족에게서 몰수한 토지에 자리잡았다. 좀더 큰 농장들(rusthåll)은 기병을 한 명씩 부양해야 했고, 해안에 자리한 농장들은 수병(båtsmän)을 부양해야 했다. 징집을 당했을 때 "다른 사람을 대신 보내는" 제도가 시행되었는데, 이 때문에 군인과 기병 그리고 수병을 이제 더 이상 토지를 소유한 농민 신분에서 충원하지 않아도 되었고, 오히려 "어릴 때부터 연장자나 정신적 우월자에게 복종하는 데에 익숙해 있던" 농촌의 무토지 일용노동자들 사이에서 충원했다. 그리고 이제 장교는 "군대 외에 다른 직업을 가지지 않는 국왕의 유급관리"가 되었다.[252] 이런 보다 합리적인 제도가 토지환수로 가능해졌다. 즉 토지환수가 시행되기 전에는 왕이 그러한 제도를 뒷받침할 정도로 충분한 농장을 확보하지 못했던 것이다.[253]

17세기를 경과하면서 국가기제가 일관되게 강화된 정도의 면에서, 스웨덴 국가는 비핵심부 지역들 중에서 두드러졌다. 스웨덴 국가는 다른 나라들이 두려워한 군대를 창출했고, 토지소유 계층들의 탐욕을 억누르고 그들의 관심을 국가업무 쪽으로 돌렸다.[254] 또한 스웨덴 국가는 상당히 중요한 철공업과 홀

Roberts(1967, 249)는 "농민의 자유가 다시는 위협받지 않게 되었다"고 하면서 그런 시각을 신뢰하고 있다.
252) Åberg(1972, 272). 그 제도의 보편적인 보급은 대중에게 환영받았다. 1675-79년의 전쟁에서 "대부분의 농민들은 보병의 징집을 특히 싫어했는데, 그 이유는 귀족의 하인이나 소작인들이 종종 징집에서 면제되었기 때문이다." Stoye(1970b, 770).
253) Dahlgren(1973a, 129) 참조. Ågren(1973b, 248의 주)은 그런 합리성이 군과 관련된 문제를 넘어서 확장되었다고 지적한다: "엄밀히 말해서 순전히 군사제도를 설명하기 위하여 '할당제'라는 용어를 사용하는 것은 너무 협소하다. 보다 넓은 의미에서 그 용어는 모든 국가지출 항목을 하나의 명확한 세입원에 연결시켰다는 것을 의미했고, 그래서 그 조직은 군대만이 아니라 민간지출에도 적용되었다."
254) "차후 로드(Råd: 원로원)의 회원이 장관으로 되었을 테지만, 이들은 때에 따라서 왕의

류한 상선함대를 건설했고, 적어도 당장은 발트 해에서 쇠퇴하는 연합주의 모든 특권을 영국이 물려받지 못하게 했다.[255] 스웨덴 국가는 폴란드와 헝가리는 말할 필요도 없고 에스파냐와 포르투갈에 비해서도 강력했다. 그 국가는 여러모로 보아서 거의 프랑스 국가만큼이나 강력했는데, 물론 영국 국가나 연합주 국가보다는 훨씬 더 약했다. 사실 영국이나 연합주 쪽에서 보면, 스웨덴과 프랑스는 둘 다 바로 17세기의 팽창주의적 군사강국들이었다. 그러나 스웨덴의 힘이 카를 12세하에서 정점에 이른 것으로 보였던 바로 그때, 스웨덴은 "진흙의 발을 가진 거인"임이 드러났다.[256]

유럽의 기준에서 볼 때 스웨덴의 인구는 아주 작았고, 그래서 스웨덴 국가기제의 재정적 기초도 근본적으로 약했다. 룬드크비스트가 말한 것처럼, 스웨덴 제국의 재원은 "결국 스웨덴 제국이라는 지위를 유지하기에는 불충분했다."[257] 스웨덴은 경제적으로 에스파냐와 포르투갈이 쇠퇴하여 도착한 그 자리, 즉 주변부와 핵심부 사이를 연결하는 중개자의 자리로 올라섰다. 스웨덴은 발트 해에서 차지하는 자신의 전략적 위치로부터 이익을 얻었을 뿐 아니라, 17세기에 동유럽 주변부 지역들의 점증하는 허약성으로부터도 이익을 얻었다. 마리안 말로비스트는 폴란드인의 시각에서 그것을 관찰하면서 스웨덴을 기생

종복이거나 신분의회들의 종복이었다. 그들이 입은 흰담비 모피 모자와 우단 관복, 그들의 근엄한 능변과 차분한 표정, 그리고 전통적인 원로원 귀족의 위엄에도 불구하고 그들은 카를 11세가 어렸을 때 자신들이 보였던 모습으로는 결코 돌아가지 못했던 것이다." Roberts(1967, 242-243).

255) 17세기에 영국의 곡물 수요가 줄어들고 목재 수요가 증가하자, 폴란드산 목재의 가격이 너무 비쌌기 때문에 영국의 교역은 점차 폴란드로부터 스웨덴으로 이동했다. Fedorowicz(1976) 참조. 그러한 이동이 1655-56년의 폴란드와 스웨덴 간의 전쟁 이후 극적으로 전개되었지만(Fedorowicz, 1967, 377, 그림 1 참조), 스웨덴은 폴란드가 겪었던 주변부화를 막을 수 있었다. "[영국인들이] 끊임없이 불평한 것은 [스웨덴 내에서] 외국 중개인들의 이동과 교역의 자유를 제한하는 것이었다." Åström(1962, 101). 영국은 스웨덴이 교역조건을 좌우지할 수 있는 것에 크게 불만을 품어서, 뒤에 보게 되듯이 18세기 초에는 영국령 북아메리카에 스웨덴과 경쟁할 해운자재 공급처를 만들어 스웨덴을 타도하려고 무척 노력했는데, 이 시도는 그리 큰 성공을 거두지는 못했다.

256) Samuelsson(1968, 13).
257) Lundkvist(1973, 57).

적 존재로 보았다 :

> 17세기에 스웨덴은 그 주변지역의 산업적 허약성으로부터 이익을 얻었을 뿐 아니라 귀족세력의 거대한 성장으로 인한 주변지역 정부들의 허약성으로부터도 이익을 얻었다. 요컨대 스웨덴은 자신의 주변지역들의 허약성에 기반하여 살아가는 기생충 같은 것이었다. 그리고 100년 동안 스웨덴이 발트 해 지역에서 가장 강력한 국가가 될 수 있었던 것은 주로 이러한 주변지역의 허약성 때문이었다. 그러나 그 다음으로 스웨덴은 러시아에 자리를 내주어야 했다.[258]

러시아에 자리를 내주었고, 그에 더하여 프로이센에도 자리를 내주었다.

대북방전쟁이 시작되기 전인 1696-97년의 시기에 핀란드에 대기근이 닥쳐서 그 지역 인구의 3분의 1 정도가 죽었다. 그런 상태임에도 스웨덴 국가는 스카니아의 도시민들이 왕국 외부로 곡물을 수출하는 것을 막을 힘이 없었다.[259] 게다가 스웨덴이 지닌 중개자로서의 역할이 처음으로 핵심부 세력들만이 아니라 상품연쇄의 다른 쪽 끝에 있던 러시아로부터 공격받았다. 영국과 연합주 그리고 스웨덴은 17세기 내내 러시아를 세계경제로 편입시키려고 했지만,[260] 그 시도는 아무래도 크게 성공하지 못했다. 1695년에 차르 표트르 1세(표트르 대제)가 권력을 잡고 자신의 거대한 개혁 및 "서유럽화" 운동을 시작했다. 이런 운동에는 표트르 1세의 서유럽(거기서 그는 조선술을 배우는 데에 전력을 기울였다) 방문("대사절단")과 1703년 (발트 해에 면한 러시아의 항구로) 상트 페테르부르크의 건설, 그리고 스웨덴에 대한 도전이 포함되었다. 세계체제 전반의 시각에서 볼 때 표트르 1세의 노력들은 세계경제에 완전히 참여하려는, 그러나 (폴란드와 같은) 주변부 지역으로서가 아니라 반주변부 지

---

258) Małowist(1959, 189). 또한 Hatton(1970, 648-650)도 참조.
259) Jutikkala(1955, 48, 63) 참조.
260) Kellenbenz(1973)는 17세기에 러시아가 이미 세계경제에 편입되었다고 생각한다. 17세기에 대한 소련 학자들의 시각은 Cherepnin(1964, 특히 18-22) 참조. Åström(1962, 113)은 "18세기 중반"에야 러시아와 서구 국가들 사이의 경제관계에서 전환이 일어났다고 믿는데, "그 시기에는 영국의 철, 대마, 아마, 피치와 타르, 그리고 가성칼리 수입의 대부분이 러시아가 소유한 항구에서 이루어졌다"고 한다.

역으로서 참여하려는 시도로 간주할 수 있다. 이를 위해서는, 비록 분명히 충분한 것은 아니지만 스웨덴의 중개적 역할을 꺾어버리는 것이 필수적이었다. 스웨덴은 표트르 1세가 분명히 이 일을 하리라고 보았다. 그래서 "스웨덴은 발트 해 동부 연안을 따라 있는 정복지들을 자신의 열강적 지위에 대한 방어거점으로서 당연히 어떤 희생을 치르더라도 방어해야 할 것으로 간주했다."[261]

대북방전쟁은 1700년에 폴란드와 작센의 왕인 아우구스트 2세가 리보니아를 공격함으로써 시작되었다. 그에 대응해서 표트르 1세도 참전했다. 그 기회를 이용하여 러시아 군을 격퇴하려고 한 스웨덴은 전쟁을 종식시키려는 시도들을 방해했지만,[262] 스웨덴이 러시아 군을 격퇴할 만큼 강력하다고는 도저히 말할 수 없었다. 표트르 1세는 초토화 전술을 사용했는데, 이 전술은 이후 침략이 있을 때마다 러시아가 취한 전형적인 방어전술이 되었다. 초토화 전술의 결과 스웨덴 군의 군수지원에 문제가 발생한데다 겨울이 시작되었기 때문에, 스웨덴 군은 1709년 우크라이나의 폴타바에서 크게 패했다.[263] 노르드만은 카를 12세의 정치적 제국주의가 카를 11세가 세운 "평형상태를 망쳐버렸다"고 한다.[264] 이 평형상태란 무엇인가? 카를 12세의 제국 추진책에 들어가는 과도

---

261) Hatton(1970, 648). 이것은 전혀 경제적으로 불합리한 입장이 아니었다. 이에 대해서 Ohberg(1955, 161)는 이렇게 지적하고 있다 : "따라서 이러한 독점적 노선을 따라서 스웨덴의 상업정책이 형성되는 데에는 일정한 현실적 근거가 있었다고 말할 수 있다. 한 나라로서 스웨덴은 자본이 풍부하지도 않았고 자신의 시민들이 소유한 수단으로는 러시아 시장을 둘러싸고 네덜란드와 영국 같은 부유한 나라들과 경쟁할 수도 없었다. 그러나 스웨덴이 군사적인 수단이나 정치적 수단을 통해서 독점적 지위를 얻을 수 있다면, 스웨덴은 러시아 시장에서 풍부한 재정적 이윤을 얻을 수 있었을 것이다." 물론 이것이 바로 영국과 네덜란드가 "1690년대의 전쟁 동안 공통의 발트 해 정책을 추구했던" 원인이다. Åström(1962, 45).
262) "전쟁을 종식시키고 그리하여 임박한 프랑스와의 싸움[에스파냐 왕위계승 전쟁]에 스웨덴 군을 이용하고 싶어한 해상세력들은 1700년에 표트르 1세와 카를 12세 두 사람 모두에게 중재를 제안했다. 그후 몇년 동안 여러 번에 걸쳐서 되풀이된 그러한 제안들을 차르는 시종일관 받아들였던 반면 스웨덴 왕은 시종일관 거부했는데, 스웨덴 왕은 자신이 거둔 성공에 의기양양해 있었고 자신을 공격한 나라들에게 정당한 복수를 하겠다는 생각에 고무되어 있었다." M. S. Anderson(1970, 734).
263) Chandler(1970, 754) 참조.
264) Nordmann(1972, 147).

한 국내비용을 스웨덴 국민은 받아들일 수 없었다. 그것은 한 세기 전에 카를 5세가 카스티아에서 망쳐버렸던 평형상태와 같은 것이었다. 할당제도는 "수입원과 지출항목 간에 확고한 결합"을 가져왔고[265] 이는 국가예산을 다소 균형잡히게 했지만, 장기간의 전쟁에서 특히 외국의 보조금과 보충병이 없는 채로 그 제도를 유지하기는 어려웠다. 대북방전쟁에서 8만 명의 군대는 "대부분 제국의 중심지역에서 모집되어야 했고", 일단 러시아 군이 실제로 전쟁에 동원되자 "스웨덴으로서는 그 게임을 포기하는 것 외에 다른 선택의 여지가 전혀 없었다."[266]

전쟁을 계속한 것이 카를 12세의 오판이었는가, 그리고 패배의 원인이 카를 12세의 지나친 오만 때문이었는가를 둘러싸고 논쟁하는 것이 의미가 있는가? 그렇지는 않을 것이다. 스웨덴에게는 다른 선택의 여지가 거의 없었기 때문이다.[267] 어떤 점에서는 스웨덴이 부린 허세가 스웨덴의 강점이었다. 그러나 일단 스웨덴이 허세를 부리지 못하게 되자, 스웨덴의 처지는 "근본적으로 변했다."[268] 1721년에 스웨덴은 발트 해 동부의 대부분을 이루는 리보니아, 에스토니아, 잉그리아, 카렐리아를 러시아에 넘겨주었다. 또한 스웨덴은 독일 내 자신의 영지들을 프로이센에 할양했다. 따라서 스웨덴은 토지, 인구, 국가

---

265) Lundkvist(1973, 26).
266) Åström(1973, 100).
267) "스웨덴이 자신의 걸출한 제국을 상실한 이유는 바로 1721년[공식적으로 전쟁이 종식되었던 뉘스타드 평화조약] 이래 논쟁의 대상이 되었다. 자신에게 운이 따랐던 시기에 화평을 거부한 카를 12세의 잘못이 그 원인이었는가?……반대로, 열강의 지위를 유지할 수 있는 유일한 희망이 카를 12세와 함께 사라져버렸다고도 주장할 수 있다." Hatton (1970, 679).
268) "카를 12세를 정복자에서 도망자로 전락시켰던 폴타바 전투는 전반적인 형세를 근본적으로 변화시켰다.……폴타바 전투는 표트르 1세에게 군사적 승리만이 제공할 수 있는 명성을 부여한 것 외에도 서유럽에서 그의 영향력을 크게 증대시켰다. 우르비치(빈 주재 러시아 공사)는 1709년 8월에 라이프니츠에게 '이제 사람들은 이전에 스웨덴을 두려워했던 것처럼 차르를 두려워하기 시작하고 있습니다'라고 썼다. 그 철학자는 '차르가 유럽 전체를 두려움에 떨게 할 것이고 일종의 북구의 투르크가 되리라고 흔히 말하더군요'라며 동의했다." M. S. Anderson(1970, 735). 러시아와 마찬가지로 유럽 세계경제의 외부 지역에서 세계제국을 이루었고 17세기에 유럽 세계경제로의 편입과 주변부화의 위협을 받고 있던 투르크와 비교하는 것에 주목하라.

재원, 자신의 "곡창지대"[269]에 대한 통제를 상실했고, 발트 해에서 자신이 누렸던 독점적 지위의 대부분을 상실했다.[270] 스웨덴이라는 거인의 힘이 그가 가진 준독점적 상태에 기반했기에, 이런 식으로 이루어진 "게르만인과 슬라브인의 연합 공격"은 스웨덴을 2류의 세력으로 만드는 데에 성공했다.[271] 그것이 스웨덴 국내에 미친 영향은 극적이었다. 표면상으로는 절대주의가 의회적 자유에 길을 내주는 듯이 보였다. 스웨덴에서 1718-72년의 시기[272]는 자유의 시대(Frihestiden)로 알려져 있다. 1680-82년에 근본적인 타협이 이루어져서, 강력한 중앙정부의 형성과 구귀족 및 신귀족 그리고 부르주아지 간의 정치경제적 결합이 진행되었다. 그리고 이러한 타협은 자유의 시대를 통해서 완성되고 성취되었는데, 이 점은 영국에서 1688-89년의 명예혁명과 월폴의 시대를 통해서 영국 혁명이 완성되고 성취되었던 것과 같았다. 이 둘 사이의 유일한 차이는 18세기에 영국은 세계 헤게모니 세력이 되는 중이었던 반면 스웨덴은 강력한 반주변부 국가로서 최종적인 핵심부 지위를 노렸다가 그것을 이루지 못한 딜레마로 시달리고 있었다는 점이었다. 그리하여 영국은 사실상의 일당체제 아래서 안정을 누렸고, 스웨덴은 양당체제의 가장 미묘한 불일치라는 부르주아 상호간의 투쟁을 공공연하게 드러냈다.

---

269) 사실 "리보니아는 1721년에 러시아[로] 흡수된 이후에야 실로 '스웨덴의 곡창지대'가 되었다." Samuelsson(1968, 76). 1721년의 조약은 특히 스웨덴이 이전에 자신의 주들이었던 곳에서 무관세로 연간 5만 루블의 가치에 이르는 곡물을 수입할 수 있게 허용했다. Lundkvist(1973, 56) 참조.
270) "1720년 이후 그때까지 스웨덴이 거의 전부 독점했던 생산물들, 즉 철, 타르 그리고 피치의 증가분은 러시아에서 직접 가져올 수 있게 되었다." Åström(1962, 106).
271) Nordmann(1971, 455).
272) 1718년에 카를 12세가 죽었다. 그가 계승자를 남기지 않음으로써 발생한 복잡한 왕위계승 문제의 해결과정에서 "유력 지주, 군대의 장교, 행정관리들이 느슨하게 결합된 반(反)절대주의 당파가……승리하고" 그 결과 1719년 5월, 여왕 울리카는 왕위에 오르기에 앞서서 "신분제 의회가 공식화할 헌법에 서명하고 그것을 지킬 것"을 선언해야 했다. Hatton(1966, 351). 울리카는 이를 취소하여 폐위당했으며, 그녀의 계승자인 프레데리크 1세가 1720년의 헌법에 서명했다. 이 헌법은 본질적으로 입헌군주정을 창출했는데, 그것은 의회에 대해서 최종적인 책임을 지는 내각이 통치하는 정체(政體)였다. Hatton(1966, 352-355 참조).

자유의 시대 초기에 스웨덴이 떠안은 핵심적인 문제는 국가재정의 파산이었다. 아르비드 호른 백작이 화평의 유지[273]와 "온건한 중상주의"[274]에 전념하는 정부를 이끌었다. 1738년에 하타르 당(Hattarna)으로 알려진 강력한 중상주의 당파가 등장하여 호른을 무너뜨렸지만, 그 당파는 본질적으로 그와 같은 정책을 계속 수행했다.[275] 하타르 당은 1765년까지 권력을 유지했지만 영국의 세계적 승리가 확립되자 반대당인 뫼소르 당(Mössor)이 집권했다. 하타르 당은 친프랑스적이고 중상주의적인 정책을 폈으며, 아울러 통화팽창 정책을 취했다. 그 당파는 대규모 수출산업 및 제철업 그리고 직물업의 이해관계를 대변했고, 자신들의 슬로건을 '스웨덴산 옷을 입은 스웨덴인'으로 삼았다. 뫼소르 당의 정책은 친영국적이었으며 자유무역을 지향했고 통화수축적이었다. 뫼소르 당은 수입부문과 소규모 상인 및 공업 경영자들의 이해관계를 대변했으며, 사회적으로 어떠한 특권도 가지지 못한 사람들의 급진적 당파로서의 모습을 나타내었다.[276] 그러나 앤더슨이 말하는 소위 "타락한 귀족적 의회주의 체제"가 벌이는 이러한 권력 다툼 뒤에 실제로 선택의 여지가 있었는가?[277] 아마도 부르봉 왕조 통치하의 에스파냐와 사정이 다를 바 없었을 것이다. 스웨덴에게 대북방전쟁은 에스파냐에서의 에스파냐 왕위계승 전쟁과 같은 것이었다. 즉 그것은 세계경제가 스웨덴에게 강제한 구조적인 구속을 타파하려는

---

273) Samuelsson(1968, 14)은 "대규모 파산상태를 해결하려는" 호른의 노력을, "같은 시기 무렵" 프랑스의 루이 15세 치세하에서 추기경 플뢰리의 노력에 비견되는 것으로 본다. Hatton(1966, 352)은 호른이 로드에서 가장 강력한 힘을 발휘하던 시기 동안에, "스웨덴이 마치 토지귀족과 상층관료 및 고위 성직자의 이해관계 속에서 과두적 원로원에 의해서 다시 지배되는 것 같았다"고 지적한다.
274) Hatton(1966, 357).
275) 그 당파가 스스로를 지칭한 하타르(Hattar : 차양이 달린 모자/옮긴이)라는 말은 "군모(軍帽)를 암시하는 것"이었고, 그리하여 호른을 군사적 기골이 없다고 비난하는 의미가 있었다. 이 당파는 자신의 적을 뫼소르(Mössor : 차양이 없는 모자/옮긴이)라고 불렀는데, 이것은 자신의 적들이 "수면용 모자를 쓰고 졸고 있는 겁쟁이이자 노인"이라는 것을 암시했다. Hatton(1966, 356).
276) Samuelsson(1968, 107, 119-120) ; Eagly(1969, 748, 752 ; 1971, 13-14, 18-20) ; Hovde (1948, 23-25) 참조.
277) P. Anderson(1974a, 190).

시도였다. 스웨덴이든 에스파냐이든 어느 쪽도 그러한 노력에서 성공하지 못했다. 그러나 두 나라는 각자 나름대로 상황이 더 악화되는 것을 막을 수 있었다.

영국과 프랑스 사이의 경쟁에서 어느 쪽이 승리할 것인지가 바로 1763년까지 완전히 명백하지 않았던 만큼, (에스파냐와 마찬가지로) 스웨덴은 여전히 자신의 운신의 폭을 이용하여 자신에게 허용된 것보다 더 큰 역할을 잡으려고 할 수 있었다.[278] 뒤에 1763-1815년 시기에 스웨덴은 최종적으로 쇠퇴했다. 이때 영국은 프랑스의 마지막 저항 때문에 스웨덴으로부터 손을 떼었던

---

278) 하타르 당과 뫼소르 당 사이에는 이에 대한 실질적인 논의가 거의 없었다. 해턴은 "1720년대의……엄격한 중상주의가 1724년의 항해법(Produktplakatet : 스웨덴의 아르비드 호른 집권기에 영국의 항해조례를 본따서 스웨덴 해운업을 발전시킬 목적으로 제정한 법. 외국 선박이 자국 또는 자국의 식민지에서 생산된 것 이외의 물품을 스웨덴으로 운송하는 일을 금지함/옮긴이)으로 구현[되었다]"고 한다. 이 법은 "영국의 항해조례를 모방[했고] 발트 해에서 네덜란드와 영국 해운업에 타격을 가했다." 해턴에 따르면, 엄격한 중상주의는 또한 1738년 이후 하타르 당이 부활시킨 1726년의 수입조례로 구현되었는데, 그 시기 하타르 당은 "스웨덴의 제조업에 대한 지원을 강화하고 그에 수반하여 외국과의 경쟁에 대한 이전보다 강력한 보호정책을 취하고" 있었다. 해턴은 이렇게 말한다 : "돌이켜보면, 하타르 당은 오로지 스웨덴과 핀란드의 안정된 수출로부터 끌어낸 이윤, 무엇보다도 스웨덴산 철로부터 끌어낸 이윤만으로 그렇게 오랫동안 새로운 제조업에 관한 중상주의적 시도들을 계속할 수 있었다는 것을 쉽게 알 수 있다. 그러나 (부분적으로는 7년전쟁에 스웨덴이 참여한 것 때문에 또한 부분적으로는 국제 금융위기의 결과로 발생한) 1762-63년의 위기 때까지 뫼소르 당은 집권당에 중상주의 정책의 완화를 계속 주장하기는 했지만, 하타르 당의 경제정책 이론에 결코 강하게 저항하지 못했다. 마찬가지로 두 당은 농업정책에 대해서는 어느 정도 의견이 일치하고 있었다." Hatton(1966, 357).

이러한 중상주의 정책의 전제조건이 사라져버리고 있었는데, 그 이유는 영국의 힘이 프랑스에 비해서 성장하고 있었기 때문만이 아니라 러시아가 철제품의 수출국으로서 점점 더 스웨덴과 경쟁하는 위치에 올라섰기 때문이었다. 스웨덴은 18세기 초에 세계 철 생산량의 75-90퍼센트를 생산했는데 1760년대 무렵에는 약 3분의 1 정도를 생산하게 되었고, 그 무렵 러시아의 철 생산량은 스웨덴을 능가하고 있었다. 1730-45년경 침체기를 맞아 스웨덴산 철의 판매가 하락하자, 스웨덴인은 가격을 유지하기 위해서 생산량을 제한했다. Samuelsson(1968, 89)은 이러한 생산량 제한을 어리석은 짓이 아니라 "부득이한 일을 할 수 없이 한 것"으로 보고 있다. 또한 Heckscher(1932, 134-135, 139) ; Boëthius(1958, 151-152) ; Hildebrand(1958, 13)도 참조.

것이다. 스웨덴은 자국 경제가 허용하는 만큼의 힘을 가진 국가였다. 스웨덴을 덴마크와 비교해보면 국가기제의 힘이 왕의 공식 권력과 거의 관계가 없다는 것을 알 수 있다. 덴마크는 스웨덴보다 더 일찍 그리고 더 오랫동안 절대주의 국가였지만 스웨덴보다 훨씬 더 약했는데, 그것은 스웨덴이 자기 정책들을 통해서 반주변부적 역할을 할 수 있었던 데 반해서 덴마크는 주변부적인 경제적 역할을 했음을 반영했다. 덴마크는 종종 근대 초기 유럽의 어떤 일반적 분업 모델에도 들어맞지 않는 "독특한 형태를 가진 것"으로 간주된다.[279] 우리는 제4장에서 덴마크를 주로 저임금 노동에 기초한 상품의 수출에, 즉 덴마크의 경우에는 곡물과 소 수출에 맞추어져 있던 주변부의 일부로 본다고 지적했다. 그러나 17세기의 다른 주변부 지역들 대부분과 달리 덴마크는 1660년에 절대군주정을 세웠다. 이러한 정치적 변화가 일어났는데도 덴마크는 왜 스웨덴 및 브란덴부르크-프로이센과 같은 반주변부 나라들의 범주로 진입하지 못했는지, 그리고 또 도대체 그러한 정치적 변화가 일어난 원인은 무엇인지, 이것을 우리는 설명해야 한다.

이전에는 덴마크의 경제구조를 한편으로 동유럽의 경제구조와 다른 한편으로는 스웨덴의 경제구조와 어떻게 비교했는가? 페테르센은 덴마크가 곡물과 소를 모두 수출했기에 동유럽 국가들에 비해서 이점을 가졌다는 것을 강조하고, 그런 이점은 덴마크가 경제적으로 어려운 시기에 동유럽 국가들보다 상대적으로 더 유연하게 대처할 수 있었음을 가리킨다고 한다.[280] 이는 덴마크가 동유럽 국가들에 비해서 유럽 불황의 초기 국면(1600-50)에 영향을 적게 받았던 이유를 얼마간 설명해줄 수 있다. 실제로 덴마크가 세계시장에서 얻은 이윤을 보면, 1630년대와 1640년대 초는 "맑고 화창한" 상태였다.[281] 이 시기

---

279) Østerud(1976, 24). 그가 말하는 "독특한 형태를 가진 것"이란 "반예농적 상태의 농민과 도시의 융성이라는 사회적 기초 위에 세워진 절대주의 국가"이다.
280) Petersen(1967, 20-21 ; 1968, 1249) 참조.
281) Petersen(1967, 30). 물론 그런 상황에서는 언제나 그런 것처럼, 한 경쟁자의 불운은 그 불운에 타격을 받지 않은 다른 경쟁자에게 확실한 이익이 된다. 페테르센은 "일반적인 전쟁특수 속에서 덴마크가 식량 공급의 안정성"이라는 측면에서 "상대적으로 유리한 입장에 있었다"고 지적한다. 그는 이렇게 말한다. "1617-23년의 독일과 폴란드의 상업위

동안에 덴마크 귀족들은 극단적인 폐쇄성과 아울러 자신의 면세권을 기반으로 토지집중을 꾸준하게 증대시킬 수 있었다.[282] 그렇지만 왕 자신이 매우 강력한 대지주였고,[283] 이러한 사실은 30년전쟁 동안 외레순 해협 통행세를 늘릴 수 있었던 점과 결합하여 왕에게 상당한 국가수입을 보장했다.[284] 스웨덴의 경제체제는 농업이 주된 수입원이 아니었고, 생산과 수출 품목이 앞서 보았던 것처럼 주로 스웨덴의 산업성장에 기초가 되었던 광물이었다는 점에서 덴마크와 달랐다. 게다가 스웨덴 농업이 가진 생태학적인 약점 때문에 농민의 사회적 힘이 강화되었고 구츠비르트샤프트와 같은 것이 전혀 성장할 수 없었다.

덴마크는 농촌사회의 구조 면에서 정반대의 모습을 보였다. 덴마크의 농업조직에서는 대규모 직영지를 농민의 농장들이 둘러싸고 있었고, 이곳의 농민은 장원 소유자에게 지대가 아니라 부역을 제공해야 했다. 그러한 역들을 지고 있는 집단인 우게닥스뵌더(ugedagsbønder), 즉 주일농은 수적으로 증가하고 있었는데, 17세기 중반 무렵 전체 뵌더, 즉 농민의 40퍼센트에 달했다. "경작지에서만이 아니라 운송, 건설, 수공 노동과 심지어 항구에서의 선적과 하역을 위해서도 부역이 이용되었다."[285] 같은 시기에 덴마크 상인들의 역할은 철저하게 감소하고 있었다. 특히 1630-45년의 "맑고 화창한" 시기 동안에, 독일과 네덜란드 상인들이 덴마크 상인들을 수출무역에서 몰아내었다.[286] 1645년 크리스티아노펠 평화조약에서 스웨덴인들은 (네덜란드인들과 협력하

기 및 통화위기, 그리고 1630년대 중반까지 지속된 스웨덴의 발트 해 정책은 덴마크의 농업에 보기 드문 기회를 제공했다. 그리고 스웨덴의 전쟁 수행과 곡물무역 제한정책이 ……또다시 암스테르담 환거래소에서 곡물 가격을 상승시켰으며, 그리하여 네덜란드의 생산자들에게 엄청난 수익을 안겨다주었다."

282) Petersen(1967, 6-7)과 Østerud(1976, 19) 참조.
283) 영지가 아닌 토지 중에서 56퍼센트가 국왕의 소유였다. Petersen(1968, 1238) 참조.
284) C. E. Hill(1926, 102-152)과 Roberts(1970, 402-403) 참조.
285) Jutikkala(1975, 164). 항상 그렇듯이 퍼센티지의 어느 쪽을 인식하는가에 따라서 내용은 달라진다. 명백히 나머지 60퍼센트를 주목하는 Petersen(1967, 23 ; 1968, 1251-1252 참조)은 덴마크 농업이 그룬트헤어샤프트에 기반했음을 강조하고자 한다. 그는 덴마크 귀족이 부르주아지의 사회적 유동성에 대한 폐쇄의 정도에서 스웨덴(그리고 영국 및 프랑스) 귀족들과는 "근본적으로 달랐다"(1968, 1237)고 지적한다.
286) Jørgensen(1963, 78, 107), Glamann(1977, 240), 그리고 Petersen(1970, 84) 참조.

여) 외레순 해협 통행세의 축소를 강요했고 그리하여 덴마크 왕의 수입은 이전에 비해서 "하잘것없는 규모"[287)]가 되었다. 그리하여 30년전쟁의 호경기가 끝났을 때,[288)] 덴마크는 바로 전형적인 주변부 지역이 되었다. 즉 덴마크는 광범한 부역을 동반한 수출지향적인 영지 경영을 수행했고, 재정기반이 약한 국가기제를 지녔으며, 그 상업은 외국인의 수중에 있었다(가장 비옥한 토지는 조세가 면제되었고, 외레순 해협 통행세는 이제는 하찮은 것이 되었다).

덴마크 왕은 1657년 스웨덴에 전쟁을 선포하여 자신이 누렸던 전략적, 경제적 이점을 회복하려고 했는데, 그때 스웨덴은 이미 다른 전쟁을 벌이고 있었다. 덴마크 왕은 네덜란드의 지원을 바랐지만 지원을 얻지는 못했다. 스웨덴과의 전쟁을 종식시킨 1658년의 로스킬레 조약으로 덴마크는 정치적 위기에 빠졌다. 덴마크는 스카니아, 할란드, 보후슬렌의 주들, 즉 외레순 해협의 우측 연안 전부와 그 해협의 양쪽 입구를 스웨덴에 할양해야 했다.[289)] 그러나 그해 말 스웨덴의 카를 10세가 전쟁을 재개하여 덴마크 전체를 스웨덴에 병합하려고 하자 네덜란드, 영국, 프랑스가 신속하게 그러한 시도에 대응했다. 이 세 핵심부 세력들은 소위 헤이그 협약(1659년 5월 11일)을 체결하여, 교전 당사국들에게 평화조약을 강요하고 "발트 해 연안에 있지 않은 국가들의 선단에 대한 발트 해의 폐쇄"를 금지했다.[290)] 핵심부 세력들이 스웨덴을 제어

---

287) Reddaway(1906, 573). Østerud(1978, 15)는 이를 가리켜서 "중대한 재정위기"라고 한다.
288) 1650년대에는 덴마크에 전염병이 창궐하여 인구 면에서 엄청난 타격을 입었다. Petersen(1967, 31)과 Jørgensen(1963, 79) 참조.
289) 로스킬레 조약으로 또한 노르웨이에 있던 트론헤임 지구와 보른홀름 섬이 스웨덴에 넘어갔다. 그러나 그것들은 1660년의 코펜하겐 조약에서 덴마크에 반환되었다. Rosén (1961, 552); C. E. Hill(1926, 184); 그리고 Darby & Fullard(1970, 36)의 지도 참조.
290) Reddaway(1906, 588). C. E. Hill(1926, 174-175)도 참조. 스웨덴의 진격은 1658년 10월 29일 외레순 해협에서 스웨덴 함대와 교전하기 위해서 네덜란드 함대가 파견됨으로써 이미 이루어졌다. 그리고 스웨덴은 전술적으로는 승부가 나지 않았는데도 전략적으로 승리하여 코펜하겐에 입성했다. Hill(1926, 170)은 스웨덴의 함대가 "1645년에 [덴마크의] 크리스티안 4세와 싸워 외레순 해협을 빼앗았던 바로 그 제독" 데 비트의 지휘하에 있었다고 지적한다. 이런 초기 국면 동안, 네덜란드의 지원을 받은 스웨덴은 브룀세브로 조약에서 극히 유리한 조건을 얻었는데, 그러한 조건들은 "덴마크가 북해의 패권적 지위

하기 위해서 덴마크를 이용하려고 했기 때문에 덴마크는 완전한 소멸을 면했다. 그렇지만 1657-60년 시기에 덴마크는 조세기반이 없어서 이런 지정학적 역할을 할 만큼 충분히 강력한 군대를 유지할 수 없었다. 그래서 핵심부 세력들은 덴마크가 그런 조세기반을 갖추도록 보장하는 데에 관심을 기울였다.

게다가 덴마크는 상당한 양의 국가부채를 지고 있었다. 그것은 1660년에 400만 릭스달러를 넘었고, 그중 38퍼센트가 외국 기업가들에게 빚진 것이었다. 이중 4분의 1은 네덜란드 연방의회에, 또다른 4분의 1은 네덜란드 상사들에, 나머지는 함부르크와 뤼베크의 무역회사들에 빚진 것이었다. 그러므로 네덜란드 국가와 외국의 개인 채권자들은 덴마크가 자신이 처한 극히 어려운 재정상태로부터 벗어날 수 있는가에 대해서 상당히 직접적이면서도 절박한 이해관계를 가지고 있었다. 그것을 이외르겐센은 이렇게 지적하고 있다 :

> 1660년과 그 직후에 일어난 정체상의 격변에서 국채보유자들이 어떤 역할을 했는지를 정확히 정의하기는 어렵다.……그러나 단기적으로 그것이 정치적 전개과정과 상당히 관련되었음에 틀림없다.……덴마크의 재정이 파산했다면 북유럽 상인계급의 상당 부분이 반갑지 않은 영향을 받았을 것이다.……실제로는 주로 왕령지에 대한 과세권을 국채보유자들에게 제공하여 빚을 청산했다.[291]

설명하기 어렵게 보일 정도로 갑작스럽게 덴마크가 절대주의를 도입했던 주변 사정은 이러했다. 절대주의는 무엇을 의미했는가? 그것은 군주가 세습되며 "주권을 가진다"는 것을 의미했고, 추밀원의 창설과 지방 관료조직에 대한 보다 직접적인 통제를 포함하는 일련의 행정개혁을 의미했다. 그리고 그것은 귀족계급의 폐쇄적 성격이 종식되고 조세가 증대됨을 의미했다. 간단히 말해

에서 탈락했음을 명백히 보여주는 것이었다." Reddaway(1906, 572). 이 조약은 스웨덴이 오래 전부터 가지고 있던 외레순 해협 통행세의 면제권을 재확인했으며, 보다 중요하게는 이러한 특권을 발트 해 동부와 독일에 있는 스웨덴의 새로운 주들로 확장시켰다.

291) Jørgensen(1963, 97-98). 동시에 1660년의 농업 불황으로 물가가 하락하자 "덴마크 귀족은 사회적으로 경제적으로 그리고 인구 면에서도 총체적인 파국"을 맞았다. S. A. Hansen(1972, 101). 확실히 이로 인해서 귀족들은 새로운 절대주의적 조치들에 더욱더 저항할 수 없었다.

서 절대주의는 덴마크 국가가 외채를 지불하고 스웨덴의 확장을 저지하는 역할을 일정하게 수행할 수 있다는 것을 의미했다.

그렇지만 그것이 근본적인 경제구조의 변화를 의미했는가? 그런 의미를 부여할 수 있을 정도의 변화는 전혀 일어나지 않았다. 귀족은 이제 국가의 자유농에 대한 징세를 도와야 했지만, 그 자신은 여전히 면세권을 가졌다. 왕은 이제 새로 이주한 독일의 군역 귀족에게 자신의 토지를 팔 수 있었다. 이 새로운 군역 귀족들은 수출지향적인 영지구조를 창출하는 면에서 구귀족에 뒤지지 않을 정도로 빠르게 성장했다. 이제는 단일경작(가축이 아니라 곡물)에 주안점이 두어졌고, 그리하여 덴마크와 동유럽의 경제구조 사이에 이전에 존재하던 약간의 차이가 줄어들게 되었다.[292] 이후 30년 동안 귀족이 소유한 토지의 양은 왕과 자유농 둘 다를 희생시키면서 증대했다.[293] 다른 한편 농민의 경제적, 법적 지위는 악화되어서 결국 1733년에 제정된 법령으로 농민이 토지에 긴박당하는 상태에까지 이르게 되었다.[294] 국가에 대해서 보면, 국가의 구매력이 이전보다 더 커졌음은 확실하다.[295] 그러나 스웨덴이 자신의 고유한 국민군의 역할을 강화하는 동안, 덴마크는 국민군을 단념하고 용병에 대한 의존을 선호했다.[296] 중상주의적 입법을 위한 노력들이 얼마간 미약하게 행해졌지만,[297] 덴마크의 국력은 대체로 내실이 없었고 외부의 이해관계에 의해서 유지되었다. 덴마크의 경제적 역할도 여전히 마찬가지였다. 실제로 1650-1750년 시기에 조금이라도 변한 것이 있다면, 그것은 덴마크가 경제적으로 점점 더 주변부적인 역할을 하게 되었다는 것이다.

덴마크가 외형적으로 절대군주정을 확립했음에도 여전히 주변부 지역이었다는 것은 사실 놀랄 만한 일이 아니다. 훨씬 더 놀라운 일은 하찮은 주변부

---

292) Rosén(1961, 523-526) 참조. 단일경작 경향에 대해서는 Jensen(1937, 41-42) 참조.
293) Rosén(1961, 536)과 Jutikkala(1975, 160) 참조.
294) Jensen(1937, 45), Rosén(1961, 526), Imhof(1974, 여러 곳) 그리고 Munck(1977, 여러 곳) 참조.
295) Jørgensen(1963, 96).
296) Rosén(1961, 538) 참조.
297) Kent(1973, 6-8) 참조.

지역이었던 브란덴부르크가 처음에는 18세기까지 반주변부 세력인 프로이센으로 발전할 수 있었고,[298] 그후 결국 북쪽의 스웨덴과 남쪽의 작센 및 오스트리아 같은 훨씬 더 가능성이 많았던 후보국들을 추월할 수 있었다는 점이다. 이것을 조금이라도 납득이 가게 설명하려면, 다음의 두 가지를 설명해야 할 것이다. 그 두 가지란 (1) 경제력의 표현으로서 국가간 체제 내에서의 연속적인 상호작용과 (2) 역사상의 일정 시점에서 특정 지역들이 행하는 경제적 역할의 범위(그렇지만 제한된 범위)이다. 프로이센이 이루었던 발전에 핵심적인 것은 핵심부 세력들의 시각에서 볼 때 중유럽에 주요 반주변부 세력 하나가 들어설 공간이 있었다는 점이었다. 스웨덴이 멈칫거렸을 때, 프로이센이 그 자리에 들어앉았다. 우리가 연구해야 할 문제는 어떻게 그리고 왜 그런 일이 일어났는가이다. 그러나 우리가 그 과정을 이해하려면, 먼저 같은 지역에서 두 국가가 동시에 프로이센이 이루었던 것을 이룰 수는 없었다는 점을 인식해야 할 것이다.

17세기에 독일의 엘베 강 동쪽 지역은 농업생산의 사회적 조직과 관련해서 폴란드 및 동유럽의 여타 지역들과 거의 같은 과정을 겪었다. 이 지역은 구츠비르트샤프트와 구츠헤어샤프트 지역으로, 그것은 서부와 남부 독일의 그룬트헤어샤프트(그리고/또는 비르트샤프트헤어샤프트)와 대비되었다.[299] 16세기

[298] 국가 호칭의 변화과정이 그 과정을 반영했다. 베를린 주변지역인 브란덴부르크의 선제후는 15세기와 16세기에 인접해 있지 않은 몇몇 영역들을 자신의 영지에 첨가시켰고, 17세기에는 훨씬 더 많은 영역들을 첨가시켰다. 영지의 확장과 함께 여러 명칭들이 부가되었다. 예컨대 그는 포메른 공작이자 마그데부르크 공작이며 클레베 공작이었다. 또한 그는 할버슈타트와 민덴의 대공이었고, 마르크와 라벤스부르크의 백작이었다. 그는 1618년에 프로이센 공작이 되었지만, 이것은 동프로이센만을 의미했고 1657-60년까지 여전히 폴란드의 종주권 아래 있었다. 1701년에 그는 프로이센 내의 왕이라는 호칭을 받았고, 제1차 폴란드 분할로 인해서 서프로이센을 얻은 1772년에야 프로이센의 왕으로 불렸다. 국제 외교무대에서 그 국가는 한참 뒤인 1794년까지도 "프로이센(la Prusse)"으로 알려져 있었지만, 일반영방국가법(Allgemeines Landrecht)은 "프로이센 국가들(Prussian states)"에게 선포되었다. 나폴레옹 전쟁의 격변 와중에서 1807년에야 그 과정은 완결되어 프로이센이 호엔촐레른 왕국 전체의 명칭이 되었고 물론 나중에는 독일이 되었다. 1804년에야 "합스부르크 왕가의 영지들"이 "오스트리아 제국"이 되었다는 것도 지적해야 할 것이다. Rosenberg(1958, 27-28); Darby & Fullard(1970, 138-144, 146) 참조.

[299] 구츠헤어샤프트를 그룬트헤어샤프트에 반하는 것으로 정확히 정의하는 것은 광범한 문

에 엘베 강 동쪽 지역에서 토지집중(종종 강제매입) 과정을 통해서 발전한 대규모 영지들은 농민들을 토지로부터 제거하는 것, 즉 농민추방(Bauernlegen)

헌상에서 논쟁의 대상이 되었다. (영어에서 유사한 것을 찾는다면, 직영지[demesne, 독어로는 Gut] 경제 대 장원[manor] 경제의 문제가 될 것이다.) 세 가지 정의가 이루어질 수 있을 것이다.

Otto Hintze(1975a, 39)는 이렇게 말한다 : "[구츠헤어샤프트의] 주된 특징은 지주 자신이 영지를 경영하여 그 생산물을 먼 거리에 있는 시장에 팔아서 얻는 수입으로 생활하고 농노들의 부역을 이용한다는 점이며, 따라서 농노들은 토지에 긴박되어 있었다. 영지는 법적인 행정단위(영주행정구역[Gutsbezirk])를 이루었고, 지주는 농민에 대한 정치적, 사법적 권한을 지녔다.······[그룬트헤어샤프트의] 주된 특징은 지주가 스스로 영지를 경영하지는 않지만 자신의 소작농으로부터 얻는 화폐 및 현물로 생활한다는 점이다. 농민들은 지주의 경제적 통제의 지배를 상대적으로 덜 받기 때문에, 그들은 이러한 체제하에서 구츠헤어샤프트하의 농민들보다 더 큰 자유를 누렸다."

요아힘 프라이헤어 폰 브라운은 다음과 같이 말한다 : "'구츠비르트샤프트는 대규모 농업기업이며 따라서 경영적[경영자의(Betriebsleiters)] 주도권에 기반한 독립적인 조직체이다. 그러므로 그것은 법과 간접적인 의무에 관계없이 최대한도로 시장지향적인 생산으로 경영될 수 있다."(Zur ostdeutschen Agrargeschichte, 1960, 10)

프리드리히 뤼트게는 다음과 같이 말한다 : "'구츠비르트샤프트는······하나의 경제현상[상황(Tatbestand)]이다. 영지는 영주에게 속하며, 영주는 비가족 노동자를 고용하고 이용하여 작업을 시키고 영지를 경영한다. 그룬트헤어샤프트는 두 가지 형태로 발생한다. 하나는 지대형 그룬트헤어샤프트(Rentengrundherrschaft)로, 거기에서 그룬트헤어[영주]는 자신을 위해서는 소규모 토지단위만을 유지하고[자영지(Eigenbetrieb)] 주로 지대 등에 의존하여 생활한다. 다른 형태는 농장형 그룬트헤어샤프트(Wirtschaftgrundherrschaft)인데, 거기에서는 그룬트헤어샤프트적 틀[즉 그룬트헤어샤프트에 상응하는 법적 체계] 내에서 보다 규모가 큰 구츠비르트샤프트(아이겐비르트샤프트)[즉 영주의 직접통제 아래 있는 영지]가 유지된다."(Zur ostdeutschen Agrargeschichte, 1960, 83)

헤어샤프트가 정치적, 법적 구조를 가리키며 비르트샤프트가 사회적 생산관계를 가리킨다는 것과, 그룬트헤어샤프트와 구츠비르트샤프트가 널리 퍼져 있던 니더작센에서처럼 "혼합된" 형태가 있을 수도 있다는 것을 염두에 두어야 한다. 폰 브라운과 뤼트게 사이에 오고 간 논의(Zur ostdeutschen Agrargeschichte, 1960, 84-85) 참조.

우리는 구츠비르트샤프트가 단순히 또다른 형태의 봉건제인지 아니면 자본주의적 현상인지에 대한 문제를 재론하지는 않을 것이다. 이는 Wallerstein(1974)에서 상세히 논했다. 우리는 단지 이 특별한 문제에 대해서 동독의 잡지인 *Zeitschrift für Geschichtswissenschaft*에서 길게 논의되었음을 지적한다. 1953년에 Johannes Nichtweiss(1953, 705)는 구츠비르트샤프트가 대규모 시장지향적인 생산을 수반했기에 봉건경제와 달랐다고 주장했다. 그는 또한 "봉건적인 예속경제[부역경제(Fronwirtschaft)]의 경우에는 농민이 [구츠비르트샤프트의 경우에서처럼] 지주의 토지가 아니라 농민의 보유지에 긴박되는 것과 결합되었다.[300] 이러한 과정은 30년전쟁 이후 메클렌부르크와 브란덴부르크 그리고 포메른에서 상당히 가속화되었다.[301] 부역은 보통 일주일에 2-3일이었던 것이 6일로 늘어났다.[302] 토지소유권이 농민으로부터 귀족 영주에게로 이동하면서 그 토지는 면세되었는데, 이는 남아 있는 농민이 "더욱더 무거운 부담을 지게 된"것을 의미했다.[303] 합스부르크 왕가의 영지에서는 헝가리 및 보헤미아 지역에서 이와 유사한 발전이 있었지만, 오스트리아 본토는 여전히 그룬트헤어샤프트 지대로 남았다.[304] 엘베 강 동쪽 지역을 동유럽의 여타 주변부 지역들과 비교해보면, 농민에 대한 억압이 똑같은 양상을 보인다. 실제로 약간이라도 다른 점이 있다면 그 억압 정도가 더 심했다는 것이다.[305]

이 전형적"이라고 지적했다. Jürgen Kuczynski(1954)가 이런 주장을 반박했다. 그뒤로 Nichtweiss(1954), Manfred Hamann(1954), Gerhard Heitz(1955), Nichtweiss(1956), Willi Boelcke(1956), Heitz(1957) 그리고 Nichtweiss(1957)와 같은 논문들이 잇달아 발표되었다. 니히트바이스가 지적한 것처럼, 이 문제에 대한 쿠친스키의 입장은 Lütge (1957, 805)의 입장과 같았다. A.J.P. Taylor(1946, 29)는 융커의 영지를 "아메리카 대초원의 거대한 자본주의적 농장"에 비유하면서 니히트바이스와 비슷한 입장을 취한다.

300) Carsten(1947, 145, 157); Kuhn(*Zur ostdeutschen Agrargeschichte*, 1960, 40-41); Lütge(1963, 101-102); Slicher van Bath(1977, 111-112) 참조. 구츠비르트샤프트는 명백히 농촌황폐 현상(Wüstungen)과 연관되어 있다. *Zur ostdeutschen Agrargeschichte*, 1960, 48에 있는 Schlesinger의 글 참조. 그러나 그 연관은 어떤 것인가? Siegmund Wolf(1957, 323-324 참조)는 농민추방이 농촌황폐로 이어졌고, 그 다음으로 구츠비르트샤프트의 창설이 가능했다고 주장한다. 그러나 Berthold(1964, 16, 19)는 착취의 증대에 대한 대응으로 농민의 유망(流亡)이 발생했다고 주장한다.
301) Treue(1955, 413); Barraclough(1962, 394); Harnisch(1968, 130-131); Slicher van Bath(1977, 111) 참조.
302) Kulischer(1932, 12) 참조.
303) Carsten(1954, 198).
304) Tapié(1971, 123-124) 참조. 실제로 합스부르크 왕가는 1654년 당시 공유지를 잠식했던 영주 토지에 대한 면세권 부여를 중지했다. Tapié(1971, 120).
305) 일례로, 엘베 강 동쪽 지역에는 하인부역(Gesindezwangdienst)이라는 부가적인 제도가 있었다. 그 제도는 농노의 아이들이 영주관에서 1-4년 동안 하인으로 일해야 한다고 규정했다. Kulischer(1932, 14); Slicher van Bath(1977, 115) 참조. Rutkowski(1926, 496)는 하인부역제가 농노들이 그러한 봉사의 대가로 임금(낮은 임금이었다는 것은 확실하다)을 받았는데도 "2년간의 하인 일보다 10년간의 감옥살이를 택할" 정도로 나쁜 처우를 의미했다고 지적한다. Rutkowski(1927a, 97)는 엘베 강 동쪽 지역 농민들의 의무 전

그러면 18세기의 프로이센이 어떻게 존재하게 되었는가? 우선 엘베 강 동쪽 지역의 농민에 대한 억압은 폴란드보다 더 컸지만, 토지집중화의 정도는 폴란드보다 덜했다는 것을 생각해볼 수 있다. 그것은 구츠비르트샤프트보다는 구츠헤어샤프트에 더 가까웠다. 뤼트게는 크나프의 다음과 같은 경구를 상기시킨다. "영주는 경제적으로 보다 유복해지지는 않았다. 그는 정치적으로 보다 강력해졌다." 뤼트게는 이것이 군주권 성장의 원천이었다고 추정한다.[306] 실질적인 토지집중이 없는 것과 대부분의 영지 규모가 중간 정도인 점 그리고 그에 따라서 "대귀족층"이 없는 점 등이 엘베 강 동쪽 지역과 유럽 대부분 지역을 포함하는 다른 주변부 지역들 사이에서의 두드러진 차이였다.[307] 그것은 잠재적인 중앙권력에 비하여 융커 계급이 17세기 유럽의 여타 주변부 지역들의 지주들보다 정치적 수단을 경제적으로 이용하지 못했다는 것을 의미했다. 융커 계급의 정치적 허약성은 프로이센의 성장을 위한 필요조건이었지 충분조건은 결코 아니었다. 그러나 그것은 유리한 지정학적 콩종크튀르와

체(부역에 더하여 조세까지)가 폴란드 농민들의 의무보다 더 컸던 것으로 본다. 하인부역제는 보헤미아와 모라비아, 그리고 슐레지엔에도 존재했다. Špiesz(1969, 53) 참조.

306) Lütge(1963, 117). 크나프의 말은 *Grundherrschaft und Rittergut*(1897, I, 34)에 수록된 "오스트리아와 프로이센의 농민해방(Die Bauernbefreiung in Österreich und in Preussen)"에서 인용된 것이다. 또한 17세기와 18세기 브란덴부르크-프로이센의 사회적 변화에 대해서 설명하는 Gorlitz(1956, 86)의 다음 글도 참조: "농민은 더 이상 단순히 귀족의 예속민[Untertan]이 아니다. 신분으로서 귀족은 군주의 궁정에 대해서 농민과 대등한 위치에 있다. 양자가 다 군주의 가신이다. 귀족은 더 이상 사회적 생활세계 (Lebenswelt)에 대한 제약을 받지 않는다. 귀족은 오히려 사회의 기능적인 부분이 되었다." 이것은 엘베 강 동부지역 농민들의 곤경에 대한 Rutkowski(1926, 497)의 설명과 잘 들어맞는다. 그는 공업의 성장과 왕실의 농민보호(Bauernschutz)로 인해서 18세기까지 농업 노동력의 획득이 어려웠다고 주장한다. 그리하여 영주의 통제를 받는 농민에 대한 착취를 보다 심화시켜야지만 영주들이 경제적으로 살아남을 수 있었기 때문에 하인부역제의 사정이 더 악화되었다. Špiesz(1969, 23)는 엘베 강 동쪽 지역의 영지들에서 부역이 법률적으로 가능했지만 동유럽의 여타 지역들보다 더 적게 사용되었으며, 영지 노동이 "강제적이든 자발적이든 고용에 기초하여 부려진 가족의 임금노동에" 더 많이 기반했다고 주장한다.

307) P. Anderson(1974a, 262). 게다가 30년전쟁 동안에 영주들이 지니고 있던 상대적 힘이 더 한층 침식당했고, 그 전쟁은 "확실히 여러 독일 지역 영지들의 운명에 [더 나쁜 쪽으로의] 결정적인 변화를 의미했다." Carsten(1959, 437).

결합되었다.

30년전쟁이 종식되기 전에 브란덴부르크 선제후는 "융커 중의 융커나 거의 다름없었다."[308] 그는 대규모 자원이나 상업적 부를 지니지 않은 채 "유럽에서 가장 다루기 어려운 몇몇 독립적인 도시들과 가장 반항적인 귀족들"을 가진 분산된 무방비 지역에서 살고 있었다.[309] 30년전쟁은 호엔촐레른 가문에게는 그 힘이 가장 떨어진 시기이면서 동시에 얼마간 순전히 요행으로 거대한 기회를 얻은 시기였다.[310] 그 행운이란 브란덴부르크 선제후가 방계 혈통을 통해서 일부 영지들을 물려받은 것이다. 그는 1609년에 클레베 공작령(라인 강의 북쪽 끝에 있는 연합주와 인접한 지역)을, 1625년에 프로이센(폴란드에 인접하여 사실상 폴란드의 종주권 지배하에 있으면서 발트 해에 면해 있던 지역)을, 그리고 1637년에는 포메른을 상속받았다. 그래서 브란덴부르크는 라인란트와 발트 해라는 두 개의 주요 전쟁지역에 속하게 되었다. 브란덴부르크는 유럽의 여러 국가들이 "몹시 탐냈던" "전략적으로 중요성이 큰" 지역들을 자신의 "어떠한 군사적 노력도 없이" 획득했는데, 이것은 그 당시로서는 불가능한 일이었다.[311] 더욱이 열강들은 브란덴부르크가 이들 탐나는 지역들을 유지하도록 허용했다. 그에 더하여 1637년, 브란덴부르크는 스웨덴의 점령 하에 있던 포메른에 대한 소유권마저 주장하여 베스트팔렌 조약에서의 프랑스의 지지를 등에 업고 결국 그곳을 자신의 영토로 인정받았다.[312] 브란덴부르크는 이런 식으로 열강의 세력균형으로부터 이익을 얻었는데, 사실 이런 세

---

308) Rosenberg(1958, 31).
309) Howard(1976, 67). 또한 Carsten(1969, 544)의 다음 글도 참조 : "17세기 말에 그렇게 좋지 못한 기반에서 갑작스럽게 강력하게 중앙집권화된 국가가 발생한 것은 독일사의 수수께끼 중 하나이다. 왜냐하면 브란덴부르크는 폴란드나 메클렌부르크가 겪은 길을 가도록 예정되어 있는 듯이 보였기 때문이다."
310) Carsten(1954, 179). 그는 30년전쟁이 "예치기 않은 상황"을 제공했다고 한다(1950, 177).
311) Carsten(1950, 178). 게다가 클레베와 그에 인접한 마르크 및 라벤스부르크는 30년전쟁 전에 상당한 양의 공업생산을 이루고 있던 지역들이었다.
312) "호엔촐레른 가문은 30년전쟁을 통해서 합스부르크가에 뒤이어 가장 중요한 독일의 통치 왕가로 등장했다." Carsten(1969, 544). 그러나 히테르 포메른은 스웨덴에 넘어갔다.

력균형에서 이익을 얻은 최초의 국가 중 하나였다. 다른 국가들이 브란덴부르크의 확장을 지원한 것은 바로 스웨덴의 힘을 저지하기 위해서였다. 그리고 대(大)선제후인 브란덴부르크 선제후 프리드리히 빌헬름이 이렇게 확장된 영토를 유지할 수 있는 관료제와 군대를 창설할 생각을 하게 된 것도 스웨덴 왕이 이 만족스러운 상태를 끝장내지 못하도록 하기 위해서였다.[313]

이 시기 융커들은 그들과 비슷한 존재인 폴란드의 대귀족들이 소규모 군대들을 창설할 수 있었던 것만큼 경제적으로 강력하지는 않았을 것이다. 그러나 브란덴부르크의 선제후도 역시 강력하지 않았다. 그리고 그는 융커의 의지에 반하여 그들에게서 세금을 거둘 수 있을 만큼 강력한 군대를 건설하기 위해서 새로운 과세를 추구하고 있었다.[314] 1653년의 대타협(Great Recess)은 대선제후와 융커 계급 사이에 이루어진 교묘한 타협의 첫번째 조치였다. 그 타협에서 대선제후는 사실상 융커 계급에게 (돌이켜보면, 그리 많지는 않았던) 자기 영지들로부터의 수입 전부와 그에 더하여 국가관료제를 통한 새로운 수입들을 제공했고, 그에 대한 대가로 농민과 도시민을 심하게 착취할 수 있는 권력을 얻었다. 그리하여 대선제후는 강력한 관료제와 군대를 확립할 수 있게 되었고, 이 관료제와 군대는 대외적으로 국가를 보호하여 결국 그의 후계자들이 (산업성장을 막고자 하거나 막을 수 있는 융커들이 없다면) 국내산업의 성장정책을 실시할 수 있게 했다. 그러한 타협은 여타 지역의 군주들, 즉 폴란드의 왕, 오스트리아의 합스부르크가, 에스파냐의 부르봉가에도 합리적인 것으로 보였을지 모른다. 그런데 왜 브란덴부르크만이 그런 일을 수행할 수 있었을까? 당시의 실상을 다시 살펴보자. 1653년까지 조세 중에서 중심적인 것

---

313) P. Anderson(1974a, 198-199)은 스웨덴이 행한 "동유럽의 망치"로서의 역할을 특별히 강조하는데, 이런 역할이 "임박한 스웨덴의 위협에 대한 직접적인 대응"으로서 프로이센 절대주의를 탄생시켰다고 한다.

314) Franz Mehring(1975, 47)은 다음 글에서 그 상황을 아주 간명하게 묘사하고 있다 : "일단……선제후 프리드리히 빌헬름이 30년전쟁 이후에도 계속해서 영방군주이고자 한다면, 그에게는 명백히 군대가 필요했다. 그러나 그가 융커 없이는 단 하나의 무장중대도 유지할 수 없다는 것이 그에 못지 않게 명백했고, 그러므로 융커와 대립해서는 그 일을 할 수 없다는 것은 두말할 나위가 없었다."

은 토지세의 하나인 소위 군세(軍稅)였다. 귀족들은 이 세금을 면제받았다. 농촌지역에서는 다른 귀족들이 임명한 귀족 한 사람이 그 지역에 할당된 총 세액을 맞추기 위해서 농민들 사이에 지방세를 배당했다. 이런 식으로 국가를 위해서 끌어내어진 수입은 상당히 적었다.

1650년에 선제후는 네덜란드를 모방하여 누구도 면세혜택을 받지 못하는 소비세(즉 일종의 상품에 대한 간접세)를 시행하려고 했다. 그래서 그는 신분제의회를 소집하여 새로운 조세에 대한 인가를 얻고자 했다. 그러나 연합주와 같은 핵심부 국가에서는 가능한 일이 주변부 국가에서는, 비록 그 국가가 지적이고 야심적인 통치자에 의해서 이끌어지고 있다고 하더라도 정치적으로 불가능했다. 귀족은 소비세를 인가하기를 거부했다. 그러나 그런 불안한 시기에 군대가 필요하다는 것은 명백해 보였다. 그래서 양측은 1653년의 타협에 동의했는데, 이것은 다름 아닌 잠정적 해결책이었던 것이다. 선제후는 특별세로 6년간에 걸쳐 50만 탈러를 얻었지만, 소비세는 부과하지 못했다. 그리고 그는 융커에게 상당 정도 양보하여 농노제를 더욱더 제도화시켰다. 그 타협에서 가장 중요한 항목은 농민이 반증을 제시할 수 없는 한 농노(leibeigen)라는 법적 추정을 만든 것이었다. 이것이 전부라면, 오늘날 우리가 1653년의 타협을 기억할 필요는 거의 없을 것이다. 그것은 17세기에 주변부 국가에서 발생한 귀족의 승리를 보여주는 한 예에 불과할 것이다. 그러나 대선제후에게 1653년의 타협은 "중대한 결과를 가져올 작은 실마리"[315]였고, 이는 그후 1655-60년의 대북방전쟁 동안에 활용되었다. 우리는 이미 앞에서 이 전쟁을 발트 해에서 스웨덴의 군사적 역할이 최고조에 달했던 시기로 다루었다. 스웨덴은 폴란드와 덴마크를 패배시키고 러시아의 팽창을 저지했으며, 스카니아를 획득하고 그럼으로써 외레순 해협의 한쪽 면을 차지했다.

브란덴부르크는 어떤 입장에서 이런 상황에 적응했는가? 브란덴부르크는 1657년까지 폴란드에 맞서서 스웨덴을 지지했고 그후 네덜란드인들의 권고를 받아 지지를 바꾸었다. 그리하여 브란덴부르크는 스웨덴이 폴란드 또는 최소한 폴란드 연안을 다 삼켜버리지 못하게 했고, 스스로는 프로이센에 대한 완

---
315) Carsten(1950, 188).

전한 주권을 획득했다. 따라서 브란덴부르크는 스웨덴의 힘을 제한함으로써 네덜란드인들(그리고 영국인들)을 도왔다. 브란덴부르크는 그 당시 1653년의 타협을 통해서 얻은 세금으로 창설한 군대를 보유하고 있었기 때문에, 이런 일을 할 수 있는 유일한 국가였다. 브란덴부르크 내에서는 대선제후가 이러한 지정학적 성과를 자신의 직접적인 이점으로 전환시킬 수 있었다. 이 점이 카스턴이 1653년의 타협이 아니라 대북방전쟁을 국가권력의 증대과정에서 전환점이라고 보는 이유이다.316) 그 이후 계속되는 대선제후의 정치적 움직임을 세부적으로 다시 살펴보는 것보다는 명예혁명과 9년전쟁 직전인 1688년 대선제후의 통치가 끝날 때까지 무엇이 변화했는지를 살펴보는 것이 더 중요하다.317)

대선제후는 추밀원을 중앙 행정기관으로 재편하고 중앙의 결정을 수행하기 위해서 재정, 군사, 사법을 담당하는 세 개의 관료기관들을 창설했다.318) 이러한 관료기관들은 포괄적인 영역을 다루었지만, 규모상으로는 "놀라울 정도로 작았고." 18세기까지도 여전히 그러한 상태였다.319) 1640년에서 1688년 사이

---

316) Carsten(1954, 189). 그는 이렇게 말한다 : "내부적 증거에 따르면……이런 정세에서 프리드리히 빌헬름이 자신을 절대적으로 만들어 신분제의회에 대항하여 통치하려는 구상을 가졌을 것이라고 보기는 어렵다. 그보다는 훨씬 더 주변 상황 때문에, 무엇보다도 내적인 발전에 미친 대외정세의 영향 때문에 그는 이러한 길로 갈 수밖에 없었다."
317) 이런 정치사에 대한 상세한 설명은 Carsten(1954, Pt. III) 참조.
318) Dorwart(1953, 17) ; Braun(1975, 134-140) 참조. Otto Hinze(1975b, 275)는 "프랑스에서 앙시앵 레짐의 행정구조가 창설되는 과정과 프로이센 지방관의 등장 사이에는 놀랄 만한 유사성이 있다"고 주장한다. "……구 프랑스의 행정체계에서 〔지방〕지사들(intendants)은 구 프로이센의 전쟁 및 영토국(Boards for War and Domains)과 같은 위치를 차지했다."
319) Dorn(1932, 261). "왕국 전체에 모든 범주의 관리들 수가 1만4,000명을 넘지 않았다. 구체제 프랑스에서는 관리들의 수가 너무 많은 것이 민중의 지속적인 불만거리였지만, 프로이센에서는 관리들의 수가 충분치 않다는 것이 민중의 지속적인 불만거리였다. 프로이센 왕은 불필요한 관리들을 고용할 만한 여유가 없었다." 그가 여기서 말하고 있는 것은 이미 확장된 18세기의 관료구조이다. 하물며 대선제후 시기의 사정은 훨씬 더 그러했다. 마찬가지로 Barraclough(1962, 400)도 18세기를 언급하면서 이렇게 말한다 : "검약과 지출에 대한 엄격한 억제 그리고 이런 결과를 가져온 신중한 운영, 이런 것들이 프로이센 행정의 특징이었다."

에는 국가수입이 100만 탈러에서 330만 탈러로 증가했고,[320] 이것은 구성원 중에 일부 외국인도 있었던 유급 지원군을 유지하는 데에 주로 쓰였다. 1653년에 상비군의 수는 4,000명이었지만, 1688년에는 3만 명으로 늘었다.[321] 그러나 이러한 관료기구의 권위가 융커의 영지에까지 미친 것은 아니었다. 융커 영지들 내에서는 동료 융커들이 선출한 군수(Landrat)가 최고권력을 행사했다.[322] 하지만 브란덴부르크-프로이센 국가는 영지 소유자들을 다루는 데에 유리하게 이용할 수 있는 조건을 하나 가지고 있었는데, 그 조건이란 폴란드와 오스트리아, 덴마크, 스웨덴의 통치자들이 가지지 못한 것으로 바로 대규모 영지가 거의 없다는 사실이다. 이 사실은 불경기[323] 및 전쟁으로 인한 광범한 황폐화,[324] 국토의 빈약한 자연자원[325]과 결합하여 "물질적 야망을 만족시키기 위해서는 프로이센 왕을 위해서 일하는 것이 가장 낫다"는 것을 의미하게 되었다. "17-18세기의 상황에서는 그것이 부를 얻거나 증대시키는 최선의 가장 빠른 방법이었다."[326] 대토지 소유자가 전혀 없었기 때문에, 그것은 단지

---

320) Finer(1975, 140) 참조. 세금 징수에 대해서는 Rachel(1911, 507-508), Rosenberg(1958, 49-50) 그리고 Braun(1975, 271-273) 참조. Carsten(1954, 198)은 도시소비세가 "도시의 경제발전에 장애가 될" 정도로 그 시행과정에서 도시에만 치우쳐 부과되었다고 주장한다.
321) Finer(1975, 139) 참조. 프리드리히 빌헬름 1세(1713-40)는 상비군을 8만 명(이중 절반이 외국인이었다)으로 증가시켰고 그것을 "유럽의 어느 나라도 필적할 수 없는 훈련되고 규율잡힌 군대로" 만들었다. E. Barker(1966, 42).
322) Craig(1955, 16)와 Braun(1975, 273) 참조.
323) "17세기 말의 얼어붙은 경제상황은 지주계급에게 이제 호엔촐레른 영토에서 성장하고 있는 군주권의 정치조직으로 결집할 또다른 유인을 제공했다." P. Anderson(1974a, 243).
324) "[대북방전쟁에서] 무엇보다도 프로이센이 무질서한 군대의 이동과 약탈, 방화, 외국의 침략으로 극심하게 황폐화되었다." Carsten(1954, 208). 물론 브란덴부르크와 클레베는 이미 30년전쟁에서 황폐화되었다.
325) Mehring(1975, 54)은 "마르크와 포메른의 세습토지들이 모래땅이었다"고 하고, 융커에게는 "새로운 인맥을 가지는 것이" "속이지 않고" 연간 몇천 탈러의 수입을 그들에게 가져다주기에 "새로운 영지를 얻는 것만큼이나 좋았다"고 지적한다.
326) Rosenberg(1958, 102). Mehring(1975, 48-49)은 대선제후가 세운 군대가 어떻게 30년 전쟁으로 인해서 창출된 부유하는 룸펜프롤레타리아의 문제만이 아니라 크리펜라이터(Krippenreiter), 즉 "목마를 탄 기사"로 알려진 가난한 귀족의 문제도 해결했는지를 지

"최선의 가장 빠른" 길일 뿐만 아니라 사실상 유일한 길이었다.

그리하여 융커들은 자신의 영지에서 열심히 일하는[327] 동시에 그들에게 필수적인 직업적 배출구로서 브란덴부르크-프로이센의 국가관료제가 강화되기를 바라게 되었다.[328] 다음으로 이에 기반하여 국가는 관직매매라는 비용이 많이 드는 매개적 형태를 별로 사용하지 않고서도 근대적인 관료제를 창출할 수 있었다.[329] 이리하여 검소하고 효율적인 국가기제를 유지하면서도 귀족의 폐쇄성이 어느 정도 유지될 수 있었다(그것은 프랑스에서는 이루어질 수 없었던 것이다).[330] 브란덴부르크-프로이센은 농민에 대한 귀족의 "봉건적" 권

적한다. 그들은 각각 병사와 장교가 되었다. 또한 Craig(1955, 11)도 참조. Rosenberg (1958, 59-60)는 가난한 귀족의 지위 향상에서 군대가 한 역할이 프리드리히 1세 치세기(1688-1713)에 위그노와 독일 평민이 장교층으로 편입되었기 때문에 중단되었다가 군인왕 프리드리히 빌헬름 1세 치하에서 재개되었다고 지적한다. 프리드리히 빌헬름 1세는 "귀족 '예비군'이 직업적인 군역 귀족층에 들어가 사회에서 안전하고 극히 명예로운 지위를 되찾도록 이끎으로써 정치적 동요를 조직적으로 중립화시키고 공포를 누그러뜨려 대다수 융커 계급을 전제적인 중앙권력의 성장과 조화시켰다."

327) A. J. P. Talyor(1946, 29)는 능률과 근로의 미덕이 "융커들은 가지고 있었지만 18세기 독일 부르주아들은 그만큼 가지고 있지 못했던 바로 그 미덕이었다"고 주장한다. P. Anderson(1974a, 263)도 그와 유사하게 이렇게 말한다 : "17세기 말과 18세기 초의 프로이센 융커들은……조야한 농촌기업의 전통을 가진 한 작은 나라에서 응집력이 강한 사회계급이었다." 게다가 영지에서 열심히 일하는 것은 군대의 요구와 아주 잘 들어맞았다. "밀 교역은 빠르게 성장하는 소비층인 군대의 수요에 의해서 결정되어 생산비용과 교역 이윤을 상승시켰다. 프리드리히 빌헬름 1세는 그렇게 계획사업이 풍부한 시기에 밀 무역 정책과 군 양식 공급, 영지경제, 군대개혁 사이에 밀접한 연계를 확립했다." Treue (1955, 423).

328) "특히 인원 충원이 이루어진 지역에서는, 기반을 굳힌 지 오래된 관리들(officiers)과 최근에 나타난 '지방관들(commissars)' 사이에 확고하게 고정된 경계가 전혀 없었다. 처음부터 새로운 행정과 결합한 사람들 중 일부는 신분제국가(Ständestaat)의 동요하는 관리 집단 출신이었다." Rosenberg(1958, 56).

329) Rosenberg(1958, 79, 83) 참조. 융커의 경제상태를 고려해보면, 관직을 살 정도의 많은 자금이 없었다.

330) 폐쇄적이었다는 것이 부르주아지는 지주가 될 수 없다는 것을 의미하지는 않았다. Treue(1955, 414)는 이렇게 말한다 : "포메른, 메클렌부르크, 브란덴부르크, 보헤미아, 니더 작센, 그리고 베스트팔렌에서 연대 및 사단을 운영하여 부유해진 많은 대령과 장군들이 빚을 진 귀족에게서 토지를 구입하여 지주계급이 될 수 있었다."

리를 증대시키면서 동시에 귀족을 국가관료제로 편입시키는 문제를 이 시기 유럽의 어느 국가보다도 잘 풀어나갔다. 그렇지만 융커 소유지는 규모상으로는 기껏해야 중간 정도에 불과했고 비교적 가난했기 때문에 국가구조는 처음에는 군사강국으로서, 뒤에는 세계시장에서 활동하는 한 세력으로서 점점 더 강력해졌고, 그리하여 18세기 초 무렵에 프로이센은 반주변부 국가가 되었다.[331]

물론 여러모로 보아서 프로이센이 하려던 역할을 맡기에는 오스트리아가 훨씬 더 좋은 위치에 있었다. 17세기에 들어설 때 오스트리아는 주요 군사강국이었다. 합스부르크가는 가톨릭 종교개혁을 주도적으로 수행하여 17세기 중반까지 오스트리아와 체코 지역 그리고 헝가리 대부분을 가톨릭으로 복귀하도록 만들었다. 1620년 백산전투(Battle of the White Mountain : 1620년 30년전쟁의 초기에 바이에른 공작 막시밀리안 1세가 이끄는 가톨릭 군이 백산에서 보헤미아의 신교군을 패배시켰고, 이로 인해서 보헤미아는 독립을 상실함/옮긴이) 이후 합스부르크가는 보헤미아 국가를 격파하여 "[그것을] 한 지방 수준으로 전락시켰다."[332] 그런 격변으로 보헤미아의 귀족은 독립적인 토지소유 계급에서 궁정귀족으로 변화되었고 자생적인 부르주아지가 사라졌다.[333] 게다가 합스부르크가는 브란덴부르크-프로이센과 마찬가지로 귀족으로

---

331) Rosenberg(1958, 44)는 프랑스에서는 프롱드의 난 이후 두 세대 동안에 혈통귀족(nobless de race)이 국가기제로부터 실질적으로 배제되었고, 보헤미아와 모라비아에서는 전혀 새로운 계층이 가톨릭 종교개혁의 승리로 성장했다고 지적한다. 그러나 프로이센에서는 군주권력에 대한 귀족의 저항이 "조직적인 반란과 유혈 내전으로 확산되지 않았다. 세 명의 훌륭한 호엔촐레른 왕들은 융커들을 결코 너무 심하게 몰아붙이지 않았다." 프랑스와 프로이센 간의 비교는 Carsten(1954, 273) 참조. 프로이센에서는 프리드리히 빌헬름 1세가 사회적 배치를 더 한층 묘하게 굴절시켰다. 그는 군대를 "엄격하게 짜인 귀족집단"으로 전환시키면서 평민에게는 민정관료직을 개방했다(이것은 프로이센 국가가 사회민주주의자들의 본거지가 되었던 1920년대까지 프로이센의 정부직 내에 비할 데 없는 출세의 기회를 창출했다). Rosenberg(1958. 67, 70). 따라서 두 집단은 서로를 제어했지만, 국가에 대해서는 불만을 가질 이유가 없었다.

332) Kavke(1964, 59).

333) Kavke(1964, 55, 57) 참조. 귀족의 지위가 어느 정도 회복된 것은 확실하다. Wright (1966, 25)는 귀족이 "1627년에 절망상태였는데 1740년에는 전성기에" 이르게 된다고

제한하지 않고서 장교단을 충원할 수 있었다.³³⁴⁾ 그렇지만 합스부르크가는 자신의 영토를 국가간 체제 내에서 적절하게 기능할 수 있는 응집력 있게 통합된 국가로 결코 변화시킬 수 없었다. 상대적으로 동질적인 국가구조만이 자본주의 세계경제 내에서 번영을 누릴 가능성이 있었다.³³⁵⁾ 오스트리아의 합스부르크가는 그들의 선조인 카를 5세가 크게 직면했던 것과 같은 딜레마로 인해서 고통을 겪었다.

합스부르크가의 영토에서 그러한 통합이 이루어지는 데에 주로 장애가 된 것은 오스만 투르크의 군사적 위협이었다. 17세기는 오스만 투르크에 대한 오스트리아의 투쟁으로 점철된 세기였고 그것은 합스부르크가가 제2차 빈 포위를 성공적으로 이겨냈을 때인 1683년의 터키의 해(Türkenjahr)에 절정에 이르렀다.³³⁶⁾ 합스부르크가가 승리를 거두었지만, 그 승리를 위해서는 대가를 치러야 했다. 그 대가란 이 시기 내내 투르크 카드를 활용하여 합스부르크 왕국 내에서 자치권을 요구했던 헝가리 귀족에 대해서 일련의 양보를 한 것이다.³³⁷⁾ 오스

한다. 1740년 이후 마리아 테레지아가 왕위에 오르고 새로운 집중화가 이루어졌다. 그러나 이런 회복을 과대평가해서는 안 된다. 라이트 자신이 우리에게 이렇게 말하고 있다 : "[17세기 후반과 18세기에] 합스부르크가의 지출이 늘어나면서, 합스부르크가의 과세요구가 더욱더 커지고 집요해졌으며, 농노의 담세부담이 더욱 커졌다. 농노가 조세에 대한 부담으로 비틀거리자, 국가는 세입의 생산자인 농노에 관심을 두고 농노를 파멸시킬 가능성이 많은 영주들에 대해서 농노편을 들어 간섭하기 시작했다."(1966, 21) 그리하여 1679년에 보헤미아에서 농민반란이 일어난 데 이어 1680년에는 부역칙서(Robotpatent)가 나왔는데, 그것은 부역(robota)을 일주일에 최대 3일로 제한했다. 그래서 Polišenský (1978, 200)는 1680년을 "분수령"으로 본다. 그에 더하여 1717년과 1738년에 부역칙서가 두 번 더 있었다. 이러한 양상은 사실 브란덴부르크-프로이센과 다르지 않다. Špiesz(1969, 33-34) ; Von Hippel(1971, 293-295) ; Slicher van Bath (1977, 117) 참조.
334) Kann(1973, 9)과 T. M. Barker(1978) 참조.
335) 반대로 브란덴부르크는 이미 근대가 시작될 무렵에 본디 아주 이질적인 주민들(Treue, 1955, 355 참조)을 민족적으로 아주 동질적인 왕국으로 변화시켰다. Carsten(1941, 75 ; 1947, 147) 참조.
336) 상세한 설명은 T. M. Barker(1967) 참조.
337) P. Anderson(1974a, 314-315)은 헝가리를 "오스트리아가 군사적 왕정국가가 되는 데에 넘을 수 없는 장애물"이라고 부르고, "오스만 투르크의 군사력이 가까이 있다는 것이 ……중앙집중화된 오스트리아 절대주의가 헝가리로 확장되는 것을 가로막는 실재하는 결정적 걸림돌"이었다고 한다.

만 투르크의 위협은 국가구조에 간접적인 영향을 준 데다가 경제적으로는 직접적인 영향을 미쳤다. 그래서 17세기에 합스부르크가는 재정자금을 충분히 마련할 수 없었기 때문에 "아마 어떤 다른 군주들보다도"[338] 더 많은 고통을 겪었다. 합스부르크가는 "뚜렷한 자금 부족 상태에"[339] 놓이게 된 것이다. 카를 6세(1711-40)의 치세 때까지 오스트리아가 자신의 조세에 기반하여 유지한 군대의 규모는 프랑스 군대의 겨우 반 정도밖에 되지 않았고 실로 프로이센의 군대보다 약간 더 큰 정도에 불과했다.[340] 결국 오스트리아가 시도한 중상주의적 노력의 성과라는 점에서, 오스트리아는 규모가 두 배인 군대와 훨씬 더 많은 부와 인구를 가지고서도 프로이센이 이룬 정도의 일밖에 해낼 수 없었던 것이다.

영국 및 프랑스와 같은 핵심부 세력들의 중상주의와 반주변부 세력들의 중상주의 사이에 있는 차이를 명확히 염두에 두어야 한다. 트로이에는 이를 다음과 같이 보여준다:

[중상주의가] 기본적으로 그리고 열강들 사이에서는 경제적 침략 및 팽창 정책과 일

---

338) Bérenger(1973, 657). 그의 논문은 합스부르크가가 재정 부족의 결과 공공대부에 의존하게 된 것을 상세하게 설명한다. 그는 이러한 대부들이 실제로 쓸모가 있었고 황제 레오폴트 1세의 재정상태가 "일반적으로 생각되고 황제 자신이 언명하고자 한 것만큼 절망적이지는 않았다"(p. 669)는 것을 보여준다. 그러나 개인 금융가들에 대한 의존의 장기적 결과가 국가기제를 강화하는 데에 도움이 되진 않았다. 다만 오스만 투르크와의 전쟁들이, 군대에 대한 식량 공급이 필요했던 만큼 농업경제에 (따라서 생각컨대 조세기반에도) 긍정적인 영향을 미쳤다는 것은 지적되어야 할 것이다. Bog(1971)는 그 전쟁들이 30년전쟁 이후 전체 독일지역의 회복에서 주된 한 요소였다고 생각한다. 30년전쟁은 전쟁으로 인한 황폐화 때문에 그와 같은 역할을 하지 않았다. 그러나 오스만 투르크와의 전쟁들에서도 황폐화가 역시 농업경제에 영향을 미치지 않았겠는가? T. M. Barker (1967, 282-284) 참조.
339) Wangermann(1973, 12). 그는 합스부르크가를 프랑스 군주들과 비교하여 합스부르크가가 불리했다고 한다. 그들 영토의 범위는 대략 같았지만, "동질성과 응집성, 정기적인 징세수입, 그리고 상업기업의 이윤 추구에 대한 편의 제공 등이 훨씬 더 중요했다." 오스트리아에서 부역노동이 가져온 최종적 산물은 놀라운 바로크 건축양식인데, 이에 대해서는 우리가 감사해야 할 것이다. Zollner(1970, 279-280) 참조.
340) Wangermann(1973, 14) 참조.

치하지만, 독일에서 그것은 자기 주장의 방어적 목적을 지녔다. 그것은 시장을 정복하기보다는 시장에 의지하고, 다른 국가를 지배하기를 바라기보다는 다른 국가의 지배, 특히 무엇보다도 이웃한 서유럽 국가들의 지배를 격퇴하는 데에 더 전념한 것이었다.[341]

30년전쟁에서 나폴레옹 시대가 끝날 때까지의 전 시기는 독일지역 전체, 사실상 중유럽 전체의 중상주의(cameralism : 17-18세기 독일과 오스트리아를 중심으로 시행된 중상주의. 국가의 경제력은 주로 금은과 같은 금전적 부를 증대시켜서 높일 수 있다는 생각에 입각하여 국가재정에 중점을 둠/옮긴이) 시대였다.[342] 합스부르크가의 중상주의 정책들은 1660년 무렵으로 거슬러올라갈 수 있다.[343] 호엔촐레른가는 대선제후 때부터 중상주의를 정부업무에 중심적인 것으로 삼았다.[344] 실제 문제는 이러한 중상주의 정책으로 이루어진 것이 무엇인가이다. 한편으로 1650-1750년 시기에 국가가 제조업을 장려한 결과가 어떤 곳에서도 "그리 만족스럽지는 않았다"는 것은 아마도 사실일 것이다.[345] 실제로 폰 클라베렌은 후진국에서 중상주의는 "사이비 중상주의"로, 그

---

341) Treue(1974, 106-107). 중상주의가 전적으로 방어적인 것이 결코 아니라는 증거는 왜 독일에서 유대인에 대한 새로운 종교적 관용이 나타났는지에 대한 Dorwart(1971, 212)의 논의를 보라. 그는 "독일지역 군주들이 유대인을 거의 필사적으로 불러들인 것은 30년전쟁으로 인한 상업적 파멸로부터 회복하는 데에 도움을 얻기 위해서였다"고 한다. 유대인을 끌어들이는 것이 어떻게 도움이 되었는지는 1650년 유대인이 폴란드에서 브란덴부르크로 다시 들어오도록 허용한 대선제후의 결정에 대한 Dorwart(1971, 122)의 다음 설명에서 명확해진다 : "스웨덴이 장악하고 있는 오데르 강 어귀를 이용하여, 폴란드와 직접 무역을 재개하는 것이 유대인 상인들이 할 수 있는 유용한 역할이었다." 중상주의가 프랑스에서는 그 나라가 가진 사회경제적 구조와 관련하여 "자연스러운" 것이었지만, 브란덴부르크-프로이센에서는 그렇지 않았다는 시각은 Kruger(1958, 65) 참조. 그의 시각은 그가 "사회 왕국(social kingdom)"의 "호엔촐레른 전설"이라고 부른 것에 대한 논박의 일부인데, 이런 "호엔촐레른 전설"은 슈몰러 시기 이래 독일 부르주아 역사가들이 전파시킨 것이다(1958, 13).
342) Lütge(1966, 321-322) ; Bog(1961, 134-135, 139) ; Klíma & Macůrek(1960, 98) 참조.
343) Tremel(1961, 176) ; Klíma(1965, 107) ; Zollner(1970, 283) 참조.
344) Von Braun(1959, 611-614)과 Kisch(1968, 4) 참조.
345) Kulischer(1931, 13).

것이 가진 진정한 목적은 "지역 고관들을 부유하게 만드는 것"이었다고 주장하고, "실제로 중상주의가 성공하리라고 예상한 사람은 아무도 없었다"고 한다.346) 이것은 어느 정도 사실이지만, 오로지 이것만을 이야기한다면 적어도 사이비로나마 중상주의적일 수 있었던 반주변부 국가들과 이 정도도 될 수 없었던 주변부 국가들 간에 존재하는 차이가 간과될 것이다.

마찬가지로 이런 장기간의 침체기에 반주변부 국가들의 중상주의가 대략 1750년 이후 세계경제의 팽창기에 일어난 제조업 활동의 중요한 발전에 기초를 제공했다는 것도 명백하다.347) 그러므로 18세기 전반에 무슨 일이 일어났는지를 면밀하게 살펴봐야 할 것이다. 그 시기에 스웨덴은 말하자면 경쟁에서 완전히 내쫓겼고, 프로이센과 오스트리아는 사실상 또 한 차례의 유럽의 확장을 가장 크게 이용할 수 있었던 중유럽의 열강 자리를 둘러싸고 경쟁하고 있었다. 1711년에 카를 6세가 합스부르크가의 왕위에 올랐고, 1713년에는 프리드리히 빌헬름 1세가 프로이센의 왕위에 올랐다. 1713-14년 시기에, 위트레흐트 조약과 라슈타트 조약으로 에스파냐 왕위계승 전쟁이 종식되었다. 오스트리아는 에스파냐령(이제는 오스트리아령) 네덜란드와 밀라노, 나폴리 그리고 사르데냐를 얻었다(사르데냐는 1720년에 사보이와 교환되어 시칠리아로 넘어갔다). 1718년에 오스트리아는 파사로비츠 조약에서 오스만 투르크로부터 세르비아와 바나트 그리고 소(小)왈라키아를 얻었다(이미 1699년의 카를로비츠 조약에서 오스트리아는 헝가리와 트란실바니아를 얻은 바 있다). 오스트리아는 발칸 무역의 새로운 가능성에서 이익을 얻기 위하여 (1683년에 실패한 바 있던) 빈 동방무역회사(Wiener orientalisch Handelskompagnie)를 재설립했다. 1719년에 카를 6세는 마침내 트리에스테와 피우메를 자유무역항으로 선언할 수 있었는데, 이런 생각은 1675년에 처음으로

---

346) Van Klaveren(1969b, 149-150). Deyon(1978a, 208)은 "중상주의적 계획들이 다방면에 걸친 것"이었지만, "종종 단순한 자극이거나, 모든 유효성을 박탈당한 순전히 형식적인 결정이나 권고"였다고 지적한다.
347) Klíma(1965, 119). Kulischer(1931, 13-14)는 18세기 중반 이후 "프랑스와 프로이센, 오스트리아, 라인란트, 그리고 러시아에서 발생한 공업의 급속한 성장이 그 이전 시기에, 즉 콜베르주의 시기에 준비되지 않았다면 이루어졌겠는가?"라고 묻고 있다.

표명된 것이었다.[348]

따라서 오스트리아의 "바다에 대한 욕망(Drang Nach Meer)"에서, 1719년은 전환점이었다. 이제 오스트리아는 (오스텐데를 통해서) 대서양에 이를 수 있게 되었고 아울러 (트리에스테를 통해서) 지중해에 이를 수 있게 되었다. 오스트리아는 감히 베네치아 및 함부르크와도 경쟁할 수 있었다.[349] 오스트리아는 마침내 열강에 속하게 된 것처럼 보였다.[350] 갑자기 오스트리아는 영국, 홀란트, 프랑스, 에스파냐가 모두 오스트리아의 새로운 상업적 요구로 위협을 받았기 때문에 그 나라들과 "한꺼번에 다투게"[351] 되었다. 확실히 프로이센도 이 시기에 크게 강화된 모습을 보였다. 스톡홀름 조약(1719)에서, 프로이센은 마지막 남아 있던 스웨덴의 독일 내 영토들을 획득했다. 이제 프로이센은 스웨덴보다 군사적으로 더 강력했고 프리드리히 대왕의 치세 무렵에는 스웨덴이 카를 12세가 죽을 때까지 가지고 있던 "유럽에서 군사적으로 용맹하다는 평판"을 물려받게 되었다.[352] 그렇다고 하더라도 1713년 당시 프로이센은 여전히 "대체로 농업국가"[353]였고, 프로이센이 가진 자원은 "말할 거리도 안 될 정도로 적었다."[354] 그런데도 18세기 중반 무렵에는 오스트리아가 2류의 세계열강이 되는 데에 그치고 그후 1918년까지 그 상태로 있게 되

---

348) Hassinger(1942, 36-37) 참조.
349) Kaltenstadler(1969, 489-498) 참조. 또한 Kaltenstadler(1972)도 참조. 나아가 이렇게 해양에 접근할 수 있게 되었기 때문에, 이 시기 보헤미아와 모라비아 그리고 슐레지엔에서 모직업이 급속히 성장할 수 있었다. Freudenberger(1960b, 389-393) 참조.
350) J. W. Stoye(1970a, 598 참조)는 1700-40년 시기 오스트리아에 대한 O. 레디히의 책 제목을 인용하면서 그 제목에 동의하고 있다. 그 제목은 "한 열강의 발전(The Development of a Great Power)"이다.
351) Macartney(1966, 397).
352) Samuelsson(1968, 69).
353) Bruford(1966, 293). "프로이센은 실제로 유럽에서 독자적인 열강 축에 들어가기에 앞서서 프로이센 주들의 지리적 배치와 낮은 경제발전 그리고 노동력 부족에서 비롯된 심각한 난제들을 극복해야 했다."
354) A. J. P. Taylor(1946, 27). 그는 자원의 부족 외에도 다음의 것들을 열거한다 : "공업지역은 전혀 없고, 중요한 도시도 전혀 없으며, 바다로의 배출구 또한 전혀 없고, 토지는 메마르고 척박하며, 귀족은 가난하고 무지하며, 문화생활이라고는 눈을 씻고도 찾아볼 수 없다."

는 데 반해서, 프로이센은 진정한 세계열강이 되고 있는 중이었다. 이것을 가능하게 만든 프로이센의 특별한 내부구조는 이미 앞에서 살펴보았다.³⁵⁵⁾ 그러나 프로이센과 오스트리아의 경쟁이 프로이센에 유리한 쪽으로 기울어진 것은 다음 장에서 논하게 될 영국과 프랑스의 경쟁과정을 고려하지 않고서는 설명될 수 없다.

배러클러프는 이 시기에 두 경쟁국들이 얻은 "득과 실이 서로 비슷했다"고 생각한다.³⁵⁶⁾ 이것은 전혀 적절한 표현이 아니다. 프로이센은 오스트리아와 다투어 그 대가로 슐레지엔을 얻었다. 슐레지엔은 정치적, 경제적으로 그리고 전략적으로 아주 중요한 곳이었다. 슐레지엔은 10세기 이래 다툼의 대상이 되었고, 17세기와 18세기에는 브란덴부르크의 외교가 거의 전적으로 몰두한 곳이었다.³⁵⁷⁾ 슐레지엔은 "동유럽의 진정한 공업지대였고······[오스트리아] 세습영지 가운데 있는 [유일한] '보석'이었다."³⁵⁸⁾ 확실히 슐레지엔산 아마포

---

355) 이 시기 국가구조와 관련하여 프로이센이 오스트리아에 비해서 우월했다는 것을 베렌스와 로젠버그가 명확하게 기술하고 있다. Behrens(1977, 551)는 다음과 같이 말한다 : "1740년 마리아 테레지아가 왕위에 오를 때 합스부르크가의 영토 내에는 국민은 고사하고 중앙행정과 관련된 것이 아무것도 없었다. 중앙행정은 1748년 이후에야, 게다가 오스트리아와 보헤미아의 소위 독일계 세습토지에서만 존재하기 시작했다." 프로이센의 행정통일은 단지 프리드리히 빌헬름 1세 때, 즉 30년 더 일찍이 이루어졌을 뿐이다. Behrens(1977, 557 참조). 그러나 "구체제하의 기본적인 발전방향에서 호엔촐레른 프로이센은 유럽의 다른 절대주의 국가들과 보조를 맞추어나갔다. 아마도 프로이센의 가장 두드러지는 특징은······많은 정치적 혁신들과 행정개혁 및 재정조치들이 지나치게 열성적인 지도자들에 의해서 극단에 이르기까지 수행되었다는 사실일 것이다." Rosenberg(1958, 23).
356) Barraclough(1962, 386).
357) Leszcyński(1970, 104).
358) Tremel(1961, 177). "슐레지엔산 아마포는 네덜란드 및 영국과 폴란드, 러시아에 수출되었다. 네덜란드 상인들은 에스파냐와 포르투갈, 레반트 지역에 팔기 위해서 그것이 필요했다. 슐레지엔산 베일[아마포나 아마포 같은 목면으로 만들어진 가볍고 얇은 여성용 두건]은 아프리카, 쿠라사오 섬, 인도네시아에 수출되었다. 슐레지엔산 모직물은 모직물 시장에서 지배적인 역할을 했다." 슐레지엔이 "보석"이었던 또다른 이유는 그 수도인 브레슬라우가 동유럽과의 육상운송에서 핵심적 역할을 했기 때문이었는데, 거기에서 브레슬라우는 독점적 지위를 가지게 되었다. Wolański(1971, 126). 또한 Hroch(1971, 22)도 참조.

는 영국과 네덜란드 및 함부르크의 상인들이 시장에 내다팔았고, 슐레지엔은 "식민지 침투의 고전적 유형"³⁵⁹⁾을 반영했다고 말할 수 있을 것이다. 그러나 그 생산은 국지적이었다. 슐레지엔에서의 생산은 특히 30년전쟁 이후 농촌 촌락 수준에서 선대제 형태로 발달하여, 촌락에서 생산이 이루어진 후에 촌락 상인들이 집중화된 품질관리에 참여한 대상인들에게 상품을 팔았다.³⁶⁰⁾ 영지들 내에 기업가인 지주와 임금을 받고 일하는 농노들로 이루어진 매뉴팩처들이 있는 경우가 많았다.³⁶¹⁾ 공업활동이 이렇게 광범하게 퍼져 있던 것은 합스부르크가의 보헤미아 영지 세 군데 —— 보헤미아, 모라비아, 슐레지엔 —— 중 슐레지엔이 "영주와 농노 간의 법규가 상대적으로 관대한 곳"³⁶²⁾으로 알려져 있던 사실을 설명해주는 것일 수 있다. 따라서 1748년에 프로이센이 슐레지엔을 오스트리아 왕위계승 전쟁의 전리품으로 얻었을 때, 프로이센은 합스부르크가의 영토 중에서 "가장 번성하고 공업화된 지방"을 얻은 셈이었다.³⁶³⁾

이것은 오스트리아에는 "어마어마한 타격"이었다. 그 이유는 슐레지엔이 공업생산력을 갖추었기 때문만이 아니라, 합스부르크 왕국을 외부세계와 연결시켜주는 "주된 상업적 중개지"였기 때문이다.³⁶⁴⁾ 1742년까지 보헤미아와 모라비아의 방적공 및 방직공들이 자신의 상품을 슐레지엔 상인들에게 팔아왔기에 슐레지엔의 상실은 이들 지역에까지 영향을 미쳤다. 상업거래가 평화조약이 허용한 것처럼 계속되려면, 이런 관례가 "프로이센의 변덕에 경제적으로 종속되어야" 했다.³⁶⁵⁾ 오스트리아는 방침을 바꿀 수밖에 없었다. 따라서

---

359) Kisch(1959, 544). 18세기에 네덜란드인들을 대신하여 함부르크의 역할이 점점 더 중요해진 것은 Liebel(1965b, 210-216)에서 논하고 있다.
360) Klíma(1959, 37-38) 참조.
361) Aubin(1942, 169)과 Klíma(1957, 92) 참조.
362) Wright(1966, 20). 이렇게 관대했는데도 17세기 말과 18세기에 농민반란이 몇 차례 일어났다. 그것은 군대에 의해서 진압되었다. Kisch(1959, 549) 참조. 그리고 Michalkjewicz(1958)와 Tapié(1971, 121)도 참조.
363) P. Anderson(1974a, 317). 프로이센에게 슐레지엔 획득이 가진 중요성에 대해서는 Von Braun(1959, 614-616)도 참조.
364) Freudenberger(1960b, 384).
365) Freudenberger(1960a, 351).

프로이센에게 슐레지엔의 획득은 실질적으로 19세기의 산업화에 도움이 된 주된 사건이었다.[366] 19세기에 프로이센이 이룬 산업화는 프로이센 군과 국가의 창설 외에도 영국인들(그리고 네덜란드인들)이 스웨덴을 저지하고 뒤에는 오스트리아를 꺾을 필요가 있었다는 것 때문에 가능했다. 그리고 프로이센 군과 국가의 창설은 다른 주변부 국가에 비하여 프로이센의 토지귀족이 특별히 약했기 때문에 가능했다. 아주 하찮은 주변부 지역이었던 브란덴부르크가 1750년까지 세계경제에서 그 역할을 변화시킬 가장 큰 잠재력을 가진 유럽의 반주변부 세력이 될 수 있었던 것은 바로 이러한 한 세기에 걸친 연속적인 콩종크튀르들 때문이었다.

이 시기에 나타난, 다른 것들과는 다소 다른 마지막 반주변부 지역은 뉴잉글랜드와 영국령 북아메리카의 대서양 중부 식민지들로 이루어진 곳이었다. 이들 지역의 식민화는 1620년에야 시작되었고, 아마도 네덜란드 세계시장망의 전략적, 상업적 전진기지인 뉴암스테르담을 제외하면 이들 지역은 1660년 이전에는 자본주의 세계경제에 전혀 속하지 않았다.[367] 실제로 뉴저지, 펜실베이니아, 델라웨어는 왕정복고 시기에야 영국인들이 식민화했다.[368] 북아메리카 대륙에서의 전환점은 1660년인데, 왜냐하면 그 해가 영국의 전환점이기 때문이다. 그것은 "식민지의 이해가 국가의 이익에 [종속되어야 한다]"는 중상주의적 주장의 제도화를 의미했다.[369] 1660년대 영국의 여러 항해조례들은 서

---

366) Kula(1965, 221) 참조.
367) 1660년 당시 뉴잉글랜드에 대한 Craven(1968, 18)의 다음 설명 참조 : "경제는……근본적으로 농업에 의존했다.……뉴잉글랜드의 전형적인 마을은 농촌 촌락이었다.……그러나 바야흐로 3,000명 정도 되는 사람들로 이루어진 소도시였을 보스턴 외부의 자급자족적 농업은 때때로 목사도 들에서 일할 정도로 다른 모든 활동에 대해서 기본적이었다." Craven(1968, 18).
368) "왕정복고기의 식민지들"에 대해서는 Craven(1968, 68-103) 참조. 여기에는 남북 캐롤라이나와 1664년에 네덜란드로부터 획득한 뉴욕도 포함된다.
369) Bailyn(1955, 112-113). 제도화라는 말이 핵심적인 것이다. 크롬웰도 역시 중상주의적이었다. 그러나 "영국 식민지 이주민들은 영국 내전을 일정한 자율성을 주장할 수 있는 기회로 이용하고자 했고, 크롬웰의 '공화국'은 스튜어트 왕조에 대한 충성과 관련되지 않는 한 많은 요구들에 관대했다.……[식민지에 대한 영국 통치의] 완성기는……크롬웰 공화주의자들의 시기라기보다는 복고된 스튜어트 왕조의 시대였다." Rich(1961, 330-331).

인도 제도와 체서피크 협곡의 생산자들에게 두드러진 영향을 미쳤다. 그것은 가장 중요한 식민지 산물들인 설탕, 담배, 염료목재 등이 "조례에 열거되었고", 따라서 영국 배로만 운송되고 영국 상인들에게만 매매되었기 때문이다. 그러나 이런 조례들은 원래 거의 강요되지 않았는데다가 북부 식민지가 조례에 열거된 품목들을 많이 생산하지 않았기 때문에 이 북부 식민지에 대해서는 부정적인 영향을 조금도 미치지 않았다.[370] 실제로 그 영향은 긍정적이었다고도 말할 수 있는데, "영국 선박이 식민지의 수요를 모두 충족시킬 수 있기 전에" 네덜란드인들이 북아메리카에서 쫓겨났기 때문에 항해조례들이 이 식민지의 선박 건조에 자극을 주었다는 점에서 그러했다.[371]

17세기에 이 식민지는 영국에 팔 만한 것을 거의 생산하지 않았고 영국 상품의 시장이 되기에도 너무 작았다. 그러나 해운업에서 영국과 경쟁했고 따라서 영국에게 오히려 부담이 되는 것 같았다. 영국이 북부 식민지를 붙들고 있었던 것은 프랑스가 그것을 얻을까 두려웠기 때문이다. 그것은 어떤 면에서 예방적 보유였다.[372] 스튜어트 왕조는 특허장들을 취소하고 1684년 뉴잉글랜드 직할식민지를 만들어서 이 골칫거리 식민지에 대한 가장 효과적인 통제정책을 취하기로 했다. 스튜어트 왕조의 정책에 대한 뉴잉글랜드의 저항이 명예혁명으로 정점에 달한 영국 내의 반란과 동시에 발생하지 않았더라면, 이런 지역은 효과적으로 주변부화되었을 것이다. 그러나 명예혁명은 "식민지 주민들에 대한 위협을 종식시켰거나 최소한 지연시켰다."[373] 따라서 엘리너 로드가 "이런 식민지에 대한 부주의한 태만"이라고 불렀던 것, 그러나 영국의 거

---

370) Craven(1968, 39)은 북부 식민지들이 "어떤 불리한 결과도" 겪지 않았다고 한다. Nettels(1933, 326)는 1685-1720년 시기에 뉴잉글랜드와 뉴욕이 "잉글랜드에 대한 수출을 거의 할 수 없었다"고 한다. Bailyn(1955, 151)은 뉴잉글랜드 상인들에 대해서는 출항지와 입항지에서 이중과세를 하고 영국 상인들에게는 단일과세를 요구한 1673년의 규정이 "엄청난 차별"로서 저항을 받았다고 지적한다. Kammen(1970, 37)은 뉴잉글랜드인들이 자신들은 "런던의 여타 경쟁 집단들과는 다른 특별한 이해관계"를 가졌다고 의식하게 된 것이 1670년대 말 무렵부터였다고 한다.
371) Nettels(1952, 109 ; 또한 1931b, 9-10도 참조).
372) Beer(1912, I, 51-53)의 논의 참조.
373) Barrow(1967, 34-35). 또한 Bailyn(1953, 386)과 Craven(1968, 246)도 참조.

대한 중상주의적 구상의 실행을 가로막는 내부적 어려움이라고 부르는 것이 더 나아 보이는 바로 그것 덕분에 뉴잉글랜드와 대서양 중부지역의 상인들은 1700년 무렵 조선업자로서만이 아니라 상업 중개인으로서도 "거대한 발전을 하고" 있었던 것이다.[374]

이러한 상인들은 소위 삼각 무역에 포함되었는데, 사실 삼각 무역에는 여러 다른 형태들이 있었다. 아프리카 및 서인도 제도와 연결된 삼각 무역에서는 서인도 제도의 당밀이 북부 식민지로 넘어갔고, 북부 식민지의 럼주와 값싼 장신구들이 아프리카로 갔으며, 아프리카의 노예들은 서인도 제도로 넘어갔다. 영국 및 서인도 제도와 연결된 삼각 무역에서는 식량과 목재가 북부 식민지에서 서인도 제도로 넘어갔고, 서인도 제도산 설탕과 담배는 영국으로 갔으며, 북부 식민지로는 영국산 제조업 제품들이 넘어왔다(또는 북부 식민지에서 건조한 배가 영국에서 팔렸다). 남유럽 및 영국과 연결된 세번째의 소규모 삼각 무역에서는, 북부 식민지산 밀[375]과 어류 그리고 목재가 남유럽으로 넘어갔다. 그리고 남유럽의 포도주와 소금 그리고 과일 등이 영국으로 갔으며, 역시 영국산 제조업 제품들이 북부 식민지로 넘어갔다. 이러한 잘 알려진 삼각 무역들과 관련하여 두 가지가 강조되어야 한다. 우선 그것들은 주로 분석적인 구성물이다. 그것들은 선박이 어떻게 이동했는가보다는 상품의 흐름이 어떠했는가를 훨씬 더 잘 표현하고 있다. 북부 식민지의 선박들은 서인도 제도까지의 왕복 운행에 집중했고, 대서양을 가로질러 잉글랜드로 항해하는 경우가 약간 있었으며 아프리카로 항해하는 경우는 거의 없었다.[376]

---

374) Lord(1898, 105).
375) Slicher van Bath(1963a, 220)는 17세기 후반과 18세기 전반에는 "[유럽의] 대지주들만이 펜실베이니아산 곡물과 경쟁할 정도로 낮은 비용으로 곡물을 생산할 수 있었다"고 주장하기까지 한다.
376) Walton(1968b, 365-371). 그 이유는 경제적인 것이었다. 상인과 그의 대리인들이 서로 잘 알고 있다는 것은 위험부담을 상당히 줄였고, 그것이 노선 전문화로 이어졌다. 삼각 무역 항로를 다니는 선박의 선원들은 정박 중일 때 임금을 지급받았지만, 왕복선의 선원들은 그렇지 않았다(1968b, 386-389). Ostrander(1973, 642 참조)는 더 나아가 삼각 무역이라는 그러한 구성물이 배가 실제로 항해하지 않았기에 유효한 것인지 의심스럽게 여긴다. 그는 그 개념이 19세기의 이데올로기적 필요에 의해서 만들어진 것으로 생각한다.

둘째로, 영국인들은 북부 식민지로 하여금 영국과의 직접무역으로 인한 수지적자를 유지하도록 강요했는데, 그것은 북부 식민지가 영국산 제조업 제품을 얻고 싶으면 현금을 확보해야 한다는 것을 의미했다. 삼각 무역이 필요한 금은을 확보해주지 않는 만큼, 북부 식민지는 자신의 제조업을 확장하든지 (그리하여 영국에서의 수입을 줄이든지) 아니면 다른 기본 산물을 구하든지 해야 했다.[377] 18세기 전반에 영국과 북부 식민지 간의 정치투쟁은 이들 두 대안 중 어떤 것을 추구할 것인지를 둘러싸고 일어났다. 17세기에는 북부 식민지가 조선업자이자 해운업자, 그리고 서인도 제도와 유럽에 대한 식량공급 업자로서 영국 생산자들과 경쟁하게 되었다. 중상주의적 주장에 따르면, 북부 식민지는 "자산[이라기보다는]......경쟁자"였고, 따라서 "대영제국의 소유지들 중 가장 낮은 가치를 지닌 것"이었다.[378] 1689년 이후 영국인들은 상황을 바꾸기 위해서 의식적으로 노력했다.[379] 그리고 북부 식민지는 새로운 기본 산물(해운 및 조선자재)을 장려하고 막 생겨난 공업생산을 억제하여 영국 제조업 제품에 대한 시장으로서의 기능을 확장하려고 했다.[380] 특정 지역에서

---

377) Lord(1898, 124-125).
378) Barrow(1967, 8). Nettels(1933, 344-347 참조)는 그러한 분석이 북부 식민지들에서 영국으로 가는 "눈에 보이지 않는 이익"을 무시한다고 생각한다. 그것은 현금과 금은의 흐름, 해적행위의 수익, 왕실 공납품의 "구입", 심지어 영국인 구입자들을 위한 선박 건조 등이다. 그러나 보이지 않은 이익은 바로 그렇게 잘 보이지 않았고 그러므로 사실상 북부 식민지들에 관한 영국인들의 의식을 바꿀 수 없었을 것이다.
379) 영국에 대해서 북부 식민지들이 가진 가치를 증가시키려는 노력이 아무리 의식적이었다고 할지라도, 확장된 카리브 해의 식민지들에 대한 태도와 비교해보아서 이 경우의 영국인들의 태도가 무시에 가까웠다는 것은 의심할 여지가 없다. A. G. Frank(1979b, 60)는 "토지와 기후가 상대적으로 열악한 데다가 아울러......광산이 없다는 사실로 인해서 야기된" 그러한 무시가 이들 식민지들에게는 행운이었다고 생각한다. 왜냐하면 그런 무시 덕분에 그 식민지들은 열대 및 아열대 식민지들과 다르게 발전할 수 있었기 때문이다. Barrow(1967, 116, 134)는 또다른 각도에서 "'유익한 무시' 정책"을 논한다. 그는 적어도 18세기에 "[영국령 북아메리카의] 식민지 이주민들을 만족스러운 상태로 두기 위해서는 강제가 아니라 유화정책이 필요했다"고 지적한다. "결국 월폴과 그의 계승자들에게 주된 지침은 긁어 부스럼을 만들지 말자는 것이었다. 따라서 '자는 사람을 깨우지 말라(Quieta non movere)'가 식민지 행정에서 월폴의 정치적 좌우명이었다."
380) Nettels(1931a, 233) 참조. 시기 문제에 대해서 그는 1745년 이후에야 북부 식민지가 시

시장이 어떻게 "만들어지는가?" 거기에 있는 사람들을 세계경제를 위한 생산으로 포섭함으로써 만들어진다. 그리고 아주 만족할 만큼 높은 소득수준을 가진 사람들이 충분치 않다면, "이주"가 권장된다. 영국인들은 바로 이런 방침을 취했다. 그리고 이것이 바로 영국인들을 프랑스인과 네덜란드인, 그리고 심지어 아메리카의 에스파냐인과 포르투갈인들과도 뚜렷하게 구분짓는 것이다.[381]

실제로 1713-39년 시기에 특히 중요한 이주의 흐름이 있었는데, 이는 무엇보다 대서양 중부지역의 여러 주들을 향해서 이루어졌다. 영국인들이 수적으로 의미를 지닐 만큼 이주하려고 하지 않았기 때문에, 그 당시에 영국은 영국령 북아메리카를 스코틀랜드인, 북아일랜드인 그리고 소위 (실제로는 독일

장으로서의 가치를 가지게 되었다는 G. L. 비어의 시각을 언급한다. 네틀스는 이런 시각이 잘못되었으며, 북부 식민지가 17세기 말 당시에도 그만한 가치가 있었다고 주장한다(1931a, 230-231 참조). Kammen(1970, 46)은 "[북부 식민지를 포함하는] 모든 식민지의 자원을 [영국인들이] 자급자족적인 제국에 기여하는 중요한 것으로 간주하기" 시작한 기점을 1713년으로 잡는다. Bruchey(1966, 8)는 이러한 일이 "식민지 시대 말기에" 발생했다고 한다. Coleman(1977, 197-198)의 연대 설정은 학자들 중에서 가장 위로 올라간다. 그는 "영국령 북아메리카 식민지의 순수요는 1650년 이후 가장 두드러지게 증가했고 이로써 영국 공업생산물을 위한 배타적 시장이 열리게 되었는데, 바로 이때는 유럽 내 무역이 침체에 빠지고 경쟁이 격화되던 시기였다."

아마도 여기서 우리가 알 수 있는 점은 시장으로서의 북부 식민지의 역할이 (1690년대에 시작하여) (18세기 중반 무렵) 실현되고 있다는 의미일 것이다. 아메리카 대륙 식민지 전체를 대상으로 행해진 Farnie(1962, 214)의 통계는 영국의 상품시장으로서 식민지들이 차지하는 비중이 1701-05년의 10퍼센트에서 1766-70년의 23퍼센트로 상승했고, 영국의 수입원으로서의 비중은 같은 기간에 19퍼센트에서 34퍼센트로 상승했음을 보여준다. 아메리카 대륙 식민지의 시장으로서의 역할은 1726-30년 시기에 처음으로 서인도 제도를 추월했다(그러나 이는 북아메리카와 남아메리카 모두를 포함한 것이다). 파니는 이런 영국 대외무역의 "아메리카화"——그는 이 말을 베르너 슐로테로부터 빌려왔다——가 "최종적인 과잉의존"으로 귀결되었고, 이것이 18세기 후반에 영국 경제가 처했던 어려움들을 설명해준다고 주장한다. 나로서는 이런 주장이 사실상 극단에까지 이른 중상주의적 이데올로기로서 아주 의심스럽게 여겨진다. 앞으로 살펴보겠지만, 문제는 오히려 영국이 북부 식민지의 반주변부 지역화를 막을 수 없었고, 이런 만큼 영국이 미래의 어려움들을 얼마간 스스로 만들었다는 것이다. 그러나 그런 어려움들도 그점에서 연유한 것이지, 다른 이유에서 연유하지 않았다.

381) Nettels(1933, 322) 참조.

인과 스위스인이었던) 네덜란드인들과 같은 비영국인들에게 개방함으로써 이를 이루었다.[382] 영국인들은 이 새로운 이주자들이 새로운 기본 산물, 즉 해운 및 조선자재의 생산에 참여하기를 바랐다. 이것은 영국인들에게 경제적 이득만이 아니라 군사적 이득까지도 보장하는 것이었다. 영국 식민지 무역의 유일한 "심각한 결함"[383]이 오랫동안 해운 및 조선자재였고, 이것을 시정하는 것은 17세기 내내 영국의 정책이 내건 "고정된 목표"[384]였다. 이런 결함은 1689년 9년전쟁의 발발로 보다 첨예해졌다. 영국 해운 및 조선자재의 생산이나 운송이 거의 대부분 중립국이지만 친프랑스적이었던 스웨덴의 수중에 있었고, 이것은 "끊임없는 불안의 원인"[385]이었다. 북부 식민지(그리고 아일랜드)가 그 대안의 수입원이라는 것은 명백했다. 1696년에 영국은 무역 및 식민국(Board of Trade and Plantations)을 창설했고, 그 기관이 가진 첫번째 관심사 중 하나가 영국이 스웨덴에 대한 의존에서 탈피하는 것이었다. 이 기관은 이를 위해서 독점체를 만들려고 했지만, 이러한 접근방식은 상당한 저항을 받았다.[386]

에스파냐 왕위계승 전쟁은 그 문제를 다시 첨예하게 만들었고, 이 상황은 독점체인 스톡홀름 타르 회사의 형성으로 악화되었다. 이 때문에 1705년에 해운 및 조선자재법(Naval Stores Acts)이 제정되어, 북부 식민지들에서의 생산을 유인하기 위해서 보조금을 지급하기로 결정했다.[387] 영국이 스웨덴에

---

382) M.L. Hansen(1945, 48-50) 참조.
383) McLachlan(1940, 4).
384) Åström(1962, 15).
385) Åström(1962, 20). 1699-1700년 당시 북유럽으로부터 영국이 수입하는 품목인 대마, 아마, 피치, 타르, 철, 가성칼리 중 48퍼센트가 주로 스웨덴산이었다. 26.4퍼센트는 러시아산이었고, 24.1퍼센트는 이스틀랜드산이었으며, 겨우 1.5퍼센트가 덴마크와 노르웨이산이었다. 그러나 러시아의 상품은 스웨덴이 장악하고 있던 나르바를 거쳐 운송되었고, 이스틀랜드의 상품도 역시 스웨덴이 장악하고 있던 리가를 거쳐 운송되었다(1962, 99 참조).
386) 저항은 삼중으로 이루어졌다. 북부 식민지의 무역업자들이 반대했고, 가장 질좋고 값싼 해운 및 조선자재를 얻는 것이 주된 관심이었던 해군이 반대했다. 영국의 여론도 독점에 대해서 의심스럽다는 태도를 보였다. Lord(1898, 38-39) 참조.
387) Lord(1898, 56)와 Nettels(1931a, 247) 참조.

대한 의존에서 벗어나려는 것이 해운 및 조선자재법 제정의 유일한 동기가 아니라는 것은 명백하다. 네틀스는 세 가지 이유를 들어서 그 법령 제정의 중심적 목적이자 주된 동기가 북부 식민지에서의 시장 창출이었다고 한다. 그 이유들을 보면, 첫째로 영국이 스웨덴에 의존하는 품목이 실제로는 피치와 타르뿐이었는데, 해운 및 조선자재법은 수지와 테레빈유(油), 대마, 선박용 목재 —— 이것들 모두는 많은 나라에서 얻을 수 있는 것이었다 —— 에 대해서도 마찬가지로 보조금을 제공했다. 둘째로, 해군 관리들은 이러한 스웨덴에 대한 의존에 거의 신경을 쓰지 않는 것 같았는데, 이것은 해운 및 조선자재들이 실제로 부족했는지를 의심스럽게 한다. 해군 관리들은 북부 식민지에서 피치와 타르를 구하는 것을 품질이 나쁘다는 이유로 일관되게 반대했다(그러나 네틀스는 무역국의 관리들이 해군 관리들과 이스틀랜드의 상인들이 공모했다고 비난한 것을 상기시킨다). 셋째로, 무역국은 캐롤라이나산 피치와 타르가 질적인 면에서 북부 식민지산 피치와 타르보다 우수했는데도 그것에 대해서는 관심이 없었다(물론 캐롤라이나는 이미 기본 산물들을 생산했다).

더 나아가 네틀스는 해운 및 조선자재 계획의 가장 일관된 지지자들이 바로 북부 식민지와 교역하는 영국 상인들이었다고 주장한다.[388] 어쨌든 북부 식민지 이주민들은 타르와 피치보다는 목재의 생산에 여전히 더 관심이 있었고,[389] 그 목재는 잉글랜드로 건너간 것이 아니라 자생적인 조선업에 공급되었다.[390]

---

388) Nettels(1931a, 255-264) 참조. Rees(1929, 586)는 스웨덴에 대한 의존으로부터 벗어나는 것이 고려대상 중에 하나였다는 증거를 제시한다. 그는 북아메리카에서 단철 및 금속 제품을 생산하는 데 대해서 영국 제철업자들이 오랫동안 반대했음에도 1717년 스웨덴과의 관계가 경색되어 철 가격이 급등하자, "해운 및 조선자재를 필두로 하여 식민지에서 생산이 장려될 상품의 목록에 철봉과 선철을 포함시켜 새로운 공급원을 구하자고 제안되었다"고 전한다. 그러나 그 법은 스웨덴의 카를 12세가 사망하고 그후 영국과 스웨덴의 관계가 개선되면서 제정되지는 않았다.
389) Nettels(1931a, 269 ; 또한 1952, 112도 참조)는 북부 식민지 이주민들이 "가장 요청되는 상품들"을 생산하지 않았다고 한다. 그러나 Åström(1962, 111 ; 1973, 101)은 스웨덴산 피치와 타르의 독점상태가 종식된 것을 1728년경으로 보고 북부 식민지에서 피치와 타르의 생산이 증가되었기 때문에 이렇게 되었다고 설명한다.
390) 식민지 주민들이 시종일관 규제법령들을 피할 수 있었던 것에 대해서는 Lord(1898, 101-123) 참조.

사실 조선업의 발전은 영국의 상품시장이 발전하는 데에 적어도 해운 및 조선자재 생산계획이 성공했을 때 이루어졌을 만큼은 기여를 했다. 이것이 항해조례하에서 식민지 주민들이 소유한 선박이 영국인 소유 선박에게 주어진 특권으로부터 "가장 실용적인 목적에서" 결코 배제되지 않았던 근본적인 이유일 것이다.[391] 이 때문에, 임금은 높았지만 목재 가격이 임금요소를 상쇄하고도 남을 정도로 낮았던 북부 식민지에서 선박을 건조하는 것은 경제적으로 의미가 있었다.[392] 이러한 상대적 이점은 1675-1775년 시기에 아메리카 식민지 해운업의 착실한 생산성 증가로 배가되었다.[393] 그 결과, 1775년 무렵 영국인 소유로 영국에 등록된 선박의 거의 3분의 1이 북부 식민지에서 건조되었고, 이것은 "식민지 번영의 중요한 한 원천"이었다.[394]

조선업 외에 식민지의 다른 제조업에 대해서 보면, 사실 영국은 식민지의 다른 제조업들을 억제하려고 했지만, 그런 억제는 일관성이 없었다. 1699년에 영국은 식민지의 경계를 넘어서는 양모의 출하를 금지하는 양모법을 제정했다. 영국은 1732년에는 유사한 제한을 가하는 모자법을 제정했고 1733년에는 럼주의 생산을 제한하기 위해서 당밀법을 제정했다. 1750년에는 철법이 제정되어 더 이상의 공장 설립이 금지되었다.[395] 이들 법령 모두는 대부분 시행되지 않았다.[396] 한 가지 이유를 들면, 영국은 식민지 제조업에 대해서보다는 네덜란드와 독일 및 프랑스와의 경쟁에 훨씬 더 많은 관심을 기울였던 것이다.[397] 게다가 브러시가 주장한 것처럼, 북부 식민지에서 "숙련노동이 부족한 것과 자본기금이 부족한 데다가 아울러 그것이 선별적으로 배당된 것"은 "자연스

---

391) Harper(1939a, 9).
392) K.G. Davies(1974, 193) 참조.
393) 높은 생산성 증가를 가능케 한 여러 요소들에 대한 논의는 Walton(1967 ; 1968a) 참조.
394) Dickerson(1951, 32).
395) Bruchey(1966, 9)와 Ostrander(1956, 77-79) 참조. 당밀법이 가장 많은 저항을 불러일으켰다. "당밀과 럼주는······식민지 경제의 사활이 걸린 요소였다." Harper(1942, 11). 이 법령의 주된 목적은 서인도 제도의 생산자들을 돕기 위한 것이었던 듯하다.
396) Dickerson(1951, 46-47) 참조. 그는 이 법들이 기껏해야 모자 산업에 약간의 영향을 미쳤을 뿐이라고 지적한다. 당밀법에 대해서는 Ostrander(1956, 77) 참조.
397) Harper(1942, 6-8) 참조.

러운" 제약으로 작용했다.[398] 자연적이든 아니든 간에, 이러한 요소는 적어도 1763년 이후 시기까지 북부 식민지에 대한 영국의 강제가 낮게나마 유지되는 데에 기여했다. 북부 식민지의 경험을 어떻게 요약할 수 있을까? 북부 식민지는 세 가지 면에서 운이 좋았다. 빈약한 자연자원을 가졌고 성장하고 있는 세계 공업 및 상업 열강의 식민지였지만 본국과 지리적으로 충분히 먼 거리에 있어서 자신의 주된 자원인 목재를 조선업에 이용하여 경제적으로 높은 이윤을 얻을 수 있었다. 조선업은 출발점이자 결정적인 산업이었다. 그리하여 18세기 후반의 변화된 상황 속에서 미국 혁명이 일어날 수 있었고, 19세기에는 주된 산업세력으로 성장할 수 있는 조건이 창출되었다.

1600-1750년의 시기는 우선 네덜란드의 헤게모니를 파괴하고 다음으로 그 최고의 자리를 이어받기 위한 영국과 프랑스의 노력으로 특징지어졌다. 이 장기적인 상대적(즉 잘 알려진 장기 16세기의 경제적 확장에 비하여 상대적) 불황기에, 주변부 지역들에서는 직접생산자들에 대한 착취가 크게 심화되었고 토착 착취층의 이익은 줄어들었다(즉 핵심부 국가들의 같은 착취층이 얻은 이익에 비하여 줄어들었다). 반주변부 국가들은 훨씬 더 복잡한 모습을 보였다. 핵심부 국가들은 반주변부 국가들을 주변부와의 중개지로, 즉 잉여가치의 전달장치로 삼으려고 했다. 그것은 대부분 성공했지만, 핵심부간의 대규모 경쟁이 존재하는 상황에서 일부 지역들은 자신의 상대적 지위를 개선할 수 있었다. 이것이 처음에는 스웨덴의 경우였고 뒤에는 브란덴부르크-프로이센의 경우였다. 그리고 이것은 그보다는 작은 규모이지만 역시 영국령 북아메리카의 북부 식민지에도 해당되었다.

---

398) Bruchey(1965, 69) 참조.

6

핵심부에서의 투쟁 ──
국면 II : 1689-1763년

그림 7: "남해 계획." 윌리엄 호가스(1697-1764)가 1721년에 제작한 부식 동판화. 런던 시청사와 런던 대화재 기념비 그리고 세인트 폴 교회가 보인다. 행운의 바퀴는 회전목마인데, 남해회사 경영자들이 투자가들과 한 명의 매춘부 그리고 한 명의 성직자를 태우고서 돌리고 있다. 성직자가 도박을 하는 사이에 악마가 운명의 여신의 몸을 조각내고 있다. 판화 하단에 있는 호가스의 설명에 따르면, 전체 장면은 이기심과 악행이 명예와 정직을 압도한 것을 보여준다. 런던 : 대영박물관(대영박물관 문화재관리실의 허가로 전재).

사회현상을 분석하려면, 시공간상의 경계를 정해야 한다. 우리는 공간적 경계의 개념을 이 책의 중심적인 분석축으로 삼았다. 그러나 시간과 시대구분의 문제는 어떠한가? 시대구분은 많은 역사가들이 해를 거듭하면서 다투고 있는 문제이다. 우리는 이 책에서 다루고 있는 의미 있는 시간단위가 대략 1600년에서 1750년까지임을 밝혔다. 이 시기는 유럽 세계경제가 체제의 총생산 전반에서 장기적인 상대적 불황을 겪었던 시기로 간주된다(불황은 그에 상응하여 전반적인 인구 성장률과 세계체제의 물리적 확장 그리고 상거래 회전율이 상대적으로 안정되고 물가가 전 세계적으로 하락한 것으로 나타났다). 이런 주장을 뒷받침하기 위하여 우리는 이 책 전체를 통해서 우리가 가지고 있는 그것에 대한 증거들을 제시했다.[1] 분석상, 우리는 핵심부의 경쟁들에 대한 논의를 두 국면으로 세분했는데, 그것은 1651-89년 시기와 1689-1763년의 시기이다. 이러한 연대 설정들은 앞에서 언급한 1600-1750년 시기와 완전히 일치하지는 않는다. 불행하게도 실제의 세계는 어디에든 들어맞는 명확히 그어진 구분선으로 이루어지지 않는다. 1651-89년 및 1689-1763년이라는 연대 설정들은 변화하는 세계경제의 상황을 반영하지만, 그러면서도 이러한 변화들의 정치적 결과들을 강조하는 것이다.

이미 살펴보았듯이 첫번째 시기(1651-89)에 영국과 프랑스가 네덜란드의 헤게모니에 도전했는데, 그 결과는 성공적이어서 1672년 무렵에는 이 두 나라가 네덜란드 국가를 이전 같은 대국인지 의심스럽게 여기게 되었다. 나는

---

1) 물론 유럽 세계경제의 연대 설정을 둘러싼 이 논쟁이 끝난 것은 아니다. Pierre Chaunu (1966a, 242)는 한편으로 "1580-1760년의 시기에" 유럽의 인간 및 토지에 관련된 "근본적인 변화가 전혀 없다"고 주장하지만, 그는 또한 이렇게도 말한다 : "우리는 아메리카 대륙과 마찬가지로 마닐라에서, 게다가 네덜란드령 동인도 제도에서 18세기의 장기적 확장 국면이 시작된 시기를 1680년에서 1690년 사이로 잡아야 한다. 그렇다면 그 상승은 유럽 대륙의 오랫동안 지체된 상승보다 거의 40-50년을 앞서는 것이었다."(1960a, 213) Pierre Goubert(1970g, 333)와 Pierre Vilar(1962b, I, 708)는 둘 다 그 상승이 1733년부터 시작된 것으로 보고 있다. 그러나 빌라르는 이렇게도 말한다 : "경제적으로 보아서 소위 18세기의 거대한 약진은 1733년에 시작된 것으로 널리 생각되지만, 1760년 이후에야 상승하여 1817년까지 계속된다."(1962a, 11) 마찬가지로 C. E. Labrousse(1970, 388)도 1726-63년 시기에 완만한 상승이 있었지만, "약진"은 그 이후에야 있었던 것으로 본다.

1689년 무렵에는 심지어 네덜란드인들까지도 그런 의문에 동의하게 되었다고 믿는다. 그러므로 잉글랜드의 왕위를 윌리엄과 메리가 계승한 때가 전환점으로서 적당한 것 같다.[2] 다음으로 뒤이은 1689-1763년의 시기가 영국과 프랑스 사이에 벌어진 연속적인 경쟁의 시간적 경계이기 때문에 선택된다. 1763년은 소위 제2차 백년전쟁 이후 영국이 결정적으로 승리한 시기로 간주할 수 있을 것이다. 비록 프랑스가 1815년까지는 패배를 인정하려고 하지 않았지만 말이다.[3] 1689년 당시에는 영국이 프랑스와의 투쟁에서 승리하리라는 것이 결코 명백하지 않았다. 프랑스의 인구는 잉글랜드보다 네 배나 많았고 군대의 규모도 훨씬 더 컸다. 프랑스는 풍부한 자연자원과 함께 훌륭한 항구와 해군 기지들을 가지고 있었다. 게다가 프랑스의 공업생산은 성장하고 있었지만, "영국에서는 내전 이후 성장률이 둔화되고 있었다."[4] 따라서 찰스 윌슨처럼, "1689년부터 [영국은] 이전의 에스파냐나 네덜란드보다 훨씬 더 가공할

---

2) Christopher Hill(1961a, 262)은 이렇게 주장한다 : "1688년의 혁명은 영국의 정치사 및 헌정사에 못지 않게 경제사에서도 일대 전환점이었다. 제임스 2세가 도피하기 1주일 전에, 왕립 아프리카 회사는 언제나처럼 1672년의 특허장을 위반하는 무허가 영업 상인에 대한 몰수 권한을 부여하는 위임장을 발행하고 있었다. 어떤 결정이 있었다는 기록이 전혀 없는데도 그 회사는 강제조치를 통해서 자신의 독점을 행사할 수 있는 이러한 권한을 포기했다. 뒤에 의회법(Act of Parliament)을 통해서 형식적으로 자유무역이 확립되었다. 그러나 실제 변화는 제임스 2세의 몰락과 함께 일어난 것으로 인식되었다." Heckscher(1935, I, 262-263)도 역시 1688년을 구분점으로, 즉 (자유주의적인) 영국과 (콜베르주의적인) 프랑스의 거대한 분기점으로 삼고 있다. 그러나 나는 이미 그런 해석에 대해서 회의적임을 밝혔다.
3) Sheridan(1969, 13) 참조. 또한 Seeley(1971, 64)도 참조. Braudel(1977, 102)은 프랑스에 대한 영국의 승리를 "1713년의 위트레흐트 조약까지 올려" 잡는다. 그러나 그는 영국이 "1815년에야 완전히 승리했을" 뿐이라고 한다.
4) Nef(1968, 149). 또한 Goubert(1970b, 21)도 참조. 그는 "인구적 우월성인 수의 우세가 앙시앵 레짐의 특징적인 면모"라고 한다. 다른 한편 Fred Cottrell(1955, 69-70)은 영국이 "에너지"에서 이점을 가졌다고 주장한다 : "범선으로 인해서 가능해진 혁명이 완전히 이루어진 곳은 바로 영국이었다. 섬나라인 영국은 대륙 열강들에 비해서 일정한 이점들을 가지고 있었다. 영국은 육군 대신에 그 자체 [에너지의] 잉여생산인 범선을 사용하여 주로 방어를 했다. 외침을 방어하는 데에 필요한 잉여는 영국의 이웃들이 필요로 한 것보다 더 작았다. 그리하여 국가의 존립을 위태롭게 하지 않고도 에너지를 다른 분야들에 이용할 수 있었다. 반면에 대륙의 육군은 자기 나라가 지닌 잉여를 끊임없이 고갈시켰다."

만한 적대세력[프랑스]과 마주쳤다"⁵⁾고 주장하는 것이 터무니없는 것은 아니다. 그 경쟁은 유럽의 토지와 동맹국과 시장이라는 수익을 둘러싼 그리고 주변부와 외부지역(아메리카 대륙, 서아프리카, 인도)의 공급품(노예, 설탕과 같은 열대 및 아열대산 산물들, 모피와 해운 및 조선자재 등)을 둘러싼 거의 끝없는 전쟁의 소용돌이로 보였다.⁶⁾

1689년에 오란예가의 빌렘은 잉글랜드 및 스코틀랜드와 아일랜드의 왕 윌리엄 3세가 되었다.⁷⁾ 그리하여 1688년 11월에 시작된 네덜란드-프랑스 전쟁은 영국-프랑스 전쟁으로 바뀌었다.⁸⁾ 영국에게 이것은 "크롬웰 시대에 맞먹는 규모의 대외정책"⁹⁾을 재개하는 것을 의미했다. 이것은 명예혁명으로 정치적 화해가 이루어지고, 나아가 그 화해가 월폴과 휘그 당 집권기 동안에 확고해지면서 비로소 가능했다. 프랑스에 대한 투쟁에서 영국군은 과거에 할당받았던 것보다 더 많은 자금이 필요했다. 영국군은 그러기 위해서 의회의 동의를 얻어야 했고, 결국 그것은 공공대부를 보장받는 형태로 이루어졌다. 이 모든 것에 반드시 필요했던 왕과 의회 사이의 협력이 1869년의 화해로 왕과 의회의 대립관계가 해소됨으로써 이루어질 수 있었다. 1689년에 영국이 당면한 고민거리는 군사적 노력의 중심을 육지에 둘 것인가 아니면 바다에 둘 것인가 하는 것이었는데, 이런 고민은 18세기 내내 영국을 골치 아프게 했다. 이것은 두 사상학파들, 즉 해상학파와 대륙(즉 육군)학파 간의 논쟁으로 나타났

---

5) Wilson(1965, 282).
6) Andrews(1915, 546) 참조.
7) 때때로 이 시기를 1688년으로 설정하기도 한다. 이런 차이는 영국이 1752년까지 여전히 율리우스 력을 사용했기 때문에 발생했다. 따라서 영국에서는 1689년 새해가 3월 25일에 시작되었다. 윌리엄은 1월 7일에 "집행관(Administrator)"이 되었고, 2월 23일에는 메리와 함께 왕좌에 오르고 권리장전을 인정했다. 그리하여 명예혁명이 일어난 해는 1688년이기도 하고 1689년이기도 했다. Murray(1961, 162)와 de Beer(1970, 206-208) 참조.
8) 이론상으로 이 전쟁은 일방적인 것이었다. 비록 윌리엄이 잉글랜드 및 스코틀랜드와 아일랜드의 왕으로서 1689년 5월 17일에 프랑스에 대한 전쟁을 선포했지만, 프랑스는 영국에 대해서 결코 전쟁을 선포하지 않았다. 그리고 루이 14세는 1697년 레이스베이크 조약 때까지 계속해서 제임스 2세가 합법적인 영국의 왕이라고 생각했다. Clark(1970, 226, 주 2) 참조.
9) C. Hill(1961a, 257).

다. 전략문제를 검토하면서 그들은 육군을 대륙에 파견하여 전쟁을 치르는 것이 (동맹국을 지원할 수 있기 때문에) 영국의 입장을 강화시킬 것인지, 아니면 (육군은 기본적으로 너무 약해서 프랑스 육군을 이길 수 없지만 해군은 프랑스 해군에 맞서고도 남을 정도이기 때문에) 영국의 입장을 약화시킬 것인지를 두고 논쟁했다.

전략을 둘러싼 논쟁의 이면에 경제를 둘러싼 논쟁이 자리잡고 있었다. 해상학파는 전쟁을 주로 새로운 시장을 얻고 경쟁자들을 제거하기 위한 투쟁으로 보았기에, 전쟁이 해상과 주변부에서 수행되어야 한다고 했다. 해상학파는 육지전이 지나치게 높은 조세부담을 가져오게 되고 따라서 간접적으로 상업에 타격을 줄 것이라고 보았다. 대륙학파는 영국이 유럽에서의 육지전에 전념하지 않는다면 프랑스가 다른 유럽 국가들(그리고 그 식민지들)을 자신의 세력범위 내에 두게 될 것이고 그리하여 영국을 대륙의 관세체계로부터 배제하게 될 것이라고 주장했다.[10] 경제를 둘러싼 논쟁은 사회정치적인 논쟁에 반영되었다. 휘그 당은 명예혁명을 이룬 사람들을 계승했고, 그 주된 주장 중의 하나가 "상비군 반대"였다. 그렇지만 1694년 무렵에는 휘그 당은 더 이상 그런 구호를 내세우지 않게 되었고 사실상 육군의 인상적인 증강(그 수는 1689년의 1만 명에서 1711년까지 적어도 7만 명으로 증가했다)에 주된 역할을 했다.[11] 플럼이 말한 것처럼, "이것은 참으로 이상한 휘그주의이다!……[1694년]부터 휘그 당은 헌정적 원칙에서 철저히 보수적으로 변해갔다.……그들은 정부기구를 장악하여 이를 운영하기를 원했다.……그들은 왕이 완벽하게 후원해준다면 자신들이 국가와 그들 자신에게 다 이익이 되도록 정부업무를 수행할 수 있다고 생각했다."[12]

휘그 의회는 겉으로는 승인하지 않던 것을 어쨌든 묵인하게 되었던 것이다. 영국과 프랑스 간의 전쟁들 동안에 육군과 해군은 간단한 장치를 이용해

---

10) Fayle(1923, 285)에 있는 논의 참조. 그는 따라서 대륙학파가 1762년 슈아죌 공작의 대에스파냐 제안뿐만 아니라 나폴레옹의 대륙봉쇄까지도 예견했다고 지적한다.
11) Plumb(1967, 120, 134) 참조.
12) Plumb(1967, 135).

서 의회가 가하는 제약들을 피하기 시작했다. 육군은 봉급 지불을 보류하고 그 자금을 전용하면서 나중에 의회에 결손액으로 제시했고, 의회는 이를 메꾸어야 한다고 생각했다. 해군은 더 많은 빚을 얻어서 상품과 용역, 식량을 구입하고 역시 그 액수를 의회에 기정사실로 제시했다. 로즈비어는 이런 제도에 대해서 다소 부정직하게 이렇게 말했다. "의회가 이러한 관행을 용인해야 했다는 것은 놀랄 만한 일로 보인다. 그러나 의회는 그렇게 했다."[13] 이러한 제도가 일찌감치 수월하게 수용된 것은 사회구조가 변했기 때문이다. 1689년 이후 휘그 당은 대지주와 성장하고 있던 관료계급 그리고 상인계급의 제휴세력으로서, 주로 과세 및 상비군, "타락한" 정부에 적대적이었던 소(小)젠트리의 "지방당"과 대립했다. 육군의 증강과정에서 장교 임명장들이 매매되었고, 그것을 살 만한 자금을 가진 사람들은 대개 휘그 당에 속한 가문의, 상속권이 없는 차남 이하의 자식들이었다. 따라서 "의회를 지배했던 가문들과 똑같은 가문들"이 육군도 "관리하고 통솔했다."[14]

그러나 영국이 대규모 육군을 창설했다는 것은 핵심적인 문제가 아니다. 핵심적인 문제는 영국에게는 "국민적 시련"[15]이었던 9년전쟁 동안에 육군과 해군 모두에게 질적인 변화가 일어났다는 점이다.[16] 물론 육군보다는 해군의 변화가 훨씬 더 컸다. 그 이유는 이제 유럽의 정치가들이 세력균형이 가능한

---

13) Roseveare(1969, 93). 또한 조지 왕조 시기의 영국(하노버 왕조의 조지 1세에서 조지 4세까지가 연이어 통치한 1714-1830년의 시기/옮긴이)의 "근위대와 수비대"가 매년 새로 충원되었다고 하는 Barnett(1974, 166)의 다음 글도 참조 : "일시적인 것으로 보이기도 하는 그런 병력 기반은 평화시에도 주의깊게 다루어졌고, 매년 완고한 의원들은 반란진압 예산을 이용해서 그들이 두려워하면서 '상비군'이라고 부른 것의 감축이나 파괴를 요구하곤 했다. 연속적으로 발간되는 육군장교 명부가 최초로 간행되었을 때인 1755년이 되어서야 육군은 공식적인 인정을 받았다."
14) Finer(1975, 123-124). 또한 Barnett(1974, 148)도 참조 : "토리 당은 '해상파'이고 휘그 당은 '대륙파'였다."
15) 이것은 J. R. Jones(1966, 85)에서 빌려온 말이다.
16) Graham(1948, 95)은 이렇게 말한다 : "18세기까지 영국 해군은 유럽 무대의 외부에서는 좀처럼 활동하지 않았다.……대체로 질병과 폭풍이 가장 큰 적이었다.……그러나 17세기말 무렵 조선술과 항해술만이 아니라 건강을 유지하는 방법도 개선되었고, 그리하여 장기간 동안 보다 먼 거리의 항해가 가능하게 되었다."

육지와 달리 "바다는 하나"라고 생각했기 때문이다.[17] 다음에서 보게 될 것처럼 바다는 영국의 것이 되었다. 그렇지만 1689년에는 프랑스 해군도 영국이나 네덜란드의 해군만큼 강력했고, 그보다 빠른 속도로 성장하고 있었다. 20년 전에 콜베르는 해군을 "사실상 무에서" 창조했다.[18] 그는 대서양과 지중해에 해군기지들을 잇따라 건설했고(대서양의 경우 브레스트의 해군기지가, 지중해의 경우 툴롱의 해군기지가 주된 것이었다), 해군을 두 함대로 나누어 각각 두 지역을 전담하게 했다.[19] 게다가 이 시기의 프랑스 해군은 영국이나 네덜란드의 해군보다 기술적으로 앞서 있었다. 함선은 더 크고 무거운 포를 장착했지만, 더 가볍고 빠르며 기동력이 있었다. 프랑스는 진보된 새로운 선박을 발전시켰는데, 연안 도시와 요새들을 포격하는 데에 적당한 소규모 범선인 포선이 바로 그것이다(그것은 이미 1682년 루이 14세가 알제리를 공격할 때 제 기능을 유감없이 발휘했다).

비록 영국 해군이 스튜어트 왕조하에서 중요시되지 않았고 네덜란드 해군은 쇠퇴하고 있었지만,[20] 1694년 결정적인 바르플뢰르 전투에서는 프랑스 함대가 수적으로 열세였고(프랑스 함대 44척 대 영국-네덜란드 함대 99척), 화력상으로도 열세였으며(포 3,240문 대 6,756문)[21] 작전에서도 졌다.[22] 매헌 제

17) "보다 더 강력한 함대가 해상교통에 대한 통제를 확보했을 때, 그것은 배타적 독점을 얻은 것과 마찬가지였다." Graham(1958, viii).
18) Symcox(1974, 1).
19) Symcox(1974, 43, 49) 참조.
20) Symcox(1974, 37-40) 참조. 그러나 Carter(1975a, 24-25)는 이렇게 주장한다 : "[오란예가의] 빌렘은 1686년에 자신과 국내 반대자들 사이에 분위기가 호전된 결과 또다른 커다란 이점을 얻었다. 이것이 네덜란드 해군을 재건하는 수단이 되었는데, 그것은 몇 가지 네덜란드 관세들을 만들어서 적지 않은 액수의 수입금을 해군의 재건을 위하여 대공에게 지불한다는 결정을 통해서 이루어졌다. 그리하여 1688년 무렵, 네덜란드 공화국의 해군력은 상대적으로 강력했다."
21) Ehrman(1953, 395) 참조.
22) Symcox(1974, 50, 60-61, 64, 67)는 이 전투와 그 이전의 전투들에서 주된 해군 전술이 "전열함들" 사이에 "적을 몰아넣어 포격하는" 것이었지만, 그 "함포가 지독하게 부정확했다"고 지적한다. 그래서 그는 해전이 "서투르고 협조가 잘 이루어지지 않는 일"이었다고 한다. 그런 상황에서 승리는 "유리한 위치를 선점하는 것과 바람의 방향"에 좌우되었다.

독의 신랄한 표현을 빌리면, 프랑스 해군은 "불에 타는 나뭇잎처럼 오그라들었다."[23] 그 전투는 이 전쟁만이 아니라 다가올 다음 세기의 전쟁들에 대해서도 전환점이었다. "바다에 대한 통제권이 일거에 동맹국들로, 그리고 특히 영국으로 넘어갔다."[24] 그 이유가 뭔지 궁금하다. 심콕스는 1693년의 농업위기와 프랑스 해외무역의 쇠퇴가 프랑스 국가의 재정위기로 이어졌고, 이 재정위기로 인해서 프랑스가 "동맹국들과 평형에 가까운 상태를 유지할" 수 없었다고 주장한다.[25] 함대의 일부는 육군에 쓸 자금을 모으기 위해서 선창에 묵혀두어야 했다. 이것은 영국인들이 해상학파와 대륙학파의 논쟁에서 골머리를 앓았던 것과 같은 문제를 가리킨다. 영국이든 프랑스든 이 전 세계적인 경제적 불황기에 모든 전선을 동시에 지탱할 수 있는 군사비용을 감당할 능력이 없었다. 하나를 선택해야 했고, 영국이 해군으로 기울고 프랑스가 육군으로 기운 것은 자연스러운 일이었다.

비록 자본주의 세계경제에서 바다에 대한 지배가 시종일관 "부를 축적케 하는 교환의 연쇄망[에서] 중심 고리"[26]였지만, 프랑스의 경우 국가범위가 불규칙하게 뻗어 있고 정치적인 면과 경제적인 면 모두에서 내적 통합이 상대적으로 부족했음을 고려하면, 선택의 여지가 거의 없는 것 같았다.[27] 이런

---

23) Mahan(1889, 225).
24) Ehrman(1953, 398). Bromley & Ryan(1970, 790)은 이렇게 지적한다 : "1689년에 연합해군에 대한 통제를 둘러싸고 영국과 다투었던 네덜란드가 1714년에는 조지 1세를 호위하기 위해서 8척의 배를 모으기도 힘들었다."
25) Symcox(1974, 147).
26) Mahan(1889, 226). 그는 대해군과 번성하는 상업의 **결합**이야말로 "영국이 다른 모든 나라에 대해서 그리고 그것들을 넘어서 해상패권을 획득하게 한"(p. 225) 것이라고 주장한다.
27) 이 문제를 1683-1717년 시기 프랑스의 경제불황과 관련하여 설명하고, 이 경제불황이 낭트 칙령의 폐지에 이은 위그노의 이주로 인해서 발생한 것으로 추정하는 경우가 종종 있다. Scoville(1960, 218-219)이 말하듯이, 이것은 시간의 전후관계를 인과관계와 혼동하는 오류의 좋은 예이다. 물론 낭트 칙령의 폐지는 "사태에 도움이 되지 못했다." 그러나 개신교도들 대부분은 사실상 새로운 개종자로서 남아 있었다. 실제로 "종교적 박해는 개신교도의 활력을 약화시키고 줄이는 대신에 그들의 결의를 강화시켰던 것 같다."(1960, 252) 스코빌은 제조업, 무역, 조선업, 농업 등 온갖 분야에서 이에 대한 증거를 모아서 제시한다. 이 시기 프랑스의 경제위기에 대해서는 Léon(1956, 152)도 참조.

해군의 대패를 어떻게 설명하든 간에, 프랑스는 자신의 해군 전술을 이전의 함대전투 전술에서 해적활동 전술로 변화시켰다. 적의 함대를 파괴하고 바다에 대한 통제를 획득하는 것은 더 이상 주된 목적이 아니었다. 이제 적의 상선들을 나포하여 파괴하고 적의 상업활동을 괴롭히는 데에 초점이 맞춰졌고, 해군 선박과 해적 선박은 모두 이런 목적에 이용되었다. 그러한 전술은 1694년 이전에도 알려져 있었지만, 이제는 그것이 주된 작전방식이 되었다.[28] G. N. 클라크는 "상업행위를 파괴하는 것이 정규적인 해전에서 약한 측의 자연스러운 무기"[29]라고 한다. 자연스러운 무기임에는 틀림없다. 그러나 그것은 차선책이었다. 왜냐하면 개별 사업가들이 통제하는 해적선의 활동을 조정하기가 어려웠기 때문이다. 심콕스는 프랑스의 노력 전체가 "단지 제한적인 성공"만을 거두었다고 하고, 그런 방식이 가지고 있는 근본적인 모순을 이렇게 지적한다. "정부가 줄 돈이 없는데, 어떻게 피리 부는 사람에게 곡을 청할 수 있겠는가."[30] 게다가 그 게임에는 양쪽이 다 참여할 수 있었다. 예컨대 에스파냐 왕위계승 전쟁 동안에 영국해협 제도의 해적선들은 아주 효과적으로 활동하여, "프랑스인들에게 심각한 공포를 야기했고 [또] 무엇보다도 프랑스의 연안 무역에 타격을 가할 수 있을" 정도였다.[31]

1697년, 9년전쟁을 종식시킨 레이스베이크 조약은 단지 휴식기에 지나지 않았다. 그 조약은 주로 그것이 리슐리외 이래 "처음으로 프랑스가 뒷걸음질 친 것"을 의미했기에 중요했다.[32] 프랑스는 윌리엄 3세를 잉글랜드 및 스코틀

---

28) Symcox(1974, 5-6, 187-220) 참조.
29) Clark(1960, 123-124). 또한 Symcox(1974, 68-69)도 참조. 클라크는 계속해서 이렇게 말한다: "보다 강력한 함대를 가진 측이 적들이 상업행위를 하지 못하도록 바다를 폐쇄할 수 있었겠지만, 자신의 상선도 함대의 감시를 뚫고 빠르게 항해하는 해적선으로부터 쉽게 공격받았을 것이다. 한 국가의 상업활동의 규모가 크면 클수록, 더욱더 이런 공격형태의 대상이 되었다. 이런 이유로 해적행위는 프랑스에서 가장 절정에 달했다."
30) Symcox(1974, 222-223).
31) Bromley(1950, 465).
32) Henri Martin, *History of France* (Boston, 1865), II, 167 ; Morgan(1968, 174)에 재인용. 모건은 이렇게 말한다 : "레이스베이크 조약은 루이 14세에게 종말의 시작을 의미했다. 레이스베이크 조약은 그의 파멸의 알을 낳았고, 위트레흐트 조약으로 그 알은 부화했

랜드와 아일랜드의 왕으로 인정하고 앤을 그 후계자로 인정해야 했다. 이것을 인정받는 것이 윌리엄 3세의 주된 전쟁목적이었다. 게다가 프랑스는 네이메 헨 조약 이래 획득한 모든 영토를 (스트라스부르와 알자스 "병합" 지역을 제외하고) 반환해야 했다. 따라서 프랑스는 자신의 모든 국경지역들, 즉 플랑드르, 룩셈부르크, 로렌, 라인란트, 피네롤로, 카탈루냐 등의 일부 또는 전부를 포기했다.[33] 해외에서의 조정은 그보다 규모가 작았는데, 올버니 요새가 프랑스에서 허드슨 베이 회사로 반환되었고, 퐁디셰리 및 노바 스코샤는 프랑스인들이 다시 얻었다. 이는 전쟁 전의 상태로 되돌아간 것이었다. 네덜란드인들도 자신이 원하던 것을 얻었는데, 그것은 프랑스의 관세를 1664년 수준으로 되돌린다는 유리한 상업조약을 프랑스인들과 체결한 것과 소위 '네덜란드 방벽'을 프랑스인들이 인정한 것이었다.

연합주와 프랑스 사이에 군사적 방벽을 설치한다는 생각은 오랜 전부터 있어왔다. 그것은 일찍이 1635년에 남부(에스파냐령) 네덜란드가 완충지대(scheidingszone), 즉 완충국이 되어야 한다는 생각으로 시작된 것 같다. 그러나 1678년의 네이메헨 조약으로 남부 네덜란드의 16개 요새들이 프랑스에 할양되었다. 네덜란드는 소규모 분견대를 인접지역에 주둔시키도록 허용받았을 뿐이었다. 1684년까지 프랑스인들은 룩셈부르크를 탈취했고, 그 상황을 네덜란드인들은 휴전조약에서 인정할 수밖에 없었다. 9년전쟁의 결과 이 모든 것이 변했고, 레이스베이크 조약에서 방벽 개념은 새로 명확한 형태를 띠게 되었다. 그에 따라서 네덜란드인들은 프랑스인들이 반환한 일련의 요새들에 수비대를 주둔시킬 권리를 얻었다.[34] 9년전쟁은 유럽에서 새로운 세력배치를 확인했다. 1648년 베스트팔렌 조약 이후, 국가들간에 벌어진 세력투쟁은 본질적으로 연합주와 영국 그리고 프랑스 사이의 3파전이었다. 그러나 이제 3파는 네덜란드인들이 영국인들의 얼마간 영속적인 동맹자로서, 사

다."(p. 195) Hazard(1964, 84)는 그 조약에 대해서 "틀림없이 대군주(Grand Monarque)의 거만한 콧대가 꺾였을 것이다!"라고 했다.

33) Bromley(1970, 26)는 루이 14세가 알자스와 스트라스부르를 지켜서 "프랑스와 제국 간의 관계가 항상 최우선시되었던 시기에 자기 왕국의 전략적 핵심을……유지했다"고 한다.

34) Carter(1975a, 25-26) 참조.

실상 하위 파트너로 바뀜으로써 외양과 의미의 모든 면에서 2파로 줄어들게 되었다.

J. R. 존스는 윌리엄 3세가 네덜란드 함대를 영국 함대의 예하에 두기로 정한 1689년 5월에 이미 네덜란드인들이 "열강의 지위를 포기한 것"[35]으로 본다. 네덜란드인들이 이런 새로운 역할에 분노하지 않았다는 것은 아니다. 네덜란드와 영국의 동맹은 "처음부터 불편한 제휴"[36]였다. 한편 네덜란드인들은 특히 자신들에게 많은 이윤을 가져다주었던 발트 해 무역이 "프랑스 상품의 지속적인 공급에 좌우되었기" 때문에, 영국인들과 동맹했다는 단순한 사실로 인해서 그들과 프랑스 간의 무역관계가 방해받는 것을 원치 않았다.[37] 네덜란드인들은 17세기 내내 시종일관 중립국들이 자신들의 해상교역에 대해서 간섭받아서는 안 된다고 주장했다(종종 네덜란드는 중립국이었다). 그들의 구호는 "항해의 자유와 교역의 자유"였다. 그러나 영국인들은 중립국 선박을 수색할 권리를 주장했고 프랑스인들은 심지어 적에게 상품을 운반하는 중립국 선박을 몰수할 권리도 주장했다.[38] 네덜란드인들에게 전쟁은 달갑지 않은 최후의 방책이었다. 1702년에 에스파냐 왕위계승 전쟁으로 전쟁이 재개되자, 자신들이 네덜란드 방벽을 유지할 수 있다는 조건으로 평화협정을 체결하도록 영국인들을 계속 압박한 것은 네덜란드인들이었다.[39] 결국 영국은 상업적인 위험부담을 안고 있었지만, 잉글랜드(그리고 스코틀랜드)의 정치에 숙젯거리였던 개신교도의 영국왕위 계승을 네덜란드가 보증한 것에 대한 필연적인 보답으로서 네덜란드의 방벽 운영을 기꺼이 지지했다.[40]

잉글랜드와 스코틀랜드의 관계에서 위기가 극에 달하여 해소된 것은 에스파냐 왕위계승 전쟁의 와중에서였다. 1688년 윌리엄의 영국왕위 계승으로 프

---

35) J. R. Jones(1972, 329).
36) Stork-Penning(1967, 113).
37) J. R. Jones(1966, 93).
38) Clark(1923, 4-6, 121) 참조.
39) Stork-Penning(1967, 113-114) 참조. Wilson(1968, 165)이 말하듯이, 네덜란드의 태도는 "경험적이고 이기적이며 제한적인 평화주의"였다.
40) Carter(1975a, 30-31) 참조.

랑스는 사실상 영국의 내정에 간섭할 수 있는 자격을 상실했고, 1707년의 소위 잉글랜드와 스코틀랜드의 의회통합(Union of Parliaments)으로[41] 프랑스는 스코틀랜드에 대해서도 그와 같은 자격을 상실하게 된다. 1707년의 최종적인 합의에 이르기 위한 교섭과정과 교묘한 유도과정은 복잡했지만,[42] 실제로 이야기되어야 할 것은 세계경제 핵심부의 경쟁이 어떻게 스코틀랜드를 압박하여 의회통합으로 나아가도록 만들었는가이다. (다른 주변부 지역들과 마찬가지로) 스코틀랜드에게 17세기 후반 전체는 장기적인 "위기와 쇠퇴로 점철된 경제적 불황기"였다.[43] 스코틀랜드의 주된 교역상대는 잉글랜드였다. 그러나 역으로 잉글랜드에게 스코틀랜드는 그리 중요하지 않았고, 불황이 계속되면서 스코틀랜드는 점점 더 많이 잉글랜드에 의존하게 되었다.[44] 다른 나라들처럼, 스코틀랜드인들도 중상주의적인 저항조치들을 시도했다. 1681년에 스코틀랜드에서 왕을 대리했던 요크 공작은 여러 상인들을 소집했고, 거기서 이 상인들은 요크 공작과 그가 추밀원 내에 창설한 무역위원회에 (잉글랜드, 노르웨이, 프랑스 그리고 발트 해에 대한) 스코틀랜드의 대외무역 양상과 국내교역 및 운송에 관해서 조언하고 자신들이 카리브 해 식민지를 원하고 있음을 알렸다. 이에 스코틀랜드 의회는 보호주의적인 여러 조치들을 취했다. 그

---

41) Murray(1961, 162)는 1603년의 왕위통합(Union of the Crowns)이 의회통합으로 보강되었다는 전통적인 설명이 "역사로서는 훌륭할 수 있지만, 법적인 면에서는 의문의 여지가 있다"고 지적한다. 그는 법적인 면에서 정확히 말하면 다음과 같다고 주장한다 : "각 왕국의 왕위계승은 계속 그 왕국의 법에 따랐다. 스코틀랜드와 잉글랜드의 왕위계승법은 아주 약간이기는 하지만 달랐고, 적절한 상황이 되면 왕위는 다시 나누어져 각각 자신의 왕위계승으로 이어질 수 있었다.……잉글랜드와 스코틀랜드 왕위는 (그 사이에 있는 크롬웰 시기를 별개로 하면) 통합조약(Treaty of Union)이 시행된 1707년까지 계속 일치되었다. 그때까지 '왕위통합'은 영구적인 통합이라기보다는 일시적인 결합이었다. 1707년에 제정된 통합규약(Articles of Union)이 왕위통합을 본질적으로 확고부동하게 만들었다." 바로 1707년의 통합 결과로 잉글랜드와 스코틀랜드는 대영제국(Great Britain)이 되었다. H. R. Trevor-Roper(1964, 79)는 사실상 1652년의 통합이 1707년의 통합보다 더 긴밀한 것이었지만, 물론 그것은 지속되지 않았다고 지적한다.
42) 상세한 정치사는 Brown(1914) 참조.
43) Smout(1963, 256). 또한 Trevor-Roper(1964, 78)도 참조.
44) Smout(1963, 29, 238) 참조.

직후에 뉴 밀스 직물 제작소(New Mills Cloth Manufactory)가 만들어졌고, 뒤이어 같은 해에 스코틀랜드 의회는 교역촉진법을 통과시키게 되었다. 그 법의 보호를 받아서 그 회사는 통합조약 때까지 번성할 수 있었다.⁴⁵⁾

1695년에 스코틀랜드 의회는 대 아프리카 및 인도 제도 교역 회사법을 통과시켰고, 그 법에 따라서 스코틀랜드 회사(Company of Scotland)가 창설되었다. 그 회사는 세 가지 이해관계가 결합된 것이었다. 여기서 세 가지 이해관계란, 아프리카 무역에 참여하고 싶어하는 에든버러 상인들, 새로운 카리브해 식민지에서 자신의 아마포 시장을 얻으려는 글래스고 상인들, 그리고 영국 동인도회사의 독점을 우회하고자 했던 일부 런던 상인들의 이해관계를 말한다.⁴⁶⁾ 다리엔 회사(Darien Company)로 알려지게 되는 이 새로운 회사의 창설은 아마 1707년의 통합으로 이어진 압력 증대와 상당한 관계가 있을 것이다. 한편으로 "독립상태의 스코틀랜드가 [영국 중상주의] 체제 전체를 위험에 빠뜨렸다"⁴⁷⁾는 것이 명백해졌다. 늙은 왕위요구자(Old Pretender : 제임스

---

45) Insh(1952, 32-37, 51-55) 참조. "그러나 이 시기 동안 영국 직물제조업과의 경쟁을 막아주었던 무역장벽이 통합조약으로 사라지자, 창업 초기의 그 스코틀랜드 회사는 점차 쇠퇴하게 되었다. 1713년 2월 16일에 그 회사의 직물을 저장했던 에든버러의 사무실이 팔렸다. 한 달 후에는 기계와 남아 있던 원료들마저 팔렸다."(p. 55)

46) Insh(1952, 69-71) 참조. T. Keith(1909, 54)는 1695년의 법이 "[잉글랜드에] 약간의 불안을 야기했다"고 지적한다. "영국인들은 스코틀랜드인들이 이미 불법으로 상당한 부분을 차지하고 있던 아메리카 무역을 점점 더 독점하게 될 것이라고……두려워했다." 또한 H. Hamilton(1963, 249)도 참조. 그는 17세기 후반 대서양 무역에서 글래스고의 "중요성이 급격히 커졌다"고 한다. 실제로 T. C. Smout(1960, 211-212)는 글래스고 상인들이 통합에 반대한 것은 바로 이러한 이유 때문이었다고 설명한다. "글래스고가 [해외무역과 관련하여] 이미 발전하고 있었다는 바로 그 이유 때문에 [그들은] 통합을 하지 않는 편이 더 나을 것으로 생각했다."

47) T. Keith(1909, 60). Insh(1952, 80)는 이렇게 말한다 : "1706년 가을에 유럽의 정세로 인한 압력이 다시 한번 잉글랜드-스코틀랜드 관계의 대의에 강력한 영향을 미쳤다." 영국의 동맹국인 홀란트와 오스트리아는 프랑스로부터 새로 얻은 남부 네덜란드를 놓고 다투고 있었다. 스웨덴의 카를 12세는 막 표트르 대제를 패배시키고 폴란드를 정복했으며 작센을 점령했다. 또한 그는 보헤미아를 위협하고 있었다. 루이 14세는 카를 12세가 남쪽으로 향해 오스트리아를 치도록 설득하고 있었다. "그동안 동쪽과 서쪽 모두에서 상황이 그렇게 불투명했기 때문에, 스코틀랜드를 화나게 해서도 안 되고 잠재적으로 독립적인 상태로 두어서도 안 된다는 것이 전적으로 중요했다. 그런 스코틀랜드는 재커바이트파의 음모

2세의 아들인 제임스 에드워드/옮긴이)에게 왕위를 넘길 것을 요구하는 재커바이트파(Jacobite : 1688년 영국 명예혁명으로 왕위에서 축출된 제임스[라틴어로 Jacobus] 2세 및 그 후손의 추종자들/옮긴이)의 위협은 실재했다.[48] 게다가 스코틀랜드만 골칫거리였던 것이 아니라 아일랜드도 마찬가지였다.[49] 따라서 영국은 오래 전부터 통합을 추진하는 데에 관심을 두고 있었다.

다른 한편 스코틀랜드 편에서는 의견이 극히 분분한 가운데 다리엔 계획이

라는 걱정거리를 제공할 수 있고 프랑스와 재커바이트파의 군사행동에 기반을 제공할 수 있었다."(1952, 81)

48) 늙은 왕위요구자인 생-조르주의 기사 제임스 프랜시스 에드워드는 프랑스 편에서 활동하는 군인이었다. 그는 스코틀랜드와 영국 모두의 왕위에 대한 권리를 주장했다. 의심할 여지 없이 그는 스코틀랜드의 왕위만이라도 얻을 수 있다면 그것만이라도 받아들였을 것이다. G. H. Jones(1954, 73)는 이렇게 주장한다 : "바로 스코틀랜드 의회 내에서의 재커바이트파의 활동 때문에 잉글랜드와 스코틀랜드의 통합이 다른 어떤 일보다도 앞서는…… 너무나 절박한 사안이 되었다.……[1704년에 스코틀랜드 의회의 한 법은] 스코틀랜드에서 앤 여왕의 왕위계승자가 스코틀랜드 왕실 가계에 속해야 하지만, 잉글랜드에서 앤 여왕을 계승할 사람과 같은 사람이어서는 안 된다고 규정했다.……만약 통합만이 [스코틀랜드에서 재커바이트파가 왕위를 계승할] 가능성을 없앨 수 있다면, 반드시 통합이 이루어져야 했고 그것도 빨리 이루어져야 했다."

49) 재커바이트파의 주장은 스코틀랜드보다 아일랜드에서 훨씬 더 인기가 있었다. 스코틀랜드에서는 "제임스 2세와 7세의 종교가 지속적인 공격거리가 되었다. [그러나] 아일랜드인들은 로마 가톨릭 신자이기 때문에 당연히 그가 더 낫다고 여겼다." Petrie(1958, 100). 영국은 1689-91년에 망명 왕당파의 아일랜드 원정을 힘겹게 진압했다. Petrie(1958, 100-135) 참조. 그렇지만 영국은 승리했고, 그 승리는 결코 작지 않았다. "리머릭 조약은 애퍼매턱스 조약이 구 미국 남부의 종식을 의미했던 것만큼이나 완벽하게 구 아일랜드의 종식을 의미했다." James(1973, 17).

그에 이어서 제정된 '형법'은 가톨릭 신자를 공직과 토지소유에서 배제했는데, 이것은 아일랜드인들이 1715년과 1745년 시기의 재커바이트 반란들 동안에 전혀 움직이지 않을 정도로 사람들을 "망연자실하게" 했다. Petrie(1958, 133)는 이렇게 말한다. "다른 두 왕국의 [명예혁명의] 반대자들에게 가해진 조치들 중 그렇게 보복적인 조치는 없었다. 그리고 리머릭 조약의 [항복조건에 대한] 영국인들의 배신 이후, 아일랜드인들은 보다 최근 시기에 유대인들이 히틀러의 유사한 독재를 무너뜨리길 바랐던 것만큼이나 무력으로 정복자에 항거하여 이기기를 바라게 되었다." 형법에 대한 설명은 James(1973, 22-25) 참조. 1713년 위트레흐트 조약 때까지 8개 혹은 9개의 아일랜드 연대들이 프랑스 군에 속하여 싸웠던 것을 고려하면, 그래도 영국은 스코틀랜드에서 재커바이트파의 주장이 조금이라도 성공을 거두어 그 문제가 아일랜드에서 재개되는 것을 두려워했음에 틀림없다.

실패한 것으로 드러났다. 스코틀랜드 회사는 (오늘날의 파나마에 위치한) 다리엔 지협에 세계무역의 주된 중계항을 세우려고 했다. 그 항구가 세워진다면, 그것은 무허가 영업상인들에게 단순한 항구 이상을 의미하게 될 것으로 예상되었다. 그 회사는 (칼레도니아라고 부르게 될 식민지가 확보하는) 육지를 통과하는 항로를 만들려고 했으며 이는 희망봉 항로를 대체하게 될 것이라고 생각했다(이것은 파나마 운하의 기능을 예견하는 것이다). 그러나 그 야심찬 계획은 암스테르담 상인이나 함부르크 상인이나 필요한 자본을 투자하려고 하지 않았기 때문에 실패했고, 1698-1700년의 현지탐사도 시들해졌다.[50] 런맨은 스코틀랜드인들이 목표를 지나치게 높게 잡았다고 주장한다:

> 스코틀랜드는 대단히 욕심 많고 더군다나 훨씬 더 광대한 경쟁적인 유럽 열강들에 대항하여 독점적인 무역제국이나 식민지를 지킬 힘이 없었다. 스코틀랜드에게 식민지 영역에서 유일하게 해볼 만한 대상은 다른 나라의 식민지 이주민들이었다. 이들과의 무역은 가능성이 있었고, 절차상의 불법성(즉 에스파냐가 다리엔 지협에 대한 법적 권한을 가지고 있었다는 사실)으로 인한 위험을 감수하고서 거둘 얼마 안 되는 수익을 쉽게 메꿀 수 있을 정도로 수지가 맞을 수 있었다. 17세기 말에 글래스고는 부분적으로 영국제국과의 활발한 불법무역으로 번성하고 있었다. 다리엔 지협에 허비된 자본의 극히 일부라도 준독립적인 아메리카 식민지들에 대한 순수한 밀무역에 사용되었다면, 확실한 배당금을 낳았을 것이다.[51]

---

50) Insh(1952, 74-77) 참조. 그는 이렇게 말한다: "다리엔 지협 탐사의 실패와 고통은 무역의 자유에 대한 요구로, 즉 영국령 식민지 시장에 대한 접근의 허용 요구로 이어졌는데, 이것이 스코틀랜드인들이 1707년의 합병 통합의 조건을 받아들인 가장 강력한 동기였다." (p. 50) 그러나 Lenman(1977, 55 참조)은 스코틀랜드인들의 논의에서 영국령 식민지에 대한 접근 문제는 중요치 않았다고 주장한다. 게다가 1696년과 1699년에는 스코틀랜드에 대규모 식량 위기들이 있었는데, 이 연도들은 재커바이트들이 "윌리엄 왕의 사악한 7년"이라고 불렀던 시기에 속했다(Lenman, 1977, 45-52 참조).

51) Lenman(1977, 51). 또한 Smout(1963, 252)의 다음 글도 참조: "생각컨대 열강이 담력과 경험, 자금, 사람 그리고 해군력이라는 자원을 충분히 가졌기에 [다리엔 지협에서] 스코틀랜드의 시도는 성공할 수 없었을 것이다. 스코틀랜드인들은 담력밖에 없었고, 자신들의 한계에 대한 인식을 비롯한 그밖의 모든 것들이 슬프게도 부족했다." 그는 나아가 다리엔 계획의 실패가 1690년대에 스코틀랜드에 닥친 네 가지 재난 중 하나에 불과하다고 주장한다. 나머지 다른 세 재난들은 영국과 프랑스의 전쟁들이 미친 부정적 영향과 4년간의

다시 한번, 이런 사실들은 불황기에 중상주의란 적당한 힘을 가진 국가만이 성공적으로 이용할 수 있는 무기라는 것을 보여주고 있다.

라일리가 주장하듯이, 1707년의 통합이 "스코틀랜드의 정치가 아니라 바로 잉글랜드의 정치"[52]로 인해서 발생했다는 것은 아마 사실일 것이다. 그러나 스코틀랜드의 실질적인 동의가 없었다면 영국인들은 통합을 밀고 나갈 수 없었을 것이다. 이런 스코틀랜드의 동의가 어디서 나왔는가? 감독교회 교도(Episcopalian)였던 대다수 스코틀랜드 귀족, 또는 명예혁명에 관련되었거나 반(反)재커바이트였던 사람들, 또는 잉글랜드에 토지의 이해관계를 가지고 있으면서 1705년 영국의 외국인법으로 위협받았던 사람들로부터 강력한 지지가 있었다. 훨씬 더 중요한 또다른 스코틀랜드인들은 자치도시의 상인들이었다. 대니얼 디포는 영국 정부가 계획한 팜플렛 운동을 이끌며 영국이 스코틀랜드의 주된 수출시장이고 앞으로도 그래야 한다고 자치도시 상인들을 설득했다. 그리고 그는 그들을 설득하기 위해서, 번영으로 가는 길은 스코틀랜드산 소와 아마포(그리고 잠재적으로 곡물, 양모, 소금)의 대 잉글랜드 수출을 강조하는 것이며 그 이유는 그러면 잉글랜드와의 무역수지가 흑자로 전환될 것이기 때문이라고 했다. 1704년에 스코틀랜드 의회는 보안법을 제정하여 앤 여왕의 사후에는 자동적으로 통합된 군주제가 종식될 것이라고 규정했다. 그에 대한 보복으로 영국 의회는 외국인법을 통과시켜서 스코틀랜드인들이 그 법을 철회하지 않는다면 그들의 대 잉글랜드 수출을 전면 금지할 것이라고 규정했다.[53] 영국이 이 법을 얼마나 단호하게 시행했을지는 의문스럽지만, 현실의 역사는 법을 시행할 필요가 없는 방향으로 진행되었다.[54]

기근 그리고 영국, 연합주, 남부 네덜란드, 프랑스, 북아메리카, 노르웨이 등 도처에서 무역에 영향을 미친 격렬한 관세전쟁이었다(pp. 244-253 참조).
52) Riley(1969, 498). Carstairs(1955, 65)는 다르게 설명한다. 그는 장기적인 관점에서는 통합의 압력이 잉글랜드측에서 왔지만 단기적으로는 "스코틀랜드인들이 수세기 동안 무력으로 저항했던 통합에 결국 동의하게 된 것은 경제적 이해관계 때문이라고 보는 것이 그럴듯하다"고 한다. Smout(1964b, 462 참조)는 잉글랜드의 정치적 원인들과 스코틀랜드의 경제적 원인들을 구분한다.
53) R. W. Harris(1963, 68-70) 참조.
54) Lenman(1977, 57)은 나와 마찬가지로 외국인법이 시행되었을지에 대해서 의심스럽게 생

예상대로, 자치도시들은 자신의 무역 이해관계를 주로 잉글랜드와의 무역에 두고 있는 도시들과 잉글랜드 및 그 식민지의 외부에서 대량의 무역을 하고 있던 도시들로 분열되었다. 그리고 물론 수공업 길드들은 잉글랜드와의 경쟁으로 위협을 받고 있다고 느꼈다. 스마우트는 점점 더 많은 지주들이, 특히 귀족들이 실제로 수출무역과 관련된 "상인"이었다는 점에 주목해달라고 한다. 앞서 여러 차례 살펴보았듯이, 귀족과 부르주아지를 나누는 구분선은 일반적으로 생각되는 것보다 희미했다. 이 시기의 스코틀랜드에서도 마찬가지였다. "대다수 귀족이 잉글랜드와의 무역 확대를 중요시했다는 것과 잉글랜드와의 통합에 대한 투표를 했을 때 그들의 70퍼센트가 찬성했다는 것이 동시에 발생한 것은 그냥 지나칠 수 없을 정도로 놀라운 일이다."[55] 실제로 통합령(Act of Union)의 경제조항은 어떠했으며, 그것으로 누가 득을 보았는가? 통합령은 스코틀랜드에 유리한 경제조항들을 두 개 포함하고 있었다. 첫째 조항은 스코틀랜드 회사의 주주들이 회사의 해체에 대한 대가로 자기 주식을 이자를 보탠 가격으로 영국 의회에 매각할 수 있다는 것이었다. 물론 이것은 이전에 다리엔 계획으로 투자손실을 입었던 지역들에서, 특히 에든버러에서 기업활동이 회복되는 데에 도움이 되었다.

두번째 조항은 소위 플랜테이션 무역을 스코틀랜드인들에게 처음으로 합법적으로 개방했는데, 이것은 특히 스코틀랜드 서부의 클라이드 만에 있는 글래스고와 다른 여러 도시들의 상인들에게 이익이 되었다. 게다가 그리고 아마도 통합의 부산물로서, 1727년에 의회는 '어업 및 제조업국'을 창설했는데 그것은 스코틀랜드 아마포 산업의 성장을 촉진시켰다.[56] 이 모든 것이 스코틀랜드

각한다 : "영국은 이 위기에 말려들지 않았는데, 그러기 위해서는 스코틀랜드 지도부가 가지고 있던 것보다 더 강력한 의지와 냉정함이 필요했을 것이다. 그리고 영국이 정말로 유럽 대륙에서 깊은 분쟁상태에 빠져 있을 때 자신의 북부 국경에서 전쟁을 시도할 정도로 어리석었을까 생각해보라."

55) Smout(1963, 273).
56) Insh(1952, 84-89)와 Lenman(1977, 58-60) 참조. Carstairs(1955, 69-70 참조)는 이러한 이득이 얼마나 직접적이었는지에 대해서 회의적이다. 그는 영국령 북아메리카와 서인도 제도에 대한 무역이 1750년 이후에야 확장되었다고 주장한다. 그는 통합이 아마포 산업의 성장을 설명해주지 않는데 그 이유는 18세기 중엽까지 아메리카 식민지들의 주된 수

에게는 쓰디쓴 경험이었는가, 아니면 기회였는가? 그 점은 여전히 논쟁의 대상이 되고 있다. 어쨌든 통합은 이루어졌고, 대영제국이라는 새로운 국가는 에스파냐 왕위계승 전쟁에서 승리하게 되었다. 그 전쟁은 물론 누가 에스파냐를 통치할 것인가를 둘러싸고 벌어졌다. 그러나 보다 근본적으로 말하면 그 전쟁은 에스파냐 제국의 상업활동에 어떤 일이 일어날 것인지를 둘러싸고 벌어진 것이었다. 1701년에 에스파냐 왕은 에스파냐령 아메리카에서 노예무역을 독점했던 아시엔토권을 프랑스령 기니 회사로 넘겨주었는데, 그 회사의 주식은 프랑스 왕과 에스파냐 왕만이 아니라 프랑스의 유력 자본가들도 소유했다. 그 아시엔토권은 이전에 포르투갈 회사가 가지고 있던 것이었다. 무엇보다도 바로 이런 행동이 영국과 네덜란드 상인들을 분노케 하여 전쟁을 재개하도록 만든 것이었다.[57]

위트레흐트 조약은 부르봉 왕조의 에스파냐 왕위 계승을 인정했지만, 아시엔토권은 영국에 넘겼다.[58] 남해회사가 30년 동안 에스파냐령 아메리카에 매년 4,800명의 노예를 수입하여 판매할 권리를 얻었다. 게다가 남해회사는 매

입품이 주로 독일과 오스트리아산 아마포였고 이러한 것들이 "관세환급"(일단 수납한 뒤 일정 조건이 갖춰지면 되돌려주는 형태의 세금/옮긴이)을 이용해서 잉글랜드를 거쳐왔기 때문이라고 한다. 스코틀랜드산 아마포 수출무역이 확장되기 시작한 것은 단지 수출장려 금제도가 설치되었던 1742년 이후의 일이었다. Lenman(1977, 66)은 절충적인 견해를 제시한다. 그는 처음에는 스코틀랜드인들이 통합으로부터 보잘것없는 이익을 얻었다는 카스테어스의 견해에 동의한다. 그러나 그는 1727년을 전환점으로, 즉 "이 특별한 여름에 처음으로 제비 몇 마리가 도착했음을 가리키는 것으로" 본다.

57) "에스파냐의 카를로스 2세의 유언을 루이 14세가 받아들인 직후만큼, 프랑스의 계획이 영국과 연합주에 위협적으로 보인 적은 결코 없었다.……에스파냐 제국의 막대한 시장이 프랑스 상인들의 사적인 사냥터가 될 운명이었는가?" Deyon(1978b, 235). Goubert (1970a, 237-238)는 얼마나 빨리 영국과 네덜란드가 이에 대응했는지를 지적한다 : "아시엔토권에 대한 서명이 이루어진 지 며칠 되지 않아서 헤이그 대동맹이 이루어졌다. 헤이그에 황제와 해상세력들이 강력하게 결집하여 루이 14세에게 두 달 내에 왕위계승을 포기하라고 요구했다. 만약 그러지 않는다면 전쟁이 시작될 것이고, 그 전쟁의 목적은 에스파냐 왕위계승을 취소시키고, 프랑스인들에 대해서 네덜란드를 폐쇄시키며, 이탈리아와 지중해에 대한 지배를 획득하고, 동맹국들에게 에스파냐 식민지들로의 출입을 허락하는 동시에 에스파냐 식민지에서 프랑스인의 교역을 금지시키려는 것이다."

58) 여러 조약들의 세부적인 내용은 A. W. Ward(1908, 440-450)에 상술되어 있다.

년 한 척의 선박과 500톤의 상품을 보내어 에스파냐령 아메리카에서 판매할 수 있었다. 네덜란드에 관해서 보면, 에스파냐령 네덜란드는 오스트리아 황제에게로 넘어갔지만, 네덜란드는 소위 네덜란드 방벽을 얻었다. 위트레흐트 조약에 따르면, 네덜란드 군은 프랑스가 오스트리아 왕가로 반환한 모든 지역── 나무르, 투르네, 므냉, 퓌른, 바르네통, 이프르, 크노크, 덴데르몬데 등 ──에 주둔하게 되었다(그리고 주둔비용의 60퍼센트를 오스트리아가 부담해야 했다). 이런 조정은 네덜란드에 안전보장을 제공했을 뿐만 아니라 "남부 네덜란드 시장으로 네덜란드인들이 침투하는 데에 하나의 구실로서도 작용했다."[59] 따라서 각 해상세력들은 에스파냐라는 파이에서 각자 자기 몫을 챙겼고, 이제 거기서 이익을 끌어냈다. 그에 뒤이은 25년간의 평화기 동안 승리한 영국은 평화가 그들의 이해관계에 보탬이 된다고 믿지 않았다. 플럼은 이를 이렇게 지적한다:

> 1713년에서 1739년까지는 평화로운 시기였다. 그러나 그 평화는 많은 이들에게 별 가치가 없다고 느껴지고 있었고, 우애의 가면 아래에서 꾸준히 자신의 해군력과 공업력을 재건하여 피할 수 없는 충돌에 대비하고 있던 프랑스가 대영제국을 속이고 있던 평화였다. 중상주의적 견해의 대부분은 전쟁을 부르짖고 있었다.[60]

결국 전쟁이 일어났다. 그 전쟁은 프랑스와 동맹한 프로이센과 결국 영국 및 네덜란드와 동맹한 오스트리아 사이에 발생한 오스트리아 왕위계승 전쟁이었다. 1748년에 엑스-라-샤펠 조약으로 전쟁이 종식되었을 때, "그 해결은 전쟁 전의 상태로 거의 그대로 되돌아가는 것이었다."[61] 그렇지만 이 무익한 전쟁이 대영제국의 상업적 이해관계에는 아주 많은 보탬이 되었다. 템펄리

---

59) Carter(1975a, 26).
60) Plumb(1966, 29). 그는 이렇게 말한다: "18세기의 영국인들 대부분이 보기에, 전쟁은……그들의 이웃을 알거지로 만들고, 세계의 부를 장악하고, 자기 민족이 프랑스인들을 교황을 떠받들며 먹는 걸 좋아하고 발육상태가 나쁘며 나무로 만든 신을 신는 노예들이라고 경멸한 것을 입증할 황금 같은 기회였다."(p. 14) Sutherland(1956, 56-57)도 참조.
61) Thomson(1966, 436).

는 그 전쟁이 "영국이 벌인 전쟁 중 무역적 이해관계가 가장 절대적으로 지배했던 전쟁이었고, 권력 균형보다는 오로지 무역 균형을 위해서만 수행되었다"[62]고까지 한다. 여러 가지 면에서 이것을 확인할 수 있었다. 영국인과 네덜란드인들은 동맹관계임에도 불구하고 남부(이제는 오스트리아령) 네덜란드를 둘러싸고 계속해서 다투었다. 오스트리아는 네덜란드 방벽의 유지비용을 대는 데에 지쳐 있었고 방벽과 영국 그리고 네덜란드로 무역활동을 확장할 수 없는 것에 싫증이 나 있었다. 실제로 영국은 (아직 오스트리아령이었던) 슐레지엔산 아마포를 대영제국을 거쳐 서인도 제도에서 판매할 수 있게 했던 관세환급을 철회하겠다고 위협하고 있었다. 게다가 플랑드르 상인들은 네덜란드 상인들과의 경쟁을 가로막는 정치적 구속에 지쳐 있었다.[63]

에스파냐의 경우에는 에스파냐 식민지들에서 영국이 벌이는 과도한 불법무역에 지쳐 있었다. 사실 이것이 "에스파냐인들이 영국 선박들에 대해서 격노한 진정한 비밀"이었다.[64] 반면에 영국 정부는 에스파냐 부르봉 왕가와 프랑스 부르봉 왕가 간의 활발한 동맹이 회복될 것을 경계했다.[65] 다른 한편으로 남해회사는 대영제국 내에서 자신의 이해관계를 강력하고 주의깊게 방어하고

---

62) Temperley(1909b, 197). Seeley(1971, 88)의 시각도 마찬가지이다. : "내가 보기에, 상업적이면서 동시에 호전적이었다는 것이 이 국면의 영국이 보인 주요 특징이었던 것 같다."
63) Dickson(1973, 83, 107)의 다음 글 참조 : "[1739년에] 오스트리아의 협상 입장과 영국 및 네덜란드의 협상 입장이 서로 양립할 수 없었다는 것은 명백하다. 영국과 네덜란드는 오스트리아가 비용을 대고 네덜란드 수비대에 의해서 부분적으로 방어되는 오스트리아령 네덜란드를 경제적 식민지로 유지하려고 했는데, 이런 입장은 1715년의 방벽 조약(Barrier Treaty)에서 이루어진 것이었다.……경제적으로 [1746년에] 영국은 1746년 이전의 관세 이익과, 그 관세 이익에 달려 있다고 생각되었던 네덜란드에 대한 무역수지 흑자를 유지하길 원했다. 영국은 영국의 관세를 낮추거나 동인도 제도에 대한 직접무역을 허용해달라는 플랑드르인들의 요구를 얼음처럼 차갑게 대했다."
64) Temperley(1909b, 204). V. L. Brown(1928, 179)의 다음 글 참조 : "밀무역은 남해회사 경영의 모든 측면에서 뗄레야 뗄 수 없는 한 부분이었다." 또한 Nelson(1945, 55)도 참조.
65) Temperley(1909b, 198)는 18세기 내내 에스파냐가 "수동적인 관망자적 태도를 취한 경우가 때때로 있었고 적극적인 적의 태도를 취한 경우는 그보다 더 빈번했지만, 영국의 우방이었던 적은 결코 없었다"고 지적한다. 그러나 1739년에 영국 정부는 "에스파냐를 프랑스의 품안으로 모는 것은 새로운 세계에서 장래의 영국 패권을 위태롭게 할 것"이라고 보았다.

있었고 강력한 압력단체로 기능하고 있었다.[66] 또한 남해회사가 침략정책의 유일한 수혜자는 아니었다. 영국령 서인도 제도의 설탕 농장주들은 전쟁이 1730년대의 격심한 설탕 불경기를 종식시켰다는 것을 깨달았다.[67] 그리고 영국의 해상보험회사들은 "해상에서 영국 해군에 나포될 위험에 대비하려는 프랑스 선박의 보험을 맡았다."[68] 실제로 전쟁기간 내내 호위함제도가 채택되고 동행하는 선박들이 "호송의 안정을 최우선 고려사항으로 삼을" 정도로 영국 정부의 정책에서 상업적 이해관계가 중심적인 위치를 차지했다.[69] 이 시기에 육지에서는 프랑스와 프로이센 군이 영국과 오스트리아 군보다 수적으로 우세했지만,[70] 해양에서는 영국 해군의 규모가 프랑스 해군보다 두 배나 더 컸다. 프랑스 해군에 에스파냐 해군을 더해야 영국 해군과 같은 규모가 되었다. 그러나 영국 선박에 네덜란드 선박을 더한다면, 이 두 나라의 선박이 수적으로 약간 더 우세했고, 보다 중요한 것은 이 두 나라의 선박들이 통일된 명령 체계를 갖추고 있었다는 점이다. 그 전쟁은 프랑스가 1713년 이래 계속해서 해군력을 재건해왔는데도 결국 영국의 해상지배를 재확인했다. 프랑스는 전쟁에서 자신의 전열함(戰列艦)의 반을 잃었고 1,000척 이상의 상선들을 손해

---

66) 다시 Temperley(1909b, 222)의 다음 설명 참조 : "문서에 대한 연구로는 내각이 무허가 영업 상인과 사적인 개인들의 불법무역을 유지하려는 영국의 열망을 매우 중시했다는 통설을 확인할 수 없다. 내각은 남해회사에 대해서 많은 신경을 썼다. 재정적 연계로 인해서 정부와 매우 긴밀하게 연결되었던 이 회사는 1720년에 월폴에 의해서 구제되었지만, 1739년에는 그를 파산시키는 것으로 그 구원에 답했다."
67) K. G. Davies(1960, 109)의 다음 글 참조 : "대체로 나는 (미국 독립전쟁은 별도로 치더라도) 대서양에서 벌어진 영국과 프랑스의 대서양 전쟁들이 영국의 농장주들에게 해로웠다기보다는 이로웠다는 쪽으로 생각하게 된다. 물론 수많은 예외들을 인정할 수밖에 없지만 말이다." 데이비스는 이와 관련하여 1739-48년의 전쟁과 1689-1713년의 전쟁을 특별히 지적한다.
68) Viner(1969, 84). "오랜 논의 끝에 의회는 그 관행을 불법화하기를 거부했다."
69) Fayle(1923, 288). 확실히 프랑스인들은 더 나아가 "호위함을 엄격하게 방어적인 역할로 제한했다.……훨씬 더 놀랄 만한 일은 실제로 프랑스의 함선들이 안전하게 운송되는 화물 가치의 1퍼센트를 수수료로 받고……상인들에게 고용되었다는 것이다."
70) Léonard(1958, 192)는 1740년에 각국의 병력수에 대한 수치를 제공한다. 그것은 다음과 같다 : 프랑스 16만 명, 프로이센 8만4,000명, 오스트리아 10만7,000명, 영국(하노버인들을 포함하여) 5만9,000명.

보았다. "프랑스의 해군력은 그 기초까지 박살나버렸다."[71]

평화는 또다시 짧은 휴식기에 불과했고, 1754년에 아메리카 대륙에서 그리고 1756년에 유럽에서 다시 전쟁이 발발했다. 아메리카 대륙에서 영국과 프랑스 간에 일어난 계속적인 상업분쟁은 "거의 인식할 수 없을 정도로 서서히 그렇지만 확실하게" 7년전쟁이라는 절정에 이른 투쟁으로 "바뀌었다."[72] 네덜란드는 중립을 유지하려고 했지만, 영국은 무력으로 네덜란드가 프랑스와의 무역을 제한하도록 강제했다.[73] 에스파냐는 마침내 영국의 특권을 폐지할 방법으로 프랑스와 결합하려고 생각했다.[74] 그러나 그것은 프랑스에 전혀 도움이 되지 않았다. 1763년의 파리 조약은 100년간에 걸친 프랑스와의 투쟁에서 영국의 우위가 결정적으로 확립된 것을 의미했다. "유럽에서 에스파냐의 경우에 비견될 만한 장기적인 질병기가 프랑스에 닥쳐오고 있었다."[75] 따라서 영국은 1세기에 걸친 장기간의 투쟁에서 승리하여 17세기 중반에 이루어졌던 네덜란드 헤게모니를 최종적으로 계승하게 되었다. 이것은 영국에 뿌리를 둔 세계 부르주아지의 일정 부분이 영국 국가의 도움을 받아서 거둔 승리였다. 이 승리는 영국이라는 국가가 프랑스에 뿌리를 둔 경쟁세력들보다 자국 사업가들이 더 많은 사회경제적 이윤을 창출하고 확대하는 데에 정치적으로 어떤 도움을 주었는지를 분석함으로써만 올바로 설명될 수 있다.

먼저, 인구적 측면부터 살펴보자. 인구문제는 인구변동이 발생한 원인만이 아니라 설명되어야 할 통계수치를 둘러싸고도 거대한 논쟁의 대상이 되고 있다. 어떤 사람은 1600년에서 1750년까지 잉글랜드의 인구성장률이 완만했다고 믿고 있고,[76] 어떤 사람은 심지어 그 시기 인구성장률이 "사실상 정체상태"였

---

71) Richmond(1928, 173).
72) Andrews(1915, 780).
73) Carter(1963, 820-821) 참조.
74) Christelow(1946, 24, 29) 참조. 그러나 그것은 에스파냐측의 오류였다. "에스파냐가 분별 없이 7년전쟁에 개입했기 때문에, 영국은 그 전쟁이 끝났을 때 자신이 이전 시기에 얻었던 이득을 확고히 하고 에스파냐 식민지 세계의 부에 접근할 새로운 통로를 열 수 있었다." Brown(1928, 186).
75) Dehio(1962, 117).
76) Darby(1973, 304).

다고도 한다.[77] 그리고 다른 사람들은 그 시기에 인구성장률이 50퍼센트 정도 상승했다고 주장한다.[78] 프랑스에 대해서는 1500년에서 1750년까지 인구가 다소 "안정된" 상태였고 수치상으로는 잉글랜드의 세 배 이상, 영국의 두 배 이상 많았다는 데에 의견이 일치하는 것 같다.[79] 어떤 학자들은 프랑스의 인구곡선이 1700년에 최저점에 이르렀고 1700-50년 시기에 약간 상승했다고 본다.[80] 다른 학자들은 잉글랜드의 경우에 1700-50년 시기 전체에 걸쳐서 인구성장률이 "비정상적으로 낮은 상태"[81]였다고 본다. 프랑스의 경우 1700-50년 시기에 인구성장률이 상승했다고 추정하는 것은 프랑스가 1693-94년 시기에 잉글랜드와는 다르지만 유럽 대부분 지역과 마찬가지로 매우 격심한 기근을 겪었고,[82] 1709-10년 시기에[83] 또다른 기근을 겪었다는 점에서 한층 더 놀라운 것이다. 게다가 1720년에 마르세유는 유럽 최후의 대흑사병을 겪었다.[84] 그러나 1740년

---

77) Tucker(1963, 214).
78) Wilson(1977b, 116) 참조.
79) Goubert(1965, 473) 참조.
80) Goubert(1965, 473), Henry(1965, 455) 그리고 C. E. Labrousse(1953, 22) 참조.
81) Tucker(1963, 214).
82) Flinn(1974, 301)의 다음 글 참조 : "아마 서유럽에서 1690년대의 기근만큼 그렇게 격심하고 광범한 기근은 다시는 없었을 것이다." 그는 잉글랜드는 기근을 겪지 않았다고 지적한다. 그러나 프랑스에서는 "인구의 대다수가……기아로 위협받거나 고통을 겪었고, 실제로 굶어 죽기도 했다." Goubert(1970a, 216). Pentland(1972, 174)는 잉글랜드의 경우에 대해서 복잡하게 설명한다. 잉글랜드는 (아마도 전반적인 유럽의 기근으로 인해서) 농산물 가격이 높았던 시기인 1690년에서 1710년까지 높은 인구성장률을 기록했다. 이 때문에 그리고 또 이 시기에는 (이전의 낮은 인구성장률로 인해서) 젊은 성인들이 드물었기 때문에 농장의 고용기회가 늘어나면서 조혼과 높은 출산율로 이어졌고, 이것들은 다시 1705-10년 이후 고용기회의 감소와 경기후퇴로 이어졌다. 1720년 이후 물가하락과 함께 사망률이 증가하는데, 이것은 1720년대의 거대한 전염병의 원인이 되었다. 즉 이는 "수요에 비해서 농업생산의 과잉(부족이 아니라)과 그에 동반된 노동력의 과잉(부족이 아니라)이 가져온 10년간의 상황 악화의 필연적인 결과였다."
83) Goubert(1970d, 60)와 Jacquart(1975, 187) 참조.
84) Rambert(1954, 606-617) 참조. Reinhard & Armangaud(1961, 131)는 마지막 대흑사병이 1668년에 있었고 그 이후에는 흑사병이 "드물었다"고 한다. 그러나 그들은 1694년에 에스파냐에서 흑사병이 있었다고 언급한다(1961, 143). 마르세유가 흑사병을 겪었는데도 Le Roy Ladurie(1975a, 364)는 1720-37년 시기에 프랑스 인구가 급성장했다고 한다.

핵심부에서의 투쟁 —— 국면 II : 1689-1763년   391

무렵 잉글랜드와 프랑스의 인구수치는 그리고 실제로 유럽 대부분 지역의 인구수치는 뚜렷한 상승곡선을 그린다.[85]

허프턴은 식량의 총공급량이 인구 변동의 결정적인 변수였다고 주장한다. "일반적으로 말해서 굶주리는 주민은 생식활동이 불가능하다. 그러나 영양부족 상태의 주민은 생식활동에 전혀 문제가 없다."[86] 식량의 총공급량이 어떻게 증가했는가? 그것은 기후변화의 결과가 아니며, 또는 적어도 기후변화가 유일한 원인은 아니다. 16세기 중반에서 17세기 중반까지의 전 시기가 소(小)빙하기로 알려져 있기에,[87] 1750년경에 기후상의 커다란 개선이 일어났을 것 같지는 않다. 그보다는 잉글랜드와 프랑스(북부와 동남부)의 농업생산 체계의 발전이 두드러진 결정요소였던 것 같다. 어떤 학자는 감자를 높이 평가하는데, 그는 18세기의 인구 증가가 "[감자의] 보급과 소비에 따라서" 변했다고 주장한다.[88] 다른 사람들은 감자를 일반적으로 음식물을 개선시킨 요소 중 하나일 뿐이라고 본다. 차가 알코올을 대체했고 쌀과 특히 설탕이 점점 더 많이 소비되었는데, 과일과 잼 그리고 후식류에 첨가된 설탕은 특히 겨울에 음식물

---

85) Deprez(1965, 626)는 1740년을 "유럽 인구사의 거대한 전환점"이라고 부른다. 이것은 일반적으로 흑사병과 기근의 종식으로 설명된다. Le Roy Ladurie(1975a, 388) 참조. 그리고 대격변이 없었다고 하는 Helleiner(1967, 95) 참조.
86) Hufton(1974, 15).
87) Jacquart(1975, 187). 그러나 Goubert(1970d, 63 참조)는 프랑스에서 기근이 종식된 것을 날씨가 따뜻해지고 강수량이 적어진 기후의 개선 덕분으로 돌린다. Le Roy Ladurie (1967, 281 참조)는 적어도 프랑스에서는, 일반적으로 비가 많이 내리기는 해도 그다지 춥지 않은 기후가 결정적인 변수였다고 강조한다. Reinhard & Armengaud(1961, 115)도 같은 입장을 취한다.
88) Vandenbrocke(1971, 38). 그 주장의 요지는 곡물과 비교하여 감자가 일인당 칼로리를 두 배 이상 공급한다는 것이다. 감자 100킬로그램당 칼로리 함유량은 곡물의 약 5분의 1이지만, 수확량이 곡물에 비해서 열 배나 더 많았다. "게다가 감자는 여름 작물이고 그래서 비교적 기후에 좌우되지 않는다. 곡물 경작은 기후조건에 크게 좌우되었기 때문에 항상 운에 맡기고 하는 일이었다." 그러나 Salaman(1945, 455-456)은 비록 그 이전 두 세기 동안 감자의 사용이 점차 늘어나고는 있었지만 18세기의 마지막 사분기까지는 영국 빈민들이 감자를 음식물로 광범하게 사용하지 않았다고 주장한다. 그는 1775년경까지는 감자가 주로 동물용 사료로 이용되었다고 한다. "감자가 빈민의 음식물 역할을 할 수 있기 전에 돼지용 사료로서 그 가치를 입증하는 것이 필요했다."

을 다양하게 하는 데에 도움을 주었다.[89] 우리는 앞에서 농업개량의 사회적 맥락을, 즉 부유하지 못한 생산자들에 대한 착취를 통해서 농토가 더욱더 집중되고 있는 점을 기술했다.[90] 1750년 훨씬 이전에 시작된[91] 중요한 토지집중 수법인 인클로저는 부분적으로 입법을 통해서 그리고 부분적으로는 토지소유자의 효율성과 이윤을 통해서 가능하게 되었다.[92] 대토지 소유자들이 어떤 종류의 효율성을 성취할 수 있었는가? 일례를 들면, 주로 철이 나무를 대체하면서 농업도구상의 개선이 있었다.[93] 그에 더하여 가축의 소유자들이 특히 일년생 목초와 사료용 작물을 이용하게 되었는데, 이들도 역시 대농장주인 경우가 많았다.[94]

그러나 토지집중화 경향을 안정되게 유지하는 데에 중심적이었던 것은 장기적으로 지속된 낮은 곡물 가격이었다.[95] 1600-1750년의 시기 전체 동안에 곡물 경기가 좋았던 해는 거의 없었다.[96] 낮은 곡물 가격이라는 불행은 영국

---

89) C. Hill(1969, 256) 참조.
90) 또한 Coleman(1977, 125), Mingay(1963, 81-82) 그리고 Lavrovsky(1960, 354-355)도 참조. Mingay(1968, 31)는 1660-1750년 시기에 소토지 소유자들이 전면적으로 쇠퇴했다고 지적한다.
91) "1750년의 시점에서 보아, 영국의 대부분 지역이 이미 인클로저되었다는 것은 명백하다." Holderness(1976, 52).
92) "심지어 [18]세기 내내 개방농지 상태였던 마을에서조차, 종종 단위 수를 줄이고 면적을 더 늘리려는 경향이 아주 강했다." Mingay(1962, 480). Vanderbrocke(1971, 38)가 말하듯이, "감자 작물은 생산성이 높아서 아주 작은 땅뙈기에서도 생계수단을 얻을 수 있게 했다"는 사실에도 불구하고 이런 일이 영국에서 일어났던 것 같다. 이것은 곡물 생산이 재정상의 결정변수였음을 의미하는 것일 수 있다.
93) 누가 이런 일을 할 수 있었는가? 아마 이미 비교적 높은 총수입을 얻고 있던 사람들일 것이다. Bairoch(1966, 16 참조)는 농업생산성의 증가로 인해서 새로운 도구에 드는 비용을 감당할 수 있었다고 주장하는데, 이는 약간 순환론인 듯하다.
94) "순무가 없었더라면, 겨울과 봄에 가축을 단지 유지하는 것도 어려웠을 것이다." Ernle(1912, 176). 순무만이 아니라 클로버, 세인포인(sainfoin), 달구지풀, 잔개자리, 독보리도 1720년 무렵 영국 전역에 걸쳐 아주 잘 알려져 있었다. Holderness(1976, 65) 참조.
95) "실상은 이러하다. 즉 호경기에는 시장에 내다 팔 얼마간의 잉여를 생산할 수 있는 소농이 불경기에는 화폐 수입을 상실한다. 그러나 소농의 손실은 이러한 소생산자들이 경쟁에서 물러남으로써 뜻밖의 횡재를 누리게 된 대규모 농장주들에게는 이익이 된다. Gould(1962, 321).
96) Ernle(1912, 168-169), Gould(1962, 323) 그리고 Hartwell(1969, 25).

핵심부에서의 투쟁 —— 국면 II : 1689-1763년   393

의 경우에는 그것이 농업혁신으로 이어졌기에 사실상 행운이라고 주장되어왔다.[97] 낮은 곡물 가격이 이 시기에 전 유럽에 걸쳐 똑같이 발생한 요소였는데, 어째서 오로지 영국에서만, 또는 주로 영국에서만 낮은 곡물 가격이 농업혁신으로 이어지게 되었는지 의문스럽다. 주목할 만한 것은 영국이 유럽의 주된 곡물 수출국이 된 것이 바로 곡물 가격이 가장 낮았을 때인 18세기 초반이었다는 점이다. 그에 대한 가장 명료한 설명은 1688년에 영국 정부가 곡물 수출을 장려하기 위해서 제정한 곡물보조금법[98]이 농업 확장에 "대체로 유리한"[99] 조건을 창출했다는 것이다. 보조금이 영국산 곡물의 생산 증대로 이어졌다는 것은 거의 의심할 여지가 없으며, 실제로 그것은 그런 상황이 아니었을 경우 입수되었을 양보다 더 많은 곡물을 국내시장에서 입수할 수 있게 함으로써 국내 곡물 가격이 더 한층 떨어지는 데에 기여했을 것이다.[100] 이런 사실의 명백한 함의는 그로 인해서 영국의 농업 기업가들이 자신의 이윤폭을 증대시키는 데 도움을 얻었다는 것이다.

이렇게 증가된 영국산 곡물이 공급된 시장은 어디였는가? 곡물의 배출구는 진 제조업과 양조업이었다. 그리고 여기서 나온 생산물들을 위한 판로는 장기적인 불황기에 실질임금의 증가를 겪었던 도시 노동인구였다.[101] 예컨대 길보

---

97) John(1969, 171). 또한 Wilson(1965, 245)과 Holderness(1976, 74-75)도 참조.
98) R. Ashton(1969, 49-50) 참조.
99) Mingay(1960, 337). 영국의 수출품에서 곡물이 차지하는 비중은 1700-50년 시기에 3.7퍼센트에서 19.6퍼센트로 상승했다. T. S. Ashton(1960, 12) 참조. Slicher van Bath (1963a, 211)는 1620년에서 1740년에 이르는 장기적인 맥락에서는 "농업과 비농업 생산물 간의 가중평균 가격률"이 농업에 불리했지만, 1690-1720년의 시기에는 이것이 일시적으로 농업에 유리하게 역전되었다고 주장한다.
100) Gould(1962, 331-332) 참조.
101) "1660-1760년 시기에 [영국에서 실질임금의] 개선은 상당한 정도로 이루어졌지만, 아주 극적일 정도는 아니었다.······그런데도 1750년까지 1600년에 비해서 사정이 현저하게 개선되었다. 1750년 이전의 실질임금의 증대는 1670년 이후 물가상승률이 더 낮아졌고, 1750년 이전에 인구성장이 둔화되었으며, 농산물(특히 식량) 잉여의 축적이 있었고, 특히 노동집약적 직종들에서 경기가 회복되었다는 데에 힘입은 것이었다." Holderness (1976, 204).
  비록 실질임금이 상승했다고 하더라도, 실업이 증가하지 않았는가? 그렇다. 증가했다. 그러나 그것은 적어도 부분적으로는 그런 시기들에 보이는 대안적인 일거리를 통해서

이는 런던에서 실질임금의 상승이, 말하자면 "진이라는 전염병"에 의해서 쓸모없게 되었다고 지적한다.[102] 사정은 네덜란드에서도 마찬가지였다. 네덜란드에서는 영국산 곡물 중에서도 특히 맥아와 보리의 수입이 늘어나 네덜란드 증류업자와 양조업자들에게 이용되었다.[103] 영국의 보조금으로 인해서 대 네덜란드 수출은 그 어느 때보다 확대되었고,[104] 네덜란드 쪽에서도 1700년에서

해소되었다. 노동자들은 밀수꾼과 노상강도가 되었다. 여자들은 실 잣는 일에 의지했다. ("빈민이 마지막으로 의지하는 수단 중 하나"인) 어업 종사자의 수가 늘어나, 남자들은 작은 배를 타고 바다로 나가서 삶의 고난을 더욱 기꺼이 감수했다. 행상인의 수도 늘었다. 심지어 수출이 잘될 때는 거의 부진을 면치 못하던 건설업조차도 호황을 누리는 것 같았다. T. S. Ashton(1959, 138) 참조. 이 시기에 실질임금이 상승했다고 해서, 도시생활의 질이 노동자들을 선술집으로부터 등을 돌리게 할 정도로 높아진 것은 아니었다. "우아함과 사치의 한가운데에 불결함과 질병이 넘쳐났다. 조지 1세의 치세기에, 그리고 조지 2세의 치세기 초에도 런던은 빈민굴이 늘어나고 악취가 코를 찌르고 진흙투성이며 오물로 가득 찬 대도시였다." Plumb(1966, 17).

102) Gilboy(1930, 613). 그 과정이 순환적인 성격을 가졌다는 것은 확실하다. 실질임금의 상승은 진 생산의 증대로 이어졌고, 여기에는 곡물 공급의 증대가 필요했다. 만약 곡물이 어떠한 이유로 지나치게 많이 공급된다면, 더 많은 진을 판매하는 것만이 그 딜레마를 해결할 수 있었을 것이다. Chambers(1957, 44)의 다음 글 참조: "진 시대(Gin Age)에는 정신없이 술에 취한 런던 민중의 설명 불가능한 탈선행위 외에 다른 것이 있었다. ……연속적인 풍작은 곡물의 공급을 증가시켰던 반면 일련의 전염병들이 그것을 소비할 층을 엷어지게 하고 있었다. 1739년에 오스트리아 왕위계승 전쟁이 시작되어 곡물 수출량이 줄어들자, 곡물의 또다른 배출구가 부분적으로 막혀버렸다.……런던 주민들의 자기 파괴 행위가 풍년으로 인해서 곤란을 겪고 있던 미들랜드의 농장주들을 돕고 있었다. 농장주들이 한탄하던 곡물 수확의 과잉은 진 레인(Gin Lane)의 폭음으로 부분적으로 해소되고 있었다."

그러나 미들랜드의 농장주들은 단기적으로는 이득을 보았지만, 중기적으로는 그 이득에 대한 대가를 치렀다. 런던의 증류업과 양조업은 폐기물들을 소와 돼지의 먹이로 이용하는 부수적인 사업을 발전시켰다. 이런 사업은 널리 퍼지게 되었다. 18세기 동안 런던인들이 도시지역 내의 돼지와 젖소에서 나오는 고기와 우유를 점점 더 많이 소비하게 되자, 런던 주변 여러 주들의 농장주들은 "이제는 '자본주의적'으로 조직화된 육류 생산"(Mathias, 1952, 254)과 첨예한 경쟁을 벌여야 했다.

103) Ormrod(1975, 39-40) 참조. 보조금은 부피에 따라서 지불되었다. 보리는 "부피를 늘릴 수" 있었는데, 이로 인해서 보리가 다른 곡물보다 더 많이 수출되었다. 이때는 또한 네덜란드의 진 시대였다. John(1976, 53) 참조.

104) "아마 네덜란드인들은 [영국산 곡물] 수입에 걸려들기가 쉬웠던 것 같다. 그러나 보조금이 지급되지 않는 곡물에 걸려들기보다는 저렴하거나 보조금이 지급되는 곡물에 걸려

1720년까지 네덜란드 내의 곡물 가격이 상승했기 때문에 영국의 곡물 생산을 더욱 자극했다.[105] 영국인들은 영국산 곡물의 판매가 발트 해 지역산 곡물의 판매를 능가했기에 네덜란드 시장에서 발트 해 지역 곡물 생산자들을 몰아낼 수 있었다.[106] 이것은 영국의 운송비용이 더 저렴했기 때문(어쨌든 이것은 이전부터 그랬다)만이 아니라 외국에 운송되는 곡물의 실제가격의 약 16.5퍼센트에 해당하는 보조금 때문이기도 했다.[107] 1768년에 런던에서 작성된 보조금에 관한 한 팜플렛은 이것을 이렇게 설명했다. "우리는 네덜란드인을 위한 농부로서 일하고 있는 폴란드인들과 경쟁을 벌이기로 했다.……동시에 우리는 마찬가지로 우리의 동포인 아일랜드인들이 네덜란드인을 위한 목동의 위치에 있는 덴마크인들과 경쟁할 수 있게 했다."[108] 보조금이 어디에서나 효과가 있었고 그 영향이 영국 농업생산의 모든 영역에서 발휘되었다는 것은 수출량이 많았던 이 시기에 영국 전역에 걸쳐 밀 가격이 점점 더 균일해졌다는 사실에서 드러난다.[109]

    드는 편이 나왔다." de Vries(1975, 55). 네덜란드가 유일한 수출시장은 아니었다. 포르투갈이 또 하나의 중요한 시장이었다. Fisher(1971, 64) 참조.

105) Slicher Van Bath(1963a, 212) 참조. 곡물 가격이 1720-40년 시기에 다시 떨어졌다면, 그것은 부분적으로 영국산 곡물 생산의 증대에 따른 것이 아니겠는가?

106) John은 영국산 곡물의 연간 평균 수출량과 발트 해 지역산 곡물의 연간 평균 수출량에 대한 인상적인 수치를 제시한다. 1650년에서 1699년까지 발트 해 지역은 대략 10과 2분의 1쿼터(quarter : 곡량의 단위로서 8부셸[bushels]에 해당하며, 1부셸은 약 2말/옮긴이)에 해당하는 5만8,800라스트(last)를 수출했고 영국은 2,500라스트를 수출했다. 그런데 1700-49년 시기에는 발트 해 곡물의 수출량이 3만1,000라스트로 떨어지고 영국산 곡물의 수출량은 4만2,000라스트로 상승했다. 두 지역 곡물 수출의 전체량은 5만8,300라스트에서 7만3,000라스트로 증가했다(John, 1976, 56, 표 6 참조). 또한 Lipson(1956, II, 460), Jeannin(1964, 332) 그리고 Ormrod(1975, 38)도 참조.

107) John(1976, 59).

108) *Considerations on the Effects which Bounties Granted on Exported Corn, Malt and Flour have on the Manufactures of this Kingdom* (London, 1768, 61-62, 주) ; John (1976, 56)에 재인용.

109) "복잡하고 불확실한 영역에 걸맞게 독단에 빠지지 않고,……우리는 적어도 밀의 경우에는 시장의 자율성이 심각하게 과장될 수 있다는 견해에 도달한다." Granger & Elliott (1967, 262).

따라서 영국 국가는 자신의 사업가들을 위해서 (다른 이윤 기회가 제한받는 시기에) 다른 이윤 기회를 보충하는 것이면서 동시에 연쇄효과를 통해서 이윤을 제공하는 방법으로서 네덜란드 곡물 시장을 장악하려고 했다. 예컨대 영국은 네덜란드 시장에서 발트 해의 곡물 생산자들을 밀어낸 결과 곡물 운송업에서도 네덜란드인들을 밀어내었다.[110] 물론 다른 나라들도 영국과 같은 것을 추구했다. 실제로 1650년에서 1700년에 이르는 반세기 동안 남부 네덜란드와 프랑스는 네덜란드인들에 대한 수출량을 늘려나갔고, 네덜란드인들은 자체 생산을 증대시켰다.[111] 그러나 영국의 보조금은 영국산 곡물의 가격을 이들의 곡물보다 더 싸게 함으로써 1700-50년 시기에 이들 생산자들이 기반을 상실하도록 만들었다.[112] 따라서 영국은 다른 방도가 없기 때문에 세계 곡물 시장을 이용하여 자신의 지위를 확고히 했고, 1700-50년 시기 유럽 전역에 걸쳐 목초지(saltus)에 대해서 경작지(ager)가 회복되는 데에 기여했다.[113] 그러나 전체 세계경제가 여전히 허약했기 때문에, 그것은 급속하게 곡물의 과잉생산과 1730-50년 시기의 또다른 농업불황으로 이어졌다.[114] 1750년 이후 세계 전반에 걸쳐 경기가 호전되었을 때, 영국은 또다시 세계 곡물 생산자로서의 역할을 축소하고 한층 더 큰 공업생산의 전문화로 나아가게 된다.[115]

앞서 이미 주장했듯이, 프랑스의 상황은 우리가 생각하는 것보다는 영국과

---

110) Ormrod(1975, 40) 참조.
111) J. de Vries(1974, 171) 참조.
112) Abel(1973, 265) 참조. 그는 1711년에서 1740년까지 영국의 수출로 인해서 프랑스와 독일의 생산자들이 세계시장에 접근할 수 없었다고 지적한다. J. C. G. M. Jansen(1971, 255)은 1680-1740년 시기에 남부 림부르흐의 농업생산자들이 가격 폭락에 직면하여, "곡물 가격의 폭락을 메꾸기 위해서" 늘 경작해온 곡물(코르트코렌[kortkoren]과 스펠트[spelt])의 생산을 중지하고 (귀리 재배와 아울러) "비용이 많이 드는 밀" 생산으로 전환했다고 지적한다.
113) Chaunu(1966a, 242) 참조. 살투스가 자연초목으로 뒤덮인 땅인 데 반해서, 아게르는 인간이 그 위에서 일하는 땅이다(1966a, 640).
114) Mingay(1956, 324, 336) 참조.
115) 18세기 후반에 대해서는 T. S. Ashton(1969, 50)의 다음 글 참조 : "인구가 급속하게 성장하고 농업에서 제조업으로 전환하고 있는 시기에 영국이 수출초과에서 수입초과로 전환하는 것은 거의 피할 수 없었다."

크게 다르지 않았다. 1690년 이후 시기에 일어난 변화를 검토할 때, 무엇보다도 왜 프랑스인들은 보조금을 만들지 않았는지가 의문스럽다. 프랑스는 영국보다 영토가 훨씬 더 넓었기 때문에 보조금이 필요하지 않았을지도 모른다. 1688년에서 1713년까지의 전쟁들은 이전에 프랑스에서 이루어졌던 곡물 수입을 차단시켰고 그에 따라 "남부 프랑스에 곡물 경작에 유리한 상황이 조성되었다."[116] 게다가 그 전쟁들이 에스파냐를 파괴시켰고 따라서 소와 포도주 상품의 에스파냐 시장을 차단시켰으며, 대륙 봉쇄가 영국 및 네덜란드의 아마인 (linseed) 시장을 차단시켜서, 남서부 프랑스의 생산자들은 현저하게 밀 생산으로 전환했다.[117] 이 시기 이래 점진적인 토지집중이 일어나, 18세기 중반 무렵까지 미디 피레네 지역은 "지중해 지역으로 수출하기 위해서 생산하는 곡물의 단일경작 지대"가 되었다.[118] 그동안에 운송혁명(1680년 미디 운하가 개통되었고 1725년 초에는 새로운 도로가 건설되었다) 덕분에 랑그도크에서 농업이 번성하고 있었다. 운송수단의 개선으로 밀 산물들은 지중해 시장에서 경쟁력을 갖출 정도로 낮은 비용으로 마르세유에 이를 수 있게 되었다.[119] 따라서 프랑스에서의 곡물 생산 증가는 영국에서의 밀 생산 증대에 필적하는 것이었고, 농촌 사회구조라는 면과 세계경제에서 차지하는 의미라는 면에서 대략 같은 영향을 미쳤다. 다시 말해서 핵심부 지역들은 전반적인 불황기에 "주변부적" 역할을 다시 이용하여 이윤을 창출하고 있었던 것이다.

앞에서 말한 것에 비추어볼 때, 대략 1650-1750년 무렵 영국은 농업혁명을 겪었고 프랑스는 그렇지 않았다는 투의 역사서술이 광범하게 퍼져 있는 이유는 무엇인가? 이에 대답하기 위해서는, 산업의 비농업 부문들에서 어떤 일이 일어났는지를 살펴봐야 할 것이다. 1700년 이후 영국에서 제련과 직물 생산은 "전반적인 회복의 경향"을 보였으나, "아직 뚜렷한 성장"의 모습을 보이지는 "않았다."[120] 농업과 마찬가지로 제조업의 가격동향은 1750년까지

---

116) Slicher van Bath(1977, 75) 참조.
117) Enjalbert(1950, 116)과 Braudel(1951, 71) 참조.
118) Frêche(1974, 835).
119) Le Roy Ladurie(1975a, 397-400) 참조.
120) Kellenbenz(1977a, 547). 그는 다음과 같이 말한다 : "철과 삼림이 풍부한 러시아에 유리

여전히 "가벼운 하향세"를 유지했지만, "실질임금과 시장수요 모두에서는 가벼운 상승경향"이 있었다.[121] 이러한 수요의 증대는 무엇보다도 수출수요를, 특히 식민지의 수요를 나타냈는데, 이것은 앞서 주장했듯이 영국령 북아메리카의 북부 식민지에 대해서 영국의 정책이 겨냥한 주요 목표 중 하나였다. 또한 그것은 이 시기 농업적 부의 증대로 인한 국내수요를 보여주는 것이기도 했다.[122] 대토지 소유자들의 수요 증대로 제일 먼저 이익을 본 사람들 중에는 대토지 소유자 자신들도 들어 있었다. 1700-50년 시기에 일반적으로 낮은 지대를 보충하기 위해서, 목재를 판매하고 석탄 및 다른 광석의 채광뿐 아니라 채석장 및 제철소, 석회 굽는 가마에 땅을 빌려주는 등의 토지이윤 원천들이 점점 더 많이 이용되었다.[123]

제련업은 주로 농업생산의 확장에 자극을 받았고,[124] 프랑스와의 끊임없는 전쟁에서도 역시 상당한 자극을 받았다.[125] 전쟁들로 인해서 무기에 사용될 철의 수요가 창출되었고, (적어도 전시 동안에는) 철의 수입이 더욱 어려워졌

한 경제적 변화가 있었음에도 불구하고, 특히 제련업에는 여전히 장애가 너무 많았다." 또한 East(1951, 512, 고딕체는 월러스틴의 강조)의 다음 글도 참조: "철과 마찬가지로 석탄에 대해서도 지도상에 표시를 남길 정도의 **대규모** 발전은 19세기가 되어서야 이루어졌다."

121) Coleman(1977, 151). 그는 1650-1750년의 시기가 "영국 공업에서 투자와 사업의 시대였는데, 그것은 다음 세기처럼 어떤 극적인 변화로 나타나지는 않았지만, 후대의 혁명을 가능하게 했던 보다 강력하고 유연한 기초들을 제공한 점에서 결정적으로 중요했다"고 한다.

122) Wilson(1977a, 8) 참조.

123) Mingay(1960, 373) 참조.

124) Bairoch(1966)는 이 점을 철제 도구의 사용과 사용된 도구 수의 확대 둘 다와 관련지어서 길게 분석한다. 그는 또한 말의 이용 증가와 말에 편자를 박는 새로운 관행을 강조한다. 그는 이와 관련하여 영국의 경우 1720-60년의 시기를 핵심적인 시기로 보며, 프랑스의 경우 1760-90년의 시기나 심지어 1790-1820년의 시기를 핵심적인 것으로 본다. 또한 Chambers(1957, 36)도 참조. 그는 17-18세기의 영국 농업이 세 가지 점에서 공업에 기여한 것으로 본다. 그 기여란 첫째, 납과 철 그리고 석탄 산업의 발전에 자본과 지도력을 제공했으며, 둘째, 공업생산품들을 소비했고, 셋째, 운송의 변화, 특히 유료도로의 건설을 촉진한 것이다.

125) John(1955, 330, 333)은 이러한 요소들이 "제련 목적을 위해서 석탄을 사용하는

으며, 선박 건조가 늘어나서 목재가 고갈되었다. 국내 수요수준의 증가는 건설업의 신장을 가져왔고 이는 납 생산을 자극했다. 그러나 납 가격은 여전히 낮았는데, 이는 사실상 완만하게 성장하는 수요에 비해서 납의 생산량이 너무 빨리 늘어났다는 것을 가리키는 것 같다.[126] 굴드는 1600-1750년 시기에 식량 가격이 낮았는데, 이것의 실제적 중요성은 그로 인해서 직물 생산 비용이 줄어들었다는 데에 있었다고 추측한다.[127] 밀 수출의 경우와 마찬가지로, 여기서도 생산의 확장에 결정적인 요소는 세계시장에 대한 정부의 간섭이었다. 영국 정부는 오늘날 "수입대체" 정책이라고 부를 정책을 창설했다.[128] 일찍이 1675년에 이미 의회는 영국의 방직공들이 인도 무역에서 겪는 경쟁을 논의했고 동인도산 캘리코에 대해서 일정한 관세를 부과했다.

1690년대의 특정한 경제위기는 1696-1700년의 소위 캘리코 논쟁으로 이어졌는데, 이것은 결국 1700년에 페르시아, 인도 그리고 중국에서 날염된 캘리코의 수입을 금지하는 법을 제정하는 것으로 끝나게 되었다. 동인도회사와 영국 시장에 인도 상품을 판매하거나 그것을 가지고 작업하는 사람들이 반대했는데도 이 법은 제정되었다. 그러나 이 법이 모직물 제조업자들에게 도움이 되지는 않았는데, 그 이유는 캘리코를 영국에서 날염할 수 있었기 때문이다. 1719년의 (실업으로 인한) 방직공의 폭동은 날염 캘리코의 사용과 착용을

방법을 서둘러 찾게 했으며", 이것이 1688-98년 시기에 반사로의 발명으로 이어졌다고 주장한다. 그는 또한 "1714-63년 시기에 해군의 규모가 두 배로 커졌다"는 것을 상기시킨다. Kellenbenz(1974, 206-207 참조)는 일단 철 제련에서 석탄이 목탄을 대체하자, 철 생산 지역과 인구밀집 지역의 불일치가 사라졌다고 지적한다. 그리고 그는 단언하기를, 이것이 스웨덴에서 영국으로 철 생산이 현저하게 이동한 것을 설명해준다고 한다.

126) Burt(1969, 266) 참조.
127) Gould(1962, 320). 반대로 그는 경제활동의 상태에 대해서 농산물 수확의 변동이 차지하는 직접적이고 일정한 중요성을 인식하려는 어떠한 시도도 "위험스러운"(p. 319) 것으로 거부한다. 그는 그러한 변동이 가져올 수 있는 정반대의 결과를 지적한다. Wilson (1977a, 13)은 굴드의 주장을 그다지 신뢰하지 않는다 : "그러나 왕정복고에서 18세기 말의 산업화에 이르는 시기에 일어난 제조업의 확산이 생활필수품 전반의 가격수준의 안정과 심지어 하락에도 얼마나 많이 힘입었는지는 여전히 풀리지 않은 문제이다."
128) Ormrod(1975, 40) 참조. 주로 프랑스를 겨냥한 1678년의 대금령(great Prohibition)은 당시에는 한 전환점으로 생각되었다. Ashley(1897, 338).

(몇몇 예외를 제외하고) 금지하는 1720년의 사치금지법으로 이어졌다. 그런 법들의 시행이 가져온 효과가 제한적이었다는 것은 확실하다. 모슬린이 여전히 수입될 수 있었기 때문에, 많은 캘리코가 모슬린이라는 이름으로 수입되었고, 사라사 무명(chintz)이 밀수입되었다. 1735년에는 맨체스터 법(Manchester Act)이 영국에서 제조된 아마 단사와 원면의 날염상품들을 사치금지법에서 철회하고 엄밀하게 말하면 제외시켜서 사실상 면직물과 아마포 직물에 대하여 잉글랜드에서 제조된 경우 결국 합법적임을 인정했다.[129] 따라서 그런 입법이 미친 전반적인 영향은 영국 내에서 "캘리코를 대체하는 제조업을 장려한"[130] 것이었다.

그렇지만 아직 면직물의 시대가 도래한 것은 아니다. 왜냐하면 1773년에 이르기까지 소위 영국산 면직물은 사실상 무명 씨실, 즉 가로로 가로지른 무명실에 아마 날실, 즉 세로로 가로지른 아마실을 합친 직물이었다.[131] 아마포는 대부분 주로 독일과 아일랜드, 스코틀랜드에서 계속 수입되었다.[132] 독일산 아마포는 18세기를 경과하면서 점차 스코틀랜드와 아일랜드산 아마포에 자리를 내주었는데, 이것 역시 1660년에 시작되었고 그 이후 점차 더욱 엄격해진 정부의 정책 때문이었다.[133] 물론 1707년 이후 스코틀랜드는 영국의 일부가

---

129) P. J. Thomas(1963, 68, 101, 125, 139, 150, 163-164) 참조. 그런데도 모직물은 18세기 내내 여전히 영국의 주된 제조업이었고(Deane, 1957, 207) 1700년에서 1740-50년 사이에는 "두드러진 성장"기를 겪었다(p. 221).
130) Smelser(1959, 53). Heckscher(1935, I, 174-175)는 프랑스와 영국의 중상주의 정책 간의 차이가 영국이 수입대체를 장려한 것이었다고 주장한다. 그는 거기에 영국은 수입금지 조치를 사실상 엄격하게 시행하지 않았던 반면, 프랑스는 엄격하게 시행했다는 것을 덧붙여야 하며, 이것이 "아마도 가장 중요한" 것이라고 생각한다. 이에 대한 증거가 있는가? 아니면 이것은 단지 자유주의적(반프랑스적) 편견에 불과한가?
131) Warden(1864, 373) 참조.
132) 아마포의 수입의존도는 논쟁의 대상이 되고 있다. Harte(1973, 107)는 이렇게 주장한다 : "아마……스코틀랜드와 아일랜드로부터 수입되는 아마포의 전체 양보다 더 많은 아마포가 18세기에 국내 소비를 위해서 잉글랜드 자체에서 생산되었던 듯싶다." 그러나 국지적으로 생산되었던 것보다 더 많은 아마포가 모든 아마포 산지들로부터 수입되었고 스코틀랜드와 아일랜드산 아마포는 그 역할이 점점 더 증대했던 것 같다.
133) Harte(1973, 76). 또한 Davis(1962, 287-288)도 참조. "거의 모든 종류의 아마포에 대한 관세들이……1690년 이후 시기에 명목상 대략 두 배로 뛰어올랐다." Harte(1973,

되었다. 통합의 기본적인 결과는 잉글랜드산 모직물이 스코틀랜드산 모직물을 (가장 조잡한 종류를 제외하고) 대체했다는 것이었다. 그러나 그 대신에 스코틀랜드산 아마포는 잉글랜드에서 번성할 수 있었다.[134] 이것이 스코틀랜드의 지주-기업가들[135]에게 얼마나 이익이 되었는지에 대해서는 오랫동안 논쟁이 되어왔다. 아일랜드의 상황은 그보다 일방적이었다. 1689-91년의 윌리엄 3세 전쟁은 리머릭 조약으로 끝이 났는데, 이 조약은 왕의 권위가 식민지와 마찬가지로 아일랜드에서도 관철된다고 언명했다.[136] 그것이 아일랜드의 생산활동에 미친 영향은 직접적인 것이었다. 복고왕정 시기에 이미 아메리카 식민지와의 직접적인 무역관계를 대부분 금지시킴으로써 아일랜드의 산업을 축소시키는 조치들이 이루어졌다.[137] 1666년의 대육우법(Great Cattle Act)은 아일랜드의 다른 생산물을 영국 시장에서 배제시켜서 아일랜드가 영국에 대한 양모 수출에만 집중하도록 만들었다.[138]

---

78). 하티는 프랑스산 아마포가 직접적인 경쟁 때문에 타격을 받았던 반면 독일과 플랑드르 그리고 네덜란드산 아마포들은 "순전히 재정적인 이유로"(p. 97) 타격을 받았다고 주장한다. 그러나 하티 자신도 인정하듯이, "국가재정의 긴급성이 초래한 부작용, 즉 국가수입을 전쟁에 지불해야 할 필요성이 커짐으로서 발생한 부작용"(p. 76)이 거의 프랑스에 대해서 가해진 금지 관세들만큼이나 컸다는 것은 분명하다.

134) Gulvin(1971), H. Hamilton(1963, 255) 그리고 Durie(1973, 47) 참조. Campbell(1964, 477)은 이렇게 주장한다 : "다음과 같은 주장은 경제적으로 충분히 입증된다. 즉 1707년의 통합은 스코틀랜드의 경제가 잉글랜드와의 합병으로 인해서 머지 않아 다른 발전이 일어났을 때 자신의 생산물 시장이 보장되는 분야로 [특화할 것]을 확실히 했다는 것이다."

135) 지주-기업가라는 이런 결합은 Smout(1964a, 234)가 주장한 것인데, 그는 스코틀랜드의 사례가 산업혁명이 귀족에 대한 부르주아지의 승리였다는 "낡아빠진 단순화"를 "날카롭게 비꼬고 있다"고 지적한다. "18세기의 [스코틀랜드] 지주들은 중간계급과 나란히……새로운 종류의 역동적인 경제를 발전시키기 위해서 애썼다. 그리고 이것이 성공하자, 그들은 특권과 지도력이라는 자신의 수족을 스스로 비틀어 떼어버린 프랑켄슈타인이 되었다."

136) James(1973, 277) 참조. 그는 아일랜드가 아메리카 식민지보다 훨씬 더 식민지적 성격이 강했다고 주장한다. 그 이유는 "아일랜드 정부는 정복에 의존했고 쉽게 자신의 군사적 기원을 탈피할 수 없었기"(p. 290) 때문이다. Cullen(1968, 2, 46)은 잉글랜드 중심 체제 내에서 아일랜드의 역할이 이미 17세기에 "여러 측면에서 식민지적"이었다고 보고, 18세기에는 "잉글랜드에 대한 의존이 점차 커졌다"고 한다.

137) James(1973, 191-192) 참조.
138) Cullen(1968, 53) 참조.

명예혁명 이후에 영국인들은 훨씬 더 심한 조치를 취했다. 그들은 1699년 아일랜드 모직물법(Irish Woollen Act)을 제정하여 아일랜드의 모직물 산업을 파괴했다.[139] 이 법으로 인해서 아일랜드인들은 매우 열악한 임금구조를 감수하면서 영세 가내공업을 통한 아마포 생산으로 전환할 수밖에 없었다.[140] 제임스는 18세기에는 아일랜드도 스코틀랜드처럼 잉글랜드와 영국 식민지들에 수출하도록 허용되어 서인도 제도를 아일랜드산 식량상품의 주된 시장으로 얻었기 때문에, 이것이 아일랜드에 그렇게 나쁘지는 않았다고 주장한다.[141] 그러나 이런 주장은 그런 수출무역의 주된 수혜자들이 아일랜드 내의 잉글랜드계 대지주들이었다는 사실을 간과하고 있다. 힐의 다음과 같은 평가가 더 타당한 것 같다. "영국에게 세계 헤게모니를 제공한 항해조례 체제의 첫번째 희생자는 흑인 노예였지만, 그 다음의 희생자는 아일랜드였다."[142] 그러면 우리는 지금 바로 영국 정부가 1650-1750년 시기에(그리고 특히 1689년 이후에) 세계 제련 및 직물 생산에서 영국이 차지하는 몫을 확대하기 위해서 중상주의적 조치들을 어떻게 활용했는지를 보고 있는 것이다.[143] 모직물과 면직물은 잉글랜드의 몫으로 남겨졌지만, 스코틀랜드와 아일랜드는 아마포 생산에 참여할 수 있게 되었다.[144] 그래도 이러한 의심할 여지 없는 영국 공업생산

---

139) Kearny(1959) 참조. Cullen(1967, 2)은 모직물법이 육우법과 여러 항해조례들보다 그 결과가 심각하지는 않았지만 그것들보다 더 악명이 높았는데, 그 이유는 단지 영국의 무역을 통제하는 영국의 법이었던 후자들과는 달리 모직물법이 아일랜드의 수출을 겨냥해서 제정되었고 "아일랜드에 대해서 입법권을 행사하려는 영국 의회의 극악무도한 주장의 일례"였기 때문이었다고 생각한다.
140) Kellenbenz(1965, 385-386), Gill(1925, 31) 그리고 Warden(1864, 393) 참조.
141) "아일랜드인들은 잉글랜드 상인들에게 소를 파는 대신에 이제 세계 각처의 고객들에게 쇠고기와 돼지고기, 버터를 팔고 있었다." James(1963, 576). 또한 James(1973, 190-217)도 참조. 그러나 Cullen(1977, 171)은 항해조례의 중요한 부정적 영향을 이렇게 지적한다:"직접적인 식민지 무역의 결여와 재수출 무역의 결여는 정교한 금융기관의 필요성을 감소시켰다."
142) Hill(1969, 164).
143) Ralph Davis(1966, 306, 313, 317)는 1690년대가 영국에서 보호무역이 시작되었던 시기이고, "1722년까지 공업보호 정책이 명백하게 성립되어 인정받았으며" 그후 50년간에 걸쳐 확장되었다고 주장한다.
144) 그렇다고 하더라도, 1740-90년의 시기는 잉글랜드산 아마포 생산이 "현저하게 확대된

의 성장을 프랑스에서 일어난 것과 어떻게 비교할 것인가 하는 문제는 여전히 남아 있다.

앵베르는 프랑스의 산업자본이 앙시앵 레짐의 마지막 3세기 동안에 확실히 진보했지만, 영국의 산업자본이 이룬 진보보다는 못했다고 한다.[145] 프랑스는 처음에는 영국보다 앞서 있었고, 멘델스는 1700-50년 시기에 프랑스가 여전히 세계 최고의 공업국가였다고 생각한다.[146] 레옹은 비록 프랑스의 수출에서 제조업이 차지하는 비율이 18세기 내내 한결같았지만, 절대적인 양은 네 배가 되었다고 지적한다. 그리고 그는 이러한 수출지향적인 공업이 기술적으로 가장 선진적인 부문이었다고 한다.[147] 네프는 프랑스의 생산량이 1540-1640년 시기보다 1640-1740년 시기에 더 급속히 성장했으며, 영국의 성장률은 내전으로 둔화되었다가 1750년대에 다시 회복되었다고 주장한다. 따라서 그는 두 나라의 경제성장률이 수렴되었다고 생각한다.[148] 양적 통계가 빈약하고, 학자들은 서로간에 일치하지 않는데, 이것은 우리가 신중하게 논의를 진행시켜야 함을 의미한다. 아마도 이 왕정복고 이후의 시기와 콜베르 이후의 시기에 영국과 프랑스의 생산을 질적으로 또는 구조적으로 비교하는 것이 최선일 것이다. 커닝엄은 1892년에 이런 비교를 했다 :

시기"였다(Harte, 1973, 107). 그러나 Durie(1973, 37)는 이 시점에는 잉글랜드산 아마포가 수출시장에서 스코틀랜드산 아마포의 경쟁상대가 아니었다고 지적한다.

145) J. Imbert(1965, 385).
146) Mendels(1972, 258-259) 참조. 그리고 Markovitch(1968b, 579) 참조. 그러나 Léon (1970c, 528)은 전체 생산에서 공업이 차지하는 비율과 관련하여 프랑스가 영국에 뒤졌다고 본다. 그 비율은 18세기에 5분의 1 대 4분의 1이었다. 프랑스에 대하여 영국을 아주 열성적으로 지지하는 Heckscher(1935, I, 202-203)는 영국의 우월성이 양적인 것이 아니라 "기술적인" 것이라고 인정한다. 양적인 것이 아닌 이유는 무엇인가? 그 이유는 "프랑스 혁명의 발발 시기에 영국에서조차 산업화가 준비단계에서 거의 벗어나지 않았고 혁신들은 실제적이기보다는 잠재적이었기" 때문이다.
147) Léon(1970b, 229-230) 참조. C. E. Labrousse(1970, 704)는 이렇게 말한다 : "이미 활짝 꽃핀 18세기의 자본주의는 경쟁에서 낡은 봉건적 부문과 그 부문의 전통적 수입을 쉽게 능가했다."
148) Nef(1968, 149). Crouzet(1966, 268)는 1700-50년 시기 동안에는 이에 동의하나, 1750-1800년의 시기에는 영국과 프랑스의 상황이 역전되었다고 본다.

[1689-1776년의 시기] 대부분 동안에 곡물의 수출 및 수입과 관련하여 [영국에서] 아주 주목할 만한 정책[보조금제도]이 시행되었다.……이 노련한 정책수완에 매우 관심이 가는데, 그 이유는 그런 정책이 그 자체가 시행되는 중에 발생했던 농업개선 상의 거대한 진보를 야기한 것으로 보이기 때문이다.……이것이 영국에 고유했던, 중상주의 체제로 알려진 기획의 한 가지 핵심사항이었던 것 같다. 프랑스인들은 공업을 육성했고 네덜란드인들은 해운업을 육성했다. 영국인들은 농업의 발전을 촉진하는 방침을 취했다.……18세기에는 이러한 조치가 영국의 번영의 초석임이 입증되고 있었다.[149]

문득 두 가지 의문이 떠오른다. 이 시기에 영국 정부와 프랑스 정부의 정책들 간의 차이를 공업에 비해서 농업을 강조한 것의 차이로 보는 것이 옳은가? 이것이 뒤에 영국이 누리는 더 큰 번영을 설명해줄 수 있는가? 마르코비치의 최근 연구는 18세기에 두 나라의 농업 및 공업의 무역조건을 살펴봄으로써 커닝엄의 일반화를 확인하는 경향이 있다. 마르코비치는 프랑스에서는 공산품 가격이 농산물 가격보다 높았고, 영국에서는 정반대의 실정이었다고 본다.[150] 그렇게 될 수밖에 없었던 이유는 무엇인가? 아마도 그것은 각국 정부가 그렇게 되기를 원했기 때문일 것이다. 그리고 만약 그러하다면, 그것은 세계경제의 장기적 불황이라는 맥락 내에서 두 나라의 규모와 어떤 관련이 있지 않았을까? 영국의 국내시장도, 프랑스의 5대 징세청부구의 내부시장도 공업의 기계화를 향한 주된 추진력을 유지할 만큼 넓지는 않았다. 영국의 경우에 이것은 해외시장을 정복해야 함을 의미했고, 프랑스의 경우에 이것은 국가의 경제적 통합을 이루어야 함을 의미했다.[151]

---

149) Cunningham(1892, II, 371-372).
150) Markovitch(1968b, 578).
151) Richard Roehl(1976, 272)의 다음 글 참조 : "영국에서는 국내시장이 너무 작아서 산업혁명을 자연발생적으로 야기하고 유지할 수 없었고, 국내에서 창출된 총수요의 수준도 그러기에는 부적절했다. 프랑스는 훨씬 더 넓은 나라였다. 거기서는 국내수요가 산업혁명을 이루는 데에 필요한 양을 충족시켰고, 프랑스는 총수요를 보충하기 위해서 세계시장에 실질적으로 의존할 필요가 없었다. 영국은 혼자만으로는 국내시장이 너무 작아 산업화를 위한 확장된 추진력을 유지할 수 없다는 사실을 메꾸기 위해서 대신 국제수요를 이용해야 했다."

이 시기에 세계적으로 수요가 정체된 상태였음을 고려한다면, 영국인들에게는 제조업 상품보다 오히려 곡물을 수출하는 것이 주요 외국 시장들에 접근하고 궁극적으로 그것들을 통제하는 보다 확실한 방법이었을 것이다. 따라서 정부는 다른 방안들을 배제한 것은 아니지만 특히 곡물 보조금에 중점을 두었다. 프랑스의 상황은 달랐다. 프랑스 공업의 대부분은 포낭 지역에 있었는데, 이곳은 5대 징세청부구의 바깥에 위치했고 아메리카 대륙과 상업적으로 가장 밀접하게 연결되어 있었다. 포낭(Ponant) 지역의 기업가들은 프랑스의 나머지 지역에 자신의 상품을 파는 것이 홀란트에서 상품을 파는 것보다 더 어렵다는 것을 잘 알고 있었다. 그들은 홀란트와 상업적 연계를 유지하기 위해서 설탕 정제와 같은 산업들을 포기하고, 날염 면직물과 철제품을 대가로 서인도 제도산 막설탕을 홀란트에 팔기 시작했다.[152] 이리하여 포낭 지역이 홀란트의 교역상대가 되기 시작했는데, 이는 영국의 교역상대로서 포르투갈이 가진 지위와 비슷한 것이었다.

콜베르의 정책은 포낭 지역을 "통합하는"데에는 성공하지 못했지만, 그 지역이 포기하고 있던 공업을 다른 지역들에서 회복시켰다. 그 덕분에 프랑스는 포르투갈이 처했던 운명에 빠지지 않았다. 17세기 초에 포낭 지역은 직물업과 아마포 공업의 고장으로 부유한 지역이었다. 콜베르가 등장하면서 이것은 변하기 시작하여 (5대 징세청부구 내의) 북동부 지역과 아울러 랑그도크에서 공업이 성장했다.[153] 1700-50년 시기에 모직물 생산에서 북동부 지역이 차

---

152) Boulle(1975, 73) 참조. 네덜란드인들은 대신에 낭트 상인들이 노예무역을 하는 데에 도움을 주었다(Boulle, 1972, 76-80 참조). Huetz de Lemps(1975, 614)는 보르도 상인들에게도 같은 일이 있었다고 지적한다. "아마 보르도의 경제생활이 그만큼 네덜란드 상인들에게 의존적이었던 적은 결코 없을 것이다." Morineau(1969a, 326)는 프랑스의 바스크 지역, 특히 베욘이 네덜란드와 에스파냐 간의 합법, 비합법 무역에서 중개지로서 핵심적인 역할을 했다고 한다.

153) Léon(1970c, 525-526) 참조. 또한 Le Roy Ladurie(1974a, 155)도 참조. 물론 포낭 지역과 마찬가지로 랑그도크도 5대 징세청부구의 밖에 있었지만, 랑그도크의 수출시장은 주로 지중해였고, 여기서는 프랑스가 지리적 이유로 영국 및 네덜란드와 더 잘 경쟁할 수 있었다. Carrière(1974, 169)는 1689년 이후 랑그도크와 마르세유가 공생관계에 있었다고 한다.

지하는 비중은 55퍼센트였고 남부지역이 차지하는 비중은 20퍼센트였는데, 서부지역이 차지하는 비중은 4퍼센트로 떨어졌다.[154] 공업에 대한 프랑스의 강조는 긴급한 필요성에 따른 것이었고, 장기적으로 보아서 그런 강조는 성공적이었다. 콜베르의 정책이 나폴레옹 시대에 마침내 완수되었을 때, 그러한 정책의 실행에 필요한 공업기반은 보존되었다. "자유방임과 자유통행"이라는 구호는 원래 중상주의적 프랑스 내에 있는 장벽들을 폐지하려는 생각과 관련된 것이었다.[155]

1700-50년 시기에 영국이 농산물 수출을 더 강조했다는 사실이 과연 그 이후 세기에 영국이 거둔 경제적 승리를 설명할 수 있을까?[156] 아마도 오직 간접적으로만 그럴 수 있을 것이다. 영국은 (마침 이 시기에는 주로 곡물 무역이었던) 대외무역을 강조했기 때문에 해군과 식민지에 중점을 두게 되었고, 해군과 식민지에 대한 강조는 곧 영국이 프랑스와의 장기적 투쟁에서 군사적 승리를 거둘 수 있게 했다. 프랑스 국가가 국내의 장애들을 극복하는 데에 매달려 있는 동안에 영국 국가가 프랑스를 앞질러버린 것이다. 그것은 결코 자유주의의 승리가 아니라 강한 국가의 승리였다. 그러나 그 강한 국가가 지닌 힘은 필요에 따른 결과였다. 영국과 프랑스의 생산력이 어떠했는지는 이전의 헤게모니 세력인 네덜란드 공화국의 생산력과 비교해보면 가장 잘 평가될 수 있다. 17세기 내내 네덜란드의 생산비용은 영국과 프랑스의 생산비용에 비하여 상승했고, 그런 차이는 1700년 무렵에는 뚜렷해졌다.[157] 이런 비용의 상승

---

154) Markovitch(1968b, 556) 참조.
155) Bosher(1964, 66-69) 참조.
156) 영국 국민이 결국 보유하게 된 부는 18세기 초의 상황이 어떠했는지에 대한 J. H. Plumb(1966, 28)의 다음과 같은 평가를 전제로 하여 판단되어야 한다 : "1714년에 잉글랜드는 소규모 읍들(towns)로 이루어져 있고 인구가 분산되어 있는 나라였다. 그 국민들이 가진 부는 프랑스나 네덜란드 국민이 가진 부와 비교될 수 없었다."
157) Wilson(1968, 236) 참조. 그는 "1700년경 영국인들이 네덜란드 상품의 비용과 품질에 대해서 불평하기 시작했다"고 한다. Roessingh(1976, 501-502)은 영국의 담배 제조업에 비하여 네덜란드의 담배 제조업이 쇠퇴한 것이 1720년대부터라고 본다. Boxer(1964, 149)는 1730년대 무렵에 영국인 배 목수들이 네덜란드인들에게 개선된 기술을 가르치고 있었다고 한다. Carrière(1974, 172)는 1700년 당시 프랑스 남부의 생산량이 상승한 것이 지중해에서 네덜란드인들(또한 영국인들 역시)이 쇠퇴한 것과 대응한다고 주장한다.

은 보통 헤게모니에 수반되는 두 가지 특징들로 인한 것이었다. 그 두 가지 특징이란 조세부담의 증대[158]와 임금수준의 상승[159]인데, 특히 임금수준의 상승은 노동집약형 산업부문(이 경우에는 직물업과 조선업, 양조업)에 타격을 주었다.[160] 네덜란드 자본주의는 네덜란드산 상품의 경쟁력이 세계시장에서 상대적으로 떨어진 정도 만큼, 대외투자에서 얻는 수입에 의존하여 여전히 유지될 수 있었다. 따라서 네덜란드의 쇠퇴는 절대적인 것이 아니라 단지 영국과 프랑스에 비하여 상대적인 것이었다.[161]

영국과 프랑스에서 일어난 생산형태의 완만한 변화(그리고 에스파냐 및 포르투갈의 쇠퇴는 물론이고 연속적인 네덜란드의 상대적 쇠퇴)는 새로운 상업형태로 이어졌거나, 또는 적어도 이전에 존재하던 일부 경향들을 부각시켰다. 1660-1700년 시기에 영국은 식민지 상품의 재수출을 위한 주된 화물집산지로 등장했다. 그러나 여전히 세계경제에서 해상무역은 "성격상 유럽 대륙이 압도하고" 있었고 네덜란드인들이 주로 장악하고 있는 실정이었다. 그렇지만

---

158) Barkhausen(1974, 246) 참조. Wilson(1969b, 120)도 참조. 윌슨은 이 시기에 네덜란드인들이 지불한 조세의 규모가 영국인과 프랑스인들보다 대략 세 배는 더 컸다는 것을 보여주는 통계를 제시한다.
159) Swart(1975, 47)과 J. de Vries(1975, 56) 참조. 데 브리스는 이렇게 말한다 : "네덜란드 공화국 내의 대규모 자선구제 사업은 실업과 노동력 부족을 동시에 발생하게 [만들면서], 많은 고용주들이 일정 유형의 일들에 지급하려는 것보다 더 높은 임금을 지급하게 했다."
160) Kossmann(1975a, 53). 이것은 환경적 재난들과 결합되었는데, 그 재난들이란 제방의 말뚝을 파괴했던 좀조개(Teredo Navalis)와 수질오염을 말한다. 수질오염으로 인해서 직물 마무리업자들은 염색에 이용할 깨끗한 물을 수입해야 했다. Knoppers(1975b), Carter (1975a, 67) 그리고 Van Veen(1950, 73) 참조. 1731년 이후 네덜란드인들은 돌 제방을 이용했지만, 여기에는 상당히 많은 비용이 들었다.
161) Morineau(1965, 170)와 Klein(1970, 33) 참조. Hazard(1964, 96)는 그것을 다음과 같이 잘 묘사하고 있다 : "홀란트는 번영했고, 강력했다. 설사 상업분야에서 홀란트가 영국과 경쟁했다고 할지라도, 설사 1688년 이후 홀란트가 큰 배 옆에 붙어 있는 작은 배처럼 보이기 시작했다고 할지라도, 그리고 설사 홀란트가 자신을 거대한 해상 및 식민지 세력으로 만들었던 투지에 찬 모험정신을 점차 상실했다고 할지라도, 홀란트가 그와 같은 상황변화로 무력해졌다고 생각해서는 안 된다. 그래도 홀란트는 부유했고, 부의 즐거움을 누리고 있었다."

특히 1700년 이후 영국의 경제적 팽창의 방향은 현저하게 서쪽의 새로운 식민지 무역으로 향했다. 그리고 이것을 이용하여 영국은 네덜란드인들을 성공적으로 대신하고자 했다.[162] 영국과 프랑스 사이에 여러 전쟁들이 벌어진 1689-1713년의 시기는 영국 내에서 중상주의적 무역정책이 가져다주는 이익에 대한 공개적인 논쟁이 등장한 것으로 특징지어졌다. 한편으로 영국의 1696년의 항해조례와 정부 내 무역국의 설립은 무역과정에 대한 정부 방침에 새로운 수준의 진지함이 나타났음을 의미했다.[163] 다른 한편 보다 자유로운 무역에 대한 요구와 중상주의 정책을 수정하라는 요구가 나오고 있었다.[164] 어떤 입장이든 다른 쪽을 압도할 정도로 강력하지는 않았는데, 그것은 바로 세계경제에서 영국이 더욱 강력해지고는 있었지만 아직 헤게모니를 장악하지는 못했다는 사실을 반영했다.[165]

18세기 전반의 서방무역에서 가장 중요한 것은 설탕이었고,[166] 설탕을 생산하는 노예들이 두번째로 중요했다.[167] 영국은 1700년 당시에는 분명히 세계 설탕무역을 지배했지만, 1750년 무렵에는 설탕무역의 주도권이 프랑스로 넘어갔다.[168] 이러한 변화를 가장 잘 설명하기 위해서는 연안지역의 지력 고갈

---

162) Wilson(1957b, 27-28). "18세기 중반 수십 년 동안 줄곧 영국 수출무역의 주된 역동적 요소는……식민지 무역이었다." Davis(1962, 290).
163) Clark(1923, 135-137), Andrews(1929, 285), Ogg(1970, 261) 그리고 Hoffenden(1970, 490-491) 참조.
164) Cherry(1953, 119) 참조.
165) 영국 정부의 정치적 입장이 동요한 것은 의심할 여지 없이 경제적 현실의 유동성을 반영한 것이었다. "18세기 전반에 [세계무역에서] 이루어진 그다지 크지 않은 진보는 최초의 20년 또는 25년 동안에 일어난 듯하다. 그리고 그런 움직임은 그후 약 20년 동안 저지되었고 이후에 훨씬 더 강력하고 여러 방면에 걸치는 확장의 파고가 있었던 것 같다. 이 확장의 파고는 1740년대에 시작되어 갈수록 점점 더 탄력성을 얻게 되었다." Deane & Cole(1962, 61).
166) Moreno Fraginals(1978, I, 22)는 설탕을 "세계에서 첫째 가는 기본 생산물, 즉 국제 상업거래의 전체 가치에서 첫째 자리를 차지하는 상품"이라고 한다.
167) "유럽과 아메리카에서 노예무역이 가진 중요성은 특별난 수익성 —— 그것은 거의 신화에 가까웠다 —— 에 있는 것이 아니라 노예가 카리브 해의 열대경제를 유지하는 데에 절대 필요한 존재였다는 데 있었다." Davis(1973b, 137).
168) "1701-25년 시기에, [프랑스의] 전진은 너무나 빨라서……프랑스인들이 자국에 설탕을

로 인해서 생산비용이 증대했던 자메이카와, 프랑스 지배하의 상대적으로 새로운 설탕 생산지들을 비교해야 할 것이다.[169] 이것은 프랑스가 영국과의 경쟁에서 앞섰다는 것을 의미하는가? 전혀 아니다. 왜냐하면 빌라르가 지적하는 것처럼, 18세기에 프랑스의 대외무역이 "아메리카화"되었지만, 영국의 대외무역은 "세계화"되었기 때문이다.[170] 영국은 설탕무역에서 손해본 것을 다른 곳에서, 무엇보다도 노예무역에서 메꾸었다. 아프리카 노예무역을 둘러싼 17세기의 쟁탈과정에서, 처음에는 네덜란드인들이 당시 그들의 역할에 걸맞게 가장 강력했다.[171] 핵심적인 시장은 에스파냐의 식민지들이었고, 그러므로 이것은 1662년에 부활된 제도인 아시엔토권을 둘러싼 경쟁이었다.[172]

영국에서는, 왕립 아프리카 회사(Royal Africa Company)가 1663년에 시작된 노예무역을 독점했다.[173] 처음에는 세계 설탕 불황으로 인해서 이윤이

공급했을 뿐만 아니라 대륙시장에서도, 특히 함부르크, 플랑드르, 홀란트, 에스파냐에서 영국인들보다 싼 값으로 설탕을 팔 정도였다. 그리고 지브롤터 해협에서도 포르투갈과 [함께 프랑스인들은] 레반트 지역에 브라질산 설탕을 제공했다." Andrews(1915, 550). 영국의 설탕 재수출은 점차 쇠퇴했다. 1698-1700년 시기에 전체 재수출량에서 설탕 재수출이 차지하는 비중은 37.5퍼센트였는데, 1733-37년 시기까지 4.2퍼센트로 하락했다 (Sheridan, 1957, 64 참조). 그동안에 그것은 "프랑스의 가장 역동적인 경제부문"이었다 (Boulle, 1972, 71). 또한 Moreno Fraginals(1978, I, 27)와 Léon & Carrière(1970, 197) 도 참조.

169) Moreno Fraginals(1978, I, 32-34)는 이러한 "경제적이고 기술적인 요소들"의 전환점을 1730년경으로 잡는다. 이것은 Andrews(1915, 772)가 비영국산 설탕을 영국이나 그 식민지들로 수입하는 것을 금지하는 법안이 통과되지 못했던 1731년을 영국 정책의 획기적인 전환점으로 잡는 것과 상당한 관계가 있다. L. P. May(1930, 163)가 1673-1757년 시기에 마르티니크 섬에서 프랑스의 보호주의가 서서히 붕괴했다고 한탄한 것은 설탕의 위력을 보여주는 것일 수 있다.
170) Vilar(1974, 323). 그러나 프랑스의 무역은 절대적인 면에서 확장하고 있었다. Romano (1957, II, 1278)는 18세기에 전쟁기간을 제외하고 "프랑스의 상업활동이 견실하고 구조적으로 양호한 상태에 있었다"고 한다.
171) K. G. Davies(1957, 2). 다른 경쟁국들로는 포르투갈과 프랑스, 잉글랜드, 스웨덴, 덴마크, 브란덴부르크 그리고 스코틀랜드가 있었다.
172) K. G. Davies(1957, 13) 참조.
173) 그 독점권은 왕립 아프리카 모험회사(Company of Royal Adventures into Africa)의 것이었는데, 그것을 1672년에 왕립 아프리카 회사가 계승했다(Dunn, 1972, 20 참조).

낮았지만, 이것은 1689년에 전쟁의 결과로 변화했다.[174] 이 영국 회사는 영국 식민지에서 독점판매권을 가졌고, 또한 항해조례로부터도 면제되어 영국령 카리브 해의 항구들(에스파냐령 항구들은 영국인 노예상들에게 폐쇄되어 있었다)에서 에스파냐 구매자들에게 노예를 팔았다. 거기서 에스파냐 상인들은 자신이 구입한 노예를 에스파냐 선박으로 옮길 수 있었다. 이로 인해서 그 회사는 에스파냐인들에 대한 노예 매각이 노예 가격을 상승시키고 에스파냐인들의 경쟁력을 증가시킨다고 본 영국인 농장주들의 공격을 받았다.[175] 농장주들은 노예의 자유무역을 요구했고, 그 회사의 독점은 아프리카 노예무역이 공익사업의 성격을 띤다는 주장에도 불구하고 1698년에 사실상 종식되었다.[176] 그래도 영국 정부가 보기에, 노예무역으로부터 얻는 이윤을 지켜야 한다는 주장도 설탕 재배에서 얻는 이윤을 지켜야 한다는 것만큼이나 정당한 것 같았다. 정부가 양측을 다 만족시킬 수 있는 유일한 방법은 "에스파냐령 아메리카로의 노예 공급을 위한 별도의 계약"[177]을, 요컨대 앞서 보았듯이 1713년에 획득한 아시엔토권을 확보하는 것이었다.

영국인 농장주들은 노예의 자유무역을 얻었지만, 영국인 노예상들은 에스파냐 시장을 얻었다. 농장주들은 이러한 타협이 노예상들에게 좀더 유리하다고 생각했다.[178] 게다가 자메이카가 노예 집산지라는 사실에서 이익을 얻었던 자메이카 섬에 살고 있던 모든 사람들이 이제 남해회사가 에스파냐령 항구에

---

174) K. G. Davies(1957, 335-343) 참조.
175) Parry(1961, 175) 참조.
176) Waddell(1960, 9).
177) Parry(1961, 176).
178) Rich(1967, 356) 참조. 그는 위트레흐트 조약의 아시엔토권 조항과 관련하여 [농장주의 이해를 대변하던/옮긴이] Malachi Postlethwayte의 다음과 같은 말을 인용한다 : "그보다 더 국민에게 보잘것없는 이익을 주고자 도모된 조약은 있을 수 없었다." 염두에 둬야 할 것은 농장주들이 1648년에 그들이 원하던 독점권의 폐지를 얻은 반면, 노예주들은 1713년에 아시엔토권을 얻었다는 사실이다. 그 사이에 자메이카로의 노예 수입량은 세 배로 커졌고 전체 인구도 두 배로 증가했다. "따라서 위트레흐트 평화조약으로 프랑스인들과 벌인 일련의 전쟁들이 종결되었을 때, 자메이카는 대농장주들에 의해서 전적으로 지배되는 모범적으로 균형잡힌 설탕 세계로 마침내 알려졌다." Dunn(1972, 165). 그러므로 그들은 오로지 자신들의 강력한 지위를 지킬 수밖에 없었다.

직접 갈 수 있다는 것을 슬퍼했다.[179] 또한 아시엔토권은 아메리카 대륙에서 프랑스의 비합법무역을 심각하게 방해했고, 프랑스인들은 에스파냐령 아메리카와 이전에 행하던 보다 이윤이 적게 남는 무역방식으로 후퇴해야 했다. 그것은 프랑스인들이 에스파냐 상인들에게 상품을 넘기면 그들이 에스파냐 선박으로 그 상품을 재수출하는 방식이었다.[180] 반대로, 영국인들은 세 가지 다

---

179) 아시엔토권은 "[자메이카가] 자신의 특권이라고 여긴 무역에 손상을 입혔다." Donnan (1930, 442). 도넌은 1731년에 런던에서 나온 한 책 「이 왕국에 대해서 아메리카의 영국 플랜테이션이 가진 중요성(*Importance of the British Plantations in America to this Kingdom*)」을 인용한다 : "자메이카 섬은 1716년 바로 그 해까지 번성했다. 그리고 상당한 규모의 무역이 행해졌는데, 그것은 액수 면에서 거의 최고 수준에 이르렀다. 그리고 그들은 그 무역에서 1,200-1,500명의 사람들을 고용했다. 자메이카의 무역은 거기서 돈을 쓰는 많은 사람들에게서 나온 이익을 그들에게 확보해주는 것이면서 아울러 그들의 기회를 크게 지켜주는 것이었다. 그리고 실제로 이들 중의 적지 않은 수가 거기서 결혼하거나 태어났다는 점에서 정확히 주민이었다. 그러나 1716년에 아시엔토 대리상들이 서인도 제도에 정착하면서, 그 섬에 그렇게 막대한 이익을 가져다주었고 그들이 매달 25-30퍼센트를 얻을 수 있었고 일년에 보통 30만-40만 정의 권총을 들여올 수 있었던 그 무역이 완전히 파괴되지는 않았지만 그 영향을 받아 아주 하찮고 더욱 불안정해졌다. 그래서 이제 아시엔토 회사와 사적인 상인들 전부가 예전에 고용되었던 사람들의 반 정도밖에 고용하지 못하고 있다고 생각된다. 이것이 자메이카 섬에 미친 악영향은 보고 느낄 수 있다."
아시엔토권은 합법적으로 노예무역에 참가하여 이익을 얻었던 자메이카 사람들만이 아니라 또한 해적에게도 손해를 입혔다 : "해적의 생계가 에스파냐 선박을 탈취할 기회에 달려 있었기에, 해적들은 자메이카인과 에스파냐인들 사이에 안전하고 반(半)합법적인 [노예]무역이 성장하는 것을 아주 불안하게 바라보았다." Nettels(1931b, 6). 따라서 해적들은 농장주들과 힘을 합쳐 "아시엔토 상인들(assientists)"에 반대했다. 해적들의 이러한 불만은 심각한 결과를 가져왔는데, 이에 대해서 Pares(1963, 17)는 이렇게 지적한다 : "해적들의 실업사태가 윌리엄 왕 전쟁과 에스파냐 왕위계승 전쟁 이후에 전 세계에 걸친 해적행위의 창궐을 가져왔다는 것이 일반적으로 인정된다. 게다가 위트레흐트 조약 이후 아메리카에 있던 영국 및 에스파냐의 선원들은 장기적인 두 전쟁의 전통만이 아니라 사소한 전투행위와 약탈의 전통마저도 잊도록 요구받았다. 실제로 주목할 만한 것은 그들이 한동안 자신들이 익숙해 있던 적대행위와 약탈행위를 계속했을 것이라는 사실이 아니라 어쨌든 그들이 마침내 잠잠해졌다는 사실이다."
180) Penson(1929, 345) 참조. 어쨌든 프랑스인들은 밀무역에서 썩 재미를 보지 못하고 있었다. Pares(1960, 132)의 다음 글 참조 : "밀무역에서 프랑스인들이 비교적 실패한 것은 네덜란드인과 영국인들이 그들보다 더 싼 값에 물건을 팔았기 때문이라는 것이 아마도 가장 적절한 설명일 것이다.······ 경쟁에서 프랑스인들을 방해한 것은 과도한 이윤욕이라

른 방식을 사용하여 에스파냐인들과의 무역에서 이윤을 끌어내었다. 프랑스인들과 마찬가지로 영국인들도 에스파냐를 매개로 하여 무역을 했지만, 그들은 또한 남해회사에 일 년 단위로 허용된 선박과 자메이카를 경유하는 불법적이지만 어느 정도 보호를 받던 무역을 통해서도 교역을 행했다.[181] 에스파냐의 상선대는 사라지고 있었고,[182] 얼마간 남아 있는 선박에 대해서도 영국인들은 이제 선박저당 융자라는 보이지 않은 품목에서 이익을 얻었다.[183]

17세기 초에 프랑스인들은 지중해 무역에서 영국보다 더 큰 역할을 하고 있었다(마송은 프랑스의 역할이 압도적이었다고 한다[184]). 지중해 무역에 대한 영국의 참여도는 17세기 동안 꾸준히 증대했지만,[185] 1689-1713년의 전쟁기 동안에는 떨어졌다. 한편으로 프랑스의 외교적인 성과가 있었다. 1690년에 프랑스는 바르바리(Barbary : 이집트 서부에서 대서양 연안에 걸치는 아프리카 북부지역/옮긴이)의 해적들이 프랑스의 상업행위에 대해서 공격하지 않도록

기보다는 오히려 과도한 경상경비였다. 프랑스 선박의 항해에는 영국보다 더 많은 비용이 든 것 같고, 만약······프랑스 선박이 이 무역에서 더 많은 무장을 하고 더 많은 선원을 실었다면 영국에 유리한 그 차이는 강조되어야 할 것이다. 왜냐하면 특히 영국인들은 호위선을 이용해서 때때로 에스파냐 연안경비대(Guarda-Costas)라는 프랑스에 맞먹는 위험에서 벗어났기 때문이다." 프랑스의 높은 운송비용은 18세기 내내 제약으로 작용했다. Knoppers(1977b, 1)는 이렇게 지적한다. 1785년에 "프랑스 해군에 대한 목재 공급계약을 확보한 프랑스 상인들이 프랑스 북유럽 회사(Compagnie française du Nord)를 설립했다. 그러나 민족주의적인 고려 때문에 비프랑스 국적의 선박이 훨씬 낮은 운송가격을 제시한다는 것을 모른 채 할 수는 없었다. 프랑스 해군은 1786년에 그 회사와의 계약을 취소하고 대신에 네덜란드 해운업자들과 계약을 맺었다."

181) H. E. S. Fisher(1963, 219) 참조.
182) Haring(1947, 335-347) 참조.
183) John(1953, 154) 참조. 그런데도, 어떤 학자들은 상업상의 이점들이 과대평가되었다고 주장한다. McLachlan(1940, 28)은 심지어 그런 이점들이 망상이라고까지 한다. 그러나 만약 그러하다면, 에스파냐인들이 왜 그렇게 계속해서 남해회사가 수익을 올리는 것에 제대로 대응하지 못했는지를 이해하기 어렵다. Hildner(1938, 322-323) 참조. 게다가 일단 1748년의 엑스-라-샤펠 조약과 1750년의 마드리드 조약 이후 아시엔토권이 포기되자, 영국인들은 그후 안정된 무역이익을 통해서 자신들의 우위를 유지하는 것 같았다. Scelle(1910, 658) 참조.
184) Masson(1967a, 522) 참조.
185) Cernovodeanu(1967, 457) 참조.

하겠다는 내용의 조약을 알제리와 맺었다. 그런데 이 해적들은 같은 시기에 계속해서 다른 열강들의 무역을 위협했다.[186] 프랑스는 또한 이집트에서 독점적 지위도 획득했다(이것은 루이 14세가 1697년에 투르크 동맹자들의 조언을 듣지 않은 채 레이스베이크 조약에 서명했을 때 상실하게 된다).[187] 전체적으로 보아서 레반트 지역과의 무역에 대한 프랑스의 참여도는 명백히 급증했다.[188] 프랑스의 참여도가 신장된 근본적인 이유는 프랑스산 직물의 질이 좋거나 적어도 이 시기에 레반트 지역에 제공되던 영국산의 중간수준 직물에 비해서 프랑스산 직물의 질이 더 좋았기 때문인 것 같다.[189] 프랑스의 무역은 공식적으로 그리고 실제로도 마르세유가 독점했다.[190] 또한 그런 까닭에 마르세유는 레반트 지역과 북아프리카에서 생산된 여러 상품들을 재수출하는 중심지가 될 수 있었다.[191] 그런데도 오스만 투르크는 여전히 기본적으로 세계경제의 외부지역이었고,[192] 따라서 오스만 투르크와의 무역이 프랑스의 (그리고 실제로 서유럽의) 전체 상업활동에서 차지하는 중요도는 점차 증가하기보다는 오히려 감소하고 있었다.[193]

17세기 말에 유럽과 아시아 간의 무역에서는 주요 상품이 후추와 향신료에

---

186) Bono(1964, 51-61) 참조. 프랑스는 또한 1687년에 트리폴리와도 조약을 체결했다.
187) Paris(1957, 91) 참조. 프랑스와 투르크 왕조 간의 외교관계는 이후 1세기 동안 부침을 거듭했다(1957, 91-100 참조).
188) Stoianovich(1974, 80)는 "1680-1720년 시기부터 알레포(Aleppo : 시리아 서북부의 도시. 고대 이래 동방과 서방의 교통요지/옮긴이)에서 영국의 상업이 붕괴했다"고 한다. Masson(1967b, 367)은 그것을 "심지어 프랑스인들도 놀라게 한 거의 예기치 못한 방향 전환"이라고 한다.
189) Stoianovich(1974, 86, 100), Masson(1967b, 370) 그리고 Paris(1957, 100) 참조.
190) Paris(1957, 12-15, 30-36) 참조.
191) Paris(1957, 5-6) 참조.
192) Neguev(1975, 11)는 18세기 말부터 비로소 그 지역이 세계경제로 포섭되었다고 본다. Paris(1957, 80)는 그 이전에는 "유럽 상인들이 투르크 왕조에 크게 의존했고, 따라서 자국의 군주와 투르크 왕조 간의 관계에 크게 의존했다"고 지적한다.
193) 17세기 초에 프랑스의 대외무역에서 레반트 지역과의 무역이 50퍼센트를 차지한 데 반해서, 1789년 무렵에는 그것이 5퍼센트에 불과했다. 1750년 당시 이 비율은 아메리카 대륙 및 에스파냐와의 무역이 차지하는 비율보다 훨씬 낮았고, 다만 홀란트와의 무역이 차지하는 비율과는 비슷했다(Masson, 1967b, 429 참조).

서 다른 사치품으로 이동하는 완만한 변화가 일어나기 시작했다. 거기서 거래된 주요 품목은 인도산 직물, 중국산과 벵골산 및 페르시아산 비단, 중국풍의 사치품들(칠기, 자기 등),[194] 그리고 처음에는 역시 사치품이었던 차와 커피 등이었다.[195] 이렇게 성장하고 있던 대 아시아 무역은 아직 인도양 지역을 본질적으로 세계경제에 편입하여 주변부화하지는 않았다. 일례를 들면, 직물 생산의 증대가 "제조기술상의 어떤 의미심장한 변화도 수반하지"[196] 않았고, 또한 그러므로 (아직은) 사회적 생산관계상에 어떤 의미심장한 변화도 수반하지 않았다. 유럽 열강들이 변화를 강제할 만한 자리를 차지하기 시작하고 있었다는 것은 확실하다. 1674년에 영국 동인도회사는 마라타인들(Mahrattas : 인도 서부 및 중부의 호전적 민족/옮긴이)과 동맹을 맺었고, 1684년에는 봄베이를 요새화하여 "울타리 없는 상관"(무역거점이라는 의미에서의 상관) 정책을 마감했다. 서덜랜드는 이를 두고 "아주 중요한 결과를 빚어낸 작은 실마리"[197]였다고 한다. 이러한 유럽적 이해관계의 증대는 유럽 내의 경쟁을 격화시키게 되었고, 유럽 내의 경쟁은 프랑스가 영국에게서 마드라스를 빼앗은

---

194) Boxer(1965, 199), Vilar(1974, 345) 그리고 Glamann (1974, 447 이하) 참조. 빌라르는 1765년경까지는 상업이 일방적으로 행해졌다고 한다(pp. 345, 354 참조).
195) Boxer(1965, 174-178)와 Glamann(1958, 14) 참조. 이러한 품목들이 유럽에서 인기를 끌게 되자, 유럽 내에서 보다 싼 값의 모조품들이 나타나기 시작했다. 17세기 중반경의 델프트 도기, 1709년의 마이센 자기 그리고 18세기 영국의 캘리코 등이 그런 예들이다. 물론 차와 커피는 유럽에서 재배가 불가능했지만, 차의 폭발적 수요가 일어나기 시작한 것은 1734년부터였고 커피는 훨씬 더 늦었다.
196) Boxer(1965, 197). 그렇더라도 무역량의 증가는 한 계기로 작용했다. 일례로, 인도산 직물 생산의 증대는 영국 동인도회사에 의해서 적극적으로 장려되었는데, 이로 인해서 동인도회사는 1696년과 1699년에 의회에서 영국의 모직물과 견직물 제조업자들의 강력한 공격을 받았다(P. J. Thomas, 1963, 39 참조). Leuilliot(1970, 260)는 이 계기로 인한 결과를 이렇게 지적한다 : "비록 인도산 면직물과 모슬린을 유럽으로 들여온 것이 처음에는 보호주의적 대응을 야기하여 1686년에 프랑스에서, 1700년에 베네치아와 플랑드르에서, 1701년에는 (그리고 1721년에는 날염 캘리코에 대해서도) 영국에서 수입금지되었지만, 또한 그것은 아프리카 노예무역과 연결된 신세계의 식민화에 의해서도 영향을 받은 면직업을 자극했다. 인도산 상품에 대한 이런 모방의 성장은 영국 및 독일, 네덜란드, 프랑스에서 약간의 편차를 두고 동시적으로 일어났다."
197) Sutherland(1952, 3).

1746년 이후 전쟁의 양상을 띠었다. 이후 그리고 유럽 내의 일시적인 평화에도 불구하고 보이지 않는 알력이 계속되었다.[198] 이런 알력은 1763년 파리 조약 이후에야 영국이 최종적으로 패권을 장악하면서 종식되었다.

그렇지만, 아시아와의 무역에 대한 유럽의 이해가 커지고 있었다고 하더라도,[199] 아시아는 여전히 세계경제의 외부지역이었다. 핵심부 국가들은 모두 1600년에서 1750년까지 세계의 광대한 지역에서 조금씩 아주 느리게 식민지나 반식민지를 거느리는 열강이 되어갔다. 핵심부 국가들은 (정주 식민지를 통해서 시장을 확장할 수 있었던) 북아메리카[200]와 (수지가 맞는 설탕 공급을 얻을 수 있었던) 서인도 제도에 대해서는 적극적이었지만, 인도양 지역과 아프리카 해안지역 그리고 이슬람권 지중해에 대해서는 거의 내켜하지 않았다. 때때로 이들 지역에도 유럽의 직접적인 정치권력이 침입했지만, 그것은 보통 경쟁국의 요구나 위협에 대처하여 유리한 위치를 선점하기 위해서 이루어졌다. 유럽적 견지에서 보아 이들 지역과 교환된 상품에서 사치품이 차지하는 비중은 완만하게 낮아졌다. 그러나 18세기 중반 세계경제가 급신장해서야 비로소 이들 지역의 진정한 주변부화가 시작되었고, 심지어 그때도 주변부화는 인도와 인도네시아 같은 경제적으로 가장 유망한 지역들에서 먼저 일어났다.[201] 1689

---

198) Sutherland(1952, 48).
199) Léon(1970a, 128)은 1650-1750년 시기에 "[유럽의] 대규모 상업이해의 중심이 아시아로 이동했다"고 하는데, 내가 보기에 이것은 사실을 과장하고 있는 것 같다.
200) 그러나 나는 북아메리카의 모피 거래 지역, 주로 캐나다를 세계경제의 외부지역으로 두고 싶다. Lawson(1943, 2)은 모피를 "사치스러운 수요"였다고 한다. 또한 Glenday (1975, 특히 24-35)도 참조. K. G. Davies(1974, 168)는 모피가 사치품으로 출발했다고 하지만, 비버 모피 모자가 "모피를 대중화"했다고, 즉 모피를 부르주아의 가격범위로 가져왔다고 본다. 그는 1600년에는 모피가 "어쩌다 한 번씩" 들어왔지만, 1650년에는 "다량으로" 흘러들어왔고 1700년에는 "넘칠 정도로 많이" 들어왔다고 한다(p. 174). Rich (1966, 26)는 모피가 1696년 무렵에 과잉생산되었다고 본다. 그렇지만 18세기에 영국 의회에서 제시된 코벳의 견해를 염두에 두어야 할 것이다. 그는 80만 파운드의 군비가 5만 파운드의 가치를 지닌 무역을 지키기 위해서 프랑스와의 전쟁에 소요되었다고 지적했다. "만약 전체 모피 무역이 바다에 가라앉았다고 하더라도, 이 나라에 손해가 될 게 뭐가 있는가?"(Innis, 1943, xx에 재인용).
201) "인도양에서 유럽 경제는 1750년 이후에야……진정한 의미에서 식민지적으로 되었다.

년 이후 시기에 세계경제에서 네덜란드의 상업적 헤게모니가 종식되었다는 것이 무엇을 의미하는지를 가장 뚜렷하게 보여준 것은 발트 해와 백해(白海, Beloye more : 육지에 대부분이 둘러싸인 북극해의 연장부로, 유럽권 러시아의 북해 내에 위치함/옮긴이) 무역이었다. 확실히 네덜란드의 지위는 다른 곳에서도, 즉 카리브 해와 대서양에서 전면적으로, 그리고 대 아시아 무역에서도 마찬가지로 쇠퇴했다.[202] 그러나 북방무역은 네덜란드에게 모(母)무역이었고, 영국 및 프랑스와의 경쟁이 네덜란드에 가장 많은 상처를 준 곳은 바로 이곳이었다.

인도와의 무역과 마찬가지로 러시아와의 무역도 아직은 러시아를 주변부화하지 않은 채 점점 도를 더해가고 있었다.[203] 이 시기에 대량으로 행해지는 무역(곡물, 대마, 가성칼리 같은 품목들)은 그 불규칙성으로 특징지어졌는데, 곡물은 유럽 시장에서 가격이 특별히 높을 때에만 아르항겔스크에서 서유럽으로 수입되었다. 그러나 "판매가격에서 운송비가 차지하는 비중이 부차적인" 밀랍과 캐비어, 모피 같은 사치품목들은 정기적으로 수송되었다.[204] 네덜란드인들이 러시아와의 무역에서 중요한 부분을 유지했다는 것은 확실하다.[205] 그러나 1700년 이후 서서히 영국인들이 특히 목재 돛대의 수입자로서[206] 네덜란

그것이 의미하는 바는 이 시기에 인도양의 유럽 경제가 기업 이윤을 유럽으로 재수출했다는 것이다." Chaunu(1966b, 893). "비록 [17-18세기에] 네덜란드 동인도회사가 자바와 실론, 몰루카 제도에서 영토 지배를 이루었지만, 그것은 항상 아시아 사회의 가장자리에 있는 낯선 존재였고, 심지어 자신이 직접 관할하는 지역들에서도 그러했다." Boxer(1965, 194).

202) Glamann(1977, 251)은 아시아로부터의 직물 수입을 둘러싼 영국과 네덜란드 간의 경쟁에 대해서, 1700년 이후 "영국의 무역은 경쟁국인 네덜란드를 그럭저럭 능가했다"고 한다.
203) Chaunu(1966a, 639)는 결정적인 변화가 일어난 시기를 18세기 중반으로 보며, 이후에 러시아가 유럽 정치의 일부가 되었다고 본다.
204) Ohberg(1955, 131-133). 그러나 타르와 피치 그리고 가죽 제품과 같은 대량으로 거래되는 품목들은 아르항겔스크에 바로 인접한 지역에서 생산되었고, 독점품목인 수지도 역시 정기적으로 수송되었다.
205) 사실 Knoppers(1977b, 12)는 1716-17년에서 1740년대 초에 이르는 시기를 러시아와의 무역에서 네덜란드의 역할이 가장 높았던 때로 보고, 그 이후에 급속하게 쇠락했다고 한다.
206) Bamford(1956, 141)와 W. S. Unger(1959) 참조. 또한 웅거는 철 수입도 증대했다고 지적한다.

드의 역할을 넘겨받았다.207) 또한 영국인들은 스웨덴산 철의 수입에서도 두각을 나타내기 시작했다.208) 프랑스는 이 시기에 영국보다는 못했지만 북방에서의 무역량을 증대시켰는데, 그것도 역시 홀란트를 희생시키면서 이루어졌다.209) 윌슨은 유럽 운송과 상업에 대한 홀란트의 "실질적인 독점상태"가 "1730년 무렵까지 변하지 않은 채 그대로"210)였고, 1740년 이후에야 네덜란드의 화물집산지 역할이 심각한 공격을 받았다고 한다.211)

아마도 윌슨이 옳을 것이지만, 훨씬 더 일찍 네덜란드의 실질적 독점상태가 끝났다고 여길 만한 두 개의 사실이 있다. 첫번째 사실은 17세기에는 영국의 상품들이 암스테르담과 로테르담에서 출하되어 위탁판매되었지만, 18세기까지 그 상황이 역전되었다는 것이다. 즉 18세기에는 런던이 화물집산지였고 네덜란드산 아마포는 영국에서 위탁판매를 통해서만 받아들여졌다.212) 두번째 사실은 18세기의 지각 있는 영국인들이 더 이상 네덜란드를 헤게모니 세력으로 생각하지 않았다는 증거가 있다는 것이다. 우리 시각에서는 당연해 보이는데, 그들은 네덜란드보다 프랑스를 더 만만치 않은 경쟁국으로 보았다.213) 물론 금융부문에서는 네덜란드의 주도권이 여전히 유지되었다. 그러나

---

207) Åström(1963, 188, 196-198) 참조.
208) Birch(1955) 참조.
209) Morineau(1965, 206)는 프랑스의 대 북방 수출량이 1742년에 네덜란드의 수출량과 같게 되었다고 한다. 그러나 Jeannin(1975, 71)은 이렇게 지적한다 : "프랑스의 대 북방 직접무역은 18세기에 네덜란드의 중계역할이 감소된 결과 부분적으로 확장되어 이익을 얻었다. 그러나 함부르크가 다소간 암스테르담을 대신하게 되었다고 해서, 프랑스 상인들에게 이런 변화가 그렇게 중요한 것이었는가?"
210) Wilson(1954, 254).
211) Wilson(1941, 137) 참조.
212) Ormrod(1975, 72)는 이렇게 지적한다 : "이는 네덜란드 상인들이 아마포가 실제로 팔릴 때까지 자기 자본을 묶어둔 채 사실상 관세를 납부하고 모든 위험부담을 떠맡는다는 것을 의미했다. 영국 상인들은 더 이상의 위험을 부담하지 않고도 네덜란드 상인의 수익에서 2퍼센트를 [수수료로] 떼었고, 영국 상인의 자본은 더 수지가 맞는 다른 일에 마음대로 사용되었다."
213) Andrews(1915, 545-546, 주 18)의 다음 글 참조 : "네덜란드와의 경쟁이 유효한 것인지에 관한 동시대인의 견해는 1713년에 존 위더스가 「프랑스인보다 더 좋은 우방인 네덜란드인(The Dutch better Friends than the French)」이라는 제목으로 '한 시민이 한 지방

이 부문에서조차 결국 영국과 프랑스의 지위상에 놀랄 만한 변화가 일어났다. 1689년에 시작된 제2차 백년전쟁은 영국과 프랑스 양국 모두에게 엄청난 재정상의 문제를 제기했고, 특히 프랑스의 재정문제는 아주 심각했다.[214] "대륙" 열강으로서, 프랑스는 자신의 용병부대와 유럽 전역에 걸치는 외교를 유지하기 위해서 끊임없이 자금을 공급해야 했다. 프랑스 국가는 먼저 1690-1725년 시기에 수행된 일련의 평가절하[215]를 통해서 이런 비용의 증대에 대처하려고 했

젠틀맨에게 보내는' 편지를 쓸 필요가 있다고 생각했다는 사실에서 유추할 수 있다. 그 편지에서 존 위더스는 네덜란드인이 '무역에서 우리의 경쟁국이며 우리의 상업을 침해한다. 그리고 이 네덜란드인이 일단 분쇄된다면, 세계의 무역은 우리의 것이 될 것'이라는 통설에 대해서 반박했다.……그는 실제로는 프랑스가 영국의 거대한 경쟁국이며 네덜란드는 영국의 우방이라는 것을 알려주려고 애썼다."

네덜란드인들이 상업적 이익의 상실을 인식하고 그에 대처한 방식은 영국과 프랑스 간의 전쟁들에서 그들이 가능한 한 중립적 태도를 취했다는 사실에서 찾을 수 있다. 그에 대한 설명들은 묘하게도 내부적으로 모순된다. 예컨대 앨리스 카터와 데이비드 혼의 설명들 참조. Carter(1963, 818)는 18세기에 네덜란드가 취한 중립적 태도는 "부분적으로 신속한 결정을 실질적으로 불가능하게 했던 입헌적 형태와 정치체제로 인한 것이었다. 그렇더라도 그것은 네덜란드의 이해관계에 상당히 많은 기여를 했다"고 한다. Horn(1967, 24, 88)은 이렇게 말한다: "위트레흐트 조약 이후에 네덜란드가 열강의 자리에서 갑작스럽게 사라진 것은 틀림없이 경제력의 실패가 아니라 의사결정의 마비상태 때문이었을 것이다.……불간섭 정책과 중립적 계략과 술책들은, 설령 이것들이 네덜란드를 양쪽 모두에서 인기 없게 만들었다고 할지라도, 적어도 최종적 청산의 시기를 늦추는 데 도움이 되었다." 두 저자들 모두 순전히 정치적인 설명들(입헌적 형태, 의사결정의 마비상태)을 제시하고 중립정책이 경제적으로 이익이 되었음을 인정하는 것으로 끝맺었다. 자신의 비교생산비용이 늘어나는 상황에서 네덜란드인들은 자기 "보호비용을 줄임으로써 여전히 경쟁력을 갖추고 있었다."

214) Pierre Goubert(1970a, 205)는 그 일련의 전쟁들 중 첫번째 것에 대해서 이렇게 지적한다: "네 개의 주요 전선과 네 개의 원거리 전장에서 거의 유럽 전체에 맞서서 9년 동안 20만명의 군인과 두 개의 선단을 먹이고 무장시키고 장비를 갖추게 하기 위해서, 암스테르담 은행과 아울러 뒤이어 곧 (1694년에) 잉글랜드 은행도 엄청나게 큰 일을 했다. 그 때 든 비용을 금액으로 환산하자면 문자 그대로 헤아릴 수 없을 정도였다."

215) 오늘날 우리는 금속화폐로 환산하여 지폐(계산화폐)의 가치를 줄이는 것을 평가절하라고 부르는 데에 반해서, 근대 초기에 평가절하는 "화폐의 가치를 올려부르는 것"(화폐가치 인상[augmentation des espèces])으로 생각되었다. 이것은 금속화폐가 계산화폐로 환산하여 이제 더 많은 가치를 지니게 되었다는 것을 의미하는데, 그 이유는 이 시기 동안에 다른 종류의 통화에 대하여 화폐의 비율이 단연 높았기 때문이다. 프랑스의 경우는 Lüthy(1959, 99)를 보고, 영국의 경우는 T. S. Ashton(1959, 106) 참조.

다.[216] 이러한 평가절하들은 단기적으로는 여러 면에서 국가에 도움이 되었지만,[217] 중기적으로 본다면 그 대가가 격심했다.[218] 왜냐하면 명목상의 가격 상승은 격심한 주기적 위기들과 전반적인 생산 감소 그리고 조세의 증대를 호도했기 때문이다.[219]

영국인들은 이런 전쟁들이 가져온 재정압력을 더 잘 이겨낼 수 있었다. 그 이유는 얼마간은 그들의 순군사비용이 프랑스에 비해서 낮았기 때문이며 또 한편으로는 그들의 금은 사정이 프랑스보다 유리했기 때문이다. 17세기 말에 유럽 전체는 은 위기를 겪었다. 확실히 영국도 예외는 아니었고, 1690년대에

216) Lüthy(1959, 114-120) 참조.
217) Lüthy(1959, 101)는 평가절하가 국가에 세 가지 이점을 제공한다고 주장한다. 그 이점들이란 새로운 화폐를 주조하는 데서 조세수입을 올릴 수 있고, 국가부채를 줄일 수 있으며, 사실상 국가는 그러한 작업 각각에서 얻은 것보다 더 적은 수의 화폐를 돌려주기 때문에 수중에 있는 화폐의 수량을 증대시킬 수 있다는 것이다. Besnier(1961, 83)는 거기에 네번째 이점을 덧붙인다. 그것은 프랑스 국가가 주요 평가절하 사이사이에 끊임없이 소규모 평가절상을 행했다는 사실이다. 이것은 정화의 소지자들에게 그것을 국가에 빌려주도록 압력을 가하는 결과를 낳았다 : "예컨대 1703년에 샤미야르는 연속적으로 여러 차례 평가절상을 발표했고 그에 따라 금리생활자들이 자신의 채권증서(titres)를 보다 낮은 이자율로 바꾸는 데에 동의하게 만들었다. 왜냐하면 그들은 엄청나게 가치가 떨어진 ── 이는 화폐 통용 폐지의 선구적 형태이다 ── 정화로 상환받을 위험에 처했기 때문이다."
218) 평가절하는 할 때마다 매번 "금속통화의 대량 유실로 인해서 프랑스가 큰 손해를 보는 것"으로 귀결되었다(Lüthy, 1959, 18). 뤼티는 "프랑스 재무성이 국채를 상환하지 않아도 된다는 환상에 대한 대가를 결국 톡톡히 치렀다"(p. 120)고 주장한다. 1750년이라는 시점에서 그 시기를 되돌아보는 Braudel & Spooner(1967, 382)는 이렇게 주장한다 : "돌이켜보면 1750년에 유럽 전역에 걸쳐 특히 세 개의 거대한 정치체제에서 평가절하가 심했던 것 같다. 그 세 정치체제는 폴란드와 투르크 그리고 프랑스이다." 19세기까지 폴란드는 더 이상 존재하지 않게 되었고 투르크는 "유럽의 병자"가 되었다. 그리고 프랑스는?……그렇지만 평가절하에는 또다른 면이 있다. 장기적으로 평가절하는 봉건영주들을 약화시켰다. "계산화폐를 약화시킬 때마다 그것은 세습적 공납(봉건적 부담)을 침식하여 마침내 소멸시켰던 천 년간의 전개과정에 속하는 조치였다." Lüthy(1959, 101).
219) Jacquart(1975, 211) 참조. 또한 1690년에서 1720년까지 프랑스의 경제상태를 회의적으로 보고 있는 Richet(1968, 762)의 견해도 참조. 그는 그것이 콜베르 시기의 통화수축기(1660-90)보다 나아진 상태인지 의심스럽게 여긴다. 계산화폐로 볼 때 곡물 가격은 포도주와 올리브 기름과 마찬가지로 급등했다. 그러나 금속화폐로 보면 그 가격들은 여전히 낮았다. "그것은 화폐가치의 절하를 통해서 인위적으로 조성된 '명목상의' 상승이었고, 이는 번영의 조짐이 아니라 빈곤의 징후였다."

영국은 동인도 제도와 발트 해와의 거래를 위해서 허용된 것을 제외하고 은 수출을 부분적으로 금지했다.[220] 우리는 이미 앞에서 프랑스의 생산물이 주로 프랑스 국내시장에서 팔렸고 따라서 내부거래용 통화(은)가 요구되었으며 영국의 경우 (국가의 규모 때문에) 의미심장하게도 국제대금결제용 통화(금)가 필요한 수출시장을 지향했기에, 영국은 사실상 금 단일본위제로, 프랑스는 은 단일본위제로 움직였다고 주장했다.[221] 이것은 금은 무역연쇄의 성격 때문에 강화되었다. 프랑스는 멕시코산 은을 에스파냐를 통해서 얻었던 반면, 영국은 브라질로부터 포르투갈을 거쳐 들여오는 금을 독점했을 것이다.[222] 영국은 금 공급을 확고히 하는 데에 1689-1714년의 전쟁기를 이용했다.[223] 따라서 은 위기가 영국에 미친 영향은 프랑스보다 심각하지 않았다. 은이 과도하게 축적되자 프랑스가 시세를 조작하여 자신의 국가구조를 약화시키고 있던 바로 그 시기에, 영국은 금이 더욱 축적되자 이를 상업적으로 지배하여 자신의 국가구조를 강화하고 있었다.

의심할 바 없이, 금은이 중요한 것은 그 자체의 내적 본성 때문이 아니라 다른 상품가격의 약세를 반영하기 때문이었다.[224] 그렇지만 그러한 시기에 금

---

220) Wilson(1951, 240-241) 참조. Sperling(1962, 62)은 은 수출 금지에서 제외된 부분을 수익성과 관련하여 설명한다. "무역이 궁극적으로 동방에 달려 있었기 때문이 아니라 동쪽으로 가는 것이 수익성이 좋았기 때문에, 은은 동쪽으로 흘러갔다." 동방에서 이윤이 많이 남은 이유는 세계 여러 지역의 금은비(silver to gold ratio)가 달랐기 때문이다. 금은비는 에스파냐령 아메리카에서는 1:17이었고, 유럽에서는 1:15, 인도에서는 1:12, 일본에서는 1:9였다. Blitz(1967, 53)도 비슷한 금은비를 제시한다. 즉 에스파냐에서는 1:16이었고, 영국에서는 1:15, 동방에서는 1:9/10이다.
221) Mertens(1944, 56)는 영국이 금본위제를 취한 원인이 17세기의 격심한 은 부족에 있다고 본다. 그렇다면 같은 논리가 프랑스에도 적용될 터인데 어떻게 이럴 수 있겠는가?
222) Bouvier(1970, 308-309) 참조.
223) Vilar(1974, 278-279) 참조. 또한 Wilson(1941, 8)의 다음 글도 참조: "1703년에 영국과 포르투갈 사이에 맺어진 조약[통칭 메수엔 조약/옮긴이]으로……금의 흐름은 브라질에서 런던으로 향하도록 방향을 바꾸게 되었다." 방향을 바꾸었다는 것은 즉 암스테르담으로 가던 이전의 흐름이 바뀌었다는 것이다. 금은 1713년에 브라질에서 선적하는 화물의 60퍼센트를 차지했다(Morineau, 1978h, 32 참조). 18세기 동안 브라질은 순금 약 800톤을 수출했다(Morineau, 1978h, 24).
224) Vilar(1974, 247)는 이렇게 말한다: "우리는 항상 상품가격이 아주 낮은 시기가 일반적

은의 축적을 충분히 통제한다는 것은 핵심부 세력들간의 투쟁에서 결정적인 변수였다. 두 나라 모두는 자신의 국가재정 기반을 보다 건실하게 하고자 했다. 두 나라에서 모두 전문화된 조직체가 성장하고, 조세가 늘어났으며, 지폐가 발행되었고, 공공대부가 늘어났다.[225] 그러나 1689-1714년의 전쟁들을 거치면서 1715년 무렵에 프랑스의 국가재정은 "믿기 어려울 정도로 혼란"[226]에 빠졌지만 영국의 국가재정은 상대적으로 지불능력을 갖추게 되었다. 그 차이는 무엇이었는가? 반 데르 베는 프랑스 중상주의가 "루이 14세의 '위대한 정치' 시기 동안에 **군사적** 팽창정책에 기여하는 데에 지나치게 비중을 둔" 반면, 영국 중상주의는 "**경제적** 팽창정책에 기여하도록 조직적으로 이루어졌다"고 한다.[227] 따라서 반 데르 베는 (암묵적으로 국가자금을 비생산적으로 이용하는) 군사적 팽창과 (보다 가치 있는) 경제적 팽창을 대비시킨다. 이것은 표준적인 시각이다. 그러나 그것은 왜 그런 차이가 존재할 수 밖에 없었는지를 설명하지 못한다.

우리는 이미 앞에서 프랑스와 영국의 지리적 차이 때문에 프랑스가 육지에 기반한 경제적 팽창에, 특히 프랑스 그 자체의 효율적인 경제적 통일에 값비싼 노력을 기울일 수밖에 없었다고 주장했다. 육상세력으로서 프랑스가 거둔

으로 귀금속에 대한 구매력이 높은 시기를 뜻하며 따라서 귀금속을 채굴할 동기가 높은 시기를 뜻한다는 것을 기억해야 한다." 다른 한편 이런 이점은 Morineau(1978h, 40)가 다음에서 지적하는 것처럼 경제가 회복되면서 사라지게 된다. "1730년에 절정기에 달했던 [금의] 상업적 중요성은 19세기에 막 들어설 무렵에 기묘하게 사라졌다. 한 가지 예만 들어보면, 1740년에 리스본에서 설탕 12와 4분의 1상자(약 7,200킬로그램)의 '가치를 지녔던' 순금 1킬로그램이 1778년에는 7상자(3,900킬로그램)의 가치도 안 되었고, 1796년에는 3과 2분의 1상자(1,950킬로그램) 이하의 가치가 되었다. 금과 은 중에서 금의 가격이 훨씬 더 폭락했다는 사실을 누가 믿을 수 있겠는가?"

225) Mousnier(1951, 1-8) 참조. 그런데도 Mousnier는 영국과 프랑스 사이에는 유사성보다 차이점이 더 컸다고 주장한다. 그러나 그는 그것을 입증하기보다는 선험적인 이데올로기적 논증에 치중한다. 영국은 "보다 자본주의적이고 보다 부르주아적"(p. 8)이다. "1713년에 프랑스에는 전체주의적 경향을 띤 독재적인 정부가 있었다. 영국에는 자유주의적 경향을 띤 금권정적 정부가 있었다."(pp. 13-14)
226) Van der Wee(1977, 378).
227) Van der Wee(1977, 391-392).

상대적 성공은 영국과 비교해서가 아니라 오스트리아와 비교해서 평가해야 할 것이다. "18세기 초에 비록 오스트리아 왕국의 영토는 프랑스 왕국만큼이나 광대하고 인구밀도도 거의 비슷했지만, 오스트리아의 조세수입은 프랑스에 비해서 5분의 1밖에 되지 않았다."[228] 프랑스 혼자만이 아니라 영국과 프랑스 둘 다가 국가 운영에 자신의 수입을 넘어서는 자금이 필요했는데, 이렇게 자기 수입을 넘어서는 국가 운영은 자본주의 체제하에서는 신용력만 있다면 언제든지 가능하다. 신용은 주로 경제적 현실을 반영한다. 성공은 성공을 낳고, 실패는 실패를 부른다. 앞서 보았듯이, 프랑스 국가는 재정적자를 극복하는 기제로서 평가절하를 이용했다. 그보다 훨씬 더 중요한 것은 프랑스 국가가 장래의 조세수입을 담보로 대부를 받는 형태를 발전시켰다는 것이다. 1690년대 말에 상인-은행가들은 장래의 조세수입에 대한 재무성의 예상에 기초하여 할인된 공채를 팔기 시작했다. 이러한 과정이 확산되면서, 실제로 나타난 사실은 상인-은행가들이 사실상 전시에 정부가 한 믿을 수 없는 약속에 기반하여 일종의 신용화폐를 발행하고 있다는 것이었다. 이러한 신용체계가 1709년에 붕괴했다. 국가는 상인-은행가들에게 채무변제에 대한 지불유예를 허가했다. 그렇지만 뤼티가 말하듯이, "실은 국가가 그 자신에게 지불유예를 해주고 있었다."[229]

그 동안에 아페르마주(affermage), 즉 징세청부업이 왕실 수입을 올리는 중심 기제가 되었다. 징세청부업을 통한 수입은 콜베르 시대에서 프랑스 혁명까지의 전체 수입의 절반을 차지했다.[230] 징세청부업은 국가 쪽에서 보면 비용이 많이 드는 기제였다. 레옹은 직접적인 공공대부의 요청이 불가능하지는 않다고 하더라도 "어렵게 보였던" "약하게 발전된 국가에는" 비용이 많이 드는 중개자 집단인 징세청부업자들이 필수불가결했다고 한다.[231] 이 시기 영국

---

228) Ardant(1975, 200).
229) Lüthy(1959, 112). Van der Wee(1977, 378) 및 Harsin(1970, 272-273)과 비교해보라.
230) Y. Durand(1976, 21) 참조.
231) Léon(1970d, 623). 그는 1685-1715년 시기 "프랑스에서 자금을 조달할 수 있는 '힘'이 있다는 것은 절대적이었다"고 한다. 그 시기 이래 피낭시에(financier)라는 말은, 왕실관료이자 동시에 국가에 자금을 빌려주는 은행가이며 잉여를 뽑아내는 데에는 여전히 한

의 발전과정은 전혀 달랐다. 이전 시기에는 영국도 사실 국가재정을 조달하는 데에 프랑스와 비슷한 어려움들이 있었다. 클래펌은 "스튜어트 왕조 말기의 재정은 버는 족족 쓰기에 바쁜 상태였다"[232]고 한다. 그러나 윌리엄과 메리의 치세기였고 그뒤 앤 여왕의 치세기였던 1689-1714년의 전쟁기에, 영국인들은 장기 공공대부 제도를 창설하고 그리하여 공채제도를 설립하는 획기적 조치를 취했다. 이것은 국가를 상대적으로 비용이 적게 드는 안정된 재정기반 위에 올려놓았다. 1694년에는 잉글랜드 은행이 설립되었다. 그에 더하여 이 시기에 재편된 동인도회사가 세워졌고 남해회사가 새로 설립되었다. 이들 세 회사는 모두 국가에 대한 장기 대부를 해준 대가로 특권을 부여받았다.[233] 이 세 회사의 대부금은 "유동공채를 정리국채로 전환시키는 데에……결정적인 역할을 했다."[234]

이러한 대부들은 확실히 훌륭한 거래였다. 정부 쪽에서 보면, 대부는 비록 상환의무가 있었지만 사실상 영구적이었다. 그리고 채권소유자의 입장에서는, 이자율이 높았고 가격도 오를 수 있었다. 그러나 이 방법도 일정한 신용을 필요로 했다. 카터는 윌리엄과 메리가 왕위에 오른 뒤 재정가들이 정부를 신뢰할 만한 것으로 보게 되었다고 한다. "이 왕위 계승은 재정발전에 극적인 영

계가 있는 트레탕(traitant)을 의미하게 되었다. "겉보기에 위세가 당당했던 이런 사람들은 권력자들 앞에서는 나약하고 예속적이었다. 즉 권력자들은 확실히 그들에게 '지배당했지만', 또한 그들을 '지배했다.'" Léon(1970d, 624). 18세기가 경과하면서 트레탕을 페르미에-제네랄(fermier-général)이 대신하게 되었는데, 이 페르미에-제네랄은 전보다 안정되고 투기성이 적은 방식으로 일했다. 그들은 더 이상 무모한 수법으로 재산을 모으지는 못했지만, 18세기 내내 훨씬 많은 잉여를 뽑아낼 수 있었다. Léon(1970d, 628-630)과 Y. Durand(1976, 13-16) 참조.
232) Clapham(1944, 25).
233) Clapham(1944, 1-2)과 Van der Wee(1977, 352, 387) 참조.
234) Van der Wee(1977, 388). Deyon & Jacquart(1978, 500)는 영국의 새로운 국가재정 조달방식이 프랑스의 체제에 비해서 이로웠음을 다음과 같은 경험적 지표로 제시한다. "[1688-1713년 시기의] 전쟁들이 미친 재정적 영향은 프랑스에서만큼이나 영국에서도 컸다. 두 나라에서 모두 조세, 특히 간접세와 대부금액이 비슷한 비율로 상승했다. 그런데도 위트레흐트 조약을 체결하는 시기에 프랑스의 국가부채는 영국보다 다섯 배에서 여섯 배 정도나 컸다."

향을 미쳤다."²³⁵⁾ 이런 투자를 한 사람들은 누구였는가? 카터는 도시민(그리고 일부 지방인사들) 외에 외국인과 에스파냐 및 포르투갈계 유대인 그리고 위그노가 있었다고 한다.²³⁶⁾ 보다 면밀히 조사해보면, 영국 국채 성립의 근거가 된 결정적인 신용이 네덜란드 은행가들과 그들의 재정 동맹자들의 신용이었으며, 그 재정 동맹자들 중에는 소위 위그노 인터내셔널(Huguenot international)의 구성원도 있었다는 것은 아주 명백한 것 같다.²³⁷⁾ 위그노들이 낭트 칙령을 폐지한 지 얼마 안 된 프랑스보다 영국의 은행을 선호한 이유는 명백하다.²³⁸⁾ 그리고 일련의 전쟁들에서 프랑스에 대항하여 영국과 동맹했던 네덜란드인들이 위그노와 마찬가지로 영국을 선호한 이유도 명백하다. 그러나 홀란트에 자금이 투자되지 않은 이유는 무엇인가? 영국인들은 1689년 이후 대부를 통해서 그들의 수입보다 많은 자금을 국가운영에 투입하는 데에

---

235) Carter(1955, 21). Roseveare(1969, 69)의 다음 글도 참조 : "의회 혁명은 정부에 대한 대규모 대부와 관련해서 재계가 전통적으로 가지고 있던 불안을 덜어주었다. 그리고 재계는 왕과 여왕에게 이끌려 [1694년에] 잉글랜드 은행의 설립 요건에 필요한 1,200만 파운드의 자본을 주저없이 출자했다." 모두가 그렇게 낙관적이었던 것은 아니다. 일부 지주계층의 반대가 있었는데, 그들은 잉글랜드 은행이 의회에서 독립된 수입원을 제공할 것이라고 보았다. 이에 대해서는 Rubini(1970, 697-701) 참조.
236) Carter(1955, 22, 30, 39-41 ; 또한 1959도 참조).
237) 네덜란드인에 뒤이어 두번째로 큰 외국의 자금원이었던 스위스인들의 영국에 대한 투자에 대해서는 Monter(1969, 298) 참조 : "스위스 투자자들이 근본적으로 제네바인이었고, 제네바인들이 주로 위그노였다면 (그리고 18세기 초에 영국 국채에 투자한 다른 지역의 투자자들이 주로 위그노였다면), 18세기 초의 런던 증권거래소에서의 위그노 인터내셔널의 활동을 밝혀내고 가능하다면 입증하는 것이 진정으로 중요할 것이다." 몬터는 영국에 투자한 베를린과 함부르크의 투자자들도 "거의 모두 위그노들"이었다고 지적한다. 위그노 인터내셔널에 대해서는 Bouvier(1970, 312)도 참조. Marrès(1966, 152-153)는 위그노의 이주가 "랑그도크의 공산품을 위한 사업망과 고객망"을 창출했다고 지적한다. "랑그도크에 남아 있던 위그노 이주자들의 동료들은 공적 사업에서 배제되면서 가장 번영하고 있는 공업의 일부, 특히 직물업을 넘겨받았다." 또한 Lüthy(1959, 424)도 참조.
238) 나중에 루이 14세가 죽은 뒤 위그노들은 다시 프랑스에 대한 투자로, 특히 프랑스 대외무역에 대한 투자로 전환했다(Bouvier, 1970, 312-313 참조). "재정 및 금융문제, 특히 장기 정부대부를 다루는 데 능숙하고 네덜란드 은행계와 관련을 맺고 있던 네덜란드 출신 군주[윌리엄 3세/옮긴이]와 그의 고문들이 등장한 데 이어서 재정혁명이 발생했다는 사실은 확실히 단순한 우연으로만 볼 수 없는 것이다." Braun(1975, 292).

따르는 위험을 감수할 수 있었다. 그리고 찰스 윌슨이 말하듯이, "홀란트의 황금시대에서 나온 이윤을 빌려서 영국은 제국의 미래를 걸고 도박에 뛰어들었고 결국 성공했다"[239]는 것은 사실일 것이다. 그러나 네덜란드인들은 그 이윤을 기꺼이 빌려줄 수밖에 없었다.

18세기에 네덜란드 금융업이 영국 국채에 "특히 활발한"[240] 관심을 보였다면, 틀림없이 이유가 있었을 것이다. 나는 그 이유가 영국보다는 홀란트와 관련된 것이라고 생각한다.[241] 두 가지 사실에서 출발하자. 18세기에 영국의 국채는 주로 외국인들에게 빚진 것이었으며,[242] 1689년 이후 영국은 "암스테르담 자본이 선호하는 투자처"[243]가 되었다. 17세기에 있었던 영국과 프랑스의 중상주의 정책들은 궁극적으로 생산영역에서 그리고 심지어 상업영역에서도 네덜란드인들이 얻던 이익을 큰 폭으로 제거할 수 있었다. 네덜란드의 임금비용은 상승했다. 네덜란드의 기술적 우위도 사라졌고, 국가세율은 특히 높은 부채상환 비용 때문에 대단히 높았다.[244] 세계경제에서 네덜란드의 지위가 강

---

239) Wilson(1949, 161). 핵심적 제도인 잉글랜드 은행이 성공했다는 한 증거는 비록 법적으로는 잉글랜드 은행의 지폐가 1833년까지 법화가 아니었지만, 실제로는 "18세기가 막 시작될 쯤에 잉글랜드 은행의 지폐가 부채를 금융결제할 때 일반적으로 받아들여지는 것으로, 즉 통화로 확립되었다"는 사실이다(Horsefield, 1977, 131).
240) Van der Wee(1977, 389).
241) "아마도 전시의 몇년간을 제외하면, 네덜란드 자본은 영국이 자본을 필요로 했기 때문이라기보다는 국내에 투자 기회가 부족했기 때문에 영국의 국채에서 사용처를 찾았던 것 같다." John(1953, 158).
242) Wilson(1941, 72-73). 특히 네덜란드인들에 대한 채무가 공채의 7분의 3을 차지했다(1941, 78, 190). 그러나 Carter(1953a, 159)는 이에 대한 증거가 "극히 의심스럽다"고 주장한다. 그는 원장(元帳)을 보고, 네덜란드 자본의 이자율이 8분의 1에서 6분의 1 정도에 불과하다는 인상을 받았다(p. 161). 그렇지만 그도 오스트리아 왕위계승 전쟁 직전에 네덜란드의 투자가 "전체적으로 볼 때" 영국의 공채에 "꽤 상당한 관심을 두게" 되었다는 것은 인정한다(1953b, 338).
243) Barbour(1963, 125).
244) Klein(1969, 19)은 연합주의 공공부채가 17세기에 가장 빠르게 성장했다고 지적하는데, 그것은 그들의 헤게모니를 고려하면 예상할 수 있다. 연합주는 얼마간은 에스파냐와의 전쟁의 이데올로기적 동기 중 하나가 징세에 대한 반란이었기 때문에, 낮은 세율을 유지하려고 했다. 그러나 그들은 결국 사용한 경비를 지불해야 했다. "이렇게 보면 16세기에 네덜란드인들이 누린 자유가 후대 사람들을 희생하여 얻어진 것 같다고 말할 수도 있을 것이다."

화된 결과 발생한 낮은 이자율을 이제는 "시들해진 사업분위기"가 지속시키는 듯했고, 이는 "자금을 외국의 자산으로 이전하는 것을 정당화했을 것이다."[245] 17세기 초에 6과 4분의 1퍼센트에서 18세기 중반 2와 2분의 1퍼센트로 추락한 연합주 내의 이자율에 비해서 잉글랜드 은행이 제시한 6퍼센트(그리고 연간배당금 및 식민지 저당권에서의 5퍼센트)의 이자율은 네덜란드 투자자들에게 아주 매력적이었을 것이다.[246]

간단히 말해서 실질적으로 다른 선택의 여지가 없었다. 네덜란드인들이 그들의 자금을 영국에 투자하게 된 것은 "봉건적인 사업"심리 때문도 아니었고, 애국주의가 부족해서도 아니었다. "비용의 비교와 자본에 대한 수익률 비교 그리고 재정정책, 이 모든 것이 국내 공업이 아니라 국내외의 이자가 붙는 증권에 [네덜란드인들이] 투자하는 것을 뒷받침했다."[247] 좀바르트는 부르주아가 언제나 "타락한다"는 증거로서 이 변화를 검토했다. 그러나 네덜란드의 자유주의 역사가인 A. N. 클라인은 좀바르트의 이 "문제가 있는" 표현에 이의를 제기하면서 모든 자본가는 "광적으로 가치를 현금화하는 데에 몰두하는 사람", 즉 광적으로 자본의 가치 유지나 자기 증식에 몰두하는 사람이라는 마르크스의 설명에 의거하고 있다. 클라인은 이러한 성격 부여가 네덜란드의 경우에는 완벽히 들어맞는다고 주장한다 :

> 17세기의 네덜란드 상인과 그 자손인 18세기의 금리생활자는, 우리가 후자의 경제적 가능성이 금융투자라는 별볼일없는 분야에 제한되었다는 것을 인정한다면 이런 개념에 들어맞는다. 만약 한 광적인 인물이 다른 사람보다 빠르고 효과적으로 자신의 목적을 달성한다면, 그것은 아마 그의 가능성이 더 컸기 때문이지 확실히 그의 결단력이 더 컸기 때문은 아닐 것이다.[248]

---

245) Morineau(1974, 775). 또한 Carter(1971, 131-135)도 참조.
246) Wilson(1954, 263-264) 참조.
247) Wilson(1960b, 439).
248) Klein(1970, 34). 이런 국내외에 대한 투자가 신중한 결정이었다는 것은 네덜란드인들이 18세기에 투자신탁이라는 금융적 혁신을 개척했다는 사실에서 알 수 있다. 영국은 연합주가 1689년에 이르렀던 단계에 도달했던 1870년대까지 이런 생각을 하지 못했다 (Klein, 1969, 12 참조).

금융업에서 네덜란드인들이 겪은 변화는 갑작스러운 것도 전면적인 것도 아니었다. 오히려 그 변화는 점진적인 과정이었다. 네덜란드 은행들은 여전히 다른 은행들이 자신들의 금은을 맡길 수 있는 확실한 보관장소였고,[249] 화폐 주조율도 18세기 동안 계속해서 상승했다.[250]

1763년 이후에야 세계 금융 중심지로서의 암스테르담에 대한 유럽의 신뢰가 흔들렸을 것이다.[251] 그러나 이미 18세기로의 전환기에 네덜란드인들은 그들의 자금을 가장 많은 이윤을 남길 수 있는 곳으로 옮기고 있었고, 그곳이 바로 영국이었다. 그것은 "노골적인 상거래"[252]였는데, 그 속에서 네덜란드인 투자자들은 높은 수익을 얻은 대신 영국 국가가 자신의 대부비용을 줄이는 데에 도움을 주었다. 결국 영국인들은 프랑스인들과 마찬가지로 국내에서 자기 자금을 마련할 수 있었으나, 네덜란드의 투자로 "영국은 국내경제의 혼란을 최소화하면서 [자신의] 전쟁들을 치를 수 있게 되었다."[253] 이전의 헤게모니 세력과 새로 등장하는 주역 사이에 맺어진 공생적 거래는 전자에게는 적절한 퇴직금을 제공했고 후자에게는 자신의 경쟁자를 밀어붙일 수 있는 결정적인 추진력을 제공했다. 그런 양상은 뒤에 1873-1945년 시기에 네덜란드의 역할을 한 대영제국과 영국의 역할을 한 미국 사이에 되풀이되었다.

위트레흐트 조약 이후에 프랑스는 세계 금융계에서 영국이 우세해지기 시작하자 이를 제거하기 위해서 한 가지 강력한 노력을 수행했다. 아르생은 프랑스가 안고 있던 문제가 무엇이었는지를 알려준다. "프랑스 금융체계에서 가장 심각한 공백은 1715년까지 진정한 공적 신용이 없었다는 것이었다."[254] 존 로의 "사영(private)"[255] 은행이 이러한 공백을 채우려고 했다. 로는 국가

---

249) Van Dillen(1926, 199-200) 참조.
250) Morineau(1972, 4) 참조.
251) Wilson(1954, 264-265) 참조.
252) Carter(1953b, 323).
253) John(1955, 343).
254) Harsin(1970, 276).
255) 존 로가 공영은행을 제안하자 여러 이해당사자들이 이에 반대했기 때문에, 그 은행은 "인가를 받기 위해서 사영은행의 모습으로 자신을 위장해야 했다." Harsin(1970, 277-

수입을 받아들이게 될 은행을 창설하여 프랑스 국가의 신용을 회복하려고 시도했던 것이다. 이에 기반하여 그 은행은 금과 교환될 수 있는 유효한 통용지폐를 발행하게 되리라고 생각되었다. 장기적인 목표는 화폐의 안정성을 보장하고 유동화폐를 증가시키며, 이자율을 낮추고, 외국 화폐와의 환율을 개선하며, 아마도 가장 중요한 것으로 (공공부채와 아울러 중간관료층에 의한 국가수입의 계속적인 유출과도 관련하여) 국가지출을 줄이는 것이었다. 이 모든 것은 상당한 규모의 해상 및 식민지 확장 계획을 가능하게 할 것으로 여겨졌다. 이런 목적들을 이루기 위해서 로는 주로 두 가지 사안을 제안했다. 그 두 가지 사안이란 지폐 형태로 된 화폐의 확대와 재정개혁이었다.[256] 그것은 콜베르의 작업을 완수하려는 시도처럼 보였고, 이는 영국과의 경쟁에서 프랑스가 명백한 우위를 회복할 수 있게 하는 도약으로 생각되었다. 그 계획은 손을 쓸 수 없을 정도로 실패했다. 창업자본을 얻은 이후, 로의 은행은 국가독점권을 가지고 (루이지애나로 알려진) 미시시피 협곡을 탐사하여 개발하기 위해서 서방회사(Compagine d'Occident)를 창립했다. 그 은행은 계속해서 다른 무역회사들(세네갈 회사, 동인도 회사, 중국 회사 등)을 흡수했으며 1719년에는 인도 회사를 설립했다.

그와 동시에 로의 은행은 세금수령액에서 변제를 하는 대신에 공공부채의 지불을 떠맡았다. 로도 조세제도를 재편하고 합리화하려고 했지만, 주식과 지

---

278). 프랑스 은행을 설립하려는 로의 시도에 대해서는 E. J. Hamilton(1969, 140-149) 참조. 해밀턴은 1702년에 제출된 로의 원래 계획을 "그 시기 동안 어느 나라에서도 찾아볼 수 없는 가장 훌륭한 국립은행 계획 중의 하나"(p. 143)라고 한다. 그 은행의 사영적 성격이 위장이었다는 것은 1718년 12월 4일에 그것이 결국 공식적으로 왕립은행이 되었을 때 "정부가 이미 발행된 주식 전부를 비밀리에 구입했다"(E. J. Hamilton, 1969, 145)는 사실에서 드러난다.

256) 로의 시도에 대한 이러한 설명은 Harsin(1970, 279)으로부터 빌려온 것이다. Carswell (1960, 78-79)은 이렇게 말한다 : "전국적인 지폐 통용이 국가 당국에 의해서 지지받고 지역 기관들의 망을 통해서 통제됨으로써 보편적으로 받아들여지게 될 것이라는 생각은 세계의 부를 증대시키려는 로의 계획에서 핵심적인 것이었다. 그는 그러한 화폐가 금속화폐보다 더 낫다고 전적으로 확신했다. 그래서 계획의 초기 단계에 그는 금과 은에 비해서 지폐가 누리게 될 액면초과액을 제한하여 100이라는 부채를 변제하는 데에 금 110 이상을 요구할 수 없다고 규정할 필요가 있다고 생각할 정도였다."

폐의 인플레로 엄청난 투기열풍이 일어났고 그런 가운데서는 이러한 계획을 실행할 수가 없었다. 갑자기 신용위기가 발생했다. 주식가격을 떨어뜨리려는 시도는 실패했고, 소위 미시시피 거품 사건 속에서 그 체제는 붕괴했다. 실패의 이유는 무엇인가? 드이용과 자카르는 "이 계획의 규모"는 "찬사"를 받을 만하지만 로가 "집행의 기술, 즉 시간에 대한 끈기 있는 장악력"을 가지고 있지 않았고, "아무리 훌륭한 전략이라고 하더라도 바로 이것에 그 성공여부가 달려 있다"[257]고 한다. 아르생은 로가 "건실하고 [그러나] 아마도 시기상조인 듯한" 체제를 건설했고, 그것은 결국 "로의 제안이 논리적이지 못했거나 그의 적들이 제휴했기 때문이라기보다는 오히려 그가 무모하게 일을 추진했고 그의 제안이 너무 일찍 실행되었기"[258] 때문에 실패했다고 한다. 그러나 막스 베버가 보기에는, 단지 "루이지애나나 중국 또는 동인도 무역이 로의 자본의 극히 일부에 대한 이자조차 지불할 이윤을 끌어내지 못했기 때문에" 그 실패는 불가피했다.[259]

같은 시기에 영국에서도 비슷한 투기가 발생하여 남해 거품 사건이라고 부르는 위기로 이어졌다. 이를 고찰해보면 로의 실패를 더 잘 평가할 수 있을 것이다(물론 투기는 영국과 프랑스에만 제한된 것이 아니라 제네바, 연합주, 함부르크 그리고 북이탈리아의 은행가들도 투기를 적극적으로 부추겼다).[260] 존 로의 "체제"는 세 개의 국가독점체들의 결집을 수반했다. 세 개의 국가독점체들이란 발권은행(왕립은행), 무역회사(인도 회사), 그리고 중앙집중화된

---

257) Deyon & Jacquart(1978, 502).
258) Harsin(1970, 280).
259) Weber(1950, 288). 베버는 남해 거품 사건에 대해서도 똑같이 설명한다 : "여기서도 남해무역이 선대된 총투자액에 대한 이자를 지불할 수 없었기 때문에 파산을 피할 수 없었다."(p. 289)
260) Åkerman(1957, II, Pt. I, 254-255) ; Harsin(1970, 294) ; Kindelberger(1978, 120-122) 참조. T. S. Ashton(1959, 120)은 이들 나라에 덴마크와 에스파냐, 포르투갈도 포함시킨다. 제네바에 대해서는 Sayous(1937) 참조. Åkerman은 1720년의 위기를 "최초의 국제공황"(p. 225)이라고 부른다. Weber(1950, 286)는 이 두 거품 경제들을 1630년대 홀란트의 튤립 대열풍(1630년대에 네덜란드에서 퍼진 튤립 재배의 열광적 유행/옮긴이)과 구별하면서 "최초의 거대한 투기공황들"이라고 한다. Parker(1974a, 582)도 "근대 최초의 금융공황"이라는 거의 비슷한 말을 쓴다.

간접세 징수단위(총괄징세청부구[Ferme générale des impôts])를 말한다. 1719년 10월에 로가 남아 있는 국채 1,500만 프랑을 상환할 것을 제안했을 때, 주식에 대한 수요는 프랑스만이 아니라 영국에서도 예상했던 것보다 훨씬 더 많았다. 그런 까닭에 영국인들은 이미 존재하고 있던 남해회사를 이용하여 그 계획을 모방했다.[261] 영국에서도 역시 예상을 넘어서는 수요가 발생했다. 두 경우 모두 결정적 요소는 개별 공채 소유자가 공채를 구매하도록 강제된 것이 아니라 유도되었다는 점이었다.[262] 그러나 프랑스에서 그러한 유인이 압력을 받고 난 뒤, 게임의 법칙이 변했고 은행권의 가치는 계산화폐로 환산하여 약 50퍼센트 정도 줄어들었다. 해밀턴이 지적하듯이 :

> 로와 섭정 두 사람 모두가 은행권과 계산화폐의 비율이 결코 바뀌지 않을 것이라고 거듭 엄숙하게 약속했으므로, 공황이 위세를 떨쳤다. 왕이 쓰지 않겠다고 명예를 걸었던 펜을 한번 휘두르자 은행권의 액면가치의 반이 날아가버렸기에, 그 소지자들은 두번째로 펜을 휘두르기 전에 그것들을 써 없애거나 투자하려고 했다![263]

"대붕괴"가 파리에서 런던으로 확산되었다. 확실히 그것은 "새로운 재정체계의 허약성을 생생하게 보여주는 것"이었다. 그러나 또한 그것은 "새로운

---

261) 1711년에 단기 채무를 상환하는 데 처음으로 남해회사를 이용한 것은 아주 성공적이었다. "이 지각 있는 조처로 인해서 영국은 비록 공공부채는 막대했지만 1713년의 위트레흐트 조약에서 자신의 신용에 사실상 손상을 입지 않은 채 빠져나올 수 있었다." Parker(1974a, 581). Flinn(1960)은 그 조처가 성공적이었는지에 대해서 좀더 회의적이다. 그러나 B. W. Hill(1971, 411)은 그 조처가 경제적인 면보다는 정치적인 면에서 훨씬 더 결정적인 행동이었다고 주장한다 : "토리파 의회는 국채의 유지를 맡도록 설득되었고, 휘그파 재계는 국가의 채권자로서 자신의 역할을 재개하도록 설득되었다. 정치적인 면에서 그리고 재정적인 면에서 이 두 가지 사실은 모두 미래를 위한 중요한 진전이었다. 그 이유는 정치적인 면에서 그런 행동들이 집권세력의 변화[1710년에 집권세력이 휘그에서 토리로 변화되었다]로 공적 신용이 무너질 수 있다는 두려움을 제거했기 때문이며, 재정적인 면에서는 명예혁명 이래 '재계'가 발전시킨 조직형태[잉글랜드 은행]를 금융계에 대한 가장 강력한 비판세력인 토지 젠트리를 대표하는 내각이 인정하고 심지어 보호하기까지 했기 때문이다."
262) Parker(1974a, 583) 참조.
263) E. J. Hamilton(1969, 147).

금융기법의 회복력을 보여주는 것"이기도 했다.²⁶⁴⁾ 그후 영국과 프랑스 두 나라 모두는 프랑스 혁명 때까지 죽 이어지는 장기적인 재정적 안정기로 들어갔다.²⁶⁵⁾ 이런 의미에서 그 결과는 좋았다. 그러나 프랑스가 양국 사이에 재정력 면에서 점차 차이가 나는 것을 극복하기 위해서 존 로의 체제를 이용하려고 한 시도는 실패했다. 영국의 앞서 창설된 중앙은행은 남해 거품 사건에서 살아남았지만, 프랑스의 유사한 구조는 미시시피 거품 사건으로 이어졌고 그것으로 인해서 사라졌다. "극히 짧았던 로의 시대는 아무것도 이루지 못한 채 모든 것을 뒤흔들어버렸다."²⁶⁶⁾ 영국에서는 의회가 파산상태인 남해회사를 후원했고, 남해회사는 "체면을 지켰으며", 그리하여 영국의 신용을 구했다.²⁶⁷⁾ 프랑스에서는 이것이 정치적으로 불가능했다. 존 로의 체제가 직접적으로 미친 부정적 결과는 상당히 과장되어왔고,²⁶⁸⁾ 존 로의 체제는 긍정적인 결과를 가져오기도 했다.²⁶⁹⁾ 진정으로 부정적인 것은 그것을 계속 추진하지 못했고 그래서 뒤떨어진 과정을 벌충하지 못한 점이었다.

18세기가 경과하면서, 세계경제에서 영국의 재정적 중심성은 증대한 반면, 프랑스의 재정적 능력은 줄어들었다.²⁷⁰⁾ 그 이유는 프랑스 국가가 영국 국가만큼 강력하지 않았기 때문이었다. 그러면 어떻게 영국 국가가 프랑스 국가보다 그 정도로 더 강력해졌는가가 문제시된다. 국가의 힘을 정부의 자의적 결정에 대해서 개인들이 보호받는 정도나 공적 관료제의 규모로 평가하는 사람들에게는, 이것이 터무니없는 질문으로 보일 것이다. 그러나 우리는 이미 우

---

264) Parker(1974a, 586).
265) 영국의 경우에 대해서는 Vilar(1974, 285)를 보고, 프랑스의 경우에 대해서는 Lüthy (1961, 31)와 Bouvier(1970, 307) 참조.
266) Lüthy(1959, 414).
267) Harsin(1970, 279). 정부의 행동에 대한 Plumb(1950, 59)의 시각은 훨씬 더 설득력이 있다. 그는 월폴이 "궁정을 구했고", 그 덕분에 2년 뒤에 수상이 되었다고 한다.
268) Poisson(1974, 266) 참조.
269) J. Imbert(1965, 354)는 "1718년에서 1721년 사이에 프랑스 경제에" 유익한 "채찍질이 가해졌다"고 한다. E. J. Hamilton(1969, 147-148)은 그것이 프랑스를 상업위기에서 벗어나게 했지만, 이에 대한 "대가가 없지는" 않았다고 지적한다.
270) 1720년 이후 금융 중심지로서 리옹의 쇠퇴에 대해서는 Lüthy(1959, 55) 참조.

리의 입장을 명백히 한 바 있다. 즉 우리의 입장은 통치하는 사람들이 통치영역 안과 밖에서 다른 사람들의 의지에 반하여 자신의 의지를 어느 정도로 관철시키는가에 따라서 국가의 강한 정도가 결정된다는 것이다. 그러한 기준을 사용하여, 우리는 18세기 초까지 영국 국가가 프랑스 국가를 명백히 능가했다고 믿는다. 진정으로 강한 국가는 좀처럼 자신의 철권을 보여줄 필요를 느끼지 않는다. 템펄리는 월폴의 시대가 "평화롭고 평온한 시대"였다면 그것은 과거에 발휘한 무용 때문이었다고 지적한다. "1703년 포르투갈과의 메수엔 조약, 1713년 위트레흐트 조약의 상업조항들, 이런 것들은 영국 무역에 대한 양보로 널리 여겨지는데, 그것은 무력이나 무력위협만이 강요할 수 있는 것이었다."[271] 그러나 강력한 무력이 전부는 아니었다. 나아가 효율적인 행정체계 역시 갖추어야 했다. 플럼은 "1714년 무렵 아마 영국은 유럽에서 가장 효율적인 정부조직을 누리고 있었던 것 같다"[272]고 한다.

우리는 앞에서 17세기 말 영국과 프랑스에서 실현된 사회적 타협들이 이따금 주장되는 것만큼은 서로 다르지 않았고, 두 경우 모두 그런 타협들이 1689-1763년 시기의 영국과 프랑스 간의 전쟁기간 동안에 상대적인 내부안정으로 귀결되었다는 입장을 취했다. 18세기는 "유럽 전역에 걸쳐 군주와 귀족 간에 화해가 이루어진 시기"[273]였고, 이러한 화해는 토지소유 계급의 수입

---

271) Temperley(1909a, 40, 49). 강력하게 되면서 보수주의가 도래했다. "[월폴의] 정책은 어떠한 혁신도 없는 대단히 단순한 것으로, 그 내용은 전쟁의 회피, 무역의 장려, 조세 감축, 그리고 나머지는 현상 유지였다. 월폴 자신이 '나는 성자도 스파르타인도 개혁가도 아니다'라고 한 것은 옳았다." Plumb(1966, 78-79).

272) Plumb(1967, 13). 관리의 수보다 효율성이 더 중요하지만, 영국에서는 관리의 수도 소홀히 하지 않았다는 것을 지적하는 것이 좋겠다. "영국사에서 정부가 고용한 사람의 수는 1689-1715년 시기에 그 이전의 어떤 시기보다도 빠르게 늘어났다."(1967, 112) 그런 성장은 19세기까지 계속되었다. 또한 Aylmer(1974, 24)의 다음 글도 참조: "정부의 본격적인 성장과 관련하여, 결정적인 시기는……1642-52년의 시기와 1689-97년의 시기였던 것 같다(어쩌면 1702-13년의 시기도 그런 것 같다)." 1689년 이후 프랑스의 행정적 효율성이 급상승했다고 추정하는 Berger(1978, 120)의 다음 평가와 플럼의 설명을 대조해보라: "1693년의 기근[과 그것을 프랑스 정부가 어떻게 다루었는지]를 연구한 후에 전쟁의 필요 때문에 촉진되었다고 생각되는 거대한 행정적 공세와 관련된 것이 전혀 없다는 인상을 받았다."

273) P. Anderson(1974a, 232).

에 대한 정부의 강력한 지원에 기반했다. 프랑스의 경우에는 이것이 일반적으로 인정되지만, 영국은 승리한 상업자본의 본고장이 아니었는가? 확실히 그렇다. 그러나 이 상업자본이 토지수입과 그렇게 동떨어진 것이었는가?[274] 개별 인물이 상업자본과 토지수입을 다 갖춘 경우를 아예 제쳐놓더라도, 정부들은 한편으로는 우리가 이미 설명한 온갖 방법을 동원하여 상업, 공업, 금융 기업들을 원조했지만, 그와 동시에 토지소유 계급들이 잉여의 막대한 부분을 전유하도록 허용했다. 또다시 프랑스의 경우에 이것이 일반적으로 받아들여진다. 어떤 세금도 납부하지 않는 귀족과 관직을 매입한 법복귀족은 앙시앵 레짐에 대해서 우리가 가진 이미지에서 중심을 차지한다.[275] 그러나 영국에는 이런 것이 없었는가? "귀족의 토지독점"을 수반한 이 "대토지 소유의 시대"에[276] 월폴 시대의 안정이 가져온 결과는 무엇이었는가? E. P. 톰슨은 다음과 같이 신랄하게 주장한다 :

> 1720년대에 영국에서 정치생활은 얼마간 바나나 공화국(banana republic : 과일 수출과 외자로 경제를 유지하는 중남미 소국에 대한 경멸적 용어/옮긴이)의 병적 기질을 가지고 있었다.……족벌적인 관직등용과 연고관계 그리고 관직매매를 통해서 각 정

---

274) 영국과 토지재산에 대해서는 Habakkuk(1967b, 9)의 다음 글 참조 : "1640-1715년 시기보다 1715년 이후의 상황이 토지수입에 더 유리했다는 것에 의문을 제기할 타당한 이유는 전혀 없다." 또한 Plumb(1967, 8)의 다음 글도 참조 : "토지 젠틀맨은 새로운 사회의 경제조직으로 점차 합쳐지고 있었다. 결국 그들에게 무역과 투기 그리고 모험적 사업은 더 이상 낯설지 않게 되었다." 프랑스와 상업자본에 대해서는 McManners(1967, 26)의 다음 글 참조 : "돈이 18세기 프랑스 사회를 이해하는 실마리이다. 금권정이 돈의 힘을 등에 업고서 귀족정으로 침투하고 있었다." 또한 이런저런 방식으로 귀족자격 상실 (dérogation : 앙시앵 레짐하에서 귀족이 어떤 일정한 행위나 일을 할 경우 자격을 상실했던 관습/옮긴이)이라는 개념이 회피되고 그리하여 그 개념이 조장하려고 의도했던 귀족과 상인 간의 엄격한 울타리가 유지될 수 없었다는 것에 대해서는 Grassby(1960) 참조.
275) G. V. Taylor(1964, 488)는 이를 "궁정 자본주의"라고 부른다 : "귀족과 징세청부업자들, 은행가 그리고 직업 투기꾼들은 정부를 수상쩍은 투기활동으로 몰아갔고, 자신의 영향력을 이용하여 가격의 인상 또는 인하와 관련된 공식결정이나 장래 투기꾼들에게 불리하게 작용할 구속을 차단하는 공식결정들을 획득했다."
276) Mingay(1963, 15, 26).

치가는 자기 주위로 충성스러운 추종자들을 끌어 모았다. 그 목적은 그들에게 공적 수입의 일부를 빨아먹을 수 있는 자리를 제공하여 그들의 보수를 준다는 것이었다. 대젠트리와 투기꾼들, 그리고 정치가들은 막대한 부를 가진 사람들이었는데, 그들의 수입은 열대다우림 위에 솟아 있는 안데스 산맥처럼 평민의 빈곤 위에 우뚝 솟아 있었다.[277]

이 영국판 "국가 도적떼"[278]가 토지재산에 미친 영향이라는 점에서 프랑스판과 약간이 아니라 그렇게 확연하게 달랐는가? 우리는 영국 국가를 프랑스 국가보다 더 강하게 만든 것이 무엇인지에 대한 우리의 질문으로 되돌아가야 한다. 가장 간단한 대답은 그것이 1689-1714년 시기의 전쟁들에서 프랑스를 저지할 수 있었던 영국의 군사적 능력의 결과였다는 것이다. 그리고 그들이 그러한 전쟁들에서 이길 수 있었던 것은 영국과 네덜란드 간에 맺어진 동맹의 결과였는데, 이 동맹은 네덜란드의 군사적 원조 때문이 아니라(이것이 중요하지 않다는 것은 아니지만) 네덜란드인이 투자를 통해서 영국 국가에 제공한 재정적 뒷받침 때문에 이루어졌다. 네덜란드인과 맺은 관계는 영국의 신용을 높였고, 이로 인해서 잉글랜드 은행의 창설이 가능했으며 나아가 잉글랜드 은행이 남해 거품 사건에서 살아남을 수 있었다. 무엇보다도 스튜어트 왕조 초기에 시작되었고 1689-1715년 시기의 첨예한 토리-휘그 투쟁에서 다른 형태로 계속된 영국 통치계급 내의 분열이 마침내 월폴 일당국가에서 해결될 수 있었다.[279] 영국 국가가 강력해지고 나아가 영국 기업가가 경제세계를 정복하게 된 것은 영국이 프랑스보다 더 민주적이었기 때문이 아니라 어떤 의미에서 영국이 더 민주적이지 않았기 때문이었다.[280] 하룻밤 사이에 정치적

---

277) E. P. Thompson(1975, 197-198).
278) E. P. Thompson이 사용한 용어이다(1975, 294).
279) 물론 영국 정치에서 네덜란드의 재정적 역할은 런던 금융계를 통해서 중개되었다. Sutherland(1952, 18-23 참조)는 금융계의 지원을 월폴 체제를 지탱한 네 가지 기반 중 하나로 두는데, 그 지원은 직접 이루어지는 동시에 연줄이 있던 동인도회사를 통해서 이루어졌다.
280) Plumb(1969, 115-116)은 1715년이 1640년 이래 영국에서 보이는 민중적 공세의 최종 시기였다고 설득력 있게 주장한다. "자유보유농은 17세기 영국에서 정치적 동물이었다.

분위기가 폭력적인 모습에서 안정적인 모습으로 뒤바뀌었다.[281]

18세기 영국에 안정을 가져다준 요소인 상층계급간의 정치적 화해가 프랑스에서는 부분적으로만 이루어졌다. 영국에서 상층계급의 좀더 새로운 부분이 정치구조에서 시민권을 얻었고 더 이상 적대세력이 아니게 된 것과 꼭 마찬가지로,[282] 프랑스에서도 그에 비견되는 집단인 법복귀족이 그렇게 되었다.[283] 그런데도 영국과 달리 프랑스의 행정부는 국가에 대한 통제력을 완전히 장악하지 못했다. "[절대주의의] 이론과 실천 사이에 놓인 간격이 여전히 엄청나게 넓었다."[284] 프랑스에서 상층계급간의 화해가 불완전하게 이루어진 것을

──────────
……그러나 18세기 중반까지 그런 생득권의 상당 부분이 상실되었다." Plumb(1967, xviii)은 17세기 이후 영국의 안정이 "세 가지 주요 요소"가 작동한 결과였다고 주장한다. 그 세 요소는 "일당정부, 행정부의 통제 아래 확고하게 놓여 있던 입법부 그리고 경제적, 사회적, 정치적 권력을 행사하는 사람들 사이에 존재한 공동의 일체감"이다.

281) "지배계급 사이에는 노르만족에까지 거슬러올라가는 음모와 폭동, 책략, 반란의 전통이 있었다. 1685년까지 정치적 폭력은 영국인의 생득권 중 하나였다." Plumb(1967, 19, 고딕체는 월러스틴의 강조). "정치적 안정이 도래할 때, 그것은 종종 물이 얼음으로 되는 것만큼이나 갑작스럽게 너무나 빨리 사회에 나타났다."(p. xvii) Christopher Hill(1969, 119, 213)도 비슷하게 생각했지만, 그 전환점을 1715년이 아니라 1688년으로 잡았다 : "영국은 그 정치폭력으로 인해서 유럽 전역에서 악명이 높았다.……1688년 이후 영국 정치의 영웅시대가 종식된다. 그 이전 50년간의 폭력적인 요동에 이어서 상대적인 평온함이 이어졌다."

282) "[파당내각과 월폴은] 휘그주의와 급진주의를 분리시켰다.……그 당은 귀족과 고위 재정가 그리고 행정부의 이해관계들을 융합했는데, 월폴이 이 과정을 확대하여 토지 젠트리의 대다수도 포함시켰다." Plumb(1967, 187).

283) Franklin Ford(1953, 59)는 1614년의 삼부회 회합에서는 고위 법복귀족들이 여전히 평민들 사이에 자리를 잡았던 반면, "1715년에 고위 법복귀족과 관련하여 가장 중요한 사실은 법적으로 그에 대해서 더 이상 어떤 이의도 제기되지 않았다는 것이었다"고 한다. 실제로 그는 계속해서 "1715년에는 귀족신분을 확고히 하고 정치적 권리를 회복한 고위 법복귀족이 귀족 내에서 가장 유력한 세력이었다"(1953, 188)고 한다.
  심지어 여전히 공식적으로 평민(roturiers)이었던 부르주아지도 모두가 소위 봉건적 반동으로 부정적인 영향을 받았던 것은 아니었다. Elinor Barbor(1955, 143)는 "중간" 부르주아지가 성공의 통로를 차단당했던 반면에, "대" 부르주아지는 자신의 부를 이용하여 "그보다 훨씬 영향을 받지 않았다"고 지적한다.

284) Bromley(1957, 135). 그는 이렇게 말한다 : "프랑스 정부가 역사적 구속으로부터 벗어나려는 노력은 완만하게 전개되었는데, 자주 중단되었고 결국 완성되지 못했다."(p. 137)

설명하기 위해서 위그노와 낭트 칙령의 폐지 문제로 되돌아가자. 16세기에 "개신교파"는 프랑스 귀족의 절반에게서, 특히 중소 귀족들에게서 지지를 받고 있었다. 이로 인해서 왕의 관리들은 소귀족들을 압박하고, 소귀족들은 "자기 농민에 대해서 상대적이고 역설적인 관용"을 베푸는 묘한 현상이 나타났다. 그러나 1598년의 정치적 타협[낭트 칙령/옮긴이]이 1629년의 왕의 승리[루이 13세가 1628년 라 로셸의 정복을 통하여 위그노를 분쇄하고 뒤이은 1629년 알레 칙령을 통해서 이전에 낭트 칙령으로 개신교도들이 누리던 정치적, 군사적 이점을 빼앗은 일/옮긴이]로 전환되었을 때, 그것이 미친 사회적 영향은 엄청났다. "개신교파의 패배는 무엇보다 귀족의 패배였다."[285] 1598년 이후에는 천천히, 그리고 1630년 이후에는 급속하게 귀족은 개신교를 포기했다. 이로 인해서 1685년에 낭트 칙령이 폐지될 수 있었던 것이다.[286]

낭트 칙령이 폐지되자, 주로 도시에 거주하는 개신교도들이 국외로 망명했지만,[287] 이는 프랑스 개신교도의 10퍼센트에 불과했다.[288] 다른 많은 사람들은 개종했다. 그뒤에 무엇이 남았는가?

따라서 17세기 동안 종교개혁기의 개신교를 대신했던, 중앙집중화되고 제도적이며 교권적이고 부르주아적인 개신교는 왕의 가혹한 처사로 인해서 파괴되었다. 역경 속에서 종교개혁기의 개신교가 다시 나타났다. 처음에는 목사가 없어서, 단순한 평신도인 설교사들을 따랐다.······16세기에 개혁교회의 주된 힘이 되었던 귀족과 농민들 덕분이었다. 낭트 칙령의 폐지로 그들이 저항의 기술을 다시 고안해야 했을 때, 맨 먼

---

285) Chaunu(1965b, 26-27).
286) "주의깊게 고찰해보면, [1668년에] 튀렌[제독]이 가톨릭으로 개종한 것이 낭트 칙령의 폐지보다 더 중요했다. 튀렌이 개종하지 않았다면, 퐁텐블로 칙령(낭트 칙령의 철회를 선언한 칙령/옮긴이)은 생각조차 할 수 없었을 것이다. 그들이 끝까지 굽히지 않았더라도, 왕은 자기 측근의 반을 구속할 수 없었을 것이다. 한 세기 반 뒤 라파예트와 라 로슈푸코-리앙쿠르 그리고 90명의 다른 자유주의 귀족들은 1789년 6월 23일에 제3신분회의의 성공을 확보하는 데 미라보의 연설보다 더 많은 공헌을 했다." Chaunu(1965b, 27).
287) 1680-1720년 시기에 약 20만 명의 위그노가 프랑스를 떠나 주로 영국과 연합주, 제네바 그리고 독일로 갔다(Scoville, 1952, 409-410 참조).
288) Scoville(1960, 3-5, 118) 참조. 일부 개종자들은 사실상 위장 개종자들, 즉 "새로운 마라노들(marranos)"이었다(Léonard, 1948, 177-178 참조).

핵심부에서의 투쟁 —— 국면 II : 1689-1763년   437

저 행한 본능적 행동은 반란이었다.[289]

이렇게 재건된 개신교 교회는 결정적으로 "회중교회주의적(congregationalist : 각 교회가 독립자치의 원칙에서 위로부터의 지배를 거부한다는 교리/옮긴이)이고, 연방주의적이며, 세속적이고, 의회적이며, 평등주의적인" 특징을 지니고 있었다.[290] 평등주의적이고 반항적이다! 프랑스 국가는 상대적으로 빈곤한 귀족과 상대적으로 부유한 농민들로 이루어진 중간층이 계급봉기를 일으킬 잠재적 가능성을 지니게 되었는데, 이는 중대한 문제였다. 프랑스는 16세기에 국가규모가 너무 넓고 경제적으로 너무 이질적이서 강력한 국가구조를 신속하게 만들어나갈 수 없었기 때문에 역사적 딜레마에 빠짐으로써 이런 어려움에 처하게 되었다.

프랑스 국가는 격변을 일으킬 수도 있는 부분들을 달래어 진정시켜야 했고, 그래서 그렇게 하기 위하여 한편으로 1720년 이후 농민에게 조세를 경감해주고,[291] 다른 한편으로 농촌지역에 초등학교 교육을 확산시켰다.[292] 초등교육의 확산은 승리한 가톨릭 종교개혁이 행한 문화변용의 한 방식이었다. 그러나 조세의 경감은 단지 영국 국가와 프랑스 국가의 힘 사이에 이미 벌어지고 있던 간격을 넓혔을 뿐이었다.[293] 18세기 농촌 프랑스에서 교육과 종교의 진

---

289) Léonard(1948, 178). 그리하여 카미자르(Camisards : 세벤 산맥 지방의 칼뱅파 개신교도. 1702-05년과 1710년에 박해에 대항하여 반란을 일으킴. 징표로서 옷 위에 흰색 셔츠를 입음/옮긴이) 전쟁이 있었고, 1715년에는 바스-세벤 지방에서 목사 앙투안 쿠르가 나타나 '사막의 교회'가 열렸다.
290) Léonard(1948, 179).
291) Le Roy Ladurie(1975c, 35-37) 참조.
292) Le Roy Ladurie(1975a, 528) 참조. 17세기와는 반대로 18세기는 "거대한 농민교육 시대"였다(1975a, 538).
293) Mousnier(1951, 18)는 1690-1715년 시기에 영국과 프랑스가 관세와 소비세, 우편제도, 인지로부터 거둔 수입액을 비교하여 제시한다. 전체 징세청부구에서 거둔 프랑스의 수입액이 1690년의 약 7,000만 리브르 투르누아에서 1715년의 4,700만 리브르 투르누아로 되었던 데 반해서 영국의 수입액은 1700년의 2,050만 리브르 투르누아에서 1713년의 5,950만 리브르 투르누아가 되었다. 18세기가 경과하면서, 그 간격은 꾸준히 더 벌어졌다. Mathias & O'Brien(1976)은 18세기 전체 동안 두 나라의 조세부담을 주의깊게 비

전이 "급진주의"와 "범죄행위"[294]를 억제했을 수도 있지만, 그것은 영국의 젠트리 또는 적어도 소젠트리에 해당하는 집단인 프랑스의 대농장주들의 정치적 박탈감을 근절시키기에는 분명히 부족했다. 이 집단을 정치적으로 통합하지 않고서는 국가가 진정으로 강해질 수 없었다.[295] 프랑스의 내부투쟁은 영국과 네덜란드 간에 결정적인 동맹이 성립된 것과 전적으로 무관하지 않았다. 18세기에 네덜란드인이 프랑스보다 영국과 동맹을 더 맺고 싶어하리라는 것은 17세기 중반에는 결코 알 수 없었다. 영국은 네덜란드의 주된 상업적 경쟁자였던 반면 프랑스는 네덜란드와 많은 연계를 맺고 있었다. 앞서 보았듯이, 실제로 네덜란드인들은 포낭 지역을 당시 포르투갈과 에스파냐가 처한 위치와 유사한 경제적 전달장치로 전환시키고 있었다.

그러나 프랑스는 자신의 내적 딜레마 때문에 자신의 위치를 개신교도를 진압하는 대륙지향적인 군사적 팽창주의 세력으로 둘 수밖에 없었다. 따라서 공화주의자이든, 왕정주의자이든 네덜란드의 자본소유자들에게는 영국과의 거래가 프랑스와의 거래보다 더 순리에 맞는 것으로 보였을 것이다. 프랑스는 네덜란드인들을 싸안아 그들을 질식시키려고 위협하고 있었다. 반면에 영국인들은 네덜란드의 두 자본가층의 완만한 침투를 허용했다. 오란예가가 영국의 왕위를 계승한 것은 단지 네덜란드인이 영국을 선호한다는 것을 확인했을 뿐이었다. 따라서 종종 그렇듯이, 강함은 강함으로 이어지고 약함은 약함으로 이어진다. 16세기에 국가구조를 창출하면서 겪은 어려움으로 프랑스는 갈기갈기 찢어지고, 그 상처가 짓물러 결국 18세기 프랑스의 불완전한 통합으로 귀결되었다. 16세기의 영국은 꽉 짜인 소형 국가였다. 내전의 소용돌이 속에

    교 고찰한 후에, "프랑스에서는 조세부담이 영국보다 덜했다"(p. 634)고 한다. 그리고 그들은 "영국보다 국내시장이 훨씬 더 고도로 연결되어 있던" 유일한 나라인 연합주의 조세부담만이 영국의 조세부담을 능가했다는 것이 "아마도 단지 우연의 일치만은 아닐 것"(p. 640)이라고 지적한다.

294) Le Roy Ladurie(1975a, 550, 552).
295) Le Roy Ladurie(1975a, 584-585)는 18세기 영국 농촌에서의 정치적 제휴와 프랑스 농촌에서의 정치적 제휴를 비교한다. 프랑스에서는 봉건제에 대항하는 빈농과 중농, 심지어 부농의 "역사적 블록"이 있었던 데 반해서 영국에서는 영주와 부농(gros fermiers) 간에 제휴가 있었다.

서 통합된 지배계급을 재창출해야 했던 영국은 자신의 켈트계 외곽을 흡수하여 통합할 수 있었다. 그리고 영국은 18세기의 안정된 월폴 일당국가의 등장을 뒷받침하기에 충분한 네덜란드 자금을 끌어올 수 있었다. 결국 1750-1815년 시기에 영국이 프랑스를 결정적으로 멀리 떼어놓을 수 있게 된 것은 영국 국가가 자신의 상대적 힘을 이렇게 착실하게 키워나갈 수 있었기 때문이다. 그런 점에서 1600-1750년 시기에 영국과 프랑스의 생산이 조직된 방식이나 그들 나라의 가치체계가 달랐다는 것은 그리 중요하지 않았다.

이 책 전체를 통해서, 우리는 영국의 생산조직과 프랑스의 생산조직 사이에 있는 유사성을 강조해왔다. 기술적 혁신과 지적 혁신에 대해서는 역사가들마다 의견이 분분하다. 연합주와 영국에 부르주아적인 자본주의적 가치가 충만하기 시작했다는 것은 확실하다. 그러나 우리는 폴 아자르가 모범적으로 입증하는 바를, 즉 계몽주의 사상이 프랑스를 지배하게 된 것이 프랑스 혁명의 시기나 심지어 백과전서파의 등장과 함께가 아니라 1680-1715년 시기였다는 사실을 잊어서는 안 될 것이다.[296] 라브루스가 말한 것처럼, "[프랑스의] 18세기는 부르주아적으로 생각했다."[297] 이것은 프랑스에만 해당되는 것이 아니었다. 비록 이전 세계의 이데올로기적 외관이 여전히 유럽 세계경제 전체를 지배하고 있었지만, 여러 집단들이 자본주의 체제 속에서 자신의 이익을 추구하고 자기 이해관계를 지키면서 주로 그리고 궁극적으로 부르주아와 프롤레타리아의 방식으로 행동하는 경향은 점점 더 커졌다. 사실 이것이야말로 우리의 주장에서 핵심적인 부분이다. 아직은 부르주아 문화도 프롤레타리아 문화도 등장하지 않았지만, 부르주아적 실천과 프롤레타리아적 실천은 이미 사회적 행동을 기본적으로 구속하고 있었다.

---

296) "이보다 더 크게 대비가 된 적도, 이보다 더 큰 이행이 일어난 적도 결코 없었다.……어느날 프랑스 사람들은 거의 모두 다 보쉬에(1627-1704. 프랑스의 주교로서 왕권신수설을 주창함/옮긴이)처럼 생각하고 있었다. 그 다음날은……볼테르처럼 생각하고 있었다. 그것은 정녕코 정상적인 추의 흔들림이 아니었다. 그것은 혁명이었다." Hazard(1964, 7).

297) C. E. Labrousse(1970, 716).

참고 문헌

참고 문헌 443

Aalbers, J., "Holland's Financial Problems (1713–1733) and the Wars against Louis XIV," in A. C. Duke & C. A. Tamse, eds., *Britain and the Netherlands*, **VI:** *War and Society*. The Hague: Martinus Nijhoff, 1977, 79–93.
Abel, Wilhelm, *Die Drei Epochen der deutschen Agrargeschichte*, 2nd ed., Schriftenreihe für Ländliche Sozialfragen, **XXXVII.** Hannover: Verlag M. & H. Schaper, 1964.
Abel, Wilhelm, *Geschichte der deutschen Landwirtschaft vom fruhen Mittelalter bis zum 19. Jahrhundert*, 2nd rev. ed. Stuttgart: Verlag Eugen Ulmer, 1967.
Abel, Wilhelm, *Massenarmut und Hungerkrisen in vorindustriellen Deutschland*. Gottingen: Vandenhoeck & Ruprecht, 1972.
Abel, Wilhelm, *Crises agraires en Europe (XIIIe–XXe siècle)*, traduit de la 2ème édition allemande, revue et augmentée. Paris: Flammarion, 1973.
Aberg, Alf, "The Swedish Army, from Lutzen to Narva," in M. Roberts, ed., *Sweden's Age of Greatness, 1632–1718*. New York: St. Martin's Press, 1973, 265–287.
Achilles, Walter, "Getreidepreise und Getreidehandelsbeziehungen europäischer Raume im 16. und 17. Jahrhundert," *Zietschrift für Agrargeschichte und Agrarsoziologie*, **VII**, 1, 1959, 32–55.
Adams, Geoffrey, "Myths and Misconceptions: The Philosophic View of the Hugenots in the Age of Louis XV," *Historical Reflections*, **I**, 1, June 1974, 59–79.
Ågren, Kurt, "Breadwinners and Dependents: An Economic Crisis in the Swedish Aristocrary during the 1600's?" in K. Ågren *et al.*, *Aristocrats, Farmers, Proletarians*, Studia Historica Uppsaliensia **XLVII.** Uppsala: Almquist & Wiksell, 1973, 9–27. (a)
Ågren, Kurt, "The *reduktion*," in M. Roberts, ed., *Sweden's Age of Greatness, 1632–1718*. New York: St. Martin's Press, 1973, 237–264. (b)
Ågren, Kurt, "Rise and Decline of an Aristocracy," *Scandinavian Journal of History*, **I**, 1–2, 1976, 55–80.
Åkerman, Johan, *Structure et cycles économiques*, 2 vols. Paris: Presses Univ. de France, 1957.
Allen, Theodore, "'. . . They Would Have Destroyed Me': Slavery and the Origins of Racism," *Radical America*, **IX**, 3, May–June 1975, 41–64.
Anderson, M. S., "Russia Under Peter the Great and the Changed Relations of East and West," in *New Cambridge Modern History*, **VI:** J. S. Bromley, ed., *The Rise of Great Britain and Russia, 1688–1725*. Cambridge: University Press, 1970, 716–740.
Anderson, Perry, *Lineages of the Absolutist State*. London: New Left Books, 1974. (a)
Anderson, Perry, *Passages from Antiquity to Feudalism*. London: New Left Books, 1974. (b)
Andrews, Charles M., "Anglo-French Commercial Rivalry, 1700–1750: The Western Phase," *American Historical Review*, Part I: **XX**, 3, Apr. 1915, 539–556; Part II: **XX**, 4, July 1915, 761–780.
Andrews, Charles M., "The Acts of Trade," in J. Holland Rose *et al.*, eds., *Cambridge History of the British Empire*. Cambridge: University Press, 1929, **I**, 268–299.
Anes Alvarez, Gonzalo, & le Flem, Jean-Paul, "Las crisis del siglo XVII: Producción agrícola, precios e ingresos en tierras de Segovia," *Moneda y Credito*, No. 93, junio 1965, 3–55.
Appleby, Andrew B., "Agrarian Capitalism or Seigneurial Reaction? The Northwest of England, 1500–1700," *American Historical Review*, **LXXX**, 3, June 1975, 574–594.
Ardant, Gabriel, "Financial Policy and Economic Infrastructure of Modern States and Nations," in Charles Tilly, ed., *The Formation of National States in Western Europe*. Princeton, New Jersey: Princeton Univ. Press, 1975, 164–242.
Ariès, Philippe, "Nationalisme d'hier et nationalisme d'aujourd'hui," *La table ronde*, No. 147, mars 1960, 46–51.
Asher, Eugene L., *The Resistance to the Maritime Classes: The Survival of Feudalism in the France of Colbert*. Berkeley & Los Angeles: Univ. of California Press, 1960.
Ashley, M. P., *Financial and Commercial Policy under the Cromwellian Protectorate*. London & New York: Oxford Univ. Press, 1934.

Ashley, W. J., "The Tory Origin of Free Trade Policy," *Quarterly Journal of Economics,* **XI,** 4, July 1897, 335–371.
Ashton, Robert, "Cavaliers and Capitalists," *Renaissance and Modern Studies,* **V,** 1961, 149–175.
Ashton, Robert, "Puritanism and Progress," *Economic History Review,* 2nd ser., **XVIII,** 3, Apr. 1965, 579–587.
Ashton, Robert, "The Parliamentary Agitation for Free Trade in the Opening Years of the Reign of James I," *Past and Present,* No. 38, 1967, 40–55.
Ashton, Robert, "Jacobean Free Trade Again," *Past and Present,* No. 43, 1969, 151–157.
Ashton, T. S., *Economic Fluctuations in England, 1700–1800.* Oxford: Clarendon Press, 1959.
Ashton, T. S., "Introduction" to Elizabeth Boody Schumpeter, *English Overseas Trade Statistics, 1697–1808.* Oxford: Clarendon Press, 1960, 1–14.
Ashton, T. S., *An Economic History of England: The 18th Century.* London: Methuen, 1969, reprinted with minor corrections.
Aspvall, G., "The Sale of Crown Land in Sweden: The Introductory Epoch, 1701–1723," *Economy and History,* **IX,** 1966, 3–28.
Åström, Sven-Erik, "The English Navigation Laws and the Baltic Trade, 1660–1700," *Scandinavian Economic History Review,* **VIII,** 1, 1960, 3–18.
Åström, Sven-Erik, *From Stockholm to St. Petersburg,* Studia Historica, **II.** Helsinki: Finnish Historical Society, 1962.
Åström, Sven-Erik, "From Cloth to Iron: The Anglo–Baltic Trade in the Late 17th Century," Part I: "The Growth, Structure and Organization of the Trade," *Commentationes Humanum Litterarum,* **XXIII,** 1, 1963, 1–260.
Åström, Sven-Erik, "From Cloth to Iron: The Anglo–Baltic Trade in the Late 17th Century," Part II: "The Customs Accounts as Sources for the Study of Trade," *Commentationes Humanum Litterarum,* **XXXVII,** 3, 1965, 1–86.
Åström, Sven-Erik, "The Swedish Economy and Sweden's Role as a Great Power, 1632–1697," in M. Roberts, ed., *Sweden's Age of Greatness, 1632–1718.* New York: St. Martin's Press, 1973, 58–101.
Attman, Artur, *The Russian and Polish Markets in International Trade, 1500–1650.* Publications of the Institute of Economic History of Gothenburg University, No. 26, Göteborg, 1973.
Aubin, Hermann, "Die Anfänge der grossen schlesischen Leineweberei und -handlung," *Vierteljahrschrift für Sozial- und Wirtschaftsgeschichte,* **XXXV,** 2, 1942, 105–178.
Aylmer, Gerald E., "Office-holding, Wealth and Social Structure in England, c. 1580–c. 1720," paper at Istituto Internazionale di Storia Economica "Francesco Datini", Prato, 30 apr. 1974.
Aymard, Maurice, "Commerce et production de la soie sicilienne, aux XVIe–XVIIe siècles," *Mélanges d'archéologie et d'histoire,* **LXXVII,** 1965, 609–640.
Aymard, Maurice, *Venise, Raguse et le commerce du blé pendant la seconde moitié du XVIe siècle.* Paris: S.E.V.P.E.N., 1966.
Aymard, Maurice, "Une croissance sélective: la population sicilienne au XVIIe siècle," *Mélanges de la Casa de Velázguez,* **IV,** 1968, 203–227.
Aymard, Maurice, "Production, commerce et consommation des draps de laine," *Revue Historique,* No. 499, juil.–sept. 1971, 5–12. (a)
Aymard, Maurice, "In Sicilia: Sviluppo demografico e sue differenzatione geografiche, 1500–1800," *Quaderni storici,* No. 17, magg.–agosto 1971, 417–446.
Aymard, Maurice, "Economie rurale, économie marchande," in *Commerce de gros, commerce de detail dans les pays méditerranéens (XVIe–XIXe siècles),* Actes des Journées d'Etudes Bendor, 25–26 avr. 1975. Univ. de Nice: Centre de la Méditerranée Moderne et Contemporaine, 1976, 131–144.
Baehrel, René, "Economie et histoire a propos des prix," in *Eventail de l'histoire vivante: hommage à Lucien Febvre.* Paris: Lib. Armand Colin, 1953, **I,** 287–310.
Baehrel, René, "Histoire statistique et prix italiens," *Annales E.S.C.,* **IX,** 2, avr.–juin 1954, 213–226.

참고 문헌 445

Baehrel, René, *Une croissance: La Basse-Provence rurale (fin du XVIe siècle—1789).* Paris: S.E.V.P.E.N., 1961.
Baetens, R., "The Organization and Effects of Flemish Privateering in the Seventeenth Century," *Acta Historiae Neerlandicae,* **IX,** 1976, 48–75.
Bailyn, Bernard, "Communications and Trade: The Atlantic in the Seventeenth Century," *Journal of Economic History,* **XIII,** 4, Fall 1953, 378–387.
Bailyn, Bernard, *The New England Merchants in the Seventeenth Century.* Cambridge, Massachusetts: Harvard Univ. Press, 1955.
Bairoch, Paul, "Le rôle de l'agriculture dans la création de la sidérurgie moderne," *Revue d'historie économique et sociale,* **XLIV,** 1, 1966, 5–23.
Bairoch, Paul, "Le rôle du secteur tertiaire dans l'attenuation des fluctuations économiques," *Revue d'économie politique,* No. 1, 1968, 31–49.
Bairoch, Paul, "Agriculture and the Industrial Revolution, 1700–1914," in C. M. Cipolla, ed., *The Fontana Economic History of Europe,* **III:** *The Industrial Revolution.* London: Collins, 1973, 452–506.
Baker, Dennis, "The Marketing of Corn in the First Half of the Eighteenth Century: North-East Kent," *Agricultural History Review,* **XVIII,** 2, 1970, 126–150.
Baker, Norman, "Changing Attitudes towards Government in Eighteenth-Century Britain," in A. Whiteman, J. S. Bromley, & P. G. M. Dickson, eds., *Statesmen, Scholars and Merchants.* Oxford: Clarendon Press, 1973, 202–219.
Bakewell, P. J., *Silver Mining and Society in Colonial Mexico: Zacatecas, 1546–1700.* Cambridge: University Press, 1971.
Bakewell, P. J., "Zacatecas: An Economic and Social Outline of a Silver Mining District, 1547–1700," in Ida Altman & James Lockhart, eds., *Provinces of Early Mexico.* Los Angeles: UCLA Latin American Center Publication, 1976, 199–229.
Balibar, Etienne, "Sur les concepts fondamentaux du matérialisme historique," in Louis Althusser & Etienne Balibar, *Lire Le Capital,* nouv éd. entièrement refondue. Paris: Maspéro, 1968, **II,** 79–226.
Bamford, Paul Walden, "French Shipping in Northern European Trade, 1660–1789," *Journal of Modern History,* **XXVI,** 3, Sept. 1954, 207–219.
Bamford, Paul Walden, *Forests and French Sea Power, 1660–1789.* Toronto: Univ. of Toronto Press, 1956.
Bamford, Paul Walden, "Entrepreneurship in Seventeenth- and Eighteenth-Century France," *Explorations in Entrepreneurial History,* **IX,** 4, Apr. 1957, 204–213.
Bangs, Carl, "Dutch Theology, Trade and War: 1590–1610," *Church History,* **XXXIX,** 4, Dec. 1970, 470–482.
Baranowski, B. et al., *Histoire de l'économie rurale en Pologne jusqu'à 1864.* Wrocław: Zakład Narodowy Imienia Ossolinskich, Wydawnictwo Poskiej Akademii Nauk, 1966.
Barber, Elinor G., *The Bourgeoisie in 18th Century France.* Princeton, New Jersey: Princeton Univ. Press, 1955.
Barbour, Violet, "Marine Risks and Insurance in the Seventeenth Century," *Journal of Economic and Business History,* **I,** 1929, 561–596.
Barbour, Violet, "Dutch and English Merchant Shipping in the Seventeenth Century," in E. M. Carus-Wilson, ed., *Essays in Economic History,* **I.** London: Edw. Arnold, 1954, 227–253. (Originally in *Economic History Review,* **II,** 2, 1930.)
Barbour, Violet, *Capitalism in Amsterdam in the Seventeenth Century.* Ann Arbor: Univ. of Michigan Press, Ann Arbor Paperbacks, 1963.
Bargalló, Modesto, *La minería y la metallúrgica en la América Española durante la época colonial.* Mexico: Fondo de Cultura Económica, 1955.
Barker, Ernest, *The Development of Public Services in Western Europe, 1660–1930.* Hamden, Conn.: Archon Books, 1966.
Barker, Thomas M., *Double Eagle and Crescent.* Albany: State Univ. of New York Press, 1967.

Barker, Thomas M., "Military Entrepreneurship and Absolutism: Habsburg Models," *Journal of European Studies*, **IV**, 1, 1974, 19–42.
Barker, Thomas M., "Armed Service and Nobility in the Holy Roman Empire: General Aspects and Habsburg Particulars," *Armed Forces and Society*, **IV**, 3, May 1978, 449–500.
Barkhausen, Max, "Government Control and Free Enterprise in Western Germany and the Low Countries in the Eighteenth Century," in Peter Earle, ed., *Essays in European Economic History, 1500–1800*. Oxford: Clarendon Press, 1974, 212–273. (Translated from *Vierteljahrschrift fur Sozial- und Wirtschaftsgeschichte*, 1958.)
Barnett, Correlli, *Britain and Her Army, 1509–1970*. London: Pelican, 1974.
Baron, Salo W., *A Social and Religious History of the Jews*, **XV**, *Late Middle Ages and Era of European Expansion (1200–1650): Resettlement and Exploration*. New York: Columbia Univ. Press, 1973.
Barraclough, Geoffrey, *The Origins of Modern Germany*. Oxford: Basil Blackwell, 1962.
Barral, Pierre, "Note historique sur l'emploi du terme 'paysan'," *Etudes rurales*, No. 21, avr.–juin 1966, 72–80.
Barrett, Elinore M., "*Enconiendas, Mercedes*, and *Haciendas* in the *Tierra Caliente* of Michoacán," *Jahrbuch für Geschichte von Staat, Wirtschaft und Gesellschaft Lateinamerikas*, **X**, 1973, 71–111.
Barrett, Ward, "Caribbean Sugar Production Standards in the Seventeenth and Eighteenth Centuries," in J. Parker, ed., *Merchants and Scholars. Essays in the History of Exploration and Trade*. Minneapolis: Univ. of Minnesota Press, 1965, 145–170.
Barrow, Thomas C., *Trade and Empire: The British Customs Service in Colonial America, 1660–1775*. Cambridge, Mass.: Harvard Univ. Press, 1967.
Bassett, D. K., "Early English Trade and Settlement in Asia, 1602–1690," in J. S. Bromley and E. H. Kossmann, eds., *Britain and the Netherlands in Europe and Asia*. London: Macmillan, 1968, 83–109.
Batie, Robert Carlyle, "Why Sugar? Economic Cycles and the Changing of Staples in the English and French Antilles, 1624–54," *Journal of Caribbean History*, **VIII**, 1, Nov. 1976, 3–41.
Baynes, John, *The Jacobite Rising of 1715*. London: Cassell, 1970.
Bazant, Jan, "Feudalismo y capitalismo en la historia económica de México," *Trimestre económico*, **XVII**, 1, enero–marzo 1950, 84–98.
Bazant, Jan, "Evolution of the Textile Industry of Puebla: 1544–1845," *Comparative Studies in Society and History*, **VII**, 1, Oct. 1964, 56–69.
Beaujon, A., *History of the Dutch Sea Fisheries: Their Progress, Decline and Revival*. London: William Clowes & Sons, 1884.
Beer, George Louis, *The Old Colonial System 1660–1754, Part I: The Establishment of the System, 1660–1668*, 2 vols. New York: Macmillan, 1912.
Behrens, Betty, "Government and Society," *Cambridge Economic History of Europe*, **V**: E. E. Rich & C. H. Wilson, eds., *The Economic Organization of Early Modern Europe*. Cambridge: University Press, 1977, 549–620.
Beiguelman, Paula, "A destrução do escravismo capitalista," *Revista da História*, **XXIV**, 69, 1967, 149–160.
Bérenger, Jean, "Public Loans and Austrian Policy in the Second Half of the Seventeenth Century," *Journal of European Economic History*, **II**, 3, Winter 1973, 657–669.
Berengo, Marimo, & Diaz, Furio, "Noblesse et administration dans l'Italie de la Renaissance: la formation de la bureaucratie moderne," paper at XIII International Congress of Historical Sciences, Moscow, Apr. 16–23, 1970.
Berger, Patrice, "French Administration in the Famine of 1693," *European Studies Review*, **VIII**, 1, Jan. 1978, 101–127.
Bergier, Jean-François, "Il XVI secolo segnò l'inizio di una nuova concezione dei salari," *Revista storica italiana*, **LXXVIII**, 2, 1966, 431–438.

Bernard, Léon, "French Society and Popular Uprisings under Louis XIV," *French Historical Studies*, **III**, 4, Fall 1964, 454–474.
Berthe, Jean-Pierre, "Xochimancas: Les travaux et les jours dans une *hacienda* sucrière de Nouvelle-Espagne au XVIIe siècle," *Jahrbuch für Geschichte von Staat, Wirtschaft und Gesellschaft Lateinamerikas*, **III**, 1966, 88–117.
Berthold, Rudolf, "Wachstumprobleme der landwirtschaftlichen Nutzfläche in Spätfeudalismus (zirka 1500 bis 1800)," *Jahrbuch für Wirtschaftsgeschichte*, **II–III**, 1964, 5–23.
Besnier, R., *Histoire des faits économiques: La fin de la croissance et les prodromes d'une révolution économique en Europe au XVIIe siècle*. Cours de Doctorat, 1960–1961. Paris: Les Cours de Droit, polyc., 1961.
Beutin, Ludwig, "Nordwestdeutschland und die Niederlande seit dem Dressigjährigen Krieg," *Vierteljahrschrift für Sozial- und Wirtschaftsgeschichte*, **XXXII**, 2, 1939, 105–147.
Birch, Alan, "Foreign Observers of the British Iron Industry During the Eighteenth Century," *Journal of Economic History*, **XV**, 1, 1955, 23–33.
Blanchard, Marcel, "Le sel de France en Savoie (XVIIe et XVIIIe siècles)," *Annales d'histoire économique et sociale*, **IX**, 47, sept. 1937, 417–428.
Blaschke, Karlheinz, "Das Bauernlegen in Sachsen," *Vierteljahrschrift für Sozial- und Wirtschaftsgeschichte*, **XLII**, 2, 1955, 97–116.
Blitz, Rudolph C., "Mercantilist Policies and the Pattern of World Trade, 1500–1750," *Journal of Economic History*, **XXVII**, 1, Mar. 1967, 39–55.
Bloch, Marc, "La lutte pour d'individualisme agraire dans la France du XVIIIe siècle," *Annales d'histoire économique et social*, **II**, 7, juil. 1930, 329–383; **II**, 8, oct. 1930, 511–556.
Bloch, Marc, *French Rural History*. Berkeley: University of California Press, 1966.
Bluche, François, "L'origine sociale des Secrétaires d'État de Louis XIV (1661–1715), *XVIIe siècle*, Nos. 42–43, 1er trimestre 1959, 8–22.
Bodmer, Walter, "Tendenzen der Wirtschaftspolitik der eidgenössischen Orte in Zeitalter des Merkantilismus," *Schweizerische Zeitschrift für Geschichte*, **I**, 4, 1951, 562–598.
Boelcke, Willi, "Zur Geschichte der Gutsherrschaft und der zweiten Leibeigenschaft in der Oberlausitz," *Zeitschrift für Geschichtswissenschaft*, **IV**, 6, 1956, 1223–1232.
Boëthius, B., "Swedish Iron and Steel, 1600–1955," *Scandinavian Economic History Review*, **VI**, 2, 1958, 144–175.
Bog, Ingomar, *Der Reichsmerkantilismus*. Stuttgart: Gustav Fischer Verlag, 1959.
Bog, Ingomar, "Der Merkantilismus in Deutschland," *Jahrbuch für Nationalökonomie und Statistik*, **CLXXIII**, 2, Mai 1961, 125–145.
Bog, Ingomar, "Türkenkrieg und Agrarwirtschaft," in O. Pickl, her., *Die Wirtschaftlichen Auswirkungen der Türkenkriege*, Grazer Forschungen zur Wirtschafts- und Sozialgeschichte, **I**. Graz: 1971, 13–26.
Bogucka, Maria, "Merchants' Profits in Gdansk Foreign Trade in the First Half of the 17th Century," *Acta Poloniae Historica*, No. 23, 1971, 73–90.
Bogucka, Maria, "Le marché monétaire de Gdańsk et les problèmes de crédit public au cours de la première moitié du XVIIe siècle," Quarta settimana di studio, Istituto Internazionale di Storia Economica "Francesco Datini", Prato, 20 apr. 1972.
Bogucka, Maria, "Amsterdam and the Baltic in the First Half of the Seventeenth Century," *Economic History Review*, 2nd ser., **XXVI**, 3, Aug. 1973, 433–447.
Bogucka, Maria, "The Monetary Crisis of the XVIIth Century and its Social and Psychological Consequences in Poland," *Journal of European Economic History*, **VI**, 1, Spring 1975, 137–152.
Boissonade, P., *Le socialisme d'état: L'industrie et les classes industrielles pendant les deux premières siècles de l'ère moderne (1453–1661)*. Paris: Lib. Ancienne Honoré Champion, 1927.
Bonney, Richard J., "The French Civil War, 1649–53," *European Studies Review*, **VIII**, 1, Jan. 1978, 71–100.
Bono, Salvatore, *I corsari barbareschi*. Torino: Ed. Rai, 1964.

Borelli, Giorgio, *Un patriazato della terraferma veneta tra XVII e XVIII secolo.* Milano: Dott. A. Giuffrè–Ed., 1974.
Bosher, J. F., *The Single Duty Project: A Study of the Movement for a French Customs Union in the Eighteenth Century.* London: Athlone Press, 1964.
Boswell, A. Bruce, "Poland," in A. Goodwin, ed., *The European Nobility in the Eighteenth Century.* New York: Harper & Row (Torchbooks), 1967, 154–171.
Boulle, Pierre H., "Slave Trade, Commercial Organization, and Industrial Growth in Eighteenth-Century Nantes," *Revue française d'histoire d'outre-mer,* **LIX,** 214, 1er trimestre 1972, 70–112.
Boulle, Pierre H., "'Failed Transition,' Lombardy and France: General Comments," in Frederick Krantz & Paul M. Hohenberg, eds., *Failed Transitions to Modern Industrial Society: Renaissance Italy and Seventeenth Century Holland.* Montreal: Interuniversity Centre for European Studies, 1975, 72–74.
Bourde, André-J., "Louis XIV et l'Angleterre," *XVIIe siècle,* Nos. 46–47, 1er-2e trimestres 1960, 54–83.
Bouvier, Jean, "Vers le capitalisme bancaire: l'expansion du crédit après Law," in Fernand Braudel & Ernest Labrousse, dir., *Histoire économique et sociale de la France,* **II:** Ernest Labrousse *et al., Des derniers temps de l'age seigneurial aux préludes de l'age industriel (1660–1789).* Paris: Presses Univ. de France, 1970, 301–321.
Bouwsma, William J., "The Secularization of Society in the Seventeenth Century," paper delivered at XII International Congress of Historical Sciences, Moscow, Aug. 16–23, 1970. Moscow: Nauka, 1970.
Bowman, Francis, J., "Dutch Diplomacy and the Baltic Grain Trade, 1600–1660," *Pacific Historical Review,* **V,** 4, 1936, 337–348.
Boxer, C. R., *Salvador de Sá and the Struggle for Brazil and Angola.* London: Athlone Press, 1952.
Boxer, C. R., "Vicissitudes of the Anglo-Portuguese Alliance, 1600–1700," *Revista da faculdade de letras* (Univ. de Lisboa), ser. 3, 1958, 15–46.
Boxer, C. R., *Four Centuries of Portuguese Expansion, 1415–1825.* Johannesburg: Witswatersrand Univ. Press, 1961. (Reprinted by Univ. of California Press, 1969.)
Boxer, C. R., "Sedentary Workers and Seafaring Folk in the Dutch Republic," in J. S. Bromley & E. H. Kossman, eds., *Britain and the Netherlands,* **II.** Groningen: J. B. Wolters, 1964, 148–168.
Boxer, C. R., *The Dutch Seaborne Empire, 1600–1800.* New York: Knopf, 1965.
Boxer, C. R., "Brazilian Gold and British Traders in the First Half of the Eighteenth Century," *Hispanic American Historical Review,* **XLIX,** 3, Aug. 1969, 454–472. (a)
Boxer, C. R., *The Golden Age of Brazil, 1695–1750.* Berkeley: Univ. of California Press, 1969. (b)
Boxer, C. R., *The Portuguese Seaborne Empire, 1415–1825.* New York: Knopf, 1969. (c)
Boyer, Richard, "Mexico in the Seventeenth Century: Transition of Colonial Society," *Hispanic American Historical Review,* **LVII,** 3, Aug. 1977, 455–478.
Brading, D. A. & Cross, Harry E., "Colonial Silver Mining: Mexico and Peru," *Hispanic American Historical Review,* **LII,** 2, Nov. 1972, 545–579.
Braudel, Fernand, "L'économie française au XVIIe siècle," *Annales E.S.C.,* **VI,** 1, janv.–mars 1951, 65–71.
Braudel, Fernand, "L'économie de la Méditerranée au XVIIe siècle," *Les Cahiers de Tunisie,* **IV,** No. 14, 2e trimestre 1956, 175–197.
Braudel, Fernand, "L'histoire des civilisations: le passé explique le présent," in *Ecrits sur l'histoire.* Paris: Flammarion, 1969, 255–314. (Originally chap. V, in *Encyclopédie française,* **XX,** "Le Monde en devenir [Histoire, évolution, prospective]," 1959.)
Braudel, Fernand, *The Mediterranean and the Mediterranean World in the Age of Philip II,* 2 vol. New York: Harper & Row, 1973.
Braudel, Fernand, "Discorso inaugurale," in *La Lána come materia prima,* Atti della 'Prima

Settimana di Studio' (18–24 aprile 1969). Firenze: Istituto Internazionale di Storia Economica "F. Datini", Prato, 1974, 5–8.
Braudel, Fernand, *Afterthoughts on Material Civilization and Capitalism*. Baltimore: Johns Hopkins Univ. Press, 1977.
Braudel, Fernand, "The Expansion of Europe and the 'Longue Durée'," in H. L. Wesseling, ed., *Expansion and Reaction: Essays on European Expansion and Reaction in Asia and Africa*. Leiden: Leiden Univ. Press, 1978, 1–27.
Braudel, Fernand, Jeannin, Pierre, Meuvret, Jean, & Romano, Ruggiero, "Le déclin de Venise au XVIIe siècle," *Aspetti e cause della decadenza economica veneziana nel secolo XVII*, Atti del Convegno 27 giugno–2 luglio 1957. Venezia-Roma: Istituto per la Collaborazione Culturale, 1961, 23–86.
Braudel, Fernand & Spooner, Frank, "Prices in Europe from 1450 to 1750," in *The Cambridge Economic History of Europe*, **IV**: E. E. Rich & C. H. Wilson, eds., *The Economy of Expanding Europe in the Sixteenth and Seventeenth Centuries*. Cambridge: University Press, 1967, 374–480.
Braun, Rudolf, "Taxation, Sociopolitical Structure, and State-Building: Great Britain and Braudenburg-Prussia," in Charles Tilly, ed., *The Formation of National States in Western Europe*. Princeton, New Jersey: Princeton Univ. Press, 1975, 243–327.
Braure, Maurice, "Quelques aspects des relations commerciales entre la France et l'Angleterre au XVIIIe siècle," *Annales du Midi*, **LXV**, 21, janv. 1953, 67–89.
Breen, T. H., "A Changing Labor Force and Race Relations in Virginia, 1660–1710," *Journal of Social History*, **VII**, 1, Fall 1973, 3–25.
Brenner, Robert, "The Social Basis of English Commercial Expansion, 1550–1650," *Journal of Economic History*, **XXXII**, 1, Mar. 1972, 361–384.
Brenner, Robert, "England, Eastern Europe, and France: Socio-Historical versus 'Economic' Interpretation: General Conclusions," in Frederick Krantz & Paul M. Hohenberg, eds., *Failed Transitions to Modern Industrial Society: Renaissance Italy and Seventeenth Century Holland*. Montreal: Interuniversity Centre for European Studies, 1975, 68–71.
Brenner, Robert, "Agrarian Class Structure and Economic Development in Pre-Industrial Europe," *Past and Present*, No. 70, Feb. 1976, 30–75.
Briggs, Martin S., "Building Construction," in C. Singer, et al., *A History of Technology*, **III:** *From the Renaissance to the Industrial Revolution, c 1500 –c 1700*. Oxford: Clarendon Press, 1957, 245–268.
Bromley, J. S., "The Channel Island Privateers in the War of the Spanish Succession," *La Société Guernésiaise*, Report and Transactions for the Year 1949, **XIV**, 4, 1950, 444–478.
Bromley, J. S., "The Decline of Absolute Monarchy (1638–1774)," in J. M. Wallace-Hadrill & John McManners, eds., *France: Government and Society*. London: Methuen, 1957, 134–160.
Bromley, J. S., "The French Privateering War, 1702–1713," in H. E. Bell & R. L. Ollard, eds., *Historical Essays 1600–1750 presented to David Ogg*. London: Adam & Charles Black, 1964, 203–231.
Bromley, J. S., "Introduction," in *New Cambridge Modern History*, **VI:** *The Rise of Great Britain and Russia, 1688–1725*. Cambridge: University Press, 1970, 1–36.
Bromley, J. S. & Ryan, A. N., "Armies and Navies: (3) Navies," in *New Cambridge Modern History*, **VI:** J. S. Bromley, ed., *The Rise of Great Britain and Russia, 1688–1725*. Cambridge: University Press, 1970, 790–833.
Brown, P. Hume, *The Legislative Union of England and Scotland*. Oxford: Clarendon Press, 1914.
Brown, Vera Lee, "Contraband Trade as a Factor in the Decline of Spain's Empire in America," *Hispanic American Historical Review*, **VIII**, 2, May 1928, 178–189.
Bruchey, Stuart, *The Roots of American Economic Growth, 1607–1861*. New York: Harper & Row, 1965.
Bruchey, Stuart, ed., *The Colonial Merchant. Sources and Readings*. New York: Harcourt, Brace & World, 1966.

Bruford, W. H., "The Organisation and Rise of Prussia," in *New Cambridge Modern History,* **VII:** J. O. Lindsay, ed., *The Old Regime, 1713-63.* Cambridge: University Press, 1966, 292-317.

Brulez, W., "Anvers de 1585 à 1650," *Vierteljahrschrift für Sozial- und Wirtschaftsgeschichte,* **LIV,** 1, 1967, 75-99.

Bulferetti, Luigi, "L'oro, la terra e la società: una interpretazione del nostro Seicento," *Archivio storico lombardo,* 8th ser., **IV,** 1953, 5-66.

Bulferetti, Luigi & Constantini, Claudio, *Industria e commercio in Liguria nell'età del Risorgimento (1700-1860).* Milano: Banca Commerciale Italiana, 1966.

Burckhardt, Jacob, *Fragments historiques.* Geneve: Lib. Droz. 1965.

Bürgin, Alfred, "The Growth of the Swiss National Economy," in Hugh G. T. Aitken, ed., *The State and Economic Growth.* New York: Social Science Research Council, 1959, 213-236.

Burke, Peter, *Venice and Amsterdam: A Study of Seventeenth-Century Elites.* London: Temple Smith, 1974.

Burt, Roger, "Lead Production in England and Wales, 1700-1770," *Economic History Review,* 2nd ser., **XXII,** 2, Aug. 1969, 249-267.

Busquet, Raoul, Bourrilly, V.-L., & Agulhon, M., *Histoire de la Provence.* Paris: Presses Univ. de France, 1972.

Caizzi, Bruno. *Industria, commercio e banca in Lombardia nel XVIII secolo.* Milano: Banca Commerciale Italiana, 1968.

Campbell, R. H., "Anglo-Scottish Union of 1717: the Economic Consequences," *Economic History Review,* 2d ser., **XVI,** 3, Apr. 1964, 468-477.

Cancilo, Orazio, "I dazi sull'esportazione dei cereali e il commercio dei grani nel Regno di Sicilia," *Nuovi quaderni del meridione,* No. 28, ott.-dic. 1969, 1-36.

Cardozo, Manoel, "The Brazilian Gold Rush," *The Americas,* **III,** 2, Oct. 1946, 137-160.

Carlsson, Sten, "The Dissolution of the Swedish Estates, 1700-1865," *Journal of European Economic History,* **I,** 3, Winter 1972, 574-624.

Carmagnani, Marcello, *Les mécanismes de la vie économique dans une société coloniale: Le Chili (1680-1830).* Paris: S.E.V.P.E.N., 1973.

Carmona, Maurice, "Aspects du capitalisme toscan au XVIe et XVIIe siècles," *Revue d'histoire moderne et contemporaine,* **XI,** 2, avr.-juin 1964, 81-108.

Carr, Raymond, "Two Swedish Financiers: Louis ⁴e Geer and Joel Gripenstierna," in H. E. Bell & R. L. Ollard, eds., *Historical Essays 1600-1750 presented to David Ogg.* London: Adam & Charles Black, 1964, 18-34.

Carrière, Charles, "La draperie languedocienne dans la seconde moitié du XVIII siècle (contribution à l'étude de la conjoncture levantine)," in *Conjoncture économique, structures sociales; Hommage à Ernest Labrousse.* Paris & La Haye: Mouton, 1974, 157-172.

Carstairs, A. M., "Some Economic Aspects of the Union of Parliaments," *Scottish Journal of Political Economy,* **II,** 1, Feb. 1955, 64-72.

Carsten, F. L., "Slaves in North-Eastern Germany," *Economic History Review,* **XI,** 1, 1941, 61-76.

Carsten, F. L., "The Origins of the Junkers," *English Historical Review,* **LXII,** No. 243, Apr. 1947, 145-178.

Carsten, F. L., "The Great Elector and the Foundation of the Hohenzollern Despotism," *English Historical Review,* **LXV,** No. 255, Apr. 1950, 175-202.

Carsten, F. L., *The Origins of Prussia.* Oxford: Clarendon Press, 1954.

Carsten, F. L., "Was There an Economic Decline in Germany Before the 30 Years War?" *English Historical Review,* **LXXI,** No. 279, Apr. 1956, 240-247.

Carsten, F. L., *Princes and Parliaments in Germany, from the Fifteenth to the Eighteenth Century.* Oxford: Clarendon Press, 1959.

Carsten, F. L., "Introduction: The Age of Louix XIV," in *The New Cambridge Modern History,* **V:** F. L. Carsten, ed., *The Ascendancy of France, 1648-88.* Cambridge: University Press, 1961, 1-18.

Carsten, F. L., "The Rise of Brandenburg," in *The New Cambridge Modern History*, **V**: F. L. Carsten, ed., *The Ascendancy of France, 1648-88*. Cambridge: University Press, 1969, 543-558.
Carswell, John, *The South Sea Bubble*. Stanford: Stanford Univ. Press, 1960.
Carswell, John, *The Descent on England*. New York: John Day, 1969.
Carter, Alice C., "The Dutch and the English Public Debt in 1777," *Economica*, n.s., **XX**, No. 78, May, 1953, 159-161. (a)
Carter, Alice C., "Dutch Foreign Investment, 1738-1800," *Economica*, n.s., **XX**, Nov., 1953, 322-340. (b)
Carter, Alice C., "The Huguenot Contribution to the Early Years of the Funded Debt, 1694-1714," *Proceedings of the Huguenot Society of London*, **XIX**, 3, 1955, 21-41.
Carter, Alice C., "Financial Activities of the Huguenots in London and Amsterdam in the Mid-Eighteenth Century," *Proceedings of the Huguenot Society of London*, **XIX**, 6, 1959, 313-333.
Carter, Alice C., "Note on *A Note on Yardsticks*," *Economic History Review*, 2nd. ser., **XII**, 3, Apr. 1960, 440-444.
Carter, Alice C., "The Dutch as Neutrals in the Seven Years War," *International and Comparative Law Quarterly*, **XII**, 3, July 1963, 818-834.
Carter, Alice C., "Britain as a European Power from her Glorious Revolution to the French Revolutionary War," in J. S. Bromley & E. H. Kossmann, eds., *Britain and the Netherlands in Europe and Asia*. London: Macmillan, 1968, 110-137.
Carter, Alice C., *The Dutch Republic in the Seven Years War*. Coral Gables, Fla.,: Univ. of Miami Press, 1971.
Carter, Alice C., ed., "Survey of Recent Dutch Historiography," *Acta Historiae Neerlandica*, **VI**, 1973, 175-200.
Carter, Alice C., *Neutrality or Commitment: The Evolution of Dutch Foreign Policy, 1667-1795*. London: Edw. Arnold, 1975. (a)
Carter, Alice C., *Getting, Spending and Investing in Early Modern Times*. Assen, Netherlands: Van Gorcum & Comp B. V., 1975. (b)
Castillo, Alvaro, "Dans la monarchie espagnole du XVIIe siècle: Les banquiers portugais et le circuit d'Amsterdam," *Annales E.S.C.*, **XIX**, 2, mars-|avr. 1964, 311-316.
Castillo, Alvaro, "La coyuntura de la economía valenciana en los siglos XVI y XVII," *Anuario de historia económica y social*, **II**, 2, enero-dic. 1969, 239-288.
Cavignac, Jean, "Carrières et carriers du Bourgeois au XVIIIe siècle," in *Carrières, mines et métallurgie de 1610 à nos jours*, Actes du 98e Congrès National des Societes Savantes, Saint-Etienne, 1973, Section d'histoire moderne et contemporaine, **I**. Paris: Bibliothèque Nationale, 1975, 205-226.
Cernovodeanu, Paul, "The General Condition of English Trade in the Second Half of the 17th Century and at the Beginning of the 18th Century," *Revue des études du sud-est européen*, **V**, 3-4, 1967, 447-460.
Cernovodeanu, Paul, *England's Trade Policy in the Levant, 1660-1714*. Bibliotheca Historica Romaniae, Economic History Section Studies, **41**(2). Bucharest: Publishing House of the Academy of the Socialist Rep. of Romania, 1972.
Céspedes del Castillo, Guillermo, *Lima y Buenos Aires. Repercusiones económicas y políticas de la creación del Virreinato de La Plata*. Publicaciones de la Escuela de Estudios Hispano-Americanos de Sevilla, **XXIV**. Sevilla, 1947.
Chambers, J. D., "The Vale of Trent, 1670-1800," *Economic History Review Supplements*, No. 3. Cambridge: University Press, 1957.
Chambers, J. D., "Industrialization as a Factor in Economic Growth in England, 1700-1900," *First International Conference of Economic History*, Stockholm, Aug. 1960. Paris & La Haye: Mouton, 1960, 205-215.

Chambers, J. D., "The Rural Domestic Industries during the Period of Transition to the Factory System, with Special Reference to the Midland Counties of England," *Second International Conference of Economic History*, Aix-en-Provence, 1968, **II**: *Middle Ages and Modern Times*. Paris & La Haye: Mouton, 1965, 429–455.

Chandler, David G., "Armies and Navies, I: The Act of War on Land," in *New Cambridge Modern History*, **IV**: J. S. Bromley, ed., *The Rise of Great Britain and Russia, 1688–1725*. Cambridge: University Press, 1970, 741–762.

Chaudhuri, K. N., "The East India Company and the Export of Treasure in the Early Seventeenth Century," *Economic History Review*, 2d ser., **XVI**, 1, Aug. 1963, 23–38.

Chaudhuri, K. N., "Treasure and Trade Balances: the East India Company's Export Trade, 1660–1720," *Economic History Review*, **XXI**, 3, Dec. 1968, 480–502.

Chaunu, Huguette & Pierre, "Autour de 1640: politiques et économies atlantiques," *Annales E.S.C.*, **IX**, 1, janv.–mars 1954, 44–54.

Chaunu, Pierre, *Séville et l'Atlantique*, **VIII** (2bis): *La conjoncture (1593–1650)*. Paris: S.E.V.P.E.N., 1959.

Chaunu, Pierre, "Les échanges entre l'Amérique espagnole et les anciens mondes aux XVIe, XVIIe, et XVIIIe siècles," *Information historique*, No. 5, nov.–déc. 1960, 207–216. (a)

Chaunu, Pierre, *Les Philippines et le Pacific des Ibériques (XVIe, XVIIe, XVIIIe siècles)*. Paris: S.E.V.P.E.N., 1960. (b)

Chaunu, Pierre, "Brésil et l'Atlantique au XVIIe siècle," *Annales E.S.C.*, **XVII**, 6, nov.–déc. 1961, 1176–1207.

Chaunu, Pierre, "Jansénisme et frontière de catholicité (XVIIe et XVIIIe siècles): A propos du Jansénisme lorrain," *Revue historique*, 86e année, **CCXXVII**, 1, fasc. 461, 1er trimestre 1962, 115–138. (a)

Chaunu, Pierre, "Le renversement de la tendance majeure des prix et des activités au XVIIe siècle," *Studi in onore di Amintore Fanfani*, **IV**: *Evo moderno*. Milano: Dott. A. Giuffrè-Ed., 1962, 219–255. (b)

Chaunu, Pierre, "Manille et Macão, face à la conjoncture des XVIe et XVIIe siècles," *Annales E.S.C.*, **XVII**, 3, mai–juin 1962, 555–580. (c)

Chaunu, Pierre, "Las Casas et la première crise structurelle de la colonisation espagnole (1515–1523)," *Revue historique*, 87e année, **CCXXIX**, 1, fasc. 465, 1er trimestre 1963, 59–102. (a)

Chaunu, Pierre, "Le XVIIe siècle. Problèmes de conjoncture. Conjoncture globale et conjonctures rurales françaises," in *Mélanges d'histoire économique et social en hommage au professeur Antony Babel à l'occasion de son soixante-quinzième anniversaire*. Genève: La Tribune, 1963, **I**, 337–355. (b)

Chanu, Pierre, "Notes sur l'Espagne de Philippe V (1700–1746)," *Revue d'histoire économique et social*, **XLI**, 4, 1963, 448–470. (c)

Chaunu, Pierre, "Les 'Cristãos Novos' et l'effondrement de l'empire portugais dans l'Océan Indien au début du XVIIe siècle," *Revue des études juives*, 4e ser., **II** (CXXII), fasc. 1-2, janv.–juin 1963, 188–190. (d)

Chaunu, Pierre, *L'Amérique et les Amériques*. Paris: Lib. Armand Colin, 1964. (a)

Chaunu, Pierre, "La population de l'Amérique indienne," *Revue historique*, **CCXXXII**, 1, juil.–sept. 1964, 111–118. (b)

Chaunu, Pierre, "Les crises au XVIIe siècle de l'Europe reformée," *Revue historique*, **CCXXXIII**, 1, janv.–mars 1965, 23–60. (a)

Chaunu, Pierre, "Une histoire religieuse sérielle: A propos du diocèse de La Rochelle (1648–1724) et sur quelques exemples normands," *Revue d'histoire moderne et contemporaine*, **XII**, 1965, 5–34. (b)

Chaunu, Pierre, *La civilisation de l'Europe classique*. Paris: Arthaud, 1966. (a)

Chaunu, Pierre, "Le rythme trentenaire de l'expansion européenne," *Annales E.S.C.*, **XXI**, 4, juil.–août 1966, 886–893. (b)

Chaunu, Pierre, "Reflexions sur le tournant des années 1630-1650," *Cahiers d'histoire*, **XII**, 3, 1967, 249-268. (a)
Chaunu, Pierre, "A partir du Languedoc, De la peste noire à Malthus. Cinq siècles d'histoire sérielle," *Revue historique*, **CCXXXVII**, 2, fasc. 482, avr.-juin 1967, 359-380. (b)
Checkland, S. G., "Finance for the West Indies, 1780-1815," *Economic History Review*, 2d ser., **X**, 3, 1958, 461-469.
Cherepnin, L. V., "Russian Seventeenth-Century Baltic Trade in Soviet Historiography," *Slavonic and East European Review*, **XLIII**, No. 100, Dec. 1964, 1-22.
Cherry, George L., "The Development of the English Free-Trade Movement in Parliament, 1689-1702," *Journal of Modern History*, **XXV**, 2, June 1953, 103-119.
Chevalier, François, "Pour l'histoire du travail en Nouvelle Espagne: Une oeuvre fundamentale," *Annales E.S.C.*, **III**, 4, oct.-déc. 1948, 484-487.
Chevalier, François, *Land and Society in Colonial Mexico*. Berkeley: Univ. of California Press, 1970.
Christelow, Allen, "French Interest in the Spanish Empire during the Ministry of the Duc de Choiseul, 1759-1771," *Hispanic American Historical Review*, **XXI**, 4, Nov. 1941, 515-537.
Christelow, Allen, "Contraband Trade between Jamaica and the Spanish Main, and the Free Port Act of 1766," *Hispanic American Historical Review*, **XXII**, 2, May 1942, 309-343.
Christelow, Allen, "Economic Background of the Anglo-Spanish War of 1762," *Journal of Modern History*, **XVIII**, 1, Mar. 1946, 22-36.
Cipolla, Carlo M., "Aspetti e problemi nell'economia milanese e lombarda nei secoli XVI e XVII," in *Storia di Milano*, **XI.** *Il declino spagnolo (1630-1706)*, 1st ed. Milano: Fond. Treccani degli Alfieri per la Storia di Milano, 1958, 377-399.
Cipolla, Carlo M., *The Economic History of World Population*. rev. ed. Baltimore: Penguin Books, 1964.
Cipolla, Carlo M., *Guns, Sails and Empires*. New York: Pantheon, 1966.
Cipolla, Carlo M., "Introduction" to *The Fontana Economic History of Europe*, **IV:** *The Sixteenth and Seventeenth Centuries*. Glasgow: Collins, 1974, 7-13.
Clapham, (Sir) John, "The Growth of an Agrarian Proletariat, 1688-1832: A Statistical Note," *The Cambridge Historical Journal*, **I**, 1, 1923, 92-95.
Clapham, Sir John, *The Bank of England*, **I:** *1694-1797*. Cambridge: University Press, 1944.
Clark, G. N., *The Dutch Alliance & the War Against French Trade, 1688-1697*. Univ. of Manchester Historical Series No. 42. Manchester, England: University Press, 1923.
Clark, G. N., "War, Trade and Trade War, 1701-13," *Economic History Review*, **I**, 2, Jan. 1928, 262-280.
Clark, G. N., "Early Capitalism and Invention," *Economic History Review*, **VI**, 2, Apr. 1936, 143-156.
Clark, G. N., *The Seventeenth Century*. 2nd ed. Oxford: Clarendon Press, 1960.
Clark, G. N., "The Nine Years War, 1688-1697," in *New Cambridge Modern History*, **VI:** J. S. Bromley, ed., *The Rise of Great Britain and Russia, 1688-1725*. Cambridge: University Press, 1970, 223-253.
Coats, A. W., "Changing Attitudes to Labour in the Mid-Eighteenth Century," *Economic History Review*, 2nd ser., **XI**, 1, Aug. 1958, 35-51.
Cohen, Jacob, "The Element of Lottery in British Government Bonds, 1684-1919," *Economica*, n.s., **XX**, No. 79, Aug. 1953, 237-246.
Coleman, D. C., "Labour in the English Economy of the Seventeenth Century," *Economic History Review*, 2nd ser., **VIII**, 3, Apr. 1956, 280-295.
Coleman, D. C., "Eli Heckscher and the Idea of Mercantilism," *Scandinavian Economic History Review*, **V**, 1, 1957, 3-25.
Coleman, D. C., "Technology and Economic History, 1500-1750," *Economic History Review*, 2d ser., **XI**, 3, 1959, 506-514.

Coleman, D. C., *Revisions in Mercantilism*. London: Methuen, 1969.
Coleman, D. C., *The Economy of England, 1450–1750*. London & New York: Oxford Univ. Press, 1977.
Cook, Sherburne F., & Borah, Woodrow, *Essays in Population History*, **I**: *Mexico and the Caribbean*. Berkeley: Univ. of California Press, 1971.
Cooper, J. P., "Sea Power," *The New Cambridge Modern History*, **IV**. J. P. Cooper, ed., *The Decline of Spain and the Thirty Years War, 1609–48/59*. Cambridge: University Press, 1970, 226–238.
Coornaert, E. L. J., "European Economic Institutions and the New World: the Chartered Companies," in E. E. Rich & C. H. Wilson, eds., *Cambridge Economic History of Europe*, **IV:** *The Economy of Expanding Europe in the Sixteenth & Seventeenth Centuries*. Cambridge: University Press, 1967, 220–274.
Corvisier, André, "Les généraux de Louis XIV et leur origine sociale," *XVIIe siècle*, Nos. 42–43, 1er trimestre 1959, 23–53.
Cottrell, Fred, *Energy and Society*. New York: McGraw-Hill, 1955.
Craeybeckx, Jan, "Les industries d'exportation dans les villes flamandes au XVIIe siècle, particulièrement à Gand et à Bruges," *Studi in onore di Amintore Fanfani*, **IV:** *Evo moderno*. Milano: Dott. A. Giuffrè-Ed., 1962, 411–468.
Craig, Gordon A., *The Politics of the Prussian Army, 1640–1945*. Oxford: Clarendon Press, 1955.
Craven, Wesley Frank, *The Colonies in Transition, 1660–1713*. New York: Harper & Row, 1968.
Croft, Pauline, "Free Trade and the House of Commons, 1605–6," *Economic History Review*, 2nd. ser., **XXVIII**, 1, Feb. 1975, 17–27.
Croot, Patricia & Parker, David, "Agrarian Class Structure and Economic Development," *Past and Present*, No. 78, Feb. 1968, 37–47.
Crosby, Alfred W., "Conquistador y Pestilencia: The First New World Pandemic and the Fall of the Great Indian Empires," *Hispanic American Historical Review*, **XLVII**, 3, Aug. 1967, 321–337.
Crouzet, François, "Angleterre et France au XVIII siècle. Essai d'analyse comparée de deux croissances économiques," *Annales E.S.C.*, **XXI**, 2, mars–avr. 1966, 254–291.
Crouzet, François, "The Economic History of Modern Europe," *Journal of Economic History*, **XXXI**, 1, Mar. 1971, 135–152.
Crouzet, François, "England and France in the Eighteenth Century," in Marc Ferro, ed., *Social Historians in Contemporary France*. New York: Harper & Row, 1972, 59–86. (Translated from *Annales E.S.C.*, 1966.)
Cullen, L. M., "Problems in the Interpretation and Revision of Eighteenth-Century Irish Economic History," *Transactions of the Royal Historical Society*, 5th ser., **XVII**, 1967, 1–22.
Cullen, L. M., *Anglo-Irish Trade, 1660–1800*. Manchester, England: Manchester Univ. Press, 1968.
Cullen, L. M., "Merchant Communities Overseas, the Navigation Acts and Irish and Scotish Responses," in L. M. Cullen & T. C. Smout, eds., *Comparative Aspects of Scottish and Irish Economic and Social History, 1600–1900*. Edinburgh: John Donald Publ., 1977, 165–176.
Cunningham, W., *The Growth of English Industry & Commerce in Modern Times*, 2 vol. Cambridge: University Press, 1892.
Cunningham, W., *Alien Immigrants to England*. London: Swan Sonnenschein, 1897.
Curtin, Philip D., "Epidemology and the Slave Trade," *Political Science Quarterly*, **LXXXIII**, 2, June 1968, 190–216.
Curtin, Philip D., *The Atlantic Slave Trade: A Census*. Madison: Univ. of Wisconsin Press, 1969.
Curtin, Philip D., "The Atlantic Slave Trade, 1600–1800," in J. F. A. Ajayi & M. Crowder, eds., *History of West Africa*. London: Longmans, 1971, **I**, 240–268.
Dahlgren, Stellan, "Estates and Classes," in M. Roberts, ed., *Sweden's Age of Greatness, 1632–1718*. New York: St. Martin's Press, 1973, 102–131. (a)
Dahlgren, Stellan, "Charles X and the Constitution," in M. Roberts, ed., *Sweden's Age of Greatness, 1632–1718*. New York: St. Martin's Press, 1973, 174–202. (b)

Dales, J. H., "The Discoveries and Mercantilism: An Essay in History and Theory," *Canadian Journal of Economics and Political Science*, **XXI**, 2, May 1955, 141–153.
Darby, H. C., "The Age of the Improver: 1600–1800," in H. C. Darby, ed., *A New Historical Geography of England*. Cambridge: University Press, 1973, 302–388.
Darby, H. C. & Fullard, Harold, eds., *Atlas*, Vol. **XIV** of *New Cambridge Modern History*. Cambridge: University Press, 1970.
da Silva, José-Gentil, "Au XVIIe siècle: la stratégie du capital florentin," *Annales E.S.C.*, **XIX**, 3, mai–juin 1964, 480–491. (a)
da Silva, José-Gentil, "Degradazione economica e ristagno secolare. Linee di sviluppo dell' economia spagnola dopo il secolo XVI," *Studi storici*, **V**, 2, 1964, 241–261. (b)
da Silva, José-Gentil, *En Espagne: développement économique, subsistance, déclin*. Paris & La Haye: Mouton, 1965.
da Silva, José-Gentil, "Les sociétés commerciales, la fructification du capital et la dynamique sociale, XVI-XVIIIe siècles," *Anuario de historia economica y social*, **II**, 2, enero–dic. 1969, 117–190.
Davies, C. S. L., "Peasant Revolt in France and England: A Comparison," *Agricultural History Review*, **XXI**, 2, 1973, 122–134.
Davies, K. G., "Joint-Stock Investment in the Later Seventeenth Century," *Economic History Review*, 2nd ser., **IV**, 3, 1952, 283–301. (a)
Davies, K. G., "The Origin of the Commission System in the West India Trade," *Transactions of the Royal Historical Society*, 5th ser., **II**, 1952, 89–107. (b)
Davies, K. G., *The Royal African Company*. London: Longmans, Green & Co., 1957.
Davies, K. G., "Empire and Capital," *Economic History Review*, 2nd ser., **XIII**, 1, Aug. 1960, 105–110.
Davies, K. G., *The North Atlantic World in the Seventeenth Century*. Minneapolis: Univ. of Minnesota Press, 1974.
Davis, Ralph, "English Foreign Trade, 1660–1700," *Economic History Review*, 2nd ser., **VII**, 2, Dec. 1954, 150–166.
Davis, Ralph, "Merchant Shipping in the Economy of the Late Seventeenth Century," *Economic History Review*, 2nd ser., **IX**, 1, Aug. 1956, 59–73.
Davis, Ralph, "Earnings of Capital in the English Shipping Industry, 1670–1730," *Journal of Economic History*, **XVII**, 3, 1957, 409–425.
Davis, Ralph, "England and the Mediterranean, 1570–1670," in F. J. Fisher, ed., *Essays in the Economic and Social History of Tudor and Stuart England*. Cambridge: University Press, 1961, 117–137.
Davis, Ralph, "English Foreign Trade, 1700–1774," *Economic History Review*, 2nd ser., **XV**, 2, Dec. 1962, 285–303.
Davis, Ralph, "The Rise of Protection in England, 1669–1786," *Economic History Review*, 2nd ser., **XIX**, 2, Aug. 1966, 306–317.
Davis, Ralph, review of Pierre Jeannin, *L'Europe du Nord-Ouest et du Nord aux XVII et XVIII siècles* (Paris: Presses Univ. de France, 1969) in *Economic History Review*, **XXIII**, 2, Aug. 1970, 387–388.
Davis, Ralph, *English Overseas Trade, 1500–1700, Studies in Economic History*. London: Macmillan, 1973. (a)
Davis, Ralph, *The Rise of the Atlantic Economies*. London: Weidenfeld & Nicolson, 1973. (b)
Davis, Ralph, *English Merchant Shipping and Anglo-Dutch Rivalry in the Seventeenth Century*. London: H.M.S.O., National Maritime Museum, 1975.
Deane, Phyllis, "The Output of the British Woollen Industry in the Eighteenth Century," *Journal of Economic History*, **XVII**, 2, 1957, 207–223.
Deane, Phyllis & Cole, W. A., *British Economic Growth, 1688–1959*. Cambridge: University Press, 1962.
de Beer, E. S., "The English Revolution," in *New Cambridge Modern History*, **VI**: J. S. Bromley,

ed., *The Rise of Great Britain and Russia, 1688–1725*. Cambridge: University Press, 1970, 193–222.
Debien, Gabriel, *Le peuplement des Antilles françaises au XVIIe siècle: Les engagés partis de La Rochelle (1683–1715), Notes d'histoire coloniale,* **II.** Cairo: Institut Français d'Archéologie Orientale du Caire, 1942.
de Castro, Antonio Barros, "The Hands and Feet of the Planter: The Dynamics of Colonial Slavery," unpubl. ms., c. 1976.
Dechêne, Louise, *Habitants et marchands de Montréal au XVIIe siècle.* Paris, Plon, 1974.
Dehio, Ludwig, *The Precarious Balance.* New York: Vintage, 1962.
Delille, Gerard, review of M. Morineau, *Les faux semblemts d'un démarrage économique* in *Journal of European Economic History,* I, 3, Winter 1972, 809–812.
Delumeau, Jean, "Le commerce extérieur français au XVIIe siècle," *XVIIe siècle,* No. 70–71, 1966, 81–105.
de Maddalena, Aldo, "Rural Europe, 1500–1750," in C. M. Cipolla, ed., *The Fontana Economic History of Europe,* **II:** *The Sixteenth and Seventeenth Centuries.* Glasgow: Collins, 1974, 273–353. (a)
de Maddalena, Aldo, *Prezzi e mercedi a Milano dal 1701 al 1860.* Milano: Banco Commerciale Italiano, 1974. (b)
Dent, Julian, "An Aspect of the Crisis of the Seventeenth Century: The Collapse of the Financial Administration of the French Monarchy (1653–61)," *Economic History Review,* 2nd ser., **XX,** 2, Aug. 1967, 241–256.
Deprez, P., "The Demographic Development of Flanders in the Eighteenth Century," in D. V. Glass & D. E. C. Eversley, eds., *Population in History.* London: Edw. Arnold, 1965, 608–630.
Dermigny, Louis, "Saint-Domingue aux XVIIe et XVIIIe siècles," *Revue historique,* No. 204, oct.–déc. 1950, 234–239.
Dermigny, Louis, "Circuits de l'argent et milieux d'affaires au XVIIIe siècle," *Revue historique,* 78e année, No. 212, oct.–déc. 1954, 239–277.
Dermigny, Louis, "Le fonctionnement des Compagnies des Indes, **I:** L'organisation et le rôle des Compagnies," in M. Mollat, réd., *Sociétés et compagnies en Orient et dans l'Océan Indien.* Paris: S.E.V.P.E.N., 1970, 443–451. (a)
Dermigny, Louis, "Le fonctionnement des Compagnies des Indes, **II.** East India Company et Compagnie des Indes," in M. Mollat, réd., *Sociétés et compagnies en Orient et dans l'Océan Indien.* Paris: S.E.V.P.E.N., 1970, 453–466. (b)
Dermigny, Louis, "Gênes et le capitalisme financier," *Revue d'histoire économique et social,* LII, 4, 1974, 547–567.
de Roover, Raymond, *L'évolution de la lettre de change, XIVe–XVIIIe siécles.* Paris: Lib. Armand Colin, 1953.
de Roover, Raymond, "What is Dry Exchange? A Contribution to the Study of English Mercantilism," in Julius Kirshner, ed., *Business, Banking and Economic Thought in Late and Early Modern Europe: Selected Studies of Raymond de Roover.* Chicago, Illinois: Univ. of Chicago Press, 1974, 183–199. (a) (Originally in *Journal of Political Economics,* **LII,** 3, 1944, 250–266.)
de Roover, Raymond, "New Interpretations in the History of Banking," *Business, Banking, and Economic Thought in Late Medieval and Early Modern Europe.* Chicago, Illinois: Univ. of Chicago Press, 1974, 200–238. (b) (Originally in *Journal of World History,* **II,** 1954, 38–76.)
Deschamps, Hubert, *Pirates et flibustiers,* "Que sais-je?," No. 554. Paris: Presses Univ. de France, 1973.
Desdevises du Dézert, G., "Les institutions de l'Espagne," *Revue hispanique,* **LXX,** 1927, 1–556.
Dessert, Daniel & Journet, Jean-Louis, "Le lobby Colbert: Un royaume, ou une affaire de famille?," *Annales E.S.C.,* **XXX,** 6, nov.–déc. 1975, 1303–1336.
Devine, T. M., "Colonial Commerce and the Scottish Economy, c. 1730–1815," in L. M. Cullen & T. C. Smout, eds., *Comparative Aspects of Scottish and Irish Economic and Social History, 1600–1900.* Edinburgh: John Donald Publ., 1977, 177–190.

참고 문헌 457

de Vries, Jan, "On the Modernity of the Dutch Republic," *Journal of Economic History*, **XXXIII**, 1, Mar. 1973, 191–202.
de Vries, Jan, *The Dutch Rural Economy in the Golden Age, 1500–1700*. New Haven, Connecticut: Yale Univ. Press, 1974.
de Vries, Jan, "Holland: Commentary," in Frederick Krantz & Paul M. Hohenberg, eds., *Failed Transitions to Modern Industrial Society: Renaissance Italy and Seventeenth Century Holland*. Montreal: Interuniversity Centre for European Studies, 1975, 55–57.
de Vries, Jan, *The Economy of Europe in an Age of Crisis, 1600–1750*. Cambridge: University Press, 1976.
de Vries, Jan, "Barges and Capitalism: Passenger Transportation in the Dutch Economy, 1632–1839," *A.A.G. Bijdragen*, No. 21, 1978, 33–398.
de Vries, Philip, "L'animosité anglo-hollandaise au XVIIe siècle," *Annales E.S.C.*, **V**, 1, janv.–mars 1950, 42–47.
Deyon, Pierre, "Variations de la production textile aux XVIe et XVIIe siècles: sources et premiers résultats," *Annales E.S.C.*, **XVIII**, 5, sept.–oct. 1963, 939–955.
Deyon, Pierre, "A propos des rapports entre la noblesse française et la monarchie absolue pendant la première moitié du XVIIe siècle," *Revue historique*, **CCXXI**, 2, fasc. 470, avr.–juin 1964, 341–356.
Deyon, Pierre, "La production manufacturière en France au XVIIe siècle et ses problèmes," *XVIIe siècle*, Nos. 70–71, 1966, 47–63.
Deyon, Pierre, *Amiens, capitale provinciale*. Paris & La Haye: Mouton, 1967.
Deyon, Pierre, *Le mercantilisme*, Questions d'histoire, 11. Paris: Flammarion, 1969.
Deyon, Pierre, "La concurrence internationale des manufactures lainières aux XVIe et XVIIe siècles," *Annales E.S.C.*, **XXVII**, 1, janv.–févr. 1972, 20–32.
Deyon, Pierre, "Théorie et pratique de mercantilisme," in Pierre Deyon & Jean Jacquart, *Les hésitations de la croissance, 1580–1740*, Vol. **II** of Pierre Léon, réd., *Histoire économique et sociale du monde*. Paris: Lib. Armand Colin, 1978, 197–218. (a)
Deyon, Pierre, "Compétitions commerciales et coloniales," in Pierre Deyon & Jean Jacquart, *Les hésitations de la croissance, 1580–1740*, Vol. **II** of Pierre Léon, réd., *Histoire économique et sociale du monde*. Paris: Lib. Armand Colin, 1978, 219–247. (b)
Deyon, Pierre, "Le role animateur des marchands," in Pierre Deyon & Jean Jacquart, *Les hésitations de la croissance, 1580–1740*, Vol. **II** of Pierre Léon, réd., *Histoire économique et sociale du monde*. Paris: Lib. Armand Colin, 1978, 263–289. (c)
Deyon, Pierre, "La production manufacturière," in Pierre Deyon & Jean Jacquart, *Les hésitations de la croissance, 1580–1740*, Vol. **II** of Pierre Léon, réd., *Histoire économique et sociale du monde*. Paris: Lib. Armand Colin, 1978, 263–289. (d)
Deyon, Pierre, "Les sociétés urbaines," in Pierre Deyon & Jean Jacquart, *Les hésitations de la croissance, 1580–1740*, Vol. **II** of Pierre Léon, réd., *Histoire économique et sociale du monde*. Paris: Lib. Armand Colin, 1978, 291–316. (e)
Deyon, Pierre & Jacquart, Jean, "L'Europe: gagnants et perdants," in Pierre Deyon & Jean Jacquart, *Les hésitations de la croissance, 1580–1740*, Vol. **II** of Pierre Léon, réd., *Histoire économique et sociale du monde*. Paris: Lib. Armand Colin, 1978, 497–519.
de Zeeuw, J. W., "Peat and the Dutch Golden Age: The Historical Meaning of Energy Attainability," *A.A.G. Bijdragen*, No. 21, 1978, 3–31.
Dickens, A. G., "Preface," *The Anglo-Dutch Contribution to the Civilization of Early Modern Society*. London & New York: Published for The British Academy by Oxford Univ. Press, 1976, 8–10.
Dickerson, Oliver M., *The Navigation Acts and the American Revolution*. Philadelphia: Univ. of Pennsylvania Press, 1951.
Dickson, P. G. M., *The Financial Revolution in England: A Study in the Development of Public Credit, 1688–1756*. London: Macmillan, 1967.

Dickson, P. G. M., "English Commercial Negotiations with Austria, 1737–1752," in A. Whiteman, J. S. Bromley, & P. G. M. Dickson, eds., *Statesmen, Scholars and Merchants*. Oxford: Clarendon Press, 1973, 81–112.
Disney, A. R., "The First Portuguese India Company, 1628–33," *Economic History Review*, 2nd ser., **XXX**, 2, May 1977, 242–258.
Dobb, Maurice H., "The English Revolution, II," *Labour Monthly*, **XXIII**, 2, Feb. 1941, 92–93.
Dobb, Maurice H., *Studies in the Development of Capitalism*. London: Routledge & Kegan Paul, 1946.
Dobb, Maurice H., "A Reply," in Rodney Hilton, ed., *The Transition from Feudalism to Capitalism*. London: New Left Books, 1976, 57–67. (Originally in *Science and Society*, Spring 1958.)
Dobyns, Henry F., "An Outline of Andean Epidemic History to 1720," *Bulletin of the History of Medicine*, **XXXVII**, 6, Nov.–Dec. 1963, 493–515.
Dominguez Ortiz, Antonio, *La sociedad española en el siglo XVII*, Monografias historico-sociales, I. Madrid: Instituto Balmes de Sociologia, Depto. de Historia Social, 1955.
Dominguez Ortiz, Antonio, *The Golden Age of Spain, 1516–1659*. New York: Basic Books, 1971.
Donnan, Elizabeth, "The Early Days of the South Sea Company, 1711–1718," *Journal of Economic and Business History*, **II**, 3, May 1930, 419–450.
Dorn, Walter L., "The Prussian Bureaucracy in the Eighteenth Century," *Political Science Quarterly*, **XLVI**, 3, Sept. 1931, 403–423; **XLVII**, 1, Mar. 1932, 75–94; **XLVII**, 2, June 1932, 259–273.
Dorwart, Reinhold A., *The Administrative Reforms of Frederick William I of Prussia*. Cambridge, Massachusetts: Harvard Univ. Press, 1953.
Dorwart, Reinhold A., *The Prussian Welfare State before 1740*. Cambridge, Massachusetts: Harvard Univ. Press, 1971.
Duckham, Baron F., *A History of the Scottish Coal Industry*, **I**: *1700–1815*. Newton Abbot: David & Charles, 1970.
Duncan, T. Bentley, *Atlantic Islands: Madeira, the Azores and the Cape Verdes in Seventeenth-Century Commerce and Navigation*. Chicago, Illinois: Univ. of Chicago Press, 1972.
Duncan, T. Bentley, "Neils Steensgaard and the Europe-Asia Trade of the Early Seventeenth Century," *Journal of Modern History*, **XLVII**, 3, Sept. 1975, 512–518.
Dunn, Richard S., *Sugar and Slaves*. Chapel Hill: Univ. of North Carolina Press, 1972.
Dunsdorfs, Edgars, *Merchant Shipping in the Baltic During the 17th Century*, Contributions of Baltic University, No. 40, Pinneberg, 1947.
Dunsdorfs, Edgars, *Der grosse schwedische Kataster in Livland, 1681–1710*, Kungl. Vitterhets Historie och Antikvitets Akademiens Handlingar, del 72. Stockholm: Wahlstrom & Widstrand, 1950.
Dupâquier, J. (& Jacquart, J.), "Les rapports sociaux dans les campagnes françaises au XVIIe siècle: quelques exemples," in D. Roche, réd., *Ordres et classes*, Colloque d'histoire sociale, Saint-Cloud, 24–25 mai 1967. Paris & La Haye: Mouton, 1973, 167–179.
Dupuy, Alex, "Spanish Colonialism and the Origin of Underdevelopment in Haiti," *Latin American Perspectives*, **III**, 2, Spring 1976, 5–29.
Durand, Georges, "Vin, vigne et vignerons en Lyonnais et Beaujolais (XVIe–XVIIIe siècles)," *Cahiers d'histoire*, **XXII**, 2, 1977, 123–133.
Durand, Yves, *Finance et mécénat: Les fermiers généraux au XVIIIe siècle*. Paris: Lib. Hachette, 1976.
Durie, Alastair J., "The Markets for Scottish Linen, 1730–1775," *Scottish Historical Review*, **LII**, Nos. 153–154, 1973, 30–49.
Dworzaczek, Włodzimierz, "La mobilité sociale de la noblesse polonaise aux XVIe et XVIIe siècles," *Acta Poloniae Historica*, No. 36, 1977, 147–161.
Eagly, Robert V., "Monetary Policy and Politics in Mid-Eighteenth Century Sweden," *Journal of Economic History*, **XXIX**, 4, Dec. 1969, 739–757.

참고 문헌 459

Eagly, Robert V., "Monetary Policy and Politics in Mid-Eighteenth Century Sweden: A Reply," *Journal of Economic History,* **XXX,** 3, Sept. 1970, 655–656.
Eagly, Robert V., "Introductory Essay," to *The Swedish Bullionist Controversy: P. N. Christiernin's Lectures on the High Price of Foreign Exchange in Sweden (1761).* Philadelphia, Pennsylvania: Amer. Philosophical Soc., 1971, 1–37.
East, W. G., "England in the Eighteenth Century," in H. C. Darby, *Historical Geography of England before A.D. 1800.* Cambridge: University Press, 1951, 465–528.
Edel, Matthew, "The Brazilian Sugar Cycle of the Seventeenth Century and the Rise of West Indian Competition," *Caribbean Studies,* **IX,** 1, Apr. 1969, 24–44.
Ehrman, John, *The Navy in the War of William III, 1689–1697.* Cambridge: University Press, 1953.
Elliott, J. H., *The Revolt of the Catalans.* Cambridge: University Press, 1963.
Elliott, J. H., *Imperial Spain, 1469–1716.* New York: Mentor Books, 1966.
Elliott, J. H., "Revolution and Continuity in Early Modern Europe," *Past and Present,* No. 42, Feb. 1969, 35–56.
Elliott, J. H., "Self-Perception and Decline in Early Seventeenth-Century Spain," *Past and Present,* No. 74, Feb. 1977, 41–61.
Emmanuel, Arghiri, *Unequal Exchange.* New York: Monthly Review Press, 1972.
Emmer, Pieter C., "The History of the Dutch Slave Trade: A Bibliographical Survey," *Journal of Economic History,* **XXXII,** 3, Sept. 1972, 728–747.
Endelman, Todd M., *The Jews of Georgian England, 1714–1830.* Philadelphia, Pennsylvania: Jewish Publ. Soc. of America, 1979.
Endrei, Walter G., "English Kersey in Eastern Europe with special reference to Hungary," *Textile History,* **V,** 1974, 90–99.
Enjalbert, Henry, "Le commerce de Bordeaux et la vie économique dans le Bassin Aquitaine au XVIIe siècle," *Annales du Midi,* **LXII,** 9, janv. 1950, 21–35.
Ernle, Lord (Prothero, Rowland E.), *English Farming, Past and Present.* London: Longmans, Green & Co., 1912.
Everitt, Alan, "The Food Market of the English Town, 1660–1760," *Third International Conference of Economic History,* **I,** Munich, 1956. Paris & La Haye: Mouton, 1968, 57–71.
Eversley, D. C. E., "Demography and Economics: A Summary Report," *Third International Conference of Economic History,* Munich, 1965, *Demography and Economy.* Paris & La Haye: Mouton, 1972, 15–35.
Faber, J. A., "Cattle-Plague in the Netherlands During the Eighteenth Century," *Mededelingen van de Landbouwgeschool te Wageningen,* **LXII,** 11, 1962, 1–7.
Faber, J. A., "The Decline of the Baltic Grain Trade in the Second Half of the Seventeenth Century," *Acta Historiae Neerlandica,* **I,** 1966, 108–131.
Faber, J. A., Diedericks, H. A., & Hart, S., "Urbanization, Industrialization, and Pollution in the Netherlands, 1500–1800," paper prepared for VIth International Congress on Economic History, Copenhagen, 1974, 21 p., mimeographed. Published in Dutch in *A.A.G. Bijdragen,* No. 18, 1973, 251–271.
Faber, J. A., Roessingh, H. K., Slicher Van Bath, B. H., Van der Woude, A. M., & Van Xanten, H. J., "Population Changes & Economic Developments in the Netherlands, A Historical Survey," *A.A.G. Bijdragen,* No. 12, 1965, 47–114.
Fairlie, Susan, "Dyestuffs in the Eighteenth Century," *Economic History Review,* 2nd ser., **XVII,** 3, Apr. 1965, 488–510.
Fanfani, Amintore, *Storia del lavoro in Italia dalla fine del secolo XV agli inizi del XVIII.* 2a ed. accresc. ed illus., Vol. III of A. Fanfani, ed., *Storia del lavoro in Italia.* Milano: Dott. A. Giuffrè-Ed., 1959.
Farnell, J. E., "The Navigation Act of 1651, the First Dutch War, and the London Merchant Community," *Economic History Review,* 2nd ser., **XVI,** 3, Apr. 1964, 439–454.

Farnie, D. A., "The Commercial Empire of the Atlantic, 1607–1783," *Economic History Review*, 2d ser., **XV**, 2, Dec. 1962, 205–218.
Fayle, C. Ernest, "The Deflection of Strategy by Commerce in the Eighteenth Century," *Journal of the Royal United Service Institution*, **LXVIII**, 1923, 281–290.
Febvre, Lucien, "De l'histoire-tableau: Essais de critique constructive," *Annales d'histoire économique et sociale*, **V**, No. 21, 31 mai 1933, 267–281.
Fedorowicz, Jan K., "Anglo-Polish Commercial Relations in the First Half of the Seventeenth Century," *Journal of European Economic History*, **V**, 2, Fall 1976, 359–378.
Fernández de Pinedo, Emiliano, *Crecimiento económico y transformaciones sociales del país vasco (1100–1850)*. Madrid, Siglo XXI de España, 1974.
F[ield], P[eter], "England's Revolution," review of Christopher Hill, ed., *The English Revolution, 1640*, in *Labour Monthly*, **XXII**, 10, Oct. 1940, 558–559. (a)
F[ield], P[eter], "The English Revolution, 1640: II. A Rejoinder," *Labour Monthly*, **XXII**, 12, Dec. 1940, 653–655. (b)
Finer, Samuel E., "State and Nation-Building in Europe: The Role of the Military," in Charles Tilly, ed., *The Formation of National States in Western Europe*. Princeton, New Jersey: Princeton Univ. Press, 1975, 84–163.
Fischer, Wolfram & Lundgreen, Peter, "The Recruitment and Training of Administrative and Technical Personnel," in Charles Tilly, ed., *The Formation of National States in Western Europe*. Princeton, New Jersey: Princeton Univ. Press, 1975, 456–561.
Fisher, F. J., "London's Export Trade in the Early Seventeenth Century," *Economic History Review*, 2d ser., **III**, 2, 1950, 151–161.
Fisher, F. J., "Tawney's Century," in F. J. Fisher, ed., *Essays in the Economic and Social History of Tudor and Stuart England*. London & New York: Cambridge Univ. Press, 1961, 1–14.
Fisher, Sir Godfrey, *Barbary Legend: War, Trade and Piracy in North Africa, 1475–1830*. Oxford: Clarendon Press, 1957.
Fisher, H. E. S., "Anglo-Portuguese Trade, 1700–1770," *Economic History Review*, 2d ser., **XVI**, 2, 1963, 219–233.
Fisher, H. E. S., *The Portugal Trade: A Study of Anglo-Portuguese Commerce, 1700–1770*. London: Methuen, 1971.
Flinn, M. W., "The Growth of the English Iron Industry, 1660–1760," *Economic History Review*, **XI**, 1, Aug. 1958, 144–153.
Flinn, M. W., "Sir Ambrose Crowley and the South Sea Scheme of 1711," *Journal of Economic History*, **XX**, 1, Mar. 1960, 51–66.
Flinn, M. W., "Agricultural Productivity and Economic Growth in England, 1700–1760: A Comment," *Journal of Economic History*, **XXVI**, 1, Mar. 1966, 93–98.
Flinn, M. W., "The Stabilisation of Mortality in Pre-industrial Western Europe," *Journal of European Economic History*, **III**, 2, Fall 1974, 285–318.
Florescano, Enrique, *Precios del maíz y crisis agrícolas en México (1708–1810)*. México: El Colegio de México, 1969.
Floyd, Troy S., *The Anglo-Spanish Struggle for Mosquita*. Albuquerque: Univ. of New Mexico Press, 1967.
Forbes, R. J., "Food and Drink," in C. Singer *et al.*, *A History of Technology*. **III**: *From the Renaissance to the Industrial Revolution, c1500–c1700*. Oxford: Clarendon Press, 1957, 1–26.
Ford, Franklin L., *Robe and Sword: The Regrouping of the French Aristocracy After Louis XIV*, Harvard Historical Studies, Vol. **XXIV**. Cambridge, Massachussetts: Harvard Univ. Press, 1953.
Forster, Robert, "Obstacles to Argicultural Growth in Eighteenth-Century France," *American Historical Review*, **LXXV**, 6, Oct. 1970, 1600–1615.
Forster, Robert & Litchfield, R. Burr, "Four Nobilities of the Old Regime (review article)," *Comparative Studies in Society and History*, **VII**, 3, Apr. 1965, 324–332.
Fourastié, Jean & Grandamy, René, "Remarques sur les prix salariaux des céréales et la

참고 문헌 461

productivité du travailleur agricole en Europe du XVe et XVIe siècles," *Third International Conference of Economic History*, **I**, Munich, 1965. Paris & La Haye: Mouton, 1968, 647–656.
Francis, A. D., *The Methuens and Portugal, 1691–1708*. Cambridge: University Press, 1966.
Francis, A. D., *The Wine Trade*. Edinburgh: T. & A. Constable, 1972.
Frank, André Gunder, *Mexican Agriculture: Transformation of Mode of Production, 1521–1630*. Cambridge: Cambridge Univ. Press, 1979. (a)
Frank, André Gunder, *Dependent Accumulation and Underdevelopment*. New York: Monthly Review Press, 1979. (b)
Franken, M. A. M., "The General Tendencies and Structural Aspects of the Foreign Policy and Diplomacy of the Dutch Republic in the Latter Half of the 17th Century," *Acta Historiae Neerlandica*, **III**, 1968, 1–42.
Frêche, Georges, *Toulouse et la région, Midi-Pyrénées au siècle des lumières vers 1670–1789*. Mayenne: Ed. Cujas, 1974.
Freudenberger, Herman, "Industrialization in Bohemia and Moravia in the Eighteenth Century," *Journal of Central European Affairs*, **XIX**, 4, Jan. 1960, 347–356. (a)
Freudenberger, Herman, "The Woolen-Goods Industry of the Habsburg Monarchy in the Eighteenth Century," *Journal of Economic History*, **XX**, 3, Sept. 1960, 383–406. (b)
Friedrichs, Christopher R., "Capitalism, Mobility and Class Formation in the Early Modern German City," *Past and Present*, No. 69, Nov. 1975, 24–49.
Furniss, Edgar S., *The Position of the Labourer in a System of Nationalism*. New York: Kelley & Millman, 1957. (Original publication, Boston, 1920.)
Furtado, Celso, *The Economic Growth of Brazil*. Berkeley: Univ. of California Press, 1963.
Fussell, G. E., "Low Countries: Influence on English Farming," *English Historical Review*, **LXXIV**, No. 293, Oct. 1959, 611–622.
Fussell, G. E., "Dairy Farming, 1600–1900," *Third International Conference of Economic History*, Munich, 1965, **II**: *Production et productivité agricoles*. Paris & La Haye: Mouton, 1968, 31–36.
Gaastra, F., Summary of paper delivered at Nederlands Historisch Genootschap, 24–25 Oct. 1975, title translated as "The Dutch East India Company in the Seventeenth and Eighteenth Centuries: the Growth of the Concern; Money for Goods; A Structural Change in Dutch-Asian Trading Relations," in *Newsletter*, Centre for the Study of European Expansion, **I**, 3, 1976, 18–19.
Galenson, David, "The Slave Trade to the English West Indies, 1673–1724," *Economic History Review*, 2nd ser., **XXXII**, 2, May 1979, 241–249.
Galloway, J. H., "Northeast Brazil, 1700–50: The Agricultural Crisis Re-examined," *Journal of Historical Geography*, **I**, 1, Jan. 1975, 21–38.
Garman, Douglas, "The English Revolution, 1640: I, A Reply to P. F.," *Labour Monthly*, **XXII**, 12, Dec. 1940, 651–653.
Gately, Michael O., Moote, A. Lloyd, & Wills, John E., Jr., "Seventeenth-Century Peasant 'Furies': Some Problems of Comparative History," *Past and Present*, No. 51, May 1971, 63–80.
George, C. H., "The Making of the English Bourgeoisie, 1500–1750," *Science and Society*, **XXXV**, 4, Winter 1971, 385–414.
George, Dorothy, *England in Transition*. London: Penguin, 1953, published with additions.
Georgelin, J., "Ordres et classes à Venise aux XVIIe et XVIIIe siècles," in D. Roche, réd., *Ordres et classes*, Colloque d'histoire sociale, Saint-Cloud, 24–25 mai 1967. Paris & La Haye: Mouton, 1973, 193–197.
Geremek, Bronisław, review of Jerzy Topolski, *O tak zwanym kryzysic gospodarczym w. w Europie* (Sur la prétendu crise économique du XVIIe siècle en Europe), *Kwartalnik Historyczny*, **LXIX**, 2, 1962, 364–379, in *Annales E. S. C.*, **XVIII**, 6, nov.–déc. 1963, 1206–1207.
Geremek, Bronisław, "La populazione marginale tra il medioevo e l'èra moderna," *Studi storici*, **IX**, 3–4, lugl.-dic. 1968, 623–640.

Geyl, Pieter, *The Netherlands in the Seventeenth Century,* Part One: *1609–1648.* London: Ernest Benn, 1961.
Geyl, Pieter, *The Netherlands in the Seventeenth Century,* Part Two: *1648–1715.* London: Ernest Benn, 1964.
Gibbs, F. W., "Invention in Chemical Industries," in C. Singer *et al., A History of Technology,* **III:** *From the Renaissance to the Industrial Revolution, c1500–c1700.* Oxford: Clarendon Press, 1957, 676–708.
Gierowski, Józef, "Les recherches sur l'histoire de Pologne du XVIe au XVIIIe siècle au cours de 1945–1965," in *La Pologne au XIIe Congrès International des Sciences Historiques à Vienne.* Warszawa: PWN, 1965, 229–263.
Giesey, Ralph E., "National Stability and Hereditary Transmission of Political and Economic Power," paper delivered at XIV International Congress of Historical Sciences, San Francisco, Aug. 22–29, 1975, 19 pp.
Gieysztorowa, Irena, "Guerre et régression en Masovie aux XVI et XVIIIe siècles," *Annales E.S.C.,* **XIII,** 4, oct.–déc. 1958, 651–668.
Gilboy, Elizabeth Waterman, "Wages in Eighteenth-Century England," *Journal of Economic and Business History,* **II,** 1930, 603–629.
Gill, Conrad, *The Rise of the Irish Linen Industry.* Oxford: Clarendon Press, 1925.
Glamann, Kristof, *Dutch-Asiatic Trade 1620–1740.* Copenhagen, Denmark: Danish Science Press, 1958.
Glamann, Kristof, "European Trade 1500–1750," in C. M. Cipolla, ed., *The Fontana Economic History of Europe,* **II:** *The Sixteenth and Seventeenth Centuries.* Glasgow: Collins, 1974, 427–526.
Glamann, Kristof, "The Changing Patterns of Trade," in *Cambridge Economic History of Europe,* **V:** E. E. Rich & C. H. Wilson, eds., *The Economic Organization of Early Modern Europe.* Cambridge: Cambridge Univ. Press, 1977, 185–289.
Glass, D. V., "Two Papers on Gregory King," in D. V. Glass & D. E. C. Eversley, eds., *Population in History.* London: Edw. Arnold, 1965, 159–220.
Glenday, Daniel G., "French Mercantilism and the Atlantic Colonies (With Specific Reference to New France), 1494–1672," unpubl. M. A. thesis, McGill University, January 1975.
Godinho, Vitorino Magalhães, "Le commerce anglais et l'Amérique espagnole au XVIIIe siècle," *Annales E.S.C.,* **III,** 4, oct.–déc. 1948, 551–554.
Godinho, Vitorino Magalhães, "Création et dynamisme économique du monde atlantique (1420–1670)," *Annales E.S.C.,* **V,** 1, janv.–mars 1950, 32–36. (a)
Godinho, Vitorino Magalhães, "Le Portugal, les flottes du sucre et les flottes de l'or (1670–1770)," *Annales E.S.C.,* V, 2, avr.–juin 1950, 184–197. (b)
Godinho, Vitorino Magalhães, "Portugal, as frotas do açúcar e as frotas do ouro 1670–1770," *Revista de história,* **XV,** 1953, 69–88.
Godinho, Vitorino Magalhães, "L'émigration portugaise du XV siècle à nos jours: Histoire d'une constante structurale," in *Conjoncture économique, structures sociales,* Hommage à Ernest Labrousse. Paris & La Haye: Mouton, 1974.
Gongora, Mario, "Vagabondage et société pastorale en Amérique latine (spécialement au Chili central)," *Annales E.S.C.,* **XXI,** 1, janv.–févr. 1966, 159–177.
Goodwin, Albert, "The Social Structure and Economic and Political Attitudes of the French Nobility in the Eighteenth Century," *XIIe Congrès International des Sciences Historiques: Rapports,* **I:** *Grands thèmes.* Wien: Verlag Ferdinand Berger & Söhne, 1975, 356–368.
Gorlitz, Walter, *Die Junker: Adel und Bauer in deutschen Osten.* Glücksburg/Ostsee: Verlag von C. A. Starke, 1956.
Goslinga, Cornelis Ch., *The Dutch in the Caribbean and on the Wild Coast, 1580–1680.* Gainesville, Florida: Univ. of Florida Press, 1971.
Goubert, Pierre, "Les officiers royaux des Présidiaux, Bailliages et Elections dans la société française du XVIIe siècle," *XVIIe siècle,* Nos. 42–43, 1er trimestre 1959, 54–75.
Goubert, Pierre, *Beauvais et le Beauvaisis de 1600 à 1730,* 2 vols. Paris: S.E.V.P.E.N., 1960.

Goubert, Pierre, "Recent Theories and Research in French Population Between 1500 and 1700," in D. V. Glass & D. E. C. Eversley, eds., *Population in History.* London: Edw. Arnold, 1965, 457-473.
Goubert, Pierre, *Louis XIV and Twenty Million Frenchmen.* New York: Pantheon, 1970. (a)
Goubert, Pierre, "La force du nombre," in Fernand Braudel & Ernest Labrousse, dir., *Histoire économique et sociale de la France,* **II:** Ernest Labrousse *et al., Des derniers temps de l'age seigneurial aux préludes de l'age industriel (1660-1789).* Paris: Presses Univ. de France, 1970, 9-21. (b)
Goubert, Pierre, "Le régime démographique français au temps de Louis XIV," in Fernand Braudel & Ernest Labrousse, dir., *Histoire économique et sociale de la France,* **II:** Ernest Labrousse *et al., Des derniers temps de l'age seigneurial aux préludes de l'age industriel (1660-1789).* Paris: Presses Univ. de France, 1970, 23-54. (c)
Goubert, Pierre, "Révolution demographique au XVIIIe siècle?," in Fernand Braudel & Ernest Labrousse, dir., *Histoire économique et sociale de la France,* **II:** Ernest Labrousse, *et al., Des derniers temps de l'age seigneurial aux préludes de l'age industriel (1660-1789).* Paris: Presses Univ. de France, 1970, 55-84. (d)
Goubert, Pierre, "Les cadres de la vie rurale," in Fernand Braudel & Ernest Labrousse, dir., *Histoire économique et sociale de la France,* **II:** Ernest Labrousse *et al., Des derniers temps de l'age seigneurial aux préludes de l'age industriel (1660-1789).* Paris: Presses Univ. de France, 1970, 87-118. (e)
Goubert, Pierre, "Le paysan et la terre: seigneurie, tenure, exploitation," in Fernand Braudel & Ernest Labrousse, dir., *Histoire économique et sociale de la France,* **II:** Ernest Labrousse *et al., Des derniers temps de l'age seigneurial aux préludes de l'age industriel (1660-1789).* Paris: Presses Univ. de France, 1970, 119-158. (f)
Goubert, Pierre, "Le tragique XVIIe siècle," in Fernand Braudel & Ernest Labrousse, dir., *Histoire économique et sociale de la France,* **II:** Ernest Labrousse *et al., Des derniers temps de l'age seigneurial aux préludes de l'age industriel (1660-1789).* Paris: Presses Univ. de France, 1970, 329-365. (g)
Goubert, Pierre, "Remarques sur le vocabulaire social de l'Ancien Régime," in D. Roche, red., *Ordres et classes,* Colloque d'histoire sociale, Saint-Cloud, 24-25 mai 1967. Paris & La Haye: Mouton, 1973, 135-140.
Goubert, Pierre, "Sociétés rurales françaises du XVIII siècle: vingt paysanneries contrastées, quelques problèmes," in *Conjoncture économique, structures sociales,* Hommage à Ernest Labrousse. Paris & La Haye: Mouton, 1974.
Gould, J. D., "The Trade Depression of the Early 1620's," *Economic History Review,* 2nd ser., **VII,** 1, Aug. 1954, 81-90.
Gould, J. D., "The Date of England's Treasure by Forraign Trade," *Journal of Economic History,* **XV,** 2, 1955, 160-161. (a)
Gould, J. D., "The Trade Crisis of the Early 1620's and English Economic Thought," *Journal of Economic History,* **XV,** 2, 1955, 121-133. (b)
Gould, J. D., "Agricultural Fluctuations and the English Economy in the Eighteenth Century," *Journal of Economic History,* **XXII,** 3, Sept. 1962, 313-333.
Goyhenetche, Manex, *Histoire de la colonisation française au pays basque.* Bayonne, France: Ed. E.L.K.A.R., 1975.
Graham, Gerald S., "The Naval Defense of British North America, 1739-1763," *Transactions of the Royal Historical Society,* 4th ser., **XXX,** 1948, 95-110.
Graham, Gerald S., *Empire of the North Atlantic: The Maritime Struggle for North America,* 2nd ed. London & New York: Oxford Univ. Press, 1958.
Grampp, W. D., "The Liberal Elements in English Mercantilism," *Quarterly Journal of Economics,* **LXVI,** 4, Nov. 1952, 465-501.
Granger, C. W. J. & Elliott, C. M., "A Fresh Look at Wheat Prices and Markets in the Eighteenth Century," *Economic History Review,* 2nd ser., **XX,** 2, Aug. 1967, 257-265.

Grantham, G., in "Holland: Participant's Discussion," in Frederick Krantz & Paul M. Hohenberg, eds., *Failed Transitions to Modern Industrial Society: Renaissance Italy and Seventeenth Century Holland.* Montreal: Interuniversity Centre for European Studies, 1975, 64–66.
Grassby, R. B., "Social Status and Commercial Enterprise under Louis XIV," *Economic History Review,* 2nd ser., **XIII,** 1, 1960, 19–38.
Gray, Stanley & Wyckoff, V. J., "The International Tobacco Trade in the Seventeenth Century," *Southern Economic Journal,* **VII,** 1, July 1940, 1–26.
Grycz, Marian, "Handelsbeziehungen der Stadt Poznán bis Ende des XVII Jahrhunderts," *Studia Historiae Economicae,* **II,** 1967, 43–55.
Grycz, Marian, "Die Rolle der Stadt Poznań im Innen- und Aussenhandel bis Ende des XVII Jahrhunderts," in Ingomar Bog, her., *Der Aussenhandel Ostmitteleuropas 1450–1650.* Köln-Wien: Böhlau Verlag, 1971, 105–119.
Guerrero B., Andres "La *hacienda* précapitaliste en Amérique latine," *Etudes rurales,* No. 62, avr.–juin 1976, 5–38.
Gulvin, G., "The Union and the Scottish Woollen Industry," *Scottish Historical Review,* **L,** Nos. 149–150, 1971, 121–137.
Guthrie, Chester L., "Colonial Economy, Trade, Industry and Labor in Seventeenth Century Mexico City," *Revista de historia de América,* No. 7, dic. 1939, 103–134.
Habakkuk, H. John, "The English Land Market in the Eighteenth Century," in J. S. Bromley & E. H. Kossman, eds., *Britain and the Netherlands.* London: Chatto and Windus, 1960, 154–173.
Habbakkuk, H. John, "La disparition du paysan anglais," *Annales E.S.C.,* **XX,** 4, juil.–août 1965, 649–663. (a)
Habakkuk, H. John, "The Economic History of Modern Britain," in D. V. Glass & D. E. C. Eversley, eds., *Population in History.* London: Edw. Arnold, 1965, 147–158. (b) (Originally in *Journal of Economic History,* 1958.)
Habakkuk, H. John, "Land-owners and the Civil War," *Economic History Review,* 2nd ser., **XVIII,** 1, Aug. 1965, 130–151. (c)
Habakkuk, H. John, "Economic Functions of English Landowners in the Seventeenth and Eighteenth Centuries," in Hugh G. J. Aitken, ed., *Explorations in Enterprise.* Cambridge, Massachusetts: Harvard Univ. Press, 1965, 327–340. (d) (Originally in *Explorations in Entrepreneurial History,* 1953.)
Habakkuk, H. John, "England," in Albert Goodwin, ed., *The European Nobility in the Eighteenth Century.* New York: Harper & Row (Torchbooks), 1967, 1–21.
Haley, K. H. D., "The Anglo-Dutch Rapprochement of 1677," *English Historical Review,* **LXXIII,** 1958, 614–648.
Haley, K. H. D., *The Dutch in the Seventeenth Century.* London: Thames & Hudson, 1972.
Haley, K. H. D., "Holland: Commentary," in Frederick Krantz & Paul M. Hohenberg, eds., *Failed Transitions to Modern Industrial Society: Renaissance Italy and Seventeenth-Century Holland.* Montreal: Interuniversity Centre for European Studies, 1975, 58–60.
Hall, A. Rupert, "Military Technology," in C. Singer *et al., A History of Technology.* **III,** *From the Renaissance to the Industrial Revolution, c1500–c1700.* Oxford: Clarendon Press, 1957, 347–376. (a)
Hall, A. Rupert, "The Rise of the West," in C. Singer *et al., A History of Technology.* **III,** *From the Renaissance to the Industrial Revolution, c1500–c1700.* Oxford: Clarendon Press, 1957, 709–721. (b)
Hall, A. Rupert, "Scientific Method and the Progress of Techniques," in E. E. Rich & C. H. Wilson, eds., *Cambridge Economic History of Europe,* **IV:** *The Economy of Expanding Europe in the Sixteenth and Seventeenth Centuries.* Cambridge: University Press, 1967, 96–154.
Hall, Douglas, "Slaves and Slavery in the British West Indies," *Social and Economic Studies,* **XI,** 4, Dec. 1962, 305–318.
Hamann, Manfred, "Archivfunde zur Geschichte der zweiten Leibeigenschaft," *Zeitschrift für Geschichtswissenschaft,* **II,** 3, 1954, 476–480.

참고 문헌 465

Hamilton, Earl J., "The Mercantilism of Gerónimo de Uztariz: A Reexamination," in Norman E. Hines, ed., *Economics, Sociology and the Modern World*. Cambridge, Massachusetts: Harvard Univ. Press, 1935, 111-129.
Hamilton, Earl J., "Prices and Wages in Southern France under John Law's System," *Economic History*, III, 12, Feb. 1937, 441-461.
Hamilton, Earl J., "Money and Economic Recovery in Spain under the First Bourbon, 1701-1746," *Journal of Modern History*, XV, 3, Sept. 1943, 192-206.
Hamilton, Earl J., *War and Prices in Spain, 1651-1800*. Cambridge, Massachusetts: Harvard Univ. Press, 1947.
Hamilton, Earl J., "The Role of Monopoly in the Overseas Expansion and Colonial Trade of Europe before 1800," *American Economic Review*, Proceedings, XXXVIII, 2, May 1948, 33-53.
Hamilton, Earl J., "Plans for a National Bank in Spain, 1701-83," *Journal of Political Economy*, LVII, 4, Aug. 1949, 315-336.
Hamilton, Earl J., "The History of Prices before 1750," in *International Congress of Historical Sciences*, Stockholm, 1960, *Rapports*, I: *Methodologie, histoire des universités, histoire des prix avant 1750*. Göteborg, Sweden: Almqvist & Wiksell, 1960, 144-164.
Hamilton, Earl J., "The Political Economy of France at the Time of John Law," *History of Political Economy*, I, 1, Spring 1969, 123-149.
Hamilton, Earl J., "The Role of War in Modern Inflation," *Journal of Economic History*, XXXVII, 1, Mar. 1977, 13-19.
Hamilton, Henry, *An Economic History of Scotland in the Eighteenth Century*. Oxford: Clarendon Press, 1963.
Hansen, Marcus Lee, *The Atlantic Migration, 1607-1860*. Cambridge, Massachusetts: Harvard Univ. Press, 1945.
Hansen, S. A., "Changes in the Wealth and the Demographic Characteristics of the Danish Aristocracy, 1470-1720," *Third International Conference of Economic History*, Munich, 1965, IV: J. E. C. Eversley, ed., *Demography and History*. Paris & La Haye: Mouton, 1972, 91-122.
Harkness, D. A. E., "The Opposition to the 8th and 9th Articles of the Commercial Treaty of Utrecht," *Scottish Historical Review*, XXI, No. 83, Apr. 1924, 219-226.
Haring, Clarence Henry, *The Spanish Empire in America*. London & New York: Oxford Univ. Press, 1947.
Haring, Clarence Henry, *Trade and Navigation Between Spain and the Indies in the Time of the Hapsburgs*. Gloucester, Massachusetts: Peter Smith, 1964. (Original publication, 1918.)
Harlow, Vincent T., *A History of Barbados, 1625-1685*. Oxford: Clarendon Press, 1926.
Harnisch, Helmut, *Die Herrschaft Boitzenburg: Untersuchungen zur Entwicklung der sozialökonomischen Struktur ländlicher Gebiete in der Mark Brandenburg vom 14. bis zum 19. Jahrhundert*. Weimar: Hermann Böhlaus Nachfolger, 1968.
Harper, Lawrence A., "The Effect of the Navigation Acts on the Thirteen Colonies," in Richard B. Morris, ed., *The Era of the American Revolution*. New York: Columbia Univ. Press, 1939, 3-39. (a)
Harper, Lawrence A., *The English Navigation Laws*. New York: Columbia Univ. Press, 1939. (b)
Harper, Lawrence A., "Mercantilism and the American Revolution," *Canadian Historical Review*, XXIII, 1, Mar. 1942, 1-15.
Harris, L. E., "Land Drainage and Reclamation," in C. Singer *et al.*, *A History of Technology*, III: *From the Renaissance to the Industrial Revolution, c1500-c1750*. Oxford: Clarendon Press, 1957, 300-323.
Harris, R. W., *England in the Eighteenth Century—1689-1793: A Balanced Constitution and New Horizons*. London: Blandford Press, 1963.
Harsin, Paul, "La finance et l'état jusqu'au système de Law," in Fernand Braudel & Ernest Labrousse, dir., *Histoire économique et sociale de la France*, II: Ernest Labrousse *et al.*, *Des derniers temps de l'age seigneurial aux préludes de l'age industriel (1660-1789)*. Paris: Presses Univ. de France, 1970, 267-299.

Harte, N. B., "The Rise of Protection and the English Linen Trade, 1690-1790," in N. B. Harte & K. G. Ponting, eds., *Textile History and Economic History.* Manchester, England: Manchester Univ. Press, 1973, 74-112.
Hartwell, Richard M., "Economic Growth in England Before the Industrial Revolution: Some Methodological Issues," *Journal of Economic History,* **XXIX,** 1, Mar. 1969, 13-31.
Haskell, Francis, "The Market for Italian Art in the 17th Century," *Past and Present,* No. 15, Apr. 1959, 48-59.
Hasquin, Hervé, *Une mutation: Le "Pays de Charleroi" aux XVIIe et XVIIIe siècles.* Bruxelles: Ed. de l'Institut de Sociologie, 1971.
Hassinger, Herbert, "Die erste Wiener orientalische Handelskompanie, 1667-1683," *Vierteljahrschrift für Sozial–und Wirtschaftgeschichte,* **XXXV,** 1, 1942, 1-53.
Hatton, Ragnhild M., "Scandinavia and the Baltic," in *New Cambridge Modern History,* **VII:** J. O. Lindsay, ed., *The Old Regime, 1713-1763.* Cambridge: University Press, 1966, 339-364.
Hatton, Ragnhild M., "Gratifications and Foreign Policy: Anglo-French Rivalry in Sweden During the Nine Years War," in R. Hatton & J. S. Bromley, eds., *William III and Louis XIV, Essays 1680-1720, by and for M. A. Thomson.* Toronto: Univ. of Toronto Press, 1968, 68-94. (a)
Hatton, Ragnhild M., *Charles XII of Sweden.* London: Weidenfeld & Nicolson, 1968. (b)
Hatton, Ragnhild M., "Charles XII and the Great Northern War," in *New Cambridge Modern History,* **VI:** J. S. Bromley, ed., *The Rise of Great Britain and Russia, 1688-1725.* Cambridge: University Press, 1970, 648-680.
Hatton, Ragnhild M. *Charles XII.* London: The Historical Association, 1974.
Haudricourt, André G. & Delamarre, Mariel Jean-Brunhes, *L'homme et la charrue à travers le monde.* Paris: Gallimard, 1955, 3rd ed.
Hauser, H., "Réflections sur l'histoire des banques à l'époque moderne de la fin du XVe siècle à la fin du XVIIIe siècle," *Annales d'histoire économique et sociale,* 1er année, No. 3, 15 juil. 1929, 335-351.
Havinden, M. A., "Agricultural Progress in Open-Field Oxfordshire," in E. L. Jones, ed., *Agriculture and Economic Growth in England, 1650-1815.* London: Methuen, 1967, 66-79. (Originally in *Agricultural History Review,* 1961.)
Hazard, Paul, *The European Mind, 1680-1715.* London: Penguin, 1964.
Heaton, Herbert, "Heckscher on Mercantilism," *Journal of Political Economy,* **XLV,** 3, June 1937, 370-393.
Heckscher, Eli F., "Un grand chapitre de l'histoire du fer: le monopole suédois," *Annales d'histoire économique et sociale,* **IV,** 14, 31 mars 1932, 127-139; 15, 31 mai 1932, 225-241.
Heckscher, Eli F., *Mercantilism,* 2 vol. London: Geo. Allen & Unwin, 1935.
Heckscher, Eli F., "Mercantilism," *Economic History Review,* **VII,** 1, Nov. 1936, 44-54.
Heckscher, Eli F., "Multilateralism, Baltic Trade, and the Mercantilists," *Economic History Review,* 2d. ser., **III,** 2, 1950, 219-228.
Heckscher, Eli F., *An Economic History of Sweden.* Cambridge, Massachusetts: Harvard Univ. Press, 1954.
Heitz, Gerhard, review of Johannes Nichtweiss, *Das Bauernlegen in Mecklenburg,* in *Zeitschrift für Geschichtswissenschaft,* **II,** 4, 1955, 643-649.
Heitz, Gerhard, "Zur Diskussion über Gutsherrschaft und Bauernlegen in Mecklenburg," *Zeitschrift für Geschichtswissenschaft,* **V,** 2, 1957, 278-296.
Helleiner, Karl F., "The Population of Europe from the Black Death to the Eve of the Vital Revolution," in E. G. Rich & C. H. Wilson, eds., *The Cambridge Economic History of Europe.* **IV:** *The Economy of Expanding Europe in the Sixteenth and Seventeenth Centuries.* Cambridge: University Press, 1967, 1-95.
Helmer, Marie, "Economie et société au XVIIe siècle: Un *Cargador de Indias,*" *Jahrbuch für Geschichte von Staat, Wirtschaft und Gesellschaft Lateinamerikas,* **IV,** 1967, 399-409.
Henry, Louis, "The Population of France in the Eighteenth Century," in D. V. Glass & D. E. C. Eversley, eds., *Population in History.* London: Edw. Arnold, 1965, 434-456.

Herlihy, David, "Population, Plague and Social Change in Rural Pistoia, 1201–1430," *Economic History Review*, 2nd ser., **XVIII**, 2, Aug. 1965, 225–244.
Hildebrand, Karl-Gustaf, "Salt and Cloth in Swedish Economic History," *Scandinavian Economic History Review*, **II**, 2, 1954, 74–102.
Hildebrand, Karl-Gustaf, "Foreign Markets for Swedish Iron in the 18th Century," *Scandinavian Economic History Review*, **VI**, 1, 1958, 3–52.
Hildner, Ernest G., Jr., "The Role of the South Sea Company in the Diplomacy Leading to the War of Jenkins' Ear, 1729–1739," *Hispanic American Historical Review*, **XVIII**, 3, Aug. 1938, 322–341.
Hill, B. W., "The Change of Government and the 'Loss of the City', 1710–1711," *Economic History Review*, 2nd ser., **XXIV**, 3, Aug. 1971, 395–413.
Hill, Charles E., *The Danish Sound Dues and the Command of the Baltic*. Durham, North Carolina: Duke Univ. Press, 1926.
Hill, Christopher, "The English Civil War Interpreted by Marx and Engels," *Science and Society*, **XII**, 1, Winter 1948, 130–156.
Hill, Christopher, "Land in the English Revolution," *Science and Society*, **XIII**, 1, Winter 1948–1949, 22–49.
Hill, Christopher, *The Century of Revolution, 1603–1714*. New York: W. W. Norton, 1961. (a)
Hill, Christopher, "Protestantism and the Rise of Capitalism," in F. J. Fisher, ed., *Essays in the Economic and Social History of Tudor and Stuart England*. Cambridge: University Press, 1961, 15–39. (b)
Hill, Christopher, *1530–1780, Reformation to Industrial Revolution*, Vol. 2 of *The Pelican Economic History of Britain*. Baltimore: Penguin, 1969, published with revisions.
Hill, Christopher, "Conclusion," in *Change and Continuity in Seventeenth-Century England*. Cambridge, Massachusetts: Harvard Univ. Press, 1975, 278–284. (a)
Hill, Christopher, "The Many-Headed Monster," in *Change and Continuity in Seventeenth-Century England*. Cambridge, Massachusetts: Harvard Univ. Press, 1975, 181–204. (b) (Originally in C. H. Carter, ed., *From the Renaissance to the Counter-Reformation: Essays in Honor of Garrett Mattingly* New York, 1965.)
Hilton, R. H., "Capitalism. What's in a Name?," *Past and Present*, No. 1, 1952, 32–43.
Hinton, R. W. K., "The Mercantile System in the Time of Thomas Mun," *Economic History Review*, 2nd ser., **VII**, 3, Apr. 1955, 277–290.
Hinton, R. W. K., *The Eastland Trade and the Common Weal in the Seventeenth Century*. Cambridge: University Press, 1959.
Hintze, Otto, "The Hohenzollern and the Nobility," in *Historical Essays*. London and New York: Oxford Univ. Press, 1975, 33–63. (a) (Translated from *Historische Zeitschrift*, 1914.)
Hintze, Otto, "The Commissary and His Significance in General Administrative History: A Comparative Study," in *Historical Essays*. London & New York: Oxford Univ. Press, 1975, 267–301. (b) (Originally published in 1919.)
Hobsbawm, E. J., "Seventeenth Century Revolutions," a discussion with others in *Past and Present*, No. 13, Apr. 1958, 63–72.
Hobsbawm, E. J., "The Seventeenth Century in the Development of Capitalism," *Science and Society*, **XXIV**, 2, Spring 1960, 97–112.
Hobsbawm, E. J., "The Crisis of the Seventeenth Century," in Trevor Aston, ed., *Crisis in Europe, 1560–1660*. London: Routledge & Kegan Paul, 1965, 5–58. (Originally in *Past and Present*, 1954.)
Hoffenden, Philip S., "France and England in North America, 1689–1713," in *New Cambridge Modern History*, **VI**: J. S. Bromley, ed., *The Rise of Great Britain and Russia, 1688–1725*. Cambridge: University Press, 1970, 480–508.
Hoffman, Alfred, *Wirtschaftsgeschichte des Landes Oberösterreich*, **I**: *Werden, Wachsen, Reifen von der Frühzeit bis zum Jahre 1848*. Salzburg: Otto Müller Verlag, & Linz: Verlag F. Winter'sche Buchhandlung H. Fürstelberger, 1952.

Hoffman, Alfred, "Die Grundherrschaft als Unternehmen," *Zeitschrift für Agrargeschichte und Agrarsoziologie*, **VI**, 2, 1958, 123–131.

Holderness, B. A., *Pre-Industrial England: Economy and Society, 1500–1750*. London: J. M. Dent & Sons, 1976.

Homer, Sidney, *A History of Interest Rates*. New Brunswick, New Jersey: Rutgers Univ. Press, 1963.

Horn, David Bayne, *Great Britain and Europe in the Eighteenth Century*. Oxford: Clarendon Press, 1967.

Horner, John, *The Linen Trade of Europe during the Spinning Wheel Period*. Belfast: McCaw, Stevenson & Orr, 1920.

Horsefield, J. Keith, "The Beginnings of Paper Money in England," *Journal of European Economic History*, **VI**, 1, Spring 1977, 117–132.

Hoskins, W. G., "English Agriculture in the 17th and 18th Centuries," *X Congresso Internazionale di Scienze Storiche*, Roma 4-11 settembre 1955, *Relazioni*, **IV**: *Storia moderna*. Firenze: G. C. Sansoni-Ed., 1955, 205–226.

Hoskins, W. G., "Harvest Fluctuations and English Economic History, 1620–1759," *Agricultural History Review*, **XVI**, 1, 1968, 15–31.

Hovde, B. J., *The Scandinavian Countries, 1720–1865*, **I**: *The Rise of the Middle Classes*. Ithaca, New York: Cornell Univ. Press, 1948.

Howard, Michael, *War in European History*. London & New York: Oxford Univ. Press, 1976.

Hroch, Miroslav, "Der Dreissigjährige Krieg und die europäischen Handelsbeziehungen," *Wissenschaftliche Zeitschrift der Ernst-Moritz-Arndt-Universitat Greifswald*, **XII**, 5/6, 1963, 533–543.

Hroch, Miroslav, "Die Rolle des zentraleuropäischen Handels im Ausgleich der Handelsbilanz Zwischen Ost- und Westeuropa, 1550–1650," in Ingomar Bog, her., *Der Aussenhandel Ostmitteleuropas, 1450–1650*. Köln-Wein: Böhlau Verlag, 1971, 1–27.

Hubert, Eugene, "Joseph II," in *Cambridge Modern History*, A. W. Ward *et al.*, eds., **VI**: *The Eighteenth Century*. Cambridge: University Press, 1909, 626–656.

Huetz de Lemps, Christian, *Géographie du commerce de Bordeaux à la fin du règne de Louis XIV*. Paris & La Haye: Mouton, 1975.

Hufton, Olwen H., *The Poor of Eighteenth-Century France*. Oxford: Clarendon Press, 1974.

Hughes, Edward, *North Country Life in the Eighteenth Century. The North-East, 1700–1750*. London & New York: Oxford Univ. Press, 1952.

Hutchison, E. P., *The Population Debate*. Boston, Massachusetts: Houghton Mifflin, 1967.

Hymer, Stephen & Resnick, Stephen, "A Model of an Agrarian Economy with Non-agricultural Activities," *American Economic Review*, **LIX**, 3, Sept. 1969, 493–506.

Imbert, Gaston, *Des mouvements de longue durée Kondratieff*. Aix-en-Provence: La Pensée Universitaire, 1959.

Imbert, Jean, *Histoire économique (des origines à 1789)*, Collection Thémis. Paris: Presses Univ. de France, 1965.

Imhof, Arthur E., "Der Arbeitszwang für das landwirtschaftliche Dientsvolk in den nordischen Ländern im 18. Jahrhundert," *Zeitschrift für Agrargeschichte und Agrarsoziologie*, **XXII**, 1, 1974, 59–74.

Innis, H. A., "Preface" to M. G. Lawson, *Fur: A Study in English Mercantilism, 1700–1775*. Toronto: Univ. of Toronto Press, 1943, vii–xx.

Insh, George Pratt, *The Scottish Jacobite Movement: A Study in Economic and Social Forces*. London: Moray Press, 1952.

Israel, J. I., "Mexico and the 'General Crisis' of the Seventeenth Century," *Past and Present*, No. 63, May 1974, 33–57. (a)

Israel, J. I., "The Portuguese in Seventeenth-Century Mexico," *Jahrbuch für Geschichte von Staat, Wirtschaft und Gesellschaft Lateinamerikas*, **XI**, 1974, 12–32. (b)

Israel, J. I., "A Conflict of Empires: Spain and the Netherlands, 1618–1648," *Past and Present*, No. 76, Aug. 1977, 34–74.
Issawi, Charles, "The Ottoman Empire in the European Economy, 1600–1914. Some Observations and Many Questions," in Kemal H. Karpat, ed., *The Ottoman State and Its Place in World History*. Leiden: E. J. Brill, 1974, 107–117.
Jacquart, Jean, "La production agricole dans la France du XVIIe siècle," *XVIIe siècle*, Nos. 70–71, 1966, 21–46.
Jacquart, Jean, "La productivité agricole dans la France due Nord du XVIe et XVIIe siècles," *Third International Conference of Economic History*, Munich, 1965, **II**. *Production et productivité agricole*. Paris & LaHaye: Mouton, 1968, 65–74.
Jacquart, Jean (& Dupâquier, J.), "Les rapports sociaux dans les campagnes françaises au XVIIe siècle: quelques exemples," in D. Roche, réd., *Ordres et classes*, Colloque d'histoire sociale, Saint-Cloud, 24–25 mai 1967. Paris & La Haye: Mouton, 1973, 167–179.
Jacquart, Jean, "French Agriculture in the Seventeenth Century," in Peter Earle, ed., *Essays in European Economic History, 1500–1800*. Oxford: Clarendon Press, 1974. (Translated from *XVII siècle*, 1966.)
Jacquart, Jean, "Immobilisme et catastrophes," in Emmanuel Le Roy Ladurie, réd., *L'age classique des paysans de 1340 à 1789*, Vol. **II** of *Histoire de la France rurale*. Paris: Seuil, 1975, 185–353.
Jacquart, Jean, "Les inerties terriennes," in Pierre Deyon & Jean Jacquart, *Les hésitations de la croissance, 1580–1740*, Vol. **II** of Pierre Léon, réd., *Histoire économique et sociale du monde*. Paris: Lib. Armand Colin, 1978, 345–388. (a)
Jacquart, Jean, "L'offensive des dominants," in Pierre Deyon & Jean Jacquart, *Les hésitations de la croissance, 1580–1740*, Vol. **II** of Pierre Léon, réd., *Histoire économique et sociale du monde*. Paris: Lib. Armand Colin, 1978, 389–430. (b)
Jacquart, Jean, "Des sociétés en crise," in Pierre Deyon & Jean Jacquart, *Les hésitations de la croissance, 1580–1740*, Vol. **II** of Pierre Léon, réd., *Histoire économique et sociale du monde*. Paris: Lib. Armand Colin, 1978, 455–494. (c)
Jago, Charles, "The Influence of Debt on the Relations between Crown and Aristocracy in Seventeenth-Century Castile," *Economic History Review*, 2nd ser., **XXVI**, 2, May 1973, 218–236.
James, Francis Godwin, "Irish Colonial Trade in the Eighteenth Century," *William and Mary Quarterly*, 3rd ser., **XX**, 4, Oct. 1963, 574–582.
James, Francis Godwin, *Ireland in the Empire, 1688–1770*. Cambridge, Massachusettes: Harvard Univ. Press, 1973.
Jansen, H. P. H., "Holland's Advance," *Acta Historiae Neerlandicae*, **X**, 1978, 1–19.
Jansen, J. C. G. M., "Agrarian Development and Exploitation in South Limburg in the Years 1650–1850," *Acta Historiae Neerlandica*, **V**, 1971, 243–270.
Jeannin, Pierre, "Les comptes du Sund comme source pour la construction d'indices généraux de l'activité économique en Europe (XVIe–XVIIIe siècles)," *Revue historique*, 88e année, No. 231, ler partie, janv.–mars 1964, 55–102; 2e partie, avr.–juin 1964, 307–340.
Jeannin, Pierre, *L'Europe du Nord-Ouest et du Nord aux XVIIe et XVIIIe siècles*, Nouvelle Clio 34. Paris: Presses Univ. de France, 1969.
Jeannin, Pierre, "Preis-, Kosten- und Gewinnunterschiede im Handel mit Ostseegetriede (1550–1650)," in *Wirtschaftliche und soziale Strukturen im saekularen Wandel*, **II**: Ingomar Bog *et al.*, her., *Die vorindustrielle Zeit: Ausseragrarische Probleme*. Hannover: Verlag M. & H. Schaper, 1974, 494–518.
Jeannin, Pierre, "Les marché du Nord dans le commerce français au XVIIIe siècle," in Pierre Léon, réd., *Aires et structures du commerce français au XVIIIe siècle*, Colloque national de l'Association Française des Historiens Economistes, Paris, CNRS, 4–6 oct. 1973. Lyon: Centre d'histoire économique et social de la region lyonnaise, 1975, 47–73.

Jensch, Georg, "Der Handel Rigas im 17. Jarhundert," *Mitteilungen aus der livländischen Geschichte,* **XXIV,** 2, 1930.
Jensen, Einar, *Danish Agriculture: Its Economic Development.* Copenhagen: J. H. Schultz Forlag, 1937.
John, A. H., "Insurance Investment and the Land on Money Market of the 18th Century," *Economica,* n.s., **XX,** No. 78, May 1953, 137–158.
John, A. H., "War and the English Economy, 1700–1763," *Economic History Review,* 2d ser., **VII,** 3, Apr. 1955, 329–344.
John, A. H., "Agricultural Productivity and Economic Growth in England," *Journal of Economic History,* **XXV,** 1, Mar. 1965, 19–34.
John, A. H., "Aspects of English Economic Growth in the First Half of the Eighteenth Century," in W. E. Minchinton, ed., *The Growth of English Overseas Trade in the Seventeenth and Eighteenth Centuries.* London: Methuen, 1969, 164–183. (Originally in *Economica,* 1961.)
John, A. H., "English Agricultural Improvement and Grain Exports, 1660–1765," in D. C. Coleman & A. H. John, eds., *Trade, Government and Economy in Pre-Industrial England.* London: Weidenfeld & Nicolson, 1976, 45–67.
Johnsen, Oscar Albert, *Norwegische Wirtschaftsgeschichte.* Jena: Verlag von Gustav Fischer, 1939.
Jones, E. L., "Agriculture and Economic Growth in England, 1660–1750: Agricultural Change," *Journal of Economic History,* **XXV,** 1, Mar. 1965, 1–18.
Jones, E. L., "Editor's Introduction," in *Agriculture and Economic Growth in England, 1650–1815.* London: Methuen, 1967, 1–48.
Jones, E. L., "Afterword," in William N. Parker & Eric L. Jones, eds., *European Peasants and Their Markets: Essays in Agrarian Economic History.* Princeton, New Jersey: Princeton Univ. Press, 1975, 327–360.
Jones, E. L. & Woolf, S. J., *Agrarian Change and Economic Development: The Historical Problems.* London: Methuen, 1969.
Jones, George Hilton, *The Main Stream of Jacobitism.* Cambridge, Massachusetts: Harvard Univ. Press, 1954.
Jones, Sir Harold Spencer, "The Calendar," in C. Singer et al., *A History of Technology.* **III:** *From the Renaissance to the Industrial Revolution, c1500–c1700.* Oxford: Clarendon Press, 1957, 558–581.
Jones, J. R., *Britain and Europe in the Seventeenth Century.* London: Edw. Arnold, 1966.
Jones, J. R., "English Attitudes to Europe in the Seventeenth Century," in J. S. Bromley & E. H. Kossmann, eds., *Britain and the Netherlands in Europe and Asia.* London: Macmillan, 1968, 37–55.
Jones, J. R., *The Revolution of 1688 in England.* London: Weidenfeld & Nicolson, 1972.
Jørgensen, Johan, "Denmark's Relations with Lubeck and Hamburg in the Seventeenth Century," *Scandinavian Economic History Review,* **IX,** 2, 1963, 73–116.
Joslin, D. M., "London Private Bankers, 1720–1785," *Economic History Review,* 2nd ser., **VII,** 2, 1954, 167–186.
Judges, A. V., "The Idea of a Mercantile State," in D. C. Coleman, ed., *Revisions in Mercantilism.* London: Methuen, 1969, 35–60. (Originally in *Transactions of the Royal Historical Society,* 1939.)
Jutikkala, Eino, "The Great Finnish Famine in 1696–97," *Scandinavian Economic History Review,* **III,** 1, 1955, 48–63.
Jutikkala, Eino, "Large Scale Farming in Scandinavia in the Seventeenth Century," *Scandinavian Economic History Review,* **XXIII,** 2, 1975, 159–166.
Kaltenstadler, Wilhelm, "Der österreichisch Seehandel über Triest im 18. Jahrhundert," *Vierteljahrschrift für Sozial- und Wirtschaftsgeschichte,* **LV,** 4, Marz 1969, 481–500; **LVI,** 1, Juni 1969, 1–104.

Kaltenstadler, Wilhelm, "European Economic History in Recent German Historiography," *Journal of European Economic History,* **I,** 1, Spring 1972, 193-218.
Kamen, Henry, "The Decline of Castile: The Last Crisis," *Economic History Review,* 2nd ser., **XVII,** 1, Aug. 1964, 63-76.
Kamen, Henry, "The Economic and Social Consequences of the Thirty Years' War," *Past and Present,* No. 39, Apr. 1968, 44-61.
Kamen, Henry, *The War of Succession in Spain, 1700-15.* Bloomington: Indiana Univ. Press, 1969.
Kamen, Henry, *The Iron Century: Social Change in Europe, 1550-1660.* New York: Praeger, 1972.
Kamen, Henry, "Public Authority and Popular Crime: Banditry in Valencia, 1660-1714," *Journal of European Economic History,* **III,** 3, Winter 1974, 654-687.
Kamen, Henry, "The Decline of Spain: A Historical Myth?," *Past and Present,* No. 81, Nov. 1978, 24-50.
Kammen, Michael, *Empire and Interest: The American Colonies and the Politics of Mercantilism.* Philadelphia, Pennsylvania: J. B. Lippincott, 1970.
Kann, Robert A., "Aristocracy in the Eighteenth Century Habsburg Empire," *East European Quarterly,* **VII,** 1, 1973, 1-13.
Kavke, František, "Die habsburger und der böhmische Staat bis zur Mitte des 18. Jahrhunderts," *Historica,* **VIII,** 1964, 35-64.
Kearney, H. F., "The Political Background to English Mercantilism, 1695-1700," *Economic History Review,* 2nd ser., **XI,** 3, Apr. 1959, 484-496.
Kearney, H. F., "Puritanism, Capitalism and the Scientific Revolution," *Past and Present,* No. 28, July 1964, 81-101.
Keith, Robert G., "Encomienda, Hacienda and Corregimiento in Spanish America: A Structural Analysis," *Hispanic American Historical Review,* **LI,** 3, Aug. 1971, 431-446.
Keith, Theodora, "The Economic Causes for the Scottish Union," *English Historical Review,* **XXIV,** No. 93, Jan. 1909, 44-60.
Kellenbenz, Hermann, *Sephardim an der unteren Elbe. Ihre wirtschaftliche und politische Bedeutung vom Ende des 16. bis zum Beginn des 18. Jahrhunderts.* Vierteljahrschrift für Sozial- und Wirtschaftsgeschichte, Beihefte 40. Wiesbaden: Franz Steiner Verlag GMBH, 1958.
Kellenbenz, Hermann, "Händliches Gewerbe und bäuerliches Unternehmertum in Westeuropa von Spätmittelalter bis ins XVIII. Jahrhundert," *Second International Conference of Economic History,* Aix-en-Provence, 1962. **II:** *Middle Ages and Modern Times.* Paris & La Haye: Mouton, 1965, 377-427.
Kellenbenz, Hermann, "Les industries rurales en Occident de la fin du Moyen Age au XVIIIe siècle," *Annales E.S.C.,* **LXIII,** 5, sept.-oct. 1963, 833-882.
Kellenbenz, Hermann, "The Economic Significance of the Archangel Route (from the late 16th to the late 18th century)," *Journal of European Economic History,* **II,** 3, Winter 1973, 541-581.
Kellenbenz, Hermann, "Technology in the Age of the Scientific Revolution, 1500-1700," in C. M. Cipolla, ed., *The Fontana History of Europe,* **II:** *The Sixteenth and Seventeenth Centuries.* Glasgow: Collins, 1974, 177-272.
Kellenbenz, Hermann, *The Rise of the European Economy.* London: Weidenfeld & Nicolson, 1976.
Kellenbenz, Hermann, "The Organization of Industrial Production," in *Cambridge Economic History of Europe,* **V:** E. E. Rich & C. H. Wilson, eds., *The Economic Organization of Early Modern Europe.* Cambridge: Cambridge Univ. Press, 1977, 462-548. (a)
Kellenbenz, Hermann, "Europaisches Kupfer, Ende 15. bis Mitte 17. Jahrhundert. Ergebnisse eines Kolloquiums," in H. Kellenbenz, her., *Schwerpunkte der Kupferproduktion und des Kupferhandels in Europa, 1500-1650.* Köln-Wien: Böhlau Verlag, 1977, 290-351. (b)

Kemp, Tom, "Structural Factors in the Retardation of French Economic Growth," *Kyklos,* **XV,** 2, 1962, 325-350.
Kent, H. S. K., "The Anglo-Norwegian Timber Trade in the Eighteenth Century," *Economic History Review,* 2nd ser., **VIII,** 1, Aug. 1955, 62-74.
Kent, H. S. K., *War and Trade in Northern Seas.* Cambridge: University Press, 1973.
Kepler, J. S., "Fiscal Aspects of the English Carrying Trade during the Thirty Years' War," *Economic History Review,* 2nd ser., **XXV,** 2, May 1972, 261-283.
Kerridge, Eric, *Agrarian Problems in the Sixteenth Century and After.* London: Geo. Allen & Unwin, Ltd., 1969.
Kerridge, Eric, *The Farmers of Old England.* London: Geo. Allen & Unwin, 1973.
Kersten, Adam, "Les magnats—élite de la société nobiliaire," *Acta Poloniae Historica,* No. 36, 1977, 119-133.
Kindleberger, Charles P., "Commercial Expansion and the Industrial Revolution," *Journal of European Economic History,* **IV,** 3, Winter 1975, 613-654.
Kindleberger, Charles P., *Manias, Panics, and Crashes.* New York: Basic Books, 1978.
Kirchner, Walther, "Emigration: Some Eighteenth Century Considerations," *Comparative Studies in Society and History,* **V,** 3, Apr. 1963, 346-356.
Kirilly, Zs., "Examen au point de vue de rendement de la production du blé des serfs," in Mme. Zs. Kirilly *et al.,* "Production et productivité agricoles en Hongrie à l'époque du féodalisme tardif, (1550-1850)," *Nouvelles études historiques,* publiées à l'occasion du XIIe Congrès International des Sciences Historiques par la Commission Nationale des Historiens Hongrois. Budapest: Akademiai Kiado, 1965, 615-622.
Kirilly, Zs. & Kiss, I. N., "Production de céréales et exploitations paysannes: En Hongrie aux XVIe et XVIIe siècles," *Annales E.S.C.,* **XXIII,** 6, nov.-déc. 1968, 1211-1236.
Kisch, Herbert, "The Textile Industries in Silesia and the Rhineland: A Comparative Study in Industrialization," *Journal of Economic History,* **XIX,** 4, Dec. 1959, 541-564.
Kisch, Herbert, "Growth Deterrents of a Medieval Heritage: The Aachen-area Woolen Trades before 1790," *Journal of Economic History,* **XXIV,** 4, Dec. 1964, 517-537.
Kisch, Herbert, *Prussian Mercantilism and the Rise of the Krefeld Silk Industry: Variations upon an Eighteenth-Century Theme,* Transactions of the American Philosophical Society, **LVIII,** Pt. 7, 1968. Philadelphia, Pennsylvania: Amer. Phil. Soc., 1968.
Kiss, Istvan, "Die Rolle der Magnaten-Gutswirtschaft im Grosshandel Ungarns im 17. Jahrhundert," in Ingomar Bog, red., *Der Aussenhandel Ostmitteleuropas, 1450-1650.* Köln-Wien: Böhlau Verlag, 1971, 450-482.
Klein, Peter W., "The Trip Family in the 17th Century: A Study of the Behavior of the Entrepreneur on the Dutch Staple Market," *Acta Historiae Neerlandica,* **I,** 1966, 187-211.
Klein, Peter W., "Entrepreneurial Behavior and the Economic Rise and Decline of the Netherlands in the 17th and 18th Centuries," *Annales cisalpines d'histoire sociale,* **I,** 1, 1969, 7-19.
Klein, Peter W., "Stagnation économique et emploi du capital dans la Hollande des XVIIIe et XIXe siècles," *Revue du Nord,* **LII,** No. 204, janv.-mars 1970, 33-41.
Klíma, Arnošt, "Industrial Development in Bohemia, 1648-1781," *Past and Present,* No. 11, Apr. 1957, 87-99.
Klíma, Arnošt, "English Merchant Capital in Bohemia in the Eighteenth Century," *Economic History Review,* 2nd ser., **XII,** 1, Aug. 1959, 34-48.
Klíma, Arnošt, "Mercantilism in the Habsburg Monarchy—with special reference to the Bohemian Lands," *Historica,* **XI,** 1965, 95-119.
Klíma, Arnošt & Macůrek, J., "La question de la transition du féodalisme au capitalisme en Europe centrale (16ᵉ-18ᵉ siècles)," *International Congress of Historical Sciences,* Stockholm, 1960, **IV:** *Histoire moderne.* Göteborg, Sweden: Almqvist & Wiksell, 1960, 84-105.
Knoppers, Jake, "A Quantitative Study of Dutch Shipping from Russia in the Eighteenth Century," paper presented to Canadian Historical Association, Edmonton, June 7, 1975. (a)
Knoppers, Jake, "Discussion," in F. Krantz & P. M. Hohenberg, eds., *Failed Transitions to Modern*

참고 문헌 473

Industrial Society: Renaissance Italy and Seventeenth Century Holland. Montreal: Interuniversity Centre for European Studies, 1975, 65. (b)
Knoppers, Jake, "Patterns in Dutch Trade with Russia from the Nine Years' War to the End of the Republic," paper presented at the Annual Meeting of the Canadian Association for the Advancement of Netherlandic Studies, Univ. of New Brunswick, Fredericton, 28-29 May 1977. (a)
Knoppers, Jake, "Ships and Shipping Towards the End of the Eighteenth Century: Trends and Developments in Europe," paper presented at Annual Meeting of the Canadian Historical Association, Univ. of New Brunswick, Fredericton, 2-6 June 1977. (b)
Koeningsberger, H. G., "English Merchants in Naples and Sicily in the Seventeenth Century," *English Historical Review,* **LXII,** No. 244, July 1947, 304-326.
Kossmann, E. H., "Discussion of H. R. Trevor-Roper: 'The General Crisis of the Seventeenth Century,'" *Past and Present,* No. 18, Nov. 1960, 8-11.
Kossmann, E. H., "The Low Countries," *New Cambridge Modern History,* **IV:** J. P. Cooper, ed., *The Decline of Spain and the Thirty Years' War, 1609-48/59.* Cambridge: University Press, 1970, 359-384.
Kossmann, E. H., "Some Meditations on Dutch Eighteenth-Century Decline," in Frederick Krantz & Paul M. Hohenberg, eds., *Failed Transitions to Modern Industrial Society: Renaissance Italy and Seventeenth Century Holland.* Montreal: Interuniversity Centre for European Studies, 1975, 49-54. (a)
Kossmann, E. H., "Some Late 17th-Century Dutch Writings on Raison d'Etat," in R. Schnur, her., *Staatsräson: Studien zur Geschichte eines politischen Begriffs.* Berlin: Duncker & Humblot, 1975, 497-504. (b)
Kossmann, E. H., "The Singularity of Absolutism," in R. Hatton, ed., *Louis XIV and Absolutism.* Columbus: Ohio State Univ. Press, 1976, 3-17.
Kowecki, Jerzy, "Les transformations de la structure sociale en Pologne au XVIIIe siècle: La noblesse et la bourgeoisie," *Acta Poloniae Historica,* No. 26, 1972, 5-30.
Kriedte, Peter, Medick, Hans, & Schlumbohm, Jürgen, *Industrialisierung vor der Industrialisierung.* Göttingen: Vandenhoeck & Ruprecht, 1977.
Kruger, Horst, *Zur Geschichte der Manufakturen und der Manufakturarbeiter in Preussen,* Vol. **III** of Schrittenreihe des Institut für allgemeine Geschichte an der Humboldt Universität Berlin, ed. by Gerhard Schilfert. Berlin: Rütten & Loening, 1958.
Kuczynski, Jürgen, "Zum Aufsatz von Johannes Nichtweiss über die zweite Leibeigenschaft," *Zeitschrift für Geschichtswissenschaft,* **II,** 3, 1954, 467-471.
Kula, Witold, "L'histoire économique de la Pologne du dix-huitième Siècle," *Acta Poloniae Historica,* No. 4, 1961, 133-146.
Kula, Witold, "La métrologie historique et la lutte des classes: Exemple de la Pologne au XVIIIe siècle," *Studi in onore di Amintore Fanfani,* **V:** *Evi moderno e contemporaneo.* Milano: Dott. A. Giuffrè-Ed., 1962, 273-288.
Kula, Witold, "Gli studi sulla formazione del capitalismo in Polonia," in A. Caracciolo, red., *Problemi storici della industrializzazione e dello sviluppo.* Urbino, Italy: Argalia Ed., 1965, **VI,** 205-228.
Kula, Witold, *Theorie économique du systeme féodal.* Paris & La Haye: Mouton, 1970.
Kulischer (Koulischer), Joseph, "La grande industrie aux XVIIe et XVIIIe siècles: France, Allemagne, Russie," *Annales d'histoire économique et sociale,* **III,** 9, janv. 1931, 11-46.
Kulischer, Joseph, "Liebeigenschaft in Russland und die Agrarverfassung Preussens in 18. Jahrhundert: Eine vergleichende Studie," *Jahrbucher für Nationalökonomie und Statistik,* 3rd ser., **LXXXII,** 1, 1932, 1-62.
Kuske, Bruno, "Gewerbe, Handel und Verkehr," in H. Aubin *et al.,* her., *Geschichte des Rheinlandes von der altesten Zeit bis zur Gegenwart,* **II:** *Kulturgeschichte.* Essen: G. D. Baedeker, Verlagsbuchhandlung, 1922, 149-248.
Kuske, Bruno, "Die wirtschaftliche und soziale Verflechtung zwischen Deutschland und den

Niederlanden bis zum 18. Jahrhundert," in *Köln, Der Rhein und das Reich*. Köln-Graz: Böhlau-Verlag, 1956, 200–256. (Originally in *Deutsches Archiv für Landes- und Volksforschung*, 1937.)

Labrousse, C.-E. *Esquisse du mouvement des prix et des revenus en France au XVIIIe siècle*. Paris: Lib. Dalloz, 1932, 2 vol.

Labrousse, C.-E., "La révolution démographique du premier tiers du XVIIIe siècle," Bulletin semestriel, *Association pour l'histoire de la civilisation*, Association Marc Bloch, Toulouse, séance du 17 mai 1953, 21–23.

Labrousse, C.-E., "Les 'bons prix' agricoles du XVIIIe siècle," in Fernand Braudel & Ernest Labrousse, dir., *Histoire économique et sociale de la France*, **II**: Ernest Labrousse et al., *Des derniers temps de l'age seigneurial aux préludes de l'age industriel (1660–1789)*. Paris: Presses Univ. de France, 1970, 367–416.

Labrousse, Elisabeth, "Le refuge hollandais: Bayle et Jurieu," *XVIIe siècle*, No. 76–77, 1967, 75–93.

La Force, J. Clayburn, "Royal Textile Factories in Spain, 1700–1800," *Journal of Economic History*, **XXIV**, 3, Sept. 1964, 337–363.

Land, Aubrey C., "Economic Base and Social Structure: The Northern Chesapeake in the Eighteenth Century," *Journal of Economic History*, **XXV**, 4, Dec. 1965, 639–654.

Land, Aubrey C., "The Tobacco Staple and the Planter's Problems: Technology, Labor and Crops," *Agricultural History*, **XLIII**, 1, Jan. 1969, 69–81.

Lane, Frederic C., "Oceanic Expansion: Force and Enterprise in the Creation of Oceanic Commerce," *Journal of Economic History*, **X**, Supplement, 1950, 19–39.

Lane, Frederic C., *Venice: A Maritime Republic*. Baltimore, Maryland: Johns Hopkins Univ. Press, 1973.

Lang, James, *Conquest and Commerce: Spain and England in the Americas*. New York: Academic Press, 1975.

Lang, M. F., "New Spain's Mining Depression and the Supply of Quicksilver from Peru," *American Historical Review*, **XLVIII**, 4, Nov. 1968, 632–641.

Langton, John, "Coal Output in South-West Lancashire, 1590–1799," *Economic History Review*, 2nd ser., **XXV**, 1, Feb. 1972, 28–54.

Larquié, Cl., "Les esclaves de Madrid à l'époque de la décadence (1650–1700)," *Revue historique*, **CCXLIV**, 1, juil.–sept. 1970, 41–74.

Larraz, José, *La época del mercantilismo en Castilla (1500–1700)*. 2nd ed. Madrid: Atlas, 1943.

Laslett, Peter, "John Locke, the Great Recoinage, and the Origins of the Board of Trade: 1695–1698," *William and Mary Quarterly*, **XIV**, 3, July 1957, 370–402.

Lavrovsky, V. M., "Expropriation of the English Peasantry in the Eighteenth Century," *Economic History Review*, n.s., **IX**, 2, Aug. 1957, 271–282.

Lavrosky, V. M., "The Great Estate in England from the 16th to the 18th Centuries," *First International Conference of Economic History*, Stockholm, August 1960, Paris & La Haye: Mouton, 1960, 353–365.

Lawson, Murray G., *Fur: A Study in English Mercantilism, 1700–1775*. Univ. of Toronto Studies, History and Economics Series, Vol. **IX**. Toronto: Univ. of Toronto Press, 1943.

Lenman, Bruce, *An Economic History of Modern Scotland, 1660–1976*. Hamden, Conneticut: Archon Books, 1977.

Léon, Pierre, "La crise de l'économie française à la fin du règne de Louis XIV (1685–1715)," *Information historique*. **XVIII**, 4, sept.–oct. 1956, 127–137.

Léon, Pierre, "Points de vue sur le monde ouvrier dans la France du XVIIIe siècle," *Third International Conference of Economic History*, Munich, 1965. **I**. Paris & La Haye: Mouton, 1968, 181–185.

Léon, Pierre, *Economies et societes préindustrielles*, **II**: *1650–1780: Les origines d'une accélération de l'histoire*. Paris: Lib. Armand Colin, 1970. (a)

Léon, Pierre, "La réponse de l'industrie," in Fernand Braudel & Ernest Labrousse, dir., *Histoire économique et sociale de la France,* **II**: Ernest Labrousse, *et al., Des derniers temps de l'age seigneurial aux préludes de l'age industriel (1660–1789).* Paris: Presses Univ. de France, 1970, 217–266. (b)

Léon, Pierre, "L'élan industriel et commercial," in Fernand Braudel & Ernest Labrousse, dir., *Histoire économique et sociale de la France,* **II**: Ernest Labrousse *et al., Des derniers temps de l'age seigneurial aux préludes de l'age industriel (1660–1789).* Paris: Presses Univ. de France, 1970, 499–528. (c)

Léon, Pierre, "Les nouvelles élites," in Fernand Braudel & Ernest Labrousse, dir., *Histoire économique et sociale de la France,* **II**: Ernest Labrousse *et al., Des derniers temps de l'age seigneurial aux préludes de l'age industriel (1660–1789).* Paris: Presses Univ. de France, 1970, 601–649. (d)

Léon, Pierre, "Morcellement et émergence du monde ouvrier," in Fernand Braudel & Ernest Labrousse, dir., *Histoire économique et social de la France,* **II**: Ernest Labrousse *et al., Des derniers temps de l'age seigneurial aux préludes de l'age industriel (1660–1789).* Paris: Presses Univ. de France, 1970, 651–689. (e)

Léon, Pierre, "Structures du commerce extérieur et évolution industrielle de la France à la fin du XVIII siècle," in *Conjonture économique, structures sociales.* Hommage à Ernest Labrousse. Paris & La Haye: Mouton, 1974.

Léon, Pierre & Carrière, Charles, "L'appel des marchés," in Fernand Braudel & Ernest Labrousse, dir., *Histoire économique et sociale de la France,* **II**: Ernest Labrousse *et al., Des derniers temps de l'age seigneurial aux préludes de l'age industriel (1660–1789).* Paris: Presses Univ. de France, 1970, 161–215.

Léonard, Emile-G., "Economie et religion. Les protestants français au XVIIIe siècle," *Annales d'histoire sociale,* **II**, 1, janv. 1940, 5–20.

Léonard, Emile-G., "Le protestantisme français au XVIIe siècle," *Revue historique,* **CC**, 2, oct.–dec. 1948, 153–179.

Léonard, Emile-G., *L'Armée et ses problèmes au XVIIIe siècle.* Paris: Lib. Plon, 1958.

Le Roy Ladurie, Emmanuel, "Climat et récoltes aux XVIIe et XVIIIe siècles," *Annales E.S.C.,* **XV**, 3, mai–juin 1960, 434–465.

Le Roy Ladurie, Emmanuel, *Histoire du Languedoc.* Paris: Presses Univ. de France, 1962.

Le Roy Ladurie, Emmanuel, "Voies nouvelles pour l'histoire rurale (XVIe–XVIIIe siècles)," *Etudes rurales,* No. 13–14, avr.–sept., 1964, 79–95.

Le Roy Ladurie, Emmanuel, *Histoire du climat depuis l'an mil.* Paris: Flammarion, 1967.

Le Roy Ladurie, Emmanuel, "Les rendements du blé en Languedoc," *Third International Conference of Economic History,* Munich, 1965, **II**. *Production et productivité agricole.* Paris & La Haye: Mouton, 1968, 75–84.

Le Roy Ladurie, Emmanuel, "L'amenorhée de famine (XVIIe-XXe siècles)," *Annales E.S.C.,* **XXIV**, 6, nov.–dec. 1969, 1589–1601.

Le Roy Ladurie, Emmanuel, "Les insurgés de l'impôt," *Le Nouvel Observateur,* 28 juin 1971, 26–28.

Le Roy Laduire, Emmanuel, "Sur quelques types de revenus réels (16e–18e siècles)," *Fourth International Conference of Economic History,* Bloomington, 1968. Paris & La Haye: Mouton, 1973, 419–435.

Le Roy Ladurie, Emmanuel, "A Long Agrarian Cycle: Languedoc, 1500–1700," in Peter Earle, ed., *Essays in European Economic History, 1500–1800.* Oxford: Clarendon Press, 1974. (a) (Translated from *Les Paysans de Languedoc,* 1969.)

Le Roy Ladurie, Emmanuel, "Pour un modèle de l'économie rurale française au XVIII siècle," *Cahiers d'histoire,* **XIV**, 1, 1974, 5–27. (b)

Le Roy Ladurie, Emmanuel, "Révoltes et contestations rurales en France de 1675 à 1788," *Annales E.S.C.,* **XXIX**, 1, janv.–févr. 1974, 6–22. (c)

Le Roy Ladurie, Emmanuel, "De la crise ultime à la vraie croissance," in Emmanuel Le Roy Ladurie, réd., *L'age classique des paysans de 1340 à 1789*, Vol. II of *Histoire de la France rurale*. Paris: Seuil, 1975, 359-591. (a)

Le Roy Ladurie, Emmanuel, "Un 'modele septentrional': Les campagnes parisiennes (XVIe-XVIIe siècles)," *Annales E.S.C.*, **XXX**, 6, nov.-dec. 1975, 1397-1413. (b)

Le Roy Ladurie, Emmanuel, "Un cas de méthodologie dans l'histoire rurale: Les grandes monographies des révoltes et des contestations rurales en France de 1675 à 1788," in *Metodología de la historia moderna: economía y demografía*, Actas de las I Jornadas de Metodología Aplicada de las Ciencias Históricas, Univ. de Santiago de Compostala. Segovia: Artes Graficas Galicia, **III**, 1975, 33-50. (c)

Le Roy Ladurie, Emmanuel, "Motionless History," *Social Science History*, **I**, 2, Winter 1977, 115-136. (Translated from *Annales E.S.C.*, 1974.)

Leśkiewicz, Janina, "Sur le niveau et les composantes du revenu foncier en Pologne du XVIe siècle au XVIIIe siècle," in *First International Conference of Economic History*, Stockholm, August, 1960, *Contributions*. Paris & La Haye: Mouton, 1960, 409-414.

Leśnodorski, Bogusław, "Les Partages de la Pologne. Analyse des causes et essai d'une théorie," *Acta Poloniae Historica*, No. 8, 1963, 7-30.

Leszczyński, Józef, "La Silésie dans la politique européenne au XVIe-XVIIIe siècles," *Acta Poloniae Historica*, No. 22, 1970, 90-107.

Leuilliot, Paul, "Influence du commerce oriental sur l'économie occidentale," in M. Mollat, réd., *Sociétés et compagnies en Orient et dans l'Ocean Indien*. Paris: S.E.V.P.E.N., 1970, 611-627.

Lichtheim, George, *Imperialism*. London: Penguin, 1974.

Liebel, Helen P., "The Bourgeoisie in Southwestern Germany, 1500-1789: A Rising Class?", *International Review of Social History*, **X**, 2, 1965, 283-307. (a)

Liebel, Helen P., "Laissez-faire vs. Mercantilism: The Rise of Hamburg and the Hamburg Bourgeoisie vs. Frederick the Great in the Crisis of 1763," *Vierteljahrschrift für Sozial- und Wirtschaftgeschichte*, **LII**, 2, 1965, 206-238. (b)

Liiv, Otto, "Die wirtschaftliche Lage des estnischen Gebietes am Ausgang des XVII Jahrhunderts," *I. Verhandlungen der Gelehrten Estnischen Gesellschaft*, **XXVII**, 1935, 1-336.

Lipson, Ephraim, *The Economic History of England*, Vols. II–III: *The Age of Mercantilism*, 6th ed. London: Adam & Charles Black, 1956.

Lira, Andrés & Muro, Luis, "El siglo de la integración," in Centro de Estudios Históricos, *Historia General de Mexico*, **II**. Mexico: El Colegio de Mexico, 1976, 83-181.

Litchfield, R. Burr, "Les investissements commerciaux des patriciens florentins au XVIIIe siècle," *Annales E.S.C.*, **XXIV**, 3, mai-juin 1969, 685-721.

Lockhart, James, "Encomienda and Hacienda: The Evolution of the Great Estate in the Spanish Indies," *Hispanic American Historical Review*, **LXIX**, 3, Aug. 1969, 411-429.

Lom, František, "Die Arbeitsproduktivität in der Geschichte der tschechoslowakischen Landwirtschaft," *Zeitschrift für Agrargeschichte und Agrarsoziologie*, **XIX**, 1, Apr. 1971, 1-25.

López, Adalberto, "The Economics of Yerba Mate in Seventeenth-Century South America," *Agricultural History*, **XLVIII**, 4, Oct. 1974, 493-509.

Lord, Eleanor Louisa, *Industrial Experiments in the British Colonies of North America*. Studies in History and Political Science, **XVII**, Baltimore, Maryland: Johns Hopkins Univ., 1898.

Lunde, Johs., *Handelshuset bak "Garman & Worse": Jacob Kielland & Son*. Bergen: Universitetsforlaget, 1963.

Lundkvist, Sven, "The Experience of Empire: Sweden as a Great Power," in M. Roberts, ed., *Sweden's Age of Greatness, 1632-1718*. New York: St. Martin's Press, 1973, 20-57.

Lütge, Friedrich, "Strukturelle und konjunkturelle Wandlungen in der deutschen Wirtschaft vor Ausbruch des Dreissigjährigen Krieges," in *Bayerische Akademie der Wissenschaften, Phil.-Hist. Kl., Sitzungsberichte*, No. 5, 1958.

Lütge, Friedrich, *Geschichte der deutschen Agrarverfassung vom frühen Mittelalter bis zum 19. Jahrhundert*. Stuttgart: Verlag Eugen Ulmer, 1963.

참고 문헌 477

Lütge, Friedrich, "Grundherrschaft und Gutsherrschaft," *Handwörterbuch des Sozialwissenschaften*. Stuttgart: Gustav Fischer; Tubingen: J. C. B. Mohr (Paul Siebeck); Göttingen: Vandenhoeck & Ruprecht, 1965, **IV,** 682–688.
Lütge, Friedrich, *Deutsche Sozial- und Wirtschaftsgeschichte*, 3rd enlarged and improved ed. Berlin: Springer-Verlag, 1966.
Lüthy, Herbert, *La Banque Protestante en France de la Révocation de l'Edit de Nantes à la Révolution*, I: *Dispersion et regroupement (1685–1730)*. Paris: S.E.V.P.E.N., 1959.
Lüthy, Herbert, *La Banque Protestante en France de la Révocation de l'Edit de Nantes à la Révolution*, II: *De la Banque aux Finances (1730–1794)*. Paris: S.E.V.P.E.N., 1961.
Luzac, Elie, *La richesse de la Hollande*. London: aux dépens de la Compagnie, 1778, 2 vol.
Luzzatto, Gino, *Per una storia economica d'Italia*, 2nd ed. Bari, Italy: Ed. Laterza, 1974.
Lynch, John, *Spain Under the Habsburgs*. **II:** *Spain and America: 1598–1700*. Oxford: Basil Blackwell, 1969.
Macartney, C. A., "The Habsburg Dominions," in *New Cambridge Modern History*, **VII:** J. O. Lindsay, ed., *The Old Regime, 1713–63*. Cambridge: University Press, 1966, 391–415.
Macartney, C. A., "Hungary," in A. Goodwin, ed., *The European Nobility in the Eighteenth Century*. New York: Harper & Row (Torchbooks), 1967, 118–135.
Macedo, Jorge Borges de, "O Tratado de Methuen," *Dicionário de história de Portugal*, **II,** edited by Joël Serrão. Lisboa: 1963. (a)
Macedo, Jorge Borges de, *Problemas de Historia da Industria Portuguesa no Século XVIII*. Lisboa: Assoc. Industrial Portuguesa, Estudos de Economia Aplicada, 1963. (b)
Macera, Pablo, "Feudalismo colonial americano: el caso de las haciendas peruanas," *Acta Historica* (Acta Universitatis Szegediensis de Attila Josef Nominatae), **XXXV,** 1971, 3–43.
MacLeod, Murdo J., *Spanish Central America: A Socioeconomic History, 1520–1720*. Berkeley: Univ. of California Press, 1973.
Mączak, Antoni, "Export of Grain and the Problem of Distribution of National Income in the Years 1550–1650," *Acta Poloniae Historica*, No. 18, 1968, 75–98.
Mączak, Antoni, "The Balance of Polish Sea Trade with the West, 1565–1646," *Scandinavian Economic History Review*, **XVIII,** 2, 1970, 107–142.
Mączak, Antoni, "Agricultural and Livestock Production in Poland: Internal and Foreign Markets," *Journal of European Economic History*, **I,** 3, Winter 1972, 671–680.
Mączak, Antoni, review of A. Attman, *The Russian and Polish Markets in International Trade, 1500–1650*, in *Journal of European Economic History*, **III,** 2, Fall 1974, 505–508.
Mączak, Antoni, "Money and Society in Poland-Lithuania in the 16th–17th Centuries," Settima Settimana di Studio, Istituto Internazionale di Storia Economica "Francesco Datini", 15 apr. 1975.
Mączak, Antoni, "Money and Society in Poland and Lithuania in the 16th and 17th Centuries," *Journal of European Economic History*, **V,** 1, Spring 1976, 69–104. (a)
Mączak, Antoni, "State Revenues and National Income: Poland in the Crisis of the Seventeenth Century," Ottava Settimana di Studio, Istituto Internazionale di Storia Economica "Francesco Datini", Prato, 8 magg. 1976. (b)
Mączak, Antoni & Samsonowicz, Henry K., "La zone baltique; l'un des éléments du marché européen," *Acta Poloniae Historica*, No. 11, 1965, 71–99.
Mahan, A. T., *Influence of Sea Power Upon History, 1600–1783*. London: Sampson Low, Marston, Searle & Rivington, 1889.
Makkai, László, "Die Hauptzuge der wirtschaftlichsozialen Entwicklung Ungarns im 15–17. Jh." in *Studia Historica*, No. 53. Budapest: Akademiai Kiado, 1963, 27–46.
Makkai, László, "Der Ungarische Viehhandel, 1550–1650," in Ingomar Bog, her., *Der Aussenhandel Ostmitteleuropas, 1450–1650*. Köln-Wien: Böhlau Verlag, 1971, 483–506.
Makkai, László, "La structure et la productivité de l'économie agraire de la Hongrie au milieu du XVIIe siècle," in S. Herbst *et al.*, eds., *Spoleczenstwo Gospodarka Kultura*. Studia ofiarowane

Marianowi Małowistowi w czterdziestolecie pracy naukowej. Warszawa: PWN, 1974, 197-209.

Makkai, László, "Neo-Serfdom: Its Origin and Nature in East Central Europe," *Slavic Review,* **XXXIV,** 2, June 1975, 225-238.

Małecki, Jan M., "Le rôle de Cracovie dans l'économie polonaise aux XVIe, XVIIe et XVIIIe siècles," *Acta Poloniae Historica,* No. 21, 1970, 108-122.

Małecki, Jan M., "Die Wandlungen im Krakauer und polnischen Handel zur Zeit der Türkenkriege des 16. und 17. Jahrhunderts," in O. Pickl, her., *Die wirtschaftlichen Auswirkungen der Türkenkriege,* Grazer Forschungen zur Wirtschafts- und Sozialgeschichte, **I.** Graz: 1971, 145-151.

Małowist, Marian, "The Economic and Social Development of the Baltic Countries from the 15th to the 17th Centuries," *Economic History Review,* 2nd ser., **XII,** 2, 1959, 177-189.

Małowist, Marian, "L'évolution industrielle en Pologne du XIVe au XVIIe siècle," in *Croissance et regression en Europe, XIVe-XVIIe siècles,* Cahiers des Annales, 34. Paris: Lib. Armand Colin, 1972, 191-215.

Małowist, Marian, "Problems of the Growth of the National Economy of Central-Eastern Europe in the Late Middle Ages," *Journal of European Economic History,* **III,** 2, Fall 1974, 319-357.

Małowist, Marian, "Quelques remarques sur le déclin des états de l'Europe de l'est au XVIe jusqu'au XVIIIe siècle," paper delivered at Seminar of Fernand Braudel, Paris, 4 mars 1976.

Mandrou, Robert, "Le baroque européen: mentalité pathétique et révolution sociale," *Annales E.S.C.,* **XV,** 5, sept.-oct. 1960, 898-914.

Mandrou, Robert, "L'agriculture hors du développement capitaliste: Le cas des Fugger," *Studi storici,* **IX,** 3/4, lugl.-dic. 1968, 784-793.

Marino, John A., "La crisi di Venezia e la New Economic History," *Studi storici,* **XIX,** 1, genn.-marzo 1978, 79-107.

Markovitch, Tihomir J., "L'industrie française au XVIIIe siècle: l'industrie lainière à la fin du regne de Louis XIV et sous la Régence," *Economies et sociétés,* Cahiers de l'I.S.E.A., **II,** 8, août 1968, 1517-1697. (a)

Markovitch, Tihomir J., "L'industrie lainière française au début du XVIIIe siècle," *Revue d'histoire économique et sociale,* **XLVI,** 4, 1968, 550-579. (b)

Marques, A. H. de Oliveira, *History of Portugal,* 2nd ed. New York: Columbia Univ. Press, 1976.

Marrès, P., "Le Languedoc méditerranéen aux XVIIe et XVIIIe siècles," *Annales de l'Institut d'Etudes Occitanes,* 4ᵉ ser., No. 2, aut. 1966, 151-156.

Martin Saint-Léon, Etienne, *Histoire des corporations de métiers.* Genève: Slatkine-Megariotis Reprints, 1976. (Originally published, Paris, 1922).

Marx, Karl, *Secret Diplomatic History of the Eighteenth Century.* New York: International Publ., 1969.

Masefield, G. B., "Crops and Livestock," in *Cambridge Economic History of Europe,* **IV:** E. E. Rich & C. H. Wilson, eds., *The Economy of Expanding Europe in the Sixteenth and Seventeenth Centuries.* Cambridge: University Press, 1967, 275-301.

Masselman, George, "Dutch Colonial Policy in the Seventeenth Century," *Journal of Economic History,* **XXI,** 4, Dec. 1961, 455-468.

Masselman, George, *The Cradle of Colonialism.* New Haven, Connecticut: Yale Univ. Press, 1963.

Masson, Paul, *Histoire du commerce français dans le Levant au XVIIe siècle.* New York: Burt Franklin, 1967. (a) (Originally published, Paris, 1911).

Masson, Paul, *Histoire du commerce français dans le Levant au XVIIIe siècle.* New York: Burt Franklin, 1967. (b) (Originally published, Paris 1896.)

Mata, Eugénia & Valério, Nuno, "Alguns dados e notas sobre o comércio europeu e mundial nos finais do século XVII," *Revista de história económica e social,* No. 2, julho-dez. de 1978, 105-122.

참고 문헌 479

Matejek, František, "La production agricole dans les pays tchécoslovaques à partir du XVIe siècle jusqu'a la première guerre mondiale," *Troisième Conférence Internationale d'Histoire Economique,* Munich, 1965, **II.** Paris & La Haye: Mouton, 1968, 205–219.
Mathias, Peter, "Agriculture and the Brewing and Distilling Industries in the Eighteenth Century," *Economic History Review,* n.s., **V,** 2, Aug. 1952, 249–257.
Mathias, Peter & O'Brien, Patrick, "Taxation in Britain and France, 1715–1810. A Comparison of the Social and Economic Incidence of Taxes Collected by the Central Government," *Journal of European Economic History,* **V,** 3, Winter 1976, 601–650.
Mathiex, Jean, "Trafic et prix de l'homme en Méditerranée aux XVIIe et XVIIIe siècles," *Annales E.S.C.,* **IX,** 2, avr.–juin 1954, 157–164.
Mauro, Frédéric, "Pour une théorie du capitalisme commercial," *Vierteljahrschrift fur Sozial- und Wirtschaftsgeschichte,* **XLII,** 2, 1955, 117–131.
Mauro, Frédéric, "Sur la 'crise' du XVIIe siècle," *Annales E.S.C.,* **XIV,** 1, janv.–mars 1959, 181–185.
Mauro, Frédéric, *Le Portugal et l'Atlantique au XVIIe siècle (1570–1670). Etude économique.* Paris: S.E.V.P.E.N., 1960.
Mauro, Frédéric, "Toward an 'Intercontinental Model': European Overseas Expansion between 1500 and 1800," *Economic History Review,* 2nd ser., **XIV,** 1 1961, 1–17. (a)
Mauro, Frédéric, "L'empire portugais et le commerce franco-portugais au milieu du XVIIIe siècle," *Actas do Congresso Internacional de Historia dos Descobrimentos,* **V.** Lisboa: 1961, 1–16. (b)
Mauro, Frédéric, "Marchands et marchands-banquiers portugais au XVIIe siècle," *Revista portuguesa de história,* **IX,** 1961, 5–20. (c)
Mauro, Frédéric, "La bourgeoisie portugaise au XVIIe siècle," in *Etudes économiques sur l'expansion portugaise (1500–1900).* Paris: Fund. Calouste Gulbenkian, 1970, 15–35. (Originally in *Le XVIIe siècle,* 1958.)
Mauro, Frédéric, "Existence et persistance d'un régime féodal ou seigneurial au Brésil," in *L'abolition de la "féodalité" dans le monde occidental,* Colloques internationaux du C.N.R.S., Toulouse 12–16 nov. 1968. Paris: Ed. du C.N.R.S., **I,** 1971, 385–391.
Mauro, Frédéric, "Conjoncture economique et structure sociale en Amérique latine depuis l'époque coloniale," in *Conjoncture économique, structures sociales.* Hommage á Ernest Labrousse. Paris & La Haye: Mouton, 1974, 237–251.
Mauro, Frédéric, "Le rôle de la monnaie dans les décollages manqués de l'économie portugaise du XVe au XVIIIe siècles." Paper presented at VII Settimana di Studio, Prato, 17 apr. 1975.
Maxwell, Kenneth, "Pombal and the Nationalization of the Luso-Brazilian Economy," *Hispanic American Historical Review,* **XLVIII,** 4, Nov. 1968, 608–631.
May, Louis–Philippe, *Histoire économique de la Martinique (1635–1763).* Paris: Les Presses Modernes, 1930.
McLachlan, Jean O., *Trade and Peace with Old Spain, 1667–1750.* Cambridge: University Press, 1940.
McManners, J., "France," in Albert Goodwin, ed., *The European Nobility in the Eighteenth Century.* New York: Harper & Row (Torchbooks), 1967, 22–42.
McNeill, William H., *The Shape of European History.* London & New York: Oxford Univ. Press, 1974.
Medick, Hans, "The Proto-Industrial Family Economy: The Structural Function of Household and Family during the Transition from Peasant Society to Industrial Capitalism, *Social History,* No. 3, Oct. 1976, 291–315.
Mehring, Franz, *Absolutism and Revolution in Germany, 1525–1848.* London: New Park Publ., 1975. (Originally published in 1892, 1897, 1910.)
Meilink-Roelofsz, M. A. P., "Aspects of Dutch Colonial Development in Asia in the Seventeenth Century," in J. S. Bromley & E. H. Kossmann, eds., *Britain and the Netherlands in Europe and Asia.* London: Macmillan, 1968, 56–82.
Mejdricka, Kveta, "L'état du régime féodal à la veille de son abolition et les conditions de sa

supression en Bohème," in *L'abolition de la "féodalité" dans le monde occidental.* Colloques internationaux du C.N.R.S., Toulouse 12-16 nov. 1968. Paris: Ed. du C.N.R.S., **I,** 1971, 393-409.

Mellafe, Rolando, *La introducción de la esclavitud negra en Chile: tráficos y nitas.* Estudios de Historia Económica Americana: Trabajo y Salario en el Periodo Colonial, **II.** Santiago: Univ. de Chile, 1959.

Menard, Russell R., "Secular Trends in the Chesapeake Tobacco Industry," *Working Papers from the Regional Economic History Research Center,* **I,** 3, 1978, 1-34.

Menashe, Louis, "Historians Define the Baroque: Notes on a Problem of Art and Social History," *Comparative Studies in Society and History,* **VII,** 3, Apr. 1965, 333-342.

Mendels, Franklin F., "Proto-Industrialization: The First Phase of the Industrialization Process," *Journal of Economic History,* **XXXII,** 1, Mar. 1972, 241-261.

Mendels, Franklin F., "Agriculture and Peasant Industry in Eighteenth-Century Flanders," in William N. Parker & Eric L. Jones, eds., *European Peasants and Their Markets.* Princeton, New Jersey: Princeton Univ. Press, 1975, 179-204.

Merrington, John, "Town and Country in the Transition to Capitalism," in Rodney Hilton, ed., *The Transition from Feudalism to Capitalism.* London: New Left Books, 1976, 170-195. (Originally in *New Left Review,* 1975.)

Mertens, Jacques E., *La naissance et le développement de l'étalon-or, 1692-1922,* Univ. de Louvain, Collection de l'Ecole des Sciences Politiques et Sociales, No. 131. Louvain: Ed. Em. Warny, 1944.

Meuvret, Jean, "Les mouvements des prix de 1661 à 1715 et leurs répercussions," *Journal de la Société de Statistique de Paris,* **LXXXV,** 5-6, mai-juin 1944, 109-119.

Meuvret, Jean, "Circulation monétaire et utilisation économique de la monnaie dans la France du XVIe et du XVIIe siècles," *Etudes d'histoire moderne et contemporaine,* **I,** 1947, 15-18.

Meuvret, Jean, "La géographie des prix des céréales et les anciennes économies européennes: Prix méditerranéens, prix continentaux, prix atlantiques à la fin du XVIIe siècle," *Revista de economia,* **IV,** 2, 1951, 63-69.

Meuvret, Jean, "Conjoncture et crise au XVIIe siècle: L'exemple des prix milanais," *Annales E.S.C.,* **VII,** 2, avr.-juin 1953, 215-219.

Meuvret, Jean, "L'agriculture en Europe au XVIIe et XVIIIe siècles," *X Congresso Internazionale di Scienze Storiche,* Roma, 4-11 sett. 1955, *Relazioni,* **IV:** *Storia moderna.* Firenze: G. C. Sansoni-Ed., 1955, 139-168.

Meuvret, Jean, "Circuits d'échange et travail rural dans la France du XVIIe siècle," *Studi in onore di Armando Sapori.* Milano: Istituto Edit. Cisalpino, **II,** 1957, 1127-1142.

Meuvret, Jean, "Domaines ou ensembles territoriaux?," *First International Conference of Economic History,* Stockholm, August 1960. Paris & La Haye: Mouton, 1960, 343-352.

Meuvret, Jean, "Production et productivité agricoles," *Third International Conference of Economic History,* Munich, 1965, **II:** *Production et productivités agricoles.* Paris & La Haye: Mouton, 1968, 11-22.

Meuvret, Jean, "La France au temps de Louis XIV: des temps difficiles," in *Etudes d'histoire économique.* Paris: Lib. Armand Colin, 1971, 17-37. (a) (Originally in *La France au temps de Louis XIV,* 1965.)

Meuvret, Jean, "Les oscillations des prix de céréales aux XVIIe et XVIIIe siècles en Angleterre et dans les pays du bassin parisien," in *Etudes d'histoire économique.* Paris: Lib. Armand Colin, 1971, 113-124. (b) (Originally in *Revue d'histoire moderne et contemporaine,* 1969.)

Michalkjewicz, Stanislas, "Einige Episoden der Geschichte der schleisischen Bauernkämpfer, im 17. und 18, Jh.," in Eva Maleczyńska, her., *Beitrage zür Geschichte Schlesiens.* Berlin: Rütten & Loening, 1958, 356-400.

Michell, A. R., "The European Fisheries in Early Modern History," in *Cambridge Economic History of Europe,* **V:** E. E. Rich & C. H. Wilson, eds., *The Economic Organization of Early Modern Europe.* Cambridge: University Press, 1977, 134-184.

참고 문헌 481

Mika, Alois, "On the Economic Status of Czech Towns in the Period of Late Feudalism," *Economic History*, **II,** published on the occasion of the VIIth International Economic History Congress in Edinburgh, 1978. Prague: Institute of Czechoslovak and World History of the Czechoslovak Academy of Sciences, 1978, 225–256.
Mims, Stewart L., *Colbert's West India Policy*. New Haven, Connecticut: Yale Univ. Press, 1912.
Minchinton, Walter, "Patterns and Structure of Demand 1500–1750," in C. M. Cipolla, ed., *The Fontana Economic History of Europe*, **II:** *The Sixteenth and Seventeenth Centuries*. Glasgow: Collins, 1974, 82–176.
Mingay, G. E., "The Agricultural Depression, 1730–1750," *Economic History Review*, 2nd ser., **VIII,** 3, 1956, 323–338.
Mingay, G. E., "The Large Estate in Eighteenth-Century England," *First International Conference of Economic History*, Stockholm, August 1960. Paris & La Haye: Mouton, 1960, 367–383.
Mingay, G. E., "The Size of Farms in the Eighteenth Century," *Economic History Review*, 2nd ser., **XIV,** 3, Apr. 1962, 469–488.
Mingay, G. E., *English Landed Society in the Eighteenth Century*. London: Routledge & Kegan Paul, 1963.
Mingay, G. E., "The Land Tax Assessments and the Small Landowner," *Economic History Review*, 2nd ser., **XVII,** 2, Dec. 1964, 381–388.
Mingay, G. E., *Enclosure and the Small Farmer in the Age of the Industrial Revolution*. London: Macmillan, 1968.
Mintz, Sidney W., "Currency Problems in Eighteenth Century Jamaica and Gresham's Law," in Robert A. Manners, ed., *Process and Pattern in Culture*. Chicago, Illinois: Aldine, 1964, 248–265.
Mintz, Sidney W. & Wolf, Eric R., "Haciendas and Plantations in Middle America and the Antilles," *Social and Economic Studies*, **VI,** 3, Sept. 1957, 380–412.
Molenda, Danuta, "Investments in Ore Mining in Poland from the 13th to the 17th Centuries," *Journal of European Economic History*, **V,** 1, Spring 1976, 151–169.
Mollat, Michel, réd., *Sociétés et compagnies de commerce en Orient et dans l'Océan Indien*, Actes du Huitième Colloque International d'Histoire Maritime, Beyrouth, 5–10 sept. 1966. Paris: S.E.V.P.E.N., 1970.
Molnar, Erik, "Les fondements économiques et sociaux de l'absolutisme," *XII Congrès International des Sciences Historiques, Rapports*, **IV.** *Methodologie et histoire contemporaine*. Wien: Verlag Ferdinand Berge & Söhne, 1965, 155–169.
Mols, Roger, S. J., "Population in Europe 1500–1700," in C. M. Cipolla, ed., *The Fontana Economic History of Europe*, **II:** *The Sixteenth and Seventeenth Centuries*. Glasgow: Collins, 1974, 15–82.
Monter, E. William, "Swiss Investment in England, 1697–1720," *Revue internationale d'histoire de la banque*, **II,** 1969, 285–298.
Moreno Fraginals, Manuel, *El Ingenio*, 3 vol. La Habana: Ed. de Ciencias Sociales, 1978.
Morgan, W. T., "Economic Aspects of the Negotiations at Ryswick," in Ian R. Christie, ed., *Essays in Modern History*. London: Macmillan, 1968, 172–195. (Originally in *Transactions of the Royal Historical Society*, read 14 May 1931.)
Morineau, Michel, "Le balance du commerce franco-néerlandais et le resserrement économique des Provinces-Unies au XVIIIe siècle," *Economisch-Historisch Jaarboek*, **XXX,** 4, 1965, 170–233.
Morineau, Michel, "Y a-t-il eu une révolution agricole en France au XVIIIe siécle?," *Revue historique*, **CCXXXIX,** 1, avr.–juin 1968, 299–326.
Morineau, Michel, "Gazettes hollandais et trésors américains," *Anuario de historia económica y social*, **II,** 2, enero–dic. 1969, 289–361. (a)
Morineau, Michel, "Histoire sans frontières: prix et 'révolution agricole'," *Annales E.S.C.*, **XXIV,** 2, mars–avr. 1969, 403–423. (b)
Morineau, Michel, "En Hollande au XVIIe siècle," in Jean-Jacques Hemardinquier, réd., *Pour*

une histoire de l'alimentation, Cahiers des Annales, 28. Paris: Lib. Armand Colin, 1970, 107–114. (a) (Originally in *Annales E.S.C.,* 1963.)

Morineau, Michel, "Post-scriptum. De la Hollande à la France," in Jean-Jacques Hémardinquier, réd., *Pour une histoire de l'alimentation,* Cahiers des Annales, 28. Paris: Lib. Armand Colin, 1970, 115–125. (b)

Morineau, Michel, "Flottes de commerce et trafics français en Méditerranée au XVIIe siècle (jusqu'en 1669)," *XVIIe siècle,* No. 86–87, 1970, 135–171. (c)

Morineau, Michel, "Bayonne et Saint-Jean-de-Lux, relais du commerce néerlandais vers l'Espagne au début du XVIIe siècle," *Actes du Quatre-Vingt-Quatorzième Congrès National des Sociétés Savantes,* Pau 1969, **II**, Section d'histoire moderne et contemporaine. Paris: Bibliothèque Nationale, 1971, 309–330.

Morineau, Michel, "Quelques remarques touchant le financement de l'économie des Provinces-Unies au XVIIe et au XVIIIe siècle," paper at Cuarta Settimana di Studio, Istituto Internazionale di Storia Economica "Francesco Datini", Prato, 16 apr. 1972.

Morineau, Michel, "Quelques remarques sur l'abondance monétaire aux Provinces-Unies," *Annales E.S.C.,* **XXIX,** 3, mai–juin 1974, 767–776.

Morineau, Michel, "Quelques recherches relatives à la balance du commerce extérieur français au XVIIIe siècle: ou cette fois un égale deux," in Pierre Léon, réd., *Aires et structures du commerce français au XVIIIe siècle,* Colloque National de l'Association Française des Historiens Economistes, Paris, C.N.R.S., 4–6 oct. 1973. Lyon: Centre d'Histoire Economique et Social de la Region Lyonnaise, 1975, 1–45.

Morineau, Michel, "La terre," in Pierre Deyon & Jean Jacquart, *Les hésitations de la croissance, 1580–1740,* Vol. **II** of Pierre Léon, réd., *Histoire économique et sociale du monde.* Paris: Lib. Armand Colin, 1978, 11–39. (a)

Morineau, Michel, "Le siècle," in Pierre Deyon & Jean Jacquart, *Les hésitations de la croissance, 1580–1740,* Vol. **II** of Pierre Léon, réd., *Histoire économique et sociale du monde.* Paris: Lib. Armand Colin, 1978, 63–106. (b)

Morineau, Michel, "Un siècle après la conquête: Les empires ibériques," in Pierre Deyon & Jean Jacquart, *Les hésitations de la croissance, 1580–1740,* Vol. **II** of Pierre Léon, réd., *Histoire économique et sociale du monde.* Paris: Lib. Armand Colin, 1978, 109–138. (c)

Morineau, Michel, "Les mancenilliers de l'Europe," in Pierre Deyon & Jean Jacquart, *Les hésitations de la croissance, 1580–1740,* Vol. **II** of Pierre Léon, réd., *Histoire économique et sociale du monde.* Paris: Lib. Armand Colin, 1978, 139–162. (d)

Morineau, Michel, "La 'substitution' aux Indes Orientales," in Pierre Deyon & Jean Jacquart, *Les hésitations de la croissance, 1580–1740,* Vol. **II** of Pierre Léon, réd., *Histoire économique et sociale du monde.* Paris: Lib. Armand Colin, 1978, 163–176. (e)

Morineau, Michel, "Jeune Amérique et vieille Afrique," in Pierre Deyon & Jean Jacquart, *Les hésitations de la croissance, 1580–1740,* Vol. **II** of Pierre Léon, réd., *Histoire économique et sociale du monde.* Paris: Lib. Armand Colin, 1978, 521–546. (f)

Morineau, Michel, "Le challenge Europe-Asie," in Pierre Deyon & Jean Jacquart, *Les hésitations de la croissance, 1580–1740,* Vol. **II** of Pierre Léon, réd., *Histoire économique de sociale du monde.* Paris: Lib. Armand Colin, 1978, 547–579. (g)

Morineau, Michel, "Or brésilien et gazettes hollandaises," *Revue d'histoire moderne et contemporaine,* **XXV,** 1, janv.–mars, 1978, 3–60. (h)

Mörner, Magnus, "The Spanish American Hacienda: A Survey of Recent Research and Debate," *Hispanic American Historical Review,* **LIII,** 2, May 1973, 183–216.

Mousnier, Roland, "L'évolution des finances publiques en France et en Angleterre pendant les guerres de la Ligue d'Augsbourg et de la Succession d'Espagne," *Revue historique,* **XLIV,** No. 205, janv.–mars 1951, 1–23.

Mousnier, Roland, *Les XVIe et XVIIe siècles,* 5e ed., revue, corrigée et augmentée, Vol. **IV** of Maurice Crouzet, réd., *Histoire Générale des Civilisations.* Paris: Presses Univ. de France, 1967.

참고 문헌 483

Mukherjee, Ramkrishna, *The Rise and Fall of the East India Company*. New York: Monthly Review Press, 1974.
Munck, Thomas, "The Economic and Social Position of Peasant Freeholders in Late Seventeenth-Century Denmark," *Scandinavian Economic History Review*, **XXV**, 1, 1977, 37–61.
Munktell, Henrik, *Bergsmans- och Bruksförlag intill 1748 års Förlags-Förordning*. Uppsala, Sweden: Almqvist & Wiksells, 1934.
Murray, R. K., "The Anglo-Scottish Union," *Scots Law Times*, Nov. 4, 1961, 161–164.
Myška, Milan, "Pre-Industrial Iron-Making in the Czech Lands," *Past and Present*, No. 82, Feb. 1979, 44–72.
Nadal, J. & Giralt, E., *La population catalane de 1553 à 1717*. Paris: S.E.V.P.E.N., 1960.
Naish, G. P. B., "Ships and Shipbuilding," in C. Singer, *et al.*, *A History of Technology*. **III**: *From the Renaissance to the Industrial Revolution, c1500–c1700*. Oxford: Clarendon Press, 1957, 471–500.
Nef, John U., *War and Human Progress: An Essay on the Rise of Industrial Civilisation*. New York: W. W. Norton, 1968.
Nef, John U., "Impact of War on Science and Technology," *Fourth International Conference on Economic History*, Bloomington, 1968. Paris & La Haye: Mouton, 1973, 237–243.
Neguev, S., "Le Proche-Orient précapitaliste," *Khamsin*, No. 2, 1975, 7–14.
Nelson, George H., "Contraband Trade under the Asiento, 1730–1739," *American Historical Review*, **LI**, 1, Oct. 1945, 55–67.
Neto, Paulo Elpídio de Menezes, "Patrimonialisme rural et structure de domination au Brésil, à l'époque coloniale," *Revista de ciências sociais*, **IV**, 1, 1973, 93–107.
Nettels, Curtis P., "The Manace of Colonial Manufacturing," *New England Quarterly*, **IV**, 2, Apr. 1931, 230–269. (a)
Nettels, Curtis P., "England and the Spanish American Trade, 1670–1775," *Journal of Modern History*, **III**, 1, Mar. 1931, 1–32. (b)
Nettels, Curtis P., "England's Trade with New England and New York, 1685–1720," *Publications of the Colonial Society of Massachusetts*, **XXVIII**, Feb. 1933, 322–350.
Nettels, Curtis P., "British Mercantilism and the Economic Development of the Thirteen Colonies," *Journal of Economic History*, **XII**, 2, Spring 1952, 105–114.
Nichtweiss, Johannes, "Zur Frage des zweiten Liebeigenschaft und des sogennanten preussischen Weges der Entwicklung des Kapitalismus in der Landwirtschaft Ostdeutschlands," *Zeitschrift für Geschichtswissenshaft*, **I**, 5, 1953, 687–717.
Nichtweiss, Johannes, "Antwort an Jurgen Kuczynski," *Zeitschrift für Geschichtswissenschaft*, **II**, 3, 1954, 471–476.
Nichtweiss, Johannes, "Zu strittigen Fragen der sogenannten zweiten Leibeigenschaft in Mitteleuropa: Zusammenfassung eines Artikels von Benedykt Zientara," *Zeitschrift für Geschichtswissenschaft*, **IV**, 4, 1956, 750–754.
Nichtweiss, Johannes, "Einige Bemerkungen zum Artikel von G. Heitz 'Zur Diskussion über Gutscherrschaft und Bauernlegen in Mecklenburg'," *Zeitschrift für Wirtschaftgeschichte*, **V**, 4, 1957, 804–817.
Nielsen, Axel, *Dänische Wirtschaftsgeschichte*. Jena: Gustav Fischer Verlag, 1933.
Nordmann, Claude J., "Monnaies et finances suédoises au XVIIe siècle," *Revue du Nord*, **XLVI**, No. 183, oct.–déc. 1964, 469–488.
Nordmann, Claude J., *Grandeur et liberté de la Suède (1660–1792)*. Paris: Béatrice-Nauwelaerts, 1971.
Nordmann, Claude J., "L'armée suédoise au XVIIe siècle," *Revue du nord*, **LIV**, No. 213, avr.–juin 1972, 133–147.
North, Douglass C., "Innovation and Diffusion of Technology. A Theoretical Framework," *Fourth International Conference on Economic History*, Bloomington 1968. Paris & La Haye: Mouton, 1973, 223–231.

North, Douglas C. & Thomas, Robert Paul, *The Rise of the Western World.* Cambridge: University Press, 1973.

Oberem, U., "Zur Geschichte des Lateinamerikanschen Landarbeiters: Conciertos und Huasipuṅgueros in Ecuador," *Anthropos,* **LXII,** 5/6, 1967, 759-788.

Ochmański, Jerzy, "La situation èconomico-sociale et la lutte de classes des paysans dans les domaines royaux (*Ekonomie*) de Kobryń dans la deuxième moitié du XVI-ème et dans la première moitié du XVII-ème siècle," *Roczniki dziejów społecznych i gospodarczych,* **XIX,** 1957, 89-90.

O'Farrell, Patrick, *Ireland's English Question.* New York: Schocken, 1971.

Ogg, David, "The Emergence of Great Britain as a World Power," in *New Cambridge Modern History,* **VI:** J. S. Bromley, ed., *The Rise of Great Britain and Russia, 1688-1725.* Cambridge: University Press, 1970, 254-283.

Öhberg, Arne, "Russia and the World Market in the Seventeenth Century," *Scandinavian Economic History Review,* **III,** 2, 1955, 123-162.

Ónody, Oliver, "Quelques aspects historiques de l'économie de l'or brésilien," *Revue internationale d'histoire de la banque,* **IV,** 1971, 173-316.

Ormrod, David, "Dutch Commercial and Industrial Decline and British Growth in the Late Seventeenth and Early Eighteenth Centuries," in Frederick Krantz & Paul M. Hohenberg, eds., *Failed Transitions to Modern Industrial Society: Renaissance Italy and Seventeenth Century Holland.* Montreal: Interuniversity Centre for European Studies, 1975, 36-43.

Ortiz, Fernando, *Cuban Counterpoint: Tobacco and Sugar.* New York: Knopf, 1947.

Osborn, Wayne S., "Indian Land Retention in Colonial Metztitlán," *Hispanic American Historical Review,* **LIII,** 2, May 1973, 217-238.

Østerud, Øyvind, "Configurations of Scandinavian Absolutism: The 17th Century in Comparative Perspective," paper given at the ISSC/MSH Symposium on "Capitalism and the Rise of the National State in Europe, 16th-18th Centuries," Bellagio, Oct. 14-16, 1976.

Østerud, Øyvind, "Agrarian Structures, Urban Networks and Political Development: The Cases of Early Modern Scandinavia," paper at IX World Congress of Sociology, Uppsala, August 14-19, 1978.

Ostrander, Gilman M., "The Colonial Molasses Trade," *Agricultural History,* **XXX,** 2, Apr. 1956, 77-84.

Ostrander, Gilman M., "The Making of the Triangular Trade Myth," *William and Mary Quarterly,* **XXX,** 4, Oct. 1973, 635-644.

Pach, Zsigmond Pál, "Uber einige Probleme der Gutswirtschaft in Ungarn in der ersten Hälfte des XVII. Jahrhunderts," in *Second International Conference of Economic History,* Aix-en-Provence, 1962. Paris & La Haye: Mouton, 1965, 222-235.

Pach, Zsigmond Pál, "The Shifting of International Trade Routes in the 15th-17th Centuries," *Acta Historica Academiae Scientiarum Hungaricae,* **XIV,** 1968, 287-321.

Pach, Zsigmond Pál, "Diminishing Share of East-Central Europe in the 17th Century International Trade," *Acta Historica Academiae Scientarum Hungaricae,* **XVI,** 1970, 289-306. (a)

Pach, Zsigmond Pál, "The Role of East-Central Europe in International Trade (16th and 17th Centuries)," in *Etudes historiques 1970.* **I,** Budapest: Akademiai Kiado, 1970, 217-264. (b)

Pach, Zsigmond Pál, "Favourable and Unfavourable Conditions for Capitalist Growth: The Shift of International Trade Routes in the 15th to 17th Centuries," in F. C. Lane, ed., *Fourth International Conference on Economic History,* Bloomington, 1968. Paris & La Haye: Mouton, 1973, 53-68.

Palmer, R. R., "Questions de féodalité aux Etats-Unis," in *L'abolition de la "féodalité" dans le monde occidental.* Colloques internationaux du C.N.R.S., Toulouse 12-16 nov. 1968. Paris: Ed. du C.N.R.S., **I,** 1971, 348-356.

Pantaleão, Olga, *A penetração comercial da Inglaterra na América Espanhola de 1713 a 1783.* São Paulo: n.p., 1946.

Pares, Richard, "The Economic Factors in the History of the Empire," *Economic History Review*, **VII**, 2, May 1937, 119–144.
Pares, Richard, *Yankees and Creoles: The Trade between North America and the West Indies before the American Revolution*. London: Longmans, Green & Co., 1956.
Pares, Richard, *Merchants and Planters*, Economic History Review Supplement No. 4. Cambridge: University Press, 1960.
Pares, Richard, *War and Trade in the West Indies, 1739–63*. London: Frank Cass, 1963. (Original publication, 1936.)
Paris, Robert, *Histoire du commerce de Marseille*, **V**: *De 1600 à 1789, Le Levant*, gen. ed., Gaston Rambert. Paris: Lib. Plon, 1957.
Parker, Geoffrey, *The Army of Flanders and the Spanish Road, 1567–1659*. Cambridge: University Press, 1972.
Parker, Geoffrey, "The Emergence of Modern Finance in Europe," in C. M. Cipolla, ed., *The Fontana History of Europe*. **II**: *The Sixteenth and Seventeenth Centuries*. Glasgow: Collins, 1974, 527–594. (a)
Parker, Geoffrey, "War and Economic Change: The Economic Costs of the Dutch Revolt," paper at Sesta Settimana di Studio, Istituto Internazionale di Storia Economica "Francesco Datini", Prato, 3 magg. 1974. (b)
Parker, Geoffrey, "Why Did the Dutch Revolt Last Eighty Years?," *Transactions of the Royal Historical Society*, 5th ser., **XXVI**, 1976, 53–72. (a)
Parker, Geoffrey, "The 'Military Revolution,' 1560–1660—A Myth?," *Journal of Modern History*, **XLVIII**, 2, June 1976, 195–214. (b)
Parry, J. H., *The Establishment of the European Hegemony: 1415–1715*. New York: Harper & Row (Torchbooks), 1961.
Parry, J. H., "Transport and Trade Routes," in E. E. Rich & C. H. Wilson, eds., *Cambridge Economic History of Europe*. **IV**: *The Economy of Expanding Europe in the Sixteenth and Seventeenth Centuries*. Cambridge: University Press, 1967, 155–219.
Patterson, R., "Spinning and Weaving," in C. Singer *et al.*, *A History of Technology*. **III**: *From the Renaissance to the Industrial Revolution, c1500–c1700*. Oxford: Clarendon Press, 1957, 151–180.
Penson, Lillian M., "The West Indies and the Spanish American Trade, 1713–1748," in J. Holland Rose *et al.*, eds., *Cambridge History of the British Empire*, **I**. Cambridge: University Press, 1929, 330–345.
Pentland, H. C., "Population and Labour Growth in Britain in the Eighteenth Century," *Third International Conference of Economic History*, Munich, 1965, **IV**: J. E. C. Eversley, ed., *Demography and History*. Paris & La Haye: Mouton, 1972, 157–189.
Perjés, G., "Army Provisioning, Logistics and Strategy in the Second Half of the 17th Century," *Acta Historica Academiae Scientarum Hungaricae*, **XVI**, 1–2, 1970, 1–52.
Perrot, Jean-Claude, *Genèse d'une ville moderne: Caen au XVIIIe siècle*. Lille: Service de reproduction des thèses, Univ. de Lille III, 2 vol. 1974.
Petersen, E. Ladewig, *The Crisis of the Danish Nobility, 1580–1660*. Odense, Denmark: Odense Univ. Press, 1967.
Petersen, E. Ladewig, "La crise de noblesse danoise entre 1580 et 1660," *Annales E.S.C.*, **XXIII**, 6, nov.–déc. 1968, 1237–1261.
Petersen, E. Ladewig, "The Danish Cattle Trade During the Sixteenth and Seventeenth Centuries," *Scandinavian Economic History Review*, **XVIII**, 1, 1970, 69–85.
Peterson, Mendel, *The Funnel of Gold*. Boston: Little-Brown, 1975.
Petraccone, Claudia, *Napoli dal 1500 all'800: problemi di storia demografica e sociale*. Napoli: Guida Ed., 1974.
Petrie, Sir Charles, *The Jacobite Movement*, 3rd ed., revised one volume. London: Eyre & Spottiswoode, 1958.

Phelan, John L., "Free Versus Compulsory Labor. Mexico and the Philippines 1540–1648," *Comparative Studies in Society and History,* I, 2, 1959, 189–201.
Phelan, John L., *The Hispanization of the Philippines: Spanish Aims and Filipino Responses, 1565– 1700.* Madison: Univ. of Wisconsin Press, 1967.
Phelan, John L., review of John Lynch, *Spain Under the Habsburgs.* **II:** *Spain and America, 1598–1700* in *Journal of Latin American Studies,* **II,** 2, Nov. 1970, 211–213.
Piel, Jean, *Capitalisme agraire au Pérou.* **I:** *Originalité de la société agraire péruvienne au XIXe siècle.* Paris: Ed. Anthropos, 1975.
Pillorget, René, "Les problèmes monétaires français de 1602 à 1689," *XVIIe siècle,* No. 70–71, 1966, 107–130.
Pillorget, René, *Les mouvements insurrectionnels de Provence entre 1596 et 1715.* Paris: Ed. A. Pedone, 1975.
Pinkham, Lucille, "William of Orange: Prime Mover of the Revolution," in Gerald M. Straka, ed., *The Revolution of 1688: Whig Triumph or Palace Revolution?* Boston: D. C. Heath, 1963, 77–85. (Originally in *William III and the Respectable Revolution,* 1954.)
Pirenne, Henri, *Histoire de Belgique,* Vols. **IV, V.** Bruxelles: Henri Lamertin, Libr.-Ed., 1920.
Pitt, H. G., "The Pacification of Utrecht," in *New Cambridge Modern History,* **VI:** J. S. Bromley, ed., *The Rise of Great Britain and Russia, 1688–1715/25.* Cambridge: University Press, 1970, 446–479.
Piuz, Anne-Marie, "Politique économique à Geneve et doctrine mercantiliste (vers 1690– 1740)," paper delivered at V International Congress of Economic History, Leningrad, 10–14 Aug. 1970. (a)
Piuz, Anne-Marie, "Alimentation populaire et sous-alimentation au XVIIe siècle: Le cas de Genève et sa région," in Jean-Jacques Hémardinquier, réd., *Pour une histoire de l'alimentation.* Paris: Lib. Armand Colin, 1970, 129–145. (Originally in *Revue suisse d'histoire,* 1968.)
Plumb, J. H., *England in the Eighteenth Century (1714–1815),* Vol. 7 of *The Pelican History of England.* London: Penguin, 1950.
Plumb, J. H., "Introduction," to C. R. Boxer, *The Dutch Seaborne Empire, 1600–1800.* New York: Knopf, 1965, xiii–xxvi.
Plumb, J. H., *The First Four Georges.* Glasgow: Fontana Collins, 1966.
Plumb, J. H., *The Origins of Political Stability: England, 1675–1725.* Boston:, Massachusetts: Houghton Mifflin, 1967.
Plumb, J. H., "The Growth of the Electorate in England from 1600 to 1715," *Past and Present,* No. 45, Nov. 1969, 90–116.
Pohl, Hans, "Das Textilgewerbe in Hispanoamerika während der Kolonialzeit," *Vierteljahrschrift für Sozial- und Wirtschaftsgeschichte,* **LVI,** 4, Dez. 1969, 438–477.
Poisson, Jean-Paul, "Introduction à une étude quantitative des effects socio-économiques du système de Law," *Journal de la Société de Statistique de Paris,* 115ᵉ annee, No. 3, 3ᵉ trimestre 1974, 260–280.
Poitrineau, Abel, "L'alimentation populaire en Auvergne au XVIIIe siècle," in Jean-Jacques Hémandinquier, réd., *Pour une histoire de l'alimentation.* Paris: Lib. Armand Colin, 1970, 146–193. (Originally in *Annales E.S.C.,* 1962.)
Polišenský, J. V., "The Thirty Years' War," *Past and Present,* No. 6, Nov. 1954, 31–43.
Polišenský, J. V., "The Thirty Years' War and the Crises and Revolutions of Seventeenth-Century Europe," *Past and Present,* No. 39, Apr. 1968, 34–43.
Polišenský, J. V., *The Thirty Years' War.* Berkeley: Univ. of California Press, 1971.
Polišenský, J. V., *War and Society in Europe, 1618–1648.* Cambridge: Cambridge Univ. Press, 1978.
Poni, Carlo, "All'origine del sistema di fabbrica: tecnologia e organizzazione produttiva dei mulini da seta nell'Italia settentrionale (sec. XVII–XVIII)," *Rivista storica italiana,* **LXXXVIII,** 3, 1976, 444–497.

Ponsot, Pierre, "En Andalousie occidentale: Les fluctuations de la production du blé sous l'Ancien Régime," *Etudes rurales*, No. 34, avr.–juin 1969, 97–112.
Postel-Vinay, Gilles, *La rente foncière dans le capitalisme agricole*. Paris: Maspéro, 1974.
Price, Derek J., "The Manufacture of Scientific Instruments from c1500–c1700," in C. Singer, et al., *A History of Technology*. **III:** *From the Renaissance to the Industrial Revolution, c1500–c1700*. Oxford: Clarendon Press, 1957, 620–647.
Price, Jacob M., "The Rise of Glasgow in the Chesapeake Tobacco Trade, 1707–1775," *William and Mary Quarterly*, 3rd ser., **XI**, 2, Apr. 1954, 179–199.
Price, Jacob M., "Multilateralism and/or Bilateralism: The Settlement of British Trade Balances with 'The North', c1700," *Economic History Review*, 2nd ser., **XIV**, 2, 1961, 254–274. (a)
Price, Jacob M., "The Tobacco Adventure to Russia: Enterprise, Politics and Diplomacy in the Quest for a Northern Market for English Colonial Tobacco, 1676–1722," *Transactions of the American Philosophical Society*, n.s., **LI**, 1, Mar. 1961. (b)
Price, Jacob M., "The Economic Growth of the Chesapeake and the European Market, 1697–1775," *Journal of Economic History*, **XXIV**, 4, Dec. 1964, 496–511.
Prickler, Harald, "Das Volumen des westlichen ungarischen Aussenhandels vom 16. Jahrhundert bis 1700," in O. Pickl, her., *Die wirtschaftlichen Auswirkungen der Türkenkriege*, Grazer Forschungen zur Wirtschafts- und Sozialgeschichte, **I**. Graz: 1971, 131–144.
Priestley, Margaret, "Anglo-French Trade and the 'Unfavorable Balance' Controversy, 1600–1685," *Economic History Review*, 2nd ser., **IV**, 1, 1951, 37–52.
Procacci, Giulio, "Italy: Commentary," in Frederick Krantz & Paul M. Hohenberg, eds., *Failed Transitions to Modern Industrial Society: Renaissance Italy and Seventeenth-Century Holland*. Montreal: Interuniversity Centre for European Studies, 1975, 27–28.
Quencez, G., *Vocabularum geographicum*. Bruxelles: Presses Académiques Européennes, 1968.
Rabb, Theodore K., "Puritanism and the Rise of Experimental Science in England," review article, *Cahiers d'histoire mondiale*, **VII**, 1, 1962, 46–67. (a)
Rabb, Theodore K., "The Effects of the Thirty Years' War on the German Economy," *Journal of Modern History*, **XXXIV**, 1, Mar. 1962, 40–51. (b)
Rabb, Theodore K., "Sir Edwin Sandys and the Parliament of 1604," *American Historical Review*, **LXIX**, 3, Apr. 1964, 646–670.
Rabb, Theodore K., "Free Trade and the Gentry in the Parliament of 1604," *Past and Present*, No. 40, 1968, 165–173.
Rabb, Theodore K., *The Struggle for Stability in Early Modern Europe*. London & New York: Oxford Univ. Press, 1975.
Rabe, Hannah, "Aktienkapital und Handelsinvestitionen im Überseehandel des 17. Jahrhunderts," *Vierteljahrschrift fur Sozial- und Wirtschaftsgeschichte*, **XLIX**, 3, 1962, 320–368.
Rachel, Hugo, *Die Handels-, Zoll- und Akzisepolitik Brandenburg–Preussens bis 1713*. Acta Borussica. Die einzelnen gebilte des verwaltung. Handels-, Zoll- und Akzisepolitik, **I**, Berlin: P. Parey, 1911.
Rambert, Gaston, "De 1660 à 1789," in *Histoire du commerce de Marseille*, **IV:** *De 1599 à 1789*, gen. ed., Gaston Rambert. Paris: Lib. Plon, 1954, 193–683.
Rambert, Gaston, "Préface" to Robert Paris, *Histoire du commerce de Marseille*, **V:** *De 1660 à 1789, Le Levant*. Paris: Lib. Plon, 1957, i–vi.
Rambert, Gaston, "La France et la politique de l'Espagne au XVIIIe siècle," *Revue d'histoire moderne et contemporaine*, **VI**, oct.–déc. 1959, 269–288.
Rapp, Richard Tilden, "The Unmaking of the Mediterranean Trade Hegemony: International Trade Rivalry and the Commercial Revolution," *Journal of Economic History*, **XXXV**, 3, Sept. 1975, 499–525.
Rapp, Richard Tilden, *Industry and Economic Decline in Seventeenth-Century Venice*. Cambridge, Massachusetts: Harvard Univ. Press, 1976.

Raychaudhuri, Tapan, *Jan Company in Coromandel, 1605–1690. A Study in the Interrelations of European Commerce and Traditional Economics,* Verhandelingen van het Koninglijk Instituut voor Taal-, Land- en Volkenkunde, Vol. 38. 's-Gravenhage: Martinus Nijhoff, 1962.

Reddaway, W. F., "The Scandinavian North," in A. W. Ward *et al.,* eds., *Cambridge Modern History,* **IV:** *The Thirty Years' War.* Cambridge: University Press, 1906, 560–591.

Redlich, Fritz, "Entrepreneurship in the Initial Stages of Industrialization," *Weltwirtschaftliches Archiv,* **LXXV,** 1955, 59–106.

Redlich, Fritz, "Contributions in the Thirty Years' War," *Economic History Review,* 2nd ser., **XII,** 2, 1959, 247–254.

Reed, Clyde G., "Transactions Costs and Differential Growth in Seventeenth-Century Western Europe," *Journal of Economic History,* **XXXIII,** 1, Mar. 1973, 177–190.

Rees, J. F., "The Phases of British Commercial Policy in the Eighteenth Century," *Economica,* **V,** No. 14, June 1925, 130–150.

Rees, J. F., "Mercantilism and the Colonies," in J. Holland Rose *et al., Cambridge History of the British Empire,* **I,** Cambridge: University Press, 1929, 561–602.

Reinhard, Marcel R. & Armengaud, Armand, *Histoire générale de la population mondiale.* Paris: Ed. Montchrestien, 1961.

Renier, G. J., *The Dutch Nation: An Historical Study.* London: Geo. Allen & Unwin, 1944.

Revah, I. S., "Les marranes," *Revue des études juives,* 3ᵉ ser., **I** (CXVIII), 1959–1960, 29–77.

Rich, E. E., "The First Earl of Shaftsbury's Colonial Policy," *Transactions of the Royal Historical Society,* 5th ser., **VII,** 1957, 47–70.

Rich, E. E., "Europe and North America," in *New Cambridge Modern History,* **V:** F. L. Carsten, ed., *The Ascendancy of France, 1648–88.* Cambridge: University Press, 1961, 330–368.

Rich, E. E., *Montreal and the Fur Trade.* Montreal: McGill Univ. Press, 1966.

Rich, E. E., "Colonial Settlement and Its Labour Problems," in E. E. Rich & C. H. Wilson, eds., *The Cambridge Economic History of Europe.* **IV:** *The Economy of Expanding Europe in the Sixteenth and Seventeenth Centuries.* Cambridge: University Press, 1967, 308–373.

Richet, Denis, "Croissance et blocages en France du XVe au XVIIIe siècle," *Annales E.S.C.,* **XXIII,** 4, juil.–août 1968, 759–787.

Richet, Denis, "Economic Growth and its Setbacks in France from the Fifteenth to the Eighteenth Century," in Marc Ferro, ed., *Social Historians in Contemporary France.* New York: Harper & Row, 1972, 180–211. (Translated from *Annales E.S.C.,* 1968.)

Richmond, Vice-Admiral Sir H., *National Policy and Naval Strength and Other Essays.* London: Longmans, Green & Co., 1928.

Riemersma, Jelle C., "Government Influence on Company Organization in Holland and England (1550–1650)," *Journal of Economic History,* Supplement X, 1950, 31–39.

Riley, P. W. J., "The Union of 1707 as an Episode in English Politics," *English Historical Review,* **LXXXIV,** No. 332, July 1969, 498–527.

Ringrose, D. R., "European Economic Growth: Comments on the North-Thomas Theory," *Economic History Review,* 2nd ser., **XXVI,** 2, May 1973, 285–292.

Robert, Daniel, "Louis XIV et les protestants," *XVIIe siècle,* No. 76–77, 1967, 39–52.

Roberts, Michael, *Gustavus Adolphus,* 2 vol. London: Longmans, Green, & Co., 1953, 1958.

Roberts, Michael, "Cromwell and the Baltic," *English Historical Review,* **LXXVI,** No. 300, July 1961, 402–446.

Roberts, Michael, "Queen Christina and the General Crisis of the Seventeenth Century," *Past and Present,* No. 22, July 1962, 36–59.

Roberts, Michael, "Charles XI," in *Essays in Swedish History.* London: Weidenfeld & Nicolson, 1967, 226–268. (Originally in *History,* 1965.)

Roberts, Michael, "Sweden and the Baltic, 1611–54," in *New Cambridge Modern History,* **IV:** J. P. Cooper, ed., *The Decline of Spain and the Thirty Years' War, 1609–49/59.* Cambridge: University Press, 1970, 385–410.

Roberts, Michael, "Introduction," in M. Roberts, ed., *Sweden's Age of Greatness, 1632-1718*. New York: St. Martin's Press, 1973, 1-19. (a)
Roberts, Michael, "The Swedish Church," in M. Roberts, ed., *Sweden's Age of Greatness, 1632-1718*. New York: St. Martin's Press, 1973, 132-173. (b)
Roebuck, P., "Absentee Landownership in the Late Seventeenth and Early Eighteenth Centuries: A Neglected Factor in English Agrarian History," *Agricultural History Review*, **XXI**, 1, 1973, 1-17.
Roehl, Richard, "French Industrialization: A Reconsideration," *Explorations in Economic History*, **XIII**, 3, July 1976, 233-281.
Roessingh, H. K., "Inland Tobacco: Expansion and Contraction of a Cash Crop in the 17th and 18th Centuries in the Netherlands," *A.A.G. Bijdragen*, No. 20, 1976, 498-503.
Romano, Ruggiero, "Documenti e prime considerazioni intorno alla 'Balance du commerce' della Francia dal 1716 al 1780," *Studi in onore di Armando Sapori*, **II**, Milano: Istituto Edit. Cisalpino, 1957, 1265-1300.
Romano, Ruggiero, "Une économie coloniale: le Chili au XVIIIe siècle," *Annales E.S.C.*, **XV**, 2, mars-avr. 1960, 259-285.
Romano, Ruggiero, "Tra XVI e XVII secolo, una crisi economica: 1619-1622," *Rivista storica italiana*, **LXXIV**, 3, 1962, 480-531.
Romano, Ruggiero, "L'Italia nella crisi del secolo XVII," *Studi storici*, **IX**, 3-4, lugl.-dic. 1968, 723-741.
Romano, Ruggiero, "Sens et limites de l'industrie' minière en Amérique espagnole du XVIe au XVIIIe siècle," *Journal de la Société des Américanistes*, **LIX**, 1970, 129-143.
Romano, Ruggiero, "L'Italia nella crisi del secolo XVII," in *Tra due crisi: L'Italia del Rinascimento*. Torino: Piccola Bibl. Einaudi, 1971, 186-206. (Originally in *Studi storici*, 1968.)
Romano, Ruggiero, "Italy in the Crisis of the Seventeenth Century," in Peter Earle, ed., *Essays in European Economic History 1500-1800*. Oxford: Clarendon Press, 1974, 185-198. (Translated from *Studi storici*, 1968.)
Romero de Solís, Pedro, *La población española en los siglos XVIII y XIX*. Madrid: Siglo XXI de España, 1973.
Roorda, D. J., "The Ruling Classes in Holland in the Seventeenth Century," in J. S. Bromley & E. H. Kossman, eds., *Britain and the Netherlands*, **II**. Groningen: J. B. Wolters, 1964, 109-132.
Roorda, D. J., "Party and Faction," *Acta Historiae Neerlandica*, **II**, 1967, 188-221.
Roos, Hans-Edvard, "Origin of Swedish Capitalism," *Economy and History*, **XIX**, 1, 1976, 49-65.
Rosén, Jerker, "Scandinavia and the Baltic," in *New Cambridge Modern History*. **V**: F. L. Carsten, ed., *The Ascendancy of France, 1648-88*. Cambridge: University Press, 1961, 519-42.
Rosenberg, Hans, *Bureaucracy, Aristocracy and Autocracy: The Prussian Experience, 1660-1815*. Cambridge, Massachusetts: Harvard Univ. Press, 1958.
Roseveare, Henry, *The Treasury: The Evolution of a British Institition*. New York: Columbia Univ. Press, 1969.
Roseveare, Henry, "Government Financial Policy and the Market in Late Seventeenth-Century England," Ottava VIII. Settimana di Studio, Istituto Internazionale di Storia Economica "Francesco Datini", Prato, 8 magg. 1976.
Rostworowski, Emanuel, "The Crisis of Sovereignty (1697-1763)," in A. Gieysztor *et al.*, *History of Poland*. Warszawa: PWN, 1968, 313-337.
Rowen, Herbert H., "The Revolution That Wasn't: The *Coup d'Etat* of 1650 in Holland," *European Studies Review*, **IV**, 2, Oct. 1974, 99-117.
Rubini, Dennis, "Politics and the Battle for the Banks, 1688-1697," *English Historical Review*, **LXXXV**, No. 337, Oct. 1970, 693-714.
Ruiz Martín, Felipe, "La banca en España hasta 1782," in F. Ruiz Martín *et al.*, *El banco de España: Una historia económica*. Madrid: Banco de España, 1970, 1-196.

Rule, John C., "Louis XIV, Roi-Bureaucrate," in John C. Rule, ed., *Louis XIV and the Craft of Kingship*. Columbus: Ohio State Univ. Press, 1969, 3–101.
Rusche, G. and Otto Kirchheimer, *Punishment and Social Structure*. New York: Columbia Univ. Press, 1939.
Rusiński, Władysław, "Hauptprobleme der Fronwirtschaft im 16. bis 18. Jhd. in Polen und den Nachbarländern," in *First International Conference of Economic History*, Stockholm, August 1960. *Contributions*. Paris & La Haye: Mouton, 1960, 415–423.
Rusiński, Władysław, "Strukturwandlungen der bäuerlichen Bevölkerung Polens im 16.–18. Jahrhundert," *Studia Historiae Oeconomicae*, **VII**, 1972, 99–119.
Rusiński, Władysław, "Über die Entwicklungsetappen der Fronwirtschaft in Mittel- und Osteuropa," *Studia Historiae Oeconomicae*, **IX**, 1974, 27–45.
Rutkowski, Jan, "Le régime agraire en Pologne au XVIIIe siècle," *Revue d'histoire économique et social*, **XIV**, 4, 1926, 473–505; **XV**, 1, 1927, 66–103. (a)
Rutkowski, Jan, *Histoire économique de la Pologne avant les partages*. Paris: H. Champion, 1927. (b)
Ruwet, Joseph, "Prix, production et bénéfices agricoles. Le pays de Liège au XVIII siècle," *Cahiers d'histoire des prix*, **II**, 1957, 69–108.
Saalfeld, Diedrich, *Bauernwirtschaft und Gutsbetrieb in der vorindustriellen Zeit*. Stuttgart: Gustav Fischer Verlag, 1960.
Sagnac, Philippe, "Le crédit de l'Etat et les banquiers à la fin du XVIIe et au commencement du XVIIIe siècle," *Revue d'histoire moderne et contemporaine*, **X**, No. 4–5, juin–juil. 1908, 257–272.
Salaman, Redcliffe N., *The History and Social Influence of the Potato*. Cambridge: University Press, 1949.
Salin, Edgar, "European Entrepreneurship," *Economic History Review*, 2nd ser., **XII**, 4, Fall 1952, 366–377.
Salmon, J. H. M., "Venality of Office and Popular Sedition in Seventeenth-Century France," *Past and Present*, No. 37, July 1967, 21–43.
Samuelsson, Kurt, *From Great Power to Welfare State*. London: Geo. Allen & Unwin, 1968.
Sandberg, Lars S., "Monetary Policy and Politics in Mid-Eighteenth Century Sweden: A Comment," *Journal of Economic History*, **XXX**, 3, Sept. 1970, 653–654.
Sayous, André-E., "L'affaire de Law et les Génevois," *Zeitschrift für schweizerische Geschichte*, **XVII**, 3, 1937, 310–340.
Scammell, G. V., "Shipowning in the Economy and Politics of Early Modern England," *Historical Journal*, **XV**, 3, 1972, 385–407.
Scelle, Georges, "The Slave-Trade in the Spanish Colonies of America: the Assiento," *American Journal of International Law*, **IV**, 3, July 1910, 612–661.
Schmoller, Gustav, *The Mercantile System and its Historical Significance*. New York: MacMillan, 1897. (Reprinted Augustus M. Kelley Publ., 1967).
Schöffer, Ivo, "Did Holland's Golden Age Coincide With a Period of Crisis?" *Acta Historiae Neerlandica*, **I**, 1966, 82–107.
Schöffer, Ivo, *A Short History of the Netherlands*. 2nd rev. ed. Amsterdam: Allert de Lange bv, 1973.
Schumpeter, Joseph A., *Capitalism, Socialism, and Democracy*. London: Geo. Allen & Unwin, 1943.
Schwartz, Stuart B., "The Mocambo: Slave Resistance in Colonial Bahia," *Journal of Social History*, **III**, 4, Summer 1970, 313–333.
Schwartz, Stuart B., "Free Labor in a Slave Economy: The *Lavradores de Cana* of Colonial Bahia," in Dauril Alden, ed., *Colonial Roots of Modern Brazil*. Berkeley: Univ. of California Press, 1973, 147–197.
Schwartz, Stuart B., "The Manumission of Slaves in Colonial Brazil: Bahia, 1684–1745," *Hispanic American Historical Review*, **LVII**, 4, Nov. 1974, 603–635.

Scoville, Warren C., "The Huguenots and the Diffusion of Technology," *Journal of Political Economy*, **LX**, 4, Aug. 1952, 294–311; **LX**, 5, Oct. 1952, 392–411.
Scoville, Warren C., *The Persecution of Huguenots and French Economic Development, 1680–1720*. Berkeley: Univ. of California Press, 1960.
Sée, Henri, "Remarques sur le caractère de l'industrie rurale en France et les causes de son extension au XVIIIe siècle," *Revue historique*, **CXLII**, 1, janv.–févr. 1923, 47–53.
Seeley, J. A., *The Expansion of England*, ed. by John Gross. Chicago, Illinois: Univ. of Chicago Press, 1971. (Originally published in 1883.)
Sella, Domenico, "The Rise and Fall of the Venetian Woollen Industry," in Brian Pullan, ed., *Crisis and Change in the Venetian Economy in the Sixteenth and Seventeenth Centuries*. London: Methuen, 1968, 106–126.
Sella, Domenico, "Industrial Production in Seventeenth-Century Italy: A Reappraisal," *Explorations in Entrepreneurial History*, **VI**, 3, Spring–Summer 1969, 235–253.
Sella, Domenico, "European Industries, 1500–1700," in C. M. Cipolla, ed., *The Sixteenth and Seventeenth Centuries*, **II**, Glasgow: Collins, 1974, 354–412.
Sella, Domenico, "The Two Faces of the Lombard Economy in the Seventeenth Century," in Frederick Krantz & Paul M. Hohenberg, eds., *Failed Transitions to Modern Industrial Society: Renaissance Italy and Seventeenth-Century Holland*. Montreal: Interuniversity Centre for European Studies, 1975, 11–15.
Semo, Enrique, *Historia del capitalismo en México: Los orígenes/1521–1763*. Mexico City: Ed. Era, 1973.
Sereni, Emilio, *Storia del paesaggio agrario italiano*. Bari, Italy: Laterza, 1961.
Sheridan, Richard B., "The Molasses Act and the Market Strategy of the British Sugar Planters," *Journal of Economic History*, **XVII**, 1, 1957, 62–83.
Sheridan, Richard B., "The Wealth of Jamaica in the Eighteenth Century," *Economic History Review*, 2nd ser., **XVIII**, 2, Aug. 1965, 292–311.
Sheridan, Richard B., "The Wealth of Jamaica in the Eighteenth Century: A Rejoinder," *Economic History Review*, 2nd ser., **XXI**, 1, Apr. 1968, 46–61.
Sheridan, Richard B., "The Plantation Revolution and the Industrial Revolution, 1625–1775," *Caribbean Studies*, **IX**, 3, Oct. 1969, 5–25.
Sideri, S., *Trade and Power: Informal Colonialism in Anglo-Portuguese Relations*. Rotterdam: Rotterdam Univ. Press, 1970.
Silbert, Albert, "Un carrefour de l'Atlantique: Madère (1640–1820)," *Economias e Finanças*, ser. 2, **XXII**, 1954, 389–443.
Simiand, François, *Les fluctuations économiques à longue période et la crise mondiale*. Paris: Lib. Felix Alcan, 1932. (a)
Simiand, François, *Recherches anciennes et nouvelles sur le mouvement général des prix du 16e au 19e siècle*. Paris: Ed. Domat-Montchrestien, 1932. (b)
Simpson, Leslie Boyd, "Mexico's Forgotten Century," *Pacific Historical Review*, **XXII**, 2, May 1953, 113–121.
Singh, O. P., *Surat and its Trade in the Second Half of the 17th Century*. Delhi: Univ. of Delhi, 1977.
Skazkine, S., "Sur la genèse du capitalisme dans l'agriculture de l'Europe occidentale," *Recherches internationales à la lumière du marxisme*. No. 37, *Le féodalisme*, mai–juin 1963, 191–202.
Slicher van Bath, B. H., "Agriculture in the Low Countries (ca. 1600–1800)", *X Congresso Internazionale di Scienze Storiche*, Roma, 4–11 settembre 1955. *Relazioni*, **IV**: *Storia Moderna*. Firenze: G. C. Sansoni-Ed., 1955, 169–203.
Slicher van Bath, B. H., "The Rise of Intensive Husbandry in the Low Countries," in J. S. Bromley & E. H. Kossman, eds., *Britain and the Netherlands*. London: Chatto & Windus, 1960, 130–153.
Slicher van Bath, B. H., *The Agrarian History of Western Europe, A.D. 500–1850*. London: Edw. Arnold, 1963. (a)
Slicher van Bath, B. H., "Yield Ratios, 810–1820," *A.A.G. Bijdragen*, No. 10, 1963. (b)

Slicher van Bath, B. H., "Les problèmes fondamentaux de la société préindustrielle en Europe occidentale: Une orientation et un programme," *A.A.G. Bijdragen*, No. 12, 1965, 3–46. (a)
Slicher van Bath, B. H., "Die europäischen Agrarverhältnisse im 17. und der ersten Hälfte des 18. Jahrhunderts," *A.A.G. Bijdragen*, No. 13, 1965, 134–148. (b)
Slicher van Bath, B. H., "Eighteenth-Century Agriculture on the Continent of Europe: Evolution or Revolution?" *Agricultural History*, **XLIII**, 1, Jan. 1969, 169–179.
Slicher van Bath, B. H., "Agriculture in the Vital Revolution," in *Cambridge Economic History of Europe*, **V**: E. E. Rich & C. H. Wilson, eds., *The Economic Organization of Early Modern Europe*. Cambridge: University Press, 1977, 42–132.
Sluiter, Engel, "Dutch-Spanish Rivalry in the Caribbean Area, 1594–1609," *Hispanic American Historical Review*, **XXVIII**, 2, May 1948, 165–196.
Smelser, Neil J., *Social Change in the Industrial Revolution*. London: Routledge & Kegan Paul, 1959.
Smit, J. W., "The Netherlands and Europe in the Seventeenth and Eighteenth Centuries," in J. S. Bromley & E. H. Kossmann, eds., *Britain and the Netherlands in Europe and Asia*. London: Macmillan, 1968, 13–36.
Smit, J. W., "Holland: Commentary," in Frederick Krantz & Paul W. Hohenberg, eds., *Failed Transitions to Modern Industrial Society: Renaissance Italy and Seventeenth Century Holland*. Montreal: Interuniversity Centre for European Studies, 1975, 61–63.
Smith, C. T., *An Historical Geography of Western Europe Before 1800*. London: Longmans, 1967.
Smout, T. C., "The Development and Enterprise of Glasgow, 1556–1707," *Scottish Journal of Political Economy*, **VII**, 3, 1960, 194–212.
Smout, T. C., *Scottish Trade on the Eve of the Union, 1660–1707*. Edinburgh: Oliver & Boyd, 1963.
Smout, T. C., "Scottish Landowners and Economic Growth, 1650–1850," *Scottish Journal of Political Economy*, **XI**, 1, Feb. 1964, 218–234. (a)
Smout, T. C., "The Anglo-Scottish Union of 1707. I: The Economic Background," *Economic History Review*, 2nd ser., **XVI**, 3, Apr. 1964, 455–467. (b)
Smout, T. C. & Alexander Fenton, "Scottish Agriculture Before the Improvers—An Exploration," *Agricultural History Review*, **XIII**, 2, 1965, 73–93.
Sombart, Werner, "Hausindustrie," *Handwörterbuch der Staatswissenschaften*, 2nd ed. Jena: Verlag von Gustav Fischer, 1900, **IV**, 1138–1169.
Soom, Arnold, "Der Kampf der baltischen Städte gegen das Fremdkapital im 17. Jahrhundert," *Vierteljahrschrift für Sozial- und Wirtschaftsgeschichte*, **XLIX**, 4, 1962, 433–458.
Spengler, Joseph, J., "Mercantilist and Physiocratic Growth Theory," in Bert F. Hoselitz, ed., *Theories of Economic Growth*. New York: Free Press, 1960, 3–64.
Sperling, J., "The International Payments Mechanism in the Seventeenth and Eighteenth Centuries," *Economic History Review*, 2d ser., **XIV**, 3, 1962, 446–468.
Špiesz, Anton, "Czechoslovakia's Place in the Agrarian Development of Middle and East Europe of Modern Times," *Studia Historica Slovaca*, **VI**, 1969, 7–62.
Spooner, Frank C., *L'économie mondiale et les frappes monétaires en France, 1493–1680*. Paris: Lib. Armand Colin, 1956.
Spooner, Frank C., "The European Economy, 1609–50," *New Cambridge Modern History*. **IV**: J. P. Cooper, ed., *The Decline of Spain and the Thirty Years War, 1609–48/59*. Cambridge: University Press, 1970, 67–103.
Stark, Werner, "Die Abhängigkeitsverhältnisse der gutsherrlichen Bauern Böhmens im 17. und 18. Jahrhundert," *Jahrbucher für Nationalökonomie und Statistik*, **CLXIV**, 4, Juli 1952, 270–92; 5, Sept. 1952, 348–374.
Steensgaard, Niels, "The Economic and Political Crisis of the Seventeenth Century," paper delivered at XIII International Congress of Historical Sciences, Moscow, Aug. 16–23, 1970.
Stefanescu, St., Mioc, D. & Chirca, H., "L'évolution de la rente féodale en travail en Valachie et en Moldavie aux XIVe–XVIIIe siècles," *Revue roumaine d'histoire*, **I**, 1, 1962, 39–60.

Stoianovich, Traian, "Pour un modèle du commerce du Levant: Economie concurrentielle et économie de bazar, 1500-1800," *Bulletin de l'Association Internationale d'Etudes du Sud-Est Européen,* **XII,** 2, 1974, 61-120.
Stols, E., "The Southern Netherlands and the Foundation of the Dutch East and West India Companies," *Acta Historiae Neerlandica,* **IX,** 1976, 30-47
Stone, Lawrence, "Social Mobility in England, 1500-1700," *Past and Present,* No. 33, Apr. 1966, 16-55.
Stone, Lawrence, "Literacy & Education in England, 1640-1900," *Past and Present,* No. 42, Feb. 1969, 69-139.
Stone, Lawrence, *The Causes of the English Revolution, 1529-1642.* London: Routledge & Kegan Paul, 1972.
Stork-Penning, J. G., "The Ordeal of the States—Some Remarks on Dutch Politics During the War of the Spanish Succession," *Acta Historiae Neelandica,* **II,** 1967, 107-141.
Stoye, J. W., "The Austrian Habsburgs," in *New Cambridge Modern History,* **VI:** J. S. Bromley, ed., *The Rise of Great Britain and Russia, 1688-1725.* Cambridge: University Press, 1970, 572-607. (a)
Stoye, J. W., "Armies and Navies. 2. Soldiers and Civilians," in *New Cambridge Modern History,* **VI:** J. S. Bromley, ed., *The Rise of Great Britain and Russia, 1688-1725.* Cambridge: University Press, 1970, 762-790. (b)
Stradling, R. A., "Seventeenth Century Spain: Decline or Survival?," *European Studies Review,* **IX,** 2, Apr. 1979, 157-194.
Strong, Frank, "The Causes of Cromwell's West Indian Expedition," *American Historical Review,* **IV,** 2, Jan. 1899, 228-245.
Supple, Barry E., "Thoman Mun and the Commercial Crisis, 1623," *Bulletin of the Institute of Historical Research,* **XXVII,** No. 75, May 1954, 91-94.
Supple, Barry E., "Currency and Commerce in the Early Seventeenth Century," *Economic History Review,* 2nd ser., **X,** 2, 1957, 239-255.
Supple, Barry E., *Commercial Crisis and Change in England 1600-42.* Cambridge: University Press, 1959.
Supple, Barry E., "The State and the Industrial Revolution," in C. M. Cipolla, ed., *The Fontana Economic History of Europe,* **III.** *The Industrial Revolution.* Glasgow: Collins, 1973, 301-357.
Supple, Barry E., "The Nature of Enterprise," in *Cambridge Economic History of Europe,* **V:** E. E. Rich & C. H. Wilson, eds., *The Economic Organization of Early Modern Europe.* Cambridge: University Press, 1977, 394-461.
Sutherland, Lucy S., *The East India Company in Eighteenth Century Politics.* Oxford: Clarendon Press, 1952.
Sutherland, Lucy S. "The City of London in Eighteenth-Century Politics," in Richard Pares & A. J. P. Taylor, eds., *Essays Presented to Sir Lewis Namier.* London: Macmillan, 1956, 49-74.
Swart, K. W., "Holland's Bourgeoisie and the Retarded Industrialization of the Netherlands," in Frederick Krantz & Paul M. Hohenberg, eds., *Failed Transitions to Modern Industrial Society: Renaissance Italy and Seventeenth Century Holland.* Montreal: Interuniversity Centre for European Studies, 1975, 44-48.
Sweezy, Paul, "Karl Marx and the Industrial Revolution," in *Modern Capitalism and Other Essays.* New York: Monthly Review Press, 1972, 127-146. (a) (Originally in Robert V. Eagly, ed., *Events, Ideology and Economic Theory,* 1968.)
Sweezy, Paul, "Marx and the Proletariat," in *Modern Capitalism and Other Essays.* New York: Monthly Review Press, 1972, 147-165. (b) (Originally in *Monthly Review,* 1967.)
Symcox, Geoffrey, *The Crisis of the French Sea Power 1688-1697. From the Guerre d'Escadre to the Guerre de Course.* The Hague: Martinus Nijhoff, 1974.
Szczygielski, Wojciech, "Le rendement de la production agricole en Pologne du XVIe au XVIIe siècle sur le fond européen," *Ergon,* **V,** supplement to *Kwartalnik historii kultury materialnej,* **XIV,** 4, 1966, 745-803.

Szczygielski, Wojciech, "Die ökonomische Aktivität des polnischen Adels im 16.–18. Jahrhundert," *Studia Historiae Economicae,* **II,** 1967, 83–101.
Takahashi, H. K., "The Transition from Feudalism to Capitalism; A Contribution to the Sweezy-Dobb Controversy," *Science and Society,* **XVI,** 4, Fall 1952, 313–345.
Tapié, Victor-Lucien, "Les officiers seigneuriaux dans la société française du XVIIe siècle," *XVIIe siècle,* Nos. 42–43, 1er trimestre 1959, 118–140.
Tapié, Victor-Lucien, "Quelques aspects généraux de la politique étrangère de Louis XIV," *XVIIe siècle,* Nos. 46–47, 1er–2e trimestres 1960, 1–28.
Tapié, Victor-Lucien, *The Rise and Fall of the Habsburg Monarchy.* New York: Praeger, 1971.
Tawney, R. H., "A History of Capitalism", review of M. H. Dobb, *Studies in the Development of Capitalism, in Economic History Review,* 2nd ser., **II,** 3, 1950, 307–316.
Taylor, A. J. P., *The Course of German History.* New York: Coward-McCann, 1946.
Taylor, George V., "Types of Capitalism in Eighteenth–Century France," *English Historical Review,* **LXXIX,** No. 312, July 1964, 478–497.
Taylor, Harland, "Trade, Neutrality and the 'English Road', 1630–1648," *Economic History Review,* 2nd ser., **XXV,** 2, May 1972, 236–260.
Tazbir, Janusz, "Recherches sur la conscience nationale en Pologne au XVIe siècle," *Acta Poloniae Historica,* No. 14, 1966, 5–22.
Tazbir, Janusz, "The Commonwealth at the Turning Point (1586–1648)," in A. Gieysztor *et al., History of Poland.* Warszawa: PWN, 1968, 208–241. (a)
Tazbir, Janusz, "The Commonwealth in the Years of Crisis (1648–1696)," in A. Gieysztor *et al., History of Poland.* Warszawa: PWN, 1968, 242–312. (b)
Temperley, Harold W. V., "The Age of Walpole and the Pelhams," *Cambridge Modern History.* **VI:** *The Eighteenth Century.* Cambridge: University Press, 1909, 40–89. (a)
Temperley, Harold W. V., "The Causes of the War of Jenkins' Ear, 1739," *Transactions of the Royal Historical Society,* 3rd ser., **III,** 1909, 197–236. (b) (Reprinted in Ian R. Christie, ed., *Essays in Modern History,* 1968.)
Temperley, Harold W. V., "Foreword" to Jean O. McLachlan, *Trade and Peace with Old Spain, 1667–1750.* Cambridge: University Press, 1940, ix–xi.
Teuteberg, H. J., "The General Relationship between Diet and Industrialization," in Elborg & Robert Forster, eds., *European Diet from Pre-Industrial to Modern Times.* New York: Harper & Row (Torchbooks), 1975, 61–109.
Thirsk, Joan, "The Restoration Land Settlement," *Journal of Modern History,* **XXVI,** 4, Dec. 1954, 315–328.
Thirsk, Joan, "Industries in the Countryside," in F. J. Fisher, ed., *Essays in the Economic and Social History of Tudor and Stuart England.* Cambridge: University Press, 1961, 70–88.
Thirsk, Joan, "Seventeenth-Century Agriculture and Social Change," *Agricultural History Review,* **XVIII,** 1970, Supplement: Joan Thirsk, ed., *Land, Church and People,* 148–177.
Thirsk, Joan, "New Crops and Their Diffusion: Tobacco-growing in Seventeenth-century England," in C. W. Chalklin & M. A. Havinden, eds., *Rural Change and Urban Growth. 1500–1800.* London: Longmans, 1974, 76–103.
Thirsk, Joan, *The Restoration.* London: Longmans, 1976.
Thomas, P. J., *Mercantilism and the East India Trade.* London: Frank Cass, 1963.
Thomas, Robert Paul, "The Sugar Colonies of the Old Empire: Profit or Loss for Great Britain?," *Economic History Review,* 2nd ser., **XXI,** 1, Apr. 1968, 30–45.
Thompson, E. P., "Time, Work-Discipline and Industrial Capitalism," *Past and Present,* No. 38, Dec. 1967, 56–97.
Thompson, E. P., *Whigs and Hunters: The Origin of the Black Act.* New York: Pantheon, 1975.
Thompson, F. M. L., "The Social Distribution of Landed Property since the Sixteenth Century," *Economic History Review,* 2nd ser., **XIX,** 3, Dec. 1966, 505–517.
Thomson, Mark A., "The War of the Austrian Succession," in *New Cambridge Modern History,*

VII: J. O. Lindsay, ed., *The Old Regime, 1713-1763.* Cambridge: University Press, 1966, 416-439.
Tilly, Charles, "Reflections on the History of European State-Making," in Charles Tilly, ed., *The Formation of National States in Western Europe.* Princeton, New Jersey: Princeton Univ. Press, 1975, 3-83.
Tomkiewicz, Władysław, "Varsovie au XVIIe siècle," *Acta Poloniae Historica,* No. 15, 1967, 39-64.
Tonnesson, Kàre D., "Les pays scandinaves," in *L'abolition de la "féodalité" dans le monde occidental.* Colloques internationaux du C.N.R.S., Toulouse 12-16 nov. 1968. Paris: Ed. du C.N.R.S., **I,** 1971, 303-313 (plus Discussion, **II,** 719-721).
Topolska, Maria Barbara, "Peculiarities of the Economic Structure of Eastern White Russia in the Sixteenth-Eighteenth Centuries," *Studia Historiae Oeconomicae,* **VI,** 1971, 37-49.
Topolski, Jerzy, "Les tendances de l'évolution agraire de l'Europe Centrale et Orientale aux XVIe-XVIIIe siècles," *Rivista di storia dell'agricoltura,* **VII,** 2, giug. 1967, 107-119.
Topolski, Jerzy, "L'économie rurale dans les biens de l'archévêché de Gniezno depuis le 16e jusqu'au 18e siècle," *Recherches internationales à la lumière du marxisme,* No. 63-64, 2e et 3e trimestre, 1970, 86-98.
Topolski, Jerzy, "La reféodalisation dans l'économie des grands domaines en Europe centrale et orientale (XVIe-XVIIIe ss.)," *Studia Historiae Oeconomicae,* **VI,** 1971, 51-63.
Topolski, Jerzy, "Economic Decline in Poland from the Sixteenth to the Eighteenth Centuries," in Peter M. Earle, ed., *Essays in European Economic History, 1500-1800.* Oxford: Clarendon Press, 1974, 127-142. (a) (Translated from *Acta Poloniae Historica,* 1962.)
Topolski, Jerzy, "The Manorial Serf Economy in Central and Eastern Europe in the 16th and 17th Centuries," *Agricultural History,* **XLVIII,** 3, July 1974, 341-352. (b)
Topolski, Jerzy, "Commerce des denrées agricoles et croissance économique de la zone baltique aux XVIe et XVIIe siècles," *Annales E.S.C.,* **XXIX,** 2, mars-avr. 1974, 425-436. (c)
Torr, Dona, "The English Revolution, I," *Labour Monthly,* **XXIII,** 2, Feb. 1941, 90-92.
Tremel, Ferdinand, "Die österreichische Wirtschaft zwischen 1620 und 1740," *Österreich in Geschichte und Literatur,* 1961, **V,** 166-181.
Treue, Wilhelm, "Wirtschafts- und Sozialgeschichte vom 16. bis zum 18. Jahrhundert," in Bruno Gebhardt, her., *Handbuch der deutschen Geschichte.* **II:** *Von der Reformation bis zum Ende des Absolutismus,* 8th rev. ed. Stuttgart: Union Verlag, 1955, 366-436.
Treue, Wilhelm, "Das Verhaltnis von Fürst, Staat und Unternehmer in der Zeit des Merkantilismus," *Vieteljahrschrift für Sozial- und Wirtschaftsgeschichte,* **XLIV,** 1, 1957, 26-56.
Treue, Wilhelm, *Wirtschaft, Gesellschaft und Technik in Deutschland von 16. bis zum 18. Jahrhundert.* München: Deutscher Taschenbuch Verlag, 1974.
Trevelyan, George Macauley, "The Revolution as a Movement for Democratic Unification," in Gerald M. Straka, ed., *The Revolution of 1688: Whig Triumph or Palace Revolution?* Boston: D. C. Heath, 1963, 43-49. (Originally in *The English Revolution, 1688-1689,* 1938.)
Trevor-Roper, Hugh R., "The General Crisis of the 17th Century," *Past and Present,* No. 16, Nov. 1959, 31-66.
Trevor-Roper, Hugh R., "Scotland and the Puritan Revolution," in H. E. Bell & R. L. Ollard, eds., *Historical Essays 1600-1750 presented to David Ogg.* London: Adam & Charles Black, 1964, 78-130.
Trevor-Roper, Hugh R., "The Union of Britain in the 17th Century," in *Homenaje a Jaime Vicens Vives.* Barcelona: Facultad de Filosofía y Letras, 1967, **II,** 703-715.
Tucker, G. S. L., "English Pre-Industrial Population Trends," *Economic History Review,* 2nd ser., **XVI,** 2, Dec. 1963, 205-218.
Unger, Richard W., *Dutch Shipbuilding Before 1800.* Assen/Amsterdam: Van Gorcum, 1978.
Unger, W. S., "Trade Through the Sound in the Seventeenth and Eighteenth Centuries," *Economic History Review,* 2nd ser., **XII,** 2, Dec. 1959, 206-221.
Unwin, George, *Industrial Organization in the Sixteenth and Seventeenth Centuries.* Oxford: Clarendon Press, 1904.

Usher, Abbott Payson, *The History of the Grain Trade in France, 1400–1710*. Harvard Economic Studies, Vol. **IX**. Cambridge, Massachusetts: Harvard Univ. Press, 1913.

Usher, Abbott Payson, "The Growth of English Shipping, 1572–1922," *Quarterly Journal of Economics*, **XLII**, 3, May 1928, 465–478.

Usher, Abbott Payson, "Machines and Mechanisms," in C. Singer *et al.*, *A History of Technology*. **III**: *From the Renaissance to the Industrial Revolution, c1500–c1700*. Oxford: Clarendon Press, 1959, 324–346.

Utterström, Gustav, "An Outline of Some Population Changes in Sweden ca. 1660–1750 and a Discussion of Some Current Issues," in D. V. Glass & D. E. C. Eversley, eds., *Population in History*. London: Edw. Arnold, 1965, 536–548.

Vandenbroeke, Chr., "Cultivation and Consumption of the Potato in the 17th and 18th Century," *Acta Historiae Neerlandica*, **V**, 1971, 15–39.

Van der Wee, H., "Introduction—The Agricultural Development of the Low Countries as Revealed by the Tithe and Rent Statistics, 1250–1800," in H. van der Wee & E. van Cauwenberghe, eds., *Productivity of Land and Agricultural Innovation in the Low Countries (1250–1800)*. Leuven: Leuven Univ. Press, 1978, 1–23.

Van der Woude, A. M., "Discussion," in *Third International Conference of Economic History*, Munich, 1965, **IV**: J. E. C. Eversley, ed., *Demography and History*. Paris & La Haye: Mouton, 1972, 232–234.

Van der Woude, A. M., "The A. A. G. Bijdragen and the Study of Dutch Rural History," *Journal of European Economic History*, **IV**, 1, Spring 1975, 215–241.

Van der Woude, A. M. & Mentink, G. J., "La population de Rotterdam au XVIIe et au XVIIIe siècle," *Population*, **XXI**, 6, Nov.–Dec. 1966, 1165–1190.

Van Dijk, H. & Roorda, D. J., "Social Mobility under the Regents of the Republic," *Acta Historiae Neerlandica*, **IX**, 1976, 76–102.

Van Dillen, J. G., "Stukken betreffende den Amsterdamschen graanhandel omstreeks het jaar 1681," *Economisch-Historisch Jaarboek*, **III**, 1917, 70–106.

Van Dillen, J. G., "Eenige stukken aangaande den Amsterdamschen graanhandel in de tweede helfte der zeventiende eeuw," *Economisch-Historisch Jaarboek*, **IX**, 1923, 221–230.

Van Dillen, J. G., "Amsterdam, marché mondial des métaux précieux au XVIIe et au XVIIIe siècle," *Revue historique*, 51e annee, **CLII**, 2, juil.–aôut 1926, 194–201.

Van Dillen, J. G., "Amsterdam's Role in Seventeenth-Century Dutch Politics and its Economic Background," in J. S. Bromley & E. H. Kossman, eds., *Britain and the Netherlands*, **II**. Groningen: J. B. Wolters, 1964, 133–147.

Van Dillen, J. G., "Economic Fluctuations and Trade in the Netherlands, 1650–1750," in Peter Earle, ed., *Essays in European Economic History, 1500–1800*. Oxford: Clarendon Press, 1974. 199–211. (a) (Translated from *Van rijkdom en regenten: handboek tot de economische en sociale geschiedenis van nederland tijdens de republiek,* 1970.)

Van Dillen, J. G., "La banque de changes et les banquiers privés à Amsterdam aux XVIIe et XVIIIe siècles," *Third International Conference of Economic History*. Munich, 1965, Paris: Mouton, **V**, 1974, 177–185. (b)

Van Hoboken, W. J., "The Dutch West India Company: The Political Background of its Rise and Decline," in J. S. Bromley & E. H. Kossman, eds., *Britain and the Netherlands*. London: Chatto & Windus, 1960, 41–61.

Van Houtte, Jean A., "Déclin et survivance d'Anvers (1550–1700)," *Studi in onore di Amintore Fanfani*, V: *Evi moderno e contemporaneo*. Milano: Dott. A. Giuffrè–Ed., 1962, 703–726.

Van Klaveren, Jacob, *General Economic History, 100–1760*. München: Gerhard Kieckens, 1969. (a)

Van Klaveren, Jacob, "Fiscalism, Mercantilism and Corruption," in D. C. Coleman, ed., *Revisions in Mercantilism*. London: Methuen, 1969, 140–161. (b) (Translated from *Vierteljahrschrift für Sozial- und Wirtschaftsgeschichte*, 1960.)

Van Veen, Joh., *Dredge, Drain, Reclaim*. The Hague: Martinus Nijhoff, 1950.

Várkonyi, Ágnes R., "Historical Personality, Crisis and Progress in 17th Century Hungary,"

참고 문헌 497

Etudes historiques, 1970, publiées à l'occasion du VIIIe Congrès International des Sciences Historiques par la Commission National des Historiens Hongrois. Budapest: Akademiai Kiado, 1970, 295-299.
Veenendaal, A. J., "The War of the Spanish Succession in Europe," in *New Cambridge Modern History,* **VI:** J. S. Bromley, ed., *The Rise of Great Britain and Russia, 1688-1715/25.* Cambridge: University Press, 1970, 410-445.
Ventura, Angelo, "Considerazioni sull'agricoltura veneta e sulla accumulazione originaria del capitale nei secoli XVI e XVII," *Studi storici,* **IX,** 3-4, lugl.-dic. 1968, 674-722.
Verlinden, Charles, "Schiavitù ed economia nel mezzogiorno agli inizi dell'età moderna," *Annali del mezziogiorno,* **III,** 1963, 11-38.
Verlinden, Charles, "Amsterdam," in Amintore Fanfani, red., *Città mercanti doctrine nell'economia europea dal IV al XVIII secolo.* Milano: Dott. A. Giuffrè-Ed., 1964, 321-340.
Verlinden, Charles, "Les conditions de l'introduction et de l'abolition du régime feódal dans les deux Amériques," in *L'abolition de la "féodalité" dans le monde occidental,* Colloques internationaux du C.N.R.S., Toulouse 12-16 nov. 1968. Paris: Ed. du C.N.R.S., **I,** 1971, 341-348.
Verlinden, Charles, "Dal Mediterraneo all'Atlantico," in *Contributi per la storia economica.* Prato: Istituto Internazionale di Storia Economica "F. Datini", 1975, 27-51.
Viana, Luis Filho, "O trabalho do engenho e a reacção do Indio—Estabelecimento de escravatura africans," in *Congresso do Mundo Portugues,* **X,** Lisboa: Publicações Lisboa, 1940, 11-29.
Vicens Vives, Jaime, *Approaches to the History of Spain,* 2nd ed. Berkeley: Univ. of California Press, 1970.
Vignols, Léon, "L'ancien concept monopole et la contrebande universelle, I. Le 'commerce interlope' français, à la mer du sud, aux débuts du XVIIIe siècle, type de ce contrebande. Et textes inédits sur ce sujet," *Revue d'histoire économique et social,* **XIII,** 3, 1925, 239-299.
Vigo, Giovanni, "Real Wages of the Working Class in Italy: Building Workers' Wages (14th to 18th Century)," *Journal of European Economic History,* **III,** 2, Fall 1974, 378-399.
Vilar, Pierre M., "Problems of the Formation of Capitalism," *Past and Present,* No. 10, Nov. 1956, 15-38.
Vilar, Pierre M., "Remarques sur l'histoire des prix," *Annales E.S.C.,* **XVI,** 1, janv.-févr. 1961, 110-115.
Vilar, Pierre M., *Le "Manuel de la Companya Nova" de Gibraltar, 1709-1723,* Affaires et Gens d'Affaires, **XXVI.** Paris: S.E.V.P.E.N., 1962. (a)
Vilar, Pierre M., *La Catalogne dans l'Espagne moderne,* 3 vol. Paris: S.E.V.P.E.N., 1962. (b)
Vilar, Pierre M., *Or et monnaie dans l'histoire, 1450-1920.* Paris: Flammarion, 1974.
Villani, Pasquale, *Feudalità, riforme, capitalismo agrario.* Bari: Ed. Laterza, 1968.
Villani, Pasquale, "Note sullo sviluppo economico-sociale del Regno di Napoli nel settecento," *Rassegna economica,* **XXXVI,** 1, 1972, 29-55.
Villari, Rosario, "Baronaggio e finanza a Napoli alla vigilia della rivoluzione del 1647-48," *Studi storici,* **III,** 2, apr.-giug. 1962, 259-306.
Villari, Rosario, "Note sulla rifeudalizzazione del Regno di Napoli alla vigilia della rivoluzione di Masaniello, *Studi storici,* **IV,** 4, ott.-dic. 1963, 637-668; **VI,** 2, apr.-giug. 1965, 295-328. Continued as "Cogiura aristocratica e rivoluzione popolare," *Studi storici,* **VII,** 1, genn.-marzo 1967, 37-112.
Villari, Rosario, "Rivolte e coscienza rivoluzionaria nel secolo XVII," *Studi storici,* **XII,** 2, apr.-giug. 1971, 235-264.
Viner, Jacob, "Power versus Plenty as Objectives of Foreign Policy in the Seventeenth and Eighteenth Centuries," in D. C. Coleman, ed., *Revisions in Mercantilism.* London: Methuen, 1969, 61-91. (Originally in *World Politics,* 1948.)
Visconti, Alessandro, *L'Italia nell'epoca della controriforma dal 1576 al 1773,* Vol. **VI** of *Storia d'Italia.* Milano: Arnoldo Mondadori Ed., 1958.
Vivanti, Corrado, "La storia politica e sociale: Dall'avvento delle signorie all'Italia spagnola," in R. Romano & C. Vivanti, coordinators, *Storia d'Italia,* **II,** Part 1, 277-427. Torino: Einaudi, 1974.

Vlachovič, Jozef, "Produktion und Handel mit ungarischen Kupfer im 16. und im ersten Viertel des 17. Jahrhunderts," in Ingomar Bog, her., *Der Aussenhandel Ostmitteleuropas, 1450-1650.* Köln-Wien: Böhlau Verlag, 1971, 600-627.

von Braun, Joachim Freiherr, "Die ostdeutsche Wirtschaft in ihrer vorindustriellen Entwicklung," in Göttinger Arbeitskreis, *Das östliche Deutschland: Ein Handbuch.* Würzburg: Holzner Verlag, 1959, 603-639.

von Hippel, W., "Le régime féodal en Allemagne au XVIIIe siècle et sa dissolution," in *L'abolition de la "féodalité" dans le monde occidental,* Colloques internationaux du C.N.R.S., Toulouse 12-16 nov. 1968. Paris: Ed. du C.N.R.S., **I**, 1971, 289-301.

Waddell, David A. G., "Queen Anne's Government and the Slave Trade," *Caribbean Quarterly,* **VI**, 1, 1960, 7-10.

Wallerstein, Immanuel, *The Modern World-System.* New York: Academic Press, 1974.

Walton, Gary M., "Sources of Productivity Change in American Colonial Shipping, 1675-1775," *Economic History Review,* 2nd ser., **XX**, 1, Apr. 1967, 67-78.

Walton, Gary M., "A Measure of Productivity Change in Colonial Shipping," *Economic History Review,* 2nd ser., **XX**, 2, Aug. 1968, 268-282. (a)

Walton, Gary M., "New Evidence on Colonial Commerce," *Journal of Economic History,* **XXVIII**, 3, Sept. 1968, 363-389. (b)

Walzer, Michael, "Puritanism as a Revolutionary Ideology," *History and Theory,* **III**, 1964, 75-90.

Wangermann, Ernst, *The Austrian Achievement, 1700-1800.* New York: Harcourt, Brace & Jovanovich, 1973.

Wansink, N., "Holland and Six Allies: The Republic of the Seven United Provinces," in J. S. Bromley & E. H. Kossman, eds., *Britain and the Netherlands,* **IV**: *Metropolis, Dominion and Province.* The Hague: Nijhoff, 1971, 133-155.

Ward, A. W., "The War of the Spanish Succession. (2) The Peace of Utrecht and the Supplementary Pacifications," in *Cambridge Modern History,* **V**: *The Age of Louis XIV.* Cambridge: University Press, 1908, 437-459.

Ward, J. R., "The Profitability of Sugar Planting in the British West Indies, 1650-1834," *Economic History Review,* 2nd ser., **XXXI**, 2, May 1978, 197-209.

Warden, Alexander J., *The Linen Trade Ancient and Modern.* London: Longmans, Green & Co., 1864. (Reprinted New York: Augustus Kelley, 1968.)

Wätjen, Hermann, "Zür statistik der Höllandischen Heringsfischerei im 17. und 18. Jahrhundert," *Hansische Geschichtsblatter,* **XVI**, 1910, 129-185.

Weber, Max, *General Economic History.* Glencoe, Illinois: Free Press, 1950.

Weinryb, Bernard D., *The Jews of Poland.* Philadelphia, Pennsylvania: Jewish Publ. Society of America, 1973.

Weis, Eberhard, "Ergebnisse eines Vergleichs der grundherrschaftlichen Strukturen Deutschlands und Frankreichs vom 13. bis Zum Ausgang des 18. Jahrhundert," *Vierteljahrschrift für Sozial- und Wirtschaftsgeschichte,* **LVII**, 1, 1970, 1-14.

Weise, Heinz, "Der Rinderhandel in nordwesteuropäischen Küstengebeit vom 15. bis zum Beginn des 19. Jahrhunderts," in H. Wiese & J. Bölts, *Rinderhandel und Rinderhaltung im nordwesteuropäischen Küstengeibiet vom 15. bis zum 19. Jahrhundert.* Stuttgart: Gustav Fischer Verlag, 1966, 1-129.

Wiese, Heinz, "Die Fleischversorgung der nordwesteuropäischen Grossstädte unter besonderer Berücksichtigung des interterritorialen Rinderhandels," *Third International Conference of Economic History,* Munich 1965, Paris & La Haye: Mouton, 1974, **V**, 453-458.

Weisser, Michael, "The Decline of Toledo Revisited: The Case of Toledo," *Journal of European Economic History,* **II**, 3, Winter 1973, 614-640.

Westergaard, Waldemar, *The Danish West Indies under Company Rule (1671-1754).* New York: Macmillan, 1917.

Wiles, Richard C., "The Theory of Wages in Later English Mercantilism," *Economic History Review*, 2nd ser., **XXI**, 1, Apr. 1968, 113–126.
Williamson, J. A., "The Colonies after the Restoration, 1660–1713," in *The Cambridge History of the British Empire*, **I.** J. Holland Rose et al., eds., *The Old Empire from the Beginnings to 1763*. Cambridge: University Press, 1929, 239–267.
Wilson, Charles Henry, *Anglo-Dutch Commerce and Finance in the Eighteenth Century*. Cambridge: University Press, 1941.
Wilson, Charles Henry, "Treasure and Trade Balances: The Mercantilist Problem," *Economic History Review*, 2nd ser., **II**, 2, 1949, 152–161.
Wilson, Charles Henry, "Treasure and Trade Balances: Further Evidence," *Economic History Review*, 2nd ser., **IV**, 2, 1951, 231–242.
Wilson, Charles Henry, "The Economic Decline of the Netherlands," in E. M. Carus-Wilson, ed., *Essays in Economic History*, **I.** London: Edw. Arnold, 1954, 254–269. (Originally in *Economic History Review*, 1939.)
Wilson, Charles Henry, *Profit and Power: A Study of England and the Dutch Wars*. London: Longmans, Green & Co., 1957. (a)
Wilson, Charles Henry, "The Growth of Overseas Commerce and European Manufacture," in *New Cambridge Modern History*, **VII:** J. O. Lindsay, ed., *The Old Regime, 1713–63*. Cambridge: University Press, 1957, 27–49. (b)
Wilson, Charles Henry, "Cloth Production and International Competition in the Seventeenth Century," *Economic History Review*, 2nd ser., **XIII**, 2, Dec. 1960, 209–221. (a)
Wilson, Charles Henry, "Dutch Investment in Eighteenth Century England. A Note on Yardsticks," *Economic History Review*, 2nd ser., **XII**, 3, Apr. 1960, 434–439. (b)
Wilson, Charles Henry, *England's Apprenticeship, 1603–1763*. London: Longmans, 1965.
Wilson, Charles Henry, "Trade, Society and the State," in E. E. Rich & C. H. Wilson, eds., *Cambridge Economic History of Europe*, **IV:** *The Economy of Expanding Europe in the Sixteenth and Seventeenth Centuries*. Cambridge: University Press, 1967, 487–575.
Wilson, Charles Henry, *The Dutch Republic and the Civilisation of the Seventeenth Century*, World University Library. London: Weidenfeld & Nicolson, 1968.
Wilson, Charles Henry, "The Other Face of Mercantilism," in D. C. Coleman, ed., *Revisions in Mercantilism*. London: Methuen, 1969, 118–139. (a) (Originally in *Transactions of the Royal Historical Society*, 1959.)
Wilson, Charles Henry, "Taxation and the Decline of Empires, an Unfashionable Theme," in *Economic History and the Historian*. London: Weidenfeld & Nicolson, 1969, 114–127. (b) (Originally in *Bijdragen en Mededelingen van het Historisch Genootschap*, 1963.)
Wilson, Charles Henry, *Queen Elizabeth and the Revolt of the Netherlands*. Berkeley: Univ. of California Press, 1970.
Wilson, Charles Henry, "Transport as a Factor in the History of Economic Development," *Journal of European Economic History*, **II**, 2, Fall 1973, 320–337.
Wilson, Charles Henry, "The Historical Study of Economic Growth and Decline in Early Modern History," in *Cambridge Economic History of Europe*, **V:** E. E. Rich & C. H. Wilson, eds., *The Economic Organization of Early Modern Europe*. Cambridge: University Press, 1977, 1–41. (a)
Wilson, Charles Henry, "The British Isles," in Charles Wilson & Geoffrey Parker, eds., *An Introduction to the Sources of European Economic History, 1500–1800*, Vol. **I:** *Western Europe*. London: Weidenfeld & Nicolson, 1977, 115–154. (b)
Wittman, T., "Apuntes sobre los métodos de investigación de la decadencia castellana (siglos XVI–XVII)," in *Nouvelles études historiques*, publiées à l'occasion du XIIe Congrès International des Sciences Historiques par la Commission Nationale des Historiens Hongrois, **I.** Budapest: Akadémiai Kiadó, 1965, 243–250.
Wolański, Marian, *Związki handlowe Śląska z Rzecząpospolitą w XVII Wieku*. Wydawnictwa

Wrocławskiego Towarzystwa Naukowego, No. 77, 1961. Germany summary, pp. 303-39: "Die Handelbeziehungen Schlesiens mit dem Königreich Polen im XVII. Jahrhundert unter besonderer Berücksichtigung der Stadt Wroclaw."

Wolański, Marian, "Schlesiens Stellung im Osthandel vom 15. bis zum 17. Jahrhundert," in Ingomar Bog, her., *Der Aussenhandel Ostmittelemopas, 1450-1650*. Köln-Wien: Böhlau Verlag, 1971, 120-138.

Wolf, Siegmund A., "Das Entstehen von Wüstungen durch Bauernlegen," *Zeitschrift für Wirtschaftsgeschichte*, **V**, 2, 1957, 319-324.

Wolfe, Martin, "French Views on Wealth and Taxes from the Middle Ages to the Old Regime," *Journal of Economic History*, **XXVI**, 4, Dec. 1966, 466-483.

Woolf, Stuart J., "Economic Problems of the Nobility in the Early Modern Period: The Example of Piedmont," *Economic History Review*, 2nd ser., **XVII**, 2, Dec. 1964, 267-283.

Woolf, Stuart J., "The Aristocracy in Transition: A Continental Comparison," *Economic History Review*, 2nd ser., **XXIII**, 3, Dec. 1970, 520-531.

Wright, William E., *Serf, Seigneur and Sovereign: Agrarian Reform in Eighteenth Century Bohemia*. Minneapolis: Univ. of Minnesota Press, 1966.

Wrigley, E. A., "Family Limitation in Pre-Industrial England," *Economic History Review*, 2nd ser., **XIX**, 1, Apr. 1966, 82-109.

Wrigley, E. A., "A Simple Model of London's Importance in Changing English Society and Economy, 1650-1750," *Past and Present*, No. 37, July 1967, 44-70.

Wyczański, Andrzej, "Le niveau de la récolte des céréales en Pologne du XVIe au XVIIIe siècle," in *First International Conference of Economic History*, Stockholm, August 1960. *Contributions*. Paris & La Haye: Mouton, 1960, 585-590.

Wyczański, Andrzej, "La campagne polonaise dans le cadre des transformations du marché des XVIe-XVIIe siècles. L'économie de la Starostie de Korczyn, 1500-1600," *Studia Historiae Oeconomicae*, **II**, 1967, 57-81.

Wyrobisz, Andrzej, "Mining in Medieval and Modern Poland," *Journal of European Economic History*, **V**, 3, Winter 1976, 757-762.

Yates, Frances A., *Astraea: The Imperial Theme in the Sixteenth Century*. London: Routledge & Kegan Paul, 1975.

Yernaux, Jean, *La métallurgie liégeoise et son expansion au XVIIe siècle*. Liège: Georges Thone, 1939.

Zagorin, Perez, "The Social Interpretation of the French Revolution," *Journal of Economic History*, **XIX**, 3, Sept. 1959, 376-401.

Závala, Silvio, "The Evolving Labor System," in John Francis Bannon, ed., *Indian Labor in the Spanish Indies*. Boston: D. C. Heath, 1966, 76-81. (Originally in *New Viewpoints on the Spanish Colonization of America*, 1943.)

Zhukov, E. M., "The Periodization of World History," in *International Congress of Historical Sciences*, Stockholm, 1960, *Rapports*, **I**: *Methodologie, histoire des prix avant 1750*. Göteborg, Sweden: Almqvist & Wiksell, 1960, 74-88.

Zientara, Benedykt, "Eisenproduktion und Eisenhandel in Polen im 16. und 17. Jahrhundert," in Ingomar Bog, her., *Der Aussenhandel Ostmitteleuropas, 1450-1650*. Köln-Wien: Böhlau Verlag, 1971, 270-285.

Zimańyi, Vera, "Mouvements des prix hongrois et l'évolution européenne (XVIe-XVIIIe s.)," *Acta Historica Academiae Scientarum Hungaricae*, **XIX**, 1973, 305-333.

Zollner, Erich, *Geschichte Österreichs*, 4th ed. München: R. Oldenbourg Verlag, 1970.

Żytkowicz, Leonid, "An Investigation into Agricultural Production in Masovia in the First Half of the Seventeenth Century," *Acta Poloniae Historica*, No. 18, 1968, 99-118.

Żytkowicz, Leonid, "Grain Yields in Poland, Bohemia, Hungary, and Slovakia in the 16th to 18th Centuries," *Acta Poloniae Historica*, No. 24, 1971, 51-72.

Żytkowicz, Leonid, "The Peasant's Farm and the Landlord's Farm in Poland from the 16th to the Middle of the 18th Century," *Journal of European Economic History*, **I**, 1, 1972, 135-154.

Żvtkowicz, Leonid, review of A. Piatkowski, *Agricultural Estates Belonging to the Town of Elblag in the XVIIth and XVIIIth Centuries*, in *Journal of European Economic History*, **III**, 1, Spring 1974, 249–251.
"'Failed Transitions': Concluding Participants' Discussions," in Frederick Krantz & Paul M. Hohenberg, eds., *Failed Transitions to Modern Industrial Society: Renaissance Italy and Seventeenth-Century Holland*. Montreal: Interuniversity Centre for European Studies, 1975, 81–84.
"Holland: Participants' Discussion," in Frederick Krantz & Paul M. Hohenberg, eds., *Failed Transitions to Modern Industrial Society: Renaissance Italy and Seventeenth-Century Holland*. Montreal: Interuniversity Centre for European Studies, 1975, 64–66.
L'abolition de la "féodalité" dans le monde occidental, **II:** *Discussion des rapports*. Colloques internationaux du C.N.R.S., Toulouse, 12–16 nov. 1968. Paris: Editions du C.N.R.S., 1971.
"Seventeenth-Century Revolutions," a discussion, *Past and Present*, No. 13, 1958, 63–72.
"Summary of the Discussion: Population Change in Relation to the Economy," *Third International Conference of Economic History*, Munich 1965, **IV:** *Demography and History*. Paris & La Haye: Mouton, 1972, 227–235.
Zur Ostdeutschen Agrargeschichte: Ein Kolloquium, Vol. **XVI** of Ostdeutsche Beiträge: Aus dem Göttinger Arbeitskreis. Würzburg: Holzner-Verlag, 1960.

인명 색인

ㄱ
고디뇨 Godinho, Vitorino Magalhães 279-280
고마루스 Gomarus, Franciscus 107, 109
구베르 Goubert, Pierre 126, 136, 146
구스타프 1세 바사 Gustav I Vasa 306-307, 314
구스타프 2세 아돌프 Gustav II Adolf 307, 309-312, 318-319, 323
굴드 Gould, J. D. 399
그람시 Gramsci, Antonio 174
그램프 Grampp, W. D. 117
그로티우스 Grotius, Hugo 97, 110
글라만 Glamann, Kristof 27, 32, 164
길버트 Gilbert, Sir Humphrey 240
길보이 Gilboy, Elizabeth Waterman 393

ㄴ
나폴레옹 Napoléon Bonapart 18, 175
네틀스 Nettels, Curtis P. 364
네프 Nef, John U. 143, 146, 403
노르드만 Nordmann, Claude J. 311, 315, 330
노스 North, Douglass C. 72
뉴턴 Newton, Isaac 20, 143

ㄷ
다 실바 Da Silva, José Gentil 219, 305
다우닝 Downing, Sir George 65-66, 97, 180
댄비 백작 Danby, Earl of (Thomas Osborne Leeds) 187
던 Dunn, Richard S. 253
데 마달레나 De Maddalena, Aldo 28-29, 299
데 몬카다 De Moncada, Sancho 237
데번셔 공작 Devonshire, William Cavendish, Duke of 187
데 브리스 De Vries, Jan 67, 127, 309
(야코브) 데 비트 De Witt, Jacob 109
(얀) 데 비트 De Witt, Jan 99, 123
데이비스 Davies, K. G. 256, 259
(랠프) 데이비스 Davis, Ralph 224, 259
데일스 Dales, J. H. 164
데카르트 Descartes, René 19, 105, 110
데 헤어 De Geer, Louis 315
도브 Dobb, Maurice 52
뒤파키에 Dupâquier, J. 136
드레이크 Drake, Sir Francis 169
드이용 Deyon, Pierre 147, 429
들뤼모 Delumeau, Jean 148, 178
디포 Defoe, Daniel 75, 383

ㄹ
라브루스 Labrousse, Elisabeth 439
라이프니츠 Leibnitz, G. W. 20
라일리 Riley, P. W. J. 383
라코치 2세 Rákóczi II, Ferenc 214
랑베르 Rambert, Gaston 277
래브 Rabb, Theodore K. 41, 184
랩 Rapp, Richard Tilden 304
런맨 Lenman, Bruce 382
레나르 Reinhard, Marcel R. 34

레니르 Renier, G. J. 100, 107
레르마 공작 Lerma, Duke of (Francisco Gómez de Sandoval y Rojas) 308
레옹 Léon, Pierre 145, 160, 177, 403, 422
로 Law, John 427-431
로드 Lord, Eleanor 359
로마노 Romano, Ruggiero 31, 37-38, 44, 47, 68, 295
로메로 데 솔리스 Romero de Solís, Pedro 285
로버츠 Roberts, Michael 307
로버트 Robert, Daniel 190
로엘 Roehl, Richard 127
로즈비어 Roseveare, Henry 373
로크 Locke, John 20, 105, 110
롤리 Raleigh, Sir Walter 240
루이 14세 Louis XIV 56, 122, 157, 172, 175, 177, 180, 283, 374, 413, 421
루진스키 Rusiński, Władysław 209
룬드크비스트 Lundkvist, Sven 328
뤼트게 Lütge, Friedrich 41, 343
뤼티 Lüthy, Herbert 165, 171, 190, 422
르그렐 Legrelle, Arsène 281
르 루아 라뒤리 Le Roy Ladurie, Emmanuel 126, 137, 190
리글리 Wrigley, E. A. 128
리벨 Liebel, Helen P. 297, 299
리셰 Richet, Denis 148
리슐리외 Richelieu, Armand 146, 376
리카도 Ricardo, David 280
리히트하임 Lichtheim, George 119
린치 Lynch, John 223, 227
립슨 Lipson, Ephraim 139, 143

□

마르코비치 Markovitch, Tihomir J. 404
마르크스 Marx, Karl 18, 426
마르틴스 Martins, J. P. Oliveira 289
마벨 Marvell, Andrew 66
마셀만 Masselman, George 79
마송 Masson, Paul 412
(나사우의) 마우리츠 Maurits van Nassau 44, 108, 311
마카이 Makkai, Lászlo 213
마키아벨리 Machiavelli, Nicolo 18
말로비스트 Malowist, Marian 328
매클라우드 Macleod, Murdo J. 223, 226
매헌 Mahan, Alfred T. 102, 374
맬서스 Malthus, Thomas Robert 48
먼 Mun, Sir Thomas 117
메리 Marry 370, 423
메야페 Mellafe, Rolando 224, 261
멘델스 Mendels, Franklin F. 294, 403
모건 Morgan, Henry 240
모로 Mauro, Frédéric 34, 221
모리노 Morineau, Michel 84, 168-169
몬차크 Mączak, Antoni 199, 204
몰스 Mols, Fr. Roger 34
뫼르너 Mörner, Magnus 234
뫼브레 Meuvret, Jean 15, 30, 181
무니에 Mousnier, Roland 13, 32, 177
민친턴 Minchinton, Walter 50

ㅂ

바렐 Bareel, Willem 109
바인슈테인 Vajnshtejn, O. L. 43
바잔트 Bazant, Jan 228
박서 Boxer, C. R. 110, 250, 275, 290
반 데르 베 Van der Wee, H. 421
반 딜렌 Van Dillen, J. G. 95
반 리베크 Van Riebeeck, Jan 119
반 베이크 Van Wijck, Willem 315

인명 색인 505

반 올덴바르네벨트 Van Oldenbarnevelt, Johan 109-110
발리바르 Balibar, Etienne 17-18
배러클러프 Barraclough, Geoffrey 356
버크 Burke, Sir Edmund 18
벌린든 Verlinden, Charles 220
베렐 Baehrel, René 14
베르트 Berthe, Jean-Pierre 223
베버 Weber, Max 184, 429
베이크웰 Bakewell, P. J. 225, 229, 234
베틀렌 Bethlen, Gabor 214
벨 Bayle, Pierre 106
벨트라미 Beltrami, Daniele 301
보렐리 Borelli, Giorgio 302
보이틴 Beutin, Ludwig 296
부르드 Bourde, André-J. 177
부르크하르트 Burckhardt, Jacob 175
부스마 Bousma, William 57
불페레티 Bulferetti, Luigi 299, 304
브러시 Bruchey, Stuart 365
브레너 Brenner, Robert 137-139
브로델 Braudel, Fernand 18, 20, 37-38, 49, 51, 221, 276, 291
브륄레 Brulez, W. 298
블레이크 Blake, Robert 170
블리츠 Blitz, Rudolph 163
비센스 비베스 Vicens Vives, Jaime 271
빌라르 Vilar, Pierre M. 14, 32, 36, 39, 250, 409
빌렘 2세 Willem II 43, 96, 109

ㅅ
서덜랜드 Sutherland, Lucy S. 414
서플 Supple, Barry E. 70, 84
세레니 Sereni, Emilio 221, 304
셀라 Sella, Domenico 28, 31, 37, 295

셰리든 Sheridan, Richard B. 246-247
쇠퍼 Schöffer, Ivo 15, 28, 46, 57
쇼뉘 Chaunu, Pierre 14, 19, 28, 40, 46-48, 129, 223, 237, 244-245, 276
슈루즈버리 공작 Shrewsbury, Charles Talbot, Duke of 187, 296
슈몰러 Schmoller, Gustav 120
슈발리에 Chevalier, François 222, 234
슈아죌 공작 Choiseul, Etienne-François, Duc de 289
슘페터 Schumpeter, Joseph 191
스마우트 Smout, T. C. 384
스미스 Smith, Adam 18, 120, 252
스미트 Smit, J. W. 86, 181
스바르트 Swart, K. W. 181
스위지 Sweezy, Paul 18
스코빌 Scoville, Warren C. 157
스톤 Stone, Lawrence 185
스톨스 Stols, E. 97, 297
스트롱 Strong, Frank 240
스펄링 Sperling, J. 162-163
스푸너 Spooner, Frank C. 33, 38, 49, 51, 172
스피노자 Spinoza, Benedict 19-20, 105, 110
슬리허 반 바트 Slicher van Bath, B. H. 14, 16, 27, 29-31, 39, 41, 51, 128
시모어 Seymour, Charles 187
시미앙 Simiand, François 13, 18, 20
시이스문드 Sigismund 305
시피에시 Špiesz, Anton 207
심콕스 Symcox, Geoffrey 375-376

ㅇ
아르망고 Armengaud, André 34
아르미니우스 Arminius, Jacobus 107, 109

아르생 Harsin, Paul 427, 429
아벨 Abel, Wilhelm 14, 40, 49-50, 54, 200
아우구스트 2세 August II 330
아자르 Hazard, Paul 439
앙리 4세 Henri IV 177
앤 여왕 Anne, Queen of 377, 383, 423
앤더슨 Anderson, Perry 51-53, 56, 296, 318, 333
(가스통) 앵베르 Imbert, Gaston 16, 126
(장) 앵베르 Imbert, Jean 403
언윈 Unwin, George 117
에리세이라 공작 Ericeira, Duke of 278-279, 281
에리크 14세 Erik XIV 306
에마르 Aymard, Maurice 219-220
에옹 Eon, Chevalier d' 146
엘리엇 Elliott, J. H. 46
엠마누엘 Emmanuel, Arghiri 144
엥겔스 Engels, Friedrich 50, 54
오란예 공 → 빌렘 2세
오스트룀 Åström, Sven-Erik 69, 163, 322
오언 Owen, Robert 18
옥센셰르나 Oxenstierna, Axel 309
올리바레스 Olivares, Gaspar de Guzman 271, 273
와트 Watt, James 18
요크 공작 York, Frederick, Duke of 379
울프 Woolf, Stuart J. 304
월폴 Walpole, Horace 332, 371, 432
윌리엄 3세 William III 176, 370-371, 376, 378, 423
윌슨 Wilson, Charles Henry 48, 68, 70, 100, 122, 127, 142, 147, 161-164, 178, 370, 417, 425

이외르겐센 Jørgensen, Johan 338
이즈리얼 Israel, J. I. 231
ㅈ
자냉 Jeannin, Pierre 35, 73, 200
자카르 Jacquart, Jean 126, 136, 138, 429
제임스 James, Francis Godwin 402
제임스 1세 James I 70
제임스 2세 James II 105
젱킨스 Jenkins, Robert 286
조토 Giotto di Bondone 18
존스 Jones, E. L. 127
존스 Jones, J. R. 378
좀바르트 Sombart, Werner 426
주코프 Zhukov, E. M. 19
쥐리외 Jurieu, Pierre 106
즈리니 Zrínyi, Mikós 214
지마니 Zimányi, Vera 202
ㅊ
차일드 Child, Josiah 144
찰스 1세 Charles I 118
찰스 2세 Charles II 121, 240
초두리 Chaudhuri, K. N. 164-165
치폴라 Cipolla, Carlo M. 16, 38
ㅋ
카를 5세 Karl V 55, 62, 175, 331, 351
카를 6세 Karl VI 352, 354
카를 9세 Karl IX 305
카를 10세 Karl X 337
카를 11세 Karl XI 323, 325, 330
카를 12세 Karl XII 305, 328, 330-331, 355
카를로스 2세 Carlos II 284-285
카리에르 Carrière, Charles 160, 177
카스턴 Carsten, F. L. 41, 347
카터 Carter, Alice C. 122, 423-424

인명 색인 507

칸칠로 Cancilo, Orazio 219
커닝엄 Cunningham, W. 403-404
케이먼 Kamen, Henry 42, 44, 285
켈렌벤츠 Kellenbenz, Hermann 292
코메니우스 Comenius, Johann Amos 106
코스만 Kossmann, E. H. 100
코스민스키 Kosminsky, Eugen 52
코엔 Coen, Jan Pieterszoon 75, 77
코케인 Cockayne 70, 117, 311
콜럼버스 Columbus, Christopher 18
콜먼 Coleman, D. C. 16
콜베르 Colbert, Jean Baptiste 140, 145-146, 153, 172, 178-182, 374, 403, 405-406, 428
쿠스케 Kuske, Bruno 297
쿨라 Kula, Witold 204
크나프 Knapp, G. N. 343
크롬웰 Cromwell, Oliver 119, 121, 240
크루제 Crouzet, François 148
크리스티나 여왕 Christina, Queen of 309
클라인 Klein, Peter W. 426
클라크 Clark, G. N. 17, 104, 376
클래런든 백작 Clarendon, Earl of (Edward Hyde) 65, 97
클래펌 Clapham, Sir John 423
키슈 Kisch, Herbert 297

E

타피에 Tapié, Victor-Lucien 177
템펄리 Temperley, Harold W. V. 432
템플 Temple, Sir William 72
토니 Tawney, R. H. 183
토머스 Thomas, Robert Paul 72-73
토폴스키 Topolski, Jerzy 36, 38
톰슨 Thompson, E. P. 143, 433
트로이에 Treue, Wilhelm 309, 352
트리벨리언 Trevelyan, George Macauley 187
티에폴로 Tiepolo, Giovanni Battista 18

ㅍ

파커 Parker, Geoffrey 33, 161
파흐 Pach, Zsigmond Pál 200-201
패리 Parry, J. H. 76, 87
퍼니스 Furniss, Edgar S. 143
퍼셀 Fussel, G. E. 126
페르난도 Fernando 271
페브르 Febvre, Lucien 179
페어스 Pares, Richard 141, 241, 252, 256-257
페이버 Faber, J. A. 202
페테르센 Petersen, E. Ladewig 335
펠리페 2세 Felipe II 268
펠리페 3세 Felipe III 227, 308
펠리페 5세 Felipe V 284-286
폰 클라베렌 Von Klaveren, Jacob 353
폴리센스키 Polišenský, J. V. 42-44
표트르 1세 Pyotr I 329-330
프라이스 Price, Jacob M. 162
프랑크 Frank, André Gunder 223, 225
프로카치 Procacci, Giulio 295
프론테이라 후작 Fronteira, Marques of 278
프리드리히 2세 (대왕) Friedrich II der Grosse 355
(브란덴부르크 선제후) 프리드리히 빌헬름 Friedrich Wilhelm 345
(프로이센 왕) 프리드리히 빌헬름 1세 Friedrich Wilhelm I 354
플럼 Plumb, J. H. 175, 372, 386, 432
피렌 Pirenne, Henri 297
피셔 Fisher, F. J. 128

핀컴 Pinkham, Lucille 187

ㅎ

하우트만 Houtman, Cornelis de 75
해밀턴 Hamilton, Earl J. 269, 430
해클루트 Hakluyt, Richard 240
허배컥 Habakkuk, H. John 127
허프턴 Hufton, Oliver H. 391
헤이스팅스 Hastings, Warren 18
헥셔 Heckscher, Eli F. 89, 145, 161-163, 181

호른 백작 Horn, Arvid, Count 333
호스킨스 Hoskins, W. G. 128
홉스봄 Hobsbawm, E. J. 13, 19, 31, 37, 47
흐로츠 Hroch, Miroslav 164
힌튼 Hinton, R. W. K. 84, 163
(찰스) 힐 Hill, Charles E. 142, 185
(크리스토퍼) 힐 Hill, Christopher 402
힐데브란트 Hildebrand, Bruno 50